WYT TI'N COFIO?

CLAWR

1 R.Tudur Jones, ddechrau'r ymgyrch beintio arwyddion, Wybrnant, 1969. (d/g G.M.)
2 Mici Plwm, un o arloeswyr y disgo Cymraeg, ym Mhlwmp, saithdegau cynnar. (d/g M.Plwm)
3 Maes Eisteddfod Abergwaun, 1986.
4 Dafydd Iwan a'r ymprydwyr, Angharad Tomos a Gwenith Huws, Ysbyty Gwynedd, 1984.
5 Gwenda Pretty a'i chyfeillion, rali dros y Sianel Gymraeg, Hyde Park, Llundain, 1974. (d/g E.W.)
6 Lusa Glyn a Manon Llwyd Huws wedi iddynt addurno Swyddfa'r Cydbwyllgor Addysg, Caerdydd, 1986.
7 Gwenllian Dafis a'i ffrindiau bach, diwedd y Daith Addysg o Langefni i Gaerdydd, 1983.
8 Arfon Jones a Danny Grehan a baner o waith Cell Caerdydd, Pontypridd, 1986.
9 Dyfrig Siencyn a'i gymheiriaid, llys ynadon Aberystwyth, 1971. (d/g RayD)
10 Eirug Wyn yn talu gwrogaeth i Brifweinidog Prydain Fawr, saithdegau cynnar. (d/g E.W.)
11 Baner o waith Angharad Tomos, 1987.
12 Clawr y ddarlith radio, 1962.
13 Difrod pencadlys y blaid Doriaidd yng Nghaerdydd, 1984. (d/g yr Heddlu)
14 E.G.Millward, Rhiannon Silyn Roberts ac Anna Daniel, y brotest gyntaf yn Aberystwyth, 1963.
15 Y Ceiliog, radio tanddaearol Cymdeithas yr Iaith, 1973.
16 Teisen benblwydd y Gymdeithas, Eisteddfod Bro Madog, 1987.
17 Toni Schiavone yn arwain rali Deddf Iaith, Aberystwyth, 1986.
18 Meinir Ffransis a Dafydd M.Lewis allan o garchar dros Gorff Addysg, 1985.
19 Baner o waith Angharad Tomos, 1986.
20 Ned Thomas wedi i'r llywodraeth wrthod y Sianel, 1980.
21 Ymgyrch malu'r arwyddion, saithdegau cynnar. (d/g A.T.)
22 Eleri Jones, Helen Greenwood, Helen Prosser a Delyth George, Ysgol Basg Aberystwyth, 1986.
23 Poster, cynllun Ffred Ffransis, ymgyrch 'Nid yw Cymru ar Werth', 1987.

WYT TI'N COFIO?

CHWARTER CANRIF O FRWYDR YR IAITH

Gwilym Tudur

Clawr: Marian Delyth
Dyluniwyd y tudalennau darluniadol gan yr awdur

Rhif Llyfr Safonol Rhyngwladol: 0 86243 183 2

*Dymuna'r wasg ddiolch i'r holl unigolion a gyfrannodd luniau ac
yn arbennig i Gymdeithas yr Iaith Gymraeg am gael defnyddio'u
casgliad hwy. Gwnaed pob ymdrech i ddarganfod a chydnabod
tarddiad y lluniau a blin gennym nad oedd hynny bob amser yn
ymarferol bosibl.*

Cyhoeddwyd ac argraffwyd yng Nghymru gan Y Lolfa Cyf.,
Talybont, Ceredigion SY24 5HE; ffôn 097086/304.
Rhwymwyd gan gwmni Tremewan, Castell Nedd.

Argyfwng sy'n wynebu'r iaith Gymraeg, dim llai. Bydd Cymdeithas yr Iaith yn ymateb i'r her. Does dim dewis bellach. Rhaid i ni weithredu dros ein hiaith. RHAID I BETHAU NEWID!

Helen Prosser
Cadeirydd Cymdeithas yr Iaith Gymraeg

'Gwae dolurus gadael Erin,
Ildio byd anwyldeb oes.'
'Chefais i mo'r profiad hwn a diau nas
cawsoch chwithau. Ond mi wn i am brofiad
arall sydd yr un mor ingol, ac yn fyw di-
droinôl (oblegid mi fedrech ddychwelyd i'ch
cynefin), a hwnnw yw'r profiad o wybod,
nid eich bod chwi yn gadael eich gwlad, ond
fod eich gwlad yn eich gadael chwi, yn dar-
fod allan o fod o dan eich traed chwi, yn
cael ei sugno i ffwrdd oddi wrthych, megis
gan lyncwynt gwancus, i ddwylo ac i fedd-
iant gwlad a gwareiddiad arall.

J.R.Jones

Mi ragdybiaf hefyd y bydd terfyn ar y
Gymraeg yn iaith fyw, ond parhau'r
tueddiad presennol, tua dechrau'r unfed
ganrif ar hugain. . . Nid dim llai na
chwyldroad yw adfer yr iaith Gymraeg yng
Nghymru. Trwy ddulliau chwyldro yn unig
y mae llwyddo.

Saunders Lewis

RHAGAIR

Dylwn egluro mai tyfu a wnaeth y llyfr hwn, fel cyw gŵydd, ymhell tu hwnt i'w fwriad gwreiddiol. Cododd y syniad ei ben ym 1983, adeg dathlu yn Aberystwyth ar benblwydd Cymdeithas yr Iaith yn 21 oed. Dros baned ddiniwed yn yr Home Cafe gyda Helen Greenwood, Angharad Tomos a Robat Gruffudd, bûm yn ddigon gwirion i gynnig hel atgofion am helyntion y chwedegau a'r saithdegau. Nid anghofiodd y cyhoeddwr am yr addewid, felly ym 1984 gwnaed apêl gyhoeddus, gan anfon hefyd at bron 300 o bobl yn cynnwys cynarweinwyr ac aelodau amlwg y mudiad iaith. Y bwriad oedd addurno hynny o atgofion ag a gawn â thipyn o luniau a dogfennau er mwyn adlewyrchu cymeriad y cyfnod. Gwae fi! Daeth yn amlwg fod y pwnc yn haeddu gwell, ac y dylid chwilio a chasglu o ddifrif tra bod defnyddiau'n dal ar gael. Yna, mynnai Helen ac Angharad, a fu'n gymaint o gefn i'r gwaith, fy mod yn cynnwys sylw teilwng i fudiad cyfoes yr wythdegau, peth dieithr braidd i mi ar y pryd. Rhwng popeth, troes yn bedair blynedd o waith ac yn gronicl chwarter canrif!

Mae'r portread o'r gwahanol gyfnodau yn gorfod dibynnu i raddau ar yr atgofion a ddaeth i law. Yn yr ysgrifau golygyddol, ceisiais gyfeirio at ddigwyddiadau pwysig na cheid sôn amdanynt fel arall. Defnyddir y term 'mudiad iaith' yn bur llac; gall gynnwys mudiadau eraill yn aml. Ni fu'n bosibl rhoi'r sylw dyladwy i arweiniad achlysurol Plaid Cymru, gwleidyddion gwlatgarol eraill neu gynghorwyr lled effro, na chyfraniad yr Urdd, Merched y Wawr, y Mudiad Meithrin a'r mudiadau addysg Gymraeg. Oherwydd hynny, ac er mwyn cadw brwydr yr iaith yn ei gyd-destun o hyd, penderfynwyd rhannu'r llyfr yn benodau blynyddol ochr yn ochr â chalendr o rai o ddigwyddiadau'r dydd. Gan brinder dogfennau neu atgofion aelodau Adfer, ceisiais gynnwys esgyrn hanes y mudiad, a darddodd o Gymdeithas yr Iaith. Gwêl ffyddloniaid y Gymdeithas hithau mai annigonol yw'r sôn am faes pwysig adloniant yr ifanc, a'r cyrsiau ail-iaith prysur.

Yr wyf yn ddiolchgar i olygyddion y wasg am eu caniatâd caredig i gynnwys toriadau a lluniau. Gwnaed pob ymdrech i gydnabod tarddiad neu berchnogaeth y lluniau; fel arall, rhoir enwau'r benthycwyr. Aeth llawer o amser i geisio'u dyddio, eu lleoli a'u henwi. Cefais gymorth aml un a fentrodd i atig lawn Y Lolfa i enwi pobl a welir ym mlaendir y ffotograffau (o'r chwith i'r dde). Ymddiheuraf i'r rhai nas enwir, a byddai'n dda gennyf weld llenwi'r bylchau yn y dyfodol. Problem ddiddorol arall oedd bod enw llawer un wedi newid, oherwydd priodas neu Gymreigiad; yn gam neu'n gymwys, gadawyd yr enwau fel yr oeddent ar y pryd. Gydag enwau lleoedd, ar y cyfan dilynais arweiniad *Yr Atlas Cymraeg*.

Carwn nodi fy niolch i'r llu o bobl a wnaeth y llyfr yn bosibl. Dibynnais yn helaeth ar lafur cariad cynolygyddion *Tafod y Ddraig*. Ni allaf ddiolch digon am anogaeth ac amynedd y Bonwr Robat Gruffudd, na gofal staff Y Lolfa, yn arbennig y golygydd Lleucu Morgan (heb anghofio'i rhagflaenydd Rhiannon Ifans). Yr wyf yr un mor ddyledus i Helen Greenwood, am bob ysbrydoliaeth a chant a mil o gymwynasau. Bu hi a Chymdeithas yr Iaith yn garedig iawn yn gadael i mi ddefnyddio'u casgliad godidog o luniau, posteri a thoriadau'r ddau ddegawd diwethaf. Diolch i'r holl rai a roddodd fenthyg dogfennau a lluniau gwerthfawr, neu fynd i'r drafferth o sgrifennu ysgrifau. Cytunodd amryw o rai dyfal i anfon atgofion ychwanegol i lenwi bylchau, a chefais bentwr o nodiadau defnyddiol ar yr wythdegau gan Angharad Tomos. Maddeued rhai i mi am fethu â chynnwys cerddi, ac ambell ysgrif, neu am orfod talfyrru eu gwaith.

Maddeued pawb i mi os diolchaf yn benodol i'r unigolion canlynol. Am fenthyg eu llyfrau toriadau o'r chwedegau: Gwyneth Hunkin, Lowri a Rhodri Morgan, Geraint Jones, Gareth Miles. Am fwy nag arfer o ddogfennau neu gyfraniadau: Dafydd Orwig, Dafydd Iwan, Arfon Gwilym, Carl Clowes, Ieuan Roberts, Eirug Wyn, Mici Plwm, Cen Llwyd, Rhodri Williams, Siôn Aled, Wyn ap Gwilym, Toni Schiavone, John a Janet Davies (ac elwais ar ysgrif John ar 4 blynedd gyntaf y mudiad iaith, yn *Tân a Daniwyd,* 1976); a'r Lolfa, Geraint Jones, a Helen ac Angharad eto. Am gymwynasau ymchwil: Alun Eirug Davies (Llyfrgell Huw Owen), Iwan Meical Jones, Beti Jones a Richard Huws (Y Llyfrgell Genedlaethol), Julia Burns (Archifdy Gwynedd), David Tutton (Y Swyddfa Gymreig), Ieuan Wyn a Howard Huws (Adfer). Yn olaf, ond nid y lleiaf, diolch i Megan a'r teulu am eich cefnogaeth hir, ac hefyd i bawb yn Siop y Pethe.

GWILYM TUDUR

Mawrth, 1989

9

Ffynonellau

Papurau a chylchgronau
(o dan doriadau a lluniau)

A	Asbri
Ad	Yr Adferwr
B	Barn
C	Y Cymro
CC	Chester Chronicle
Cd	Curiad
CN	Cambrian News
CT	Carmarthen Times
D	Y Dyfodol
DE	Daily Express
DG	Draig Goch
DH	Daily Herald
DM	Daily Mail
DP	Liverpool Daily Post
DT	Daily Telegraph
EP	South Wales Evening Post
F	Y Faner
FG	Y Faner Goch
G	The Guardian
HC	Yr Herald Cymraeg
ID	I'r Dim
JP	Justice of the Peace + Local Government Review
L	Lol
Ll	Llais y Lli
LlW	Llais y Werin
M	Daily Mirror
MCT	Montgomery County Times
Me	Meithrin
NW	North Wales Weekly News
NWC	North Wales Chronicle
P	Pam?
Rh	Rhagrith
S	Swn
T	Tafod y Ddraig
Ts	The Times
WL	Wrexham Leader
WM	Western Mail
WN	Welsh Nation

Ffotograffwyr/ceidwaid lluniau

(AP-J)	Arvid Parry-Jones
(CCC)	Cyngor Celfyddydau Cymru
(C/LlGC)	Casgliad Geoff Charles (Y Cymro) dg Llyfrgell Genedlaethol Cymru
(DO)	Derec Owen
(DoH)	Dorothy Heath
(D-P)	Heddlu Dyfed-Powys
(GM)	Gareth Morgan
(JM)	Jeffrey Morgan
(MD)	Marian Delyth
(NL)	News Line
(NWPA)	North Wales Press Agency
(RayD)	Ray Daniel
(RonD)	Ron Davies
(R+PD)	Ron a Phil Davies
(SM)	Siôn Milner
(TT)	Terry Taylor

Cyfranwyr lluniau eraill neu ddogfennau

(A.T.)	Angharad Tomos
(Ar.T.)	Arthur Tomos
(C.Ll.)	Cen Llwyd
(D.D.)	Douglas Davies
(D.I.)	Dafydd Iwan
(D.J.)	Dyfrig Jones
(E.B.)	Eileen Beasley
(E.G.M.)	E.G.Millward
(E.R.)	Eluned Rowlands
(E.W.)	Eurig Wyn
(G.H.)	Gwenfair Hastings
(G.J.)	Geraint Jones
(G.M.)	Gareth Miles
(G.O.)	Guto Orwig
(G.T.)	Gwilym Tudur
(G.W.)	G.Williams
(H.G.)	Helen Greenwood
(H.L.M.)	Huw Landeg Morris
(H.Ll.)	Hefin Llwyd
(J.D.)	John Davies
(K.D.)	Karl Davies
(Ll.G.)	Llion Griffiths
(M.M.)	Miranda Morton
(M.S.)	Meic Stephens
(P.I.)	Phil ab Iorwerth
(P.J.)	Philip Jones
(S.G.)	Siwsann George
(S.M.)	Siôn Myrddin

Awduron

Aled, Siôn 1976 (2), 1977 (4), 1978 (2), 1979
Beasley, Trefor................................1967
Clowes, Carl...................................1972
Cravos, Menna 1966
Dafis, Cynog...................................1965, 1972
Davies, Douglas..............................1978
Dienw 1979
Elfyn, Menna..................................1971, 1973 (2), 1978
Elis, Meg 1971,1974
Evans, Gwynfor...............................1962
Evans, Meredydd.............................1979
Ffransis, Ffred 1985
Ffransis, Meinir...............................1970 (2)
George, Siwsann..............................1976
Greenwood, Helen...........................1970, 1972, 1974 (2), 1975, 1976,
                                           1977, 1980, 1986, 1987
Gregory, Millicent 1970, 1971, 1972 (3)
Gruffudd, Robat..............................1969
Gruffydd, Eifion ab Elwyn 1970, 1973 (2)
Gwilym, Arfon................................1970 (3), 1971 (6), 1972 (2), 1974
Hastings, Gwenfair 1982
Howys, Siân 1986 (2)
Huws, Gwenith 1984
Iwan, Dafydd..................................1963, 1966, 1967, 1968
John, Eurion....................................1966
Jones, Anwen Breeze 1965, 1969
Jones, Arfon 1986 (3)
Jones, Geraint 1962 (2), 1964 (2), 1965 (2), 1966 (4)
Jones, Gerallt 1969
Jones, Harri Pritchard 1973
Jones, John Pierce 1970, 1972
Jones, Lyndon.................................1987
Jones, Nans 1962
Jones, Penri 1969, 1972
Jones, R.Tudur................................1969
Lewis, Robyn 1973
Llwyd, Cen 1972, 1975, 1980 (2)
Miles, Gareth...................................1966, 1970
Morgan, Dylan 1981, 1982, 1984 (2)
Morgan, Lleucu 1985
Morris, Ifan G. 1980
Morton, Miranda..............................1983, 1984 (2), 1985
Myrddin, Siôn 1973
Ogwen, John 1969
Orwig, Dafydd.................................1966
Parri, Robyn 1982
Plwm, Mici......................................1969, 1971 (3)
Prosser, Helen 1981, 1983 (2), 1986
Rees, Ioan Bowen............................1963
Roberts, Dyfan 1969, 1971
Roberts, Ieuan 1969, 1972, 1973, (2)
Roberts, J.E.....................................1975
Rowlands, John 1973, 1979
Rhys, Maureen 1963
Schiavone, Toni 1977, 1980 (2), 1981, 1983, 1984,
                                           1986
Tomos, Angharad 1969, 1976 (3), 1977, 1978, 1983,
                                           1985, 1986, 1987
Thomas, W.C.Elvet.........................1972
Tudur, Gwilym 1968, 1969 (2), 1971, 1975
Webb, Steffan 1985
Williams, D.J...................................1967
Wyn, Ceri 1985, 1986
Wyn, Eirug 1969, 1971 (3)

Byrfoddau

A/Aber	Aberystwyth
adr	adroddiad
arg	argraffiad
awd	awdurdod
B	Bwrdd
bl	blwyddyn
C	Cyngor
cad	cadeirydd
Caerd	Caerdydd
Caerf	Caerfyrddin
Caern	Caernarfon
canml	canmlwyddiant
canolb	canolbarth
cen	cenedlaethol
cenhed	cenhedloedd
cyf	cyfieithiad
cyff	cyffredinol
cyh	cyhoeddi
cylchg	cylchgrawn/cylchgronau
Cym	Cymru/Cymraeg//Cymreig
Cymd	Cymdeithas (defnyddir *Y Gym* weithiau am Gymd Yr Iaith Gym)
datb	datblygu
democ	democrataidd
dg	drwy garedigrwydd
dosb	dosbarth
econ	economi/economaidd
Ewrop	Ewropeaidd
gol	golygu/golygydd/golygyddol
gwein	gweinidog
gwleid	gwleidyddiaeth/gwleidyddol
Gwl Pryd	Gwledydd Prydain
Gŵyl G Dant	Gŵyl Gerdd Dant
isgad	isgadeirydd
lang	*language*
llywod	llywodraeth
m	miliwn
myf	myfyriwr/myfyrwyr
p	papur
prif	prifysgol
prifwein	prifweinidog
Pryd	Prydeinig
pwyllg	pwyllgor
Saes	Saesneg
Seis	Seisnig
Sofiet	Sofietaidd
techn	technoleg/technolegol
trefn	trefnydd
trys	trysorydd
U	Undeb
UDA	Unol Daleithiau America
uwch	uwchradd
wths	wythnos
ysg	ysgrifennydd

1962

Rhyddid i ragor o wledydd y 3ydd byd—annibyniaeth i Algeria (wedi'r rhyfel â Ffrainc), Burundi a Rwanda, Sierra Leone, Uganda, Jamaica, Trinidad a Tobago, Gorll Samoa; Tanganyika a Yemen yn weriniaethau

Diwedd rhyfel Laos

Llyncu Eritrea gan Ethiopia, dechrau rhyfel hwyaf y ganrif

U Sofiet ac UDA yn agos at ryfel dros Cuba; cynhadledd ddiarfogi Genefa; rhagor o bobl i'r gofod (yn dilyn Yuri Gagarin 1961)

UDA yn cynyddu'r ras arfau, arbrawf niwclear 1af ar dir; myf duon 1af ym Mhrif Mississippi; telediad byw 1af i Ewrob, drwy loeren Telstar; marw Marilyn Monroe

Gwahardd plaid ryddid ZAPU yn Ne Rhodesia

Dienyddio Adolf Eichmann yn Israel

Agor twnel Mont Blanc rhwng Ffrainc a'r Eidal

Cyhoeddi Cyfrifiad yr Alban (1961)—1.5% (80,978) yn siarad Gaeleg (1951—1.9%, 95,447)

Diwedd ymgyrch yr IRA ar ffin y 6 Sir, Iwerddon

Terfysg ffasgwyr Oswald Mosley yn Lloegr; atgyfodiad y Rhydd yn isetholiad Orpington; trydan 1af o atomfa, Berkeley; Ariel, y lloeren 1af

Isetholiad Maldwyn, Mai—Emlyn Hooson, Rhydd, mwyafrif 5632 dros I.Ff.Elis, PC

Cau 9 pwll glo; 77,500 o lowyr yn Ne Cym

Bygwth rheilffyrdd Cym oll gan un Dr Beeching, cad newydd Rheil Pryd; agor rhan 1af ffordd Blaenau'r Cymoedd

Cyhoeddi argae Clywedog gan Gorfforaeth Birmingham; difrod 2 gyrch nos ar safle Tryweryn

Crogi James Hanratty, a fynnai *alibi* yn Y Rhyl

Nifer yn marw o'r frech wen ym Morg

David James yn cynnig pres i offeiriaid a gweinidogion

Papur Gwyn ar Ddarlledu, derbyn argymhelliad Pilkington i ehangu teledu BBC yng Nghymru; Teledu Cymru, cwmni annibynnol Cym, darlledu Medi

Deddf mewnfudwyr o'r Gymanwlad

Defnyddio *centigrade* i fesur tywydd

Rhybudd 1af Coleg y Physigwyr am berygl ysmygu

Dawns y *twist* yn boblogaidd

Pensiwn yn £3/10/0

Diweithdra, Rhagfyr 3.8% (36,590)

Marw Bob Owen, Joseph Jenkins, J.E.Daniel, Trefîn, R.Lloyd Jones, Tom Richards, Rolant o Fôn

Eist Gen Llanelli; Eist yr Urdd Rhuthun; Gŵyl G Dant Aberystwyth

Cyh *Cyfrifiad* 1961—poblog 2,653,000; 26% (656,002) yn siarad Cym yng Nghym, (plant ysgol 17.6%—1951 21%), (siarad Cym 1901 49.9%, 1911 43.5%—bron i filiwn, 1921 37.1%, 1931 36.8%, 1951 28.9%)

Ysgol uwch Gym Rhydfelen, Pontypridd (y 3edd, ar ôl Glan Clwyd 1957 a Maes Garmon 1961)

Gwynfor S.Evans, PC, yn ennill papur enwebiad Cym etholiad lleol; Lili Thomas 1af i'w weithredu, isetholiad bwrdeistref Aber, Hydref

Bl 1af C Llyfrau Cym; grant trysorlys i lyfrau Cym £4000

Glyn Griffiths yn gol *Y Cymro*, olynu John Roberts Williams wedi 20 mlynedd

Darlith *Tynged yr Iaith* Saunders Lewis

Barn rhif 1, Tachwedd, gol Emlyn Evans

Tywyll Heno Kate Roberts; *Y Wladfa* R.Bryn Williams; *Chwerwder yn y Ffynhonnau* llyfr 1af Gwyn Thomas; *Dechrau Gofidiau* llyfr 1af Jane Edwards; *Caneuon Cym Mewn Print* gol T.Howell Jones; *Cyfle Olaf y Gym* Gwynfor Evans

---

Wynebddalen:
Sôn am y mudiad newydd (C 25/10/62)

Fe wnaiff Calan 1962 yn ddifai i gychwyn braslun o stori chwarter canrif. Dydd cynhebrwng Llwyd o'r Bryn, a hoelen wyth arall yn arch yr hen Gymru uniaith hyderus: mae'n siŵr y buasai ei glust yntau yn dynn wrth y Ddarlith Radio enwog. Daethai mor amlwg â'r Aran Fawddwy, bellach, fod angen mwy nag etholiad achlysurol i achub yr iaith Gymraeg.

Yn debyg i'n cyfnod ni heddiw, roedd cenedlaetholwyr yn gwingo wedi'r hir dorïaeth anghyfrifol. Roedd mynd ar ddiwylliant, mae'n wir, gyda'r Cyngor Llyfrau newydd a menter Teledu Cymru yn codi gobeithion. Roedd addysg uwchradd Gymraeg yn adennill tiroedd seisnigedig. Ond byd diflas oedd byd y Cymry ymwybodol a geisiai ddefnyddio iaith eu mam yn swyddogol; dirmyg y taeog anghrediniol oedd eu rhan. Gellid disgwyl y byddai'r ifainc, efallai, yn dianc at gampau heddychol y Pwyllgor 100 *(CND)* yn Lloegr. Ond er bod Waldo o gwmpas, allan o garchar eto, roedd heddychiaeth ymhell o feddyliau rhai. Crynhoid eu teimladau mewn un gair. Tryweryn.

Er pan basiwyd y mesur gwarthus hwnnw ym 1957 heb bleidlais yr un A.S. Cymreig, ac ers siomiant etholiad 1959, tyfasai dicter yn rhengoedd Plaid Cymru. Wedi gweld malu Capel Celyn y werin Gymraeg, a'r ymbil ofer ar strydoedd Lerpwl, clywed bod Birmingham yn hawlio Clywedog! A'r hen Blaid yn ddirym. Yn wir, roedd y mudiad yn hollti, a chwith a de yn chwerw yn erbyn y canol. Ceir naws y dwthwn yn rhifynnau dwyieithog *Cymru Ein Gwlad,* llais clymblaid groch o hen weriniaethwyr y pumdegau, gelynion heddychiaeth Gwynfor a J.E.Jones, a radicaliaid deallusol, hyddysg yn areithiau Tone ac Emmet.

Er nad dros yr iaith yn unig y gelwid am 'weithredu pendant' (clywid *'direct action'* yr un mor hyglyw), dan yr hinsawdd creadigol hwnnw cafwyd tir ffrwythlon i dderbyn neges herfeiddiol Saunders Lewis. Er i'r Beasleys ddangos y ffordd, llwybr unig iawn a droedient, hyd nes i'r Blaid fynd ag achos Gwynfor S.Evans i'r Uchel Lys. Roedd cyfreithwyr gwlatgarol yn pwyso eto am ddeddfwriaeth gallach, ond heb weld llawn werth yr arf gwleidyddol cryfaf a feddai'r Cymry. Yn y colegau, gwelid rhyw ddeffro. Wedi i griw Bangor gychwyn *Y Dyfodol* annibynnol, daeth *Llais y Lli* i Aberystwyth; a changhennau Plaid Cymru yn y dref a'r coleg ger y lli oedd canolbwynt yr anniddigrwydd gwleidyddol. Ystyrid cydfyfyrwyr sosialaidd yn anobeithiol o hen ffasiwn a phrydeinllyd; beiblau'r rhai 'iach' oedd *Tân yn Llŷn* a *Chofiant Emrys ap Iwan* (heb anghofio'i *Freuddwyd Pabydd yng Nghymru,* ail gyfrol). Yna daeth y Ddarlith, ar Chwefror 13, i roi cyfeiriad annisgwyl i fywyd coleg a difrifoldeb i'r mwydro tafarn.

Roedd rhai myfyrwyr, fel eraill ar y pryd, yn feirniadol o Saunders am 'ymosod ar y Blaid'—a phoenai yntau am yr adwaith cyntaf—ond lledaenodd y trafod ar yr angen am fudiad iaith, ac o'r tu mewn i Blaid Cymru yn Aberystwyth y daeth symud. Roedd Gareth Miles wedi digwydd cael dirwy, ar Chwefror 28, am gario ffrind ar far ei feic yn Ionawr. Cafodd

gefnogaeth cangen leol y Blaid i wrthod mynychu'r llys ar wŷs Saesneg fis union yn ddiweddarach. Yna dewisodd noson yn y ddalfa ar Fai 8, a thynnodd y llys drannoeth eu puntan o'i boced. Aeth y gangen â chynnig i gynhadledd y Blaid ym Mhontarddulais yn cefnogi achos Miles drwy ymgyrch i ennill gwysion Cymraeg. I drefnu'r ymgyrch honno daeth dwsin at ei gilydd yno, yn yr ysgol uwchradd ar Awst 4, ar y penwythnos gwlatgarol arferol cyn y Steddfod. Eu henwau oedd Cynog Davies, Hywel Davies, Robert Griffiths, Neil Jenkins, Geraint Jones, Handel Jones, Elizabeth a Phillip Lloyd, Gareth Miles, Rhiannon Silyn Roberts, a'r cynigwyr, Tedi Millward a John Davies. Etholwyd y ddau olaf yn ysgrifenyddion, i lythyru ag ynadon Aberystwyth a threfnu 'gweithgarwch pellach' os na cheid gwŷs Gymraeg yno.

Aeth y ddau arweinydd ati wedi'r gwyliau, a chael enw Huw T.Edwards ar gyfer gohebiaeth swyddogol. Yn y 'pwyllgor' cyntaf o griw lleol y Blaid yn y Ceffyl Gwyn, Aberystwyth—rhwng Hydref 20 a 25, adeg canfasio dros Lili Thomas—derbyniwyd awgrym Millward i aileni'r hen enw Cymdeithas yr Iaith Gymraeg. (Yr achlysur hwn a gymrwyd gan y mudiad yn ddyddiad sefydlu, am rai blynyddoedd, cyn mynd yn ôl at Awst 4.) Dylid cofio mai ymylol ydoedd hyn oll ym mywyd yr achos cenedlaethol ar y pryd, ac am gyfnod maith wedyn. Ond bu'r ysgrifenyddion wrthi'n ddyfal, yn lledaenu'r ymgyrch at feinciau a chynghorau Ceredigion a thu hwnt. Yn wir, ni pheidiodd John Davies â chenhadu am dair blynedd hir. Roedd dyfalbarhad o'r fath yn bur anarferol, a'r gwaith yn ddigon diddiolch, a checrus yn aml; mae'n anodd meddwl am neb arall â'i gwnaethai, heb hiwmor achubol yr athronydd ynddo ef. Ceir hanes twf y Gymdeithas hyd ddiwedd 1965 yn fanwl ddiddorol ganddo yn *Tân a Daniwyd.* Gwelwn nad mympwy fu arweiniad y ddau ohonynt; buont yn galw yn y wasg er diwedd y pumdegau am fudiad i achub y Gymraeg.

Roedd rhai o bleidwyr yr iaith yn edrych am arweiniad garwach, wrth gwrs, wedi anobeithio ei gael drwy Blaid Cymru. Diarddelwyd Neil Jenkins gan bwyllgor gwaith y Blaid am ymosod yn feirniadol ar ei llywydd. Roedd nifer o garfannau ledled y wlad yn paratoi i ymosod ar Dryweryn, a gorffennodd y flwyddyn gyda gweithredu go ddifrifol yno. Daliwyd dau weithiwr o'r cymoedd wedi iddynt bron â difa'r trosglwyddydd trydan; dihangodd eraill—myfyrwyr o Aber—dros y mynydd wedi rhoi'r gwaith ar dân gyda phetrol. Gwyddys y bu'n fwriad yng Nghaerdydd i feddiannu'r Post drwy drais, fel y Gwyddelod gynt. Yn wir, aeth criw arall o genedlaetholwyr Cymraeg i Ddulyn i weld y llenor Mairtin O'Cadhain, hen weriniaethwr, i drafod gwrthryfel arfog yng Nghymru.

Dyna beth o'r awyrgylch, felly. Ni chydiasai'r mudiad iaith yn y dychymyg eto, tan helynt Trefechan (a dichon mai hwnnw fu ei achubiaeth, pwy a ŵyr). Ond yn y diwedd efallai mai'r mudiad hollt hwn o Blaid Cymru a gadwodd y Blaid ei hun rhag chwalu, yn ogystal â throi Cymry ifainc oddi ar lwybr trais.

Uchaf: boddi Capel Celyn, achos y siom a'r deffro. (C) Uchod: Rag Aberystwyth tua 1961, Eurion John ar y blaen a Meic Stephens dan yr arch. (d/g M.S.)

Chwith ac isod: geiriau'r Blaid, o Lyfr Cronfa Gŵyl Ddewi 1959—ond dim ond geiriau.

ESIAMPL J.E.
Nans Jones

Cofiaf i J.E.Jones fod yn nhŷ ei frawd, os cofiaf yn iawn yn Llanfihangel Glyn Myfyr, ac roedd am ffônio Caerdydd. Roedd yn rhaid gofyn am y rhif drwy gyfnewidfa. Gofyn yn Gymraeg, cael ei wrthod. Gofyn iddynt, neu ddweud wrthynt, nad oedd angen gwybod dim ond y rhifau o 1 hyd 9. Bu trafodaeth, yna dywedodd y byddai'n rhoi cyhoeddusrwydd mawr os na fyddai un a allai siarad Cymraeg yno o fewn pythefnos, pan fyddai yno wedyn. Yn wir, y tro wedyn roedd yno un oedd yn gallu siarad Cymraeg.

Ymhen amser, pan oedd yn annerch—ni chofiaf pa le—dywedodd y stori, i drïo cael eraill i wrthod derbyn pan fyddai'r gyfnewidfa yn gwrthod rhoddi rhif drwy'r Gymraeg. Ar ddiwedd y cyfarfod, cododd gŵr ar ei draed a dweud: "Mae'r stori'n hollol wir. Bûm yn trïo am gyfnod maith cael dod yn ôl i Gymru—ac wedi safiad J.E. cefais fy symud i Gymru."

Medd yr **Henadur H. T. Edwards** (Tach. 14. 1958): "Tryweryn . . .darn bach o Gymru . . .yn gwbl Gymreig . . a'r dull Cymreig o fyw . . .y genedl ar ei gorau . . . .Mae gennyf eisiau dweud gyda phob difrifwch nad yw'r frwydr hon ar ben . . .Mae Tryweryn yn un mater y saif y genedl gyda'i gilydd arno . . .Oni chyfarfyddir ni, yna fe fydd inni ymladd."

Medd yr **Henadur Gwynfor Evans** mewn llythyr at y Prif Weinidog:

"Os bydd i ni Gymry oddef hyn, byddai'n fradychiad. Os anwybyddir pob ymdrech gyfansoddiadol a chyfreithiol i amddiffyn y dreftadaeth Gymreig, rhaid i'r amddiffyn barhau, ond mewn dulliau eraill."

A'r sumbol fwyaf o'r dianc o'r cefnu a'r gwadu a'r bradu yng Nghymru heddiw, yw Tryweryn. Daeth brwydr Tryweryn yn sumbol o'r frwydr dros hawliau iaith. hawliau cymdeithas a hawliau cenedl. Daeth i sefyll dros yr holl werthoedd sy'n gwneud bywyd yn werth ei fyw. Dyma ein gweledigaeth fwyaf; y sefyll yma, yr ymladd yma dros hawliau'r Gymdeithas Gymraeg fechan yma yn erbyn trais tref a chenedl estron.

Emyr Llewelyn Jones Ll 11/62

FEL HYN YR OEDD HI
Gwynfor Evans

Dygwyd dau ddiffynnydd o Landdeusant gerbron eu gwell yng nghwrt bach Llangadog ym 1941 am fethu â throi digon o dir. Dau ffermwr oeddynt a ddaeth i Landdeusant y flwyddyn cynt ar ôl cael eu taflu allan gan y Swyddfa Ryfel o'u ffermydd ar Fynydd Epynt. Gofynnodd y ddau i'r llys a gaent roi eu tystiolaeth yn Gymraeg. Caniatawyd hyn. Wedi'r cyfan, Cymry Cymraeg oedd pawb yno, yn glerc, yn heddlu ac yn ustusiaid. Ond Saesneg oedd iaith y llys, a dywedodd y clerc fod yn rhaid cyfieithu eu Cymraeg, a ddeallai pawb, i'r iaith fain.

Aeth plismon i nôl Mr W.J.Gravelle, cerddor Llangadog, a oedd yn byw o fewn canllath i'r cwrt. Efe oedd yn arfer gwneud y gwaith cyfieithu yn llys bach y pentref, ac fe'i gwnaeth y tro hwn yn ddigon di-fai. Wedi i'r fainc benderfynu ar ddirwy'r diffynyddion, ychwanegodd y clerc, *"You will pay Mr Gravelle his fee on your way out."*

Deallais wedyn mai fel hyn y bu hi erioed, ond ar y pryd roedd y cyfan yn sioc ysgytwol imi. Ni freuddwydiais y byddai'n rhaid cyfieithu tystiolaeth Gymraeg i'r Saesneg yn Llangadog, lle'r oedd y Gymraeg yn iaith bron i gant y cant o'r trigolion bryd hynny; llai fyth y byddai'n rhaid talu am gael siarad Cymraeg yno. Gwyddwn am y sefyllfa ym mhorthladdoedd Morgannwg pan ddeuai Arab neu Roegwr di-Saesneg i'r cwrt. Roedd darpariaeth yn bod i ddehongli ei dystiolaeth, heb ddim cost iddo wrth gwrs. Byddai codi tâl ar estron yn gwbl anghyfiawn. Dim ond Cymro oedd yn gorfod talu am roi tystiolaeth mewn iaith wahanol i'r Saesneg mewn llys yng Nghymru. Dim ond yr iaith Gymraeg a gaewyd yn llwyr allan o lysoedd barn Cymreig.

Adroddais am y digwyddiad i Bwyllgor Diogelu Diwylliant Cymru . . . Ailgydiwyd yn amcan Deiseb yr Iaith . . .

Er i'r Ddeddf [Deddf Llysoedd Cymru, 1942] gael effaith ehangach mewn mannau lle yr oedd argyhoeddiad ynghylch gwerth yr iaith, cyfyngwyd ar yr hawl gyfreithiol i siarad eu hiaith i Gymry uniaith, fel y profais pan ges fy ngwysio gerbron llys Llangadog am wrthod talu am drwydded radio. Gwrthodais fel aelod o Gymdeithas Gwrandawyr Cymru, a ffurfiasom am fod y BBC wedi symud yr amser pitw a gâi rhaglenni Cymraeg i donfedd sâl. Pan geisiais osod fy achos gerbron y llys yn Gymraeg fe dorrwyd ar fy nhraws. Yr aelod o'r fainc a roes daw arnaf oedd Mr Einion Evans, Glasallt, Llangadog, mab i chwaer Llewelyn Williams, cyn-aelod seneddol Caerfyrddin, a sefydlodd gangen Gymreig gyntaf Cymru Fydd, a hynny yn Y Barri.

Ond gellir dadlau mai ei gyfraniad mwyaf ymarferol i wleidyddiaeth Cymru oedd ei Ddarlith Radio — 'Tynged yr Iaith' ym 1962, a roddodd ffurf a phenderfyniad i syniadau oedd eisoes yn cyniwair, yn arwain at sefydlu Cymdeithas yr Iaith.

Nid gormod yw dweud i'r un darllediad hwnnw ohirio marwolaeth y Gymraeg beth bynnag am ei hachub.

C 4/9/85 ar farwolaeth Saunders Lewis.

Dde: Eileen Beasley a'i phlant Elidir a Delyth. (d/g E.B.)

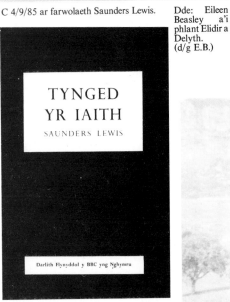

TYNGED YR IAITH

SAUNDERS LEWIS

Darlith Flynyddol y BBC yng Nghymru

Y ddarlith radio enwog. Dde: Hywel 'y Bom' Davies a Gareth Miles yn Ffrainc. (d/g G.M.) Isod: gwrthod talu'r ddirwy, am gario merch ar feic, yn arwain at sefydlu'r Gymdeithas.

To   Gareth Miles,

of Y Bwthyn, St. David's Road, Aberystwyth,   —

On the   28th   day of   February   , 19 62 ,

you were adjudged by the **Magistrates' Court** sitting at   Swyddfa'r Sir, Aberystwyth,

to pay the sum[s] shown in the margin hereof, and you have failed to pay the [said sum[s]] [balance of   ].

£	s.	d.
1	—	—

YOU ARE THEREFORE HEREBY SUMMONED to appear before the Magistrates' Court sitting at   Swyddfa'r Sir, Aberystwyth,

| 1 | — | — |

on Wednes day, the   28th   day of   March   , 19 62 ,

| 1 | — | — |

at the hour of   10-30   in the   fore   noon, unless the

Aelodau'r Blaid o Aber, Llys Ynadon Y Bala wedi achos 1af Tryweryn: Peter Meazey,   , Dave Pritchard a Dai Walters y gweithredwyr, Gwynfor Evans, Gareth Roberts, Geraint Jones, Donald Evans, Dyfrig Thomas. (NWC)

MERCHED YN BENNAF (1): EILEEN
Geraint Jones

Cyhoeddodd y Parch Owen Evans, DD, lyfr poblogaidd yn ei oes o'r enw *Merched yr Ysgrythurau*. Roedd i ferched le pwysig yn hanes yr achub. Felly'n ddiau yn hanes brwydr yr iaith yng Nghymru. Pan eir ati i groniclo'n gyflawn hanes y chwarter canrif a aeth heibio—a chyn hynny—fe fydd gan y merched le hanfodol ac anrhydeddus yn yr epig honno. Caniatewch i mi grybwyll tair ohonynt.*

EILEEN BEASLEY. Dyma'r wraig a warchododd Gymdeithas yr Iaith yn y groth fel petai. Gweithredodd yn arloesol ddewr, hi a'i phriod Trefor, cyn geni'r Gymdeithas. Daeth geiriau Saunders Lewis yn ei ddarlith 'Tynged yr Iaith' bellach yn gyfarwydd i ni oll: 'Dengys esiampl Mr a Mrs Beasley sut y dylid mynd ati...Eler ati o ddifri a heb anwadalu i'w gwneud hi'n amhosibl dwyn ymlaen fusnes llywodraeth leol...heb y Gymraeg.'

Bu'r Beasleys yn gyfranwyr brwd i frwydr yr iaith gydol y blynyddoedd ac yn gyfranwyr llawen iawn. Magwyd eu plant er yn ieuainc i garu Cymru ac i frwydro erddi. Un tro sorrodd y ferch fach, Delyth, am na chafodd ddod i un o brotestiadau'r Gymdeithas. Ymateb nodweddiadol ei mam oedd hyn—'i wneud iawn am ei cholled, cafodd y fraint o ddal y Ddraig Goch yng Nghaerdydd' mewn protest a foicotiwyd gan fwyafrif 'arweinyddion' Cymdeithas yr Iaith, er mai bwriad y cyfarfod oedd protestio yn erbyn carchariad yr ysgrifennydd ar y pryd. Ychwanega: 'Does dim fel eu dysgu i wneud yn ifanc.' Clywch, clywch, meddwn innau, fel un a fu'n molicodlio'r hogan fach ar aelwyd groesawus y bwthyn clyd yn Llangennech ers talwm, tra'n cynllwynio â'i rhieni i roi Cymru ar dân a gweddnewid gwareiddiad!

Dylsai pob calon Gymreig gynhesu wrth glywed enwi Eileen a Threfor Beasley a'r sôn am eu brwydr unig, arloesol ac aberthol, ac yn wir, pellgyrhaeddol. Mae ein dyled yn fwy iddynt nag a dybia'r un ohonom.

[*Gweler o dan 1964 a 1965]

ACTION
Focus now shifted to the Welsh language and John Davies, E. Millward, Beryl Mitchell and Elystan Morgan all spoke in favour of Direct Action to compel recognition of the language in Welsh-speaking areas, an Aberystwyth motion was enthusiastically endorsed by the Conference.

Cynhadledd y Blaid, Awst WN 9/62

LI 3/62

C 25/10

Y LLYWIAWDWYR CYNNAR (1): OFNI'R GWAETHAF
Geraint Jones

Diwrnod tra phwysig yn hanes y Gymru fodern oedd dydd Sadwrn y 4ydd o Awst, 1962, diwrnod sefydlu Cymdeithas yr Iaith Gymraeg. Gallaf gofio'n glir, 'fel doe gwedi yr êl heibio', y cyfarfod a gynhaliwyd mewn ystafell ddosbarth yn Ysgol Pontarddulais lle cynhelid Ysgol Haf Plaid Cymru, y blaid roedd llawer ohonom wedi colli ein ffydd ynddi ers methiant mawr Tryweryn.

Ni welai'r Blaid yr iaith Gymraeg fel arf gwleidyddol gwerth cyffwrdd ynddo. Gwleidyddiaeth Seisnig seneddol oedd maes chwarae eu 'gwleidyddiaeth' hwy. I'r rhai hynny ohonom oedd wedi diflasu ar bolitics y 'wên fêl yn gofyn fôt' roedd y bwriad i sefydlu mudiad iaith chwyldroadol a deinamig yn rhywbeth cyffrous a gwefreiddiol. Ond cawsom ein siomi o'r dechrau. Cofiaf y tri 'chenedlaetholwr pybyr' a gerddodd allan o'r cyfarfod pan ynganwyd y geiriau bradwrus a pheryglus 'torcyfraith'...

A chofiaf, ym misoedd cyntaf babandod y mudiad newydd-anedig, y ddadl ynglŷn â'i enw (hadau ymrannu a ffrwydrodd yn ddiweddarach)... yn fwyaf arbennig oherwydd yr agwedd a'r awgrym oedd ymhlyg yn y gair clustog-aidd-gapelaidd-bwyllgorol 'Cymdeithas', agwedd a oedd, ysywaeth, i deyrnasu yn arweinyddiaeth y Gymdeithas am y tair blynedd cyntaf. Digwyddodd protestiadau Llythyrdy Aberystwyth, Pont Trefechan a rhai achosion llys unigol er gwaethaf yr agwedd hon. Dadleuodd Emyr Llewelyn a minnau dros yr enw 'Cyfamodwyr', enw adnabyddus a llawn arwyddocâd i ddarllenwyr Emrys ap Iwan. Ac roedd yn enw llawer mwy addas i'r math o weithgaredd y tybiem ni y byddai'r mudiad newydd yn ymgymryd ag o. Roeddem yn ofni'r gwaethaf ...

[Y dyfyniadau uchod, a'r rhai isod o dan 1964-66, o'i erthygl deipysgrif faith 'Cymdeithas yr Iaith Gymraeg—y Llywiawdwyr Cynnar (1962-67)']

WM 3/10

WM

John Davies yn fyfyriwr yng Nghaergrawnt. Ef a Tedi Millward oedd arweinwyr Iaf y Gymdeithas, a rhoes hanes y cyfnod cynnar yn *Tân a Daniwyd*, 1976 (isod).

DG 6/62

Un peth rwy'n gwbl sicr ynglŷn ag ef yw y buom yn llygad ein lle wrth sefydlu corff tu allan i Blaid Cymru. Pe bai'r ysfa am weithredu pendant a nodweddai leiafrif sylweddol o bleidwyr ddechrau'r chwedegau wedi'i gau i fewn yn rhwystredig ym Mhlaid Cymru fe fyddai wedi rhwygo'r Blaid a'i gadael yn ddiymadferth am genhedlaeth, ac ni fuasai na Chaerfyrddin na Meirionnydd, na Chaernarfon na Merthyr Tudful. Er gwaethaf yr honiad fod gweithgareddau'r Gymdeithas wedi colli Caerfyrddin i Gwynfor ym 1970, bu twf y Gymdeithas yn llesol i'r Blaid a bu twf y Blaid yn llesol i'r ymdrech dros statws swyddogol i'r Gymraeg. Gwireddwyd geiriau Graham Hughes y byddai mudiad iaith ymosodol yn "gwanhau Plaid Cymru dros dro ond yn ei chryfhau yn y pendraw drwy ddeffro'r ymwybyddiaeth genedlaethol".[60] A llawn mor bwysig, arweiniodd ymdrechion y Gymdeithas at gymod o fewn Plaid Cymru ei hun.

1963

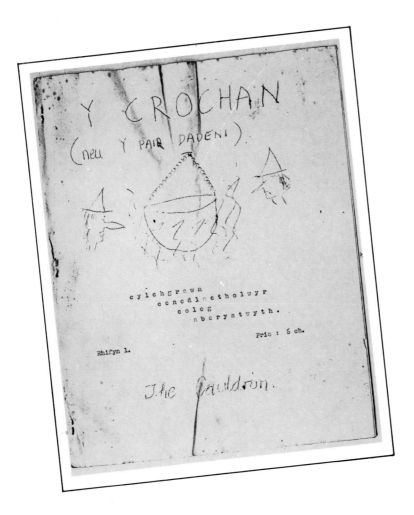

Annibyniaeth i Kenya, Nyasaland, Zanzibar; Nigeria yn weriniaeth

Ffurfio Malaysia

Llofruddio John F.Kennedy, arlywydd UDA; Martin Luther King yn arweinydd brwydr hawliau'r duon, a'r daith ryddid i Washington

Gwrthryfel y Kurdiaid yn Iraq, rhyfel maith arall

Dienyddiad 1af Affricanwr dan ddeddf derfysg, De Affrica

Y ferch 1af i'r gofod, U Sofiet

Y Pab Pawl VI yn olynu Ioan XXIII

Dringfa unigol 1af wyneb gog yr Eiger

Blwyddyn y Beatles yn Lloegr; archladrad y trên, £2½ m; llongau tanfor niwclear 1af, cytundeb Polaris gyda UDA; cytuno â Ffrainc ar dwnel rheilffordd tanfor; helynt Profumo, y gwein rhyfel, a'r puteiniaid; Kim Philby yr ysbïwr yn ffoi i Rwsia

Rhew ac eira tan y gwanwyn

Bom MAC yn Nhryweryn, Chwefror 10, a Gellilydan; arestio Emyr Llewelyn, Owain Williams a John Albert Jones, carcharu 2 am flwyddyn

Helynt Llangyndeyrn, cynllun corfforaeth Abertawe i gronni Gwendraeth Fach

Cyhoeddi sefydlu Swyddfa dros Gym yng Nghaerd, Ebrill; Keith Joseph yn wein dros faterion Cym

Adroddiad Beeching, cau'r oll ond 4 rheilffordd yng Nghym, a ⅔ o'r gorsafoedd (190)

Comisiwn ffiniau llywod leol Cym yn argymell 7 sir newydd

Methiant Teledu Cym, Mehefin; i'w lyncu gan TWW

Safle barhaol Llanelwedd i Sioe Amaeth Cym

Cym 6 Lloegr 13, rygbi, y gurfa olaf ganddynt am ¼ canrif ar B yr Arfau; Casnewydd yn trechu Seland Newydd 3-0

Alec Douglas Home yn olynu Harold Macmillan yn brifwein; Harold Wilson yn arwain Llaf

Gwrthod mynediad Gwl Pryd i'r Farchnad Gyffredin

Codi oed carcharu i 17

Diweithdra, Rhagfyr, 2.9% (28,694)

Marw Griffith John Williams

Eist Gen Llandudno; Eist yr Urdd Brynaman; Gŵyl G Dant Rhuthun

Ysgol uwch Gym Morgan Llwyd, Wrecsam

Penodi pwyllg Hughes-Parry, ar statws gyfreithiol y Gym

Ymgyrch Alwyn D.Rees ac Urdd y Graddedigion rhag chwalu'r Brif

Ymgyrch Pwyllg Cydenwadol yr Iaith Gym dros addysg Gym; rhodd £10,000 Trefor a Gwyneth Morgan i sefydlu Cronfa Glyndŵr at ysgolion Cym

Cynan yn olynu Trefîn yn archdderwydd

Sefydlu Ysgol Benwythnos Cymd Alawon Gwerin Cym

Agor theatr ac oriel Y Gegin, Cricieth

Adroddiad ar yr Iaith Gym Heddiw (Aaron, C Cymru), Tachwedd, yn argymell statws swyddogol a chorff gwarcheidiol parhaol

R.Tudur Jones yn gol *Y Ddraig Goch* (tan 1970)

Y Gwyddonydd rhif 1; *Hon* rhif 1; *Rhyddid* rhif 1 (y Wladfa Gydweithredol)

Gŵr o Baradwys Ifan Gruffydd; *Pum Drama Fer* W.S.Jones; *Cyngor Canol i Gymru* Gwilym Prys Davies

Cyh 109 o lyfrau Cym

Wynebddalen:
Deffroad ac anniddigrwydd y myfyrwyr

Roedd dyrnaid o gefnogwyr y mudiad newydd wedi llwyddo i gael gwysion (rhai Saesneg), er mwyn eu gwrthod. Bu achos llys cyntaf Cymdeithas yr Iaith yn Aberystwyth yn Ionawr, pan droseddodd dau fyfyriwr, ar feic eto, a dau ddarlithydd (mewn ceir, wrth gwrs). Gan nad oedd gan bawb gar yr adeg honno, na delwedd gyhoeddus i'r ymgyrch, galwyd pobl ynghyd i Aberystwyth i geisio torri'r gyfraith gyda'i gilydd.

Ymddangosodd tua 70 ar y diwrnod tyngedfennol, Sadwrn oer Chwefror 2, o'r ddau goleg yn bennaf, ynghyd â rhai o garfan radicalaidd 'ddi-Gymraeg' y Blaid, a oedd â'u nyth yn y Garth Newydd, y tŷ agored ym Merthyr. Wedi cyfarfod trefnus yn yr Home Cafe, cafwyd pnawn difyr, wedi'r nerfusrwydd cyntaf, yn torri llythyren rhyw gyfraith â llwyth o bosteri newydd sbon y Gymdeithas. Ond dim arestio, er i Tedi Millward edliw ei orau i'r Arolygydd. Yn ôl i'r caffi am bost mortem brwd. Ofnai rhai mai dyna ddiwedd ar y mudiad oni cheid arestio rywsut. Gadawodd hanner y gynulleidfa, heb yr arweinwyr, i fynd i atal prif wythïen y dref ar bont Trefechan. Er na allodd y weithred barhau yn hir iawn, dan wylltineb gyrwyr ac ymyrraeth bechgyn lleol, ac er mai gwylio o hirbell a wnâi'r heddlu o hyd, cafwyd cyhoeddusrwydd anhygoel. Roedd y *language of heaven* ar bob tudalen flaen wedi'r bedydd tân angenrheidiol hwnnw.

Enillwyd gwŷs Gymraeg yn syth o Gaerdydd, ac addasiadau o rai Saesneg o Borth Talbot a mannau eraill, ac yn Ebrill rhoes y Swyddfa Gartref hawl i ynadon i wysio yn Gymraeg. Ni phlygodd llys Aberystwyth am flwyddyn arall (i Geraint Jones); gwrthodai llawer am ddegawd gyfan, a deil rhai i wrthod heddiw. Aed â'r gwynt o hwyliau'r ymgyrch am sbel wedi cynhyrfu'r wlad gan y weithred fawr yn Nhryweryn, ar Chwefror 10, wythnos wedi Trefechan, a dal myfyriwr adnabyddus o Aber yn fuan wedyn. Achosion llys a charchariadau Emyr Llywelyn a'i gymheiriaid aeth â'r sylw drwy gydol y gwanwyn.

Roedd ffyddloniaid y Gymdeithas yn weithgar o hyd, heb arian nac adnoddau, yn ymgyrchu am wŷs neu'n mynd i'r afael â chyrff cyhoeddus a busnes, a deisebu pwyllgorau addysg Môn ac Arfon. Yn y cyfarfod cyffredinol cyntaf ym Mai, etholwyd cadeirydd gan ryw ugain o gefnogwyr, a phenderfynu hel aelodaeth ffurfiol a llunio polisi i sicrhau statws swyddogol i'r Gymraeg. Cytunwyd i dorri'r gyfraith wedi i ddulliau cyfreithlon fethu, ond nis gwireddwyd ar y pryd; darlithwyr neu athrawon oedd yn arwain, heb fod yn rhydd nac yn awyddus i boethi'r ymgyrchoedd yn null Trefechan. Roedd rhai o fyfyrwyr Aber yn bur anfoddog: buont yn Llangyndeyrn i gynnig help i'r Parch. William Rees a'i ddewrion, a gwelir taranu blin yn nau rifyn *Y Crochan,* cylchgrawn y Blaid yn y coleg. Nid oedd y mwyafrif yn poeni, serch hynny. Criw bychan o gyfeillion ym Mhlaid Cymru oedd y Gymdeithas o hyd; bu'r myfyrwyr yn brysurach yn deisebu'r colegau, neu ar bwyllgor ieuenctid y Blaid.

Yna, ar Orffennaf 30, cyhoeddodd y Gweinidog dros Faterion Cymreig, Keith Joseph, ei fod yn sefydlu Pwyllgor David Hughes-Parry 'i egluro statws cyfreithiol yr Iaith Gymraeg, ac i ystyried a ddylid gwneud cyfnewidiadau yn y gyfraith'. Hwn oedd penllanw'r ymdrech hir gan Blaid Cymru, a Chymry ym myd y gyfraith, i gael tegwch i'r iaith; bellach ofnid rhagor o derfysg fel Trefechan. Rhoddesid Cyngor Cymru ar waith hefyd, a daeth adroddiad Aaron cyn diwedd y flwyddyn gyda darlun gwerthfawr o'r sefyllfa, ac argymhellion diamwys (a anwybyddwyd, wrth gwrs). Rhwng popeth, crewyd disgwyliadau mawr.

Rhoes y Gymdeithas ifanc ei gobaith pennaf yn nwylo'r dywededig Hughes-Parry. Yn y cyfarfod blynyddol cyntaf, penderfynwyd gohirio gweithredu torcyfraith; parhaodd y cadoediad, enwog bellach, am ddwy flynedd. Rhyw ugain a oedd yno eto, o blith aelodaeth o gant a hanner, i ddewis swyddogion rheolaidd i'r mudiad. Yn yr Eisteddfod cafwyd y stondin gyntaf, ac ymgyrch i Gymreigio'r maes. Yno hefyd galwodd y Gymdeithas y mudiadau gwlatgar at ei gilydd dan gadeiryddiaeth Tom Jones; dyna'r ymgais gyntaf ers y rhyfel i geisio uno i achub yr iaith. (Yn naturiol, ni fynegodd hufen y genedl lawer o awydd i weithredu gwersi'r Ddarlith Radio, ond cafwyd Cyngor Cyswllt a llawlyfr blynyddol digon defnyddiol.) Yn y cyfamser, aethai'r swyddogion ati i hel tystiolaeth i'w chyflwyno i Hughes-Parry yn Hydref, a'u cyfarfod y mis canlynol i argymell deddfu ar wahân yn yr ardaloedd Cymraeg. Ceisiwyd sefydlu canghennau i'r mudiad, a phwyso ar y Post a chwmnïau masnachol, a gofyn am arwyddion ffyrdd Cymraeg cywir. Oherwydd y cadoediad, roedd yn anodd creu mudiad cenedlaethol bellach. Ond, yn yr hirlwm, daeth un dyn arloesol i'r adwy.

Ym Mangor, gan Owen Owen (Owain wedyn, fel yr hysbysodd, wedi Calan 1965) a'i gefnogwyr yr oedd yr unig gangen go-iawn. Wedi magu profiad yn herio'r coleg gwrthnysig, aeth ati fel mudiad ynddo'i hun. Cenhadodd sefydliadau cyhoeddus a masnach ei ardal yn drylwyr, ac yna dosbarthu miloedd ar filoedd o'i daflenni nodedig drwy'r wlad. Ei gymwynas fwyaf fu sefydlu *Tafod y Ddraig,* y ceir ei hanes rhyfeddol ganddo yn *Tân a Daniwyd.* Fe dyfodd mewn chwe mis o ddalen ddyblygedig 400 copi i gylchgrawn gloyw â chylchrediad o 2500, gyda stamp newydd miniog ar ei holl gynnwys. Cofiwn am ei dddywediadau, fel 'gorau addysg, ediwceshion' neu 'canmol dy fro, a thrig yno o leiaf unwaith y flwyddyn'; ei fathiad enwocaf oedd 'y Fro Gymraeg' ('enillwn y Fro Gymraeg ac fe enillwn Gymru; oni enillir y Fro Gymraeg, nid Cymru a enillir'). Mae cenhedlaeth gyfan yn ddyledus iddo am ein haddysgu a'n herio; eglurai'n fanwl sut i fynnu defnyddio'r Gymraeg yn gyhoeddus, a dyfeisiai ymgyrchoedd newydd ar ran y mudiad.

Cawsai Owen y syniad am enw'r cylchgrawn o awgrym Alcwyn Evans am fathodyn. Lluniodd hefyd gynllun sy'n hynod o debyg i'r 'tafod' crwn presennol [gw. *ysgrif Robat Gruffudd*]; ond tafod sgwâr a fabwysiadwyd yn fathodyn cyntaf Cymdeithas yr Iaith. Mae gan Ddafydd Iwan frith gof am weithio arno—yr un sgwâr efallai, does ganddo fawr o syniad bellach! Prun bynnag, mae'r hen fathodyn yn grair diddorol heddiw.

Students refuse to pay 10s. fines

Western Mail Reporter

TWO university students refused to pay fines imposed on them yesterday by Aberystwyth magistrates after they had been convicted of riding together on a woman's bicycle through one of the town streets.

Emyr Llewellyn Jones (20), of Terrace Road, and Geraint Jones (20), of Marine Terrace, Aberystwyth, were each fined 10s.

Both men refused to plead to the charge against them. They also turned down an opportunity to give evidence and declined to call any witnesses.

10s. from money

Police-inspector Islwyn Davies said Emyr Jones had £24 15s. in his possession when arrested. Geraint Jones had none.

The magistrates ordered the police to take 10s. out of Emyr Jones's money.

Geraint Jones turned down an offer of time to pay the fine and was taken into custody by the police.

All the evidence was translated into Welsh by the clerk of the court, Mr. Humphrey Roberts.

Police-constable B. Griffiths said he saw Geraint Jones sitting astride the saddle on a woman's bicycle with his feet dangling on the road. Emyr Jones was in front and had his feet on the pedals.

When stopped, Emyr Jones was alleged to have said, "We can go faster like this."

A lecturer at the university college, Edward Glynne Millward (32), of South Marine Terrace, Aberystwyth, was fined 10s. for parking his car with no lights in Quay Street, Aberystwyth, on December 5.

Millward, who pleaded guilty, elected to pay his fine at the clerk's office later in the day.

Police - constable B. S. Crowdie, giving all his evidence in Welsh, said Millward told him that he had a parking light but did not know how to fit it on the car. He intended taking the car into a garage to do it.

A case against a second lecturer, John Illtud Daniel (25), of parking his car in a prohibited area was adjourned for a week.

Refused bail

Inspector Davies said the police officer concerned was away on training and would not be available until next Wednesday.

He asked that Daniel be released on bail in the sum of £10. Daniel refused bail and said he had no objection to appearing in court provided the police could arrange for someone to take him there. Inspector Davies said this could be arranged.

Garthnewydd, Merthyr, tynfa 'chwyldroadwyr' y de, dan eira mawr '63. (d/g M.S.)

Ymunwch â

CHYMDEITHAS

YR IAITH GYMRAEG

er mwyn ymladd

dros eich hawliau

Manylion oddi wrth

JOHN DAVIES

Parc Bach, Dol-y-bont

Borth, Ceredigion

Chwith: WM 1/63
Isod: Huw T.Edwards y Llywydd 1af, a'i gyfaill David Lloyd y canwr. (C)

CYMDEITHAS YR IAITH GYMRAEG FFURFLEN YMAELODI

AMCANION

1. Sirchau statws swyddogol i'r Gymraeg yn gydradd a'r Saesneg mewn gweinyddiaeth a llywodraeth.

2. Argymell statws swyddogol i'r Gymraeg yn gydradd a'r Saesneg ym myd masnach.

Lle bo dulliau cyfreithlon yn methu, mae'r Gymdeithas yn barod i ddefnyddio dulliau anghyfreithlon.

Yr wyf yn cydweld a'r amcanion uchod ac yn awyddus i fod yn aelod o Gymdeithas yr Iaith Gymraeg. Amgaeaf 2/6.

I'w anfon at E. G. Millward, Coleg Prifysgol Cymru, Aberystwyth.

C 23/5 Isod: Y cerdyn aelodaeth 1af, ond rhoddwyd y cymal 'torcyfraith' ar ail fersiwn, tuag Awst.

CYMDEITHAS YR IAITH GYMRAEG

CERDYN AELODAETH

AMCANION

1—Sicrhau statws swyddogol i'r Gymraeg yn gydradd a'r Saesneg mewn gweinyddiaeth a llywodraeth.

2—Argymell statws swyddogol i'r Gymraeg yn gydradd a'r Saesneg ym myd masnach.

Beth wyt ti fyfyriwr doeth am ei wneud ar ôl cael dy radd anrhydeddus; cael swydd coler a thei; dysgu mewn ysgol ynteu ddarlithio mewn Coleg. Nid llawer ohonom mae'n siwr sydd am wisgo clocs a chrys gwlanen i weithio yn y dom a'r stecs ar fferm yng nghefn gwlad Cymru. Ond dyna wna dau gyn-fyfyriwr o Aber. Dau fyfyriwr anghyffredin meddech chi. Ie siwr, a fferm anghyffredin hefyd.

Y WLADFA

Eu hamcan yw ceisio sefydlu gwladfa Gymraeg. Pryderant oherwydd i gefn gwlad Cymru gael ei disbyddu'n llwyr o'i doniau gan y Gyfundrefn Addysg a'r diweithdra. Gwyddom yn dda hefyd fel y mae llawer o'r bobl ieuanc heddiw yn casâu bro eu mebyd; mae'r lle'n farw iddynt, ac ni wyddant ddim am ei hanes a'i thraddodiadau. Cred y ddau lanc y gellir trwy fod yn esiampl, gael y bobl ifainc i barchu'r gymdeithas y codwyd hwy ynddi.

Pwrpas y wladfa yw helpu gosod sail dadeni cenedl y Cymry, trwy greu uned gymdeithasol drwyadl Gymraeg ym mhob agwedd o'i bywyd, ac felly ddylanwadu'n gryf ar y gymdogaeth a'r wlad yn gyffredinol.

Sôn am Cynog Davies a Hywel Davies, Pledrog, Talgarreg, un o ganolfannau cynnar y Gymdeithas DG 7/63

Hunger-strike student in gaol switch

Western Mail Reporter

EMYR Llewellyn Jones, the Welsh student gaoled for a year for his part in a Tryweryn Reservoir explosion, is on hunger strike and has been transferred to another prison, where he may be forcibly fed.

Emyr Llew, cyn ei garcharu am amddiffyn Tryweryn. (WM)

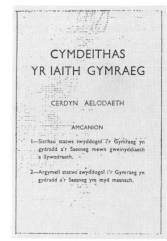

MUDIAD AMDDIFFYN

Un o'r pethau cyntaf a bwysleisiodd Owen Williams oedd iddo ef, Emyr Llew a John Albert weithredu fel rhan o Fudiad Amddiffyn Cymru ac nid yn enw Plaid Cymru. "Nid oes gennym gysylltiad o gwbl a phobl fel 'Cymru Ein Gwlad' a 'Meibion Glyndwr' — pobl anghyfrifol sy'n gweld bai ar y Blaid a'i harweinwyr; pobl sy'n gweiddi am i eraill weithredu ond na wnant ddim eu hunain i amddiffyn Tryweryn rhag rhaib Corfforaeth Lerpwl."

Aeth rhagddo i wneud y datganiad pwysig hwn: "Nid gwrthryfela yn erbyn y Blaid oedd ein bwriad; yn hytrach rhoi hwb ymlaen ac ar yr un pryd ddangos i Lywodraeth Lloegr beth allem ei wneud pe byddai raid."

DG 7/63

At John Davies

O Dy'r Ysgol, Bwlch-llan, Llanbedr Pont Steffan, Ceredigion

RHODDWYD GWYBOD imi heddiw gan Francis Neal, Prif Arolygydd, ar ran Cwnstabl Terence South 36D o'r Heddlu, eich bod chwi ar y 29ain dydd o Dachwedd diwethaf yn y Ddinas a enwyd uchod, yn anghyfreithlon, yn ystod oriau'r tywyllwch, sef am 11p.m., wedi peri i gerbyd modur fod ar y ffordd a enwir "North Road", yn groes i Adrannau 1 a 12 o Ddeddf Goleuo Trafnidiaeth y Ffyrdd 1957, gan nad oedd i'r cerbyd ddwy lamp, ill dwy yn dangos tua'r cefn olau coch gweladwy o bellter rhesymol.

GWYSIR CHWI FELLY TRWY HYN i ymddangos ger bron yr Ynadlys a eistedd yn y Llysoedd Cyfraith, Caerdydd, ar Ddydd Mercher yr 20fed dydd o Chwefror nesaf, am 10.30 o'r gloch y bore i roddi ateb i'r wybodaeth uchod.

Dyddiedig y 8fed dydd o Ionawr 1963

Guy Sixsmith

Ynad Heddwch dros Ddinas Caerdydd

Goleuadau cerbyd modur

Y wŷs a gafodd John. Cyfeiria Mr Rees at gopïau yn JP 30/3 Isod: C 17/1

BYDD rhyw ddeugain o Gymry ieuanc. ar wahoddiad Cymdeithas yr Iaith Gymraeg a sefydlwyd ryw flwyddyn yn ol, yn cyfarfod ddechrau'r mis nesaf gyda'u bryd ar dorri'r gyfraith yn eu hymgyrch i Gymreigeiddio holl weithgareddau swyddogol Cymru. Pwysleisir, fodd bynnag, mai "mewn ffordd gwbl gyfrifol" ac mewn "rhyw fodd diniwed" y gweithredir wrth dorri'r gyfraith.

Cynllun Owen Owen mewn llythyr at John Davies haf '63, seiliedig ar awgrym Alcwyn Evans am fathodyn o 'dafod' y ddraig. Pwy wnaeth yr isod?

SIAREDIR

CYMRAEG

YMA

Arwydd ffenest gan Gangen Bangor, a wrthodwyd gan y Gymdeithas wedyn.

Cafodd Dyfrig Jones wŷs Saesneg wedi ei llenwi yn Gymraeg gan Lys Port Talbot 19/1

Y GWYSION CYMRAEG CYNTAF
Ioan Bowen Rees

Wedi darllen *Y Cymro*, anfonaf atoch gopi o ysgrif a ysgrifennais ym 1963 sydd yn cynnwys geiriau'r gwysion cyntaf yn yr iaith Gymraeg, heblaw am rai Patagonia.

Gofynnwyd am wysion Cymraeg gan Mr John Davies, ac ymgynghorodd Clerc Ynadon Caerdydd, Mr Harry Lloyd, â mi ynglŷn â'r gyfraith ar y mater. Llwyddais i'w berswadio y buasai gwŷs Gymraeg yn gyfreithlon, a chytunodd ef i anfon rhai at John Davies, yn amodol ar gytundeb yr Ynad Cyflog, Mr Guy Sixsmith.

Roedd hyn ar y dydd Gwener cyn i Gymdeithas yr Iaith eistedd i lawr ar bont Trefechan. Cyflwynais y gwysion Cymraeg i Mr Sixsmith cyn iddo fynd i mewn i'r Llys ar y bore Llun canlynol, Chwefror 4ydd. Erbyn hyn, wrth gwrs, roedd gennyf ddadl ychwanegol, sef yr angen i osgoi unrhyw helynt tebyg i bont Trefechan yng Nghaerdydd. O ran tegwch iddo ef, mae'n ddigon posibl y buasai Mr Sixsmith wedi arwyddo'r rhai Cymraeg beth bynnag.

16 Ionawr, 1963.

Annwyl

Yr ydym ni, y genhedlaeth ifanc yng Nghymru, yn ymwybodol iawn o'r safle israddol a diurddas sydd i'n hiaith ym mywyd ein cenedl. Teimlai cenedlaetholwyr y gorffennol na ellid datrys y broblem hyd nes y ceid hunanlywodraeth. Ond, erbyn hyn, mae'n argyfwng arnom ac ni allwn fforddio aros tan hynny. Felly mae'n rhaid i ni wynebu'r rhai sydd 'nawr mewn awdurdod yng Nghymru, a'u trechu.

Gan fod popeth ym mywyd cyhoeddus Cymru yn hollol Seisnigaidd o ran iaith, mae'n broblem i feddwl ple i ddechrau. Yn ffodus mae un ymgyrch arbennig wedi codi bron trwy ddamwain. Ymgyrch yw hon i gael gwys yn Gymraeg yng Ngheredigion. Nid ydym yn meddwl bod cael gwys yn Gymraeg yng Ngheredigion yn beth hollbwysig ynddo'i hun. Yr ydym yn meddwl ei bod hi'n hollbwysig i ni ddangos i'r awdurdodau bod yna gnewyllyn o bobl sy'n barod i sefyll yn gadarn ar yr egwyddor o statws swyddogol i'r iaith Gymraeg.

Felly, yr ydym wedi dewis achos y gwys fel achos prawf. Y mae pum person eisoes wedi gwrthod derbyn gwys Saesneg yn Aberystwyth. Ysgrifenasom lythyr at ynadon Aberystwyth yn gofyn iddynt gyhoeddi'r gwys yn Gymraeg. Nid oes unryw arwydd eu bod yn bwriadu cydsynio a'n cais. Methodd y dulliau hyn. 'Nawr, 'does gyda ni ddim dewis ond mynd a'r maen i'r wal drwy ddulliau eraill.

Felly, penderfynasom alw ynghyd y rhai sy'n awyddus i wneud rhywbeth dros yr iaith Gymraeg. Erfynwn arnoch i ymuno a ni yn Aberystwyth ar yr ail o Chwefror, 1963. Yno bwriedir i chwi fynd ati mewn ffordd gwbl gyfrifol i dorri'r gyfraith mewn ryw fodd diniwed er mwyn sicrhau y bydd yr ynadon yn anfon gwys atoch. Pan ddigwydd hynny, byddwch chwi yn anfon y gwys Saesneg yn ol ac yn hawlio un yn Gymraeg. Gobeithiwn y bydd tua 40 yn bresennol. Yn wyneb gweithred o'r fath yma ac yn wyneb y cyhoeddusrwydd fydd yn dilyn (bydd camerau T.W.W. yno), ni fydd gan yr ynadon ddim dewis ond ildio. Mae'n rhaid i ni gael buddugoliaeth yn yr ymgyrch yma. Bydd y ffordd yn glir wedyn i ni Gymreigeiddio holl weithgareddau swyddogol Cymru.

Awgrymwn mai'r ffordd rwyddaf o dorri'r gyfraith yw trwy roddi posteri i fyny ar furiau adeiladau cyhoeddus. Bydd gennym bosteri ar eich cyfer. Ond erfynwn arnoch i ymddwyn yn gyfrifol. Os cawn ni ateb boddhaol oddiwrth yr ynadon cyn Chwefror yr ail, anfonwn atoch yn syth.

A fedrwch chwi ddod ar Chwefror yr ail?

A oes gennych chwi gar?

A oes arnoch eisiau llety yn Aberystwyth noson Chwefror 2?

Byddwn yn cwrdd yn yr Home Cafe (lan llofft) am ddau o'r gloch. Rhoddwch eich ateb ar gefn y cylchlythyr hwn a'i anfon yn ol i mi i'r cyfeiriad uchod mor fuan ag y medrwch. Os gwyddoch chwi am rywrai eraill a fydd yn diddori, anfonwch eu henwau i mi.

Cylchlythyr John Davies ar ran y ddau Ysg. 16/1

DYDDIADUR (1): MAE'R FRWYDR WEDI DECHRE
Dafydd Iwan

[Handwritten letter reproduced at top left]

Detholiad o lythyr Robat Gruffudd at John Davies tua 27/1 Isod: bws Bangor ar ei ffordd i Aberystwyth, gyrrwr Leslie Gwyn Jones o Fethesda. (C)

Bu dau gyfarfod yn y Home Cafe dan arweiniad Tedi Millward, un cyn y weithred 1af, a phost mortem brwd cyn Trefechan. (C)

Nos Sul Chwefror 3

Ddoe ddwetha daeth criw hwyliog Aber yn fyw o flaen fy llygaid; *Chwefror yr Ail, 1963*, a Chymdeithas yr Iaith yn torri'r gyfraith o bwrpas er mwyn hawlio gwŷs yn Gymraeg . . . rwyf newydd fod yn y gegin yn gweld ffilm o'r brotest ar y teledu; gwelais Gwil [Gwilym Tudur] a Gareth Miles ac eraill, a chawsant ffrwgwd go wyllt ar y ffordd. Un brotest fach dros yr iaith yng Nghymru ac y mae'n cyd-Gymry yn elynion ffyrnig ar unwaith. Hoffwn petawn wedi gallu bod yno. Mae'r frwydr dros ein hawliau wedi dechre o ddifri o'r diwedd . . .

Nos Iau Chwefror 21

Ond y 'newyddion' mawr y dyddie hyn yw Tryweryn. Nos Lun cymerwyd Emyr Llew i'r ddalfa ar gyhuddiad o achosi 'difrod maleisus' i'r argae yng Nghwm y trais ger Y Bala. Heddiw yn Y Bala, gadawyd ef i fynd adref ar feichiau o £300 (talodd Bobi Jones a Gwenallt bob i £100) . . . Wedi'r siarad gwag a gafwyd cyhyd am 'weithredu uniongyrchol', mae'n ysgytwad i gael y peth yn dod mor agos atom fel petai . . . Yr eironi mawr yw nad oes gan yr *action group* bondigrybwyll ddim i'w wneud â'r gweithredu pan ddaw i'r pwynt . . .

Nos Lun Mawrth 25

Y mae carfanau Cymraeg Aber a Bangor yn amlwg yn y newyddion y dyddie hyn, gyda'u deisebau etc. i ennill statws teilwng i'r iaith Gymraeg yn eu colegau. Gan iddynt daro'r penawdau mor ddramatig, bwriasant Gaerdydd ac Abertawe i'r cysgod yn llwyr . . .

Nos Fercher Awst 14

Caerdydd! Waeth imi fod yn onest ddim, nid wyf yn edrych ymlaen at fynd yn ôl yno, a hynny'n bennaf am fod Aber gymaint yn fwy atyniadol; yno mae'r 'hogie', y 'bois' a'r 'merched'. Ond beth wy'n siarad, nid yw lle ond yr hyn a wnawn ohono . . . Y mae digon o waith i'w wneud—ym mhobman. Cefais fy apwyntio'n Llywydd Pwyllgor Ieuenctid Plaid Cymru, ac o'i wneud yn iawn, fe lenwith y swydd honno fy mhlat i'r ymylon am flwyddyn o leia.

Hydref 12

Heno bûm yn noson lawen Côr Godre'r Aran yn Neuadd Cory . . . Hwn yw'r diwylliant sy'n diflannu—sy'n cael ei ddileu—o'r tir. Ond y mae'n rhaid ei gadw. Nid trwy hunanlywodraeth y mae gwneud hyn—mae'r frwydr honno'n frwydr gwbl ar wahân, ac ni ellir ei hennill mewn digon o bryd i achub ein diwylliant. Mae gwaed yn ein gwythiennau *ni* Gymru ifainc y chwedegau . . .

Y brotest gyntaf; Post Aberystwyth, ac eraill yn Swyddfeydd yr Heddlu a'r Cyngor. (C/LlGC) Ni fu arestio, ond aeth dyrnaid i rwystro Pont Trefechan, a'r bedydd tân hwnnw a'r penawdau newyddion yn drobwynt bythgofiadwy. Ni fu arestio wedyn chwaith, er i lanciau ymosod arnynt ac i eraill annog y fan bost i geisio mynd drwodd. Dde: Gwilym Tudur F 21/2

Y protestwyr pryderus, cyn i dyrfa ymgasglu.
Isod a dde (C/LlGC)

Fel y gwyddoch, tyrrodd nifer o bobl ifanc i Aberystwyth, ddydd Sadwrn, Chwefror 2, i wneud eu rhan dros sicrhau parhad eu treftadaeth. Ac am fod yr iaith yn bwysig y gwnaethant hynny, nid am ei bod 'yn bwysicach na hunan-lywodraeth.' Dwy rwyf yn yr un cwch ydynt, y naill a'r llall yn anhepgor i lywio'n cenedl i'r dyfodol.

Yn sicr, cafwyd dechrau teilwng i'r ymdrech yn Aberystwyth; gwelwyd nad oes awydd nac amser i fod ar y gamfa mwyach. Flwyddyn yn ôl yr oedd y rhelyw ohonom yn ddigon ysgafn o Gareth Miles pan wnaeth ei safiad unig yn yr un dull.

EGWYDDOR

Bu cryn sôn am y dynion 'who waded in, fists flying' ag ati, ac fel 'in 15 minutes it was all over.' Nefoedd! pe bai galw buasai'r giwed fileinig yn yr afon yn ddidrafferth. Ymataliwyd, oherwydd nad amharddu wynebau oedd ein bwriad. Yr oedd ein hachos yn gyfiawn, ac egwyddor ddi-sigl yn gefn inni.

1964

Dydd Sul Ionawr 12

Dyma flwyddyn arall wedi gwawrio; rwyf finnau'n ugain oed—a phedwar mis . . . Bûm yn Aber ddwywaith y tymor diwethaf, ac ar fy ngwaethaf, rwy'n gweld Cymry Cymraeg Aber—wel y 'criw' o leiaf—yn troi'n fewnblyg uffernol, yn feirniadol ddamniol ac yn gwbl negyddol . . . Y mae Twm [Geraint Jones] yn agos i wraidd y trwbwl; does ganddo ef fawr o ddiddordeb yn y Blaid mewn gwirionedd; mae ymdrechu dros y Blaid yn rhy debyg i waith yn ei olwg ef; mae'n beirniadu pawb a phopeth yn ddibaid . . .

[Detholiad o'i Ddyddiadur, 1963-64. Gw. detholion eraill o dan 1966, 1967 a 1968.]

FY NYLED I'R GYMDEITHAS
Maureen Rhys

Yr oedd y byd y gwyddwn i amdano i gyd yn Gymreig... Chroesodd o rioed fy meddwl i fod fy iaith a'm ffordd i o fyw mewn peryg... Hyd y gwyddwn i, nid oedd y ffasiwn blaid â Phlaid Cymru yn bod. Goronwy Roberts oedd y dyn i mi yn enwedig ac Yncl Bert yn *agent* iddo ers blynyddoedd...

A dyma ddod i Goleg Bangor. O, y ffasiwn ddadrithiad. Yr oeddwn i wedi meddwl y byddai'r lle yn llawn dop o Gymry. Ond nid felly yr oedd hi o gwbl... Bellach nid hap a damwain oedd hi fy mod i'n Gymraes, ond braint.

Ddaeth yr ymwybyddiaeth yma ddim dros nos. Yr hyn a'm sobreiddiodd i, yn ystod fy mlwyddyn gyntaf, oedd darlith *Tynged yr Iaith*, neu i fod yn fanwl gywir, y canlyniad iddi, sef sefydlu Cymdeithas yr Iaith Gymraeg. Ni allaf ddweud i mi fod yn flaenllaw mewn na phrotest na pheth, ond fe gafodd sgyrsiau dadleugar gyda phobl fel Huw Lloyd Edwards, Gareth Miles a Harri Pritchard Jones ddylanwad am byth arnaf. Yr oedd Huw Lloyd yn eilun i ni i gyd ar y pryd, Gareth yn athro yn Amlwch, a chriw ohonom yn cyfarfod yn ystafell Harri a oedd yn ddoctor yn y *C&A*. Drwyddynt hwy y dois i sylweddoli pwysigrwydd y Gymdeithas.

Ugain mlynedd a throsodd yn ddiweddarach, yr ydw i wedi dod i wir sylweddoli fy nyled bersonol i i'r Gymdeithas. Bellach yr ydw i yn fam i dri o blant, a gobeithio fy mod yn llwyddo i drosglwyddo iddynt hwy y balchder o fod yn Gymry. I orffen hyn o lith ar nodyn bydol ac ymarferol, fel actores, fy iaith yw fy mara menyn i hefyd. Ni fyddai gweithio i S4C yn bosib oni bai am Gymdeithas yr Iaith. Ni fyddai S4C oni bai am Gymdeithas yr Iaith.

Rali gan Bwyllgor Deiseb yr Iaith colegau Bangor. (d/g G.J.)

CYMDEITHAS YR IAITH GYMRAEG

Cafwyd pwyllgor arbennig o Gymdeithas yr Iaith Gymraeg yn Aberystwyth. Daeth tua 20 o aelodau'r pwyllgor ynghyd o bob rhan o Gymru.

Cytunwyd i gael ymgyrch ennill aelodau a bod y tâl aelodaeth i fod yn 2s. 6d.

Gofynnwyd i'r ysgrifenyddion weld a fydd eisiau gweithredu pellach ynglŷn â mater y gwysion.

ENWAU LLEOEDD

Cafwyd trafodaeth ar y ffurfiau a ddefnyddir ar arwyddbyst enwau trefi a phentrefi. Cytunwyd y dylai'r gymdeithas bwyso am y polisi a ganlyn.

1. Lle nad oes ond un enw safonol i dref neu bentref dylid defnyddio'r ffurf a geir yn y 'Rhestr o Enwau Lleoedd' a baratowyd gan y Bwrdd Gwybodau Celtaidd, a'r ffurf honno'n unig. (e.e. Dolgellau nid Dolgelley).

2. Lle bo dwy ffurf safonol i enw tref neu bentref e.e. Rhydaman ac Ammanford, dylai'r ddau enw ymddangos ar bob arwyddbost.

Mynegodd y gymdeithas ei pharodrwydd i gynorthwyo myfyrwyr Bangor yn eu hymdrech i sicrhau statws swyddogol i'r Gymraeg o fewn y coleg.

Cafwyd trafodaeth ar rai o'r sefydliadau sy'n araf i roi parch dyledus i'r Gymraeg a gobeithir gweld gweithredu pellach cyn hir.

Y Cyfarfod Cyffredinol 1af F 5/63

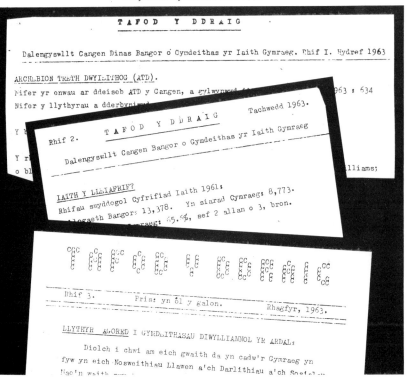

Owen Owen a Harri Pritchard Jones, arweinwyr Cangen Bangor, yn rali'r Ddeiseb. (NWC) Dde: rhifynnau 1af Tafod y Ddraig gan Owen.

Y FRO GYMRAEG

"Fe ellir achub y Gymraeg. Y mae Cymru Gymraeg eto'n rhan go helaeth o ddaear Cymru AC NID YW'R LLEIAFRIF ETO'N GWBL DDIBWYS."

"Tynged yr Iaith", Saunders Lewis.

Y map yn seiliedig ar Gyfrifiad Iaith 1961.

Annibyniaeth i Malta; ffurfio Tanzania, a Zambia

Byddin y Cenhed Unedig yn gadael rhyfel y Congo, ac yn atal rhyfel Ynys Cyprus

Carcharu arweinydd yr ANC, Nelson Mandela am oes, yn Ne Affrica

Ian Smith yn brifwein y gwynion, De Rhodesia

Brezhnev a Kosygin yn olynu Kruschev, a Mikoyan yn llywydd, U Sofiet

UDA yn dechrau bomio Gog Viet Nam; ennill mesur hawliau dinesig, a gwobr heddwch Nobel i Martin Luther King; Lyndon Johnson yn arlywydd; Cassius Clay yn bencampwr pwysau trwm y byd, paffio

Bom atomig gan China

Marw Nehru, prifwein yr India

Darganfod Homo Habilis yn Nhanganyika

Gemau Olympaidd, Tokyo

Agor pont y Forth yn yr Alban

Cychwyn BBC 2 yn Lloegr; y Rolling Stones yn boblogaidd

Etholiad Cyff, Hydref—llywod Laf Wilson, wedi 13 blynedd o dorïaeth; Llaf 58% (28 sedd), Ceid 29% (6), Rhydd 7% (2), PC 5% (69,507); gwrthod darllediad i PC; darlledu anghyfreithlon; mwyafrif seneddol bychan o 5 yn rhoi grym i AS'au Llaf Cym a'r Alban

James Griffiths yn Ysg Gwladol 1af, a sedd yn y cabinet

Ennill brwydr Llangyndeyrn

Ennill ymgyrch cadw Prif Cym; plas Gregynog yn rhodd i'r Brif; sefydlu Coleg Llyfrgellwyr Cymru yn Llanbadarn Fawr

Streic ddur Porth Talbot

2il a 3edd burfa olew i Aberdaugleddau

Haf sych

BBC yn sefydlu gwasanaeth teledu cen i Gym

U myf i Gym

Morg yn trechu Awstralia, criced, yn Abertawe wythnos yr Eist

Lyn Davies yn ennill medal aur Olympaidd, naid hir

Diweithdra, Rhagfyr, 2.7% (26,088)

Eist Gen Abertawe; Eist yr Urdd Porthmadog; Gŵyl G Dant Rhuthun

Deddf etholiad (ffurflenni Cym), Hydref, drwy fesur Raymond Gower

Drafft adr Hughes-Parry i'r Ysg Gwl, Rhagfyr

Barn Gorff yn galw am goleg Cym yn y Brif

TWW yn cychwyn 'Siôn a Siân', ac offer cyfieithu ar faes yr Eist; deiseb 6000 Aberystwyth rhag gormod o Gym ar y teledu (7 awr BBC a 5 awr TWW)

Gwyn Jones yn gol *Y Cymro*

Gramadeg newydd dadleuol pwyllg *Cymraeg Byw* rhifyn 1, gol Stephen J.Williams

Byw rhif 1; *Llais Llyfrau* rhif 1

Yr Argyfwng Gwacter Ystyr J.R.Jones; *Rhag-om i Ryddid* Gwynfor Evans; *Merch Gwern Hywel* Saunders Lewis; *Cerddi Alun Cilie*

Wynebddalen:
Cyn y mewnlifiad! (T 1/64)

Blwyddyn y Blaid Lafur, yn ôl o'r diffeithwch o'r diwedd! Ond blwyddyn ryfedd i Gymdeithas yr Iaith, a'r hen Hughes-Parry gafodd y bai. Wedi penderfynu byhafio hyd nes cael ei argymhellion ar gyfer deddf iaith, nid oedd modd gwthio unrhyw ymgyrch fawr ymhell iawn. Roedd llu o ymgyrchoedd ar droed, gan unigolion, am gymaint o'r hawliau a gymer y Cymry yn ganiataol heddiw—Cymraeg ar filiau trydan a ffôn a nwy a threth, cofnodion cynghorau, gwasanaeth banc a busnes, a gwysion wrth gwrs. Gwrthodwyd llenwi'r cofrestr etholwyr, a chyhoeddodd y Gymdeithas ei ffurflen dreth incwm ei hun. Dechreuodd rhieni wrthod cofrestru geni eu plant yn y Saesneg; stori dda i'r wasg oedd hon, stori gyfres am flynyddoedd, ysywaeth. Y prif fwgan oedd y Post, a ddaliai i wrthod arwyddion Cymraeg ar lythyrdai, er bod rhai cynghorau lleol o blaid bellach. Bu raid i'r mudiad ei hunan roi rhai i lythyrdai preifat.

Daethai darlledu yn bwnc gwleidyddol ers tro byd. Yn sgîl adroddiad Pilkington, diwrnod pwysig oedd Chwefror 9 pan gafodd Cyngor Darlledu Cymru awdurdod dros deledu,—cyfle mawr i'r BBC yng Nghaerdydd. Daeth TWW â'r 'Dydd' i gystadlu â 'Heddiw', a'r ddwy yn codi blas mwy gyda'u safbwynt Cymreigaidd iach. Ond prin oedd yr oriau. Yng nghyfarfod Ionawr, troesai'r Gymdeithas ei sylw at gyflwr truenus teledu Cymraeg, gan drefnu ymchwil i gychwyn. Ond glynu at faes cyfarwydd statws swyddogol yr iaith a wnaeth wedi'r cyfan: roedd mwy na digon i'w wneud yno.

Roedd hwn yn gyfnod gobeithiol o ran cynyddu ymwybyddiaeth: tyfai awydd diwrthdro i ymgymreigio mewn llawer maes. (Un arfer da yn *Nhafod y Ddraig* ydoedd llongyfarch pob gwelliant bach a mawr.) Rhoes yr ymdrech lwyddiannus i gadw Prifysgol Cymru rhag chwalu hyder newydd i'r sefydliad Cymraeg, a gwnaeth Alwyn D.Rees yn arweinydd cenedlaethol. Roedd ei cholegau yr un mor brydeinllyd, serch hynny, ac i'r maes hwnnw yr aeth egni'r myfyrwyr eto; trefnwyd undeb Gymreig, a gwrthwynebu chwyddo'r Brifysgol y tu hwnt i anghenion y genedl. Daeth dwyieithrwydd o fath i Aberystwyth, lle'r oedd Jac L.Williams wedi hen sefydlu teyrnas Gymraeg heb ofyn i neb, ac yn cynllwynio'n foddhaus gydag Alwyn Rees i drechu eu gelynion. Ym Mangor, er bod Coleg y Normal (fel y Drindod) yn cefnogi polisi dwyieithog, roedd Coleg y Brifysgol fel mul. Wedi iddynt ddirmygu'r ddeiseb gref a'r holl ymgyrchu, cafodd yr awdurdodau ateb llachar yn yr haf gan un myfyriwr nid anenwog, pan wrthododd ei radd yn gyhoeddus, â'u seremoni grand yn syfrdan.

Methodd arweinwyr Cymdeithas yr Iaith hefyd â dal, pan gododd gwres blynyddol y Steddfod. Wedi poeni Cyngor Sir Benfro ers tro dros sillafiad diurddas arwyddion Tre-fin (lle'r oedd 90% yn siarad Cymraeg) gosodwyd arwydd newydd yn y pentref a mynd â'r un Saesneg i'w ddangos ar y maes yn Abertawe. Bygylwyd yn erbyn stondinau Saesneg y maes eto; daeth yn ddefod wedyn ar foreau Llun yr Wŷl i hela'r

pechaduriaid, ac i'r Gymdeithas y mae llawer o'r diolch am y newid calonogol a fu. Prif bwnc y cyfarfod cyffredinol yno oedd y Post, a gytunasai yn awr i 'ystyried' cais gan awdurdod lleol am arwydd Cymraeg. Dyma wahoddiad amlwg. Gan fod Cyngor Dolgellau yn barod ers amser, trefnwyd gwrthdystiad torfol yno ar gyfer Medi, Hughes-Parry neu beidio.

Ond roedd hi'n adeg etholiad, ac Elystan yn mynd i ennill Meirionnydd! Dan bwysau o du Plaid Cymru, gohirio'r brotest a wnaeth y pwyllgor—gan sefydlu patrwm, sy'n gyfarwydd bellach, o berthynas wleidyddol-deuluol glòs, anniddig. Mae'n deg cofio bod y rhelyw yn cytuno ar y pryd, yn ganfaswyr brwd ac yn mwynhau cyffro'r 'ceiliog', sef y radio tanddaearol. Er pob beirniadaeth o'i diffyg arweiniad diarhebol, y Blaid a gostrelai obeithion y mudiad iaith o hyd. Yn wir, bu felly am flynyddoedd; adain unffrwd o'r llif hyderus tua'r Gymru Rydd oedd Cymdeithas yr Iaith y chwedegau cynnar, a gweithwyr amlwg y blaid genedlaethol oedd y mwyafrif o'r ymgyrchwyr. Ni fu'n syndod iddynt fodloni am ddegawd heb swyddog amser llawn. Roedd pethau ar i fyny yn gyson—o gychwyn mor isel—a daeth cyffro creadigol y penrhyddid chwedegol wedyn i beri amheuaeth o bob sefydliad a gymerai ei hun ormod o ddifrif. Roedd gan y Gymdeithas hanner dwsin o ganghennau sirol (yn cynnwys Llundain!), ond rhanbarth Arfon oedd unig sylwedd y mudiad. Nid fod pawb yn ysgafala chwaith; rhoddai llawer yn hael o'u hamser a'u harian. Ond i fedru hawlio ymlyniad y lliaws, heb drefn ganolog, yr oedd gwir angen ymgyrch dorfol. (Ni ddylid dibrisio raliau cyhoeddus chwaith, a bwrw bod amcan benodol a dilyniant iddynt.)

Colli ei hernes ym mhob man ond Arfon a Meirion a wnaeth Plaid Cymru yn yr etholiad. Eithr ni chyffrôdd hynny yr hen alwad am 'chwyldro' y tro hwn. Dim rhyfedd, efallai, wedi buddugoliaeth y Blaid Lafur. Denwyd rhai, fel *Barn*, i gredu yn y llywodraeth newydd a addawai gymaint i Gymru yn awr; hon oedd y wawr wedi'r nos ddu i lawer, ac i bawb y tu allan i rengoedd bylchog y cenedlaetholwyr. Yn ddiddadl, roedd y Swyddfa Gymreig newydd—a dau o'i thri phennaeth yn siarad Cymraeg—yn gydnabyddiaeth bwysig o hunaniaeth y genedl (atodiad didal a chyfleus i lywodraeth Lloegr a fu'r Gweinidog dros Faterion Cymreig gynt) ac i Blaid Cymru, teyrnged i'r frwydr genedlaethol oedd y datblygiad. Hyd yn oed wedi gweld mai gweithred gyntaf Jim Griffiths fu pedlera'i dref newydd estronol, cafodd ddogn dda o ras wedyn rhag y protestwyr. Onid oedd ef a Goronwy Roberts wedi cael drafft cyntaf adroddiad Hughes-Parry yn eu dwylo?

Disgwyl pethau gwych i ddyfod oedd hi. Oedd, roedd y byd mawr y tu allan, o Alabama i Dde Affrica, yn brotest i gyd. Yma hefyd, teimlid bod cyfnod o greu fforwm barn dros Gymreictod diwygiadol yn dirwyn i ben. Roedd gwerin Llangyndeyrn wedi dysgu gwers chwerw Tryweryn, a'n hatgoffa sut i ennill. Byddai'n rhaid i rywun gynnau'r ffagl, toc!

MERCHED YN BENNAF (2): GWYNETH
Geraint Jones

*G*WYNETH MORGAN. Dyma enw arall sy'n rhan annatod o'r frwydr fawr Gymreig. Bu hi a'i gŵr Trefor yn gefn nid bychan i ymgyrchwyr yr iaith gydol y blynyddoedd, a'i phlant hefyd yn dilyn ôl troed eu rhieni yn eu dycnwch a'u hymroddiad gydol y blynyddoedd, blynyddoedd y locust yng Nghymru. Bu fy nghysylltiad â Morganiaid Ystradgynlais yn un clòs iawn ar un adeg, a chyda hiraeth a diolchgarwch y cofiaf am fy ymweliadau aml â Rhydlafar a'm harosiadau mynych yno tra bûm yn gweithio "lawr tua'r Sowth 'na". A choeliwch fi, roedd yn hanner y fatal cael cyflogwr oedd yn cytuno'n llwyr â holl weithgareddau gwleidyddol torcyfraith ei was di-fudd ac aml-absennol.

Cofiaf gyda rhyw wefr am etholiad cyffredinol 1964 pan safodd Trefor ym Mrycheiniog a Maesyfed yn enw Plaid Cymru a ninnau'n dîm o ryw hanner dwsin. Ond y fath wefr! Fe rown lawer heddiw am gael profi unwaith eto'r gyfaredd a berthynai i areithio tanbaid ac angerddol y gŵr a'r wraig nodedig yma. Byddwn yn toddi fel cŵyr cannwyll wrth wrando arnynt. Heb unrhyw amheuaeth, dyma'r coleg gwleidyddol gorau a gefais erioed.

Coffa da amdanynt yn dathlu Gŵyl Ddewi 1963 trwy 'dalu'n ôl beth o'n dyled i Gymru' gyda rhodd anhygoel o £10,000 i sefydlu Cronfa Glyndŵr yr Ysgolion Cymraeg. A phan ddechreuodd brwydr yr iaith boethi o ddifrif a berwi yn y llysoedd a'r carchardai, roeddent yno yn gefn mawr i'r criw ifanc amrwd a diamddiffyn.

Cofiaf fel doe eiriau tanbaid a chysurlon Gwyneth Morgan i mi yng nghelloedd llys barn Abertawe cyn i'r Maria Ddu fy nghludo ymaith i'm carchariad cyntaf. Cofiaf hefyd ei llythyrau coeth a chadarn. 'Meddwl amdanoch yr ochr arall i'r barrau heyrn o hyd—ond y funud honno, nid chi oedd yn y carchar ond pob un ohonom ni. A Seren Iwda ar dalcen pob un ohonom am fod y Gymraeg ar dafodleferydd gennym'. A phan geir sgrifennu'r hanes ryw ddydd bydd enw Gwyneth Morgan, a'r diweddar annwyl Trefor yntau, yn perarogli trwyddo. Nid heb reswm neilltuol y gelwais innau fy mab yn Morgan. Fy ngobaith yw y caiff gyfran o danbeidrwydd cariad a ffyddlondeb y ddau Forgan o Forgannwg tuag at Gymru a'r Gymraeg.

Dde: Gwyneth Morgan; llun diweddarach ohoni yn annerch rali wrth-arwisgo Caernarfon gyda Dafydd Iwan 1969. (d/g G.T.)

A oes
LLYTHYRDY
yn eich ardal?

Os oes . . .

A ydyw **enw'r** llythyrdy arno yn Gymraeg?
A oes **ffurflenni** Cymraeg i'w cael?
A oes **posteri** Cymraeg ar y waliau?
A oes Cymraeg ar y **stampiau**?

PAM NA DDEFNYDDIR Y GYMRAEG AR GYFER Y PETHAU HYN?

Y mae Cymdeithas yr Iaith Gymraeg yn cychwyn ymgyrch i Gymreigio llythyrdai Cymru. Os ydych yn barod i'n cynorthwyo, anfonwch air at yr Ysgrifennydd, Parc Bach, Dolybont, Y BORTH, Ceredigion.

COFIWCH: Y mae **DWY** iaith yng Nghymru; gan **UN** yn unig y mae hawliau.

Cyhoeddwyd gan Ysgrifennydd Cymdeithas yr Iaith Gymraeg.
Argraffwyd gan Gwmni'r "Cronicl," Stryd Fawr, Bangor.

Taflen ganolog 1af y Gymdeithas.

Yn Siarter newydd y BBC a ddaeth gerbron Tŷ'r Cyffredin Ionawr 14, y mae Cyngor Darlledu Cymru yn cael yr un awdurdod dros raglenni teledu yng Nghymru ag a gafodd dros raglenni radio

O dan y drefn hon, y bwriad cyntaf yw teledu 14 awr o raglenni bob wythnos o ddiddordeb i Gymru, ac o'r rhain bydd 7 awr yn Gymraeg—digon i sicrhau gwasanaeth amrywiol ar adegau cyfleus. Bellach ni fydd rhaid i neb gadw gwylnos er mwyn gweld rhaglen Gymraeg.

Gorffennaf gyda chwestiwn arall sydd ym meddwl rhai ohonoch. A oes digon o ddeunydd? Oni fyddwn yn hesb cyn bo hir? Oni fyddwn yn dihysbyddu'r adnoddau a'n cael ein hunain ar y clwt?

Agwedd y BBC: Alun Oldfield Davies B 2/64

SWYDDOG AMSER-LLAWN DROS Y GYMRAEG.

Ymhlith argymhellion Cyngor Cymru yn *Adroddiad ar yr Iaith Gymraeg Heddiw*, fe geir y canlynol : ". . . argymhellwn godi'n swyddogol sefydliad parhaol i ofalu am fuddiannau'r iaith Gymraeg. . . . Awgrymwn y dylai fod ganddo'i Ysgrifennydd ei hun."

Mae'n bur debyg na fabwysiedir hyn gan y Llywodraeth. Y mae *Tafod y Ddraig*, felly, yn gwadd oddeutu cant o unigolion a chymdeithasau a chorfforaethau sydd â'r Gymraeg yn agos at eu calonnau, ac sy'n fodlon cyfrannu oddeutu £15 y flwyddyn am, dyweder, 5 mlynedd, i anfon eu henwau i'r Golygydd. Os ceir nifer digonol o enwau, fe drefnir cyfarfod i drafod y manylion o apwyntio Swyddog Iaith.

T 6/64 Ni chafodd y Gymdeithas ei hun swyddfa tan 1970.

Tedi Millward a Tegwyn Jones yn yr ail stondin, Eisteddfod Abertawe. (d/g E.G.M.)

Cymdeithas yr Iaith Gymraeg
RHANBARTH ARFON

GWEITHREDIADAU PERSONOL

Prif amcan y Gymdeithas yw sicrhau statws swyddogol i'r Gymraeg mewn gweinyddiaeth a llywodraeth, ac ym myd masnach. I'r perwyl yma, y mae gweithrediadau personol yr unigolyn yn holl-bwysig. A wnewch chwi felly **ymdynghedu** i wneud **POB UN** o'r canlynol **BOB TRO** y daw'r cyfle ?

1. **Y ffôn.** Gofynnwch ac atebwch yn Gymraeg, gan ddefnyddio'r rhifau yn Gymraeg. Talwch rent y ffôn â siec Gymraeg i'r Postfeistr Cyffredinol. Anfonwch eich telegramau yn Gymraeg.

2. **Gohebiaeth swyddogol.** Ysgrifennwch yn Gymraeg i Adrannau'r Llywodraeth, a gofynnwch am ateb Cymraeg. Gofynnwch i reolwr eich banc, swyddogion y sir a'r dref, etc., ohebu â chwi yn Gymraeg.

3. **Sieciau.** Ysgrifennwch bob un yn Gymraeg—y rhai sy'n mynd i Loegr hefyd. Ni fydd unrhyw wrthwynebiad o du'r banciau. Defnyddiwch y dull modern o rif-enw, er enghraifft : £25/16/7. Dauddeg-pump Punt, Unddeg-chwech Swllt, Saith Geiniog.

4. **Cyfeiriadau.** Defnyddiwch gyfeiriadau Cymraeg ar lafar ac ar amlenni : "Stryd Fawr" ac nid "High Street," "Y Felinheli" ac nid "Portdinorwic," "Abertawe" ac nid "Swansea." Ailysgrifennwch yn Gymraeg y labeli post-daledig swyddogol.

5. **Ffurflenni Saesneg.** Anfonwch bob ffurflen Saesneg yn ôl, gan ofyn (yn Gymraeg) am ffurflen Gymraeg. Ail-adroddwch hyn nes cael un Gymraeg. Os oes **raid** llenwi ffurflen Saesneg, llenwch hi'n Gymraeg.

6. **Siopau a swyddfeydd.** Defnyddiwch y Gymraeg i ddechrau. Mewn swyddfeydd, gofynnwch am swyddog neu glarc Cymraeg. Dim gwyleidd-dra, os gwelwch yn dda—'rydych chwi yn medru'r **dwy** iaith !

7. **Llythyrau i'r Wasg.** Gohebwch â'r Wasg bob tro y daw sarhad ar yr iaith i'ch sylw. Anfonwch lythyrau Cymraeg i'r papurau Saesneg lleol. Rhowch gyhoeddusrwydd i swyddfeydd a swyddogion sy'n tagu'r Gymraeg—a hefyd i'r rhai sy'n ei meithrin.

8. **Adrannau Cymraeg y Llyfrgelloedd Cyhoeddus,** cyhoeddiadau swyddogol yn Gymraeg, etc. Gwnewch ddefnydd llawn o'r rhain. **Gorddefnyddiwch** hwynt.

9. **Cyfrifiadau Prydeinig, Ymchwiliadau Cynulleidfa radio a theledu, etc.** Fe ddefnyddir rhain i dagu'r Gymraeg. Defnyddiwch hwy i'w meithrin—drwy "anwybyddu" eich Saesneg am y tro.

10 **Hysbysebu.** Os ydych yn hysbysebu, gwnewch hynny yn Gymraeg. Anogwch eich cynghorau lleol, siopwyr, cwmnïau masnachol, etc., i hysbysebu yn Gymraeg.

Cewch ymaelodi â Changen Arfon o'r Gymdeithas drwy eich ysgrifenyddion lleol, neu drwy ysgrifennydd y Rhanbarth : Owen Owen, 4, Plas Llwyd, Bangor.   Ffôn : Bangor 2220

Taflen Owen Owen 2/64

Yn Abertawe eto: Elidir Beasley, , John Daniel, Tegwyn Jones, Gwyneth Rhys, Meic Stephens, Dave Pritchard, Harri Webb. (d/g E.G.M.) Dde: gosodasid arwydd cywir yn Nhre-fin yn lle'r rhain. Daeth dyn CID i'w nôl o'r Steddfod. (WM 8/64)

IAITH Y PAPURACH

Nôd Cymdeithas yr Iaith Gymraeg yw ennill statws swyddogol i'r iaith. Un o'r amcanion uniongyrchol ac ymarferol, felly, yw ennill yr hawl i gael ffurflenni swyddogol yn Gymraeg *heb orfod gofyn amdanynt dro ar ôl tro*. Nid yw ffurflenni swyddogol Cymraeg sydd i'w cael *ar ôl gofyn amdanynt* yn rhoi statws swyddogol i'r iaith mewn gwirionedd ; yn wir, maent yn sarhâd pellach ar yr iaith.

Ychydig o werth sydd mewn ffurflen Gymraeg neu siec Gymraeg neu ŵys Gymraeg ynddi ei hun. Mewn gwlad rydd, lle nad oes berygl i iaith nac i draddodiadau a diwylliant y genedl, dogfennau difywyd yn unig yw'r papurach hyn, ac nid oes a wnelont ag ysbryd ac einioes y genedl.

Ond yng Nghymru, lle mae'r iaith mewn argyfwng, a lle mae popeth sydd o werth yn diflannu yn sgil diflaniad yr iaith, y mae'r papurach hyn—y ffurflenni, y sieciau, y gwysion, yr hysbysebion a'r hysbysiadau—yn bwysig. Iaith y fath bapurach yw'r iaith y mae iddi safon ac urddas yng ngolwg y mwyafrif o'n pobl, ac iaith y papurach yw'r iaith a ddeisyfant i'w plant. Pa ots fod trysorau llenyddol yn yr iaith Gymraeg, a hanes a thraddodiad godidog ynghlwm â hi ? Iaith y siec a'r ffurflen a'r ŵys fydd iaith Christopher Michael a Phenelope Maude Jones.

T 9/64 Isod: T 11/64

FFURFLENNI CYMRAEG TRETH INCWM

Mae'r gwaith o gyfieithu ffurflen 12 A y Dreth Incwm, dan nawdd Rhanbarth Arfon o Gymdeithas yr Iaith Gymraeg, wedi'i orffen. Paratowyd y cyfieithiad gan dri arbenigwr iaith, ac archwiliwyd hi gan gyfrifydd proffesiynol, bar-gyfreithiwr, darlithydd mewn mathemateg, ac un o swyddogion y Bwrdd Cyllid (yn answyddogol !).

EIN CYNGHORAU CELWYDDOG.

Anfonwyd llythyr Cymraeg diniwed, yn gofyn cwestiwn synhwyrol a didramgwydd, i'r 168 o gynghorau dosbarth a chynghorau bwrdeistrefi sirol yng Nghymru. Llythyr personol ydoedd i bob golwg, oddiwrth John Davies ; cyd-ddigwyddiad hollol yw'r ffaith mai ef yw Ysgrifennydd Cenedlaethol Cymdeithas yr Iaith Gymraeg !

Dyma ddadansoddiad o ymateb y cynghorau lleol i'r llythyr **Cymraeg** :

Atebwyd yn Gymraeg	39
Atebwyd yn Saesneg	46
Anwybyddwyd	**83**

Mae'n ddiddorol cymharu'r rhifau uchod a'r ystadegau swyddogol ar "Iaith Ateb Llythyrau Cymraeg" yn *Adroddiad ar yr Iaith Gymraeg Heddiw* gan Gyngor Cymru :

* Yn ôl yr *Adroddiad*, o'r cynghorau dosbarth a bwrdeistrefi sirol a gyfranodd i'r ystadegau swyddogol, mae **mwyafrif** ohonynt yn ateb llythyrau Cymraeg yn Gymraeg. Ond yn ôl rhifau'r Gymdeithas, **lleiafrif** sy'n ateb yn Gymraeg. 23.2%—ac nid 48.7% !

T 8/64 Dde: talodd elw'r Steddfod am argraffu'r daflen dros y myfyrwyr tlawd.

Gwilym R.Jones, Golygydd y *Faner*, cefnogwr cryf yr achos o'r cychwyn.

Tafod y Ddraig

Atodiad Arbennig—Gorffennaf, 1964

"**G**WRTHODAF dderbyn gradd Prifysgol Cymru am i'r Brifysgol wadu'r iaith Gymraeg—iaith y genedl y mae'n Brifysgol iddi.

"Am ddwy flynedd bron, buom ni'r myfyrwyr yn gofyn a gofyn am le teilwng i'r Gymraeg yn y Coleg. Gwrthododd yr Awdurdodau bob cais sylweddol.

"Fe â'r frwydr ymlaen. Ond dyma fy nghyfle olaf i. Gwrthodaf y radd hon, a gwnaf hynny tra pery'r Brifysgol mor elyniaethus i'r Gymraeg."

Robert Paul Griffiths,
Coleg y Brifysgol, Bangor, 20 Gorffennaf, 1964

Ceiniog o leiaf i Gronfa'r Ddeiseb.

NID yw'r Wasg wedi mentro cyhoeddi'r ffeithiau hyllaf y tu ôl i helynt Deiseb yr Iaith Gymraeg yng Ngholeg Prifysgol Cymru, Bangor. Ond y mae Pwyllgor y Ddeiseb wedi penderfynu ei bod yn hen bryd datgelu'r gwir I GYD i werin Cymru. Felly, o'r diwedd, dyma i chwi y FFEITHIAU am y

'Welsh Not' ar y Bryn

Y LLYWIAWDWYR CYNNAR (2): ANWADALU
Geraint Jones

Rhai o'r arweinyddion cynnar: Cynog Davies, Gwyneth Wiliam, John Daniel, Geraint Jones, Neil Jenkins; llun diweddarach, Pontypridd 1966. (WM)

Dagrau pethau yn y dyddiau hynny oedd mai dim ond cyfran o'i sefydlwyr oedd ag unrhyw fwriad i fynd â'r maen i'r wal a gweld gwireddu geiriau Saunders Lewis yn ei ddarlith radio: "Y mae traddodiad politicaidd y canrifoedd .. yn erbyn parhad y Gymraeg. Ni all dim newid hynny ond penderfyniad, ewyllys, brwydro, aberth, ymdrech .. Eler ati o ddifri a heb anwadalu .." Ond fe fu anwadalu a hwnnw'n anwadalu difrifol ...

Oni fyddai gweithredu torfol a thorcyfraith yn tanseilio a difetha rhagolygon gobaith mawr y ganrif, cannwyll llygad Plaid Cymru, Elystan Morgan, a oedd ar fin ennill Meirionnydd ddof i'r Blaid? ... Esgus arall bytholwyrdd arweinyddiaeth y Gymdeithas oedd fod dyletswydd arnom i aros am argymhellion Pwyllgor Hughes-Parry ...

A dweud y gwir, roedd carfan gref iawn o aelodau Cymdeithas yr Iaith erbyn 1964 yn anesmwyth iawn iawn ynglŷn â'r ymesgusodi parhaus a'r diffyg arweiniad ... Mudiad marw oedd Cymdeithas yr Iaith, waeth faint o lythyrau sgrifennai'r Ysgrifennydd. Nid cymdeithas ohebol oedd cymdeithas ein gobeithion. Doedd dim byd wedi 'digwydd' ers Trefechan yn Chwefror 1963 ...

Ar ffrynt answyddogol y Gymdeithas megis roedd pethau'n dechrau symud. Mae'n deg dweud fod gan nifer o aelodau eu hymgyrchoedd personol, rhai ohonynt yn golygu herio a thorri'r gyfraith megis gwrthod cofrestru babanod, gwrthod gwysion Saesneg a gwrthod talu treth car. Ac fe gofiaf, hyd yn oed mor bell yn ôl â 1963-64 cychwyn ymgyrch ddarlledu a chasglu ffeil swmpus o wybodaeth ...

Ni allaf lai na chwerthin wrth ddwyn i gof fy nghyfarfyddiad â rhai o benaethiaid y *BBC* yng Nghaerdydd, fy hun bach gan fod Neil [Jenkins] yn sâl ar y pryd, i drafod Cymraeg ar y teledu. Wyddwn i yr un dim am deledu ... Ond roeddwn ar dân dros y Gymraeg a defnyddiwn y Gymraeg fel fy unig arf gwleidyddol, cyn i'n mudiadau cenedlaethol wasgaru eu hadnoddau prin i ymboeni am arfau niwcliar, apartheid a hawliau merched a hoywon ... Am y tro, fodd bynnag, cawsant chwerthin am fy mhen.

Erbyn heddiw mae gennym yr hyn a fynnant hwy ei alw'n Sianel Gymraeg ond nad ydyw mewn ffaith yn ddim namyn arf hwylus i ladd ein Cymreictod, ysigo ein hewyllys a llygru ymadroddion a ffurfiau ein hiaith. Maent i ddal i chwerthin am ein pennau, ond y tro hwn mae eu coridorïau wedi eu britho â degau o bobl a fu'n smalio bod yn rhan o'r frwydr.

Annwyl Mr Davies,

Trwy gylchlythyr a ddaeth oddiwrth Mr Gareth Miles, Rhos Mari, Porthaethwy, yr wythnos ddiwethaf i'm dau fab a'm merch sy'n aelodau o Gymdeithas yr Iaith Gymraeg, gwelaf ei fod yn mwriad y Gymdeithas i weithredu mewn dull arbennig iawn - "protest gyhoeddus"- y tuallan i lythyrdy Dolgellau Dydd Sadwrn nesaf, Medi 12fed.

Mae nifer ohonom yn yr ardaloedd hyn yn gwbl gefnogol i amcanion a'dulliau gweithredu sydd gan Gymdeithas yr Iaith Gymraeg ond yr ydym hefyd yn sicr, os gweithredir yn ôl y cynllun hwn, y bydd ei effaith ar bleidlais y Blaid yn y Sir hon yn drychinebus. Gofynnaf felly i chwi, a Mr Millward os gellwch ei gysylltu, ddefnyddio pob dylanwad a feddwch, i rwystro'r weithred hon.

Nid oes gennyf fi, na nifer eraill o aelodau'r Blaid, wrthwynebiad i weithred o'r fath ond, yn hytrach, i amseriad y weithred sef o fewn ychydig wythnosau i'r etholiad.

Y mae cryn dipyn o barch a chefnogaeth yn y dref hon i'r Blaid — mae'r ffaith i'm gwraig ennill sedd ar y Cyngor Dinesig yn yr etholiad Mis Mai eleni yn brawf o hynny — ond byddai gweld nifer o bobl ieuainc, ar yr adeg arbennig hon, yn creu terfysg a chynnwrf yma yn ddigon i'r Blaid golli pleidleisiau lawer, a pharch yn troi'n anarch.

Maddeuwch i ni am sgrifennu atoch fel hyn ond y mae'r mater yn holl bwysig. Hyderaf y gwelwch fod y safbwynt a gymerwn yn gwbl deg. Nid ydym yn erbyn y dulliau a fabwysiedir o dro i dro gan Gymdeithas Yr Iaith Gymraeg, a hynny'n aml yn llwyddiannus, ond ar hyn o bryd iawn yw i bawb ohonom roddi ein holl ymdrech y tu ôl i ymgyrch gyfansoddiadol yr etholiad.

Gŵyr Mr Elystan Morgan fy mod yn sgrifennu atoch.

Yr eiddoch yn gywir,

Ieuan Jenkins

Cynrychiolydd Y Blaid yn
Sir Feirionnydd.

Dim yn newydd! Detholiad o lythyr Ieuan Jenkins at John Davies 6/9

FFURFLENNI CYMRAEG RHESTR ETHOLWYR

Wrth drafod y ffurflenni enwebu Cymraeg, mae'r *Western Mail, Awst* 19, 1964, yn ychwanegu : "Further regulations for Welsh translations of forms in the Registration of Electors . . . . will be made later."

Gair amwys yw "later." Mae'n bwysicach nag erioed, felly, i bob Cymro sy'n derbyn ffurflen Rhestr Etholwyr *Saesneg* sgrifennu'r un gair **"CYMRAEG"** ar ei thraws, a'i dychwelyd i'r Swyddog Etholiad. Fe ddaw ffurflen Gymraeg gyda'r troad—a thry'r "later" yn "sooner" !

T 9/64

1965

Annibyniaeth i Gambia, a Maldives

Cyhoeddi UDI, annibyniaeth y gwynion, De Rhodesia

Byddin UDA yn meddiannu De Viet Nam; taith ryddid y duon drwy Alabama; lladd duon yn Watts, a llofruddio Malcolm X; glanio llong ofod ar y lleuad

Dwysáu rhyfel y Congo

Cyflafan comiwnyddion Indonesia

Corwynt yn lladd 16,000, Pakistan

Hindi yn iaith swyddogol yr India; diwedd ffrwgwd y 2 wlad uchod

Marw Albert Schweitzer

Darganfod olew gan BP ym Môr y Gogledd, yr Alban

Cyfarfod 1af Taoiseach Iwerddon a phrifwein y 6 Sir—Sean Lemass a Therence O'Neill; dychwelyd corff Roger Casement o garchar Pentonville

Y ferch 1af yn farnwr yn Lloegr; marw Winston Churchill; ymweliad 1af Bob Dylan

Isetholiad Abertyleri, Ebrill—Llaf yn cadw'r sedd

Agor Swyddfa Gym gyflawn, Caerd, yn gyfrifol am lywod leol, tai a ffyrdd; C Econ Cym; ffatrioedd parod, a ffatri geir Ford i Abertawe

Ymgyrch PC rhag cronni Clywedog, aelodau'n prynu 3 erw yno; Elystan Morgan yn gadael at Laf; telediad 1af PC, Medi

Helynt agor cronfa Tryweryn; cychwyn y FWA

Trychineb glofa'r Cambrian, lladd 31; cynllun y B Glo i gau 25 pwll

Dathlu canml Gwladfa Patagonia

Cychwyn Cyngr Gelt yr Ifanc

Ennill y goron driphlyg, rygbi, tro 1af ers 1952

Edward Heath yn arwain y Ceid

Y papur doctor yn rhad; gwahardd hysbysebu ysmygu ar y teledu

Diddymu'r gosb eithaf am lofruddiaeth

Deialu union ar y ffôn

Cyfyngu gyrru i 70 m yr awr

Diweithdra, Rhagfyr, 2.9% (28, 413)

Marw Ifor Williams, J.Lloyd Jones

Eist Gen Y Drenewydd; Eist yr Urdd Caerdydd; Gŵyl G Dant Dolgellau

Apêl Saunders Lewis ar BC i arwain brwydr yr iaith, *Barn* Mawrth

Helynt Brewer-Spinks, diswyddo 2 am siarad Cym yn ei ffatri, Tanygrisiau

Dafydd Iwan yn canu'n rheolaidd ar 'Y Dydd' TWW

Sefydlu U y Gym Fyw, dros ddefnydd cyhoeddus o'r iaith

Tuag 20 ysgol feithrin Gym yng ngofal U Rhieni Ysgolion Cym

Adr Hughes-Parry, *Statws Cyfreithiol yr Iaith Gym,* Hydref, yn argymell deddf iaith a dileu 10 hen ddeddf wrth-Gym; cynnig 'dilysrwydd cyfartal' cyffredinol, gan wrthod cydraddoldeb hyd yn oed yn y Fro Gym; y llywod yn derbyn yr egwyddor, Tachwedd

Alun Creunant Davies yn gyfarwyddwr y C Llyfrau Cym

Kenneth O.Morgan yn gol *Cylchgrawn Hanes Cymru*

Lol rhif 1; *Poetry Wales* rhif 1; *Cilmeri* rhif 1

Cyflwyno'r Gym a *Cym i Oedolion* R.M.Jones, y cwrs ail iaith cyfoes 1af; *Cywiriadur Cym* Morgan D.Jones; *Lleian Llanllŷr* Rhiannon Davies Jones; *Ieuenctid yw Mhechod* John Rowlands; *Ysgrifau Beirniadol 1* gol J.E.Caerwyn Williams; *Gwyddoniaeth ac Addysg yng Nghym Heddiw* (Cyngor Canol ar Addysg); *Arolwg 1965,* 1af o gyfres flynyddol Cyh Modern Cym (hyd 1971, hefyd 1982)

Wynebddalen:
Cefnogaeth annisgwyl y genhedlaeth hŷn (C 16/12/65)

'Nid oes broblem iaith yn y sir. . .' meddai clerc (Saesneg) Sir Ddinbych wrth Hughes-Parry. Nid ef oedd yr unig un i ddewis peidio â deall. Enillwyd pethau fel siec banc ddwyieithog; cafwyd cofnodion Cymraeg gan ambell gyngor lleol, ond gwrthodai rhai bapur y dreth, a pharhâi hen ymgyrchoedd yn anorfod. Parhâi cadoediad torfol Cymdeithas yr Iaith hefyd, yn hanner cyntaf y flwyddyn, a defnyddiai'r awdurdodau cyndyn y saib yn esgus rhag rhoi statws i'r iaith, hyd nes y cyhoeddid adroddiad y llywodraeth. Dechreuwyd erlyn y rhieni na chofrestrodd enedigaeth eu plant.

Cwblhawyd trefnu rhwydwaith o gynrychiolwyr sirol y Gymdeithas yn y gwanwyn, ond heb allu rhoi llawer o arweiniad iddynt. Roedd nifer achosion llys dros wŷs Gymraeg yn cynyddu, ar siawns weithiau ac fel arfer am drosedd car. O'r ymgyrch hon yn awr tyfodd brwydr amlycaf y ddegawd, dros ffurflenni gyrru a threthu car. Swyddogion cangen Blaenau Morgannwg, Neil Jenkins a Geraint Jones, a aeth ati yn gyntaf, yn dra phenderfynol, i herio'r gyfraith yn y maes yma. Adeg y Pasg, aeth arweinwyr swyddogol y mudiad ar bererindod at eu tad ysbrydol, Saunders Lewis, a wnaethai apêl eto ar i Blaid Cymru arwain brwydr yr iaith; daliai i obeithio mai blaenffrwyth cynhaeaf y Blaid a fyddai'r Gymdeithas. Roedd ef yn awyddus iawn yn awr iddi hoelio'i hymdrechion ar yr awdurdodau lleol Cymreiciaf. Er i *Dafod y Ddraig* (a oedd ers Ionawr yn eiddo i'r mudiad yn ganolog) dalu gwrogaeth iddo drwy roi rhifyn Awst i gyd i'w neges, ni thyciai ddim. Yn un peth, mewn ardaloedd Seisnig yr oedd nifer o'r ymgyrchwyr amlycaf yn byw! Gwelid agwedd genedlaethol galetach nag eiddo'r Blaid yn y *Tafod* bellach, ac nid oedd yr aelodau chwaith yn barod i newid cŵys cyn cyrraedd y dalar. (Gwrthodwyd cais Emyr Llewelyn hefyd, i droi'n fudiad 'Cymraeg i oedolion'; yn hytrach, anogid pobl i gefnogi'r dosbarthiadau nos a ledaenai fwyfwy.)

Cyn yr Eisteddfod, bu digwyddiad a barodd i'r mudiad ddigyfeiriad sobri'n sydyn, sef helynt anhygoel Brewer-Spinks. Y teimlad ar y pryd oedd bod pobl Stiniog yn abl i'w harwain eu hunain, fel erioed, ac mai hyfrdra a fyddai ymyrryd ormod. Ond er i'r dyn hwnnw gael gwers i'w chofio, colli eu swyddi a wnaeth Neville ac Elmer Jones. Ni allai'r mudiad iaith chwarae gêm ochelgar y llywodraeth yn hwy, ac yn y Drenewydd rhoddwyd siâp ar bethau. Gyda'r drefn newydd daeth egni a phwrpas eto. Claddu maen melin y cadoediad; ailddatgan y dull di-drais; rhybudd bod yr holl bwyllgor yn gwrthod treth car y flwyddyn ddilynol. A mynd ar warthaf y Post. . . Hydref cyffrous oedd hwnnw. Clywyd gwaedd o ddicter hwyr ar ôl boddi ein hunanbarch dan Lyn Celyn. Ac O'R DIWEDD gwelsom adroddiad Hughes-Parry!

Gwrthodai'r adroddiad ddwyieithrwydd, oherwydd baich cyllid ac adnoddau—medden nhw. Yn hytrach, dyfeisiodd egwyddor gyfrwys 'dilysrwydd cyfartal', sef y dylai fod 'pob gweithred a phob ysgrifen neu beth a wneir yn Gymraeg yng Nghymru neu Fynwy â'r un grym cyfreithiol â phe gwnaethid hynny yn Saesneg', yn bennaf 'yng ngweinyddiaeth barn ac mewn gweinyddiaeth gyhoeddus'. Er iddo hefyd fynnu llu o welliannau da, nid oedd am orfodi awdurdodau i ddefnyddio'r Gymraeg,—nac felly amharu o gwbl ar oruchafiaeth y Saesneg. (Chwilio am gyfaddawd a wnaeth, nid rhwng unieithrwydd Cymraeg ac unieithrwydd Saesneg, ond rhwng dwyieithrwydd ac unieithrwydd Saesneg. Dr Glyn Williams biau'r sylw yna.)

Gwnaed yr argymhelliad sylfaenol arall, sef i ddeddfu yn ddiwahân drwy Gymru, ar gais unfrydol pawb ond Cymdeithas yr Iaith.

Nid da lle gellir gwell, ond cafodd yr adroddiad groeso gan lawer ar y dechrau, yn cynnwys *Tafod y Ddraig*. Wedi'r cyfan, cynigiai urddas swyddogol i'r heniaith am y tro cyntaf. A gwir y dywedasai'r *Tafod* cyn ei gyhoeddi hefyd: 'Gair o rybudd: ni chaiff Cymru gyfle tebyg i'r adroddiad hwn am amser maith eto'. Ymddengys i'r mudiad anghofio hynny'n fuan, ac yn fy marn i fe gollwyd un cyfle'n llwyr. Oherwydd dangosai'r adroddiad yn glir fod yr adnoddau ieithyddol ar gael, y pryd hynny, i greu rhai cynghorau swyddogol Gymraeg—ac nid yng Ngwynedd yn unig—pe bai'r Cymry wedi mynnu. Gan ganiatáu am duedd cynghorau i ganmol eu hunain, yr oedd rhai ohonynt yn fodlon, neu o leiaf yn dweud eu bod, i weithredu dwyieithrwydd gweinyddol. Trychineb fu i'r adroddiad beidio ag argymell hynny, na dim tebyg iddo, yn y Fro Gymraeg; ond yr un mor esgeulus, ni wnaeth y Gymdeithas na neb wasgu ar y cynghorau hyn, na gofalu y byddai'r ddeddf ddilynol yn eu cyfarwyddo ymhellach. O'r herwydd, Cyngor Llŷn yn unig a oedd wrthi, ar eu liwt eu hunain, yn gosod sail i Ddwyfor a Gwynedd wedyn. Dichon i bobl dybied y dôi peth felly yn naturiol, drwy ysbryd yr adroddiad a'r derbyniad parod a roes y llywodraeth iddo, ac mai mater o gyfieithu papurach ydoedd unrhyw newid.

Tae waeth, bu'r Gymdeithas yn rhy brysur i ailfeddwl dim bellach. (Bu heb gylchgrawn am flwyddyn a hanner hefyd.) Roedd brwydrau pwysig i'w hennill, a'r talcen yn galed. Y Post i ddechrau. Roedd hwnnw, dan un Anthony Wedgewood-Benn, yn ystyfnigo eto. A daeth y tyrfaoedd i gyfres o lythyrdai dros y gaeaf, i rwystro mynediad i bawb ond pensiynwyr. Wedi'r heldrin cyntaf adnabyddus yn Nolgellau, cafwyd cefnogaeth leol annisgwyl yn Llanbed—efallai am fod cymaint o bobl hŷn yno i ddangos eu hochr. Er mai tacteg yr heddlu fu peidio ag arestio neb, ac er na phlygodd y Post lawer hyd y saithdegau, daeth y mudiad iaith yn gyflym yn rym cenedlaethol dilys.

Roedd y deffro yn destun balchder i'r hen ffyddloniaid a fu'n brwydro am oes, pobl fel Vida Herbert a'i chwaer, Perisfab, Mrs Puw, Ann Lloyd, Haydn Pughe, Mr a Mrs Davies Dinas Terrace a W.H.Roberts, Aberystwyth. Rhaid i'r deyrnged i Cati Roberts wneud y tro i gofio a diolch i lawer o rai tebyg. Nid y lleiaf o'r dylanwadau newydd ar hen ac ifanc oedd caneuon teledu unigryw Dafydd Iwan, seren gwbl annisgwyl, a gafodd dipyn bach o raff gan ei gynhyrchydd, Owen Roberts o TWW (dan ei bennaeth rhaglenni—ie, Wyn Roberts!) Cawsom nwyddau ymgyrchol Undeb y Gymraeg Fyw, a *Lol*, a. . . Gwelir gobeithion y cyfnod yn *Y Cymro* 30/12, gan Sbardun: 'Blwyddyn o dwf sylweddol yn y deffroad cenedlaethol yng Nghymru—deffroad nad atelir ei wanc, mi dybiaf fi, nes y sefydlir y Senedd Gymreig yng Nghaerdydd'.

'Nid mor hawdd 'y'n gollyngir'. Gwyddai'r profiadol hynny, a difrifoli'r frwydr oedd amcan Emyr Llewelyn wrth drefnu ympryd bum niwrnod ar ddiwedd y flwyddyn, yn y Garth Newydd, Merthyr Tudful. Cafodd y pedwarawd, anghymarus bellach, sef John Daniel, Geraint Jones, Gareth Miles ac yntau, sylw mawr a chryn effaith. Y streic lwgu hon i ddangos diffyg statws y Gymraeg oedd y gyntaf, hyd y gwn, dros unrhyw iaith Geltaidd.

CORDDI'R MERDDWR
Cynog Dafis

Post Dolgellau, cyn yr helynt. Blaen: Neil Jenkins, Edgar Humphreys, Anwen Wiliam, Gillian Miles, Morys Rhys. (C 2/12)

Aeth y pwyllgor ati i drefnu ymgyrch o weithredu torcyfraith yn erbyn Swyddfa'r Post, corff a oedd y pryd hwnnw'n gwrthod rhoi unrhyw gydnabyddiaeth swyddogol i'r Gymraeg, ddim hyd yn oed arwyddion dwyieithog y tu fas i'w hadeiladau. Penderfynwyd ar ddull ffasiynol y cyfnod á la Martin Luther King a radicaliaid y 60au ledled y byd—yr orymdaith a'r *sit-in* neu'r meddiannu. Cynlluniwyd yn ofalus ac ar ddiwrnod o law ac eirlaw yn Nhachwedd 1965 cyrchwyd am Ddolgellau.

Roedd pethau'n well ac yn waeth na'r disgwyl. Rhyw 80-100 ar y gorau oedd y trefnwyr yn ei ddisgwyl, a hyfrydwch oedd gweld byseidi o fyfyrwyr yno i gefnogi gan wneud gorymdaith o ryw 300. Ond nid cefnogaeth gafodd ei hamlygu ymysg y trigolion—pan ddechreuodd y dyrnaid plismyn gario'r protestwyr allan fe ymosodwyd ar lawer gan rai o bobl y dref, a bu'n rhaid i'r protestwyr ymadael â'r lle mor urddasol ag y medrent ymhell cyn yr amser a oedd wedi'i fwriadu.

Cynhaliwyd protestiadau tebyg wedyn yn Llanbedr Pont Steffan a Machynlleth—a'r troeon hynny cafwyd cryn gefnogaeth ymysg y sylwedyddion.

Ymddygiad yr heddlu a'r awdurdodau oedd y broblem—nid camymddygiad, hynny yw, ond ymatal tactegol. Roedd hi'n amlwg bod penderfyniad wedi'i wneud, gan rywrai go uchel yn yr hierarchiaeth, bod yn rhaid osgoi arestiadau ac erlyniadau a'r esgaleiddio a fyddai'n dilyn hynny. Roedd y rhywrai hynny wedi'i deall hi a daeth y gwrthdystiadau i ben heb i ddim ymarferol gael ei gyflawni—ond bod y merddwr Cymreig wedi bywiocáu ryw gymaint wrth ei gorddi. Gwasgodd rhai aelodau am feddiannu dirybudd, ond fe'u trechwyd yn y Pwyllgor Canol gan fwyafrif a oedd yn bryderus ynglŷn â'r gwrthdaro treisgar a allai yn eu golwg nhw, ddilyn . . .

Doedd y mudiad ar awr ei dyfiant ddim yn rhydd oddi wrth ymraniadau mewnol. Wrth edrych nôl mae'n bosibl gweld bod tyndra rhwng yr elfennau petrusgar, gofalus, 'cymedrol' a'r rhai mwy beiddgar-radicalaidd a oedd am finiogi a lluosogi'r gweithgareddau torcyfraith. Yn anffodus, cymysgwyd yr anghytundeb yna a'r ddadl bwysicach ynglŷn â'r dull di-drais o weithredu . . .

[*Rhan o'i ysgrif 'Cymdeithas yr Iaith Ganol y Chwedegau'*]

Un o gymwynasau'r Gymdeithas. (T 1/65) Dde: diwedd pennod drist Tryweryn, yr agoriad. (C/LlGC)

Nid rhaglen i etholiadau seneddol sy gennyf gan hynny, eithr rhaglen i ganghennau'r Blaid mewn trefi marchnad ac ardaloedd gwledig. Gofynnaf iddynt, ymbiliaf arnynt, dderbyn y pethau a gymhellais i yn 1962 yn fy narlith radio ar Dynged yr Iaith. Dywedais droeon mai darlith yn cynnig rhaglen i Blaid Cymru oedd honno. Ni welodd unrhyw gangen o'r Blaid ei harddel hi na'i mabwysiadu. Ond ar ôl hynny fe sefydlwyd Cymdeithas yr Iaith Gymraeg i hyrwyddo'r un amcanion. Mentraf innau'n awr erfyn ar ganghennau Plaid Cymru yn yr ardaloedd Cymraeg am iddynt lyncu holl raglen Cymdeithas yr Iaith Gymraeg a mynd ati o ddifri, pob cangen yn ei hardal, i godi'r iaith yn fater politicaidd *llosg* (a defnyddio trosiad Saesneg). Deisebu ardal gyfan i hawlio Cymreigio pob swyddfa weinyddol dan yr awdurdod lleol, pob swyddfa gofrestrydd, pob swyddfa bost a swyddfa dreth. Mynd yn ddirprwyaeth â deiseb at y cyngor sir a'r cyngor tref neu ddosbarth i ofyn am gydnabod hawl y Gymraeg yn eu cyfarfodydd a'u cofnodion; mynd eilwaith os gwrthodir yr hawl; mynd wedyn yn orymdaith a mynnu'r hawl.

Saunders Lewis B 3/65 Isod: o Adr. Hughes-Parry, *Statws Cyfreithiol yr Iaith Gymraeg*. Gwelwn heddiw y cyfle a gollwyd i ennill llywodraeth leol Gymraeg cyn twf mawr y mewnlifiad Seisnig. Roedd Deddf Iaith newydd i ddod (1967), ond wedi'r dadrithiad, a gorfod parhau'r ymdrech fythol am Statws i'r Iaith, sefydlwyd cymeriad y 'chwyldro' fel brwydr dros gyfres o hawliau cenedlaethol.

Ceredigion	62 allan o 66	Dylid rhoi i'r iaith Gymraeg statws cyfartal â'r Saesneg, ac y maent yn fodlon defnyddio'r Gymraeg wrth ymdrafod â'r cyhoedd a gallant wneud hynny.
Sir Gaerfyrddin	71 allan o 78	Dylai'r Gymraeg gael nid yn unig statws cyfreithiol ond hefyd statws cyfartal, ond dylai rhoi statws cyfartal gydredeg â pholisi dwyieithog y sir mewn addysg, a rhaid
Sir Drefaldwyn	15 allan o 57	Gellir cymhwyso gweinyddiaeth y Sir i ymateb i unrhyw beth y mae deddf yn ei ofyn.

PROFIAD NEWYDD
Anwen Breeze Jones

Roedd protest y Gymdeithas yn Swyddfa'r Post yn Nolgellau yn boenus a chythryblus, a'r profiad o gael fy llusgo o'r adeilad gerfydd fy ngwallt, a'm lluchio ar y palmant, yn hollol newydd imi.

Gwaeth fyth oedd ymddygiad ac agwedd pobl y dref tuag atom; defnyddiai rhai eu hambarelos fel arfau ymosod tra phoenus, a chlywais regfeydd aflan a oedd yn newydd sbon i mi.

Ysywaeth, mewn sefyllfa o'r fath, teimlwn yn hapusach fel un o grŵp nag yn unigedd y doc. Fel y mwyafrif o aelodau cynnar eraill Cymdeithas yr Iaith, roeddem wedi cael ein magu i barchu'r holl sefydliadau, Cymraeg a Saesneg, ac felly roedd y syniad o dorri cyfraith gwlad yn wrthun imi.

Ymunais â'r ymgyrch i sicrhau ffurflenni i drethu ceir, ac roeddwn yn ofnus iawn yn y llys ar Fai 26ain, 1966, ac eto'n falch fy mod yn gwneud safiad dros yr Iaith. Dichon fy mod yn teimlo'n fwy nerfus gan fod yr achos ym Mhenrhyndeudraeth, fy mhentref genedigol, a phawb yn fy adnabod! Wir, roedd y llys ychydig lathenni i ffwrdd yn y stryd ger fy nghartref.

Cati Roberts. (DG 8/66) Chwith: Anwen yn yr achos uchod 5/66.(DE) Dde: yr Alban yn codi, ond fawr o sôn am y Gaeleg eto. Isod: dangos hyder newydd y chwedegau ar geir y Cymry, gwerthwyd 5 mil yn Eisteddfod y Drenewydd.

MERCHED YN BENNAF (3): CATI
Geraint Jones

CATI ROBERTS... Fel "yr hen Fiss Robaits Friog" yr adwaenem ni hi. Roedd yn gymêr ar ei phen ei hun, ac yn ymladd brwydr amhosibl mewn modd hollol styfnig a phenderfynol ym mro ei mebyd. Er ei bod yn bedwar ugain oed roedd yn gefnogwr brwd i Gymdeithas yr Iaith Gymraeg ac yn cyfrannu'n hael i'r coffrau. Am ryw reswm cymerodd ataf bron fel mab iddi a byddai ei llythyrau yn byrlymu o anwylder a chynghorion mamol...

Ei phrotest fawr oedd ynglŷn ag achos y Methodistiaid Calfinaidd yn y Friog. Digwyddai fod capel y Saeson yn y lle wedi ei gau ym 1927 ond bod mewnfudwyr, yn raddol, wedi cymryd drosodd yr achos Cymraeg. Ildiai'r Cymry gwasaidd a diniwed bob cam o'r ffordd. Pob un ond Cati Roberts. Gwelai hi'r peth fel gwarthnod ein cenedligrwydd. 'Ni allwn addoli'n wir mewn iaith ac amgylchedd estron a theimlwn nad ydym yn anghristnogol ein hagwedd wrth fynnu'r hawl i gynnal ein gwasanaethau yn iaith hynafol ein hardal'. Beth fu canlyniad gwrthdystiad unig Cati druan, ni wn. Cofiaf hyn. Ei bod am brynu cacen fawr i mi pan ddown yn rhydd o'r carchar ac am ei bwyta hefo mi! Ysywaeth, chafodd hi mo'i dymuniad. Bu farw'n sydyn ar y 24ain o Fai, 1966, dridiau'n unig cyn diwrnod torri'r gacen...

Gweld yr FWA am y tro cyntaf. Yr uchelwr R.O.F.Wynne gyda Cayo Evans yn agoriad Tryweryn. Dde: at John Davies.

MAE GENNYF DDRAIG YN FY NHANC

158, Westbourne Rd., Penarth, Morgannwg.

1·xii·1965

Annwyl Mr. Davies,

Amgaeaf £5 yn arwydd o'm diolch a'm llawenydd am y brotest yn Nolgellau. Mi geisiaf anfon yn gyffelyb o leiaf. ddwywaith y flwyddyn

Yn gywir

Saunders Lewis

Y LLYWIAWDWYR CYNNAR (3): METHIANT
Geraint Jones

Yna, ym mis Mehefin 1965, daeth gŵr o'r enw Brewer-Spinks i luchio'i gylchau mewn ffatri yn Nhanygrisiau, Meirionnydd. Yma eto, methodd y Gymdeithas yn llwyr â phrynu'r amser a gwneud yr helynt yn fater politicaidd go iawn. Dim ond unwaith yn y pedwar amser, wedi'r cyfan, y cyflwynir cyfleoedd fel hyn i ni . . .

Yn y cyfarfod blynyddol ceisiwyd unioni peth ar y diffygion allanol. Codwyd pwyllgor canolog oedd i gyfarfod yn fisol reolaidd ond yn fwy na dim cafwyd rhywfaint o benderfyniad a llai o hel dail . . . Eto'i gyd, er bod rhagolygon mwy gweithredol i'r mudiad yn awr, roedd dwy garfan bendant o fewn y pwyllgor canolog yn ymffurfio . . .

Bu gwrthdaro cyson hefyd ar fater cyhoeddi taflenni dwyieithog. Mae'n rhaid i mi gyfaddef, roedd y gair 'dwy-ieithrwydd' fel cadach coch i darw i mi bryd hynny, fel y mae yn awr. A phan fentrwyd, o'r diwedd, gwrthdystio'n gyhoeddus ddiwedd 1965 yn erbyn gwrth-gymreigrwydd trahaus Swyddfa'r Post . . . ymddangosai'r Gymdeithas ei bod am fynd rhagddi yn unol ac yn eofn . . . Ond dros eu crogi ni wnâi'r heddlu restio neb er i rai ohonom fod y nesaf peth at fod ar ein gliniau yn erfyn arnynt wneud hynny. Sylweddolais, fel Ysgrifennydd y mudiad erbyn hynny, mai'r cam naturiol nesaf yn yr ymgyrch fyddai ymosod yn ddirybudd ar swyddfeydd post lledled Cymru a'u meddiannu . . . Trafodwyd y peth yn y pwyllgor. Dyna ddiwedd disymwth ymgyrch y swyddfeydd post wedi tri chyfarfod protest yn unig. 'Digwyddodd, darfu . . .'

Mae'n rhaid i mi gyfaddef nad ydwyf, hyd y dydd heddiw, wedi iawn ddeall styfnigrwydd dall a chyndynrwydd rhai aelodau o'r pwyllgor a'u diffyg awydd pendant i weithredu . . . Amau rydw i ac eraill eu bod rhywsut wedi gadael i'w casinebau personol tuag at rai o'u cyd-bwyllgorwyr mwy cegog efallai lywio, ac yn wir lwyr reoli, eu penderfyniadau . . .

Pobl Blaenau Ffestiniog ar flaen y gad yn erbyn W.Brewer-Spinks 29/7 wedi iddo ddiswyddo dau weithiwr am wrthod arwyddo i beidio siarad Cymraeg yn y ffatri (C/LlGC) Isod: T 1/65

RHAGHYSBYSIAD—II

Efallai y cynhelir Ralı gan Gymdeithas yr Iaith Gymraeg yn Wrecsam, rhyw dro ar ôl mis Mai, 1965.

Post Llanbedr Pont Steffan: Geraint Jones, Gareth Miles, Dai Bonner Thomas, Emyr Llewelyn Jones, Gwyneth Wiliam,   , Neil Jenkins,   , Tegwyn Jones, Huw Ceredig Jones,   , Aled Gwyn Jones. Blaen: Ainsleigh Davies, Geraint Davies. Wrth y cownter, Menna Dafydd. (WM) Isod: y dyrfa tu allan. Cafwyd cefnogaeth dda gan bobl Llanbed.

Neil Jenkins yn eisteddfota gyda Sali Davies, a wrthododd dderbyn ei phensiwn yn Saesneg. (C 8/66)

1966

Annibyniaeth i Guyana, Malawi, Barbados; ffurfio Lesotho

Chwyldro diwylliannol yn China

Llofruddio Verwoerd, prifwein y gwynion, yn senedd De Affrica

Methu atal UDI gwynion De Rhodesia, cynhadledd HMS Tiger

Diorseddu Nkrumah, arlywydd Nigeria

Indira Gandhi yn brifwein yr India

Kiesinger yn ganghellor Gweriniaeth Ffederal yr Almaen

Llu o ieuenctid UDA yn gwrthod drafft Viet Nam, yn cynnwys Cassius Clay a gollodd ei deitl o'r herwydd

Dathlu ½ canml gwrthryfel y Pasg yn Iwerddon, gan ffrwydro cofgolofn Nelson yn Nulyn; ympryd 1af dros hawliau'r Wyddeleg, Dulyn; ailethol de Valera yn arlywydd; Ian Paisley yn arweinydd unol-iaethwyr y 6 sir

Lloegr yn ennill cwpan y byd, peldroed, yn Lloegr; carcharu'r llofruddion plant Ian Brady a Myra Hindley; ymweliad arch-esgob Caergaint â'r Pab, 1af ers 4 canrif; Francis Chichester yn cychwyn hwylio'r byd; helynt byd-eang wedi i John Lennon gymharu poblogrwydd y Beatles a Iesu Grist

Etholiad Cyff, Mawrth—llywod Laf Wilson yn ôl, mwyafrif 87; Llaf 60.7% (32 sedd), Ceid 27.8% (3), Rhydd 6.3% (1), PC 4.3% (61,071); penllanw Llaf, ac ennill Cered gan Elystan Morgan

Cledwyn Hughes yn Ysg Gwl; statws 'rhanbarth datbl' i Gym gyfan bron; cod-wyd 39,000 o dai, a chynllun tref newydd 70,000 ger Caersws, yn cynnwys 60,000 o Loegr; agor Pont Hafren a ffordd osgoi Porth Talbot

Argyfwng econ, a deddf cyflogaeth i atal chwyddiant

Isetholiad Caerf, Gorff—Gwynfor Evans yn AS 1af PC, mwyafrif 2436 dros Gwilym Prys Davies, Llaf

Sefydlu Plaid Ryddfrydol Cym

Trychineb Aberfan, Hydref, lladd 144 yn cynnwys 116 o blant Ysgol Pantglas

Bom Clywedog, Mehefin, ymgyrch fomio MAC; achosion ffrwydron, Caern; ffurf-io'r Nat Patriotic Front; rali 1af coffa Llywelyn, Cilmeri, Rhagfyr; hyrwyddo Medi 16 yn Ŵyl Glyndŵr (gan U y Gym Fyw)

Cynhadledd gen Caerd ar adr dros theatr gen yn y brifddinas

C Ysgolion Sul Cym (o Bwyllg Cydenwadol yr Ysgolion Sul); canml U Bedyddwyr Cym

Darganfod ogofeydd Aber-craf

Streic y morwyr

Diweithdra, Rhagfyr 3.9% (39, 462)

Marw Elizabeth Watkin Jones, J.J.Evans, W.Mitford Davies, T.Hughes Jones, D.Emrys Evans, Simon B.Jones

Eist Gen Aberafan; Eist yr Urdd Caergybi; Gŵyl G Dant Tregaron

Swyddfa Gym yn paratoi mesur deddf iaith, a darparu statws swyddogol yn cynnwys panel cyfieithu ffurflenni Cym

Diarddel cangen Parc, Y Bala o'r WI wedi dadl iaith, Gorff (cyfrinachol ar y pryd)

Twf llu o ysgolion meithrin, a threfn amser llawn dan Ymddiriedolaeth Glyndŵr

Yswiriant car Cym 1af gan gwmni Undeb

Cwyn Sais at y B Cysylltiadau Hiliol am un yn siarad Cym yn ei ŵydd

Gwersi Cym i oedolion ar deledu, TWW; rhaglen bop 1af, 'Disc a Dawn', BBC

Gwyndaf yn archdderwydd; awdl y Cynhaeaf, Dic Jones, yn peri ailarg'r *Cyfansoddiadau*—tro 1af

Canolfan Lyfrau Cym gan y cyhoeddwyr a'r C Llyfrau yn Heol Alexandra, Aberystwyth, Tachwedd; y C yn mabwysiadu ymgyrch lyfrau'r Urdd

Adr C Cymru ar y celfyddydau

Record 1af Dafydd Iwan, Pasg, *Wrth Feddwl am fy Nghymru,* yna 2il a 3edd

Llion Griffiths yn gol *Y Cymro,* ac Alwyn D.Rees *Barn*

Y Cardi rhif 1; *Studia Celtica* rhif 1; *Mynd a Bore Da* i ddysgwyr gan yr Urdd yn lle *Cymraeg*

Prydeindod J.R.Jones; *The Dragon's Tongue* Gerald Morgan; *Hanes Annibynwyr Cymru* R.Tudur Jones; *Hyfryd Iawn* llyfr 1af Pontshân a'r Lolfa; *Saer Doliau* drama hir 1af Gwenlyn Parry; *Ugain Oed a'i Ganiadau* llyfr 1af Gerallt Lloyd Owen; *Y Tân Melys* llyfr 1af Derec Llwyd Morgan

---

Wynebddalen:
Anghytuno ynghylch y dull di-drais: arestio Rhys ap Rhisiart ac eraill ger y Swyddfa Gymreig, adeg carchariad Neil Jenkins (WM)

Dyma flwyddyn nodedig yn wleidyddol. Roedd y llywodraeth mewn dyfroedd dyfnion yn fuan wedi'r etholiad ysgubol i'r Blaid Lafur. Yng Nghlywedog, dechrau ymgyrch fomio dair blynedd Mudiad Amddiffyn Cymru. Ac wrth gwrs, 'nos y gwawrio' ar Blaid Cymru yng Nghaerfyrddin. Bu'n flwyddyn gyffrous i Gymdeithas yr Iaith hefyd. Mae'n eironig iddi fod heb *Dafod y Ddraig* am ddeunaw mis yng nghyfnod prysuraf y chwedegau, o ran achosion llys, tan yr ymgyrch arwyddion. Yn ôl cofnodion y cyfarfod blynyddol, credai'r golygydd 'ei fod yn ddrud ac nad oedd yn cyflawni unrhyw ddiben pendant', a bu'r aelodau heb gyfarwyddyd ar adeg go ddryslyd yn eu hanes.

Er bod y llywodraeth wedi cytuno ag argymhellion Hughes-Parry ac yn paratoi deddf iaith, roedd yr awdurdodau mor ddisyfl ag erioed. *"The court will not take any notice of what is said in Welsh,"* meddai ynad Caerdydd wrth Neil Jenkins. Aeth merch ysgol o'r Wyddgrug, Eirwen Hughes, â'r cyngor lleol i gyfraith rhag enwi ei stryd hi yn Saesneg. 'Yn raddol difethwyd y gobaith y ceid dilysrwydd cyfartal i'r Gymraeg drwy deg, a daeth siomiant, chwerwedd, torcyfraith a charchar yn lle'r ewyllys da a ffynnai ar ddechrau'r flwyddyn' (Alwyn D.Rees, *Arolwg 1966)*. Ymddengys yma y camddehonglir (yn fwriadol?) ystyr y 'dilysrwydd' bondigrybwyll, ond daeth *Barn* yn lleufer clir ac Alwyn Rees yn gefn torsyth i frwydr yr iaith o hyn ymlaen. J.R.Jones hefyd,—a roes elw ei lyfr *Prydeindod* i'r Gymdeithas—'athro coleg ac athronydd nad yw cysur ei swydd wedi magu gwêr yn ei glustiau fel na chlyw ef boen ei bobl' (Saunders Lewis, *WM* 3/66). Cytunodd Saunders ym Mawrth i roi ei enw wrth y mudiad, gyda'i fendith felly i'w safle annibynnol, wedi gweld ei fod o ddifrif.

Yn ymgyrch y Post—dros ddefnydd cyhoeddus o'r Gymraeg —daeth deucant i Fachynlleth yn Ionawr a rhwystro'r llythyrdy am ddwyawr a hanner. Ni fu arestio, eto fyth, ond cafwyd cefnogaeth y cyngor yno, a feirniadodd y llywodraeth a phenderfynu rhoi'r Gymraeg ar eu heiddo'u hunain. Mynd yn ôl i Lanbed wedyn, gyda deiseb a gafodd 70% o bobl yno o blaid statws cyfartal yn y Post. Roedd gan Gymdeithas yr Iaith 500 o aelodau bellach (yn ôl llythr ei hysgrifennydd at glerc Castell Nedd 13/4). Cofia cyfran dda ohonynt am y daith i Ddulyn i ddathlu gwrthryfel y Pasg—ac am yr ias o gael, ar yr un pryd record gyntaf Dafydd Iwan a werthodd dros ddeng mil.

Yr achosion am wrthod y dirwyon treth car a wthiodd y frwydr yn ei blaen yn awr, er gwaethaf cwerylon yr arweinwyr. Sefydlwyd patrwm o brotest dorfol mewn llys a rali, deiseb a gorymdaith geir (didreth neu ddi-ddisg treth). Dyma ddechrau gyrfa areithyddol danbaid Emyr Llewelyn. Cafwyd y profiad cyntaf o rwystro llys yn Ebrill, pan daflwyd deugain allan yn Abertawe, ar achlysur y carchariad cyntaf dros yr iaith. Fel rheol, ni cheid gwŷs Gymraeg i ddechrau, felly gwrthodai'r cyhuddedig fynd yno o wirfodd. *"A summons in Welsh would be a violation of the law. The language of the Queen's Courts is English,"* meddai clerc Abertawe yng Ngorffennaf. Yn aml, gwrthodid hefyd hawl i siarad Cymraeg yn y llys, fel yn achos Gwyneth Wiliam, a alwyd yn 'niwsans' gan lys Pontypridd. Pan garcharwyd hi, talodd rhywun ei dirwy drannoeth; digwyddodd hynny i eraill, fel Hywel ap Dafydd, Gareth Miles, a Geraint Jones eto rhag ei drydydd carchariad ym Mhwllheli fis Medi. Byddai'n dra diddorol gwybod rhywbryd prun ai'r ynadon a arferai dalu ai peidio!

Yn y cyfarfod blynyddol, etholwyd Dafydd Iwan ar y pwyllgor canol am y tro cyntaf, ac yn ei gyfarfod cyntaf cafodd ei benodi yn ysgrifennydd dros dro, tra byddai 'Twm' yng ngharchar (yr ail waith). Yn y pwyllgor hwnnw, Gorffennaf 29, pasiwyd 'i gymeryd sylw o fuddugoliaeth Mr Gwynfor Evans yng Nghaerfyrddin' ac i ddirprwyo Cynog Davies, Siôn Daniel a Robat Griffith ato 'i fynegi pryder y Gymdeithas fod cyn lleied o sylw wedi ei dalu i'r iaith yn ei ymgyrch etholiadol'. Bu'r Eisteddfod Genedlaethol yn un gofiadwy iawn. Sôn mawr yn y wasg am ryw fygythiad i saethu'r Ysgrifennydd Gwladol newydd; protest gyntaf swnllyd aelodau'r Gymdeithas ar y maes, wrth erlid Cledwyn Hughes i fynnu rhyddhau eu hysgrifennydd hwythau; clywed Alwyn Rees a J.R. ymhlith yr areithwyr; a'r ferch o 'Seland Newydd', Menna Dafydd, yn rhoi andros o syndod i'r pafiliwn llawn ac i gynulleidfa'r teledu ddydd Gwener. Heb sôn am Gwynfor yn y senedd, ac un o awdlau gorau'r ganrif!

Cafodd Hywel ap Dafydd ei garcharu eto ym Medi, yn Abertawe. Yna deufis i Neil Jenkins yng Nghaerdydd, a dyna ddaeth â'r ddadl enwog am y polisi di-drais i'r berw. Wedi cyhuddo tri aelod o ymladd â'r heddlu yn nrws y Swyddfa Gymreig, gwrthodwyd eu cais am gymorth ariannol gan y pwyllgor canol. Aeth yn rhwyg agored, a bu'n rhaid cynnal cyfarfod arbennig o aelodau'r Gymdeithas yn Nhachwedd. Dengys y gwrthgynigion mai dewis diddorol o ffôl a wynebai'r gynulleidfa yn y Belle Vue! Gyda nifer o gefnogwyr mudiadau 'treisiol' yn bresennol yn y cefn, roedd yno gryn dyndra, ac ymdderu cyfansoddiadol, nes llwyddo yn y diwedd i ddiystyru'r pleidleisio dryslyd. Wedi apêl ddifrifol gan Emyr Llewelyn, derbyniodd y mwyafrif y dull di-drais yn bolisi swyddogol—rhai o argyhoeddiad heddychol, eraill o ran disgyblaeth—a dyna a fu byth wedyn. (Ar ddiwedd y flwyddyn cyhoeddodd y Gymdeithas ei bod yn datgysylltu ei hun oddi wrth unrhyw weithgaredd o eiddo'r FWA.) Dylid nodi mai ymddygiad torfol effeithiol, yn ôl her y Ddarlith Radio ac esiampl y duon yn America, a olygid wrth y dull di-drais ar y pryd, ac nid y gred bersonol, hunanaberthol a drodd yn ffordd o fyw i rai arweinwyr wedyn. Wrth gwrs, mynn Ffred Ffransis ac eraill heddiw, fel Gandhi gynt, mai'r llwybr olaf a rydd nerth a pharhad i'r sawl a geisio'r 'chwyldro', neu o leiaf i'r rhai a gymer y cyfrifoldeb o'i arwain.

Rhwng popeth, yn cynnwys newid dau brif swyddog y mudiad ar ganol eu tymor, gostyngodd y gwres am dipyn golew, yn gam neu'n gymwys. Yn angof bron yn yr holl halibalŵ, enillwyd y ffurflen dreth car ddwyieithog gan y Post. Ond ni chaniateid ei dychwelyd i lythyrdy, fel rhai Saesneg; golygai hynny fynd â hi i swyddfa dreth car ganolog. Gorfodwyd Cymdeithas yr Iaith felly i barhau ar yr hen drywydd. Dyna fu achos protest dorfol arall—y gyntaf o gyfres y gaeaf hwn eto—ym Mangor yn Rhagfyr. Wedi i ryw ddeucant (hoff rif y cyfryngau) rwystro'r llythyrdy, dyma'r heddlu unwaith eto yn codi pensiynwyr dros ben y dyrfa gan gymryd arnynt nad oedd torcyfraith yn digwydd. Roedd y glas yn ei deall hi, yn yr oes bell honno! Roedd y genhedlaeth hŷn yn amlwg bellach; ymunodd amryw â Dafydd Orwig i wrthod talu'r dreth radio a theledu yn Saesneg. Bu datblygiad arall yn Nhachwedd a ddenodd ragor o weithredu. I gynyddu pwysau ar y Post, cychwynnwyd ymgyrch i gael y disg treth car yn ddwyieithog, ac wedi'r Calan, cyhoeddwyd disg du gan y Gymdeithas ei hunan, i'w roi ar ffenest car. Gallai rhai a dalasai'r dreth dorri'r gyfraith hefyd felly, drwy ei ddangos yn lle'r un Saesneg. Gan bod yr heddlu fel arfer yn eu hanwybyddu, bu'r disgiau duon yn boblogaidd!

O LANELTHYE I LANELLI
Eurion John

Cytunodd Saunders Lewis i fod yn Llywydd Anrh. y Gymdeithas. (CCC)

O fethu â chael y tawelwch meddwl o dorri'r gyfraith dros yr iaith yn nyddiau coleg, es ati i geisio cael perswâd ar bobl mewn dulliau o fewn y gyfraith. Fy syniad ydoedd cael Cyngor tref Llanelli i gydnabod y ffurf Gymraeg yn ogystal â'r ffurf Saesneg. Gan fod gennyf ddiddordeb mewn hen fapiau, mewn llythyr at y Cyngor olrheiniais hanes y ffurf lygredig gyntaf 'Llanelthye' a dangos sut y bu iddi ddatblygu yn 'Llanelly' gyfoes—tra bu'r ffurf 'Llanelli' yn gyson o gywir drwy'r amser.

Yn ôl a glywais gan aelod o'r pwyllgor, pan ddaeth y mater gerbron safodd Harry Morris, y maer ar y pryd os cofiaf yn iawn, a chan edrych ar yr arwyddair 'Ymlaen Llanelli' ar darian ar y wal, llefarodd y geiriau nodweddiadol *"The boy is right!"*—a symudwyd i ddileu'r ffurf Saesneg yn llwyr. A dyna a fu.

Cymerodd beth amser i'r newid gael ei dderbyn yn swyddogol. Gofynnwyd i mi gan aelod amlwg o'r Blaid Lafur pwy oedd y tu ôl i mi, a dywedais innau nad oedd neb. Hanner gwir efallai, gan fod 'nhad a Harry Morris yn bennaf ffrindiau, a'r ddau ar yr un shifft yn y Trostre!

Cadwai tad fy ffrind pennaf garej yn y pentref. "Beth yffarn wyt ti'n i neud? Dyma fi'n gorffod newid yr enw ar y garej, y fans, a phob dim!" meddai. "A ti'n gwbod beth? Yn y *Motor Show* yn Llunden, dyma fi'n ffônio Mair o'r gwesty. *'How are you spelling it please sir?'* medde'r ferch ar y ffôn yn itha tidi. 'L-l-a-n-e-l-l-y' ddywedes i. Mewn pum muned dyma hi yn ôl. *'You misspelt the name, the correct form is now with an i and not a y'.* 'How on earth did you know that?' gofynnes i. *'Oh,'* mynte'r groten, *'my boy friend comes from Port Talbot.'* Ma'r byd yn fach, ac myn yffarn i, mae e'n newid ed."

Dod yn ôl i Dredegar yng Ngwent ym 1978, ar ôl deng mlynedd. Gelwais yn Swyddfa'r Post, a gofyn am y lle a'r lle yn Scwrfa Road—gan ei ynganu'n iawn wrth gwrs. *"I don't mind the Blaid, but I can't stand Cymdeithas yr Iaith"* meddai fel saeth. Ddeng mlynedd ynghynt, ac y mae'n sicr gennyf na fuasai ganddi amcan o'r gwahaniaeth. Rhyfedd o beth yw addysg ondife?

BUDDUGOLIAETH?
Dafydd Orwig

Dyma lun o Guto o'r *Cymro*, Ionawr 1af, 1966 pan oedd yn wyth mis oed ac yn dal heb ei gofrestru. Mae'n ddiddorol sylwi ar y gwahanol ddyddiadau ar y Dystysgrif Gofrestru:
(i)   Dyddiad geni, Mai 5ed, 1965
(ii) Bedyddio, Gorffennaf 18fed, 1965
(iii) Cofrestru,—heb ein caniatâd— Mawrth 8fed, 1966
(iv) Y copi dwyieithog o'r Dystysgrif, Ebrill 26ain, 1968
A'R CYFAN I GYD YN SAESNEG ER GWAETHA'R FUDDUGOL-IAETH SWYDDOGOL!

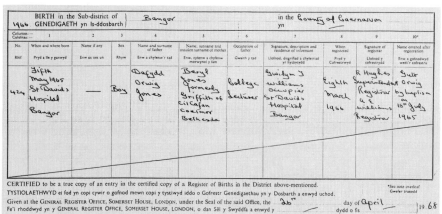

CERTIFIED to be a true copy of an entry in the certified copy of a Register of Births in the District above-mentioned.
TYSTIOLAETHWYD ei fod yn gopi cywir o gofnod mewn copi o dystiwyd iddo o Gofrestr Genedigaethau yn y Dosbarth a enwyd uchod.
Given at the GENERAL REGISTER OFFICE, SOMERSET HOUSE, LONDON, under the Seal of the said Office, the 26 day of April 19.68
Fe'i rhoddwyd yn y GENERAL REGISTER OFFICE, SOMERSET HOUSE, LONDON, o dan Sêl y Swyddfa a enwyd y dydd o fis

Yn swyddogol nid ydynt yn bod!

Iwan, 16 mis

Arthur, 11 mis

Guto Orwig, 8 mis

Mari, 6 wythnos

CARMARTHENSHIRE'S L. CERTIFIED CIRCU.

SATURDAY, MARCH 12, 1966 . Price SIXPENCE

Y papur wedi rhoi'r sillafiad cywir.

THE GPO were last night keeping a sharp look-out for hundreds of illegally overprinted stamps on letters and cards posted by members of the Weish Language Society after their third official demonstration at Machynlleth.

WM 2/66

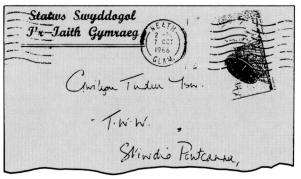

Amlen ymgyrch y stamp 2/66

ORFFIWS YN ANNWN
Geraint Jones

Roedd Guto Gwent a minnau yn aelodau o gôr enwog yr Orffiws Treforus yn ystod y blynyddoedd 1965-66 ac yn wir yn mwynhau bob munud o'r profiad o gael canu mewn côr o safon tra uchel. Cyn symud i Abertawe i weithio yn swyddfa Yswiriant Undeb (Trefor Morgan), yn sŵn barddoniaeth fy nghyd-weithiwr o Glydach, Abiah Roderic, bûm yn aelod o Gôr Cwmbach gyda fy nghyfaill Jo (Emyr Jones, Llanarmon, Chwilog) oedd, fel finnau, yn gweithio bryd hynny yn Aberdâr.

Pan garcharwyd fi ddiwedd Ebrill 1966, awgrymodd Guto y byddai'n werth chweil petai Côr yr Orffiws (oedd yn rhifo ymhell dros gant o aelodau) yn cynnal cyngerdd yn y carchar yn Abertawe. Digwyddai hefyd fod un o aelodau blaenllaw y côr, Hubert Spender, yn swyddog yn y jêl, ac roedd ei fab John yn cydfyfyriwr â Guto a minnau yn Adran y Gyfraith yn Aberystwyth, os cofiaf yn iawn. Datganodd nifer o'r cantorion eu hawydd a'u parodrwydd i fynd a dyma adael y trefniadau yn nwylo Hubert Spender, yr hwn a wnâi ei orau, chwarae teg iddo, i droi'r bwriad yn ffaith.

Rhoed y mater—mater digon delicet mae'n wir—gerbron y pwyllgor (oedd, mae'n debyg, yn nodweddiadol Lafur) ac er mawr syndod rhoddwyd y go-ahed gan fod un o'u haelodau yn garcharor yno! Roedd peth brys wrth reswm, gan nad oeddwn yno ond am fis, ac fe roddwyd y mater gerbron yr aelodau yn eu practis dilynol. Gofynnwyd faint ohonynt fedrai fynd ar y noson a'r noson, a faint oedd yn fodlon mynd. Cododd dros hanner cant o'r aelodau eu dwylo—hen ddigon o leisiau i roi cyngerdd byw mewn carchar. "O, na," meddai'r arweinydd, Eurfryn John, "rhaid cael mwy o *first tenors*." Esgus rhyfedd yn wir.

Dyma benderfynu cael cyfarfod pellach o'r pwyllgor ac yno pasiwyd i aros tan y nos Fercher ddilynol i weld a oedd rhagor o denoriaid a allai ddod!! Erbyn hyn yr oedd cryn densiwn wedi ei greu, yn hollol fwriadol, ymysg yr aelodau a gwelwyd fod digon o bylor gwleidyddol yma i achosi ffrwydrad sylweddol. A gwyddai'r pwyllgor hynny'n burion. Mynegasant wrthwynebiad ffyrnicach i'r bwriad. Nhw gariodd y dydd er mawr siom i Guto, nifer o'r aelodau mwyaf gwladgarol a minnau.

Yng Nghwmbach, ardal llawer mwy Seisnigaidd bryd hynny, roedd y côr yn cynnal ei bractis arferol. Hysbysodd yr arweinydd, Mr James, y cantorion fod un o gynaelodau'r côr yng ngharchar dros yr iaith. Cododd y côr ar ei draed a chanu emyn Cymraeg o barch i'r carcharor a'i egwyddorion!! Yn union fel petaent yn ei goffáu! Ond yn wir, roedd un emyn syml gwŷr Cwmbach yn werth

Ann Davies, Guto ap Gwent, Geraint Jones, Mari Gwent yng nghartref John Daniel, Joppa, drannoeth protest Dolgellau, 1965. (d/g G.J.)

LLYTHYR O GARCHAR
Geraint Jones
[At ei deulu, noson y carchariad cyntaf dros yr iaith Gymraeg]

1763 JONES, G. H.M. Prison, 200 Oystermouth Road, Swansea, Glam.

Annwyl Bawb,

Dyma fi wedi cyrraedd o'r diwedd ac wedi setlo i lawr mewn cell gyda 6 arall. Rhif, nid enw, sydd uwch fy mhen i rwan, a chrys streips a dillad wyrcws. Cawsom fwyd—tatws a chorn bîff a brechdan. Eisiau smôc yn fwy na dim a chael bod adra wrth gwrs . . .

Roedd yr heddlu am adael i mi eich ffônio ond byddai yn rhaid i mi siarad Saesneg, felly tybiais y buasai'n well i Gwyneth Morgan wneud . . .

Roedd yn rhyfedd iawn yn y llys bore heddiw. Pan oeddwn ar fin rhoi tystiolaeth, fe ofynnais am Feibl Cymraeg, a chan nad oedd un yno bu'n rhaid gohirio'r achos am ryw ddwyawr.

Meddyliodd y cefnogwyr eu bod yn fy ngharcharu heb imi roi tystiolaeth ac aeth yn dân gwyllt yno. Pan ddois ymlaen wedyn ymhen dwyawr doedd neb yno ac roeddwn yn teimlo'n unig iawn. Roedd y cyfan drosodd ymhen chwarter awr. Ond dyna fo, rhaid derbyn yr hyn yr oeddwn yn ei ddisgwyl. Dyw mis ddim llawar a meddwl bod rhai fel Llew [Emyr Llewelyn] wedi bod i mewn am naw mis . . .

Rydw i'n dal yn g'lonnog—dim ond cofio pam rydw i yma, yntê!
Cofiwch sgwennu,
G.

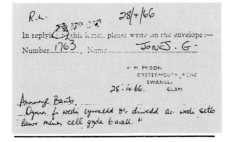

mwy na mil o *grand concerts* yn oriel grand y Tabernacl, Treforus. Ddaeth Orffiws ddim i Annwn.

DYDDIADUR (2): EISTEDDFOD YR URDD, CAERGYBI
Dafydd Iwan

Dydd Mawrth Mehefin 7
Roedd Twm [Geraint Jones]—a ddaeth o garchar ychydig dros wythnos yn ôl—ynghanol y gyfeddach eisteddfodol fel arfer, ac yn ddigon tebyg i'r hen Twm er ei brofiad. Mae'n wynebu mis arall o garchar ymhen wythnos. Bore fory mae Gwyneth Wiliam yn debygol o gael ei restio am yr un peth—gwrthod talu dirwyon a gafodd am beidio adnewyddu trwydded ei char nes cael ffurflenni Cymraeg. Os carcherir hi bydd yna hen brotestio wedyn.

Roedd Cledwyn Huws yn siarad yn Gymreigaidd iawn yng Nghaergybi fore Sadwrn, yn ôl a glywais, a'r hen Syr Ifan druan bron â chael stroc arall pan gafodd ei fwian am annog ieuenctid Cymru i beidio protestio na mynd i garchar, nes newid ei dôn cyn y diwedd yn gyfan gwbwl bron. Ond "rhowch gyfle i'r Cymry gwych yma sydd mewn swyddi o ddylanwad yn y Senedd—ac os na wnan nhw'u job ymhen 6 mis—allan â nhw"!!

[Detholiad o'i Ddyddiadur, 1966]

Record 1af Dafydd Iwan, *Wrth Feddwl Am Fy Nghymru* (Welsh Teldisc Recordings).

Lion Griffiths, Gol. newydd *Y Cymro*, lladmerydd y frwydr genedlaethol am chwarter canrif. (d/g Ll.G.)

MAE'N WERTH TROI'N ALLTUD AMBELL DRO
Menna Cravos

Dechrau Awst 1966—wythnos gythryblus Eisteddfod Genedlaethol Aberafan . . . Bu'r wythnos yn ferw gan brotest; roedd yn rhaid parhau i dynnu sylw'r cyhoedd at garchariad Twm [Geraint Jones] a'r ymgyrch disg treth. Bore Gwener, diwrnod croesawu'r Cymry ar Wasgar, fe benderfynais i y byddai'r cyfryngau, wrth ddilyn hynt y seremoni ddagreuol hon, yn derbyn neges arall, un llawer mwy perthnasol i'n sefyllfa ni yng Nghymru.

Ar ôl talu tâl aelodaeth ym mhabell barchus y Cymry ar Wasgar a chael bathodyn i ddynodi mai Cymraes Wasgaredig o Seland Newydd oeddwn, gwibiais draw i babell dipyn llai parchus Cymdeithas yr Iaith, hawlio papur maint poster a sgrifennu arno mewn llythrennau bras.

Am hanner awr wedi dau, roeddwn yn eistedd yn nerfus braidd yng nghanol rhengoedd y Cymry ar Wasgar, yn dyfalu beth fyddai eu hadwaith pe gwyddent fod yna gwcw yn y nyth. Eisteddwn wrth ochr fy modryb a gwraig arall, ill dwy'n alltudion dilys o Seland Newydd, a chlywn yr Americanwyr yn parablu'n hyderus-uchel â'i gilydd yn Saesneg. Fedrwn i ddim synhwyro'r un tinc o hiraeth na'r un dyhead i ddod yn ôl i'r 'hen wlad' i fyw yn eu sgwrsio gwag . . .

Dechreuwyd ar y Seremoni; canwyd y caneuon sentimental a chafwyd yr areithiau teimladol, ac yna daeth y Foment Fawr wrth i gynrychiolwyr y gwahanol wledydd godi ar eu traed a derbyn cymeradwyaeth y dorf. Llond dwrn yn codi o Awstralia, De'r Affrig, India, Malaysia, Nigeria, gwledydd a fu unwaith dan fawd yr hen Ymerodraeth Brydeinig, eraill o drefedigaethau fel Hong Kong, a'r garfan fwyaf niferus ohonyn nhw i gyd o Unol Daleithiau'r Amerig—criw disglair yng ngwir ystyr y gair, gyda'u diamwntau'n pefrio o'u clustiau, eu dwylo a'u bronnau.

Mae'n siwr fod pob un a safai am ennyd i wynebu'r dorf fawr yn teimlo rhyw falchder o fod yn Gymro neu'n Gymraes y foment honno, ond gwell Cymro, Cymro oddi cartref? Nefar in Iwrop, na'r U.D. na'r Gymanwlad chwaith. Roedd fy nerfusrwydd yn ildio lle i benderfyniad i atgoffa'r genedl fod na Gymreictod llawer dyfnach na hynna'n bod—Cymreictod oedd yn hawlio urddas a lle teilwng i'r iaith Gymraeg, hyd yn oed pe golygai hyn aberth a charchar i'r sawl a'i mynnai.

A phan glywais y llais clochaidd yn datgan 'Seland Newydd', fe godais gyda'r ddwy arall a dal y poster gyda'r geiriau 'RHYDDHEWCH GERAINT JONES' yn gadarn uwch fy mhen. Teimlais rhyw gyffro'n cerdded drwy'r Pafiliwn, ond

Eileen Beasley yn annerch, carchar Abertawe 8/5 Gw. J.R.Jones, canol chwith. (WM)

Neil Jenkins yn darllen deiseb treth car, drwy gyfieithydd, i Noel Protheroe o'r S.G. 14/5 (WM)

Yr oedd tua 20 o aelodau o Gymdeithas yr Iaith Gymraeg yn y Llys pan alwyd ar achos Miss Gwyneth Wiliam.

Gwrthododd ddyweud gair yn Saesneg ond yr oedd cyfieithydd yn y Llys a gwrthododd fynd ar ei llw gan nad oedd Testament Cymraeg yn y Llys.

Ar ol ei holi cafwyd ei bod yn dysgu drwy gyfrwng yr iaith Saesneg yn ardal Pontypridd ac wedi hynny dywedodd yr Ynad Talliedig, Matabelle Davies Q.C. wrthi nad oedd hi yn gwneud dim ond niwsans ohoni ei hun ac atal gwaith y Llys. Cynigiodd

C 9/6

Un o 4 cartŵn 1af Elwyn Jones (wedyn Ioan) i'r Gymdeithas. (The WLS, What It's All About)

ymlaen yr aeth y garafán.

Ddeng munud yn ddiweddarach, ar y Maes, cefais ymateb hollol wahanol. Mynegwyd diddordeb, cefnogaeth, a gwrthwynebiad hefyd. Do, fe roddais i bwt o gyhoeddusrwydd pellach i'r ymgyrch, ond roedd yn rhaid i eraill ymgyrchu dipyn yn galetach cyn ennill y frwydr arbennig honno.

Robert Davies, hen filwr, a yrrodd ei fedalau'n ôl i'r frenhines wedi carcharu Geraint a Neil. (C 29/9)

Y LLYWIAWDWYR CYNNAR (4): TRYBESTOD

Geraint Jones

Erbyn mis Hydref roedd Neil Jenkins wedi ei gloi tu ôl i farrau heyrn carchar Caerdydd, fel rhan o'r un ymgyrch [*treth car*]. Daeth yn ffasiynol yn ddiweddarach yn hanes Cymdeithas yr Iaith i ladd ar Neil. Daeth yn gocyn hitio hwylus i lawer o bobl nad oeddynt yn ei adnabod. Dywedaf hyn. Ni welais i neb erioed yn arddangos mwy o urddas a dewrder a gwladgarwch digymrodedd mewn llysoedd barn Seisnig na Neil. Roedd yn wers i ni i gyd...

Penderfynais nad oedd y carcharor diweddaraf hwn yn gorfod dioddef y diffyg cefnogaeth a oedd wedi nodweddu arweinyddiaeth y Gymdeithas gyhyd. Ar yr wythfed o Hydref, 1966, dyma gynnal rali yng Nghaerdydd ar ffurf gorymdaith a chyfarfodydd protest. Rhaid oedd iddi fod yn rali fawr a fyddai'n dangos i'r awdurdodau fod y chwyldro yn cerdded a bod sŵn carnau meirch a phedolau o'r diwedd i'w clywed yng Nghymru daeog...

Cludais y ddeiseb i ben grisiau'r Swyddfa Gymreig ac at ei drysau cloëdig yn ddramatig iawn yng nghwmni fy nghyfaill Rhys ap Rhisiart o Fryncir, a gariai glamp o faner y Ddraig Goch ar drostan ffyrf. Dechreuodd y dorf tu ôl i mi leisio'u protest a gwthio ymlaen. Penderfynodd yr heddlu anhywaith ein pwnio a'n hambygio ac yna ein dyrnu a'n cicio, ddynion a merched yn ddiwahân. Teyrnasodd trybestod am ennyd.

Ceisiodd Emyr Llewelyn alw am osteg a thangnefedd ond erbyn hynny roedd yn gythrwfl bywiog yno a Rhys a'i bolyn a dau aelod arall [Eifion Tomos a Hywel Tomos] ar wastad eu cefnau yn y Fareia Ddu... Roeddent i ymddangos gerbron un o ynadon cyflogedig dinas Caerdydd ar gyhuddiad o darfu ar yr heddwch neu rywbeth cyffelyb...

(Cofiaf fod yng Nghaerdydd yn un o'r dyrnaid ddaeth ynghyd ar fore'r 21ain o Hydref, 1966, a phan oeddem ar fin creu cynnwrf mawr yn y llys cyrhaeddodd y newydd syfrdanol am drychineb y bore ym mhentref Aberfan. Ni fu protest.)

Geraint Jones a Rhys ap Rhisiart fore'r achos uchod. (d/g G.J.)

Y rhwyg yn gyhoeddus: yn absenoldeb y swyddogion, Rhys ap Rhisiart yn arwain y dorf at y S.G. a Charchar Caerdydd. Tu ôl iddo, arweinwyr newydd, Emyr Llewelyn a Dafydd Iwan. Isod: cyn y 'trybestod' a fu'n drobwynt yn hanes y mudiad. (WM)

1. Credwn, dan amgylchiadau arbennig, fod gan aelodau o'r Gymdeithas hon yr hawl i amddiffyn eu hunain yn gorfforol. Os ymosodir arnynt yn ddireswm ac yn giaidd gan yr Heddlu Seisnig neu aelodau gelyniaethus o'r cyhoedd, yna nae cyfiawnhad ar ran yr aelodau i ddefnyddio y gradd hwnnw o rym corfforol sy'n anghenrheidiol i amddiffyn eu hunain, ac amddiffyn merched a phobl mewn oed yn arbennig, rhag eu niweidio. Credwn, yn hollol onest, pan fo merched yn cael eu cicio a'u dyrnu gan yr Heddlu, fel y digwyddodd yng Nghaerdydd, mai dim ond cachgwn eithafol a fedrai edrych ar hyn heb geisio amddiffyn y cyfryw rai. Bu "heddychiaeth" yn esgus cyfleus dros lwfrdra ers gormod o amser yng Nghymru.

O wrth-gynnig Geraint Jones a Neil Jenkins i'r Cyf. Cyff. Bu dryswch gan fod y cynnig 'di-drais' yn rhy ddeddfol, ond yn y diwedd sefydlwyd dull parhaol y Gymdeithas. Isod: dengys drafft o lythyr Cynog Davies at Saunders Lewis 7/66 effaith yr arweinyddiaeth chwâl.

ARWEINYDDIAETH CYMDEITHAS YR IAITH YN 1966
Gareth Miles

Roedd hollt yn yr arweinyddiaeth erbyn canol 1966, hollt ddifrifol. Yr 'eithafwyr' ar y naill law, Twm [Geraint Jones], Neil [Jenkins], Dai Bonner (a Gwyneth Wiliam?) a'r 'rhyddfrydwyr' ar y llaw arall, Cynog [Davies], Sionyn Daniel, Bwlchllan [John Davies], Rhiannon Price a Gareth Miles. Nid yr un yn hollol oedd safbwynt y ddau olaf a enwyd â'r tri cyntaf. Credaf fod Rhiannon a minnau yn gryfach o blaid torri'r gyfraith na hwy ond yn gwrthwynebu traisgarwch y garfan wrthwynebus a'u hawydd i gael cysylltiadau clòs gyda'r *FWA* ac yn y blaen.

Tua'r adeg yma yr ailymunodd Emyr Llew â'r Gymdeithas (ar ôl cefnu arni oherwydd iddi wrthod cenadwri Bobi Jones a throi'n fudiad dysgu ail-iaith i oedolion rai blynyddoedd ynghynt). Ymgynghreiriodd ef â'r 'eithafwyr' ac mewn Cyfarfod Cyffredinol bychan iawn—dim mwy na 30 yn bresennol—a gynhaliwyd yn y Belle Vue, Aberystwyth ym mis Gorffennaf, fe'i etholwyd yn Gadeirydd.

Cynhaliwyd dwy weithred o dorcyfraith torfol o dan arweinyddiaeth Emyr. Bu siarad tanbaid ar y ddau achlysur ac ar un o'r troeon hynny yr arestiwyd Rhys Giaff [Rhys ap Rhisiart]. Beth bynnag, dychrynwyd Emyr gan fwriadau ei gyfeillion newydd, i'r fath raddau nes iddo droi yn eu herbyn. Roeddem yn yr un *impasse* ag o'r blaen a'r unig ffordd i dorri allan ohono oedd cynnal Cyfarfod Cyffredinol Arbennig i setlo'r ddadl Trais *v* Di-drais unwaith ac am byth.

Yn y cyfarfod hwnnw y dyrchafodd Emyr y Dull Di-drais yn egwyddor a'i sancteiddio â rhethreg basiffistaidd am y tro cyntaf yn hanes y Gymdeithas.

Dadl Twm, Neil, Trefor Morgan *et al* oedd na ddylid datgan y naill ffordd na'r llall, eithr gadael y cynnig ar y bwrdd. Gymaint oedd awydd yr aelodau am heddwch a chyfannu'r rhwyg nes y bu bron i'r dacteg honno lwyddo. Cariwyd cynnig i adael y cynnig ar y bwrdd. Dim wedi ei setlo. Anhrefn! Be 'nawn ni rwan? Trefor Beasley'n cynnig ei dynnu oddi ar y bwrdd. Hynny a wnaed, a'i gario.

Ailetholwyd Twm yn Ysgrifennydd, er iddo wrthwynebu'r cynnig, oherwydd parch yr aelodau at ei safiadau a'i garchariadau. Fe'm hetholwyd innau'n Gadeirydd, am fy mod yn cynrychioli barn trwch yr aelodaeth ar y pryd, mi gredaf, sef er nad oeddem yn heddychwyr, gwelem mai'r dull di-drais oedd y dacteg fwyaf effeithiol at bwrpasau'r Gymdeithas ac y byddai cyboli â thrais ac â phobl fel yr *FWA* yn arwain at ei chwalu. Ethol-

Y LLYWIAWDWYR CYNNAR (5): MYGU'R CHWYLDRO
Geraint Jones

Defnyddiwyd protest Caerdydd fel arf i geisio carthu Neil [Jenkins] a minnau o'r Gymdeithas unwaith ac am byth . . . Gwyrdrowyd y gwrthdaro i fod yn rhwyg rhwng dwy garfan—nid carfan weithredol a charfan anweithredol fel yr ydoedd mewn gwirionedd, ond rhwng un garfan a oedd o blaid rhyw ddulliau treisiol dieflig a charfan arall o golomennod pluog gwynion, yn lladmeryddion perffaith dangnefedd. Y gwir plaen yw mai Gwyneth Wiliam a Neil a minnau oedd yr union aelodau a oedd wedi defnyddio dulliau di-drais i'w heithaf anochel, sef trwy ddrysau'r carchar. Doedd yr ochr arall ddim wedi dechrau dysgu gwir ystyr y dull di-drais heblaw am drwy borthi adroddiadau'r papurau newyddion am ddigwyddiadau Birmingham Alabama.

Cadeirydd y Gymdeithas erbyn hynny oedd Emyr Llewelyn, oedd wrth gwrs yn 'weithredwr' ac wedi dioddef yn enbyd, gydag Owain Williams, am ei ran yn ceisio amddiffyn cymdeithas Gymraeg Capel Celyn. Roedd hefyd yn lladmerydd cryfaf y Gymdeithas ar yr egwyddor di-drais . . .

Alwyn D. Rees, Gol. newydd *Barn*, cefnogwr dylanwadol brwydr yr iaith. (HTV)

wyd Neil ap Siencyn a Gwyneth Wiliam yn aelodau o'r Pwyllgor Canol . . .

Yn y cyfarfod cyntaf o'r Pwyllgor newydd a gynhaliwyd (yn fy fflat i ym Mhenbryn, Wrecsam), ymddiswyddodd Twm. Disgwyliai i Neil a Gwyneth wneud hefyd, ond fe'i siomwyd. Fe'i siomwyd yn Emyr hefyd . . .

Dyma'r hanes fel rydw i'n ei gofio fo ac yn syth o'r cof, drwy'r Smith-Corona ac ar y papur.

Daeth pethau i ben mewn cyfarfod o'r Pwyllgor yng ngwesty'r Belle View, Aberystwyth at y 19eg o Dachwedd. Heb fawr lol, rhoed cynnig Cynog Davies yn y fasged gyda chefnogaeth 69 o aelodau yn erbyn 30—dangosiad digamsyniol fod trwch aelodaeth y Gymdeithas am weld y chwyldro yn mynd rhagddo . . . Mae'n deg dweud hefyd fod y cyfarfod, wedi gwrando ar araith daer gan Emyr Llewelyn, wedi mabwysiadu polisi cyffredinol seiliedig ar yr egwyddor di-drais . . .

Daeth yn amser ethol swyddogion. A dyma ble y gwnaeth y Cadeirydd, Emyr Llewelyn, un o gamgymeriadau mwya'i fywyd greda i (er na ellid rhagweld hynny dan yr amgylchiadau ar y pryd). Fe ymddiswyddodd o'r gadair wedi eistedd ynddi am ddim ond tri mis a hanner yn unig. Gareth Miles gafwyd yn ei le. Roedd merch Emyr, Nia, wedi ei geni ar yr 8fed o Fedi, ac yn bur wael ar y pryd. Dyna pam yr aeth Emyr o'r gadair. O, na fyddai wedi aros ychydig yn hwy. O, na fyddai wedi ymbwyllo mymryn. Petai Emyr heb ymddiswyddo'r dwthwn hwnnw. Roedd yn gynhaliwr heb ei ail . . .

Aeth ugain mlynedd heibio a hanes yw'r holl ddigwyddiadau bellach. Gwn fod gwersi lawer yna i'r genhedlaeth bresennol . . . Mygwyd y chwyldro . . . a bu'n rhaid aros am ddwy flynedd arall cyn i genhedlaeth newydd o ymgyrchwyr ailgynnau'r fflam . . .

Paent du dros arwyddion Saesneg

Bu'n rhaid i weithwyr y Cyngor yn Llanelli gael arwyddion parcio newydd yn lle'r hen rai ddydd Iau ar ôl i rywun orchuddio'r geiriau Saesneg a oedd ar yr arwyddion â phaent du a rhoi geiriau Cymraeg yn eu lle.

F 25/8

AR Orffennaf 4 anfonais y llythyr canlynol i'r Weinyddiaeth Drafnidiaeth yng Nghaerdydd: "Ysgrifennais at Glerc Cyngor Sir Gaernarfon ynglyn â'r rhybuddion ffordd fawr newydd ar yr A 5 ac fe'm cynghorodd i anfon atoch chi gan mai eich cyfrifoldeb chi ydy hyn. Sylwaf gyda siom mai'r fersiwn SAESNEG YN UNIG i enwau lleoedd sydd ar yr arwyddion e.e. HOLYHEAD, CAERNARVON, CONWAY. A ninnau'n edrych ymlaen at weld y Ddeddf Dilysrwydd yn dod i rym, oni allech fod wedi rhoi'r GYMRAEG A'R SAESNEG i enwau fel yr uchod — gan roi'r Gymraeg mewn print gwahanol os mynnwch?

D. Orwig Jones C 3/11 Isod: gorsaf Caerfyrddin, Gwynfor yn mynd i'r Senedd! Llyncodd deffroad y Blaid ynni'r mudiad iaith am ddwy flynedd arall.

1967

Welsh Languag fanatics, fandals — NOTE

CYMRAEG stickers (5ins x 1ins) ar for sale NOW (at last) from Y Lolfa, Talybont, Cards. *Wetherproof *Indestroyable *Absolutly Indispensible in the Wales of Cledwyn Hughs.

+

Rates. Less than ½ usual cost (anticipating big sals):

100 — 2/6 1,000 — £1

Ffurfio De Yemen
Gwrthryfel Biaffra yn Nigeria
Meddiannu Groeg gan gadfridogion y dde
Rhyfel 6 niwrnod Palesteina, Israel yn medd-iannu Caersalem
UDA yn dwysáu rhyfel Viet Nam, a'r brotest fyd-eang; terfysg duon y dinasoedd diwydiannol; *flower power* yn boblogaidd; glanio roced ar Fenws
Lladd Che Guevara ym Molivia
Cytundeb rhyngwladol rhag arfau niwclear yn y gofod
Bom hydrogen gan China
Trawsblannu calon, De Affrica
Sedd 1af plaid gen yr Alban i Winifred Ewing, isetholiad Hamilton yn Nhachwedd
Difwyno arfordir Cernyw gan olew y Torrey Canyon
Deiseb 1½ m dros Lydaweg yn ysgolion Llydaw; ymgyrch fomio'r FLB
Gwrthod hawl senedd Manaw i drwyddedu gorsaf radio
Trychineb trên Hither Green, Llundain, lladd 49; mordaith olaf y *Queen Mary*

Isetholiad Gorll y Rhondda, Mawrth—Alec Jones, Llaf mwyafrif 2306 dros Victor Davies, PC
Mesur senedd i Gym, Emlyn Hooson; arolwg *WM* 61% dros senedd, ⅔ c'au dros gael C Etholedig; Maelor Saes yn gwrthod ymuno â Lloegr
P Gwyn, Llywod Leol yng Nghym, yn gwrthod y C Etholedig addawedig; P Gwyn, *Cym—y Ffordd Ymlaen*, cynllun econ, yn cynnwys chwyddo'r Drenewydd ac eraill, nid cael tref newydd; agor rhan 1af M4
Bomiau MAC, pibelli dŵr Elan yn Cross Gates a Fyrnwy yn Llan' ym Mochnant, a'r Deml Heddwch, Caerd cyn cyhoeddi cynlluniau'r Arwisgo; pwyllgor amddiffyn Maldwyn rhag cronfa awd dŵr Hafren
Deddf Amaeth yn sefydlu B Datbl Gwledig, ac uno ffermydd bychain; Swyddfa Gym yn prynu'r Wyddfa, a'r Ymddiriedolaeth Gen yn prynu arfordir Penfro a Gŵyr
PC yn ennill seddau sir, a diarddel Owain Williams ac unrhyw aelod o'r FWA a'r Patr Front; dathliad 1af Gŵyl Glyndŵr, Machynlleth
Addysg gyfun nifer o siroedd; Athrofa Gwydd-oniaeth a Thechn yn ymuno â'r Brif
Canolfan ieuenctid i Goleg y Bala; 7 myf Coleg Diwinyddol Aber yn gadael i sefydlu eglwys efengylaidd; y Beatles yn canlyn y Maharishi i Fangor
Ffurfio C Celfyddydau Cym; cynllun opera a cherddorfa gen; celf bop a ffasiwn Mary Quant yn boblogaidd
Cynhadledd gydwladol ar ymbelydredd, Porth Meirion
Agor canolfan BBC Cym, Llandaf; teledu lliw, i ardaloedd BBC 2; gwasanaeth pop Saes Radio 1
Deddf yfed a gyrru; derbyn mesur erthylu, hyd at 7 mis
Streic y rheilffyrdd
Diraddio'r bunt, Tachwedd, wedi dwysáu'r argyfwng econ—diwedd y 'freuddwyd Lafur'
Diweithdra, Rhagfyr, 4.2% (41,922)
Marw E.Tegla Davies, Meuryn, David Thomas, David James

Eist Gen Y Bala; Eist yr Urdd Caerfyrddin; gohirio Gŵyl G Dant Llanfyllin rhag clwy'r traed a'r genau
Deddf yr Iaith Gym, Mehefin, i weithredu dilysrwydd cyfartal a Chymreigio llywod ganolog
Sefydlu Merched y Wawr, Mai, gan gyn-gangen WI y Parc; gyda'r 2il gangen, Y Ganllwyd, ymgyrch Steddfod yn hybu twf cyflym
Dathlu 4 canml Test Newydd Wm Salesbury; sefydlu Cymd Emynau Cymru
Agor canolfan yr Urdd, Caerd; llwyddiant cyrsiau dysgwyr 1af Llangrannog a Glanllyn
Ymgyrch dosb'au Cym i oedolion U Cym Fydd
Adr Gittins, *Addysg Gynradd yng Nghym* yn argymell Cym drwy'r wlad, a dileu addysg grefyddol orfodol; UCAC yn cael cynrychiolydd ar y C-BAC wedi ymdrech 20 ml; 50 ysgol feithrin arall
Panel i ystyried Rheol Gym yr Eist Gen, wedi atal cyfraniad Mynwy; sieciau uniaith Gym C Sir Gaern; Gwynfor yn siarad Cym yn y senedd, Chwefror
Sefydlu Cymd Ddrama Cym; Wilbert Ll.Roberts yn gyfarwyddwr 1af Cwmni Theatr Gen
Edith Jones yn ysg y Gymd Gerdd Dant
Adran Len C Celf, ysgolor'au 1af i awduron a grant 1af i gylchgr'au; agor argraffty'r Lolfa, Talybont (dim cysylltiad)
Record roc 1af Y Blew, *Maes B;* twf nos'au llawen pop; *Caneuon Dafydd Iwan*
Geiriadur Prif Cym Cyfr 1 (A-Ffysur); *Cym Fydd* Saunders Lewis; *A Raid i'r Iaith ein Gwahanu?* J.R.Jones; *Penguin Book of W Verse* gol A.Conran

Blwyddyn y Ddeddf Iaith. Rhygnai hen ymgyrchoedd Cymdeithas yr Iaith dros statws swyddogol yn eu blaenau o hyd. Nid oedd ynadon Cymraeg bob amser yn selog dros eu cyfraith, a dyfeisiwyd y dull hwylus o roi 'carchariad' am ddiwrnod yn y llys; weithiau, o roi dirwy, ni thrafferthid i'w chasglu. Cafodd Trefor Beasley yntau'r profiad o'i ryddhau o garchar gan rywun dienw. Roedd nifer gynyddol yn gyrru heb dreth car, neu'n cario'r disg du. Bu dwy ymdrech dorfol eto yn erbyn y Post; rhyw gant a ddaeth i rwystro llythyrdy Llangefni yn Chwefror, ond fe honnid bod 700 ym mhrotest Ebrill yn Aberystwyth, lle'r oedd adfywiad y myfyrwyr. Bu criw bychan yn Aberdâr fis Gorffennaf.

Yn yr haf, cyhoeddwyd mesur Deddf yr Iaith Gymraeg. Er holl sôn Cledwyn Hughes am 'aros tan y ddeddf' ac am 'ddwyieithrwydd', gwelwyd bod y llywodraeth yn anwybyddu rhai argymhellion pwysig o'i hadroddiad ei hunan. Hawl goddefol a gawsom, gydag adnoddau canolog i gyfieithu dogfennau, ond heb gyfarwyddyd i gyrff cyhoeddus Gymreigio'u gweinyddiaeth, na modd i amddiffyn y Fro Gymraeg. Ar wahân i iaith ffurflenni, nid oedd fawr gwell na Deddf Llysoedd Cymru chwarter canrif ynghynt. Ni fyddai'n rhaid dangos bod rhywun dan anfantais cyn cael siarad Cymraeg mewn llys, fel ym 1942! Cofier bod y ddeiseb fawr, chwarter miliwn o enwau, a gasglwyd ym 1938-39 yn gofyn am ddeddf 'a wnâi'r Iaith Gymraeg yn unfraint â'r Iaith Saesneg ym mhob agwedd ar Weinyddiaeth y Gyfraith a'r Gwasanaeth Cyhoeddus yng Nghymru'. Ym 1967, er ei derbyn yn iaith swyddogol am y tro cyntaf ers canrifoedd, pwysleisiwyd safle bitw'r Gymraeg yn ei gwlad ei hun.

Gwrthod y ddeddf 'annigonol' a wnaeth y Gymdeithas. Fel y soniais wrth drafod Hughes-Parry, tarddai gwendid y ddeddf o natur gyfyngedig yr adroddiad hwnnw. Dichon ei bod hefyd yn adlewyrchu natur y mudiad iaith ei hun. Er bod gan y Gymdeithas amcanion eang, bu'n ymgyrchu gan amlaf dros hawliau'r unigolyn—a dyna a gafwyd, yn grintach iawn. Beth bynnag, dyma derfyn ar obaith syml y Cymry am ddegwch cenedlaethol heb ymladd amdano, gwers galed nas dysgwyd yn iawn hyd Refferendwm 1979; gwers i Blaid Cymru hefyd. 'Cymdeithas yr Iaith oedd yn iawn. . . Nid buddugoliaeth i bobl Cymru yw Mesur yr Iaith Gymraeg, ond galwad arnynt i gymryd yr awenau yn eu dwylo hwy eu hunain.' (Dafydd Elis Thomas, *I'r Gad* 1968)

Daethai llawer o gefnogwyr y Blaid i gyfarfod cyhoeddus cyntaf y Gymdeithas, yn y Deml Heddwch ym Mehefin. Sefydlodd Gwyndaf wedyn draddodiad i'r archdderwydd daranu o blaid yr ifanc. Pryderai rhai am y pellter cynyddol rhwng arweinwyr y ddau fudiad. 'Mae'r ymgyrch dros yr Iaith Gymraeg a'r ymgais i ennill cyfrifoldeb gwleidyddol i'r Cymry yn rhan, mewn gwirionedd, o un frwydr; dyna paham y mae'n bwysig iawn i wroniaid Cymdeithas yr Iaith ac i arweinwyr Plaid Cymru barchu ei gilydd.' (Pennar Davies, *Barn* 1/67) Pryder hefyd rhag twf trais, wedi geni mudiadau eithafol newydd. Denai'r rhain genedlaetholwyr gwerinol diarweiniad, a di-Gymraeg yn aml, a fu gynt yn anniddig ar y cyrion. Ymunodd rhai ymgyrchwyr yr iaith â hwy i ddathlu Gŵyl Glyndŵr ym Machynlleth. Roedd yn anodd peidio, wedi clywed am yr Arwisgo rhyfedd. Llygad-dynnwyd y Gymdeithas i arwain i gwrthwynebiad i hwnnw, a chafodd 'Cled' dderbyniad gwresog wrth gyhoeddi cynlluniau'r dathlu yn y Deml Heddwch yn Nhachwedd—arestiwyd 13 yn y rali, heb sôn am y bom yno cyn hynny.

Yn sgîl y Ddeddf Iaith, wele ynadon Cymraeg yn ymwroli, wrth erlyn y dreth car neu'r disg, a'r dreth radio a theledu. Wedi

i ynadon Castell Nedd—o bawb—roi rhyddhad diamod i Emyr Llewelyn, dyna res o feinciau yn dilyn, yn cynnwys Dolgellau, Bangor a Blaenau Ffestiniog. Daliai awdurdodau Seisnig yn sarhaus,—neb yn fwy felly na bwgan protestwyr Wrecsam, un Arthur Bunt, clerc. Ddiwedd y flwyddyn daeth addewid am ffurflen deledu ddwyieithog,—a chyhoeddi terfyn ar ffars y dystysgrif geni, wedi tair blynedd, a 60 o rieni yn gwrthod cofrestru. Ond dangosasai'r Post ymerodrol ei liw drwy wrthod dathlu pedwar canmlwyddiant cyfieithiad Wiliam Salesbury, a bu'n rhaid defnyddio stamp anghyfreithlon y Gymdeithas.

Bu yna ddeffroad cyffredinol ym 1967, o Ferched y Wawr a'r Urdd i fyd y ddrama ac adloniant ysgafn. Daeth y miwsig roc i'n diwylliant Cymraeg; Y Blew, y gystadleuaeth bop gyntaf yn Eisteddfod yr Urdd, a'r Genedlaethol yn darparu Stiwdio C ar y maes (a Maes B i bebyll yr ifainc). Roedd rhai yn ei amau nes i'r grwpiau diweddarach ddangos eu bod yn rhan ddilys o'r frwydr (patrwm a ailadroddwyd yn yr wythdegau). Yn yr Eisteddfod hefyd, dyma *Dafod y Ddraig* yn ei ôl o'r diwedd, o stabal bur wahanol. Nid oedd newyddion am achosion a pholisïau cywir ynddo am gyfnod hir. Cylchgrawn poblogaidd ydoedd, ac o hyn allan bu'n amhosibl gweld rhai Cymry amlwg ond drwy lygaid ei gartwnwyr,—gŵn a beic Jac L, clustiau Carlo, bochau Cledwyn, trwyn George, gwefusau Elystan, teis Dafydd Êl—propoganda cryfach na dim ac eithrio caneuon Dafydd Iwan a'i olynwyr. Dim ond wedi dwysáu canlyniadau'r gweithredu yn y saithdegau y sobrodd y *Tafod*. A'n gwaredo rhag y gorffennol diniwed, ond tebyg bod gwers i ninnau, yn ein heddiw chwerw, i gofio cadw'n llawenydd. Y llawen rai sy'n medru dal ati yn ddifrifol, ac os nad yw'r iaith yn rhoi hwyl i'r genedl, pam y dylid ei thrysori? Amen.

Roedd dyfodol Cymdeithas yr Iaith yn nwylo'r colegau yn awr, a hanner ei swyddogion yn fyfyrwyr. Ymgyrch yr hostel Gymraeg oedd y peth mawr yn Aberystwyth, tra sefydlai Bangor undeb Gymraeg arall. A daeth hwb annisgwyl i'r arweinwyr, a aethai'n hesb bellach. Roeddent wedi bod yn llythyru â'r awdurdodau lleol, i geisio'u Cymreigio, yn arbennig yng nghyd-destun iaith arwyddion ffyrdd. Ond cafodd y Gymdeithas ei hun sioc pan aeth tri o Aber allan ddwy noson cyn y cyfarfod cyffredinol, a malu deg arwydd Saesneg—heb ofyn caniatâd neb! Difrod cyntaf, dieithr, y mudiad; wedyn roedd y peth mor syml. Wedi i'r helynt gyrraedd Senedd Llundain, ac i'r Ysgrifennydd Gwladol addo ystyried cais Cyngor Gwledig Llŷn—fesul arwydd!—dyma droi eto at gynghorau Cymraeg yn brif faes ymgyrch. Yn ôl at y seiliau, felly. Ac am y tro cyntaf, troi at y mewnlifiad. A'r *Cymro* yn Awst wedi peri dychryn drwy ganfod bod siaradwyr Cymraeg i lawr i'r hanner yn ysgolion Ceredigion, aeth y Gymdeithas, gyda chymorth Undeb Cymru Fydd, at y pwyllgor addysg i fynnu ymchwiliad i'r mewnfudo ac i'r polisi iaith. Bu ymateb da, a phenodwyd y trefnydd ysgolion cynradd i wneud y gwaith.

Datblygiad pwysig arall, a fyddai hefyd yn pennu natur y mudiad am ddegawd, oedd yr ymgyrch ddarlledu. Cyhoeddodd y pwyllgor canol yn Hydref ymgyrch, heb dorcyfraith, i ennill gwasanaeth radio a theledu annibynnol a thraean o'u rhaglenni yn Gymraeg; cychwynnwyd ymchwil i ddarpariaeth y BBC (nid oedd HTV wedi dechrau eto). Yn y cyfarfod cyffredinol galwyd am awdurdod darlledu, a sianel Gymraeg—cyn bod sôn am bedwaredd sianel yn Lloegr—fel yr unig ddull ymarferol o gynyddu'r oriau. Yn Nhachwedd esgorwyd ar ddeiseb genedlaethol at y BBC. Dechrau symud, felly, o faes syml statws yr iaith at ganolfannau grym y Gymru Brydeinig.

GORFOD TROI FY NGHEFN
Trefor Beasley

Er bod cymedroldeb yn arwyddair gen i, eto mae profiadau digon diflas yn dod i gwrdd â dyn. Digon annymunol a diflas i mi oedd troi fy nghefn ar un yr oedd gen i olwg uchel iawn ohono.

Roeddwn yn y llys [1966-67] am yrru car heb drwydded, ac yn eistedd ar y fainc roedd Bert Griffiths, un a oedd i mi yn halen y ddaear, aelod o'r Blaid Lafur ac yn undebwr. Roeddwn wedi ymwneud cryn dipyn ag ef yn rhinwedd ei swydd. Roedd yn Gymro Cymraeg, ond yn gwrthod ymdrin â'r achos yn y Gymraeg, felly bu'n rhaid i mi droi fy nghefn arno. Bu'n ymhŵedd arnaf i gymryd rhan yn yr achos, ond fe ysgydwais fy mhen a gwrthod.

Roedd brifo teimladau un o'r goreuon y bûm i'n ymwneud â nhw yng ngwaith yr undeb yn peri loes i mi. Sylweddolais fod ffordd bell gyda ni i ddileu ysbryd Prydeindod yng Nghymru.

Trefor Beasley, achos G.Wiliam, Pontypridd 6/66

Nid yw hyn o sylw gwerthfawrogol yn awgrymu fy mod o'r farn fod y Gymdeithas yn taro yn y lle iawn bob tro. Paham, er enghraifft, y rhoddir cymaint o sylw i Swyddfa'r Post a ' gadael llonydd i swyddfeydd awdurdodau lleol lle nad oes air o Gymraeg i'w weld yn unman. Paham na wneir dim i ddarfu ar lywodraethwyr ysgolion lle gorfodir plant i beidio â dysgu'r Gymraeg os ydynt am gyfle i ddysgu iaith estron? Nid ar y

Jac. L.Williams T 12/67 Dde: Post Llangefni 2/67 (C/LlGC) Isod: Post Aberystwyth, heddlu'n helpu gwraig—hithau'n eistedd! Hywel Davies, blaen WM 1/5

Dde: yn lle'r disg Saesneg. Ychydig o erlyn a fu arnynt. Isod: WM 3/8

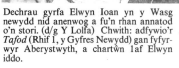

1567 Testament yn Gymraeg
1967 Popeth yn Gymraeg.

Dechrau gyrfa Elwyn Ioan yn y Wasg newydd nid anenwog a fu'n rhan annatod o'n stori. (d/g Y Lolfa) Chwith: adfywio'r Tafod (Rhif 1, y Gyfres Newydd) gan fyfyrwyr Aberystwyth, a chartŵn 1af Elwyn iddo.

DYDDIADUR (3): OS CAF FYND I'R LLYS
Dafydd Iwan

Nos Lun, Ebrill 17

Ddydd Sadwrn curodd Cymru Lloegr o 34 i 21 ar Barc yr Arfau. Gêm fythgofiadwy a Jarrett yn ei gêm gyntaf dros ei wlad yn ennill 19 o bwyntiau. Cododd fy ysbryd i'r uchelfannau yn ystod y chwarae—dim ond adeg cyhoeddi canlyniadau Caerfyrddin a'r Rhondda y cefais y fath deimlad gorawenus o'r blaen!

Ar fy ffordd yno, cefais fy stopio gan heddwas; dim treth ar y fan. A bod yn onest, buaswn wedi ei godi ers peth amser pe bai'r fan wedi pasio'r prawf hewl. Ond yr oedd y disc Cymraeg gennyf dros yr hen drwydded, a dywedais fy mod yn gwrthod talu oherwydd safle gyfreithiol y Gymraeg. Os caf fynd i'r llys gall y Gymdeithas gael tipyn go lew o gyhoeddusrwydd. Yn anffodus, mae dau achos arall ar fin dod yn fy erbyn—un am yrru dros 40m. yr awr ym Mhen-y-bont, a'r llall am yrru heb gydymaith cyn pasio'r prawf gyrru (yng Nghaerdydd). Does ond gobeithio'r gore. Crynaf bob tro y gwelaf blisman . . .

Bore Gwener, Hydref 6

. . . Beth amser yn ôl roeddwn o flaen ynadon Llanfair-ym-Muallt ar gyhuddiad o fod heb dreth heol ar y fan. Paratoais amddiffyniad ymlaen llaw, gan ddarparu copïau Saesneg i'r ynadon. Rai wythnosau cyn hynny, cafodd Emyr Llew ei ollwng yn rhydd o'r un cyhuddiad gan Ynadon Castell-Nedd—buddugoliaeth fawr i achos yr iaith. Ond nid oeddwn i mor ffodus, er mai dirwy fach a gefais—£4. Dywedais nad oeddwn am dalu am y rhesymau a nodais.

Ers hynny cefais lythyr neu ddau yn fy ngorchymyn i'w dalu; bu pennawd yn *Y Faner*—'Dafydd Iwan yn Wynebu'r Carchar'. Ond hyd yn hyn, ddigwyddodd dim. Talodd rhywun ddirwy [Gareth] Miles drosto yn Wrecsam—tybed a ddigwyddodd yr un peth i mi? Rhaid holi! . . .

[*Detholiad o'i Ddyddiadur, 1967*]

Dafydd Iwan yn pensaernïo yn y Steddfod. (d/g Y Lolfa)

Zonia Bowen, a merched gwych Y Parc yn gadael y WI i greu Merched y Wawr.

C 28/12 Isod: y record roc Gymraeg arloesol. Amheuid dylanwad estron y grŵp gan rai fel Dafydd ar y dechrau.

Gwerthwyd 100 mil o'r stampiau wedi i'r Llywodraeth anwybyddu dathliad pwysig y Cymry.

Gareth Miles a'i gefnogwyr Gwilym Williams a Dafydd Jones, Llys Wrecsam, dechrau saga unig. (WL)

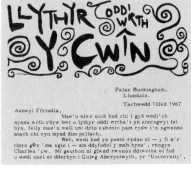

Y 1af o gyfres enwog Miles T 11/67

Dileadau post Cymraeg yn dechrau ymddangos.

Pan ddechreuodd Kenneth Pugh siarad yn Gymraeg ar alw ei enw torrwyd ar ei draws gan Gadeirydd y Fainc a'r Clerc gyda'r Clerc yn gweiddi deirgwaith: "English is the language of this court."

Llys Pontardawe C 11/5

A'r Tafod ar fin mynd drwy'r wasg, daeth newydd syfrdanol iawn i'n clustiau am weithred gwir eithriadol gan dri myfyriwr o Goleg Aberystwyth. Er nad yw'r hanes eto wedi cyrraedd y wasg 'ryng-genedlaethol', teg yw dweud fod yma weithred hanesyddol ym mrwydr yr iaith.

Fe WELODD y bois arwyddion uniaith Saesneg. Roedd hynny'n ddigon iddyn nhw. Dyma esiampl i bawb ohonom. Gyda llaw, mae'n debyg bod cynlluniau tua Bangor i osod arwyddion Cymraeg i fyny yn lle rhai Saesneg. Edrychwn oll ymlaen i weld y cam pellach hwn yn y frwydr.

T 10/67 Synnwyd pobl gan y weithred, heb ganiatad y mudiad. Nis dilynwyd yn y cyfnod is-etholiadol.

Cynhaliwyd achosion yn gyfangwbl drwy'r Gymraeg o'r blaen mewn ardaloedd Cymreig eu hiaith fel mater o gwrteisi ond mae'n debyg mai dyma'r tro cyntaf i'r peth ddigwydd fel mater o hawl.

Ni ofynnodd y cyfreithiwr a amddiffynnai Emyr Llewelyn Jones, sef Gwilym Prys Davies, am ganiatad i gynnal yr achos yn Gymraeg, yn unig aeth ati yn syth i siarad yn Gymraeg. Rhoddodd rybudd wythnos ymlaen llaw o'i fwriad.

Dywed Mr Davies y bydd pobl, yn ol pob tebyg yn edrych ar y digwyddiad hwn fel cynsail i achosion eraill yn y dyfodol.

AETH Mr Murray Jenkins, llafurwr dan Gyngor y Sir, Morgannwg, o Bencoed, i Lythyrdy Peny-bont ar Ogwr, ddydd Mercher, a chynnig ffurflen y dreth ffordd wedi'i llenwi yn Gymraeg i'r clerc.

Fe'i derbyniwyd hi heb unrhyw anhawster. Hyd y gwyddom, dyma'r tro cyntaf i ffurflen Gymraeg y dreth ffordd gael ei derbyn mewn llythyrdy.

Mae Mr Jenkins yn aelod o Gymdeithas yr Iaith Gymraeg. Mae wrthi'n dysgu siarad Cymraeg, ac yn mynychu dosbarth i oedolion ym Mhenybont ar

C 14/12

Oad fel y watterel 30 mlynedd yn ôl, gall fod eto yn drobwynt yn hanes y protestio, ofer di-weithred yma yng Nghymru.

Os ydych chi am weld gweinyddu cyfiawnder mewn llys barn, yna peidiwch â'i ddisgwyl gan Ynadon Caerdydd. Doedd y fainc a gafodd Emyr Llew yn euog o ddefnyddio iaith anweddus ddydd Gwener diwetha ddim yn gwybod ystyr y gair. Yn ôl y dystiolaeth a roddwyd yn y llys, dyma'n fras yr hyn a ddigwyddodd. Bu'r plismyn yn dilyn Emyr yn glos yn ystod y brotest — ar un adeg fe'i gwthiwyd ar draws y ffordd gan y Siwper ei hun — ac o leiaf ddwywaith defnyddiodd un Inspector Trigg iaith anweddus wrth siarad ag Emyr. Yr ail dro, roedd gohebydd, Richard Morris Jones, yn sefyll yn ymyl Emyr a'r Inspector, a throdd Emyr ato a gofyn iddo gymryd geiriau'r Inspector i lawr. Wrth wneud hyny, ail-adroddodd eiriau'r Inspector, ac yn y fan a'r lle, gorchmynnodd yr Inspector ei gymryd i'r ddalfa am ddefnyddio iaith anweddus.

Branwen Morgan ar y *cause celebre* T 12/67

Chwith: C 9/11 Uchod: Hywel Davies (Eurig Wyn Davies a Huw Ceredig tu ôl iddo) yn deisebu Cledwyn Hughes am hostel Gymraeg i fyfyrwyr Aberystwyth. (d/g G.J.)

Dywedodd Mr Saunders Lewis yn "Tynged yr Iaith" mai oddi wrth weision y Llywodraeth ac yn arbennig oddi wrth yr awdurdodau lleol a'u gweision y deuai'r gwrthwynebiad pennaf i'r Gymraeg, "yn gras, yn ddialgar, yn chwyrn". A'i ateb i hyn oedd mynd ati "o ddifri a heb anwadalu i'w gwneud hi'n amhosibl dwyn ymlaen fusnes llywodraeth leol na busnes llywodraeth ganol heb y Gymraeg".

Bwriada'r Gymdeithas ddechrau gweithredu ym myd llywodraeth leol yn y dyfodol agos, gan roi cychwyn arni yng nghylch Bangor ac yng Ngheredigion.

T 9/67 Yn ôl at y gweiddiau, gan ddechrau ag addysg ac arwyddion. Mae'n eironig i boblogrwydd yr ymgyrch arwyddion (a'r Sianel) wedyn gymylu'r nod.

BRWYDR NEWYDD CYMDEITHAS YR IAITH GYMRAEG

YMGYRCH Y B.B.C.

Ni chafodd Cymru erioed wasanaeth teilwng gan y BBC, o'n statws fel cenedl. Lawer gwaith yn y gorffennol bu cwynion ynglyn â Seisnigrwydd y gwasanaeth hwn. Fodd bynnag, gwaethygodd pethau'n ddiweddar a chynyddodd yr anesmwythyd pan sylweddolwyd nad yw ym mwriad y BBC i wella eu gwasanaeth. Yng nghyfarfod Pwyllgor Canolog Cymdeithas yr Iaith, Sadwrn 7 Hydref, penderfynwyd ar bolisi pendant o weithredu i ennill gwasanaeth radio a theledu cwbl annibynnol.

T 10/67 Yn y Cyf. Cyff. wedyn galwyd am Sianel Gymraeg am y tro cyntaf.

Sixty have not been registered

It is known that the parents of more than sixty children in Wales have not registered the births of their children because they have been unable to do so in the Welsh language.

One of them is Mr E. G. Millward, vice-president of Plaid Cymru, a lecturer in Welsh at the University College of Wales, Aberystwyth, who will be one of Prince Charles' tutors when he goes to the college in the summer of 1969.

DP 12/67

LLYTHYR AT DRI MYFYRIWR
D.J. Williams

49, High Street, Abergwaun. 7/11/67

Annwyl Morys, Geraint ac Eirug,*

Gair bach atoch chi, i godi'ch calonnau ar gyfer y prawf arnoch bore fory, fel 'wy newydd glywed yn awr.

Gwelswn hanes y digwyddiad yn *Llais y Lli* a ches thril fendigedig o'i ddarllen—ond ni welswn na chlywed dim ymhellach ynghylch y peth, hyd nes y galwodd Marged yma funud yn ôl â'r hanes fod y prawf arnoch bore fory.

Fel un o'r 'Tri Mewn Trybini' 30 mlynedd yn ôl y mae gennyf lwyr gydymdeimlad â chi, ac edmygedd mawr o ryfyg eich gweithred ynghanol diffrwythdra'r penderfyniadau lluosog—peth sy'n edrych heddiw yn ffolineb noeth i fwyafrif llethol y dynion call.

Ond fel y weithred 30 mlynedd yn ôl, gall fod eto yn drobwynt yn hanes y protestio, diweithred yma yng Nghymru.

Cawsom ni ein ceryddu a'n melltithio ddigon ar y pryd, Duw a'i gŵyr. Ond ni thorrwyd ein calonnau—mwy na chithau heddiw.

'Fe ddaw eto haul ar fryn
Nid ydyw hyn ond cawod.'
—dyna'r geiriau a ddaeth i'm llaw i, megis o'r anwel, pan own i ar y ffordd i mewn i'r Frawdlys gyntaf arnom ni'n tri yng Nghaernarfon. Oddi wrth W.J. Gruffudd a drodd ei got wedyn mae'n wir, yr oeddent. Ond fe fuont yn gysur mawr i fi ar y pryd mewn gwirionedd. A dyna fy neges i chi'ch tri, Duw a'ch bendithio ac a'ch nertho chi bore fory—i chi ddod drwy'r cyfan eto yn fwy na choncwerwyr ar holl elynion rhyddid i Gymru.

Un cyngor bach—peidiwch â chwerwi dim wrth neb, gan nad beth a ddigwydd, gan ychwanegu ato gyngor Paul i'w fab Timotheus yn y ffydd: 'Canys ni roddes Duw i ni ysbryd ofn; ond ysbryd nerth, a chariad, a phwyll.'

Ar frys i ddala'r post, er mwyn i chi gael y gair hwn, gobeithio, bore arall. Pob nerth yn ôl y dydd.

D.J.

[*Yr aelodau cyntaf i'w herlyn am falu arwydd Saesneg]

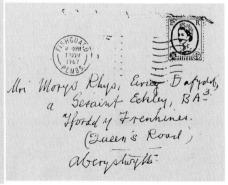

1968

Annibyniaeth i Swaziland, a Mauritius

Llofruddio Martin Luther King a Robert Kennedy yn UDA; atal bomio Viet Nam wedi ymosodiad y Tet; Richard Nixon yn arlywydd

Terfysg y chwith Berlin a Pharis, a deffro radicalaidd yr ifanc drwy Ewrob

Methiant gwanwyn democ Tsiecoslofacia, byddin Cytundeb Warszawa yn meddiannu Praha

Daeargryn Iran, lladd 12,000

Cenhed Unedig yn cyfyngu masnach â De Rhodesia

Dechrau gwrthryfel ETA, Gwlad y Basg

Y Pab yn gwahardd atal cenhedlu

Gemau Olympaidd, Dinas Mexico, wedi trais ar y chwith; arddangos grym du gan athletwyr UDA; bu yno hefyd gynhadledd o 'feirdd y byd'

Sefydlu c llyfrau Gaeleg yn yr Alban

Dechrau terfysg cyfoes y 6 Sir yn Iwerddon, yn Deri; trais yr heddlu ar bont Burntollet, Dungannon

Dwysáu'r ymgyrch fomio yn Llydaw

Isetholiad Caerffili, Gorff—Fred Evans, Llaf mwyafrif 1874 dros Phil Williams, PC

2il bleidlais agor tafarnau ar y Sul (1af 1961)—Dinbych, Maldwyn a Phenfro yn wlyb, Gwynedd a gweddill Dyfed yn sych

George Thomas yn Ysg Gwl

Agor Clywedog, heb seremoni; bygwth cronni Cwm Dulas, Maldwyn; pwyllg amddiffyn Y Bala rhag chwyddo i 10,000

Helynt yr Urdd a Chôr Godre'r Aran dros yr Arwisgo; PC yn ei adael ar y bwrdd; ymweliad 1af y Tywysog; David Jones yn gwrthod comisiwn llun iddo

Bomiau MAC yn Swyddfa Treth Incwm Llanishen, Swyddfa Gym, argae Fyrnwy, pibelli dŵr Tryweryn ger Hapsford, a West Hagley

Bom clwb Penisa'r-waun; achosion ffrwydron, Caern; Owain Williams yn ffoi i Iwerddon; raliau FWA a'r Patriotic Front; darganfod gynnau yn llyn Maesllyn, Tregaron

Ordnans Caerwent yn gronfa arfau fwyaf Ewrob; dirgelwch bom RAF Penbre; atomfa Traws yn cynhyrchu; bygwth swyddi dur

Comisiwn Kilbrandon ar y Cyfansoddiad; arolwg *WM*, Medi, 59% dros senedd, 53% yn erbyn gwario ar yr Arwisgo; mesur datganoli Argl Ogwr; Swyddfa Gym yn cyhoeddi Sir Fynwy yn rhan o Gym, Rhagfyr

Ffermwyr yn gwrthod B Datbl Cym Wledig a allai brynu tir i'w osod

Taith Gwynfor Evans i Gambodia; Desmond Donnelly, A.S.Llaf Penfro, yn codi plaid ddemoc

Myf Bangor yn cilio o'r *NUS;* dileu U Myf Cymru

Eglwysi Cym dros uno'r enwadau

Newid teledu o *vhf* i *uhf;* HTV yn disodli TWW, Mawrth

Howard Winstone yn bencampwr pwysau plu'r byd, paffio; Morg yn trechu Awstralia eto, criced; Sobers yn taro 6 chwech i Notts oddi ar Nash, Morg, yn Abertawe; sefydlu Cymd Criced Cym

Tâl am bapur doctor; post llythyr yn 2 ddosb

Diweithdra, Rhagfyr, 4.0% (39,786)

Marw Isfoel, Gwenallt, Wil Ifan, Crwys, Henry Lewis

Eist Gen Y Barri; Eist yr Urdd Llanrwst; Gŵyl G Dant Llanfyllin

Eist Gen yn cadarnhau'r Rheol Gym; Tilsli yn archdderwydd; Eist Caerwys yn dathlu 4 canml; Dafydd Jones yn drefn yr Ŵyl G Dant

Merched y Wawr 54 cangen, Hydref

Uned Iaith Gen, Trefforest; cwrs a chynhadledd 1af athrawon Cym i Oedolion, Aber, Ebrill

Cered yn derbyn arolwg iaith (1967) a mabwysiadu addysg gynradd drwy gyfrwng y Gym, adrannau meithrin, a chanolfannau brys i fewnfudwyr, ar sail memo U Cym Fydd

Dros 100 ysgol feithrin; ysgol breswyl Gym gan Ymddiriedolaeth Glyndŵr, Penybont ar Ogwr

Yr Urdd yn prynu Cefncwrt, fferm Llangrannog

Agor 2 hostel Gym i fyf Aber, rhywiau ar wahân

Diwedd Urdd Siarad Cym, wedi ymddiswyddiad yr ysg, Ieuan Wyn Jones

Swyddfa Gym wedi cyh 150 ffurflen ddwyieithog; ymddiswyddiad W.R.P. George o'r panel cyfieithu; ynadon Talybont yn ceisio gwrthod enw Saes ar dafarn Tre'r-ddol

Cwynion canolb yn erbyn rhaglenni teledu Cym (oriau Cym BBC a HTV 6½ awr yr wyth yr un); cyfnod newydd adloniant ysgafn y BBC, a Ryan a Ronnie

Cym 1af ar stamp post, Pont Menai (dwyieithog)

Pabell ddrama 1af maes yr Eist; panto Cym 1af, Twm Siôn Cati, cwmni Aberaeron yn Felinfach; staff llawn 1af Cwmni Theatr Cen; isdeitlau Saes 1af drama deledu Gym, Y Drwmwr, Islwyn a Dewi Williams, BBC; diwedd ymgyrch theatr gen yng Nghaerd; dileu sensor llwyfan

Yr ŵyl bop 1af, Pinaclau Pop (yr Urdd) Pontrhydfendigaid, Mehefin; record 1af Tony ac Aloma, *Mae Gen i Gariad*

Dyfed Evans yn gadael *Y Cymro* wedi 19 ml

Adran Saes i'r Academi Gym

Llwyfan rhif 1; comic *Yr Hebog* rhif 1; diwedd *Y Drysorfa*

Mil o Ddyfyniadau Cym gol G.Lloyd Edwards; *The Magistrate's Dilemma* Alwyn D.Rees

Wynebddalen:
Llosgi baner Lloegr dros Sianel Gymraeg, stafell newyddion y BBC, Stacey Road, Caerdydd (WM 30/11/68)

Yr oedd fel petai'r byd mawr y tu allan yn gynnwrf i gyd ym 1968. Tasgai fflam y chwith newydd dros y Cyfandir, gan daflu gwreichion ar golegau Lloegr. Yr ochr arall inni, daeth yn wrthdaro hanesyddol yn yr Ynys Werdd. Yma hefyd, bu'r bomiau yn diasbedain. Ar raglen deledu 'Drych' creodd Saunders Lewis stŵr wrth ddweud 'Rydw i'n credu'n bersonol fod trais gofalus, ystyriol, cyhoeddus yn wir angenrheidiol yn aml i fudiadau cenedlaethol. . . rydw i'n credu bod unrhyw ddull sydd yn rhwystro'r treisio anghyfrifol yma gan gorfforaethau yn Lloegr ar ddaear Cymru yn gwbl gyfiawn'. (Ailddiffiniodd y trais 'cyfiawn' hwn wedyn fel hunanaberth, i'w gyfyngu i 'waed Cymreig' ac ati.) Cafwyd isetholiad eto, yr olaf o'r gyfres flynyddol unigryw a chyffrous, a phleidlais yfed ar y Sul a adawodd y gorllewin Cymraeg o hyd yn sych gorcyn.

A'r 'Croeso 69'! 'Duw gadwo'r tywysog—yn Lloegr,' meddai'r *Cyfnod*, ond roedd y papurau dyddiol ers blwyddyn yn llawn o raglen ddathlu'r Arwisgo o dan George Thomas a phenaethiaid Urdd Gobaith Cymru. Daethai penodiad od y cyfaill George yn llywodraethwr Cymru â mawr lawenydd i'n cartwnwyr. Dyna'r awyrgylch yr oedd yn anodd i'r mudiad iaith ei osgoi. Ceisiodd y Gymdeithas daro nodyn ysgafn ar y dechrau, a llwyddo i ddarbwyllo'r Bwrdd Croeso i dderbyn rhaglen o 'weithgareddau dramatig' yn gyfraniad i'r dathlu! Ond ym Mehefin wynebwyd y tywysog â phrotest ddig ar ei ymweliad cyntaf â'r brifddinas. Ymddiswyddodd aelod amlwg, Meic Stephens, am fod y mudiad yn esgeuluso'i briod waith; cadarnhau'r polisi i arwain gwrthwynebiad i'r Arwisgo fu achos y dadlau mwyaf brwd yn y cyfarfod cyffredinol hefyd.

Dim rhyfed i'r canu pop ddechrau troi yn ganu cenedlaethol. Yr uchafbwynt fu 'Pinaclau Pop' yr Urdd, gyda rhes o sêr newydd sbon yn gwmni i Dafydd Iwan. Dychwelsai Meic Stevens o Loegr—yn ddiarwybod inni ar y pryd— i godi'r safon eto. Roedd grwpiau Hefin Elis a'i ffrindiau coleg, yn dilyn arweiniad Y Blew, yn fwy gwleidyddol. Daethai naws heriol i lwyfannau'r wlad, yn ail oes aur y noson lawen, gan adlewyrchu twf Plaid Cymru, yn ogystal â chynnydd barn gyhoeddus o blaid y Gymraeg wrth ddisgwyl am weithredu Deddf yr Iaith. Fis Ionawr, cefnogodd 251 o 260 o drigolion Penrhyndeudraeth ffurflenni dwyieithog, a daeth cymysgfa i gyfarfod Gweinidog y Post ym Mangor yn Chwefror, i hawlio'r dreth deledu Gymraeg.

Daliai achosion i gyrraedd y llysoedd. Dechreuodd y rheiny gymryd eiddo, i fynnu dirwy ac osgoi carcharu, neu ddefnyddio'r dacteg newydd o ddwyn dirwyon o gyflogau. Dechrau gohirio achosion hefyd, neu eu hatal gan brotest, gan y disgwylid cais ymlaen llaw yn awr am wŷs neu wrandawiad yn Gymraeg. Tra dylifai ffurflenni dwyieithog o Gaerdydd i rywle, mater arall oedd eu darganfod a'u defnyddio. Aeth y panel cyfieithu ei hun yn benben â'u meistr newydd toc (ac yn Rhagfyr cyhoeddodd George Thomas ei fod yn gwrthod polisi dwyieithog cyffredinol). Daliai rhai i fethu â chael papur y dreth leol, a bu Emrys a Delyth Davies heb drydan yn y tŷ wedi ymdrech dair blynedd yn erbyn Manweb. Cafwyd rhyw gysur o ennill apêl Emyr Llewelyn yn yr uchel lys yn erbyn ymgais yr heddlu i bardduo'i gymeriad, ac iawndal enllib i Gareth Miles gan y *Daily Post* am ei gyhuddo o ffasgaeth gan Charles Quant. Yn yr haf, dyma ddiwedd hen ymgyrch y dreth car, o'i chael drwy'r llythyrdai, ac addawyd trwydded yrru ddwyieithog yn fuan (yn ogystal â dogfennau'r dreth incwm, achos hynafol arall). Rhoddwyd y gorau i geisio rhagor o statws gweladwy i'r iaith gan y Post bellach.

Cawsai'r Gymdeithas ysgrifennydd ychwanegol i ohebu â'r awdurdodau, yn arbennig y cynghorau. Hanner y pwyllgorau

addysg a drafferthodd i ateb, ond bu ymateb calonogol i'r ddirprwyaeth yng Ngheredigion dan arweiniad Cynog Davies. Penderfynodd y cyngor gryfhau'r polisi iaith yn dilyn adroddiad sobreiddiol Dave Williams, gan gytuno i gael chwe chanolfan frys i fewnfudwyr cynradd, un i bob dalgylch uwchradd. Ond yn y diwedd, un a gafwyd, a hynny dros dro. Er ei fod yn un ateb i'r mewnlifiad cynnar, nid aeth y datblygiad hwn yn ymgyrch gan neb, yng ngwres poblogaidd yr arwyddion a'r sianel. Un o fethiannau hanesyddol y Cymry fu peidio â chael y maen i'r mur cyn sefydlu'r cynghorau sir newydd. Cam gwag arall efallai fu gwrthod syniad Elystan Morgan o fwrdd gwledig cenedlaethol a allasai brynu ffermydd i'w diogelu i deuluoedd lleol.

Yr ymgyrch ddarlledu a dynnai'r sylw yn y cyfamser. Nid oedd syniad clir o dacteg yn y maes dieithr hwn. Roedd y nod yn amlwg bellach: 'prin ac eilradd yw lle'r Gymraeg ar raglenni'r BBC (ac yn eu gweinyddiaeth wrth gwrs)—atodiad o fewn atodiad. . . a chredwn mai'r unig ateb yw sianel Gymraeg annibynnol, greadigol' (*T* 2/68). Ond roedd y ddeiseb 6500 a gyflwynwyd ym Mai, wedi chwe mis o hel enwau, yn cynnwys galwad hefyd am ragor a gwell rhaglenni dan yr hen drefn. Yn yr Eisteddfod, cefnogodd Emyr Humphreys y syniad o gael sianel ar y cyd rhwng y BBC a HTV. Wrth ymateb i'r ddeiseb yn Awst, y cyfan a gafwyd gan John Rowley oedd honni cymaint a wnâi'r Bîb dros yr iaith 'mewn llawer ffordd' (gan ychwanegu, yn ddigon teg, 'Nid yw yng ngallu'r BBC i sefydlu Corfforaeth lwyr annibynnol'). Cawsai un neu ddau o'i staff roced am ymuno yng ngorymdaith y Gymdeithas, ond nid oedd y mwyafrif o'n darlledwyr bodlon yn gweld angen newid nac yn meddwl ei fod yn bosibl. Gan bod y BBC yn fyddar i apêl am ehangu'r oriau, y cam naturiol yn yr hydref oedd cyhoeddi ymgyrch dorcyfraith yn ei erbyn. Pan wnaed difrod wrth feddiannu stiwdio ym Mangor a Chaerdydd, synnwyd gohebwyr yn y wasg Gymraeg gan y fath gabledd.

Bu'n rhaid gohirio'r ymgyrch ar ei genedigaeth (un ar y tro oedd hi erstalwm!) Cynnig pwysicaf y cyfarfod cyffredinol oedd 'ymgyrch dorcyfraith ddi-drais i sicrhau i'r Gymraeg ei lle haeddiannol ym mhob agwedd ar lywodraeth leol'. Talasai'r tri myfyriwr yn ddrud am arloesi wrth dorri arwyddion, drwy golli eu ceir yn y gwanwyn. Aeth y Gymdeithas ati yn gadarnach na chynt i hawlio gweinyddiaeth Gymraeg gan wyth cyngor sir, gyda rhybudd y byddai'r Saesneg yn cael ei dileu oddi ar arwyddion wedi'r Calan. 'Ymgyrch llywodraeth leol, y cam cyntaf' y gelwid saga'r arwyddion yn wreiddiol. Trodd yn frwydr barhaus yn erbyn y llywodraeth ganolog, wedi'r gwrthdaro llachar, a pharhaodd y duedd yng ngwres ymgyrch y sianel, tan yr wythdegau.

Crynhoid pob anghyfiawnder yn symbolaidd yn yr arwyddion Saesneg, fel bod ymateb arferol yr awdurdodau gymaint â hynny yn fwy afresymol yng ngolwg pawb. 'Os aiff hi'n dorcyfraith ar raddfa ehangach yng Nghymru fe fydd gan y to sy'n hŷn lawer iawn o gyfrifoldeb amdano. Mae gan y bobl ifainc hyn achos cyfiawn, ac fe ŵyr pawb ohonom ei fod yn fater o frys. Fe ddylai fod i ninnau hefyd' (Alwyn D.Rees, *Arolwg 1968*). Bellach daethai achos yr iaith 'yn bwysicach na hunan-lywodraeth', *vide* S.L. Dirywiasai'r berthynas organig â Phlaid Cymru, y peidiodd ei chynhadledd ag ymyrryd â'r Arwisgo, ac a wrthododd bolisi dwyieithog i'w thaflenni etholiad. Yn awr roedd dichon troi Cymdeithas yr Iaith yn fudiad cenedlaethol go iawn. Rhyw led gefnogaeth a gawsai ers tro byd, wedi gorfod tindroi gyhyd dros hawliau'r unigolyn. Ar ddiwedd 1968, edrychai'r aelodau—475 yn Hydref—ymlaen at gael gweithredu gyda'i gilydd o'r newydd, a hynny dan arweinydd enwog iawn. Rydym yn hoff o sôn am ddiwedd cyfnodau. Dyma un arall!

Dyma f'apêl i: "Os nad wyt fardd neu lenor go-iawn, os mai dim ond ceisio bod yn un yr wyt ti er mwyn y parch a'r bri a'r prês teledu, rho'r gorau iddi rwan, ac ymuna gyda ni yn y frwydr a fydd, os y'i hen-illir, yn galluogi rhai o Gymry'r dyfodol i greu campweithiau a fydd yn gwefreiddio'u cyd-wladwyr ac yn synnu'r byd. Gwamalrwydd yw llenydda a budr-lenydda pan fo'n mam-wlad ar fedr cael ei difodi."

Gwynedd Constabulary   16th February   19?

STATEMENT

Auction Sale 15. 2. 68.

Rolls Washing Machine

		1	8	0
Cartage	Commission			
Received		7	17	0

Collodd Gareth a Gina silff lyfrau hefyd. Isod: WL 26/1

Back to the sink goes wife of language 'rebel'

IT'S back to the kitchen sink for 22-year-old Mrs Gina Miles. For on Tuesday her washing machine was confiscated by a policeman because of her husband's non-payment of fines. "The

Meddwn ar ein dosbarth-canol "Cenedlaethol" yng Nghymru erbyn hyn; darllenwyr "Y Faner" ac aelodau amlycaf y Blaid cyn Caerfyrddin. Perthyn y rhan fwyaf o aelodau blaenaf Cymdeithas yr Iaith i'r dosbarth hwn

Sut y bu i gyn lleied o'r garfan fodurgar hon ymuno yn y frwydr dros y ffurflen? (Petai'r gefnogaeth ymarferol wedi bod rymused â'r gymeradwyaeth a'r cydymdeimlad a gafwyd, gellid defnyddio'r ffurflen dros y cownter, yn y post, o leiaf ddwy flynedd yn ôl.) Credaf fod yn rhaid dyfarnu nad yw'r dosbarth hwn yn un chwyldroadol. Mae gan ei aelodau ormod i'w golli'n faterol i fentro gweithredu mewn modd tor-cyfreithiol (swydd, dyrchafiad, morgaits ac ati).

Gareth Miles T 8/68 a chwith uchod T 10/68, yn troi i'r Chwith.

Yn Llys Ynadon Aberystwyth, Mai 8, dirwywyd Mrs Catherine Daniel a Ffred Ffransis i bunt yr un, a gorchmynwyd ôl-daliad am y misoedd y buont heb drwydded ar eu ceir. Plediodd Ffred Ffransis yn ddi-euog a cheisiodd alw nifer o dystion er egluro'i achos. Ond ni chaniatawyd hyn iddo ac ni

Achos 1af Ffred yn fyfyriwr ifanc T 5/68

Nid oes amheuaeth bod y Gymdeithas yn haeddu'r parch hwn. Enillodd frwydrau symbolaidd dros-yr iaith Gymraeg, ac yn sgîl hyn ennill hunan-barch wrth geisio concro difaterwch y gweinyddwyr. Ei beiau mwyaf yw agwedd hunan-gyfiawn ei harweinwyr, a'u cred hwy bod pawb y tu allan i'r Gymdeithas yn fradwyr.

Ond, wrth edrych i'r dyfodol, ai byr bydd bywyd Cymdeithas yr Iaith Gymraeg fel Pwyllgor y Cant yn ei gyfnod?

Sylwer mai ymgyrch ar gyfer pobl ifanc yw hi. Fel y bydd yr aelodau presennol yn heneiddio, priodi a magu teuluoedd, byddant yn disgwyl i dô o bobl ifanc eraill i gymryd eu lle. Ond ymddengys nad yw'r genhedlaeth nesaf mor danbaid, ac yn wir mae gweithgareddau y Gymdeithas yn brinach yn barod.

'Mabon' (Jac L. Williams) B 1/68 Mae'n anodd proffwydo! Isod WM 30/3

Eirug Price Wynne yn ddisgybl diniwed a thlawd o Ysgol Deiniolen 6/66 (d/g E.W.) Isod C 1/2

A clerk-telephonist at a Caernarvon shop has quit her job—because she was told not to speak Welsh.

Ifanwy Roberts, aged 19, of Bod Afon, Waunfawr, near Caernarvon, used to answer the phone at the Nelson Emporium in Welsh, turning to English as necessary.. But she said yesterday that she had been told by the management that she was to answer the phone in English in future.

Gerbron Ynadon Caernarfon, ddydd Iau, plediodd Eirug Wynne, bachgen ysgol, yn euog o beidio a rhoi L ar ei gerbyd ag yntau'n ddysgwr. Yr hyn a fu ganddo ef oedd D.

Ar ei ran yn y Llys dywedodd Mr Robyn Lewis, cyfreithiwr, Pwllheli, i'r bachgen ddeall oddi wrth Adroddiad Hughes Parry mai ystyr Dilysrwydd Cyfartal oedd rhoi bob ysgrifen a wneid yn Gymraeg yng Nghymru yr un grym cyfreithiol ag ysgrifen yn Saesneg.

I berswadio Cymdeithas yr Iaith i beidio ag ymyrryd yn y brotest, dadl ychydig yn wahanol a ddefnyddir, sef nad yw'r Arwisgiad yn berthnasol i faes dewisedig gweithgareddau protestiadol y Gymdeithas gan mai maes yr iaith Gymraeg, fel y dengys ei henw swyddogol, yw hwnnw.

Mudiad gwleidyddol yw Cymdeithas yr Iaith. Y mae a fynno'n sylfaenol ag un cwestiwn cignoeth syml, sef a ydyw'r Bobl Gymreig yn mynd i gael para mewn bod fel Pobl wahanol. Arwyddocâd yr iaith i'r Gymdeithas, gan hynny, yw ei harwyddocad fel iaith tarddiad a gwneuthuriad ein gwahanrwydd. A'r un iddynt felly fydd y frwydr dros yr iaith a'n gwnaeth ni'n Bobl yn y lle cyntaf â'r frwydr yn erbyn yr holl broses o ladd ein gwahanrwydd drwy ein mwydo i mewn i undod (tybiedig) yr 'un Bobl (honedig) Brydeinig'.

J.R.Jones, lladmerydd newydd yr hen genedlaetholdeb T 9/68 Isod: poblogeiddio'r neges yn null Undeb y Gymraeg Fyw.

Cenedl heb iaith
Cenedl heb galon

PERSONOL

Gwilym Tudur Jou.

Undeb Cymru Fydd

TYSTYSGRIF GENI TAEOGION CYMRAEG

Os na fydd eich cofrestrydd lleol yn deall iaith ei wlad ei hun, disgwylir i chwi deithio ar eich cost eich hunan i gofrestrfa lle y ceir dyn sy'n hyddysg yn enwau'r misoedd a'r galwedigaethau yn Gymraeg ac yn medru cyfri'n Gymraeg i fyny at 31 Diau i chwi weld 'Heddiw' y

Dadrithiad B 2/68 Isod: Meic Stephens F 11/4 Isaf: T 9/68

Swyddfa Cofrestrydd Genedigaethau, Caerdydd, prifddinas Cymru, 1968.

Tad: Edrychwch, rwy i wedi gadel fy swyddfa ar brynhawn prysur iawn i gwrdd â chi ar amser cyfleus i chi er mwyn defnyddio'r iaith Gymraeg i gofrestru 'mhlentyn. Rwy'n gorfod rhoi rhybudd i chi 'nawr. Mi ges i drafferth ofnadwy gyda 'mhlentyn cynta i yn y swyddfa hon â 'dwy i ddim yn barod i dderbyn unrhyw lol am yr ail dro. Does dim pwynt i chi siarad Saesneg. Cymraeg ydy'n hiaith ni a Chymraeg fydd iaith y babi. . .

Cofrestrydd: 'Rwy'n gwybod ond, yn anffodus, mae'n rhaid i mi roi'r cwestiynau yma yn Saesneg yn gynta ac rwy'n gofyn am eich cydweithrediad yn y broses hon. . . Now, if you are ready, will you please tell me. . . You do speak English, don't you?

"Most of the members of the County Council ((Sir Aberteifi)) were Welsh-speaking, but in deference to English members they spoke in the Council Chamber in English."
— Cyng. Davies Thomas yn y CAMBRIAN NEWS (16/8/68)

*NODER: Y mae nifer o Bleidwyr amlwg yn aelodau o'r Cyngor Sir ynghŷd ag amrywiaeth o Gymry da eraill.

BLE'R EI DI, TWM PENCEUNANT?
Gwilym Tudur

Roedd y parti'n mynd yn dda, y poteli'n wacach a chriw'r Gymdeithas yn llawnach, a'r gwirioneddau'n mynd yn fwy. Yn Nhroed-y-rhiw yr oedden ni, yn nhŷ bach (h.y. bychan) Robat ac Enid Gruffudd yng nghanol Tal-y-bont erstalwm. Mae'n siwr mai tua 1968 oedd hi, achos record enwog Côr Godre'r Aran oedd ymlaen ar y pryd— a'r flwyddyn ddilynol byddai'r côr dan gwmwl yr Arwisgo, yn rhanedig ac yn gabledig.

Yn sydyn, ar drawiad rhyw ymchwydd Tom Jonesaidd gorfoleddus, dyma waedd ofnadwy o galonrwygol—"A-a-a-a!" Robat. Yn neidio ar ei draed hefyd, yn wyllt. Duwcs. Wedi cael diwygiad? Na. Rhuthro i'r cefn wnaeth o. Y bîb efallai. Na. Rhuthrai yn ôl o'r cefn, yn cario tun paent anferth a brws paent mawr fel brws closet. Diflannodd drwy'r drws ffrynt ac allan! O wel.

Roedd yr hen gôr mewn llesmair o grescendo, yn dyrnu'r cwpled olaf un— *Am nad oedd gwyrthiau'r ARGLWYDD* .. a dyma Robat eto, yn rhuthro'n ei ôl drwy'r drws .. *Ar lannau'r Fenai* .. yn deifio am ei soffa ac am ei beint, ag ochenaid fuddugoliaethus .. *DLAWD*!!

Esgob. Eglurhâd plîs. "Y *Scenic Route*!" meddai Robat. "Odd *raid* i fi beintio'r *Scenic Route* ffernol eto, cyn i'r bois bennu'r gân."

Cael ar ddeall, o'r diwedd, bod yna arwydd ar ganol sgwâr Tal-y-bont, yn cyfeirio i fyny am Nant-y-moch fforna. Ac ers iddo ddod yno i fyw, roedd Robat wedi ei beintio ddwywaith, a'r Cyngor wedi ei beintio deirgwaith. Felly roedd y sgôr yn gyfartal unwaith eto.

Wn i ddim beth oedd y sgôr derfynol. A waeth i chi heb â mynd i chwilio am yr arwydd chwaith. Dydi o ddim yno o gwbwl rwan, siŵr iawn.

Ennill yr arwydd 1af wedi gweithred y myfyrwyr, campws Penglais. Nid yw yntau yno bellach Ll 29/10

Rali 1af y Sianel: Gareth Miles, Neil Jenkins, Elidir Beasley, Richard Morris Jones, Manon Davies, Catherine Watkin yn arwain y Ddeiseb i'r BBC, Caerydd 11/5 (d.g. G.M.) Isod: WM 8/5, ac Aneirin Talfan Davies yn amddiffyn y Bîb wrth Miles, Jenkins ac Emyr Llewelyn. (d/g G.M.)

5,000 want Welsh radio, TV. channels

A petition containing more than 5,000 signatures calling for Welsh language television and radio channels will be handed in to the BBC Wales headquarters in Cardiff on Saturday after a march through the capital by the Welsh Language Society.

IAITH PLANT CEREDIGION

newid. Ddeunaw mlynedd yn ôl y Gymraeg oedd iaith gyntaf tri-chwarter (77 y cant) o blant ysgolion cynradd y sir. Yn ôl arolwg manwl a wnaed yn ddiweddar gan Mr. D. G. Williams ar ran y Pwyllgor Addysg, 53 y cant oedd y ffigur yn 1967

Iaith y rhieni	Iaith gyntaf y plant		
	Cymraeg	Saesneg	Cyfanrifoedd
Y ddau'n medru'r Gymraeg	2366	275	2641
Un yn medru'r Gymraeg	145	844	989
Y ddau'n ddi-Gymraeg	7	1140	1147
Cyfanrifoedd	2518	2259	4777

Mae'r ffigurau'n ddigon huawdl heb i ni ymhelaethu. Ni chedwir mo'r Gymraeg yn iaith fyw yng Ngheredigion (mwy nag mewn unrhyw sir arall erbyn hyn) heb bolisi addysg cwbl chwyldroadol, a hynny ar frys gwyllt. Nid mater c

Llwyddo i agor llygaid y Cyngor i'r mewnlifiad yn y *Welsh Lang. Survey*, y dadansoddiad 1af o'i fath B 7/68 Isod: teulu prin o Gardis cefnogol.

Yr Wŷl Bop 1af, gan yr Urdd; poster lliw Robat Gruffudd.

Oherwydd ei fod yn gwrthod talu ei fil trydan fel protest am nad oedd y biliau yn Gymraeg ataliodd M.A.N.W.E.B. gyflenwad Mr. Emrys Davies, Tŷ'r Ysgol, Cwmtirmynach, ger y Bala. Ddydd Iau, Medi 12, galwodd dau o swyddogion y Bwrdd Trydan yn y tŷ a throi'r cyflenwad trydan i ffwrdd. Yr oedd Mr. a Mrs. Emrys Davies yn paratoi ar gyfer te parti yn Nhŷ'r Ysgol ar y pryd.

Tegwyn Jones, Gol. y *Tafod*; daeth ef a'i trawd Elwyn yn brif gartwnwyr y Cymry. Isod T 10/68

Terfynaf drwy gyfeirio'n fyr at yr honiad anhygoel o wasaidd a wnaed gan Meic, John y Gwr, Emyr Preis, BBC Cymru (a'i chynffonau), sef nad oes gennym ddigon o dalent yng Nghymru i gynnal gwasanaeth teledu a radio yn Gymraeg!

Na, mae digonedd o dalent yng Nghymru; digon a mwy i gynnal gwasanaeth teilwng yn yr iaith Gymraeg ar y radio a'r teledu, pe bai gennym ddigon o asgwrn cefn i hawlio'r gwasanaeth hwn-

Dafydd Iwan C 28/12

Dde: Huw Jones, un o sêr newydd y Pinaclau.

F 17/10   Isod: poster

BRITISH BRAINWASHING CORPORATION

Oriau darlledu sain gan y B.B.C. (mewn wythnos) mewn gwahanol ieithoedd.

Saesneg: 365; Bwlgareg: 13; Arabeg: 70; Cymraeg: 12½.

Ni allwn dderbyn unrhyw esgus o ddiffyg arian i gynnal mwy o raglenni Cymraeg tra bod y B.B.C. yn parhau i gynnal y gwasanaeth imperialaidd costus hwn. Os yw'r Arabiaid yn teilyngu 70 awr yr wythnos a hwythau heb fod yn cyfrannu dim i goffrau'r B.B.C., yna'n sicr y mae hawl gan Gymry, sydd yn gorfod cyfrannu,

F 12/12

DYDDIADUR (4): ANGEN YR ARWEINWYR
Dafydd Iwan

Dydd Llun, Medi 9
Bydd cyfarfod blynyddol Cymdeithas yr Iaith cyn hir, ac mae sawl un ar y Pwyllgor yn meddwl mai fi ddylai fod yn Gadeirydd y flwyddyn nesa. Mae Gareth Miles ac Emyr Llew yn teimlo straen achosion cyfreithiol, dirwyon aml, cyhoeddusrwydd parhaus, yn arbennig gan eu bod ill dau â phlant bach; teimlant fel cael seibiant bach, a symud yn ôl o flaen y llwyfan; a ddônt yn ôl sydd yn gwestiwn arall. Gwnaeth Gareth waith da fel Cadeirydd, a llwyddodd i gadw'r Gymdeithas gyda'i gilydd wedi i wres yr ymgyrchoedd cyntaf oeri tipyn.

Problem fawr y Gymdeithas yw mai cymdeithas chwyldroadol yw hi, un a dynghedwyd i fod yn fudiad llosg, yn ddraen yn ystlys y gymdeithas foethus a bodlon sydd o'i chwmpas. Mae hi wedi cyflawni gwyrthiau mewn cyfnod byr, ond er bod yna ddigon o gefnogaeth eiriol o du'r genhedlaeth hŷn, a chylchgronau fel *Barn* (Alwyn D.Rees), *Taliesin* (Tecwyn Lloyd) a'r *Faner* (Gwilym R.), ac unigolion arbennig fel Saunders a J.R. Jones, eto i gyd y mae'n anodd cael rhywun i gysegru'r rhan fwyaf o'u hamser iddi a gweithredu fel aelodau brwdfrydig o'i phwyllgor. O du'r genhedlaeth ifanc yn unig y gellir disgwyl y cysegriad yma—ond mae'r arweinwyr yn prinhau y dyddiau hyn.

Rwy'n argyhoeddedig fod y gefnogaeth dorfol yn parhau ymysg yr ifanc, ond y mae angen yr arweinwyr—ac arweinwyr sydd â syniadau newydd, pendant a di-wyro ynglŷn â dyletswydd y Gymdeithas yn y dyfodol.

Yn wyneb y datblygiadau o du'r Llythyrdy, mae'n rhaid ailddarganfod y mannau gwan hynny y gellid ymosod arnynt, ac felly geisio flaenllymu dylanwad y Gymdeithas unwaith eto.

[*Detholiad o'i Ddyddiadur, 1968*]

Meddiannu BBC Caerdydd (a llosgi baner) a Bangor yr un noson (T 12/68)

Pobl yn cerdded ar y lleuad, Neil Armstrong a Buzz Aldrin o UDA; y fyddin yn dechru cilio o Viet Nam

Newyn ym Miaffra

Diswyddo Dubcek, arweinydd Tsiecoslofacia

Gadhafi yn arlywydd Libya

Pompidou yn olynu de Gaulle yn arlywydd Ffrainc

Marw Ho Chi Minh, arweinydd Gog Viet Nam

Arestio llawer o genedlaetholwyr Llydaw; taith dau arweinydd i Gymru, Y Tad ar C'halvez a'r Tad le Clerc

Terfysg Deri a Newry yn Iwerddon; cipio sedd unoliaethol mewn isetholiad gan Bernadette Devlin, y gweriniaethwyr

Anfon y fyddin Brydeinig i 6 Sir Iwerddon; ymosod ar Ynys Anguila

Comisiwn Crowther ar y Cyfansoddiad; trechu mesur reffer Cymru a'r Alban

Bomiau MAC yn Swyddfa Treth Incwm Caer, Post Heol Bontfaen Caerd, Swyddfa Iechyd Caer, Swyddfa Heddlu Cathays, B Trydan Canolog Gabalfa; anafu plentyn, Caern; lladd 2 aelod bom Abergele nos cyn yr Arwisgo; arestio arweinwyr, Tachwedd

Heddlu cudd yn achosi bom pier Caergybi, carcharu 2

Cadw 9 FWA dan glo am 5 mis; achos Abertawe 52 niwrnod, carcharu Cayo Evans, Dennis Coslett a Keith Griffiths ddydd yr Arwisgo, Gorff 1

Raliau mawr cyn yr Arwisgo; ond dathlu cyffredinol, a difrod i ardd goffa awdur yr anthem, Pontypridd; aeth llawer o fudiadau Cym i Gaern—yr Orsedd, Methodistiaid, Ffermwyr Ifainc ac ati

Swyddfa Gym yn gyfrifol am iechyd, twristiaeth, gwasanaeth lles, a rhannu amaeth; grym stadudol i'r B Croeso gan ddeddf datbl twristiaeth; C Llaf Cym yn gwrthod C Etholedig

Bygwth Dyffryn Senni, Cwm Nant yr Eira, Cefn Sidan; cau chwareli llechi Gwynedd

Atomfa'r Wylfa yn cynhyrchu

Streic athrawon, glowyr; cychwyn Mudiad y Werin

Coleg Amaeth Cym, Llanbadarn Fawr; ailgychwyn U Myf Cym

Ennill y goron driphlyg, rygbi, a helynt ymweliad tîm o Dde Affrica; Morg yn ennill y bencampwriaeth, criced; atgyfodi Babs, car rasio Parry Thomas, Pentwyn

Teledu lliw ar BBC Cym a HTV

Gostwng oed pleidlais seneddol i 18

Dileu'r ddimai a bathu darn 50c

Diweithdra, Rhagfyr, 4.1% (40,513)

Marw R.T.Jenkins, David Lloyd, Jimmy Wilde, Griffith John Robers; R.Alun Roberts

Eist Gen y Fflint; Eist yr Urdd Aberystwyth; 2 Ŵyl G Dant, Rhos (Chwefror) a Chricieth

Ysgol uwch Gym Ystalyfera; *Lang Freedom Movement* Aber rhag polisi addysg Gym newydd Cered

40 cangen arall Merched y Wawr

Swyddfa Gym wedi cyh 230 ffurflen Gym, a chyfarwyddo awd'au lleol i'w defnyddio; 2il stamp dwyieithog, 'Tywysog Cymru'

U Cym Fydd yn darfod; cyfres deledu i ddysgwyr, 'Croeso Christine' HTV

Tilsli yn archdderwydd; David Jenkins yn olynu E.D.Jones yn llyfrg cen

Record *Carlo* Dafydd Iwan yn gwerthu 15,000; sefydlu Sain Cyf, a'u record 1af *Dŵr* Huw Jones

Cylchgrawn pop 1af,*Asbri; Porfeydd* rhif 1; *Mabon* rhif 1; diwedd *Lleufer*

Y Stafell Ddirgel nofel 1af Marion Eames; *Pigau'r Sêr* nofel 1af Jac Williams; *Y Gym a'r Cyngor* a *Second Class Citizen* Robyn Lewis

Wynebddalen:
Naws blwyddyn yr Arwisgo

Blwyddyn ryfedd oedd hon, wedi i lywodraeth sosialaidd wthio sioe ymerodrol arnom, gyda chymorth y cyfryngau a rhan o'r sefydliad Cymraeg. Roedd prawf costus yr FWA a bygwth boddi rhagor o gymoedd yn rhan o'r pasiant. Mewn gwlad wallgof, roedd y peintio digywilydd, a ralïau anferth Cymdeithas yr Iaith yng Nghaernarfon a Chilmeri a'u nosweithiau 'llawen' eirias, a'r pegynnu chwyrn, oll yn afreal bron. Ond roedd yma lu o heddlu cudd real iawn yn erlid, a bomiau iawn yn tanio, ac yn lladd. A daeth 2500 o filwyr Prydeinig i Eryri i roi gwers hanes i'r Cymry bach.

Roedd y cenedlaetholwyr diymadferth yn falch o gael ymdaflu i ymgyrch yr arwyddion ffyrdd. Yn sydyn, o fudiad tila'r flwyddyn cynt, daeth ugeiniau i 'beintio'r byd yn wyrdd' a llawer yn eu cefnogi yn y ralïau brwd ger Tŷ Mawr a Chefn Brith. Torcyfraith agored ydoedd ar y cychwyn, gyda phobl yn ciwio'n awchus i gyfaddef i'r heddlu. Ond yn fuan iawn, y nod oedd dileu cymaint ag y bo modd o'r iaith estron (ar arwyddion cyhoeddus, diberygl). Golygai hynny ei g'leuo hi rhag yr heddlu, a chaledodd agwedd y glas wedyn. Bu rhannu cymdeithas, ac ymosod ar eiddo ymgyrchwyr, gan wireddu darogan *Tynged yr Iaith* o'r diwedd. Daeth y Gymraeg yn destun gwleidyddol o bwys, a'r Gymdeithas hithau yn fudiad 'poblogaidd' (am ryw bedair blynedd o leiaf; rhwng 1969 a 1973 cafodd tua 200 o bobl eu cosbi yn y llysoedd). Nid oedd hynny'n mennu dim ar ein Hysgrifennydd Gwladol, wrth gwrs, ac ni chafwyd ymateb o'i gyfarfod ym Mai. Ond cefnogid arwyddion dwyieithog gan rai cynghorau trefol a gwledig, a dechreuai rhai siroedd symud yn araf, er i Geredigion wrthod dirprwyaeth. Yn Nhachwedd, daeth yn gadoediad drwy atal y peintio a rhoi blwyddyn o ras i'r awdurdodau i weithredu dwyieithrwydd. Ni wnâi 'dilysrwydd cyfartal' y tro yn awr! Penderfynwyd ar yr un pryd i barhau ymgyrch dorcyfraith i Gymreigio llywodraeth leol—gan nodi am y tro cyntaf yr angen i gymryd yr iaith yn ystyriaeth gan bwyllgorau cynllunio. Ond tawodd yr ymgyrch allweddol hon heb ei chyflawni, yng nghynnwrf y cyfnod dilynol.

Yn y cyfamser, bu sawl ymdrech arall dros statws yr iaith. Parhâi achosion dirwyon treth car, a chafodd Alun Ogwen Jones wythnos o garchar. Gwelid y disg du o gwmpas o hyd. Yn yr haf, rhoes Alwyn D.Rees ben ar y mwdwl hwn. Llwyddodd *Barn* i gael 750 o bobl i addo dangos ei ddisg anghyfreithlon ef—ac erbyn Gorffennaf roedd wedi ennill! Ym Mhrestatyn, gwrthododd 15 o bobl dan arweiniad Huw Williams dalu bil Saesneg y dreth leol. Cen Puw wedyn, yn gwrthod siec gyflog Saesneg Cyngor Pontardawe. Gwrthodai parau gofrestru eu priodas yn Saesneg yn awr, a chofrestrwyd eraill yn Gymraeg gan weinidogion yn groes i'r gyfraith. Yr unig gysur oedd eich bod yn cael marw yn ddwyieithog o 1969 ymlaen. Drwy'r cyfan daeth egni o'r newydd i'r achos, ac i fywyd cyhoeddus. Roedd twf Merched y Wawr yn gaffaeliad pwysig iawn, yn enwedig wedi i gam gwag yr Urdd ddadrithio rhai o'r ffyddloniaid.

Roedd arweinwyr newydd yn y colegau. Un o'r myfyrwyr a fu wrthi efo'r Arwsigo a'r peintio oedd Ffred Ffransis. Mynnai ef restru a chyfaddef ei drosedau wrth yr heddlu yn fwriadol. Pan erlynwyd swyddogion y Gymdeithas, y cyhuddiad cyfleus a doniol oedd annog Ffred i dorri'r gyfraith. Wedi'r miri 'cicio plisman', bu am wythnosau yn ceisio clirio a dyrchafu ei enw da, di-drais, drwy ympryd ac apêl llys, gan gynhyrfu *Barn* a beirdd, a'r enwadau. Dyna ddechrau gyrfa gyhoeddus unigryw prif symbylydd y Gymdeithas yn y saith a'r wythdegau. Er na lwyddodd i ddarbwyllo cyfarfod Tachwedd i dderbyn polisi agored o gyfaddef i'r heddlu, nid anghofiwyd ei ble yn erbyn 'trais dwrn, trais tafod a thrais calon'.

Arweinydd y cyfnod hwn, wrth gwrs, oedd Dafydd Iwan. Rhoddodd ynadon Penarth ddedfryd o garchar iddo os na thalai ddirwy beintio, a chanlyniad hynny fu terfysg didroi'n ôl y flwyddyn newydd wedyn. 1969 oedd ei flwyddyn lawn gyntaf o dair yn gadeirydd ac yn symbol cyhoeddus o'r frwydr. Diau mai arweiniad di-ildio a chymeriad Dafydd oedd yr allwedd i dwf poblogaidd y mudiad iaith. Llwyddodd i gynnal y dull di-drais ar adeg anodd, y prawf caled cyntaf ar ddilysrwydd yr egwyddor honno. Roedd ei ysgrifau aml i'r wasg yn batrwm o sut i annog ac egluro'r neges yn ddiddorol i'r cyhoedd. Â'i draed ar y ddaear bob amser, llythyrai'n gyson â'r aelodau hefyd. Wedi gwneud ymgais yn y gwanwyn i wella trefn y mudiad, galwodd gyfarfod arbennig o hanner cant o gynrychiolwyr lleol yn yr hydref, yn Neuadd Gatholig Aberystwyth, lle penderfynwyd creu rhwydwaith o gelloedd. Er i'r cyfarfod cyffredinol wedyn gadarnhau'r alwad, ac er bod y coffrau yn dechrau llenwi, ni ddaeth swyddfa ganolog am flwyddyn arall, rhwng popeth.

Penderfyniad arall yn Nhachwedd oedd adfywio'r ymgyrch dorcyfraith i hawlio sianel deledu Gymraeg (ac un i'r di-Gymraeg, a thonfedd radio), a chyhoeddwyd dechrau gwrthod talu'r drwydded. Roedd Phil Williams yn cadarnhau y byddai sianelau gwag ar gael ar UHF. Bu gwylnos yn BBC Bangor yn Nhachwedd a meddiannu stiwdio Llandâf yn Rhagfyr, yna ciliodd yr ymgyrch eto am flwyddyn oherwydd y datblygiadau wedi'r Calan. Yn briodol ddigon, digwyddiad olaf y flwyddyn—a'r ddegawd—oedd carchariad disylw cynswyddog, Geraint Eckley, am hen hen drosedd car.

Ond un gair, o barch, cyn claddu'r hen ddegawd. Mae rhai wedi pwyso mudiad y chwedegau yn y glorian a'i gael yn brin o weledigaeth ac ymlyniad i'r achos, yn elwa ar waith ac aberth yr ychydig. Roedd Gareth Miles eisoes wedi ceryddu'r aelodau gan amau dilysrwydd chwyldroadol y dosbarth canol. Mae'n sicr bod gwir yn hyn oll, ac mai'r unig beth o'i le ar y drefn yng ngolwg y lliaws oedd ei bod yn drefn Seisnig. Ond gedy hyn ddarlun cyfan braidd yn arwynebol. Yn un peth, roedd gan bawb ryw barch at eiddo cyhoeddus yn ogystal â phreifat, a hynny efallai yn rhan o'r syniad cynnar am y dull di-drais; ni chaniatâi Cymdeithas yr Iaith ddifrod ar eiddo, yn swyddogol, tan 1969. Ni fynnai chwaith weithredu yng ngwlad y Sais, ar unrhyw gyfrif, ac yng Nghymru anelid y gweithredu amlaf at ardaloedd Cymraeg, lle'r oedd yr heddlu yn ddoethach na'r mudiad. Nid oedd yn hawdd felly i dyrfa chwedegol gael tomen o ddirwyon ac achosion i ddilyn. Gan na ddyfeisiai'r arweinyddiaeth ddulliau mwy cymwys, heb drefn amser llawn, dibynnid ar y lleiafrif brwd. Ystyriai'r rhelyw eu hunain yn rhan o un deffroad cyffredinol, a'u Cymreictod newydd hyderus yn blodeuo yn wyneb dirmyg, ac yn cael ei fwydo o hyd gan gyfres o 'enillion' i'w statws prin. Cefnogent o'r herwydd fudiadau cenedlaethol eraill hefyd, ac ymdrechion arloesol o bob lliw a llun. Roedd 'Cymru Rydd Gymraeg' wedi cyrraedd, ar eu crysau-T newydd!

Yn sicr gwelodd y chwedegau osod rhai o'r sylfeini a weddai i genedl iach. Tra'r ymddigrifai llawer yn eu rhith o ryddid newydd, roedd nifer dda wedi nabod y bleiddiaid ymhlith eu praidd eu hunain ac yn dechrau ymddwyn yn deilwng o Gymry balch y gorffennol pell. Tybed nad oedd hynny yn 'chwyldro'? Ni thyfasai eto ddealltwriaeth o'r grymoedd economaidd a'r newid cymdeithasol a'n gadawodd yn ysglyfaeth pitw i raib cyfalafol a mewnlifiad estron. Gwelodd pawb yn ddigon clir ym 1969 mor galed fyddai'r ffordd o'u blaenau, heb wybod pa mor bell.

DOCTOR TUDUR A'R FERCH O STINIOG
Mici Plwm

Roedd y Plwm yn canlyn merch o Flaenau Ffestiniog yn y cyfnod yma (lot o swsus wedi'u rhoi a'u taflu ers hyn!) Roedd tipyn o gyhoeddusrwydd i'r ymgyrch beintio wedi bod ar y teledu ac yn y wasg, ac roedd yr awydd i wneud 'rwbath' dros yr Iaith yn llosgi yn fy mol i (fflamia mawr hefo'r bol oedd gen i!) Dyma fi'n sôn wrth y ferch ma (gwell iddi fod yn ddienw, rhag ofn i mi gal llythyr twrna!) bod genna i awydd mynd hefo'r criw. Fe siarsiodd hon fi y basa popeth 'drosodd' taswn i hyd yn oed yn meddwl am fynd. Nosweithia o golli cwsg, yn meddwl a meddwl be wnawn i.

Mynd wnes i. Meddylias yn wir na fasa'r ferch ma ddim callach os baswn i'n mynd—a dod adra reit gynnar. Cal pas hefo Wil Sam ac eraill (pwy?—ama bod Huw Ceredig yna); digon o hwyl a chwerthin, Wil wedi'i weindio. Dyma drefn y diwrnod: gwrando ar areithia; peintio arwyddion; Swyddfa Heddlu Betws-y-coed i gyfadda—a'i heglu adra am Stiniog, ac i dŷ y 'ferch' ma.

Swper yn fy aros (siwr bod ni 'di cal *chips* a rwbath!) Y cwestiwn cynta ges i—wel yr ail a deud y gwir, achos mi ofynnodd i mi basio'r halan—oedd, "Wel, es di hefo'r petha Cymdeithas yr Iaith na?" Od na chlywyd y ceiliog yn canu deirgwaith—achos gwadu wnes i!

Chwartar awr yn ddiweddarach, roedd carwriath y ganrif drosodd! Dyna'r teulu'n ista i wylio'r 'bocs'—gwylio 'Heddiw' yn beth mawr dyddia na (achos bod cyn lleied o Gymraeg hwrach). Prif eitem y rhaglen oedd yr helynt yn Penmachno a Betws-y-coed! Ffilm ddu a gwyn dyn camra brwdfrydig, wedi cloriannu'r cyfan—yn enwedig y foment pan dorrodd pawb allan i ganu'r anthem genedlaethol. Tasa Doctor Tudur Jones heb symud droedfadd i'r chwith, a datgelu lwmpyn crwn hirwallt blewog yn morio canu—pwy a ŵyr, hwyrach y baswn i'n briod a llond tŷ o blant tua Stiniog na heddiw!!

"...*I want nothing to do with your militant Welsh ways*" a chic yn fy nhin ges i! (Ma nghap i yn dal yn y tŷ dwi'n meddwl).

Mi ymunodd y ferch â'r Fyddin Caci Lifra ymhen rhyw flwyddyn—a phriodi sgwadi *short back and sides;* ac am wn i, ma na lond tŷ o blant yn barod am y *Junior Regiment Band* neu waeth! Hwyrach y dylwn i anfon gair o ddiolch i Doctor Tudur. (Wedi meddwl, tydi'r teulu na wedi 'chosi traffarth i mi—gw. Rhys Tudur yr epil yn y bennod nesa!)

Wrth baratoi'n hunain ar gyfer y frwydr ar ddechrau blwyddyn newydd, y mae rhai pethau y dylem eu nodi, a'u hystyried yn ddifrifol, fel aelodau o Gymdeithas yr Iaith. Yn gyntaf, er chwyrned y frwydr, ac y mae'n rhwym o ffyrnigo fwy-fwy o hyn ymlaen, rhaid inni ofalu rhag ymchwerwi, a rhaid gofalu na wnaiff casineb at iaith neu ddiwylliant neu genedl estron ddisodli ein cariad at y Gymraeg, y genedl a'r diwylliant

Yn drydydd, ymddengys o weld yr adwaith i rai o'n hymgyrchoedd diniwed diwethaf fod angen dweud eto mai mudiad DI-DRAIS yw Cymdeithas yr Iaith. Hynny yw, ni ddefnyddiwn unrhyw ddulliau o weithredu a allai beri niwed i bobl. Ond os yw dyn yn gysegredig, dyw ei eiddo ddim, ac os yw'r eiddo hwnnw yn digwydd cynrychioli gormes ar yr iaith

Ymwregysu o ddifrif dan arweiniad Dafydd Iwan T 1/69 Isod: R.Tudur Jones yn y Wybrnant, dechrau'r peintio arwyddion Saesneg ac apêl genedlaethol y mudiad iaith. (C/LlGC)

CYFRINACH HEDDLU GOGLEDD CYMRU
R.Tudur Jones

Bûm yn chwilota ymhlith fy mhapurau am ddefnyddiau, ond nid oes gennyf fawr ddim ar frwydr yr iaith. Gwn fod yr anerchiad a draddodais yn y Wybrnant, adeg lansio ymgyrch yr arwyddion ffyrdd, wedi ei gymryd gan yr Heddlu Cudd. Daethant yma'n union ar ôl y digwyddiad, a buont yma am gyda'r nos gyfan yn fy holi. Y syniad a oedd gennyf ar y pryd oedd eu bod yn chwilio am gyfiawnhad tros ddod â chyhuddiad o gynllwynio i'm herbyn. Beth bynnag, mae'r anerchiad ym mherfeddion cyfrinachol Heddlu Gogledd Cymru yn rhywle!

[Detholiad o lythyr at y Golygydd 14/5/84]

RHYFEDD O FYD
Anwen Breeze Jones

Rhaid cyfaddef nad oedd peintio arwyddion wrth fy modd, gan nad wyf yn hoffi difetha na malurio—a difethwyd sawl côt a phâr o esgidiau yn ddamweiniol gan y paent yn ystod yr ymgyrch. Droeon, bu tystiolaeth wallus yn waredigaeth i mi, ac i lawer o aelodau eraill mae'n siwr. Daeth ditectif acw i holi a oeddwn yn berchen côt croen-dafad, ac yn peintio ar ddyddiad arbennig, ond gallwn wadu'r ddau sylwebaeth. Roedd y dyddiad yn anghywir, ac ni fu fy nghôt ar gefn run ddafad, er ei bod yn arwynebol debyg!

Yn y cyfnod hwn, sleifiais i fod yn aelod o'r Cyngor lleol; nid oedd neb arall yn cynnig! Wrth gwrs, roedd yn gyfle gwych i hyrwyddo amcanion y Gymdeithas, a manteisiwn ar bob cyfle i Gymreigio enwau lleol, ac i wrthwynebu'r arwisgo a oedd yn agosáu. Byddai fy sylwadau yn amlwg yn y wasg leol, ac atgasedd pobl leol yn amlwg a brwnt. Byddai rhai'n galw enwau ffiaidd arnaf pan gerddwn heibio, ac un noson peintiwyd fy nghar, er ei fod yn y garej tu ôl i'r tŷ. Erbyn heddiw, mae rhai o'r *gelynion* yn bleidwyr pybyr. Rhyfedd o fyd.

Dro'n ôl, roeddwn yn ffônio Ysbyty Gwynedd ym Mangor, ac atebwyd yr alwad gan berson di-Gymraeg. Bloeddiodd hithau ar un o'i chydweithwyr, "*Blod, come here, there's a Welsh Fanatic on the line.*" Dydy'r frwydr ddim wedi ei hennill eto.

GORFFEN Y JOB YN IAWN
Penri Jones

Wil Sam, sef W.S.Jones. (d/g Y Lolfa) Isod: Penri Jones a Gill Miles, dôbyrs, ar gychwyn yr ymgyrch. (d/g G.M.)

Un arall o'r arwyr oedd Wil Sam. Gellid sôn llawer am ei nawdd a'i gefnogaeth hwyliog i lu o ymgyrchwyr, ac yn benna am y croeso a gaem gan Wil a Dora ar aelwyd Tyddyn Gwyn. Cofia llawer am hwyl anfarwol Ysgol Basg y Gymdeithas yng Nghricieth. Dydw i ddim yn cofio'r flwyddyn*, dim ond yr hwyl. Ond mae un hanesyn arall yn aros yn y cof, sy'n dangos mor ddifyr a phwysig oedd cael rhywun ychydig yn hŷn fel Wil yn gefn.

Yn dilyn yr ymgyrch beintio, rhaid fu i griwiau ohonom fynychu llysoedd ym Metws-y-coed a'r Blaenau. Daeth Wil Sam efo ni i gefnogi i un o'r achosion ym Mlaenau Ffestiniog. Rhoddwyd dirwy lem ar y drwgweithredwyr. Ar ôl rhyw beintyn i ddathlu, dyma gychwyn yn ôl yng nghar Wil. Alla i ddim cofio pwy oedd yn y car i gyd, ond ym Maentwrog dyna Wil yn penderfynu y basa hi'n syniad i ni ailbeintio'r arwyddion y cosbwyd ni am eu hanharddu. Doedd o ddim wedi cael ei ddal eto.

Dyna fynd i'r trwmbal i nôl brwshus a phaent, gyda'r Bonwr [Gareth] Miles yn helpu Wil i gyrraedd conglau uchaf yr enwau Saesneg. Ysywaeth, daeth rhyw ffarmwr go daeog heibio yn ei *Land Rover*. Stopiodd, a dechrau chwythu llid a bygythion. Cafodd gyngor parchus ynglŷn â beth i'w wneud efo'i enllibion, ac aeth Wil ymlaen i orffen y job yn iawn. I ffwrdd â'r ffarmwr yn gandryll, i gyfeiliant arwyddion anweddus, ac am gyfeiriad Penrhyndeudraeth.

Yng nghyflawnder yr amser, ar ôl gwneud job iawn ohoni, dyma ninnau yn cychwyn am Benrhyndeudraeth. Ni chyrhaeddasom. Roedd *road-block* yn ein haros rhyw filltir tu allan i'r pentref. Aethpwyd â ni i Orsaf yr Heddlu yn Penrhyn. Sodrodd Wil ei hun i lawr ar ochr swyddogol y ddesg, a gofyn i'r swyddog yn dra chwrtais, "Be alla i neud i chi heddiw ma, sarjant?" Cafodd y swyddog hwnnw gryn dipyn o drafferth i gael datganiadau synhwyrol.

Gwysiwyd ni i ymddangos drachefn yn y Blaenau. Plediais yn euog trwy lythyr, i gael sbario llusgo yr holl ffordd o Bontypridd. Bûm yn aros am wythnosau am y ddedfryd. Dim ond fisoedd yn ddiweddarach y deallwyd bod Wil wedi clirio dyled yr holl droseddwyr, am mai fo oedd y 'ci hudo'.

[*1971]

Ond tua 1969 gwelwyd cip ar rywbeth a oedd i wedd—newid Cymru — y CRYS—T Cymraeg neu Gymreig. Yr arloeswr oedd Twm Elias Aeth at y Blaid a'u perswadio i roi benthyg arian iddo gynhyrchu crysau-T â thriban arnynt. Yn oruwch ystafell y Lolfa *(pwy ???)* gyda ffrâm sgrin sidan, paent gwyrdd a chant o grysau gwyn plaen aethpwyd ati i greu y 'Crys -T' — ni fu Cymru erioed yr un ar ôl hyn !!

Ond ni chafwyd llwyddiant ysgubol. O'r cant o grysau gwyn aethpwyd a 35 crys â thriban arnynt i'r Steddfod Genedlaethol yn y Ffint ac o gwmpas y maes y cerddai perchnogion y ddyfais newydd hon yn wên o glust i glust.......ond tua dydd Mercher cafwyd cafod o wlaw a rhedodd y gwyrdd dros y crysau.

S Rhif 7 1974

Y GŴR CYFRIFOL
Ieuan Roberts

Achos Blaenau Ffestiniog oedd yr achos cyntaf imi fod ynddo, ac roedd yn ddiddorol am sawl rheswm. Yn gyntaf roedd popeth yn Gymraeg, ar wahân i dystiolaeth un heddgeidwad o Abertawe a oedd yn rhoi tystiolaeth am ddihiryn o Benmachno a oedd wedi ffoi yno.

Cyhuddwyd Huw Roberts o beintio arwyddion fel pawb arall, ac er ei fod yn cyfaddef ei fod wedi peintio, roedd yn gwadu yn bendant ei fod wedi cyffwrdd â'r rhai a nodwyd yn y cyhuddiad. Y canlyniad oedd ei gael yn ddieuog, ond ni phlesiwyd y fainc pan ofynnodd am ei frwsh a'r tun paent yn ôl!

Bu helynt hefyd am fod un o'r diffynyddion yn absennol ac fe ofynnodd ei dad, a oedd yn yr oriel gyhoeddus, a gâi ddweud gair yn ei le. Eglurodd y Clerc yn ddigon cwrtais nad oedd efallai yn cytuno â daliadau ei fab, ac na allai ddweud dim felly. Ateb y gwron oedd mai ef oedd yn GYFRIFOL am ddaliadau y mab a oedd yn bresennol yn y Llys, y mab a oedd yn absennol a'r mab a oedd i ymddangos ym Metws-y-coed drannoeth! Eisteddodd i gymeradwyaeth y dyrfa, a chawsom wybod mai hwn oedd y Parch. Gerallt Jones, tad Dafydd Iwan, ac mai hwnnw oedd i fyny ym Metws-y-coed, sef yr achos, wrth gwrs, a arweiniodd yn y diwedd at garcharu Dafydd Iwan pan fu protestio ledled Cymru.

Lle da ger Llangurig, (H.L.M.)

Trouble started in the centre of Rhayader when society members from Aberystwyth were "caught in the act" by 10 local men.

Scuffles broke out, and continued inside a coach carrying society members to a rally near Llangammarch Wells, Brecs.

They then forced their way into the bus and started swearing at people inside.

"They injured several members, one of whom was knocked unconscious for 10 minutes,"

NEWID POLISI —DIM GAIR!

Os daw plismyn ar gyfyl aelodau Cymdeithas yr Iaith i holi am unrhyw beintio a fu yn eu hardal etc, anogir hwy gan Bwyllgor Canolog y Gymdeithas i wrthod cydweithredu. Pwysleisir nad oes raid dweud gair wrth blisman a ddaw i holi, ac y gellir hawlio presenoldeb cyfreithiwr os bydd angen hynny. Dweud dim bob tro, felly.

Dileu'r Saesneg oedd y nod, nid hel achosion llys T 3/69 Dde: blwyddyn gythryblus; tystiolaeth Dafydd Orwig yn erbyn heddlu Bangor 13/5

Uchod canol: adeg yr ail rali arwyddion fawr, Cefn Brith, cartref John Penry WM 17/2 Dde: dull clasurol Alwyn D.Rees yn ennill disg treth car o'r diwedd drwy gael cannoedd i fygwth torcyfraith.

Gan fy mod yn dymuno protestio oherwydd ffurf y driniaeth a gafodd Ieuan Bryn Jones suthum i a diyfaill allan o'r Llys a cheisio cael gair a Chadeirydd a Chlerc yr Ynadon ond i ddim llawer o bwrpas . Euthum at ddrws Swyddfa'r Heddlu ond fe'i clowyd yn fy wyneb. Tra'r sefy l yno olywais gnoc ar y ffenest i'r dde o'r drws a gwelais y bachgen ifanc yw a gymorwyd o'r Llys yn sefyll yno am yn pwyntio at ei lygad chwith. Gwelais aroholl uwchben ei lygad a gwaed yn llifo ohono.

CÔT LEDAR A TŶ BACH CERDDOROL
John Ogwen

Mae'r gôt ledar gen i o hyd. A deud y gwir mae'r hogyn 'cw wedi bod yn ei gwisgo hi. Mi wêl sawl blwyddyn arall decini cyn syrthio yn ddarnau oddi ar yr hoelen. Pan oedd hi'n newydd sbon, yn stiff fel procar, ac yn sgleinio, y bu hi a minna ar berwyl tua Penygroes.

Noson Lawen i ddathlu gwrthwynebiad i'r Arwisgo oedd hi, a minna wedi cael gwahoddiad i arwain. Yr oedd yno lond y lle, y neuadd dan ei sang, a Dafydd Iwan, fel arfer, rhyw fymryn yn hwyr. Er, chwara teg, nid y fo oedd i agor y Noson. Dafydd oedd *Top of the Bill* a fo ydi'r pen i mi o hyd; fydd yna neb arall cweit yr un fath. Fel deudis i, yr oeddan ni rhyw fymryn yn hwyr, a'r gynulleidfa yn dechrau anesmwytho. Nid anesmwytho yn annifyr ond digon i ni yn y cefn ruthro o gwmpas yn trïo rhoi rhaglen at ei gilydd.

Daeth Dafydd, yn gwenu, ac fel arfer yn ymddiheuro. Awgrymodd y dyliwn i fynd ymlaen a dweud rhyw stori neu ddwy, tra bydda fo yn penderfynu pwy fydda'n canu gyntaf. Ac allan â mi. Ar wahân i faint y gynulleidfa y peth cyntaf a'm trawodd i oedd y rhesiad o ddynion cyhyrog ac euog yr olwg oedd yn sefyll yn y cefn. Wel, nid bod eu gweld yn syndod, achos yr oedd yr heddlu 'dillad eu hunain' ym mhobman yr adeg honno, ond bod *cymaint* ohonynt efo'i gilydd. Diolch amdanynt. Buont yn ysbrydoliaeth. Ychydig eiliadau ynghynt nid oedd gen i yr un syniad sut i agor y noson, pa stori, sut stori, ond daeth y glas i'r adwy. Y glas, a'r toiledau newydd hynny a adeiladwyd yn spesial ar gyfer yr Arwisgo gan dref Caernarfon. Troi hen jôc blentynaidd ysgol i siwtio'r noson.

Agorais fotwm y gôt ledar a dechrau ... "Noswaith dda, a chroeso i'r noson i ddathlu adeiladu a toiledau cerddorol newydd yng Nghaernarfon. Ew, ma nhw'n neis. Y cwbl da chi'n neud ydi talu eich ceiniog, ac wedyn tra ryda chi yno ma record o'ch hoff gerddoriaeth yn eich diddanu. Rhaid oedd ei drïo cyn y diwrnod mawr. Aeth y Maer, I.B.Griffith i mewn, a chael darlleniad o 'Sŵn y Gwynt sy'n Chwythu'; ac ar ei ôl, er mwyn gwneud yn siwr nad oedd yr hen *extremists* yna wedi rhoi gliw ar y sêt, aeth un o'n ffrindiau o gefn y neuadd, *Mr Plain Clothes* ei hun, a dewis 'Wedi Colli Rhywbeth sy'n Annwyl.' "(Miri Mawr a churo dwylo.) "Daeth y diwrnod mawr ac i mewn â'r Prins ei hun. Disgwyl mawr amdano ... pum munud ... deng munud ... chwarter awr ... daeth allan â golwg ofnadwy arno. Roedd o wedi cael *'God Save The Queen'* ac wedi sefyll ar ei draed ..."

Da ni yma o hyd ...

Dde: Hywel Gwynfryn o 'Helo Sut Dach Chi?' a rhifyn 1af y cylchgrawn pop 1af.

Rali fwya'r Gymdeithas, Cei Caernarfon, Gŵyl Ddewi. (C/LlGC) Isod: John Ogwen.

Streic lwgu ryng-golegol rhag dyfodiad y myfyriwr enwog i Aber; Ieuan Bryn Jones, Euryn Jones, Rhodri Morgan, Ffred Ffransis (ei ympryd 1af) (Ron D.) Isod: o Ddulyn 2/7

Yn hollol, Geoff Ifan a'i fam, Caergybi, maen coffa glaniad 1af y Tywysog yng Nghymru ym 1968. (Yma o hyd?)

MR DAFYDD IWAN PRESIDENT WELSH LANGUAGE SOCIETY
19 HEOL PLYMOTH PENARTHGLAM =
PLEASE RELATE TO YOUR MEMBERS OUR BEST WISHES FOR
THE HEALTH AND WELFARE OF CHARLES WINDSOR STUDENT
PLEASE ALSO INFORM THEM OF OUR DISGUST AT THIS
CRUDE HISTORICAL JOKE THIS TRAVESTY OF WELSH
HISTORY = ON BEHALF OF THE UNION OF STUDENTS IN
IRELAND CIARAN MCKEOWN PRESIDENT AND SEAN
ODRISCOLL EDUCATION VICE PRESIDENT

Waldo Williams yn cofio Llywelyn, gyda D.J.Williams, rali Cilmeri 28/6 Isod: dechrau gyrfa Geraint Jarman, y Bara Menyn gyda Heather Jones a Meic Stevens.

GAWN NI LE DA, PLÎS?
Gwilym Tudur

Eisteddfod yr Urdd Mehefin 1969 yn Aberystwyth oedd un o'r ychydig droeon y bu i'r Gymdeithas darfu ar waith mudiad gwladgarol arall (ac eithrio'r Genedlaethol). Roedd yr Urdd yn y cawl rhyfeddaf. Arweinwyr y mudiad wedi gwadd Carlo i Glanllyn a'r Eisteddfod, gan adael y staff a'r aelodau—rhai ohonyn nhw'n gefnogwyr i'r Gymdeithas hefyd—mewn dryswch llwyr (a rhai o'i swyddogion fel Peter Hughes Griffiths a Wil Griffiths eisoes wedi ymddiswyddo).

Barnodd Robat Gruffudd a minnau y dylid cynnig help llaw, a chawsom SYNIAD. Gwyddem fod Bobi Jones a Tedi Millward wrthi'n dysgu eu disgybl enwog i draddodi Araith Wladgarol Gymraeg. Roedd yn rhaid dinoethi'r twyll ar bob cyfrif, a chael torf o'r Gymdeithas i mewn i'r Pafiliwn, mor agos i'r Tywysog ag y bai modd. Ond sut, a'r lle yn siŵr o ferwi gan heddlu cudd (arfog)?

Wel ar y gair, pwy alwodd yn y siop ond Trefor Beasley. Nid edlych o brotestiwr ond cyn-lowr cyhyrog, jest y dyn i dwyllo Swyddfa'r Urdd, druan. Aeth Trefor yno i godi bloc o docynnau inni; dweud bod ganddo lond dau fws o blant bach o'r de, wedi dod yn un swydd i weld eu Prins annwyl. A allen nhw gael lle da, plîs?

Daeth y diwrnod mawr, bnawn Sadwrn. I mewn â ni i'n seddau—reit yn y ffrynt! Wel, y tu ôl i'r rhes flaen, lle'r eisteddai pobl barchus y dre a'r mudiad. Carlo yn dod i mewn, a stŵr pawb yn codi yn rhoi cyfle inni dynnu'r posteri gwrtharwisgo oddi tan ein dillad. Cofiaf y sioc ar wynebau'r rhes flaen a'r dryswch ar y llwyfan; roedd y lle yn ferwi i gyd. Profiad rhyfedd oedd cerdded allan yn araf wedyn drwy'r dyrfa glòs gynhyrfus; roedd fel gwylio ffilm swrealaidd—gwelwn gegau ar agor ond heb glywed dim ond llais John Garnon yn ceisio cadw trefn o'r llwyfan. (John gafodd gymeradwyaeth fawr wedyn, mae'n debyg, am gyhoeddi bod yna fwy ohonyn *nhw* ar ôl i mewn.)

Cofiaf fod llawer o gefnogwyr yr Urdd wedi gadael efo ni, tua chant ohonom. Ond buddugoliaeth i Carlo oedd hi, meddai'r wasg—pawb wedi gwirioni ar ei 'Gymraeg'.

Daeth R.E.Griffith i'm gweld drannoeth, yn gandryll. A wir, dywedodd Cassie Davies hyd yn oed, wedyn, ei bod hithau'n ddig braidd ar y pryd ond ei bod wedi newid ei meddwl, a chasglu mai ni oedd yn iawn. Mae'n braf bod yn iawn, tydi. Ond diwrnod trist oedd o, fel yr haf hwnnw ar ei hyd.

DIM S.A.S
YN DYWYSCO
CYMRU

WYLIT, WYLIT, LYWELYN,
WYLIT WAED PE GWELIT HYN.
G.Ll.O.

Protest Eisteddfod yr Urdd. (Ray D.) Dde: Tegwyn Jones T 10/84 Isod T 6/69

Croniclodd ei deimladau yn "Salm Ein Cywilydd."

Y mae arnaf gywilydd o genedl sydd a'i threfi a'i phentrefi yn gwisgo gwisgoedd gogoniant estron gan lawenhau yn ei hangau ei hun.

Y mae arnaf gywilydd o genedl sy'n cynnig cwpanau gwag i'w phlant ar ddydd yr arwisgo a ffiol ei gorffennol hi mor llawn o drysor drud.

Y mae arnaf gywilydd o genedl a werthodd ei hasgwrn cefn am ddeg darn ar hugain o eiriau Cymraeg benthyg.

Y mae arnaf gywilydd o'r ddwy "ll" sydd yn Llanelli am iddynt gael eu puteinio i'n prynu.

Y mae arnaf gywilydd o genedl a gododd gelwyddgwn gwleidyddol sy'n honni pleidio gweriniaeth a gweithiwr ond y sydd heddiw yn crafu ymhlith y crachach cyfalafol.

Y mae arnaf gywilydd o'r gweinidogion coronog Cymreig sy'n derbyn wyth mil a hanner y flwyddyn am ddweud wrth hen bensiynwyr y gallant fyw'n ddigonol ar bedair punt a hanner yr wythnos.

Y mae arnaf gywilydd o'r gwasgu sydd ar y gwan a'r gwario gwag ar oferedd nad yw fara.

Y mae arnaf gywilydd o genedl sy'n rhedeg ar ôl anrhydeddau a seremoniau Seisnig gan anwybyddu mawredd ei anrhydedd ei hun.

Plygaf fy mhen mewn tristwch canys y mae arnaf gywilydd fy mod yn perthyn i genedl a syrthiodd i waradwydd taeogrwydd trwm.
Mehefin 27, 1969.

D. JACOB DAVIES.

Ond y digwyddiad sy'n glynu yn y cof yn anad un arall yw'r Rali Fawr honno a drefnwyd gan Gymdeithas yr Iaith ar y dydd Sadwrn cyn dydd Iau yr arwisgo. Penderfynwyd cyhoeddi rhifyn arbennig o'r *Tafod* ar gyfer yr achlysur, un a mwy o dudalennau nag arfer ynddo, ac wedi ei argraffu, yn deyrngar iawn, mewn coch, gwyn a glas. Lluniais gartŵn i roi ar y clawr lle ceid y prins yn sefyll o flaen castell Caernarfon, a llu o Gymry taeog ar eu gliniau o'i flaen, a'u penolau fry tua'r haul. Oddi tano, yn ddigywilydd braidd, rhoddais gwpled enwog Gerallt Lloyd Owen, 'Wylit, wylit Lywelyn, / Wylit waed pe gwelit hyn.' Wrth eistedd gerllaw Maen Llywelyn y prynhawn heulog hwnnw (yr oedd yn well diwrnod o lawer na'r dydd Iau canlynol), digwyddais weld un o werthwyr y *Tafod*, rhyw ergyd carreg oddi wrthyf, yn gwerthu copi i D.J. Gwelais ef yn edrych ar y cartŵn ar y clawr, a gwên braf yn ymledu dros ei wyneb. Trôdd a gafael ym mraich Waldo, a safai wrth ei ymyl, a'i ddangos iddo yntau. Ac am funud neu ddwy bu'r ddau yn gwenu uwchben y llun, ac yn nodio'n hapus ar ei gilydd. 'Rwy'n trysori'r cof am yr olygfa honno - na welodd neb mohoni ond myfi - ac yn diolch am y cyfle a gefais - drwy'r *Tafod* - i roi cymaint a hynny bach o foddhâd i ddau o gymwynaswyr mawr Cymru.

Gyfeillion,

Fe laddwyd Tywysog olaf Cymru yr unfed ar ddeg o fis Rhagfyr deuddeg cant wyth deg a dau. Claddwyd ef yn Abaty Cwm Hir. Ni bu gan Gymru dywysog ar ei ôl ef. Nid oes dywysog i Gymru ar ei ôl ef. Cais i gladdu cenedl Cymru yw'r arwisgo yng Nghaernarfon. Y mae teulu brenhinol Lloegr yn dyfod i Gymru i glymu Cymru wrth lywodraeth Lafur Lloegr. Lleiafrif ydym ni sy'n condemnio hynny. Mae'r miloedd yn addoli'r sêr ffilmiau brenhinol. Ond ni piau traddodiad Llywelyn a Chymru.

Saunders Lewis

I Gymdeithas yr Iaith Gymraeg.

Yng Nghilmeri 28/6 Uchod chwith C 2/7 Dde: at Dafydd Iwan, darllenwyd gan W.H.Roberts.

'LLE'R OEDDET TI?'
Angharad Tomos

Alwyn Jones a George Taylor, merthyron Abergele. Isod: o lythyr annisgwyl at Dafydd Iwan 8/7

Cofiaf feddwl am yr Arwisgo fel rhywbeth pwysig iawn—yr achlysur hanesyddol pwysicaf i ddigwydd yn ystod fy oes fer ddengmlwydd i.

. . . Tra chwarddai Dafydd Iwan am ben ei ffrind oedd yn chwarae polo; tra meddiannai myfyrwyr Aberystwyth eu coleg; tra canai Gerallt Lloyd Owen, 'Wylit, wylit Lywelyn'; tra cynllwyniai ambell un i ffrwydro lein; tra gwnâi eraill bererindod i Gilmeri, roeddwn i'n gwledda ar bop a chacennau partïon yr Arwisgo. Cofiaf ddau barti o leiaf, un gan yr ysgol a'r llall gan y capel, ac i mi roeddan nhw yr un mor grand â gwleddoedd y byddigions, oedd mor niferus ar y pryd. Doedd fy rhieni ddim yn arbennig o deyrngar i'r goron, ond fel sawl rhiant arall, fe'i cawsant yn anodd egluro i'w plant y cysylltiad rhwng brad gwleidyddol a jeli . . .

Rhyw flwyddyn gymrodd hi i ddadwneud dylanwad yr achlysur hwn. Yn un peth, euthum i'r Ysgol Fawr yr hydref canlynol, a chanfod er mawr syndod i mi nad oedd plant Dyffryn Nantlle'n rhannu'r un ecstasi brenhinol â'r Cofis. Ond yr hyn a gafodd gan waith fwy o argraff oedd corwynt grymus y diwylliant ifanc newydd yng Nghymru. Fe'm cipiwyd i'n ddidrugaredd yn ei sgîl . . . Am y tro cyntaf, doedd bod yn Gymraeg ddim yn golygu bod yn *boring* nac yn hen-ffasiwn—roedd 'na Afallon newydd fywiog, a'i llond o debotiau piws, ac arwyddion gwyrdd a phobl yn Lolian. Dyma ddod i ddeall y sgôr yn fuan a dysgu gwerthfawrogi jôcs am glustiau mawr, gwep fel ceffyl, cig corgi, ich dien a Prif Glown y Syrcas—Carlo. A dyna sut y cyfeiriais ato byth wedyn.

Ond hyd heddiw, pair yr enw 'Abergele' i mi wrido o gywilydd gan rwystro i mi godi mhen pan gwyd y pwnc trafod arswydus yna ymysg cenedlaetholwyr o bryd i'w gilydd, 'Lle'r oeddet *ti* ddiwrnod yr Arwisgo?'

[*Detholiad byr o'i hysgrif, nad oedd modd ei chyhoeddi'n llawn yma—dim ond rhagflas, gobeithio*]

RHAG POB BRAD
Dyfan Roberts

Yn Eisteddfod Genedlaethol Y Fflint, mi ddaru'r Eisteddfod, mwya cwilydd iddi, wahodd Carlo i fynd ar y llwyfan. (Fel tasa llyfu'r Arwisgo ei hun ddim yn ddigon.) Penderfynodd pedwar o aelodau'r Gymdeithas—Ffred Ffransis, Ieuan Bryn, Dafydd Huws a minnau—eistedd i lawr ym mynediad y Pafiliwn reit o flaen yr osgordd Frenhinol, i dynnu sylw at yr ymgreinio taeogaidd hwn. Fel yr oedd yr orymdaith ar ddod i mewn, dyma godi ar ein traed a dechrau symud i'r llwybr canol gan weiddi.

Welsoch chi 'rioed cyn gyflymed y cludwyd y terfysgwyr oddi yno gan y slobs (ar wahân i mi—ddim wedi sylwi arna i, mae'n rhaid!) Mae'r llun yn dangos sut y cariwyd Dafydd Huws ar draws y maes, a'i daflu i mewn i garafán y slobs lle bu mwy o weithredu corfforol mae'n debyg. Cadwyd hwy yno am tua teirawr, gyda thorf o gefnogwyr gwyllt y tu allan yn trïo troi'r fan drosodd ar un adeg, wrth glywed y cythrwfwl oedd yn dal i ddigwydd tu mewn i furiau'r garafán.

Dyna'r math o beth oedd yn digwydd ym 1969, yn y Wladwriaeth Blismyn a elwid Cymru.

Isod: Eisteddfod y Fflint. (CC)

Angharad yn 4 oed, gyda'i mam 1963 (d/g A.T.) Canol: Tegwyn Jones B Dde: Saunders Lewis yn cyflwyno record deyrnged y mudiad i J.R.Jones T 11/69

RHAI ATGOFION A PHROFIADAU
Gerallt Jones*

Efallai y bydd gan ddarllenwyr y gyfrol hon, a rhywrai yn y dyfodol, ddiddordeb yn yr agwedd hon ar bethau yr hoffwn eu croniclo yn awr. Yn ystod y blynyddoedd 1969-1970-1971-1972 oedd yr adeg fwyaf cynhyrfus i ni fel teulu, mewn perthynas â gweithgareddau'r Gymdeithas. Dyna adeg y llythyrau dienw a'r gweithredu dialgar.

Yr oedd ein pedwar mab ni 'o flaen y llys' am rywbeth neu'i gilydd ar wahanol adegau—gydag amryw o rai eraill wrth gwrs, a gwnaethpwyd un ohonynt yn arweinydd y Gymdeithas am rai tymhorau, a bu un arall yn ysgrifennydd am gyfnod. Rwy'n gwybod i amryw o ddeuluoedd ddioddef pethau cyffelyb i ni, felly nid tystio ffrostgar yw hyn o eiriau o gwbl; ac wedi'r cyfan beth oedd, ac yw, ychydig o anghysur a siomedigaethau i ni'r rhai hŷn, a'n rhai ifainc mor llawen o ddewr.

Pan ddaeth y negeseuau cyntaf drwy'r post yn ddienw, neu dan enw ffug, yr oedd hi'n hawdd deall rheswm eu dyfod—ac yn wir, i'r tân yr aeth y rhai cyntaf oll. Meddyliais wedyn y gallent fod o werth i lawer math o bwrpas yn y dyfodol. Y mae rhyw hanner dwsin o'r pethau brwnt gennyf o hyd—'mewn cornel tawel tywyll.' Rwy'n credu y trosglwyddaf nhw'n awr i olygydd y llyfr hwn—er ei fod yn ddigon cyfarwydd â'r fath dom eisoes, mi wranta.

Ni faeddwn i mo'r llyfryn hwn â llawer o gynnwys ambell lythyr; maen nhw'n druenus o aflan neu'n blentynnaidd—a rhai wedyn ond yn gwastraffu'u talent. Dyma i chi'r hyn oedd ar un amlen wedi'i gyfeirio at un mab—ond ei gynnwys wedi ei fwriadu i ni:

> Dafydd Iwan—(inc gwyrdd)/(y Paentiwr) (Crwt Bach)—(inc glas)/ Gwyddgrug/Pencader—(inc gwyrdd)/ (Neu ple bynnag y Mae)/"Try Big House" Cardiff

Wedi ei arwyddo gan Tory hyd y Carn. Wel, dyna fo, mae pob siort yn perthyn iddyn nhw hefyd!

Un arall yn pardduo'r teulu nôl am genedlaethau!—er ceisio profi nad oedd ryfedd bod y genhedlaeth ifanc bresennol mor beryglus o ddireol—ac yn cyplysu enwau cefndryd i ni â'n plant, er mwyn dangos mor bydredig oedd sylfeini Cymru heddiw!

Tua'r adeg honno, mi ryfygais adael i'm henw fynd ymlaen fel ymgeisydd i'r Cyngor Sir. Mi ddywedais am rai pethau y gellid eu gwneud i leddfu anghyflogaeth ym Mhencader. Dyma lythyr dienw ryw fore ryw bryd yn gofyn ai codi ffatri gwneud brwshus paent a thuniau paent gwyrdd oedd gennyf mewn golwg . . . pŵr dab, doedd dim angen iddo arwyddo â ffugenw; gwyddwn yn iawn pwy ydoedd. Heddwch i'w lwch.

Ond cofier, yr oedd llythyron o fath arall hefyd; rhai'n ysgrifennu fwy nag unwaith. Coffa da am garedigrwydd cyson y Parchedig Caradog Williams, a fu farw ym Machynlleth yn ddiweddar. Ac am 'ddiacon yn Jeriwsalem', Llanberis—sydd eto'n fyw am a wn i—yn sôn am roi'r rhai ieuainc yng ngofal y Brenin Mawr, yng Nghwrdd Gweddi'r Capel. Sawl llythyr caredig, wrth gwrs, gan ein dewraf dyn—Gwynfor; ac y mae arnom gywilydd bron i sôn am ein 'trafferthion' ni, wrth gofio sut y dewrwenodd Gwynfor a'i deulu drwy stormydd o lysnafedd, ac yntau'n gwneud ei orau mewn Cyngor a Senedd.

Crybwyllwn hyn yn unig ynglŷn â'r dial: cafodd teiars fan fach oedd yn eiddo i'n mab Arthur eu tyllu a'u difetha un noson, tu allan i'n tŷ ni. Rhoddwyd siwgwr yn nhanc petrol Dafydd unwaith, pan oedd e'n cynnal cyngerdd yn Gwyddgrug. Dygwyd darn, fwy nag unwaith, oddi ar fy ngherbyd innau. Yn yr un ardal y digwyddodd y pethau hyn oll, a gwneuthum fy ngore i gredu nad cymeriad o'r ardal oedd yn gyfrifol amdanynt! Oherwydd yr oedd yno gyfeillion triw o'n cwmpas hefyd.

Cewch lawer o dystiolaethau cyffelyb i'r gyfrol mae'n siwr—ond cofiwn hyn, bydd yn rhaid i sawl cenhedlaeth ddioddef yn debyg eto, a gwaeth efallai, cyn y cawn ysgwyddo baich ein bywyd ein hunain yn gyflawn fel Cymry.

[*Trist yw gorfod dweud 'y diweddar Gerallt Jones' erbyn hyn]

YMWELYDD ANNISGWYL
Eirug Wyn

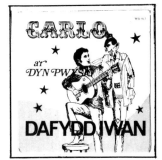

Rydw i wedi dod o hyd i amryw o bethau eraill, ond fel y soniais wrthyt, efallai mai'r llythyrau a anfonwyd o Swyddfa D.A.R.T. yw'r pethau mwya *sensational* sydd yn fy meddiant, a dyma iti stori nad wyf wedi ei hadrodd hyd yma . . .

Roeddwn newydd gychwyn fy nhymor yng Ngholeg y Drindod (Medi 1969) pan aeth Penri Roberts a minnau allan un noson a pheintio'r gair ARAF uwchben STOP ar ffordd yn Llangyndeyrn. Aethom i Swyddfa'r Heddlu i gyfaddef ein pechod, ac wedi'r achos llys a ddilynodd cefais ymwelydd annisgwyl. Roedd hi'n tynnu at hanner nos pan ddaeth cnoc ysgafn ar y drws, a cherddodd gŵr i'r ystafell. (Rwyt yn ei nabod yn iawn, ond gwell peidio â'i enwi rhag ofn.)

Roeddwn i'n ddrwgdybus ohono i ddechrau, yn enwedig pan ddywedodd fod ganddo gysylltiadau â Swyddfa'r Heddlu. Fe ddangosodd nifer o ddogfennau i mi, gan gynnwys gohebiaeth rhwng Heddlu Dyfed-Powys a Swyddfa yn Llundain. Yr oedd dwy o'r dogfennau yn dangos yn eglur fod Dyfed-Powys yn bwriadu dwyn achos o Gynllwyn yn erbyn Swyddogion a Senedd y Gymdeithas. Daeth y gŵr yn ymwelydd cyson, ac wedi holi rhai pobl, cefais ar ddeall ei fod yn genedlaetholwr pybyr, ac yn un y gellid ei drystio . . . Nodaf isod, (yn eu Saesneg gwreiddiol) ddau o'r llythyrau, [o ddechrau'r saithdegau*].

[Detholiad o lythyr at y Golygydd, 19/10/84. *Gw. o dan 1971]

LLYNCU PEIPEN
Gwilym Tudur

Llys Aberteifi wedi'r profiad: Gwilym Tudur, Ffred Ffransis, Nan Jones, Gina Miles (d/g G.M.) Isod: achos gwreiddiol Morys Rhys, Gwynn Jarvis, Dafydd Iwan.

Gan ei fod yn beth mor anarferol a diarth, er y gall swnio'n fyfïol, mae'n werth ceisio disgrifio'r profiad o gael eich bwydo'n orfodol mewn carchar.

Roedd Ffred Ffransis a minnau yn Abertawe am wythnos. Cawsem ein cyhuddo o gicio plismyn (plismones yn fy hanes i!) wrth iddyn nhw lusgo haid allan o Lys Aberteifi wedi'r achos arwyddion yn erbyn swyddogion y Gymdeithas. Aethai Sarjant Lloyd o'i go am ei fod yn byw uwch ein pennau—y llys bach oedd ei gartref! Pa ryfedd, efallai, iddo fo a'i gwnstabliaid ddyfeisio'r fath stori i dalu'n ôl i ni. Ar y pryd, roeddem ninnau o'n coeau, ac yn dyheu am glirio enw da'r Gymdeithas a'i dull di-drais.

Penderfynu peidio â chydweithredu; ond pa beth a allai dynnu mwya o sylw? Ni fyddai'r swyddogion yn poeni fawr am rywun yn mynd ar y streic lwgu arferol, am wythnos beth bynnag. (Ni fyddai hepgor bwyd jêl yn gymaint o aberth â hynny chwaith!) Felly, dim bwyd *na* diod amdani.

Nid oedd yn rhy anodd, os cofiaf yn iawn. Llithro i ryw wendid afreal. Cur pen. Doedden nhw ddim yn ein credu'n llwyr am sbel. Ond pan amlhaodd ymweliadau'r meddyg carchar ymhen tridiau, a'r mygeidiau te oer ar y llawr, dyna styrbio o ddifri. Doedden ninnau ddim yn cymryd y peth yn ysgafn chwaith; rhybuddiwyd ni am y peryglon pendant. Pan welodd y meddyg arwyddion amheus (yn cynnwys rhyw stwff gwyn yn eich ceg, ac ogla drwg yn y gell, rwy'n meddwl), a deall nad chwarae roedden ni, i ffwrdd â ni i'r aden ysbyty.

Y noson honno, dyma'r driniaeth yn dechrau. Creadur digon caled a diamynedd oedd y meddyg—pwy allai'i feio—ond roedd yn amlwg nad oedd un o'r *trusties* a'i cynorthwyai yn hoffi'r busnes o gwbwl. Dyma sut y mae'n gweithio.

Eich sodro mewn cadair freichiau fawr, y garddyrnau wedi eu strapio ar freichiau'r gadair a'r pen yn ôl yn dynn yn erbyn ei chefn—yn o debyg i'r modd y maen nhw'n lladd pobol efo nwy yn America. Y *trusty* wedyn yn stwffio peipen fain hir, rhyw fath o blastig hyblyg, yn araf i lawr eich corn gwddw. Rydych chithau yn helpu—mae'n rhaid ichi, neu dagu—drwy lyncu'r beipen hyd nes iddi gyrraedd y stumog. Roedd y pen arall iddi yn lledu'n dwmffat (twndis), a'r meddyg yn tywallt llefrith cynnes (a siwgwr neu gliwcos mae'n siwr) drwyddi.

Mae gen i gof am fysedd tyner y *trusty* yn crynu cymaint—y tro cyntaf—nes ei bod yn anodd llyncu blaen y beipen yn iawn. Yr un peth fore a nos trannoeth, tan drennydd rwy'n meddwl. Weithiau byddai'n haws, weithiau'n drafferthus,

yn dibynnu ar eu nerfau nhw a ninnau! Unwaith, aeth y beipen i'r lle rong neu rywbeth, fel y bu'n rhaid ei thynnu allan a thrïo eto; pawb yn chwys domen. Cofier, roeddem mewn dwylo da—ac yn dra ffodus nad peipen wydr oedd hi fel ers talwm, a honno'n torri weithiau; wedi i un o'r *suffragettes* anhygoel farw y darfu'r dull hwnnw.

Wel, dod i'r casgliad wedyn nad oeddem mewn gwirionedd yn gwrthod yfed. Petaem o ddifri, fel y Gwyddelod, buasem yn dewis tagu. Roedd hefyd yn annheg â'r swyddogion. Yn y diwedd felly, cytuno i yfed y llefrith ein hunain! Roeddem wedi gwneud ein pwynt*, ac roedd yr wythnos yn tynnu at ei therfyn.

Teimladau cymysg sydd gen i am y weithred honno, rwan. Ni hoffwn weld neb yn ei hefelychu. All neb o'r tu allan wahaniaethu rhwng un ympryd a'r llall; yr un cyhoeddusrwydd a gânt, ac a haeddant. Nid yw'r ympryd arferol yn hawdd bid siwr, ac y mae'n beryg i rai.

I mi heddiw, ymddengys y profiad yn beth unigolyddol, yn gais am arwriaeth, neu am ferthyrdod hyd yn oed. Nid wyf yn siwr o ympryd chwaith, fel tacteg i fudiad gwleidyddol gwerinol dilys. Ond mae'n rhaid gweld popeth yn ei gyddestun; rhaid cofio sefyllfa fyw o 'ryfel' yn erbyn y taeog a'r Sais, rhyfel gorawenus a'i ymladd yn bleser ac yn fraint. Mae hwnnw'n dal ymlaen i rai Cymry. 'Wyt ti'n *cofio?'*

[*Nid oedd (ac nid yw) Ffred wedi gorffen gwneud ei bwynt. Ar ôl colli ei achos, aeth ar ympryd arall yn ei dŷ.]

LOGO'R TAFOD
Robat Gruffudd

Cywaith damweiniol yw sumbol y Tafod, y cefais gais i'w egluro. Rhyw bnawn pan oeddem yn paratoi rhifyn* o *Tafod y Ddraig* i'w argraffu, mynegodd Elwyn [Ioan] y farn bod yr hen sumbol sgwâr braidd yn hyll, ac aeth ati i wneud braslun o dafod crwn. Cefais i'r cyfle yn hwyrach y noson honno i addasu a pherffeithio syniad Elwyn. Y bore wedyn, fe'i rhoddwyd ar y dudalen flaen, gyda phennawd newydd. Felly, crewyd y sumbol ar gais a chyda chaniatâd neb, ac heb unrhyw fwriad ymlaen llaw gennym ni.

[*Rhif 19 (y Gyfres Newydd), 3/69]

Dde: Efa o'r Lolfa. Isod: F 8/1/70

Sawl un o ddarllenwyr 'Y Faner' a gofiodd am Mr. Geraint Eckley, aelod o Bwyllgor Cymdeithas yr Iaith Gymraeg a dreuliodd y Gwyliau yng Ngharchar Abertawe? Fore Llun cyn y Nadolig galwodd plismyn o Abertawe yng nghartref Mr. Eckley a myned ag ef i'r carchar gyda'r bwriad o'i gadw yno am bythefnos am wrthod talu dirwy a osodwyd arno yn Sir Gaernarfon *tua dwy flynedd yn ôl* am yrru car heb fod ganddo dreth

1970

Annibyniaeth i Tonga; methiant annibyniaeth Biaffra; cyhoeddi gweriniaeth gwynion De Rhodesia

Rhyfel Israel gyda Syria a'r Aifft; rhyfel Medi Du'r Palestiniaid a Gwlad Iorddonen; meddiannu arfog ar awyrennau

UDA yn ymosod ar Gambodia, a bomio Viet Nam eto; lladd myf, Prif Talaith Kent, a lladd George Jackson yng ngharchar

Plaid farcsaidd Salvador Allende, Undod Poblogaidd, yn ennill Chile

Terfysgoedd bwyd yng Ngwlad Pwyl

'Gweithredu' cytundeb atal cynnydd arfau niwclear

Sadat yn olynu Nasser yn arlywydd yr Aifft

Corwynt yn lladd 50,000, Pakistan; daeargryn Periw, lladd 70,000

Pwyllgor Olympaidd yn diarddel De Affrica

Cyfreithloni ysgariad yn yr Eidal

Marw de Gaulle, Nasser, Bertrand Russell

Brasil yn ennill cwpan y byd, peldroed, Mexico, am y 3ydd tro

Sefydlu mudiad iaith yn yr Alban, Comunn na Cànain Albannaich; cynhyrchu olew o Fôr y Gogledd; Gemau'r Gymanwlad, Caeredin

Carcharu heb brawf yn 6 Sir Iwerddon, a'r bwledi rwber 1af; diddymu heddlu'r *B Specials;* ymgyrch radio rhydd y Gaeltacht

Cyhoeddi'r *New English Bible; The Female Eunuch,* Germaine Greer, a'r mudiad rhyddid merched cyfoes yn cyrraedd Gwl Pryd; helynt ymweliad rygbi'r gwynion o Dde Affrica; y Beatles yn gorffen

Etholiad Cyff, Meh—llywod Geid Heath, mwyafrif 30; Llaf 53.3% (27 sedd), Ceid 27.6% (7), Rhydd 6.8% (1), PC 11.5% (175,016), Llaf Annibynnol (1); PC yn ymladd y 36 sedd tro 1af, treblu'r bleidlais ond methu â gwireddu gobeithion 4 bl, a Gwynoro Jones yn adennill Caerf i Laf

Peter Thomas yn Ysg Gwl; trosglwyddo addysg gynradd ac uwch i'r Swyddfa Gym (gan y gwein addysg, M.Thatcher)

Codi pris bwyd ysgol; dim llaeth rhad dros 7 oed; torri grant rhanbarth datbl; sôn am werthu tai cyngor

Carchar hir i John Jenkins a Frederick Alders, arweinwyr MAC

Achub Cwm Dulas; cyhoeddi cronni Brennig

Cau chwarel Dinorwig, diwedd 'oes y chwareli'

Streic fer y glowyr

Damwain pont Cleddau

Y Pab yn creu 8 sant o ferthyron Cym

Noson gynhesaf ers canrif, Mehefin 11

Iawndal i blant y cyffur Thalidomide

David Broome yn bencampwr 'y byd', neidio ceffylau

Diweithdra, Rhagfyr, 4.0% (38,795)

Marw Trefor Morgan, D.J.Williams, Cynan, Ifan ab Owen Edwards (oll yn Ionawr), T.I.Ellis, J.E.Jones, J.R.Jones, Huw T.Edwards, J.R.Morris, Nan Davies, J.P.Davies, Hydwedd Boyer, George Fisher, D.Mathew Williams

Eist Gen Rhydaman; Eist yr Urdd Llanidloes; Gŵyl G Dant Crymych

Ysgol uwch Gym Bro Myrddin

Helynt cau ysgol Bryncroes, rhieni yn ei chynnal am dymor; *Cards Education Campaign* Aber rhag addysg Gym eto

Cychwyn Adfer, anerchiad Emyr Llewelyn i Ysgol Basg Cymd yr Iaith; cofrestru cwmni tai, Medi

Offer a swyddog cyfieithu 1af, C Sir Fôn, a Sir Gaern yn ei gymryd ar gost o £2500 Pwyllg Cydenwadol yr Iaith Gym yn pwyso am statws, darlledu ac addysg Gym

UCAC yn ymuno â streic athrawon

Gŵyl Werin Cymru, Corwen

Teledu lliw 1af o faes yr Eist; comedi sefyllfa 1af, 'Fo a Fe' BBC

Stamp coffa D.J. gan y Lolfa; cyfres o bosteri lliw awduron, C Celf; cerfluniau allan ar faes yr Eist

Aelodau PC Bangor yn gol *Y Ddraig Goch;* tystiolaeth PC i Crowther, *Iaith a Senedd* Robyn Lewis

Cyffro rhif 1; *Planet* rhif 1

Cwrs Cym Llafar Dan Lynn James; *Cyfarwyddiadur Dysgu Cym fel Ail Iaith i Oedolion* Chris Rees, C-BAC; *Areithiau Cymd yr Iaith* Emyr Llewelyn; *Ac Onide a Gwaedd yng Nghymru* J.R.Jones; *Y Bywgraff Cym 1941-50* gol E.D.Jones; *Tros Gymru* J.E.Jones, yn datgelu ei fod yn un o 4 arall ym Mhenyberth

Wynebddalen:
Nan Bowyer mewn rali yng Nghaerdydd wedi carcharu cadeirydd y Gymdeithas, Dafydd Iwan

'Cofier fod yn rhaid wrth ddynion eithafol i fagu dynion cymedrol,' meddai Emrys ap Iwan, yn rhywle. Ychydig o genedlaetholwyr 1970 (yn cynnwys y merched!) a anghytunai â'r gosodiad. Rydym bellach yn anterth y berw hwnnw a elwid yn aml yn chwyldro ac a liwiodd dymer gwleidyddiaeth Gymraeg am flynyddoedd. Daeth herio'r heddlu a'r llysoedd, a charchar, yn brofiad cyffredin i lawer o'r Cymry. Angladdau cenedlaethol hefyd. Bu'n flwyddyn wahanol o'i dechrau, wrth golli cynifer o'r hen do gyda'i gilydd, ac yr oedd cofio am eu hymgysegriad oes hwy yn her gyson i genhedlaeth newydd.

Aethai'r Arwisgo yn angof o'r diwedd, a'r bomio wedi peidio. Roedd Cymdeithas yr Iaith wedi atal y peintio arwyddion am flwyddyn. Roedd etholiad ar y gorwel hefyd. I'r Gymdeithas, dylasai fod yn gyfnod o sefydlu trefniadaeth effeithiol, gan bwyso ar y cynghorau lleol ac am y sianel deledu. Ond o'r funud yr aed â Dafydd Iwan i garchar Caerdydd—tri mis am wrthod talu dirwy beintio—bu fel cynnau matsen dan dân gwyllt. Dyma'r cyfle y blysiai rhai amdano i brysuro'r chwyldro; ef oedd ysbrydolwr mawr y Cymry Cymraeg ers pedair blynedd a mwy, a chafodd ei garchariad effaith ddofn ar hen ac ifanc, nid yn annhebyg ar y pryd i Benyberth gynt.

O'r cychwyn, gwelid deuoliaeth ddiddorol yn arweiniad a thacteg y mudiad iaith a dyfodd yn ddwy ffrwd wleidyddol. Gwelai myfyrwyr Bangor—a Chaerfyrddin hefyd—gyfle i hybu ysbryd annibynnol yr ardaloedd Cymraeg gan feddiannu swyddfeydd cynghorau yn ogystal ag eiddo'r heddlu a llysoedd, yn enw'r ymgyrch arwyddion. Dilynent athrawiaeth J.R.Jones, a Saunders Lewis (a ysgrifennai'n gyson i *Dafod y Ddraig*), a chafodd y garfan hon ladmerydd dylanwadol yn Emyr Llewelyn. Yn Aberystwyth, ar y llaw arall, dan ddylanwad Ffred Ffransis, aethai'n ymgyrch symbolaidd genedlaethol yn erbyn llywodraeth estron. Cafodd y cyrch llachar ar yr Uchel Lys, torcyfraith cyntaf y Gymdeithas yn Lloegr, sylw ymhell y tu hwnt i ffiniau Cymru, a diau i hynny gadarnhau cymeriad a dulliau dramatig mudiad y saithdegau. Sut bynnag, bu'n gyfnod cofiadwy, yn llawn o orymdeithiau a raliau a deisebau ar ben yr holl arestio a'r carcharu—a bu pwyllgor Cymreig y Senedd yn trafod yr Iaith! Aeth y canwr Huw Jones ar ympryd gan lwyddo i gyhoeddi record deyrnged ar yr un pryd. Trefnasai cenedlaetholwyr amlwg gronfa i gynnal teulu'r carcharor enwog.

Rhyddhawyd Dafydd Iwan yn sydyn o fewn y mis gan yr Archesgob Glyn Simon ac ynadon dienw dan arweiniad Alwyn D.Rees. Bu hynny'n achos llawenydd i lawer, ond wedi'r wythnosau o gynnwrf dyddiol, cynyddol, teimlai rhai siom o golli cyfeiriad cyson a syml yr ymgyrch. Roedd Dafydd ei hun, er mor deimladwy ei ganu, yn tueddu i amau gwerth gweithredu mympwyol a chynnwrf y funud. Nid oedd yn hawdd iddo ef eisted yn gwnïo sachau heb wybod beth a ddigwyddai nesaf! Nid heb ymboeni ac ymgynghori, chwaith, y cytunodd â chynnig Alwyn Rees; roedd gweithred yr ynadon yn lledu'r dimensiwn gwleidyddol ac yn her i'r llywodraeth, ond dyna ben ar y brotest genedlaethol.

Cymerwyd yr awenau yn ddirybudd, felly, oddi ar Emyr Llewelyn, a fu'n arwain dros dro (fel yn ystod achos cynllwyn 'yr 8' y flwyddyn wedyn). Yn yr Ysgol Basg yn Neuadd Penbryn, clywyd ei araith gyntaf dros gyfeiriad newydd i'r mudiad iaith, yn seiliedig ar y Fro Gymraeg. Pan aeth ati i sefydlu Adfer i brynu tai yno, cafodd gefnogaeth arweinwyr Bangor. Cawsant hwythau eu siomi eilwaith, yng nghyfarfod cyffredinol Cymdeithas yr Iaith, pan alwyd am gymdeithas dai newydd gan y Gymdeithas. (Ystyrient hi yn ymyrraeth, onid cystadleuaeth, pan sefydlwyd Cymdeithas Tai Gwynedd wedyn gan Ddafydd Iwan.) Ac erbyn helynt Bryncroes tyfasai cryn dyndra; nid un criw o ffrindiau oedd y mudiad iaith bellach. Rhaid pwysleisio, fodd bynnag, bod ton fawr y 'chwyldro' yn ddigon nerthol i gario pawb ymlaen gyda'i gilydd am sbel eto.

Methiant cymharol a fu'r etholiad i Blaid Cymru, wedi'r holl ddisgwyl. Cawsant gynnydd arwyddocaol yn Sir Gaernarfon (lle gofynnwyd, gyda llaw, i Ddafydd Iwan i beidio â chanfasio!). Priodolid colli Caerfyrddin i effaith y protestio. Gyda'r Toriaid yn ôl, wedi dyblu eu seddau yng Nghymru, roedd y ffrwyn yn daclus ar war y mudiad iaith. Enw sioe'r Gymdeithas yn yr Eisteddfod oedd 'Peintio'r Byd yn Wyrdd'. Atyn nhw y trodd arweinwyr Pont Senni am gymorth yr wythnos honno, a chafodd twr o aelodau groeso mawr, a bara brith a llety ar lawr yr hen gapel hanesyddol, cyn helpu'r trigolion i ymlid swyddogion Abertawe drannoeth. Felly hefyd rieni dewr Bryncroes. Wedi cau'r ysgol yn Ebrill, agorodd y rhieni eu hysgol eu hunain yn neuadd yr eglwys ym Mai. Bu'n brofiad cyfoethog i'r ifainc i'w helpu i'w chynnal yn nannedd y swyddogion addysg o Gaernarfon, ac yn arbennig i ailfeddiannu'r hen ysgol ym Medi. Hen dro fu ei chau yn y diwedd, rhag 30 o blant yr ardal ddiwylliedig honno, ond bu safiad yr ardalwyr yn addysg i gynghorwyr sir ac yn gyfrwng i achub ysgol Llanaelhaearn yn nes ymlaen. Yn y maes addysg hefyd, bu'r myfyrwyr yn protestio eto ac yn ymprydio rhag ehangu'r Brifysgol.

Yn y cyfamser, roedd y Post wedi plygu yn Ebrill i addo biliau dwyieithog, ond ceid dirwyon disg treth car o hyd. Gwrthodai rhai gofrestru geni yn ddwyieithog yn awr! Hynny am mai atodiad oedd y Gymraeg ar y ddogfen newydd. Gwrthodai eraill dalu eu trethi, eto fyth. Carcharwyd rhagor o rai a ddirwywyd am beintio arwyddion y flwyddyn cynt. Daeth cefnogaeth gan rai cynghorau trefol, a Chyngor Sir Aberteifi hefyd, ac yna Meirion, yn dilyn arweiniad Arfon. Aeth y genhedlaeth hŷn ati i ddeisebu yn effeithiol, gan orfod mynd i Lundain bellach i weld yr Ysgrifennydd Gwladol newydd—pris bychan i'w dalu i gael trafod â rhywun heblaw George Thomas! Daeth cadoediad yr arwyddion Saesneg i ben fis Hydref, wrth ailgychwyn torcyfraith (ar rai cyhoeddus diberygl eto), ond y tro hwn gyda sbaner a gordd yn lle brws paent, i symud a malu'r sarhad. A daeth gwlad y menyg gwynion yn wlad y pyst noethion, a'r Saesneg o dan draed am awr felys yn ein hanes.

Yr un pryd, rhoddwyd cynnig arall—y trydydd—ar ymgyrch dorcyfraith dros wasanaeth teledu a radio Cymraeg. Wedi cynhyrchu dogfen bolisi, aeth haid o fyfyrwyr i rwystro strydoedd teledol Llundain, a mynd â thaflenni cyntaf yr ymgyrch ar orymdaith i Landâf a Phontcanna. (Roedd Cyngor Darlledu'r BBC yn eu doethineb wedi barnu bod 7 awr o Gymraeg ar y bocs yn deg.) Er mor brysur fu pawb yn hela'r arwyddion ffyrdd, ni chollwyd golwg ar y maes darlledu wedyn, oherwydd mai datblygiad pwysicaf y cyfarfod cyffredinol fu dyfeisio trefniadaeth sefydlog i'r mudiad.

Daethai cannoedd i'r cyfarfod yn Neuadd y Plwyf. Gyda £700 mewn llaw, wele gael swyddfa o'r diwedd! Rhan amser oedd hi, ond ym mherson yr ysgrifennydd, y myfyriwr Ffred Ffransis, cafwyd llawer mwy na rhan o'i amser a'i amryfal ddoniau byth er hynny. Rhannwyd y pwyllgor o 15 (a alwyd yn Senedd!) yn 8 o grwpiau—3 gweinyddol a 5 i ymgyrchu dros statws, adfywio ardaloedd Cymraeg, tir ac ardaloedd seisnigedig, addysg, a darlledu. (Ffred a arweiniai'r Grŵp Darlledu, a cheir hanes hir y frwydr yn fanwl gan Meinir Ffransis ac yntau yn *S4C—Pwy Dalodd Amdani?*, 1985.) Gyda dim ond 6 o gelloedd lleol a'r hen batrwm o gysylltwyr yn parhau am gyfnod eto, gwelid mwy o frwdfrydedd henffasiwn na'r cynllunio gwleidyddol a nodweddai'r Gymdeithas yn ddiweddarach. Ond fe dyfodd y mudiad fel ebol blwydd. Profodd trefn y grwpiau sefydlog yn llwyddiant arhosol, ac efallai y talai i Blaid Cymru ei mabwysiadu heddiw.

DULLIAU NEWYDD
Meinir Ffransis

Mae'n anodd dal gwres a naws cyfnod dechrau'r saithdegau mewn llith oer ar bapur. Byddem yn cerdded ar noson dwym o haf ar hyd y prom yn Aberystwyth, yn griw o fyfyrwyr ugain mlwydd oed a gwir natur argyfwng Cymru yn treiddio i'n hymwybod. Byddem yn ysu am gyfrannu i'r frwydr, yn chwilio am gynllun i hyrwyddo'r chwyldro—cynllun a fyddai'n argraffu ein bodolaeth fel Cymry ifanc brwd ar ymwybod (a chydwybod) y genedl . . .

Roedd dulliau'r Gymdeithas yn newydd i ieuenctid y dosbarth canol Cymraeg; dulliau uniongyrchol di-flewyn-ar-dafod, herio anghyfiawnder yn 'i wyneb yn hytrach na cheisio ffyrdd cyfrwys, cwmpasog i ddatrys problemau. Dulliau newydd, yn aml yn llawn antur, a berthynai i naws y cyfnod trwy Ewrob a'r Amerig, lle'r oedd ieuenctid yn codi ar eu traed ac yn gweiddi i dynnu sylw at anghyfiawnder ar draws y byd.

Ond, i ni, yn cyrraedd y colegau o gymdeithasau gwledig, parchus, ceidwadol gan mwyaf, roedd dulliau uniongyrchol Cymdeithas yr Iaith yn ysgytwad. Fe fues i'n 'gweithredu' am y tro cyntaf gyda chriw o goleg a thref Aberystwyth, yn meddiannu un o stafelloedd y llys yn y dre dros nos, fel protest yn erbyn carcharu Dafydd Iwan. Roedd cyffro yn y stafell a phobl yn canu, a finnau'n methu gwneud dim gan ofn; y dagrau'n cronni'n gyson a'r teimlad ofnadwy mod i'n ddrwgweithredwr—bron yn lleidr, neu'n llofrudd.

Diflannodd y teimladau euog wrth drafod gyda fy nghyd-droseddwyr, a doedd dim canlyniadau cyfreithiol o unrhyw fath i'r weithred gynta honno. Fe fu criw ohonon ni'n meddiannu adeilad y llys yn Llanbed yn fuan wedyn, ac roedd y cyfan yn hwyl ac yn antur, ac ar yr un pryd yn gwneud pwynt.

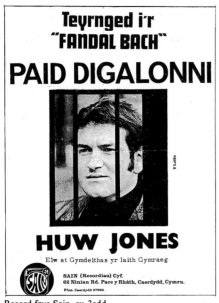
SAGA FAWR
PROTESTIADAU BANGOR
yn erbyn carcharu Dafydd

YR AMSER —Ionawr 15fed; Y LLE —Blaenau Ffestiniog.
Meddiannwyd dwy stafell o swyddfa'r heddlu, un ohonynt yn stafell y llys, gan un aelod ar ddeg o'r Gymdeithas. Ar ôl bod yna am tua dwyawr, fe'n

YR AMSER —Ionawr 16ed; Y LLE —Biwmaris.
Torrwyd drws y llys yno i gael mynediad. Meddiannwyd y llys o un o'r gloch y pnawn hyd hanner awr wedi deg drannoeth. Oherwydd i bob drws

Ymateb mawr i garchariad yr arweinydd: gweithredu dyddiol am bythefnos, dyddiadur Eryl Owain T 2/70
Isod: Hedd Fychan dan glo wedi meddiannu siambr Cyngor Porthaethwy 22/1 (d.g. H.L.)

Ger Llys Bangor 17/1: y darlithwyr J.Gwilym Jones, D.Orwig Jones, Bedwyr L.Jones, Huw Ll.Edwards, Gwyn Thomas, John Daniel a Bruce Griffiths, gydag Eryl Owain a Dei Rees Roberts. (C) Isod: neges wreiddiol cenhades enwog, llinell ola'r anthem.

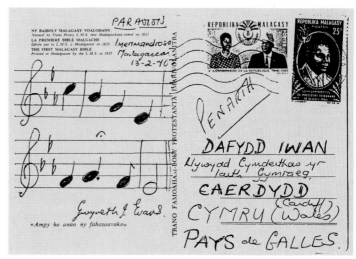

Rali 1af Caerdydd. (C 21/1) Isod: rhai o'r cerddwyr llwglyd. (C 28/1)

O lythyr J.M.Jones, Annibynwyr y Gellioedd, Llangwm, disgynyddion Rhyfel y Degwm, at Dafydd 24/1

GWELODD Caerdydd un o'i gwasanaethau crefyddol mwyaf anghyffredin ers amser nos Sul pan gasglodd pum cant o bobl y tu allan i borth y carchar am naw o'r gloch i gynnal gwasanaeth fel rhan o'r gwrthdystiad yn erbyn carcharu Dafydd Iwan.

Ddwyawr ynghynt roedd torf o 200 wedi gorymdeithio drwy'r brifddinas at y carchar yn cael eu harwain gan 15 aelod o Gymdeithas yr Iaith Gymraeg oedd newydd gerdded yno heb fwyd yr holl ffordd o Gaerfyrddin, 65 milltir i ffwrdd. Roedd y rhain wedi gadael Caerfyrddin am un ar ddeg y nos Wener, a cherdded yn ddibaid nes cyrraedd Pen y-bont ar Ogwr nos Sadwrn. Cysgasant noson ym Mhenybont cyn parhau eu siwrnai i Gaerdydd.

Er bod nifer fawr o blismyn o amgylch y dorf 'roedd tawelwch llethol drwy'r gwasanaeth. Darllenodd Hywel Gwynfryn ran o'r Ysgrythur a chymerwyd rhan gan bedwar o weinidogion: y Parch. Ifan R. Williams, Pen-y-bont ar Ogwr, a'r Parchedigion Emlyn Jenkins, D. T. Evans a Brython Davies, i gyd o Gaerdydd. Canodd y dorf

C 28/1 Isod: strôc Alwyn D.Rees (ac E.D.Jones), ond siom i rai WM 5/2

DYLANWAD DAFYDD
Helen Greenwood

Fy nghyflwyniad cyntaf i Gymdeithas yr Iaith oedd eitem ar *Wales Today* ar ddechrau 1970, ac mae gennyf ofn bod yn rhaid cyfadde—os oes rhywun ar fai am fy rhan fach yn y mudiad hwn, yna Dafydd Iwan yw hwnnw.

Fel aelod o deulu di-Gymraeg, oedd â fawr ddim gwybodaeth am Gymru a'r iaith ar y pryd, roedd gweld person yn cael ei ryddhau o garchar i freichiau ei wraig a'i blentyn bach, am ddewis arddel egwyddorion iaith a chenedl cyn popeth arall, yn brofiad na fyddaf yn ei anghofio byth. Roeddwn am wybod mwy am y mudiad tu ôl i'r weithred hon.

Mynd wedyn i Eisteddfod Bangor, ac ymuno â'r Gymdeithas. Dechrau blynyddoedd difyr o ddigwyddiadau'n llawn hwyl, digrifwch, peryglon ac ofn weithiau, ond digwyddiadau a oedd yn rhan o frwydr sydd yn rhaid inni ei hennill.

YR UCHEL LYS (1)
(Y Bechgyn)
Arfon Gwilym

Heb amheuaeth, y weithred fwyaf dramatig y cefais i'r fraint o fod yn rhan ohoni oedd y cyrch ar yr Uchel Lys yn Llundain. Cychwyn o Aberystwyth tua hanner nos mewn bws—23 ohonom, ac ychydig iawn o'r rheiny yn gwybod beth oedd natur y brotest i fod. Yn sicr, wyddwn i ddim. Cyrraedd Llundain yn gynnar yn y bore, a chael ein stopio yno gan blismon. *"Come for the demonstration, have you?"* gofynnodd. A oedd protest arall yn rhywle, neu a wyddai ein cyfrinach? Cyd-ddigwyddiad rhyfedd arall oedd dod ar draws bachgen o Aberystwyth ar y trên tanddaearol. Ddwedodd neb wrtho beth oedd ein bwriad—rhag ofn mai ysbïwr oedd.

Yna mentro i mewn i adeiladau'r llysoedd, a cherdded i mewn yn dalog i un o'r ystafelloedd lle'r oedd yr Ustus Lawton yn trafod achos go bwysig o enllib. Gohiriodd yntau'r achos ar unwaith a cherddodd allan. Buom yno am beth amser yn canu a siantio, a chyflwyno datganiad yn esbonio'n gweithred.

Yna cael ein llusgo allan gan yr heddlu, a'n hanner lluchio i lawr rhes ar ôl rhes o risiau cerrig, nes cyrraedd y celloedd yng nghrombil yr adeilad. Roedd y sŵn crïo a ddeuai o'r celloedd eraill yn awgrymu'n gryf bod rhai o'r merched wedi cael eu cam-drin yn arw, ond roedd cân neu ddwy yn cael effaith wyrthiol ar ysbryd pawb (dyna un arf, gyda llaw, a ddefnyddiid yn hollol naturiol yn y cyfnod hwnnw mewn protestiadau—ac roedd celloedd yr heddlu a'r llysoedd yn lleoedd ardderchog i ganu!)

Ar ddiwedd y pnawn galwyd pob un ohonom yn unigol o flaen y Barnwr. Cofiaf yn arbennig mor fychan a di-ddim y teimlwn yn sefyll o'i flaen, ac yntau fel petai'n eistedd filltiroedd uwch fy mhen. Cafodd pawb gynnig ymddiheuro. Gwrthododd 14 ohonom a chawsom dri mis o garchar yn y fan a'r lle am ddirmygu'r llys. Cafodd yr wyth arall (roedd un wedi aros yn y bws am ryw reswm) ddirwy drom a'u gollwng yn rhydd.

Cyrhaeddodd y naw dyn garchar Pentonville gyda'r hwyr. Roeddwn wedi colli trac ar amser yn llwyr, ac edrychai'r siwrnai yn y bws o Aberystwyth y bore hwnnw fel dyddiau lawer yn ôl. Aethom drwy'r rigmarôl o lenwi ffurflenni, cael archwiliad meddygol, cawod, rhoi ein dillad a'n holl eiddo mewn bocs cardbord a newid i ddillad carchar—y cyfan yn cadarnhau'r teimlad ein bod yn sydyn wedi'n torri'i ffwrdd yn llwyr oddi wrth y byd y tu allan. Roedd realiti'r sefyllfa yn dechrau gwawrio. Byddem yn colli'r Eisteddfod Ryng-Golegol. Ni fyddwn yn gallu cyflwyno'r traethawd i'r Adran Gymraeg yr wythnos ganlynol. Roedd trefniadau angen eu gwneud ar gyfer cyfarfod nesaf Cymdeithas Taliesin—a

llu o fanion eraill oedd yn chwerthinllyd o ddibwys mewn gwirionedd. Ond ar ôl diwrnod mor gynhyrfus, a thaith ddigwsg cyn hynny, mae'n siwr fod pob un ohonom yn falch o weld ein gwelyau y noson honno, caled neu beidio.

Nid tan y bore wedyn y gwawriodd arnom faint o helynt yr oeddem wedi ei achosi mewn gwirionedd. Roedd papurau min nos Llundain ar noson y brotest yn llawn o luniau, a phapurau'r bore wedyn i gyd yn rhoi amlygrwydd mawr i'r peth. Barnai'r *Sun* bod y brotest yn haeddu sylwadau golygyddol, o dan y pennawd *Idiots in Court*, a chyfeiriwyd at un protestiwr (Ffred?) fel y *principal idiot!*

Ymhen wythnos wrth gwrs, cafodd 11 o brotestwyr eu rhyddhau ar Apêl. Dewisodd tri ohonom—Ffred [Ffransis], Rhodri Morgan a minnau—beidio apelio. Tueddiadau merthyrol mae'n siwr!

Mae carchar yn lle ofnadwy yn nhyb llawer. Ydi, ond mae'n dibynnu llawer ar yr amgylchiadau. Bu'r tri ohonom yn ffodus i rannu cell drwy gydol yr amser. Caem ymwelwyr cyson, a llythyrau di-ri, a hefyd gwmni cyson pedwar Cymro yn y carchar ei hun—y Parch. Eifion Powell, y Parch. Elwyn Jones a'r Parch. Richard Jones(cymeriad a hanner!), a Mr Merfyn Turner. Roedd organydd y capel, Mr Dowsing, hefyd yn Gymro, yn ogystal ag un o'r 'sgriws' (swyddogion), gŵr hynaws o Gwm Tawe. O'i gymharu ag aml garchariad wedi hynny, cawsom amser digon braf.

Rhan o gynllun manwl Ffred Ffransis, a wnaeth newyddion trawiadol wedi i 14 gael 3 mis o garchar yn syth.

Wedi rhyddhau 11 ar Apêl (heb Dyfan Roberts): Meinir Ifans, Nan Jones, Nest Tudur, Sian Edwards, Mair Owen, Dafydd Meirion Jones, Griffith Wyn Morris, Emrys Jones, Hefin Elis, Alwyn Elis. Isod: doniau eraill Ffred yn amlwg, o lythyr at Dafydd Iwan o garchar 20/2

YR UCHEL LYS (2)
(Y Merched)
Meinir Ffransis

Rwy'n cofio pawb ar y bws yn canu a chwerthin, a'r jôc fawr bod gyrrwr y bws yn debyg i un o'r darlithwyr yn yr adran Gymraeg. Roedd pawb yn canu caneuon gwladgarol, heblaw am Ffred [Ffransis] a oedd yn adrodd darnau helaeth o'r cyfeiriadur ffôn, ac yn sôn yn gyson am bawb yn gweld 'i gilydd eto mewn tri mis! (geiriau proffwydol). Aeth popeth o chwith wedi cyrraedd Llundain, a doedd dim sôn am y criw o Fangor . . .

Ein bwriad oedd torri ar draws y llys sifil ucha yn y deyrnas, ac amharu ar ei weithgareddau tra oedd mewn sesiwn . . . Anghofia i fyth wyneb coch y Barnwr Lawton, wrth i rai o'r bechgyn gerdded i mewn i'r llys oddi tanom gan weiddi, a ninnau'n codi i weiddi a chanu. Anghofia i fyth chwaith ei wyneb yn rhythu arna i'n hwyrach y noson honno wrth fynnu ymddiheuriad.

A dyna'r tro cynta erioed i mi weld y tu fewn i furiau carchar enwog Holloway. Cymerwyd y merched, 5 ohonom, i Holloway yn gweiddi canu dros bob man, a swyddogion yr heddlu'n ein gwylio'n hurt; wnes i ddim synnu, yn ddiweddarach ar ryw brotest arall, i ynad yn Llundain orchymyn bod dwy ohonom i gael profion seiciatryddol yn ysbyty carchar Holloway . . . mae'r Sais wedi hen arfer bod yn ben, yn orchfygwr, ac mae'n anodd iddo ddeall bod yna elfennau mewn cenhedloedd gorchfygedig nad ydyn nhw am ildio eu hunaniaeth a throi'n Saeson. Diffyg deall oedd y prif argraff a gefais y tu mewn i Holloway hefyd—gan y swyddogion carchar yn ogystal â'r carcharorion, ond bod yr olaf yn fwy awyddus i geisio deall na'r cyntaf . . .

Bu fy nheulu yn gefn mawr i mi drwy gydol yr amser, a'r profiad casa ges i erioed oedd sgrifennu llythyr atyn nhw i ofyn am ddillad ac ati—yn Saesneg bob gair. Gwrthodwyd ein cais cyntaf am anfon llythyrau Cymraeg, a chan ein bod yn newydd i garchardai Llundain, wydden ni ddim beth i'w wneud. Fuodd 5 o gelloedd carchar Holloway erioed yn wlypach na'r noson honno, gyda phum merch unig o Gymru'n llefain 'u ffordd tua chwsg!

Cafodd fy mam a nhad amser caled iawn; ugeiniau o lythyrau dienw yn enllibio a gwatwar; y wasg yn disgwyl iddyn nhw gondemnio'r dulliau torcyfraith, a hwythau'n edmygu'r ysbryd newydd ar gerdded trwy Gymru . . . Mae'n deg dweud hefyd iddyn nhw gael cefnogaeth gref iawn oddi wrth lawer o gyfeillion a chefnogwyr . . .

Wedi i ni ddod yn rhydd o'r llys apêl, ar ôl rhyw wythnos o garchar, fe'n syfrdanwyd gan yr ymateb cyffredinol yng Nghymru. Roedd torri ar draws yr

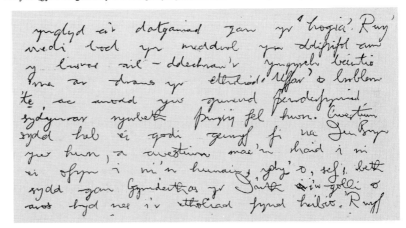
Berw syniadol yn ystod cadoediad y peintio, gwersylloedd colegol yn ymfyddino ar wahân. Uchod: natur y gwleidydd, o lythyr at y Pwyllgor Canol 18/2 Isod: y broblem etholiad eto; o lythyr Ieuan Wyn Evans at Dafydd (gyda datganiad y 6 o Fangor yn gwrthod talu hen ddirwy beintio) 2/3

Isod: y canlyniad anorfod
C 11/3

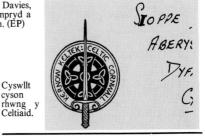

Coleg y Drindod dros garcharorion Walton: Walter Davies, Eirug Wyn, William Lloyd a Terwyn Tomos wedi ympryd a meddiannu stafell y Barnwr Cantley, Llys Caerfyrddin. (EP)

Cyswllt cyson rhwng y Celtiaid.

Uchel Lys, a'r cyhoeddusrwydd eang iawn a gafodd y weithred, wedi ysgwyd Cymru gyfan ac wedi dwysáu'r polareiddio mewn llu o wahanol gymdeithasau. Bu gweithgarwch Cymdeithas yr Iaith bob amser yn gyfrifol am deimladau cymysg ymhlith y Cymry . . .

Aeth protest yr Uchel Lys yn angof erbyn hyn, ond bu'n ddigwyddiad trawmatig ar y pryd; ac yn sicr, fe gyfrannodd tuag at dwf Cymdeithas yr Iaith a thuag at ein hymwybyddiaeth Gymreig.

Bu fy mhrofiad innau o fewn y Gymdeithas, yn gweithredu ac yn gweithio mewn ffyrdd eraill, yn ddylanwad ffurfiannol arna i fel Cymraes, ac fel mam i weithredwyr y dyfodol.

Teuluoedd a chefnogwyr y 6 yn Walton, ger Llys Bangor 15/3: Nerys Evans, Morus Parry (â'i draed yn rhydd cyn y lleill), , Catherine Evans, Neli Williams, Eleri Swift Jones, Eleri John, Heddys Glain Jones, Ifor Glyn Evans. (C/LlGC)

GWELY A BRECWAST AR LANNAU MERSWY
Gareth Miles

Mae'n rhaid mai tua 1970 y carcharwyd Alwyn Gruffydd a Barry Kelly. Aeth criw o ryw 20 ohonom i wrthdystio tu allan i Garchar Walton ar b'nawn braf, ddiwedd gwyliau'r haf. Yno y buom am sbel yn datgan cefnogaeth i'r hogia' ac yn lladd ar y Drefn, a chan ei bod yn groes i bob egwyddor i deithio cyn belled ar y fath achlysur a mynd adref heb godi helynt, eisteddasom ar y llain sment rhwng y briffordd a phorth y Carchar, er mwyn rhwystro cerbydau rhag mynd i mewn ac allan.

Daeth plismyn yno i'n symud a'n hambygio, ond heb fawr o lwyddiant nes i dair o Wagenni Duon gyrraedd. Cliriwyd llwybr iddynt fynd i mewn i'r Carchar. Caewyd y drysau mawr, melyn, stydiog ar eu holau. Yna agorwyd y drysau eilwaith, daeth y Wagenni allan a stopio ar odreon y protest; agorwyd eu drysau ac fe'n lluchiwyd i mewn. Aethpwyd â ni i'r 'Bridewell', sef clinc-dros-nos Dinas Lerpwl.

Ni wyddai staff y Bridewell beth i'w wneud ohonom ni na hefo ni, yn enwedig gan ein bod yn gwrthod ateb cwestiynau a chael ein cofrestru yn Saesneg. Gŵr byr, moel, gwritgoch, cydnerth, caled, garw iawn ei leferydd oedd y Rhingyll a ofalai am y lle. Glafoeriai o gynddaredd, gan ein bygwth â'r erchyllterau a ddeuai i'n rhan pan gyrhaeddai'r Arolygydd i'n rhoi yn ein lle.

Roedd yr Arolygydd yn ŵr cwrtais a hynaws. Mynegodd gydymdeimlad gwaraidd ag amcanion Cymdeithas yr Iaith—ond nid ei dulliau, wrth gwrs—a hoffter o'r Cymry a'u gwlad. Gwahoddodd ni i eistedd ar gadeiriau neu fyrddau yn y Swyddfa lle y safem, gan ddweud ei fod yn siwr y gallem ddod i ddeall ein gilydd. Fel ernes o'i ewyllys da, cyflwynodd inni aelod o'i lu a oedd yn Gymro Cymraeg ac a fyddai'n gyfrifol am ein holi ac am nodi'r manylion angenrheidiol amdanom.

Nid oedd y Rhingyll yn bresennol tra traethai'r Arolygydd y sylwadau uchod. Pan ddychwelodd a'n cael yn eistedd ac yn lled-orwedd ar ddodrefn y stafell collodd ei limpyn yn aflan.

"Get up! Stand up! Where the bloody hell do you think you are?" bytheiriodd.

"The Superintendent said we could sit," meddwn.

Ni fennodd hynny ddim arno. Nelodd amdanaf gyda'r bwriad amlwg o'm bwrw.

Cofiaf imi feddwl: 'Reit mi gymra'i hon er mwyn y Gymdeithas...' a dechrau gweld penawdau breision... *'POLICE BRUTALITY ... CYMDEITHAS MAN ASSAULTED'* ond yn anffodus, neu'n ffodus, canfu'r Arolygydd beth oedd ar fin digwydd ac meddai'n

---

Y mae aelodau'r Gymdeithas hon yn tueddu i edrych ar broblem yr iaith fel creadigaeth Llywodraeth Loegr. Maent yn meddwl felly fod yn rhaid iddynt roi eu holl amser ac adnoddau er mwyn gorfodi Llywodraeth Loegr i gydnabod y broblem a derbyn y cyfrifoldeb am ddatrys y broblem.

Gall pobl barhau i siarad Cymraeg, rhai yma, rhai acw, ond heb gymdeithas Gymraeg gyflawn nid adferir y Gymraeg fyth. Ni fydd byw'r Gymraeg ond mewn cymdeithasau lle mae'r iaith yn gyfrwng beunyddiol naturiol y gymdeithas gyfan. Ni fydd byw ond mewn cymdeithas wedi ei angori wrth ddarn tir arbennig. Ni fydd byw'r Gymraeg pan fo'i siaradwyr yn wasgaredigion hyd swbwrbia dinasoedd Seisnig...

"...Wrth edrych arnoch chi sy'n fyfyrwyr —rwy'n meiddio dweud mai gelynion Prydeindod dros dro yn unig y'ch chi. Rwy'n gallu proffwydo yn gwbl hyderus, er cystal Cymry ydych chi, y byddwch chi mewn tair blynedd wedi gadael Cymdeithas yr Iaith ac yn byw'n barchus yn swbwrbia yn rhywle yn prysur gynnal â'ch trethi â'ch tawedogrwydd y sistem Brydeinig y buoch chi mor ddyfal yn ceisio ei dileu yn ystod eich dyddie coleg.

...Rhaid i ni adeiladu ar sail y Gymdeithas Gymraeg anrheithiedig sydd eto ar ôl yn y Gorllewin, ac er truaned ei chyflwr gwnawn hi yn sail y Gymru newydd."

Gwreiddiau'r ymwahanu. O anerchiad 'Adfer' Emyr Llewelyn yn Ysgol Basg Aber, syniadau agos at arweinwyr Bangor T 4/70 Isod: Methu dal; dim peintio wrth gwrs! F 19/3

Dydd Sadwrn aed â phedwar aelod o Bwyllgor Gwaith Cymdeithas yr Iaith Gymraeg i Garchar Caerdydd. Eu henwau yw Emyr Llywelyn Jones, Ieuan Bryn, Gwilym Tudur a Gwyn Jarvis.

Codasant arwyddion ffyrdd Saesneg yng Ngogledd Cymru a'u gosod ar risiau ffrynt y Swyddfa Gymreig, Caerdydd.

Eglurasant mai gweithred sumbolaidd oedd hyn i brocio rhai awdurdodau i osod arwyddion dwyieithog i fyny. Ar un arwydd yr oedd yr enw "Colwyn Bay"; ar un arall "Ruthin".

Dde: Emyr yn dilyn ei gŵys, o anerchiad 'Y Gymru Newydd' Eisteddfod Rhydaman B 9/70

Rhaid dechrau tu fewn i Gymdeithas yr Iaith fudiad fydd yn creu safon. Safon bendant o ymddygiad ac ymroddiad a disgyblaeth. Gellid ei alw "Y Cyfamodwyr" ar ôl y Cyfamodwyr y breuddwydiodd Emrys ap Iwan amdanynt. Byddai pawb yn y mudiad yn addunedu i ddilyn rheolau arbennig, a byddid yn diarddel o'r mudiad unrhyw un annheilwng.

Rhaid cychwyn yn y siroedd Cymraeg, wedyn yn raddol fe fydd ein plant a phlant ein plant yn prynu yn ôl y tir a roddwyd i'n tadau a'i ddwyn yn ôl i gydymdreiddiad a'r unig iaith a eill "dreiddio i oludoedd ei dlodi".

Dde: HC 8/70 (Gw. J.E. Roberts eto dan 1975)

Arfon Roberts a Rhodri Morgan, â'u llyfrau coleg, allan o Pentonville. (DP 4/4)

Anfonwyd dau aelod o Gymdeithas yr Iaith Gymraeg i garcharu gan ynadon Pwllheli ddydd Mercher am iddynt wrthod talu dirwyon mewn perthynas a phaentio arwyddion ffyrdd.

Y dyn cyntaf i'w anfon i garchar oedd Alwyn Griffith, Plas Gwyn, Botwnnog, a wysiwyd am beidio a thalu dirwyon yn gwneud cyfanswm o 41p 3s 8c.

Dywedodd wrth y llys nad oedd yn bwriadu talu'r arian ac nad oedd arno eisiau dim amser pellach i ystyried y mater. Gwrthododd ddatgelu ei incwm fel dyn busnes.

Y diffynnydd nesaf oedd Barry Kelly, o Morfa'r Garreg, Pwllheli, a ddywedwyd fod arno ddyled o 7p 16s mewn dirwyon. Dywedodd ei fod yn efrydydd yng Ngholeg Hyfforddiant Caerdydd.

"Hyd yn oed pe buasai gennyf yr arian, ni thalwn mohonynt."

Ar y fainc yr oedd yr Henadur Emyr Roberts (cadeirydd), Mrs G. Sol Owen, Mri Caradog Jones, J. Evan Roberts a Rhys Griffith.

ymbilgar wrthyf: *"Would you please stand up?"*

Collodd yr Arolygydd yntau ei gŵl yn y man. Ni châi'r plismon Cymraeg lawer o hwyl ar holi ei gydwladwyr yn ei famiaith rydlyd. Chwysai, straffagliai a baglai dros gymysgfa glogyrnaidd o eiriau Cymraeg, Saesneg a rhai hanner a hanner, er mawr ddifyrrwch i'r slobs eraill. Suddodd yn ddyfnach-ddyfnach i'r gors i gyfeiliant eu gwamalrwydd nes i'w Bennaeth ffrwydro a'n ceryddu *ni* gyda'r geiriau: *"I'm not going to have one of my officers made a fool of!"* A ffwrdd â ni i'r celloedd.

Roedd hi'n noson faith. Ond roedd hi'n noson ddifyr, gan fod rhyw ddeg ohonom ym mhob cell a phawb mewn hwyliau rhagorol. A bob hyn a hyn galwai'r sgriws ar ryw berwyl, e.e. i holi a oeddem yn fodlon iddynt gymryd ôl ein bysedd.

Roedd y swyddog a chanddo'r ofalaeth honno'n darw o ddyn, fel stereoteip o gigydd ond mai staeniau glas oedd ar yr ofarôl a fu unwaith yn wyn. Pan ddywedwyd wrtho nad oedd hi'n arfer gan blismyn Cymru ofyn am ôl bysedd protestwyr, *"This is Merseyside,"* meddai, *"not the Welsh sticks. We do things our own way here."* Mynnai fod arnynt angen cofnodion byseddog o'n hymweliad â Glannau Merswy rhag ofn inni fynd draw yno i droseddu rhywbryd eto yn y dyfodol. Gwrthodwyd ei gais ac awgrymwyd y buasai *bum-prints* yn fwy defnyddiol iddo o ystyried hoff ddull y Gymdeithas o brotestio. Fe'n gadawodd mewn tymer ddrwg gan fygwth y'n gorfodid i roi olion bysedd gan orchymyn yr Ynadon.

Ddwyawr yn ddiweddarach, fe'n deffrowyd eto gan yr un swyddog a gyhoeddodd mai tipyn o dynnu coes oedd y sgwrs flaenorol. *"We just wanted to see how the blood was running—thick or thin!"*

Ymhen tipyn wedyn daeth swyddog arall i holi beth a hoffem i frecwast: *"You've got a choice of kippers, bacon and eggs, scrambled eggs on toast, boiled egg or sausage and beans."* Sgrifennodd ein harchebion yn ofalus yn ei lyfr. Gofynnodd Dafydd Iwan am ŵy wedi ei ferwi; fel hen lag daliai mai dyna'r unig beth saff i ofyn amdano yn y fath le.

Tua hanner awr wedi pump agorwyd drws y gell ac fe'n gwahoddwyd gan dri o'r sgriws i ddod allan i'r coridor lle yr arlwywyd bocseidiau pren yn llawn o frechdanau jam, a mygiau o de.

"Where's the cooked breakfast?" holodd y bechgyn.

"In an hour or so," atebodd un o'r sgriws, *"this is just something to keep you going, lads."*

Nid pawb gymrodd de a brechdan. Roedd yn well gan rai ddisgwyl am y brecwast 'go-iawn', na welsom ni fyth mohono.

Fe'n ceryddwyd yn llym gan yr Ynad cyflogedig, ond doedd y dirwyon ddim yn rhai trymion, os cofiaf yn iawn, a gwrthododd gais y Polîs am ôl ein bysedd.

RADIO A THELEDU CYMRAEG

AETH dwy flynedd heibio er inni edrych ar Adroddiadau Blynyddol Cyngor Darlledu'r B·B·C. yng Nghymru, ac fe fydd yn dda gan ein darllenwyr gael gwybod eu bod bellach yn cael munud a chwarter y dydd yn rhagor o Gymraeg ar Deledu'r B.B.C. a phum munud a chwarter yn rhagor ar Radio Sain.

B 3/70

Annwyl Dafydd Iwan,

      Mewn cyfarfod o rieni ac ardalwyr a gynhaliwyd ym Mryncroes nos Fecher diwethaf gofynwyd i mi anfon atoch i ofyn tybed a oes gennych unrhyw awgrym y gallem weithredu arni yn ein hymdrech i gadw'r ysgol ar agor.

      Dywedodd y Cynghorydd G.O.Thomas, Meillionydd ichwi ffonio iddo tua thair wythnos yn ol yn mynegi eich diddordeb. Yr oedd y rhieni yn gwerthfawrogi hynny yn fawr iawn.

      Yn gywir iawn,

      Harri Williams

Ysgrifennydd Pwyllgor Rhieni Bryncroes.

O'r gwahoddiad swyddogol 25/4 a roes gyfeiriad (ac unoliaeth) i'r mudiad. (Gw. hefyd D.Iwan a chlasur R.Gruffudd T 10/70)

Cassie Davies yn annerch rhieni balch Bryncroes 5/70, gydag Emyr Llewelyn, W.R.Jones, Alwyn D.Rees, R.Tudur Jones a Robert Williams. Isod: tra delweddol; y 2 geffyl blaen o'r Cilie, Dafydd Iwan ac Emyr, yn 'cyd-dynnu' giât yr ysgol ar ran y rhieni 3/9 gyda a Ieuan Wyn. (C/LlGC)

Daeth yr achos i ben fel pob achos o'r fath y dyddiau hynny lle nad oedd Ffred Ffransis yn un o'r cyhuddedig, sef, gyda Ffred Ffransis ar ei draed ar un o feinciau'r cyhoedd, yn collfarnu'r Ynad, y Polîs a'r Wladwriaeth Seisnig mewn llais uchel.

... AC ARGRAFF WAHANOL
Eifion ab Elwyn Gruffydd

Yn y bore cawsom ein dirwyo, ond nid cyn i Ffred, newydd gyrraedd y bore hwnnw, dorri ar draws gweithgaredd y llys yn ei ddull dewr, dihafal a chwbl anhunanol ef ei hun.

[Dyfyniad o'i ysgrif yntau ar y brotest]

Y SWYDDFA GYNTAF (1): PENNOD DACLUS
Arfon Gwilym

Y cadoediad (a Llafur) ar ben. Nid peintio mwyach; neges yn null Beca (gw. drosodd). (R&PD)

Petai angen rhannu hanes y Gymdeithas yn benodau, mae'n siwr gen i y byddai cyfnod Ffordd y Môr (1970-73) yn bennod digon taclus ar ei phen ei hun. Tua mis Hydref 1970 y sefydlwyd y swyddfa yno, uwchben Siop y Pethe, y swyddfa gyntaf yn hanes y Gymdeithas: ystafell fechan ar y llawr cyntaf i ddechrau, yna'n fuan wedyn, dwy ystafell un llawr yn uwch, efo ffenestri braf yn edrych i lawr ar un o rannau prysuraf y dref. Rwy'n sicr bod safle felly'n iachach yn seicolegol na swyddfa mewn seler!

Swyddfa ran amser oedd hi ar y dechrau, a Ffred [Ffrancis] yn Ysgrifennydd. Ar fin nos y byddai'r swyddfa ar agor fel arfer, a thasg gyntaf y criw o fyfyrwyr a ddeuai yno i helpu (ar ôl stop tap yn amlach na pheidio) oedd creu dwy ffeil o aelodau—un yn nhrefn yr wyddor ac un yn ôl ardaloedd. Yn raddol datblygodd yn swyddfa lawn amser. Ar ôl i mi raddio ym Mehefin 1971, gwirfoddolais i weithio yno dros yr haf, a'r dasg gyntaf oedd trefnu'r daith gerdded o Fangor i Gaerdydd, gan bod Ffred yn y carchar erbyn hynny.

Yng Nghyfarfod Cyffredinol y flwyddyn honno penodwyd Ffred a minnau yn Ysgrifenyddion llawn amser, ar 'grant' o £400 y flwyddyn, ond erbyn dechrau Tachwedd, roedd Ffred yn ôl yn y carchar—am ddwy flynedd y tro hwn. Penodwyd Dyfrig Siencyn o Ddolgellau i gymryd lle Ffred, ac yn ystod y ddwy flynedd nesa bu pedwar arall yn gweithio yno fel swyddogion cyflogedig—Ieuan Roberts (Ieu Rhos), Meinir Ifans, Siôn Myrddin a Meg Elis. Dros gyfnod o ddwy flynedd, felly, bu chwech o wahanol rai yn gweithio yno, pob un â'i bersonoliaeth unigryw ei hun (fentra'i ddim dweud mwy!). Er mor amhrofiadol oedd pob un ohonom, buan iawn y bu raid i ni gyfarwyddo â thasgau yn amrywio o deipio i ddelio â'r wasg, o lunio posteri i annerch cyfarfodydd celloedd.

Oriau digon afreolaidd oedd gennym, fel y gellid disgwyl. Anaml iawn y gwelid neb ohonom yn y swyddfa cyn 9.00, ond ar y llaw arall, anaml iawn y byddai'r swyddfa ar gau am 10.00 yr hwyr unrhyw noson o'r wythnos.

Un dasg y ceisiais ei gosod i mi fy hun oedd anfon adroddiadau bob wythnos, ynglŷn ag achosion a gweithgareddau eraill, i'r *Faner*, dan olygyddiaeth Gwilym R.Jones bryd hynny. Bu ef yn gymwynaswr mawr i'r mudiad yn y cyfnod hwnnw, a syndod oedd gweld erthyglau yn cael lle blaen mor aml!

Ond y gwaith pwysicaf, wrth gwrs, oedd trefnu'r ymgyrchoedd, yn raliau a phrotestiadau o bob math, a chyhoeddusrwydd yn eu sgîl. Gwaith cyson oedd recriwtio gwirfoddolwyr ar gyfer gwahanol gyrchoedd. A'r cyfan yn deillio o

gyfarfodydd y grwpiau gweithredol, grwpiau bychain o saith neu wyth ar y mwyaf, pob un yn delio â'i ymgyrch ei hun. Dim ond mewn grwpiau bychain yr oedd hi'n ymarferol i dynnu allan gynlluniau manwl; gwaith y senedd wedyn oedd arolygu'r cyfan. Byddai'r senedd yn cyfarfod yn gyson unwaith y mis (byth yn y swyddfa, am resymau 'diogelwch'), ac yn aml âi cyfarfod ymlaen o tua un ar ddeg o'r gloch y bore tan chwech yr hwyr.

O feddwl am y peth, byddai'n anodd dod o hyd i swyddfa mewn safle mwy delfrydol. Does dim byd gwaeth i drefnwyr unrhyw fudiad cenedlaethol na theimlo allan o gysylltiad. Yn Ffordd y Môr, ni allem *beidio* â theimlo rywsut ein bod ynghanol pethau. Roedd safle ganolog Aberystwyth yn bwysig, ond roedd safle ganolog y swyddfa *o fewn* y dre hefyd yn allweddol. Ond hefyd yn bwysig oedd y ffaith ein bod uwchben Siop y Pethe, cyrchfan i garedigion yr iaith o bob rhan o'r wlad. Dim ond picio i fyny'r grisiau i swyddfa'r Gymdeithas oedd raid. Byddai perchennog y siop, Gwilym Tudur, hefyd bob amser yn llawn brwdfrydedd a llawn syniadau (er nad oedd ein presenoldeb yn gwneud dim lles i'w fusnes)—ac roedd yntau mewn sefyllfa dra manteisiol yn y siop i gyfarfod gwahanol bobl, i gael eu hymateb, ac i fwydo'r ymateb hwnnw'n ôl i fyny i'r ail lawr!

Ar ddiwedd 1973 fe symudwyd y swyddfa i Fachynlleth—camgymeriad fel y sylweddolwyd yn fuan, pob parch i'r dref honno! Un o gwynion yr Ysgrifenyddion ar y pryd oedd eu bod yn teimlo 'allan ohoni'. Mae'n hawdd deall pam.

[Gw. ysgrif arall am y Swyddfa, gan Ieuan Roberts, o dan 1973]

O lythyr Ffred Ffransis at Dafydd Iwan 19/10 Isod: Dafydd yn barod 'I'r Gad', yn Gadeirydd am y 3ydd tro. (d/g D.I.)

BILIAU DWYIEITHOG
Fydda i ddim yn hoffi biliau ond fe gafodd un bil groeso mawr yma ddydd Calan. O'r diwedd ar ôl blynyddoedd o bwyso (a diolch yn arbennig i safiad cadarn Mr a Mrs Emrys Davies) cyhoeddodd Bwrdd Trydan Gogledd Cymru a Glannau Mersi eu biliau yn ddwyieithog. Mae bil teleffôn dwyieithog ar ei ffordd hefyd. Mae'r disg treth moduron hefyd i ddod ymhen mis neu ddau (ond bydd arogl carchar Abertawe ar hwnnw fel ar y ffurflen gais am y disg). Cofier fod ffurflen y dreth incwm a ffurflen newydd ynglŷn ag adrethu tai ar gael yn Gymraeg Ond rhaid gofyn am y rhain (dilysrwydd cyfartal-)

Edrychaf ymlaen at nifer mawr yn y 70au yn ffurflenni a dogfennau swyddogol a rhai byrddau a chorfforaethau cyhoeddus. Ond tybed nad yw'n bryd inni ddisgwyl llawer rhagor oddi wrth fusnes preifat yn y 70au? Dyma faes toreithiog iawn i weithio ynddo.

Gair wrth gloi i bawb ohonom sy'n ein hystyried ein hunain yn Gymry brwd; pe bai bod yn Gymro brwd yn drosedd, a geid digon o dystiolaeth i'n dedfrydu?

Dafydd Orwig Jones F 29/1

CYFEILLION YR IAITH (1): PRYDER
Millicent Gregory

Roedd yr ymgyrch peintio arwyddion yn ei bri [*y cadoediad wedi dod i ben*] a'r Gymdeithas yn bygwth tynnu'r arwyddion. Roedd Alwyn D. Rees a minnau yn pryderu'n fawr am yr hyn a ddigwyddai yn sgîl y gweithredu, a theimlem fod angen cefnogaeth ar y Gymdeithas.

Lluniodd Alwyn ragarweiniad i ddeiseb, ac euthum innau ati i gasglu enwau. Cefais gymorth gan lu o gyfeillion yng Nghymru a Lloegr a chasglwyd deng mil o enwau. Arwyddwyd y ddeiseb gan lawer o bobl bwysig yn y gymdeithas. Aeth pump ohonom i'r Swyddfa Gymreig i gyflwyno'r ddeiseb i Peter Thomas, yr Ysgrifennydd Gwladol. O ganlyniad i hyn, sefydlwyd Pwyllgor Bowen . . .

[*Detholiad o'i hysgrif; gw. ychwaneg o dan 1971-72*]

Wedi i'r Toriaid hefyd wrthod ildio i'r cynghorau lleol, y rhybudd olaf ym Mhenparcau 11/70: , Dyfrig Jenkins, , Rhodri Morgan, Eric Richardson, Arfon Roberts, Ffred Ffransis, Hefin Elis, Alwyn Elis. (R + PD)

Dechrau'r malu. O lythyr Eirug Wyn at Dafydd Iwan 5/12 Uchod dde, ac isod: Cennydd Puw yn y Post Mawr (Synod Inn); Ffred yr Ysg. newydd yn un o'r siaradwyr. (Ray D)

PC D. Joe Davies wrth D.I.: "Pwy wnaeth hyn?"
Y dyrfa: "Ni!" (Ray D)

79

Clywais ddweud na ddylai neb ddatgan cydymdeimlad â Mr.John Jenkins ar hyn o bryd rhag i hynny golli pleidleisiau i Blaid Cymru yn yr etholiad cyffredinol sydd ar ddyfod. Yn wir fe ddywedir mai hanes yr achos yn yr Wyddgrug a hanes campau Cymdeithas yr Iaith yn yr Old Bailey sy'n cyfrif am brinder y pleidleisiau a gafodd Plaid Cymru yn yr etholiadau lleol diweddar. Yn awr y mae ennill pleidleisiau mewn etholiadau lleol a seneddol yn bwysig. Ond y mae pethau pwysicach lawer. Nid ennill etholiadau yw holl amcan ein cenedlaetholdeb ni. Nid ennill hunan-lywodraeth i Gymru yw'r cwbl o'r amcan.

Pennaf amcan y mudiad cenedlaethol Cymreig yw magu pobl yng Nghymru sy'n deilwng o'u hetifeddiaeth, sy'n trysori ac yn mawrhau eu hetifeddiaeth, ac y sydd drwy hynny ac oherwydd hynny yn fwy dynion.

Saunders Lewis T 5/70 Isod dde: John Jenkins y cenedlaetholwr a garcharwyd am 10 mlynedd (a Frederick Alders am 6).

Sawl gwaith yn ystod 1970 fe glywson ni lawer yn proffwydo fod canu pop Cymraeg wedi chwythu ei blwc. Fel un sydd wedi cymryd diddordeb ers pan dw i'n cofio mewn canu pop dw i'n gyndyn i gydnabod hynny. A rhoi heibio sôn am artistiaid y Gogledd yn unig am dro, mae gan Gymru o leiaf ddau o grwpiau a fydd yn ennill amlyg-rwydd mawr yn y dyfodol—y Tebot Piws (sy'n wych : dyma *ydi* canu pop) a'r Dyniadon Ynfyd Hirfelyn Tesog (sy'n ddiddorol a dweud y lleiaf). Ac mae bodolaeth Meic Stephens yn dal i fod y peth mwyaf iach a ddigwyddodd i ganu pop Cymraeg.

Vaughan Hughes A Isod: Gruff Miles a'i Ddyniadon, llais cywir y dwthwn hwnnw.

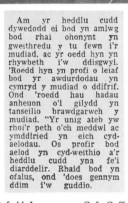

Am yr heddlu cudd dywedodd ei bod yn amlwg bod rhai ohonynt yn gweithredu y tu fewn i'r mudiad, ac yr oedd hyn yn rhywbeth i'w ddisgwyl. 'Roedd hyn yn profi o leiaf bod yr awdurdodau yn cymryd y mudiad o ddifrif. Ond 'roedd hau hadau anheuon o'i gilydd yn tanseilio brawdgarwch y mudiad. "Yr unig ateb yw rhoi'r peth o'ch meddwl ac ymddiried yn eich cyd-aelodau. Os profir bod aelod yn cyd-weithio a'r heddlu cudd yna fe'i diarddelir. Rhaid bod yn ofalus, ond 'does gennym ddim i'w guddio.

Dafydd Iwan yn y Cyf. Cyff. ar obsesiwn y cyfnod C 14/10

Chwith a dde uchod: dau Gymro enwog yn y Post Mawr; Eirwyn Jones, 'Pontshân' a'r Prif Arolygydd John Owen Evans, 'y Sarff'. (Ray D)

Y Tebot. (ID 9/73) Y grŵp gwleidyddol oedd Y Nhw (Y Chwyldro wedyn). Dafydd Iwan wrthi drwy'r amser; canodd benillion newydd i 'Wyt ti'n Cofio?' o'r pulpud yn angladd D.J.

SBAM FFRITYRS A THRÔNS GANDHI
John Pierce Jones

Dwi'n meddwl ma Rhagfyr odd hi, ymgyrch gynhara'r Sianel—wsnos o weithredu yn Oxford Street ac ym mhencadlys y *BBC* yn Langham Place, gen fyfyrwyr Bangor ac erill. Mi geuthon ni gyd yn harestio. Mi aethpwyd â thri ohonon ni oedd dros 21, sef Ieu Wyn, Ieu Bryn a finna, i garchar Brixton ar *remand*.

Cyrraedd yno, yn sefyll yn disgwyl yn harchwilio. Dyma nhw'n cynnig swpar inni. Odd yna un dyn bach, tipyn o dramp, wedi torri'r gyfraith yn fwriadol—er mwyn cael bod i mewn dros Dolig. Odd o'n canu *drwy'r* amsar, *Sally Sally, the pride of our alley,* nes mynd ar frêns pawb. Odd o hefyd yn wirioneddol edrach ymlaen am i swpar.

Wel, odd o'n sbïo rownd ryw gongol i weld be odd i swpar, a dyma'i llgada fo'n gloywi o lawenydd. A gweiddi. "*I ba gwm, sbam ffrityrs and mwshi pîs!*" A dyma'r arlwy yn cyrraedd o'n blaenau—a welist ti'r fath sglyfaethdod yn dy fywyd. Odd na bylla o saim du yn y sbam ffrityrs ma, a'r pys wedi cipio nes troi'n ddu-las i gyd.

Fedra'r un ohonon ni'n tri fyta'r un bysan. Roethon ni o i gyd i'r hen ddyn bach, a mi fytodd y cwbl, a llnau platia pawb hefo'i frechdan.

Rwan, cael yn gwisgoedd, yn sefyll yn noethlymun. Odd yn siwt i yn ofnadwy o fyr i mi. A siwt Ieu Bryn—a dydi hwnnw ddim ddyn mawr o faintioli—odd hi lathenni'n rhy fawr. Dyma newid siwtia. Odd siwt Ieu Bryn yn dal yn rhy fawr i *mi*, a finna'n chwe troedfadd pum modfadd.

Ond y peth digrifa oedd y trôns. Dwi rioed yn y mywyd wedi gweld trôns mwy na'r trôns gafodd Ieu Bryn. Hen beth fel *Aertex* â thylla mân. Dyma fo'n i wisgo fo. Odd golwg druenus ar y creadur, yn sefyll yn y gongol, mewn dim byd ond y trôns anfarth ma.

Y llun ddoth i'm meddwl i oedd, odd o'r peth tebyca welis i rioed i Gandhi.

[*Stori dros y ffôn! Roedd yn rhaid ei chael hi*]

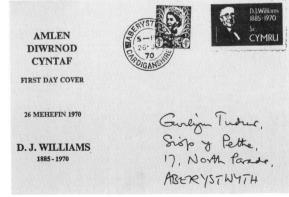

AMLEN DIWRNOD CYNTAF

FIRST DAY COVER

26 MEHEFIN 1970

D.J. WILLIAMS
1885-1970

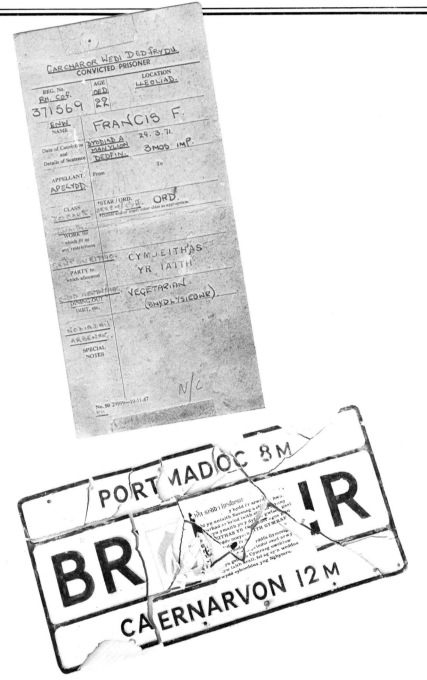

Ffurfio Ffederasiwn y Gweriniaethau Arabaidd gan yr Aifft, Libya a Syria

Rhyfel cartref Pakistan, a ffurfio Bangladesh

UDA yn ymwrthod ag arfau biolegol; achos lladdfa My Lai, Viet Nam, a gorymdaith fawr yn erbyn y rhyfel; lladd 40 yng ngharchar Attica

Idi Amin yn diorseddu Obote yn Uganda

Daeargryn yn Nhwrci, lladd mil

Pleidlais i ferched yn y Swistir

Marw Kruschev

Cyfrifiad yr Alban, cynnydd siaradwyr Gaeleg i 88, 415 (1961-80,987); trychineb maes peldroed Ibrox, Glasgow; bomio tatŵ Caeredin; meddiannu iard longau Clud

Bron 10,000 o filwyr Pryd yn y 6 Sir, Iwerddon, a charcharu 2000 heb brawf; ysgol gynradd Wyddeleg gan weithwyr Belffast

Ffrae alltudio 105 ysbïwr Sofiet o Lundain, ac ysbïwyr Pryd o Rwsia

Arian degol, Chwefror; dileu'r swllt ar ½ coron

Achub Cefn Sidan rhag maes tanio'r fyddin; Breudeth yn ganolfan llu awyr Pryd a llynges UDA

Achub Cwm Senni; cynllun tref newydd Llantrisant

C Cym'n argymell B Dŵr i Gym

Trysorlys yn honni dangos na allai Cym fforddio hunanlywod; Dafydd Williams yn olynu Elwyn Roberts yn ysg cyffredinol PC; sefydlu cyngr undebwyr y Blaid, a mabwysiadu Gŵyl Glyndŵr, Medi 16

Damwain glofa Cynheidre, lladd 6

Gwerthu Enlli am £95,000

G.O.Williams yn olynu Glyn Simon yn archesgob Cym

Y Brif Agored yn darlledu i Gym, mil o fyf; Coleg Dewi Sant, Llanbed ym Mhrif Cym; agor Ysbyty'r Brif, Caerd

Sefydlu'r Gymd Wyddonol Gen

Cychwyn C Chwaraeon Cym; ennill y gamp lawn, rygbi, a Charwyn James yn arwain y Llewod buddugol yn Seland Newydd; Geoff Lewis y Cymro 1af i ennill ras geffylau'r Derby

Senedd yn derbyn telerau'r Farchnad Cyffredin; dileu *BST,* amser Pryd safonol

Streic y post; helynt deddfau cysylltiadau diwydiannol, a mewnfudo o'r Gymanwlad; deddf cynllunio newydd yn cryfhau rheolaeth ganolog

Diweithdra, Rhagfyr, 5.3 (51,035)

Marw T.E.Nicholas, Waldo Williams, Ifan Gruffydd, Ceri Richards, Brenda Chamberlain, Gwenan Jones

Eist Gen Bangor; Eist yr Urdd Abertawe; Gŵyl G Dant Y Rhyl

Cyfrifiad 1971—20.8% (542,000) yn siarad Cym, gostyngiad mwya'r ganrif 5%

Pwyllg Bowen ar iaith arwyddion ffyrdd, Chwefror

Ysg Gwl yn argymell y Gym yn bwnc dewisol, dechrau'r diwedd i wersi Cym cyffredinol; newid polisi ysgolion uwch Sir y Fflint

Adfer yn prynu eu tŷ 1af; stondin 1af yn yr Eist Gen

Sefydlu Cymd Tai Gwynedd, Afonwen, Ionawr

Myf yn ymgyrchu dros goleg Cym; dysgu nifer o bynciau drwy'r Gym yn Aber a Bangor

Sefydlu Cymd Ysgolion Meithrin Cym

Gwrthod cais yr Urdd am stamp post ½ canml; dosbarthu *Arian Degol* drwy'r wlad

Cynhadledd breswyl 1af Merched y Wawr

J.Idris Evans yn olynu Tomi Scourfield yn drefn yr Eist Gen

Bwrdd Ffilmiau Cym; taith panto 1af Cwmni Theatr Cym

Enwebu Saunders Lewis am wobr len Nobel

Gwerthu Hughes a'i Fab; adrannau gol a chyhoeddusrwydd i'r C Llyfrau Cym;

Alun Lloyd yn gol *Y Ddraig Goch*

Aros Mae Gwynfor Evans; *Y March Hud* llyfr 1af Alan Llwyd; *Urdd Gobaith Cymru, Cyfr 1* R.E.Griffith; *Y Chwyldro a'r Gym Newydd* Emyr Llywelyn; *Lloffion y Fl 1971* gol Tegwyn Jones; *The Welsh Extremist* Ned Thomas; 'The Fate of the Lang' yn *Planet 4,* cyf o 'Tynged yr Iaith'

Wynebddalen:
Cerdyn o gell carcharor enwog (gw. ysgrif Angharad Tomos, 'Dwy Swyddfa' o dan 1987) / Llun yr Heddlu yn achos y Cynllwyn Arwyddion, Abertawe 5/71. Tystiodd plisman fod Brynkir yn anghywir

Mae'n siwr mai'r flwyddyn hon oedd penllanw cyfnod 'poblogaidd' y mudiad iaith. Mae'r stori yn dechrau gyda gwylnos gan fyfyrwyr adeg y Calan, dros sianel deledu Gymraeg. Daliwyd pedwar ohonynt yn ceisio torri i mewn i Dŷ'r Cyffredin a buont yn y ddalfa am gryn fis cyn eu rhyddhau. Rali a thaith gerdded wedyn i hel trwyddedau teledu gan gefnogwyr, i'w llosgi ar ben y daith. Wedi cael ymateb gwamal gan awdurdodau'r teledu yng Nghymru, a'u gwrthod yn swta gan y Gweinidog Post, bygythiodd y Gymdeithas rwystro'r gwasanaeth darlledu oni cheid addewid cyn y Pasg am sianel Gymraeg. Ond yr arwyddion ffyrdd yn gyntaf!

Roedd ymgyrch y malu yn ei hanterth drwy'r wlad. Er mai lleiafrif a gâi eu dal, a llai fyth yn cyfaddef i'r heddlu, cynyddai achosion llys. Yna, yn sydyn yn Chwefror dyma arestio wyth, mewn cyffion dramatig, a'u cyhuddo o Gynllwyn. Roedd hwn yn gyhuddiad pur ddieithr i wledydd Prydain, er na faliai'r wasg Saesneg ddim. Nid mor newydd y dacteg o roi gyda'r llaw arall, sef cyhoeddi sefydlu Pwyllgor Roderic Bowen 'ynglŷn â darparu arwyddion ffyrdd dwyieithog trwy Gymru a Mynwy'. Bu'r ail Ysgol Basg yn dra phoblogaidd, fel y byddai Ysgol Haf y Blaid erstalwm. Yn sioe arloesol Dafydd Iwan a Gareth Miles y clywyd cân newydd Hefin Elis, *I'r Gad.* Yn lle darlith cafwyd cylchoedd i drafod sut i weithredu gan y grwpiau darlledu, addysg—a grŵp Dafydd Iwan, yr oedd Emyr Llywelyn a Ieuan Wyn yn aelodau ohono, a elwid yn awr yn grwp *adfer* ardaloedd Cymraeg.

Datblygodd 'achos yr wyth' yn gyfrwng i fynegi dicter y cenedlaetholwyr Cymraeg am ddiraddiad parhaus yr iaith. Yr elfen fwyaf nodedig fu llwyddiant cyflym Cyfeillion yr Iaith a drodd y cyfan yn grwsâd grymus. Roedd cyrff cyhoeddus o bob math, yn cynnwys rhai cynghorau sir, a hyd yn oed y Blaid Lafur, o blaid dwyieithrwydd ar arwyddion ffyrdd. Yr enwadau hefyd, a gweinidogion anghydffurfiol ar flaen y gad. Cenhadaeth y stryd oedd piau hi yn awr. Wedi i Gymdeithas yr Iaith benodi Emyr Llywelyn ac eraill i arwain, gan fod disgwyl carchariad i'r wyth, bu cyfres o brotestiadau llys cynhyrfus. Dechrau gyda gorymdaith a chyfarfod o drichant yn Chwefror i drafod tacteg. Y dacteg gyntaf oedd taflu arwydd i'r môr! Aeth tomen ar ei ôl y mis canlynol, yn Aberystwyth eto, a phentyrrwyd rhagor yng Nghaerfyrddin yn Ebrill ac yn ystod y Brawdlys yn Abertawe ym Mai. Erbyn diwedd yr achlysur hwnnw credai rhai bod awr y chwyldro ar ddod! 1500 o dorf, a phobl gyfrifol yn rhwystro'r heddlu (a gyfaddefodd iddynt fod yn *'too firm',* mewn ymchwiliad yn y man), a *mil* o aelodau newydd yn dilyn gan ddyblu aelodaeth y Gymdeithas! Carcharwyd pobl ifainc am darfu ar y llys, a chafodd un ohonynt, Nan Jones, ei herlid eilwaith yn ei swydd gyntaf yn ysgol Llangefni gan rai cynghorwyr a phapurau'r *Herald.* Bu heidiau mewn llysoedd eraill drwy'r wlad, a phoethodd yr ymdrech i gael hawl i achos llys uniaith Gymraeg. Cipiwyd y tri o Gaerfyrddin—a gododd y fath helynt ym Medi—rhag ymddangos yn y Brawdlys wedyn gan Gyfeillion yr Iaith, yn enw pobl amlwg. Bu'n rhaid symud yr achos a charcharwyd hwy am chwe mis (ond eu rhyddhau ar Apêl ymhen y mis). Wedi'r helyntion a fu yno cafwyd cyfres wythnosol o achosion yn Abertawe! Yn Nhachwedd hefyd aeth mater iaith y llys yn destun dadl yn y wasg adeg achos y Cynllwyn arall yn Yr Wyddgrug, ond dal ati drwy gyfieithydd a fu'n rhaid yn y diwedd.

Unodd y cefnogwyr hŷn yn yr ymgyrch ddarlledu hefyd drwy ddechrau gwrthod talu'r dreth deledu. Bu'r achos llys cyntaf yn Aberaeron ym Mawrth ac erbyn y gaeaf roedd 250 o deuluoedd yn addo gwrthod talu. Cynhaliodd y Gymdeithas ei chynhadledd gyntaf i'r wasg ym Mehefin, yng Nghaerdydd. Cyhoeddodd dacteg newydd o wneud 'difrod cyfyngedig', ac amharu ar ddarlledu. Y mis canlynol bu saga dringo'r mastiau,

ac ymosodwyd ar stiwdios BBC Bryste a Granada Manceinion. O'r Eisteddfod, lle bu protestio ger stondinau teledu am y tro cyntaf, aeth llond bws i gefnogi'r carcharorion ym Manceinion a chael croeso mor gynnes gan yr heddlu fel y bu'n rhaid mynd â nifer i'r ysbyty. Yr Eisteddfod hon a sefydlodd batrwm y saithdegau ar faes yr Ŵyl; mentro ar noson lawen gostus, a dawnsfeydd (ar y cyd â Sain), a chyhoeddi ffrwd o bosteri heriol.

O Fangor arweiniodd Arfon Gwilym daith genhadol gyntaf y mudiad, gan gyflwyno deiseb o ddeng mil o enwau i'r Swyddfa Gymreig ar y diwedd. Yr un mis wele gyrch arestio eto a chyhuddiad arall o Gynllwyn, 'i amharu ar drosglwyddyddion teledu', yn erbyn y tri o Granada a 14 arall. Bu cryn helynt yn Yr Wyddgrug eto, a'r tro hwn dyma roi carchariad hir i bedwar, yn cynnwys eu Cadeirydd newydd. Ni welwyd y tyrfaoedd yno fel cynt, ond dangosodd nifer o bobl amlwg eu hochr, a newyddiadurwyr yn eu plith. Bu rali a meddiannu mast, ac ympryd yn y carchar, i ddangos na cheid troi'n ôl bellach. Roedd Pwyllgor Crawford wedi ei sefydlu yn Hydref i drafod Cymru ar wahân, ac erbyn Rhagfyr daethai'n ddadl Brydeinig hefyd wedi cais yr ITA am ail sianel fasnachol. Byddai'r Sianel Gymraeg ar agenda wleidyddol Cymru o hyn allan.

Cosbwyd rhai am wrthod llenwi'r Cyfrifiad er i fainc Llangefni ryddhau Emyr Humphreys. Enillwyd biliau dŵr Wrecsam a'r tystysgrif prawf car dwyieithog, a'r cofrestr priodas—er y daliai rhai i wrthod israddoldeb hwnnw hefyd. Yn Hydref dyma gychwyn ail ymgyrch bwysig yn erbyn y Post, gan ddifa dogfennau Saesneg mewn saith tref. Ymgyrchwyd dros goleg Cymraeg a dechrau herio'r awdurdodau addysg drwy annog disgyblion chweched dosbarth i wrthod eu ffurflenni uniaith Saesneg. Ni heriodd neb y penderfyniad hanesyddol i dderfynu gwersi Cymraeg cyffredinol chwaith, a chollwyd polisi arloesol Sir Y Fflint yn syth. Pwnc mawr arall cyfarfod cyffredinol Cymdeithas yr Iaith oedd tai a thir. Pair les—a dychryn—i ni heddiw gofio penderfyniad y cyfarfod. Dyma fo. 'Yn wyneb y dylifiad cynyddol o estroniaid Seisnig i'n hardaloedd Cymreiciaf... bod y Gymdeithas yn cychwyn ar unwaith ymgyrch i atal y goresgyniad hwn, drwy ddeffro'r cyhoedd i'r perygl, a deffro'r awdurdodau i'w cyfrifoldeb... [drwy eu hannog] i beidio â gwerthu eu tai a'u tiroedd i estroniaid... i beidio â chaniatau grantiau adnewyddu ar gyfer tai haf... i alluogi'r awdurdodau lleol i gystadlu i brynu tai gwag ar gyfer eu gosod i deuluoedd ifainc... i gefnogi pob ymdrech i brynu tai ar gyfer pobl leol... i roi benthyciadau ffafriol i alluogi teuluoedd ifainc i brynu tai a ffermydd... i wrthod caniatad cynllunio i gyfalafwyr estron droi tir amaethyddol yr ardaloedd Cymraeg yn wersylloedd... gwneud ymchwil manwl ar frys i natur ac effeithiau ystadegol y mewnlifiad Seisnig.' Oedd, roedd tai gwag yma ym 1971.

Yn y cyfarfod uchod—y mwyaf eto gyda mil yn bresennol—penodwyd dau ysgrifennydd amser llawn. Ym 1971 bu trichant gerbron llys, cannoedd o ddirwyon, 87 o garchariadau (ac 19 gohiriedig). Bu 1971 yn drobwynt o fath yng nghymeriad y Gymdeithas. Y catalydd yn ddios oedd achos Cynllwyn yr wyth, y torrwyd eu crib gan y barnwr cyfrwys a'i dric newydd—carchariad trwm ond gohiriedig. Dadfeiliodd yr hen arweinyddiaeth. Roedd pryder rhai am y bygythiad i'r Fro Gymraeg yn gorbwyso popeth, a throdd criw tai Adfer yn fudiad y tu mewn i fudiad. Cymerwyd awenau'r Gymdeithas eisoes gan y to newydd o fyfyrwyr ymroddedig. Perswadiwyd y canol oed i beidio ag ymffurfio ar wahân, a chiliodd y tyrfaoedd ymhen blwyddyn neu ddwy. Yn gam neu'n gymwys, peidiodd Cymdeithas yr Iaith â bod yn gartref ysbrydol i lawer o'i hen gefnogwyr byth wedi hynny.

83

DYDDIADUR Y DEFFRO
Meg Elis

Dydd Gwener, Chwefror 19
Prysur heddiw—gyda'r nos, mi fûm yn gwneud fy ngorau i baratoi at y daith gerdded fory. Doedd pethau ddim yn cael eu hwyluso gan y ffaith i mi fynd allan efo Rhian, Eirian ac Ann i Gyngerdd pop yn yr Undeb! Ond doeddwn i ddim yn difaru o gwbl, oherwydd yr oedd y Nhw a'r Dyniadon ymhlith y rhai a gymerai ran. Roedd y Dyniadon yn *wych*—'Dicsi'r Clustie' a 'Gast' yn wefreiddiol . . .

Dydd Sadwrn, Chwefror 20
Y daith gerdded heddiw—ymgyrch ddarlledu Cymdeithas yr Iaith . . . Cyrraedd yno, [*Llanelwy*] wedi ychydig o ras, a'r rali ymlaen; digon o bobl yno, a Lewis Valentine yn annerch yn wych. Dyma'r tro cyntaf i mi ei glywed o'n siarad. Cawsom gyfarwyddiadau wedyn, ac yna dechrau cerdded—ac am gerdded! Diolch i'r drefn am dywydd sych—wn i ddim sut fasa petha efo glaw. Roeddem yn cerdded ar hyd Dyffryn Clwyd—pob rhan ohono yn brawf bod yr achos yr oeddem ni'n cerdded drosto yn gyfiawn, a'n bod yn iawn wrth frwydro i gadw'r iaith yn fyw, yn 'y cornelyn hwn o'r ddaear'.

Dydd Llun, Mawrth 15
. . . Yn ôl wedyn i Rathbone i geisio cadw'n effro tan ddau. Gwau, darllen ac yfed coffi, a meddwl dros yr yhn y dywedwyd i Gwynfor ei ddweud heddiw—fod Cymdeithas yr Iaith yn un o'r rhesymau dros iddo golli ei sedd. Ond doedd o ddim yn collfarnu'n gyfan gwbl, chwaith. Sicr y gwnaiff y papurau Seisnig yng Nghymru ddigon o hyn, a gwyrdroi'r gwirionedd. Ond pa ots os mai dweud y gwir oedd Gwynfor, wedi'r cwbl? Nid dyma'r amser i arafu, a chyfyngu'n hunain yn unig i weithredu gwleidyddol—rhaid rhuthro ati ac ymladd yn ddi-ildio, ddiflino i achub yr iaith ar yr awr olaf hon. Cofier yr hyn a ddywedodd Saunders Lewis—"Mae'r iaith yn bwysicach na hunanlywodraeth."

Dydd Mawrth, Mawrth 16
Fy nhro cyntaf i yn malu arwyddion—profiad gwerth ei gael. Bûm yn eistedd efo criw go dda am ryw hanner awr yng ngholeg Bala-Bang—Bethan a Hywel, John Huws, Ifan, Boots, Alan, Twm, Ieu Bryn, Eryl a Gareth Huws; yna daeth Ieu Bethesda [Ieuan Wyn] a'i frawd a'i chwaer. Aeth pedwar i Sir Fôn i dynnu . . . a'r lleill ohonom i lawr at yr orsaf ym Mangor i dynnu'r twr sydd yno. Cadw gwyliadwriaeth y bûm i yn un pen y stryd, a Gareth y pen arall . . . Ar ôl rhyw chwarter awr, galwyd arnom i ddwad i helpu efo tynnu'r ddau arwydd oedd yn llacio—'Caernarvon' a 'City Centre'. Teimlad gogoneddus oedd teimlo'r haearn oer dan fy nwylo, a'n grym ni i gyd yn ei godi'n hawdd oddi ar ei byst . . .

Dydd Gwener, Ebrill 23
[*Caerfyrddin*] Fuo rioed fath strafffg. Plismones i bob un ohonom—pump ar hugain—(be oeddan nhw'n ddisgwyl i ni *neud*?) cael ein hebrwng o'r ystafell i mewn i fws wrth ochr yr adeilad . . . Pawb i mewn, a dyna ni i gyd yn canu 'Rwy'n gweld o bell y dydd yn dod' a'r Anthem, nerth esgyrn ein pennau. Crïo, bron—am ein bod mor wirioneddol hapus! Dyna oedd un nodwedd—dim math o iselder ysbryd; os rhywbeth, teimlad o orfoledd, a sicrwydd cydwybod glir.

Bryste oedd pen ein taith—i ddweud y gwir, wyddwn i ddim fod carchar yno. Canu ar hyd y daith, a siarad efo'n gilydd gan ddychmygu sut le fasa yno. Pryder rhai o'r genod oedd cael eu rhoi i mewn efo rhyw hŵr, neu lesbian neu fwrdras, ond fy ofn mwyaf i oedd bod mewn cell ar fy mhen fy hun . . .

Dydd Sadwrn, Mai 8
Fydd pethau byth yr un fath ar ôl heddiw—i mi, i'r Gymdeithas, i Gymru. Mynd i Abertawe yng nghar Jiw am naw, a chyrraedd yno yn gynnar yn y prynhawn. Doeddan ni ddim yn synnu gweld cynulliad mor fawr—dros fil yn hawdd; mwy, am wn i, ond dydw i ddim yn dda am gyfrif nifer. Beth bynnag, dyma gychwyn yr areithiau—Tedi Millward yn cadeirio, Alwyn Rees, Raymond Garlick a Phil Williams yn annerch. Da iawn, ac areithiau tanbaid.

Ond yna daeth Emyr Llew. Cri o waelod calon un sydd wedi brwydro am flynyddoedd dros y 'genedl garreg' . . . un llais yn erbyn curo dwylo a chymeradwyaeth wag. Gwefreiddiodd ni—ac ar y diwedd, dyma fo'n dweud bod arwyddion i'w dwyn o flaen yr adeilad, a'u harwain ar flaen gorymdaith i swyddfa'r heddlu. Ond cyn i hyn ddigwydd, dyma'r heddlu yn symud, a gafael yn rhai o'r bobl a gariodd yr arwyddion . . .

Pawb wedyn yn rhuthro fel un gŵr at y cerbyd lle rhoddwyd y bechgyn, a'i amgylchynu. Yr heddlu'n ceisio ein symud, ond erbyn hyn yr oedd cannoedd wedi eistedd i lawr . . . Ieu Bethesda yn cael y syniad gwych o adael y gwynt o deiars y modur, felly dyma fo'n annog pawb o gwmpas i ganu i foddi sŵn yr awyr yn dianc . . !

Dydd Sadwrn, Mai 22
[*Aberystwyth*] Diwrnod rali arall, ond fel y mae amgylchiadau yng Nghymru heddiw, nid 'un rali arall' oedd hon, chwaith . . . nid dim ond siop siarad sy'n rhoi hergwd ac ysbrydoliaeth am ychydig ac yna'n colli effaith. Syrthio ar y tir da yn ddi-ffael y mae'r had y dyddiau hyn. Y rali'n bwysig am iddi ddangos fod y Gymdeithas yn dal yn fyw, ar waethaf buddugoliaeth y gyfundrefn yn y brawdlys, a hefyd ar waethaf marw Waldo, a fu'n gymaint ysbrydoliaeth. Emyr Llew yn crybwyll hyn, ac yna gweinidog yn darllen dwy gerdd gan Waldo, gweddïo, ac yna dwy funud o dawelwch i'w gofio.

Siaradodd Jac Williams—tad Ann—ac yr oedd o'n dda. Delio yr oedd ef â sylwadau M-J yn y llys: yr holl lol yna am gasineb ac ati, a'i bwynt o oedd fod yn rhaid casáu gorthrwm er mwyn gorchfygu. Wedi i Dafydd annerch, siaradodd Emyr Llew eto, ac ehangu ar y cynllun a glywais gyntaf ganddo yn Eisteddfod Rhydaman—y Cyfamodwyr. Mae'r llwybr a ddangosodd o i ni y prynhawn yma yn un anodd, caled, yn gofyn am fwy o aberth nag a all y rhan fwyaf ohonom ei roi. Ond rhaid ymdrechu, er nad wyf eto wedi ymburo digon . . .

Y tu allan i Neuadd y Brenin, dyma ni'n eistedd i lawr o gwmpas arwydd sy'n cyfeirio at Swyddfa'r Heddlu. Y cynllun oedd closio mor agos ag y gallem ato ac at ein gilydd, tra dringodd Wil Sam i fyny i geisio torri'r arwydd . . .

[*Detholiad o'i Dyddiadur, 1971*]

Cyrraedd BBC Bangor, o Lanelwy drwy Eryri a Llŷn. Blaen: Alwyn Elis, Arfon Gwilym, Dyfyr Owen, Alwyn Evans 1, Alwyn Evans 2, Eirian Wyn, Gwilym Tudur, Phil Mostert, Goronwy Fellows, Olaf Davies, Falyri Griffith, Eleri John, Heddys Glain Jones, Peter Thomas, Eirian Jones, Elfed Lewis. Drosodd: Gwilym ac Arfon yn cael y fraint o losgi'r trwyddedau teledu a gasglwyd ar y daith. (C/LlGC)

I MEWN Â NHW
Arfon Gwilym

Y carchariad brafiaf o'r cyfan, yn ddi-os, oedd hwnnw a gafodd 50 ohonom yn Ebrill 1971. Roedd wyth o arweinwyr y Gymdeithas i ymddangos ym Mrawd-lys Caerfyrddin, i gael eu traddodi i Frawdlys Abertawe, ond roedd un o'r wyth, Ffred [Ffransis] eisoes yn y car-char am ryw drosedd arall. Bu'n rhaid iddo fo, felly, gael ei dywys i'r doc yng nghwmni swyddogion carchar, o'r cell-oedd islaw. Gan nad oedd neb ohonom wedi ei weld ers mis neu ddau, digon naturiol oedd inni roi croeso twymgalon iddo pan ymddangosodd. Gorchmyn-nodd y Barnwr—hen ŵr dros ei bedwar ugain oed—i'r heddlu glirio'r llys, ac yna penderfynodd ddedfrydu pawb oedd yn yr oriel gyhoeddus i garchar am dri diwrnod.

Cludwyd y rhan fwyaf ohonom i Gaerdydd mewn bws, yn gwmni hwyliog a llawen, oherwydd gwyddem na fyddai'n harhosiad yn un hir, a gwyddem y byd-dai carcharu cymaint ohonom yn siwr o dynnu sylw mawr at yr achos. Pen-wythnos o ganu, o hwyl ac o chwerthin diddiwedd fu hwnnw yng Ngharchar Caerdydd, ac rwy'n siwr bod y swydd-ogion—a'r carcharorion—yn ddigon balch o gael gwared â chriw mor swnllyd.

Llys Aberystwyth, achos traddodi'r 8 Cynllwyn Arwyddion 3/3 Uchod: Eryl Owain â'r dull clasurol. Isod: cyn hynny, yr heddlu lleol yn chwysu i glirio Rhian Owen ac 80 arall o'r llys. (Ray D)

Hwyl i'r glas yng Nghaerfyrddin hefyd, gydag Anita Jones.

Isod:
Arfon
Gwilym
T 1/71

Mae'n siwr fod llawer yn cofio'r brotest yn y Swyddfa Bost ym mis Tachwedd, 1965, pan gafodd amryw o'n haelodau eu gwawdio a'u cam-drin. Ac ar ddydd Sadwrn, Ionawr 2il, cafodd Cymdeithas yr Iaith unwaith eto yr un croeso cynnes a thwymgalon gan drigolion y dre. Torrwyd ar draws siaradwyr gan wragedd uchel eu cloch a dynion hanner meddw, a phlant bach; taflwyd cannoedd o'n taflenni ar lawr; ymosod-wyd ar nifer o aelodau yn y Stryd Fawr, ac yna wedyn ar bedwar ohonom ar ein ffordd i'r maes parcio (gan gynnwys Dafydd Iwan). Yn ffodus, nid anafwyd neb yn ddifrifol, ond does dim diolch i fechgyn y dre am hynny.

Bu pethau'n ddrwg yn Nolgellau ers tro bellach. Bu rhai aelodau unigol mor anffodus â chroesi llwybr rhai o giwed felltigedig y dre a thalu'n ddrud am hynny, yn enwedig ym mlwyddyn yr arwisgo. Wrth gwrs, bu pethau'n ddrwg ym mhobman 'yr adeg honno. Ond fe hoffwn i wybod ar lawr. A oes unrhyw le arall y mae'n wirioneddol beryglus i aelodau amlwg o'r Gymdeithas fynd allan wedi nos?

CYFEILLION YR IAITH (2): BRWDFRYDEDD
Millicent Gregory

Tua'r un adeg [sefydlu Pwyllgor Bowen] aethom ati i gasglu nifer o bobl o wahanol rannau o Gymru gyda'r bwriad o ffurfio mudiad i gefnogi Cymdeithas yr Iaith. Daethant i Swyddfa'r Blaid yn Aberystwyth; yn eu plith roedd Dafydd Orwig, y Parch. John Owen, Ifan Dalis Davies a Herbert y Fet o Aberaeron ... Penderfynwyd sefydlu Cyfeillion yr Iaith, a threfnwyd dwy rali fawr yn Aberystwyth ac un yn Abertawe ... Daeth tua 800-1000 i'r ralïau ac roedd brwdfrydedd mawr ymhob rhan o'r wlad. Gorymdeithiwyd o gwmpas y trefi ...

Roeddwn i wedi gwisgo yn fy nillad gorau yn rali Abertawe [Mai 8fed], gyda het smart ar fy mhen ac ymbarél hir yn fy llaw. Roeddem yn sefyll o gwmpas, a'r bobl ifanc yn eu *jeans* a hen ddillad yn gorwedd ar lawr a'r Heddlu yn eu llusgo o ffordd eu cerbydau. Safai dwy wraig o'm blaen, un yn dweud wrth y llall, *"Look at them, what kind of homes do they come from? What must their parents think?"*

"Oh, their parents must be the same type, real riff-raff!" Camais innau ymlaen a dweud yn fy Saesneg mwya posh, *"I happen to be one of the parents."* Roedd hi'n werth gweld eu hwynebau ..!!

Y Cyfeillion yn Aberystwyth. Isod: W.J.Edwards a Dafydd Orwig Jones ac R.Tudur Jones a Tedi Millward â'r arwydd a ddygodd yr heddlu wedyn o groesffordd Coedlan y Parc 4/71 (Ray D)

Dde: o dystiolaeth PC Hubert P.Davies, yn Abertawe 5/71, yn erbyn Robat Gruffudd.

IA, 'DIRMYG'!
Mici Plwm

Achos Cynllwynio Abertawe. Cofio gadal Bangor yn gwbod yn iawn y baswn yn gwneud 'rwbath' fasa'n tarfu ar y Llys. Y dwrnod cynt, mi gafodd y Parch. Ifan Williams, Caerdydd ei daflu i garchar Abertawe; ar wahân i 'destun' yr Achos, mi wnath y ffaith bod gweinidog yr Efengyl wedi'i daflu i'r carchar fy ngwylltio'n gacwn.

Teithio i Abertawe, cysgu ar lawr yn nhŷ myfyrwyr y Brifysgol, codi'n gynnar ac i mewn i'r Llys. A chael sedd dda! (i weld cefna penna pobol fel John Bwlchllan [John Davies], Gronw ab Islwyn ac eraill yn rhoi tystiolaeth yn y 'bocs' pwrpasol —ista'n llofft o'n i). Dyna'r clerc yn gweiddi *"Court will rise"*. Mi gododd pawb—ond fi—a dyna'r Barnwr (nad oedd yn haeddu 'b' fawr chwaith!) yn dod i mewn. Pawb yn ista— a finna'n codi i egluro'n fonheddig pam i mi beidio codi i sefyll iddo fo na'i Lys. Mi ddoth na ddau blisman mawr i roi taw arna i! Llusgo areithiwr bach fel fi i'r celloedd o dan y Llys; siwr i fod o'n swnio'n ddoniol—fy araith fawr i yn diflannu i'r pellter, mewn diwèt hefo sodla'n sgidia i yn clecian o step i step i'r dwnjiwn du!!

Hannar 'di pedwar (ar ôl ista'n y gell yn darllan graffiti trw'r dydd—o ia, mi ges ginio hefyd!)—a bỳs HMP yn aros i fynd â'r diffynyddion yn ôl am swpar; dreifar yn cal ffag tra'n aros—dyna ddod â fi gerbron y Barnwr. Y cwbwl oedd o am wbod oedd, faswn i'n gaddo byhafio, a pheidio ymyrryd yn ystod yr achos. Negyddol oedd fy ateb!

Mewn llai na hannar awr, dyna lle o'n i, yn ista mewn cell hefo pry copyn cyfeillgar, yn trïo troi godra'r trwsus carchar i fyny, lle mod i'n baglu wrth fynd i ben draw'r 'landing' i nôl swpar!! . . .

Fy nghadw yn y carchar tra pery'r achos ddwedodd y Barnwr, ac yna ymddangos o'i flaen i gal cosb haeddiannol am feiddio gwneud be wnes i—be tybad, gwialan fedw, neu dim pres pocad am fis . . ?! Mi ddoth yr achos i ben pnawn dydd Gwener, ac mi ath pawb adra—ia, a'r Barnwr; mi ath hwnnw yn ôl i'r plas yn Llundan—wedi anghofio pob dim amdana i!

Yn Abertawe 5/71

4 o'r 8 yn Abertawe: Ieuan Wyn, Dafydd Iwan, Ieuan Bryn a Robat Gruffudd (heb Ffred Ffransis, Rhodri Morgan, Gwilym Tudur a Gronw ab Islwyn). Creodd yr achos gynnwrf cenedlaethol—a rali enwog 8/5—a liniarwyd gan y Barnwr Mars Jones yn rhoi carchariad gohiriedig, tacteg newydd. (EP) Isod: T 6/71

Llun a dynwyd y bore Llun wedi Brawdlys Abertawe, sy'n cynnwys y rhan fwyaf o'r rhai a garcharwyd yn ystod yr Achos am ddirmygu'r llys O'r chwith i'r dde: ELWYN IOAN, WYNFORD JAMES, EIFION TOMOS, ARFON GWILYM, TERWYN TOMOS, DYFAN RHOBAITSH, ALWYN LLWYD JÔNS , MEIC JÔNS, ERYL OWAIN, WAYNE WILLIAMS. Yn guddiedig y tu ôl i Elwyn Ioan y mae JOHN ROBERTS, ac fe ddiflanodd Parch IFAN WILIAMS cyn tynnu'r llun.

I gael y rhestr yn gyflawn, cofiwn am y tair merch a garcharwyd yn Lloeger: MENNA ELFYN, MEINIR IFANS a NAN JONS.

Yr oedd un arwr arall yng Ngharchar Abertawe ar y pryd —fe'i rhyddhawyd fore Sadwrn dwetha, 5ed o Fehefin— sef IEUAN ROBERTS. Bu yno am fis am wrthod talu dirwy a osodwyd arno gan lys Castellnedd. (Fe'i cyhuddwyd o symud arwyddion & ati, gydag eraill.)

Y BARDD DIWERTH
Menna Elfyn

Un o'r pethau gorau ynglŷn â gweithredu oedd iddo eich cyflwyno i fyd a bywyd go iawn—byd o anghyfartaledd ac anghyfiawnder. Y tro cyntaf imi gael fy restio yn '71 oedd y tro cyntaf imi weld carcharor arall (du, ac ifanc) yn cael ei drin yn llai na dynol gan blismon. Yng ngharchar, ac mewn celloedd, deuthum i weld ac adnabod merched na fyddent yno o gwbl oni bai eu bod yn ferched. . .

Sylweddoles i mor ddiwerth oedd bod yn fardd—yn y carchar. Dyna lle byddai fy nghyd-garcharorion, Nan [Jones] a Meinir [Ifans], ill dwy â thalentau cyhoeddus. Gallai Nan droi at y piano a hudo'r gynulleidfa fwyaf anfrwdfrydig. Am Meinir, gallai honno dynnu llun o'r merched—sgetsh—a chael llu o edmygwyr o'i chwmpas (a chael ambell gynghoryn gan Nan a finne, i wneud i ambell un edrych yn bertach nag yr oedd, jest rhag ofn).

Amdanaf i—beth oedd bardd? Ac un Gymraeg ar ben hynny. Wfft i shwd grefft, mympwyol a di-fudd. A dwi di bod yn casáu 'beirdd' ers hynny!

DYDDIADUR Y CHWYLDRO (1): MALU
Eirug Wyn

Mai 9fed
Y noson honno (ar ôl hanner nos gan mai dydd Sul oedd hi) . . . dyma benderfynu gosod nod uchel i ni'n hunain—pob arwydd Saesneg oedd ar y briffordd rhwng Caerfyrddin a Hendy-gwyn ar Daf! Ymhlith yr offer arferol a gariai Alwyn [Gruffydd] yn ei gar yr oedd caib, coes caib a morthwyl chwarel! Roedd hi'n bwrw glaw yn ddychrynllyd pan gychwynnwyd o'r Coleg, ond i ni, dyma'r math gorau o dywydd i hela arwyddion—ar wahân i niwl . . .

O arwydd i arwydd fe aeth popeth yn hwylus nes i ni gyrraedd sgwâr San Clêr. Roedd yna gryn hanner dwsin o arwyddion Saesneg yno . . . Gan fod goleuadau traffig ar y sgwâr, a ffrwd o lorïau cyson . . . fe fuon ni'n dadlau am ychydig a fuasai'n well mynd ymlaen i geisio rhai rhwyddach, ond pan welsom y ffordd o bob cyfeiriad yn glir, dyma frysio draw—y tri ohonom allan o'r car, a dechrau malu. Un arwydd oedd ar ôl, ac eisoes roedd sŵn y gwydr yn malu i'w glywed yn eco hyd y strydoedd. Daeth goleuadau ymlaen mewn nifer o'r tai. Rhedais i'r car a'i roi mewn gêr a gweiddi ar Alwyn a Terwyn [Tomos] i ddod. Agorodd ffenestr uwchben y car a dechreuodd rhywun weiddi. Mewn eiliad roeddym yn sgrialu ar y ffordd i Hendy-gwyn.

Roeddwn i'n gwybod am ffordd gefn o ymyl Hendy-gwyn drwy Drelech a Meidrim . . . ac roeddwn yn chwilio am honno pan welsom ragor o arwyddion. "Waeth i ni wneud noson ohoni ddim" meddai Terwyn, a buan y diflannodd yr arwyddion. Ymlaen â ni, a gwelsom olau H.D.G. o'n blaenau. Roedd un arwydd cyn cyrraedd y pentre, a deliwyd â hwnnw . . . Wedi chydig o ddadlau, fodd bynnag, penderfynwyd mynd yn ôl ar hyd y briffordd a chael yr un arwydd a oedd ar ôl ar sgwâr San Clêr.

Wedi teithio am tua hanner milltir pasiodd un o geir yr heddlu ni yn mynd ar frys gwyllt am H.D.G. Yn y drych gwelwn ef yn brecio, a rhois fy nhroed i lawr ar y sbardun. Mater o eiliadau oedd hi nag oedd y car wedi troi'n ôl a'n dal. Daeth car arall o gyfeiriad San Clêr. Heddwas oedd yn hwnnw hefyd. Heddwas San Clêr. Am ryw reswm agorodd ddrws cefn y car, a thynnu Alwyn allan a'i fwrw

i'r ffos. Roedd wedi colli arno'i hun yn lân, yn gweiddi am rywun a allai fod wedi cael ymosodiad ar y galon. (Yn ddiweddarach, deallasom fod Swyddfa'r Heddlu San Clêr o fewn decllath i'r arwyddion!)

Ein tacteg arferol ni oedd gwrthod dweud dim ond rhoi'n henwau, ac roedd hynny'n cynddeiriogi'r heddlu fwyfwy . . . Wedi cyrraedd Caerfyrddin aethpwyd trwy'r rigmarôl arferol, gyda'r tri ohonom yn pwysleisio mor gïaidd fu agwedd heddwas San Clêr tuag at Alwyn . . . Er ein bod yn gwybod ein bod mewn trwbwl, roeddym yn dal i feddwl nad oedd gan yr heddlu ddigon o dystiolaeth i'n herbyn. Fodd bynnag, wedi iddyn nhw archwilio'r car a chael hyd i'r arfau, doedd dim amheuaeth! Roedd darnau o wydr yr arwyddion ar y gaib a'r morthwyl . . .

[Detholiad o'i Ddyddiadur, 1971.]

Gŵyl y Gwanwyn, Ysgol Basg Criccieth 4/71: Glenda Williams, John Pierce Jones, Deio Jones, Dafydd Iwan, Gruff Meils, Sian Miarczynska, Dai Michael, Ann Gruffydd Rhys, Huw Llywelyn Davies, Eleri Llwyd, Annes Gruffydd, Dewi Tomos, Hefin Elis, a Stan Morgan Jones ar y piano. (C/LlGC) Isod: Lona a Huw Roberts, Arthur Tomos, Gareth Miles yn llosgi ffurflenni'r Cyfrifiad, Wrecsam 4/71 (d/g Ar. T.)

Chwith: 'Cerbyd y chwyldro'. (d/g E.W.) Uchod: 'syrcas' Caerfyrddin 9/71 (gw. arosodd). (EP)

DYDDIADUR Y CHWYLDRO (2): SYRCAS
Eirug Wyn

Medi 17eg
Wrth dorri ar draws yr erlynydd am y canfed tro, dywedodd Terwyn wrth Gadeirydd yr Ynadon, "Mae'r lle yma'n debycach i syrcas nag i lys barn" . . . Sef ein hymddangosiad cynta i ateb y cyhuddiad am falu arwyddion San Clêr. Roedd hi'n amlwg bod yr erlynydd am geisio cael yr achos wedi ei daflu i'r Llys Chwarter . . . oherwydd roedd wedi llogi bargyfreithiwr uniaith Saesneg i erlyn—gŵr 'hoffus' o'r enw Patrick Webster . . .

Cododd nifer o bobl ar eu traed i rwystro'r achos. Rhoddodd y Cadeirydd ddau rybudd cyn yr un terfynol. Yn ystod yr amser, pasiwyd nodyn i ni gan gyfaill canol oed, oedd yn hyddysg yn y gyfraith, yn egluro y buasai'n haws i *ni* dorri ar draws y llys na'r dyrfa. Ni allai'r cadeirydd orchymyn ein hanfon ni o'r llys . . . mewn achos o'r fath . . .

Dywedodd y Cadeirydd fod yr achos i ddechrau (yn Saesneg) ac os oedd unrhyw un yn bwriadu torri ar draws, "Byddwch yn ddigon o ddynion i adael cyn i ni ddechrau." Nid oedd ei apêl yn ofer, oherwydd cododd Terwyn, Alwyn a minnau ac agor drws y doc. Dechreuodd pawb chwerthin a rhuthrodd sarjant boliog bochgoch i'n rhwystro. O leia dechreuodd dau o'r ynadon wenu. Ysgydwodd yr erlynydd ei ben mewn penbleth a chododd i ddechrau ei achos . . .

Deunaw gwaith y dechreuodd Webster, *"On the 13th of March . ."* Deunaw gwaith y torrwyd ar ei draws. Ar y dechrau dadleuem dros gael ein hachos yn Gymraeg, yna aethpwyd ymlaen i ddarllen dyfyniadau o Emrys ap Iwan, a phytiau o *Tafod y Ddraig* a ddigwyddai fod wrth law, ac yn y diwedd hyd yn oed ddarnau o Awdl yr Haf!!

Rhwng chwerthin y gynulleidfa, ymbiliadau'r Cadeirydd, ebychiadau'r erlynydd a'r diffynyddion yn torri allan i ganu yn y diwedd (!) roedd y lle'n debycach i noson lawen na dim arall!! Roedd hyd yn oed rhai o wŷr y wasg a'r plismyn yn methu dal rhag chwerthin. Addefodd un plisman mai dyma'r bore mwya diddorol iddo mewn llys ac nad oedd dim yn well ganddo na gweld "torri crib y ceiliog dandi na" . . . Mewn anhrefn llwyr y cyhoeddodd y Cadeirydd ei fod yn gohirio'r llys tan ar ôl cinio.

Roedd tyrfa fawr wedi ymgasglu y tu allan, ac wedi synhwyro bod rhywbeth o'i le ar ôl gweld Roberts-Thomas a Webster yn mynd fel dwy domato at y ffôn agosa . . . [Wedi i'r ynadon eistedd eto] apelio i'r Cadeirydd i ohirio'r achos a rhoi cyfle i Roberts-Thomas a'r heddlu gael gafael ar erlynydd Cymraeg erbyn y tro nesa. Eglurodd Clerc y Llys i Webster beth oedd ein cais. Heb unrhyw arwydd

Hyfryd iawn, ger Horeb. (Heddlu D-P 2/71)

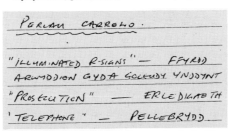
Cofnod Eirug o'r doc, cyn mis o garchar (o 6 mis) iddo ef, Terwyn ac Alwyn, Abertawe 11/71 Isod: gyda chymorth y teiliwr, y 3 yn rhydd ar Apêl, Old Bailey 3/72 (*Sun*)

o gwbl cododd hwnnw i ailddechrau'r achos, pan ddywedodd y Cadeirydd wrtho am eistedd!

Ymgynghorodd yr ynadon ymhlith ei gilydd eto, a phenderfynwyd eu bod yn ailddechrau. Cododd Webster ar ei draed. Edrychai'n debyg i farathon arall, a phan agorodd ei geg dechreuodd y tri ohonom ganu 'Peintio'r Byd yn Wyrdd'. Daliodd i siarad drwy gydol y gân (4 pennill + 4 cytgan) a phan orffennwyd dywedodd y Clerc wrthym yn Gymraeg nad dechrau'r achos a wnaethai Webster ond egluro iddo gael cyfarwyddyd (o Lundain fel y clywsom yn ddiweddarach) os ʃmethai â chyflwyno'i achos . . . y byddem yn ymddangos mewn Llys Chwarter ar orchymyn barnwr . . .

Wedi clywed geiriau'r Clerc gorchmynnodd Cadeirydd y llys fod yr achos allan o'u dwylo nhw ac aeth ef a'r fainc allan. Edrychai Webster ychydig yn well. Roedd wedi ennill ychydig bach o'i *brestige* yn ôl!

[*Detholiad o'i Ddyddiadur, 1971*]

DEAR MR JARDINE . . .
Heddlu Dyfed-Powys

[Dyfyniadau o ddau lythyr, Medi 1971*]
Mr Jardine, 12 Buckingham Gate, S.W.1

Dear Mr Jardine,

Welsh Language Society Court Appearances

Members of the WLS are appearing weekly at Magistrates Courts in Wales charged with a variety of offences. They are always supported by other members of the Society who usually create some commotion in or in the immediate vicinity of the court which usually leads to the arrest of some of them for offences of obstruction etc.

Their tactics have now changed as follows: At Carmarthen Magistrates Courts on 17th inst. three members were charged with indictable offences. The Prosecution was represented by Pat Webster, counsel, of Swansea, instructed by D.A.Roberts-Thomas, Dyfed/ Powys police solicitor. Mr Webster does not speak Welsh.

On this occasion members of the Society present as members of the public behaved well. The three defendants however would not permit counsel to speak in English at all, interrupting him by reading Welsh verse or by singing together. They continued doing this throughout the morning and early afternoon . . .

I now ask that this report be forwarded to DPP for advice. The matter is of urgency . . .

D.A.R.Thomas

Dear Mr Jardine,

Welsh Language Society

. . . I was personally able to understand some of the remarks made by the accused and made a few notes of them. I enclose a copy for your information. Interruptions took the form of shouting, reading poetry by Dafydd Iwan, the leader of the Society [darllen gweithiau Emrys ap Iwan oeddem ni mewn gwirionedd!—E.W.] *and singing together and separately. The hearing was eventually abandoned . . .*

The Welsh Language Society have now announced that in every case in which a member of theirs is involved in future, they will adopt the procedure of interrupting every word spoken in English. The Clerk of the Carmarthen Court has asked me to conduct the proceedings in Welsh, but I have declined to do so on the principles laid down by Justice Mars Jones in the WLS Conspiracy charge at the last Swansea Assizes . . .

Nobody seems to know quite what to do . . . I shall be glad if you will let me have some guidance on this matter.

D.A.R.Thomas

[* *Gw. ysgrif Eirug Wyn, o dan 1969*]

YR ACTOR YN Y GÔT *LEW GRADE*
Dyfan Roberts

Dafydd Wyn Wiliam a 40 o weinidogion wedi gosod arwydd Cymraeg ar bont Caerfyrddin a hebrwng un sumbolaidd i Neuadd y Sir (C 21/4)

A r daith efo Cwmni Theatr Cymru (R.I.P.) oeddwn i, yn Hydref 1971. Enw'r cynhyrchiad oedd 'Rhyfedd y'n Gwnaed'—teitl da nid yn unig i'r cynhyrchiad, ond hefyd i'r gweithredoedd *extra-curricular* ar y daith yng nghwmni rhai fel Dewi Pws a Cleif Roberts . . . ond a'i ddim i mewn i rheiny! Prun bynnag, yr oedd ymgyrch dynnu arwyddion y Gymdeithas yn ei hanterth yr amser hynny, ac wedi perfformiad yn nhref Caerfyrddin, penderfynodd mintai fach ohonom (ar ôl gwydraid neu ddau o 'ddewrder Is-almaenig' yn y gwesty lle'r oeddem yn aros) fynd allan i dynnu ambell arwydd Saesneg oedd yn anharddu'r dref ar y pryd.

Yr oedd hi'n noson arw, dymhestlog— yn wir roedd hi wedi bod yn bwrw heb stop am rai dyddiau, gan beri i afon Tywi lifo dros ei glannau bron. Tra bu Cleif a Iola Gregory yn ymgymryd â'r dasg o beintio patrymau gwyrdd hyfryd ar arwyddion yn un pen i'r dref, tasg Alwyn Ifans a minnau oedd symud arwydd uniaith hyll o ben isa'r dref—nepell o swyddfa'r slobs fel mae hi'n digwydd— a'i guddio o 'dan ddyfroedd oer yr afon'.

Cwblhawyd y dasg o ryddhau'r arwydd yn gyflym a thaclus, a chariais innau'r metel trwm at gei wrth ymyl yr afon. Ymbaratois i'w daflu i mewn—un . . . dau . . . "Gwylia syrthio i mewn," meddai Alwyn, "mi wn i am rywun ddaru wneud hynny wsnos dwytha, wrth daflu arwydd i mewn i'r afon." Ac fel y dywedai'r geiriau rhybuddiol, clywais y gwynt yn rhuo yn fy nghlustiau, a'r peth nesaf, yr oeddwn yn cyffwrdd gwaelod Tywi wyllt.

Deuthum i'r wyneb, yn methu credu'r peth rywsut. Wedi'r cwbwl, doeddwn i ddim wedi gwisgo yn rhyw addas iawn ar gyfer nofio. Pâr o fŵts mawr am fy nhraed, trywsus, fest, crys, jyrsi, siaced, ac ar ben y cwbl gôt swed frown drom efo coler ffyr—côt *Lew Grade* fel y gelwid hi gan aelodau eraill y Cwmni. Prun bynnag, doedd dim i'w wneud ond nofio ymlaen gystal fedrwn i. Gwelwn wyneb Al Efs ar y cei a golwg reit bryderus arno, yn rhedeg i drïo fy nilyn i. Rwy'n credu iddo feddwl bod gen i Deliffon *Directory* yn fy mhoced, oherwydd clywn ef yn gofyn i mi "Pwy ga'i ffônio?"

Ar y gair, dyma fi'n taro mhen yn erbyn rhyw gwch oedd wedi ei glymu yn erbyn y cei, ac i lawr â mi i'r gwaelodion drachefn. Pan ddeuthum i'r wyneb eto, roedd Alwyn wedi cael gafael ar ryw bolyn o rywle, ac yn dal y cwch yn erbyn y llifeiriant, i mi gael trïo dringo i mewn iddo wysg fy nghefn, a'm traed ar wal y cei. Bu sawl cynnig ar hyn, ond oherwydd trymder y dillad, a'r ffaith bod fy

D.A.Thomas, syrfëwr Sir Gâr yn 'profi' bod ei iaith ei hun yn beryglus. (T 1/71) Ond isod: Cyngor D.G.Aberystwyth yn rhoi arweiniad i'r Swyddfa Gymreig, ar hen lyfrgell Talybont, Haf 71

Taith yr Haf 8/71 Isod: Dafydd Iwan, Wyn G.Roberts, Arfon Gwilym, Ffred Ffransis. Meri Roberts gyda'r ddeiseb ddarlledu. (C/LlGC)

Dde ac isod C 11/8

mhwysau yn gwthio'r cwch yn nes allan i'r afon, ro'n i'n mynd o danodd bob gafael.

O'r diwedd, llwyddais i gael gafael ar rywbeth tu mewn i'r cwch, a hanner tynnu, hanner rowlio fy hun i mewn i'r cwch, ac oddi yno i'r cei lle roedd Al Efs yn sefyll yn crynu. Wn i ddim pwy oedd yn crynu waetha, fi ta fo. Wela i ddim bai arno fo chwaith, roedd golwg y diawl arna i, a'r gôt *Lew Grade* yn un saim gwyrdd a mwd o wely'r afon.

Nôl i'r gwesty, cawod boeth ac i ngwely, i ddiolch i Dduw nad fi oedd merthyr cyntaf Cymdeithas yr Iaith. Fuodd yr hen gôt *Lew Grade* byth run fath, na finna chwaith.

meithrin Cymraeg. Mewn cyfarfod cyhoeddus ar faes yr Eisteddfod pasiwyd yn unfrydol y dylid sefydlu corff cenedlaethol — ac annibynnol — a fyddai'n rhoi cymorth, unoliaeth ac ysbrydiaeth i fudiad yr ysgolion meithrin Cymraeg drwy'r wlad.

etholwyd Mrs Millicent Gregory, Aberystwyth, yn ysgrifennydd dros dro a Mr Dave Williams, Aberystwyth, yn drysorydd dros dro.

NID yw Cyfeillion yr Iaith, y mudiad a ddaeth i fod i gefnogi Cymdeithas yr Iaith cyn yr achos yn eu herbyn ym Mrawdlys Morgannwg, yn bod mwyach. Mewn cyfarfod ar faes yr Eisteddfod pleidleisiodd yr aelodau dros beidio a gosod ffurfiau cyfansoddiadol i'r mudiad, gan alw yn hytrach am i'r rhai a fu'n cefnogi'r "Cyfeillion" weithio'n lleol oddi mewn i Gymdeithas yr Iaith.

Ar ran pwyllgor o chwech a fu'n gweinyddu Cyfeillion yr Iaith dywedodd Mr Dafydd Orwig Jones fod gormod o fudiadau yng Nghymru eisoes; byddai perygl i Gyfeillion yr Iaith a Chymdeithas yr Iaith wrthdaro weithiau, nes gwanhau'r ymgyrch; ac i weinyddu'r mudiad yn iawn byddai 'ngen ysgrifennydd llawn-amser.

DRINGO MASTIAU (1): GOBEITHIO'R GORAU
Arfon Gwilym

Dwn i ddim yn iawn syniad pwy oedd dringo mastiau, ond rwy'n cofio bod cryn anwybodaeth yn ein plith ynglŷn â pheryglon posibl y fath antur. Doedd neb erioed wedi ei wneud o'r blaen, hyd y gwyddem, a thasg nid hawdd oedd dod o hyd i ddeg neu ddwsin o wirfoddolwyr, pob un o fewn pellter rhesymol i'r targedi dan sylw. Er mwyn sicrhau'r *impact* mwyaf, y bwriad oedd ymosod ar bump neu chwech o drosglwyddyddion ar yr un pryd. Golygai 'ar yr un pryd' amseru'r cyfan i'r funud bron—gan fod perygl, os oedd gormod o oedi rhwng un ymosodiad ac un arall, y byddai'r gorsafoedd eraill yn cael eu rhybuddio ac y byddent felly'n barod amdanom.

Un o'r tasgau a gefais i oedd gwneud ychydig o ymchwil. Ai trydan oedd y perygl, neu ymbelydredd, neu beth? A oedd y trosglwyddyddion yn cael eu diffodd ar ddiwedd darllediadau'r dydd? Trefnais i gyfarfod Dr Phil Williams yn Llyfrgell y Gyfadran Wyddonol un prynhawn Sul, a bu yntau'n bodio drwy nifer o lyfrau i chwilio am wybodaeth. Ond pur anodd oedd dod ar draws ffeithiau pendant. Cefais yr argraff bendant *na* ddylem fentro i ben uchaf y trosglwyddydd, a bod yna elfen o *risk* yn yr holl beth. Beth bynnag, y penderfyniad oedd bwrw ymlaen a gobeithio'r gorau. Ond roedd amryw ohonom, os nad pob un ohonom, yn bryderus.

Un o'r pethau anoddaf oedd cadw mewn cysylltiad efo pob un o'r gweithredwyr ym mhob rhan o Gymru a sicrhau bod pawb yn deall y trefniadau yn berffaith. Am resymau amlwg, doedd hi ddim yn bosib defnyddio ffôn y swyddfa; yr unig ffordd oedd defnyddio bythau ffôn cyhoeddus, a hyd yn oed wedyn byddem yn dra gofalus wrth siarad. Yr ofn mwyaf, hyd at yr eiliad olaf, oedd bod yr heddlu'n gwybod am ein cynlluniau i gyd.

Fy nhasg i oedd cydgysylltu'r cyhoeddusrwydd o'r swyddfa, ond ar y funud olaf daeth galwad arnaf i weithredu fy hunan oherwydd bod un gweithredwr wedi tynnu'n ôl. Teimlwn yn hapusach o lawer, oherwydd teimlad annifyr iawn fyddai gweld eraill yn mentro, o ddiogelwch y swyddfa!

Bu'n rhaid i Robat Gruffudd ruthro â mi i fyny i Landdona ym Môn mewn pryd ar gyfer y weithred. Munudau yn unig oedd gen i'n sbâr! Ond gadawaf i Mici Plwm ddweud gweddill y stori . . .

Dde: rhynnu dros Sianel Gymraeg (C 7/71) ac orig arall o Daith yr Haf o Fangor i Gaerdydd; trefnodd Arfon Gwilym bythefnos o gyfarfodydd cenhadol a chasglwyd 10 mil o enwau ar Ddeiseb y Sianel erbyn rali Caerdydd 8/71

DRINGO MASTIAU (2): SYM O DAN DRAED
Mici Plwm

Fe ddewiswyd Mast Llanddona, Sir Fôn i Ali Bach (Alwyn Gruffydd, Llên Llŷn gynt) a finna. Cyfarfod yn Bala-Bangor pnawn Sul . . . Ond lle ddiawl oedd Ali Bach?! Toc, ar ôl i ni gnoi gwinadd at yn penelinia, dyma alwad ffôn—Ali Bach yn methu dod draw o Fotwnnog (Taid i Nain i gath o 'di cal y ddannodd ne rwbath tebyg oedd y rheswm . . .) Dyma benderfynu y basa'n rhaid i mi fynd fy hun (dwl nid dewr).

Ffwrdd â ni am Landdona. Wel sôn am chwerthin; Gwil, fedri di ddychmygu'r olygfa ma. Rhys Tudur (dros chwe troedfadd), Ieuan Bryn (tydio ddim yn gawr nacdi) a finna (yn lwmpyn bach) yn bol-lusgo at droed Mast Llanddona—o ia, hefo'n gwyneba wedi'u plastro hefo *gravy browning* o gegin Bala-Bangor! Toc 'di hannar nos, rôl gorwadd yn rhedyn yn pwffian chwerthin, a cal smoc ar slei (a chwythu mwg i dwll gwningan rhag i'r gwyliwr nos i weld o!), dyma hi'n dod yn amsar i mi adal y ddau ddreifar/comando a mynd ati i ddringo i fyny'r Mast.

Rhaid i mi gyfadda, ro'dd genai dipyn o ofn bod ar ben y Mast ar ben fy hun (am ddyddia hwrach; dim ond deud pryd oddan ni i fod i fynd i fyny nath Senadd y Gymdeithas—ddudodd neb pryd i ddod lawr!) Yr ofn mwya odd genai odd bod ffrâm y Mast yn 'fyw' (trydan hynny yw!!) Wedi sipian fy mys* a chyffwrdd y ffrâm, dyma gal atab boddhaol—'*dead*'. (*Sipian bys a'i wlychu a cyffwrdd gwifran—hen dric peryglus ddysgis i yn Manweb!!)

Rwan ta dyma hi'n dod yn amsar dringo; chwibanu fatha cornchwiglan hefo dolur gwddw, i adal i Rhys Tudur a Ieu Bryn wbod bod pob dim yn iawn (ac i ddeud ta-ta!). Wrth ddringo, mi fedrwn weld i mewn drw ffenast i gwt y gwyliwr nos—dim problam, mi fasa Band Deiniolan yn chwara *March* wedi medru dringo'r Mast y noson honno; roedd 'Seithennyn' yn rhochian cysgu!

Tua munud a hannar o ddringo, a dyna rwbath yn digwydd roth y braw mwya rioed i mi yn ystod manŵfyrs y Gymdeithas. Dyma rwbath yn dechra gwthio tîn y nhrowsus i, ac fel tasa hyn ddim digon, dyna lais o'r twllwch yn gweiddi "Sym o dan draed nei di." Arfon Gwilym myn diawl i!

. . . Mi gafodd andros o groeso; ar ôl gorffan swsian, ysgwyd llaw, cofleidio, crïo dagra hapusrwydd a bob dim arall ma comandos yn i wneud, dyma Arfon Gwilym yn rhoi'r frawddeg ora glywis i drw'r nos: "Ma genai lond bag o fechdana a ffrwytha yn fama, be gymi di?" Chwara teg iddi, roedd Enid Gruffudd Lolfa wedi morol bod yn bolia ni'n iawn, beth bynnag arall fydda'n digwydd!

Yng nghanol mis Awst, dechreuodd Geraint Ecli ar dymor o fis yng Ngharchar Walton Lerpwl. Fe'i dedfrydwyd gan ynadon Caerfyrddin ar ôl iddo wrthod talu dirwyon a gafodd am symud arwyddion uniaith Saesneg yng nghylch Aberystwyth bedair blynedd yn ôl.

C 11/8

Dal ati â'r arwyddion: Meg Elis, Einir Hughes, Gwenda Pretty, Lowri Griffiths, Mary Davies, Rhian Llywela yn achos y 15, Llys Bangor 7/9

DIANC O DRWCH Y BLEWYN
Arfon Gwilym

Ddwywaith ym 1971 fe chwaraeodd yr awdurdodau i'n dwylo drwy wneud drama fawr allan o'u hawydd i erlyn arweinwyr ac aelodau mwyaf gweithgar y Gymdeithas. Dyma a wnaed gydag Achos yr Wyth, a dyna a wnaed drachefn ychydig fisoedd yn ddiweddarach gyda 17 ohonom—ein dwyn i gyd i mewn i'r ddalfa efo'n gilydd (wel, mwy neu lai).

Erbyn hyn mae'r heddlu'n bur hoff o drefnu eu cyrchoedd yng nghanol nos, ond liw dydd yr aed ati yn ein hachos ni. Mae'n debyg mai rheswm yr heddlu dros daro yng nghanol nos yw bod pobl yn debycach o fod adre. Ac yn wir, er bod 17 ohonom yn wynebu cyhuddiad o Gynllwyn yn Yr Wyddgrug yn Nhachwedd 1971, ni syrthiodd *pawb* i'r rhwyd y tro cyntaf. Dihangodd un, Elfed Lewis, yn union o dan drwynau'r heddlu. Fel hyn y bu.

Roeddwn i newydd gyrraedd adref i Rydymain, ar ôl y pythefnos fwyaf blinedig a gefais erioed yn fy mywyd, yn trefnu'r daith gerdded o Fangor i Gaerdydd yn syth ar ôl Steddfod Bangor (roedd Ffred [Ffransis] yn y carchar ar y pryd). Roedd fy mrawd, Dyfan [Roberts], adref hefyd a galwodd Elfed heibio ddechrau'r pnawn. Toc, daeth cnoc ar y drws—dau blismon yn eu dillad eu hunain o Ddolgellau, wedi dod i'n cymryd i mewn. Gwrthododd y ddau ddweud beth oedd y cyhuddiad, a dilynodd un fi i mewn i'm llofft tra'r oeddwn yn newid. Wyddem ni ddim ar y pryd, ond roedd warant i arestio Elfed hefyd, a bu chwilio dyfal amdano am ddyddiau wedyn! Ac yntau yno o dan eu trwynau, yn codi ei law arnaf ar fy ffordd i swyddfa'r Heddlu yn Nolgellau!

A oes heddwch? Dafydd Iwan, Tiisli a J.Ronald Jones, Prif Gwnstabl D-P, Eisteddfod Bangor. (d/g H.G.)

PAFILIWN, Y RHYL

NOSON LAWEN

NOS SADWRN, 25 MEDI 1971
am 7 o'r gloch

HUW CEREDIG
yn cyflwyno

DAFYDD IWAN   Y TEBOT PIWS
Y DYNIADON YNFYD HIRFELYN TESOG
HUW JONES   Y CHWYLDRO
ac eraill

TOCYNNAU: 60c (seddau cadw); 50c a 25c (Plant Ysgol)
Drysau'n agored am 6.15 o'r gloch

Achos mawr Yr Wyddgrug, y Cynllwyn Darlledu: cadwodd Mici ei docyn uchod, a'r emynau a gopïodd yr 17 carcharor yn Risley.

ACHOS YR WYDDGRUG
Arfon Gwilym

Atgofion digon anhapus sydd gennyf o achos Cynllwyn Yr Wyddgrug, ac rwy'n ofni nad oes gan y dre ryw le cynnes iawn yn fy nghalon byth ers hynny! ... Ar ddechrau Tachwedd y cynhaliwyd yr achos, ac am ryw reswm mae'r ffaith bod yr awr wedi cael ei throi ar ganol yr achos wedi aros yn glir yn fy nghof. Roedd y Gymdeithas wedi sicrhau neuadd fechan y Pabyddion fel canolfan i weithrediadau'r wythnos, a chyn yr achos cynhaliwyd gwylnos yno. 'Atgyfnerthu'n ysbrydol' oedd diben yr wylnos i Ffred [Ffransis], ond i amryw ohonom, yr effaith fwyaf oedd blinder llethol ar ôl colli noson o gwsg!

...Unwaith yr oedd yr achos yn erbyn diffynyddion arbennig wedi dechrau, ni chaniateid mechnïaeth ac fe gaent 'lety' yng Nghanolfan Gaethiwo Risley ger Warrington, a'u cludo yno mewn bws arbennig bob nos. Golygai'r drefn hon bod rhai ohonom â'n traed yn rhydd am rai dyddiau ar ôl i'r achos ddechrau—hyd nes y caem 'alwad'.

Y targed nosweithiol, wrth gwrs, oedd y bws a gludai'r diffynyddion i Risley a bu ambell i wrthdaro ffyrnig rhwng y protestwyr a'r heddlu—yn y tywyllwch, gan ei bod wedi nosi cyn i'r bws gychwyn ar ei daith. Yn ystod y dyddiau cyntaf hynny hefyd, bu Elfed Lewis, Dyfrig Siencyn a minnau yn darlledu'n anghyfreithlon—rhaglen o bropaganda pur, wrth gwrs, a digon amrwd mae'n siwr.

...Mae'n debyg mai yng ngharchar Risley y profwyd rhai o'r munudau ysgafnaf. Treuliodd y cyfan ohonom benwythnos yno, gan fod yr achos yn parhau i'r wythnos ganlynol, a phleser pur oedd cael cwmni rhai fel Mici Plwm mewn lle felly. Cawsom wasanaeth Cymraeg i ni'n hunain ar y Sul, dan arweiniad Elfed wrth gwrs. Yno, rwy'n credu, y bedyddiwyd Elfed yn *Rocking Reverend!*

Un o'r tasgau anoddaf erioed oedd dod allan i wynebu'r cefnogwyr ar ddiwedd yr achos, gyda phedwar o'n haelodau wedi eu carcharu am gyfnodau hir. Roedd y sefydliad Seisnig wedi dangos ei ddannedd. Ond sut yn union oedd ymateb i ddigwyddiad dramatig felly yn fyrfyfyr ac yng ngwres y funud? Gwyddwn fod fy ngeiriau'n hurt o annigonol!

A bychan a wyddant fod Ffred a dyrnaid bach o'i gyd-aelodau o'r Gymdeithas wedi gwahodd y Parchedig Jonathan Thomas, gweinidog Eglwys Gynulleidfaol Baker Street, Aberystwyth, i swyddfa Cymdeithas yr Iaith i gynnal cwrdd crefyddol **byr cyn** iddynt wynebu ar y llys yn Yr Wyddgrug.

F 26/1/73

Y bws carchar nosweithiol. (P.I.)

PWY OEDD HOUDINI CYMDEITHAS YR IAITH?
Mici Plwm

Ateb: Ffred Ffransis. Dwi'n cofio teithio o garchar Risley i'r Achos Cynllwynio yn Llys y Goron, Yr Wyddgrug, yn y bws gwyrdd HMP (neu fel dudodd Arfon Gwilym—*cell mate* erbyn hyn!—Hautomobile Mici Plwm!!) Roedd hi'n arferiad i ni deithio fesul dau, ac roedd llaw chwith Ffred yn sownd yn llaw dde Dafydd Yoxhall, mewn cyffion.

Ar wahân i dric dyddiol Ffred o ganu'r gân actol 'Oli aci ci a cw'—a gwneud y symudiadau fel tasa fo yng Ngwersyll Llangrannog, a chodi Dafydd i do'r bỳs!—dyma Ffred yn tynnu'i law allan o'r cyffion. Fel tasa hynny ddim digon o gamp, dyma weiddi ar y ddau geidwad o'r Carchar, Mr McKensie a Mr Jackson (dau berson ffeindia a chlenia fyw), odd yn ista'n sêt flaen y bỳs, a chodi llaw arnyn nhw. Mi gymodd funud cyn i'r rheiny sylwi bod Ffred yn codi'i *ddwy* law arnyn nhw!

HOUDINI: ÔL-NODYN
Gwilym Tudur

Ie, 'fel y daw i'm cof', chwedl Pontshan. Gallaf ategu tystiolaeth Mici i'r ddawn ryfedd yma o eiddo Ffred. Y tro cyntaf y bûm innau efo'r dyn, ar berwyl felna, fe'n dygid mewn car heddlu o Lys Aberteifi, wedi'r randibŵ yn achos Gwynn Jarvis, Dafydd Iwan a Morys Rhys ym 1969.

Cyn iddyn nhw roi'r cyffion arnom, fesul pâr, un plisman bob un, roedd o yn wir wedi egluro'r gyfrinach imi. Y peth i'w wneud, ddyliwn, yw lledu eich garddwrn drwy chwyddo'ch cyhyrau, jest cyn cau'r cyffion.

Mi wnes i hynny. Am sbelan ar y daith, dyna lle ron i yn gwingo fel ffurat yng ngafael y cawr wrth fy ochr, ond yn ofer wrth gwrs. Dim byj. Yna, wele'r carcharor arall yn sydyn yn fflopian ei law, ac allan â hi fel slywen. Roedd ei blisman o, fel y frenhines gynt, yn *not amused*, a wir wedi cael braw braidd. Stopio'r car yn stond, i ailosod yr heyrn—arnaf finnau hefyd, ac yn dynn uffernol, diolch i Ffred.

3/.Rhaid iddi fod yn weithred fawr.Does dim pwynt inni wnaud 12misa mwy am weithred pitw.Rhaid iddi fod yn weithred digon difrifol inni fodyn sicr o gael ein restio ac iddynt weithredu'r dedfrydau gohiriedig o reidrwydd.Go brin y gallem drefnuail weithred petai hyn yn methu.Dylai fod yn weithred o arwyddocad cenedlaethol ac yn uchafbwynt neu'n ffocws i

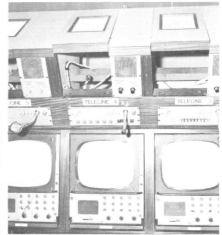

Uchaf T 12/71 Uchod: o lythyr Ffred Ffransis at y 7 arall wedi achos Abertawe. 6 yn gwrthod ei ddilyn; rhai yn amheus o ddull y merthyr, a charfan Adfer yn ymbellhau. Dde: Aeth Ffred ymlaen i ddifrodi Granada gyda Myrddin Williams a Goronwy Fellows 7/71 a 2 flynedd o garchar yn Yr Wyddgrug.

Yn Gadeirydd bellach, 6 mis yn Yr Wyddgrug i Gronw Davies. (Hen lun o'i arestio Cynllwyn Arwyddion 3/71)

Cafodd 2 arall flwyddyn o garchar yn Yr Wyddgrug. Uchod chwith: Gwyneth Edwards yn croesawu Myrddin o Walton 6/72 Dde: Goronwy yntau'n rhydd, gyda'i dad a Sandy 6/72

Yr ympryd Nadolig 1af: gŵyl lwglyd ym Mala-Bangor dros y carcharorion. Roedd cwmni arall yn Nhŷ John Penri, Abertawe.

ADFER
Arfon Gwilym

Fel pob mudiad cenedlaethol arall cafodd Cymdeithas yr Iaith ei siâr o siomedigaethau ar hyd y blynyddoedd. Ond mae'n amheus a gafodd unrhyw beth effaith mor ysgubol ar ysbryd y mudiad â'r siom o golli rhai o'i haelodau mwyaf galluog i ffurfio mudiad Adfer. Gellir yn hawdd ddeall pam o enwi'r rhai amlycaf—Emyr Llywelyn, Ieuan Wyn, Eryl Owain, Ieuan Bryn, Neil ap Siencyn, Emyr Hywel.

Y mwyaf blaenllaw ohonynt i gyd, wrth gwrs, oedd Emyr Llywelyn, y bu ei areithiau yn gymaint o ysbrydoliaeth i bawb oedd yn ymuno â rhengoedd y Gymdeithas yn y cyfnod hyd at 1971. Ef oedd un o'r areithwyr gorau a welodd y mudiad cenedlaethol erioed. Roedd yn feddyliwr dwfn a chynlluniai ei areithiau'n ofalus ymlaen llaw. Ond roedd ganddo hefyd ddawn arbennig i gyflwyno'i genadwri yn effeithiol a hoelio sylw'i gynulleidfa. Gallai sobreiddio rhywun hyd at ddagrau bron, ond gallai danio ac ysbrydoli hefyd ar yr un pryd.

Yn Ysgol Basg y Gymdeithas ym 1970 y cyflwynodd Emyr ei weledigaeth newydd. "Gwendid polisi o brotestiadau torcyfraith cyson heb wneud dim arall yw ei fod yn bolisi negyddol," meddai. "Rhaid i Gymdeithas yr Iaith os yw eisiau tyfu a datblygu, ac nid chwerwi, fabwysiadu cynllun pendant o waith cadarnhaol i adfer y bröydd Cymraeg . . . gan ddefnyddio'r brotest yn unig pan fydd y system bresennol yn rhwystro datblygiad y drefn newydd."

Soniodd am sefydlu Cwmni o'r enw Adfer i brynu tai a busnesau yn yr ardaloedd Cymraeg, ond roedd hi'n hollol glir mai neges i Gymdeithas yr Iaith oedd ganddo. Pam felly y datblygodd Adfer yn fudiad annibynnol? Mae'n gwestiwn diddorol, oherwydd, ar y dechrau yn sicr, doedd neb yn anghytuno. Efallai nad oedd pawb mor frwd—neu'n rhy brysur yn ymgyrchu efallai—ond fu dim dadl. Rhywbeth a ddatblygodd pan ffurfiwyd *mudiad* Adfer oedd y ffraeo; a *datblygu* yw'r gair cywir yn y cyswllt hwn, oherwydd rhywbeth graddol oedd o—ni fu unrhyw ymddiswyddiad swyddogol, ac eithrio Neil ap Siencyn ym 1974.

Sut felly yr achoswyd y rhwyg? Yn achos Emyr Llywelyn, mae'n ymddangos bod Achos yr Wyth ym Mai 1971 wedi chwarae rhan. Petai Dafydd Iwan wedi cael ei garcharu ar ddiwedd yr achos hwnnw, Emyr fyddai'r Cadeirydd, a hynny mae'n sicr ar adeg o gyffro a chythrwfwl mawr. Yr oedd Rali i'w chynnal yn Neuadd y Brenin, Aberystwyth, ar y Sadwrn wedi'r achos. Yn ôl hysbysebion y wasg Gymraeg, uchafbwynt y rali fyddai cyhoeddi 'Proclamasiwn y Chwyldro'. Swniai'n gyffrous, ond ychydig o neb a wyddai ei gynnwys.

Yn ystod y rali, daeth i'r amlwg mai craidd y Proclamasiwn oedd sefydlu grŵp o 'Gyfamodwyr', pur eu gweledigaeth ac unigryw eu hymarweddiad a'u gwisg. Ond er mor danbaid oedd anerchiad Emyr, ni lwyddodd y syniad arbennig hwn i daro deuddeg.

Efallai nad oedd yr amser yn briodol. Yr wythnos cynt, roedd y Barnwr Mars Jones ym Mrawdlys Abertawe, drwy osod dedfrydau gohiriedig ar arweinyddion y Gymdeithas yn hytrach na charchar fel y disgwylid, wedi chwalu'r tensiwn a oedd wedi codi drwy'r wlad yn y misoedd cynt, ac wedi tynnu'r gwynt o'r hwyliau—dros dro, beth bynnag.

Gellir deall siom bersonol Emyr Llywelyn na chafodd ei syniadau newydd groeso brwd. Ond anoddach yw deall pam na fyddai wedi trafod ei fwriadau ymlaen llaw yn y senedd—neu, os nad oedd amser, gydag arweinyddion eraill y mudiad. Petai wedi gwneud hynny, a phetai Mars Jones wedi carcharu'r wyth (neu ddim ond dau neu dri ohonynt), a bod Emyr Llew wedi cael ei hun yn arweinydd y Gymdeithas ar adeg mor dyngedfennol, tybed beth fyddai wedi digwydd? Y ffaith yw y gallai fod wedi ymgorffori yng Nghymdeithas yr Iaith, heb lawer iawn o drafferth, y syniadau sylfaenol a fynegodd yn Ysgol Basg 1970. Roedd hi'n bosibl i'r *'gwaith cadarnhaol'* yn y bröydd fynd law yn llaw â'r *gweithredu uniongyrchol* i ennill ymgyrchoedd unigol (sianel, arwyddion, addysg, etc)—fel y mae Cymdeithas yr Iaith ac Adfer ei hun wedi dangos wedi

Dde ac isod: o daflen 1af Cwmni Adfer, 'penwythnos waith' ar eu tŷ 1af, Tŷ Gwyn, Tregaron; , , Dafydd Ifans, Emyr Llywelyn, Cledwyn Fychan, Cynog Davies, Dafydd Gapper, . Datblygodd y cwmni yn fudiad erbyn 1973 a datgysylltu o'r Gymdeithas 1974.

hynny. Fe allai dwy 'adain' felly fod wedi cyd-fyw o dan yr un to.

Ond nid felly y bu. Y rali honno yn Aberystwyth oedd yr olaf i Emyr Llew ei hannerch yn enw Cymdeithas yr Iaith. Cyn bo hir (rhyw flwyddyn yn ddiweddarach), clywyd bod mudiad newydd wedi ei ffurfio, ac roedd rhwyg wedyn yn anochel. Yn anffodus, yr unig ffordd y gallai Adfer gael ei draed dano oedd drwy ddenu aelodau o Gymdeithas yr Iaith. Elfen bwysig yn eu llwyddiant i wneud hynny oedd y 'penwythnosau gwaith' cyson a gynhelid, gyda'u pwyslais ar waith caib a rhaw. Wrth glymu'r pwyslais ymarferol hwnnw â phwyslais ar 'athroniaeth' roedd yr apêl yn cryfhau.

Fe ddaliwyd Cymdeithas yr Iaith ar funud wan. Teimlai rhai ddadrithiad wrth sylweddoli nad oedd berw mawr y cyfnod '69–'73 yn mynd i bara am byth. Ac er bod 'athroniaeth' ac amcanion y Gymdeithas wedi eu gosod allan yn hollol glir yn eu Maniffesto ym 1972, cododd peth ansicrwydd. Manteisiodd Adfer yn llawn ar hwnnw. Mewn sefyllfa o gystadleuaeth uniongyrchol am aelodau, tuedd un mudiad oedd lladd ar y mudiad arall—nid yn gyhoeddus yn aml iawn— a chrewyd sefyllfa ddiflas a gwirion iawn, oedd yn cyferbynnu'n llwyr â'r hwyl a'r asbri oedd yn bod gynt.

Ni ddaeth Cymdeithas yr Iaith allan o'r cyfnod hwnnw'n ddianaf, ond fe *ddaeth* allan ohono—wedi sobri, ond yn barod i roi cynnig arall arni.

C 6/10 Bu sefydlu a thwf CTG yn siom i freuddwyd genedlaethol Adfer ac yn hwb i'r ymraniad.

(*NID*) CYFIEITHU CARBWL!
Arfon Gwilym

Bu Llanrwst yn gyrchfan i gyfres o achosion a phrotestiadau ym 1971—rhai yn ymwneud â'r drwydded deledu, eraill ag arwyddion. Yn ystod un o'r protestiadau hynny fe restiwyd nifer ohonom (tua dwsin os cofiaf yn iawn) a phenderfynodd yr ynadon ddelio â'r achosion yn ddi-oed—y noson honno!

Mynnai pob un ohonom siarad Cymraeg wrth gwrs, ond roedd clerc y llys wedi anghofio bod angen cyfieithydd. Cytunodd mewn munud i dderbyn cymorth gwirfoddolwr o'r oriel gyhoeddus—neb llai na Gwilym Tudur—yr unig enghraifft, hyd y gwn, o ddefnyddio aelod o'r Gymdeithas yn gyfieithydd swyddogol. Gwnaeth ei waith yn gampus—gan wneud i ddatganiadau rhai ohonom swnio'n well fyth yn Saesneg!

[*Gw. ei ysgrif arall o dan 1972*]

1972

maniffesto

CYMDEITHAS YR IAITH GYMRAEG

25c

Sri Lanka yn weriniaeth

Alltudio 40,000 o Asiaid Pryd o Uganda

Dal ysbïwyr llywodraeth UDA yng ngwesty Watergate; ailgychwyn bomio Viet Nam

Agor mur Berlin, tro 1af ers 6 blynedd

Kurt Waldheim yn ysg cyffredinol y Cenhed Unedig

Llywod Laf 1af ers 1946 yn Awstralia, prifwein Goff Whitlam

Gemau Olympaidd, Munchen; llofruddio 11 o athletwyr Israel

Arwyddo cytundeb y Gymuned Ewrop gan Ddenmarc, Gweriniaeth Iwerddon, Gwl Pryd, a'r Iseldiroedd; Norwy yn tynnu'n ôl

Sefydlu coleg Gaeleg Ostaig yn yr Alban

Diddymu Stormont, senedd 6 Sir Iwerddon, am flwyddyn; bomio yno ac yn Lloegr; y Sul Gwaedlyd yn Deri; mesurau gwrth-IRA yn y Weriniaeth

Marw'r Tad Armand ar C'halvez yn Llydaw

Arddangos trysorau Twtancamen o'r Aifft yn Llundain; lladd 118 mewn awyren yn Staines

Isetholiad Merthyr Tudful, Ebrill—Ted Rowlands, Llaf mwyafrif 3710 dros Emrys Roberts, PC

Cyhoeddi atrefnu llywod leol ar gyfer 1974—7 cyngor sir, 36 dosb ac 800 cymuned

Bygwth Cwm Nant yr Eira; dadl safleoedd Rio Tinto Zinc

Bygwth 18,000 o swyddi dur

Streic y glowyr a'r docwyr; anhrefn diwydiannol a chyhoeddi cyflwr argyfwng

Swyddfa Gym yn agor swyddfa ym Mrwsel; y gwrthbleidiau yn erbyn mynd i Ewrob; y Blaid Laf Gym dros G Etholedig, bellach

Achub ysgol Llanaelhaearn; Nant Gwrtheyrn ar werth

Agor maes awyr Caerd-Cym, a Banc Masnachol Cym, J.Hodge

Parc Cen i'r canolb

Ymgyrch derbyniad teledu ym Maldwyn

Canolfan Chwaraeon Gen, Caerd; Llanelli'n trechu Seland Newydd, rygbi, a Chym yn gwrthod chwarae yn Nulyn; Lyn Davies yn gapten Gwl Pryd yn y gemau Olympaidd

Diweithdra, Rhagfyr, 4.7% (45,443)

Marw Thomas Jones, S.O.Davies, Sali Davies

Eist Gen Hwlffordd; Eist yr Urdd Y Bala; Gŵyl G Dant Cross Hands

Adr Bowen, Arwyddion Ffyrdd Dwyieithog, Awst, yn argymell eu newid drwy'r wlad, a'r Gym yn flaenaf; Swyddfa Gym yn derbyn ond gohirio blaenoriaeth iaith

Sefydlu Pwyllg Crawford ar y 4edd sianel deledu yng Nghym

Adr C Darlledu Cym, BBC, ar gost gwasanaeth newydd; bu 376 awr mewn bl, teledu Cym BBC

Penodi'r barnwr Edmund Davies i adrodd ar iaith llysoedd, Gorff

Cangen 1af Adfer; prydles capel Nant Gwrtheyrn yn rhodd gan Geraint Jones; *Yr Adferwr*, rhif 1

Gosod tŷ 1af Cymd Tai Gwynedd, Llanllyfni, Gorff

Dathlu jiwbili yr Urdd

Gweithgor Dr Emyr Wyn Jones yn argymell dilysrwydd cyfartal i'r Gym yn ysbytai Cymru

Brinli yn archdderwydd; helynt areithiau llywyddion y dydd; Sir Forg yn atal ei grant £1000 tra ceid Rheol Gym

Cyfarfod cyffredinol 1af y Mudiad Meithrin, Aberystwyth, Medi

Sefydliad Cym, Aberdâr am ddysgu Cym i oedolion

Sefydlu Gwasg Gwynedd; rhifynnau 1af *Llafur*, *Pair*, a *Sŵn*, cylchg pop

Cerddi'r Cywilydd Gerallt Ll.Owen; *Colofnau'r Fl 1972* gol Tegwyn Jones; *Symbolau Cyfiawnder* (hanes ymgyrch arwyddion) ac *Achos y Naw* gan Y Wasg Rydd; *Yr Iaith a'r Cyngor* a *Termau Cyfraith* Robyn Lewis; *Wales and the Welsh* Trevor Fishlock; *Anatomy of Wales* gol R.Brinley Jones

Wynebddalen:
Clawr llyfr, maniffesto cyntaf y mudiad

Nid oedd llanw 'poblogaidd' y mudiad iaith ond megis dechrau treio, a bu'r llysoedd barn yn brysurach nag erioed. Mae'n wir bod Cymdeithas yr Iaith yn awr yn lledu ei hadenydd dros feysydd cymdeithasol ac yn dechrau swnio fel plaid wleidyddol, ond daliai i fod yn fath o gydwybod y genedl, a gâi ei phigo'n gyson o weld Cymry o bob oed yn fodlon herio gwawd a gwg a gwaeth. Un nodwedd amlwg fu cyfraniad y cefnogwyr hŷn at boblogeiddio'r ymgyrch ddarlledu.

Erbyn y gwanwyn roedd 300 o deuluoedd yn gwrthod talu am drwydded deledu nes y caent addewid am Sianel Gymraeg. Cefnogid syniad y Sianel eisoes gan rai o'r cynghorau lleol Cymreiciaf. Ymunodd Llys y Brifysgol a'r Presbyteriaid yn y rhengoedd, a galwodd yr Annibynwyr ar ragor i atal eu trwydded (er mai gwrthod eu dilyn a wnaeth UCAC). Erbyn Rhagfyr roedd 136 wedi bod mewn llys, a gweinidog wedi ei roi yng ngharchar, ond aethai rhai ynadon yn benben â'u Harglwydd Ganghellor. Un o'r pump a roes ryddhad diamod oedd mainc Y Bala, a bu'n rhaid symud mainc Dolgellau yn unswydd i ddirwyo yn Y Bala. Yn ei adroddiad cyntaf ar fater y Sianel yn Chwefror mynasai'r BBC mai'r llywodraeth yn unig a allai newid y drefn, ond gwrthodai'r Gweinidog Post a'r aelodau seneddol symud cyn 1976, dyddiad atrefnu'r patrwm Prydeinig. Drosodd at Gymdeithas yr Iaith felly.

Roeddent wedi cychwyn y flwyddyn drwy feddiannu pump o fastiau teledu, gan amharu ar ddarlledu yn y gogledd, a phrotestio yng ngŵydd y Gweinidog Gwladol pan ollyngwyd eu cadeirydd newydd o garchar (yn ôl i'r sedd y bu Dafydd Iwan yn ei chadw'n gynnes iddo dros y gaeaf). Wedi croesawu dau arall o garcharorion Yr Wyddgrug yn Eisteddfod yr Urdd, blinasai'r Gymdeithas aros i'r awdurdodau eu cymryd o ddifrif. Meddiannwyd swyddfeydd BBC Caerdydd, a daliwyd naw ger eiddo'r Bîb yn Llundain (gan achosi cyfres o lysoedd hyd nes y gollyngwyd y cyhuddiad o Gynllwyn gan yr Old Bailey y flwyddyn wedyn). Torrodd pedwar i mewn i swyddfeydd darlledu yn Llundain eto, a pharodd hynny helyntion garw ym mhrifddinas y Sais. Aeth tyrfa i rwystro'r Weinyddiaeth Bost yn Awst, ac yn achos olaf y pedwar carcharor yn Nhachwedd fe arestiwyd dros ddeugain a bu wythnos gyfan o gosbi a phrotestio yn llysoedd Stryd Marlborough. Gwelai'r BBC na allai anwybyddu barn y wlad, a sefydlodd Bwyllgor Beynon yn Hydref i ystyried darlledu Cymraeg.

Nid y teledu a greodd gyffroadau nodweddiadol y cyfnod chwaith, ond stori gyfres yr arwyddion ffyrdd. Daliai'r arwyddion Saesneg i ddiflannu, tra disgwylid am Adroddiad Bowen. Carcharwyd rhai a chafodd eraill garchar gohiriedig gan Lys y Goron. O'r Ysgol Basg aeth torf o 200 ag arwyddion estron i blagio cyngor tref gelyniaethus Aberteifi. Yna bu cymhelri heb ei fath yn 'achos y 9'. Eu pechod hwy, ar wahân i fod braidd yn hen, ydoedd cario arwyddion yng Nghaerfyrddin, ac yn Llys y Goron yno gwrthodwyd achos Cymraeg iddynt. Wedi carcharu saith o'u cefnogwyr, am herio'r sarhad, aeth y Blaid Lafur ac Elystan Morgan yn ddig wrth y 'canol oed' am 'annog' yr ifanc. Roedd *Barn* odani wrth gwrs, ac Alwyn Rees wrth ei fodd. Ef a drefnodd gyda Maldwyn Jones i liniaru dirwyon o Gronfa'r Cyfiawn.

Cawsai'r Arglwydd Ganghellor lond bol. Archodd adroddiad ar iaith y llysoedd gan y Barnwr Edmund Davies. Ni allai Hailsham chwaith adael i'r ynadon hybu torcyfraith. Diswyddodd un ohonynt, am dalu dirwy protestiwr arwyddion yn gyhoeddus o fainc Abertawe, a daeth i Fangor i roi pryd o dafod i'r holl ynadon, yn cynnwys y meinciau a gefnogodd bobl y drwydded deledu. Ond roedd wedi pechu yn arw yn erbyn gwlatgarwyr parchus wrth sôn am 'fabŵns' ac ati, ac fe atgyfodwyd Cyfeillion yr Iaith i helpu i roi croeso priodol iddo yno. Hon oedd tyrfa brotest olaf y Cyfeillion; gorau oll gan

lawer, mae'n siwr, wedi gweld yr haid yn lled anghofio am y dull di-drais a rhuthro dros glwydi'r plismyn. Prun bynnag, daeth Adroddiad Bowen allan wedyn a rhoi taw ar y cynnwrf. Yn Rhagfyr derbyniodd y llywodraeth ei argymhellion i wario £3¼ miliwn ar newid tua 35 mil o arwyddion ffyrdd a 43 mil o rai eraill o fewn pump i ddeng mlynedd. Brwydr hir yr arwyddion ffyrdd wedi ei hennill o'r diwedd! A'r Gymraeg i fod yn flaenaf hefyd; ar yr amod dybiedig honno, câi Cymdeithas yr Iaith yn awr fwrw iddi â'i maes llafur helaeth.

Nid oedd y Post Seisnigaidd wedi rhoi modfedd ers ailgychwyn yr hen frwydr yn eu herbyn. Dinistriwyd cofleidiau o ddogfennau estronol o'u swyddfeydd eto, a galwyd yn y *Tafod* am ddeddf iaith gryfach. Ond amddiffyn tai a thir y Cymry oedd y brif ymgyrch newydd bellach (yn cynnwys hawl pysgota!). Yn yr Ysgol Basg y dechreuodd yr arfer o fanylu ar broblemau un ardal Gymraeg. Wedyn at yr ymgyrch dai o ddifrif, mewn modd cynhyrfus, drwy atal arwerthiannau yn Sir Gaernarfon. Dyma ddechrau'r alwad 'Nid yw Cymru ar Werth', ond ar werth y parhaodd heb i fawr neb ond y Gymdeithas wneud ymdrech gyhoeddus, yn wyneb y perygl mwyaf erioed i'n iaith. Roedd ambell awdurdod lleol fel Cyngor Llŷn eisoes yn poeni am ffenomen gynyddol y tai haf. Er y gwyddai pawb mai dyfodiad estroniaid anghyfiaith yma i fyw oedd y perygl, ni fentrai'r un mudiad geisio'u hatal hwy fel y cyfryw. Daeth y tai haf felly yn symbol o'r mewnlifiad, yn ogystal ag o anhegwch economaidd, a dyna'r targed a ddewisodd y Gymdeithas yn ei chyfarfod cyffredinol. Gwelodd hefyd, o'r diwedd, bwysigrwydd y cynghorau lleol, a'r cyfle i'w Cymreigio wedi cyhoeddi'r drefn newydd, ond Plaid Cymru a aeth ati'n fwyaf effeithiol yn y maes hwnnw, yng Ngwynedd o leiaf.

Penderfynwyd yr un pryd i ddychwelyd at ymgyrch hynaf y mudiad, i wrthod biliau Saesneg a diffyg statws o hyd wrth gofrestru geni a phriodi. Bu sôn am Goleg Cymraeg eto. Ond un datblygiad dylanwadol iawn, dan arweiniad Aled Eirug, fu sefydlu Undeb Disgyblion Cymru, a fu'n fagwrfa i arweinwyr y dyfodol. Eu protest gyntaf oedd gwrthod tystysgrifau arholiad Saesneg y Cydbwyllgor Addysg; buont wrthi am flynyddoedd wedyn yn ymladd am addysg Gymraeg deilwng. Aeth y Gymdeithas i faes y dysgwyr am y tro cyntaf, yn ôl troed yr Urdd, gan ddechrau yn y cymoedd gyda dosbarthiadau nos a thaflen *Mae'n Hwyl Bod yn Gymro*. Dyma'r flwyddyn y daeth gwaith lleol yn bwysig gan y mudiad. Cafwyd taith haf arall, mewn ceir y tro hwn, i genhadu o'r de i'r gogledd am dair wythnos. Câi'r dyrnaid o gelloedd a'r 30 o gysylltwyr lleol eu hannog yn barhaus i weithio gan Ffred Ffransis yn ei negeseuon o garchar. Ysgrifwr cyson arall, pur wahanol—ac nid mor dderbyniol gan bawb yn y cyfnod hwnnw—oedd Gareth Miles. Paratôdd atodiad sosialaidd i'r Maniffesto, ond ei gyhoeddi yn llyfryn ar wahân.

Nid oedd Marcsiaeth wedi denu cenedlaetholwyr eto, ac eithrio'r gweriniaethwyr, ond ni allent lwyr anwybyddu helyntion diwydiannol mawr y dydd. Roedd Adferwyr yn dal yn ddylanwadol yn y Gymdeithas, er mai derbyniad cymysg a gafodd yr alwad i ddychwelyd i'r Fro Gymraeg. Crynhowyd y safbwyntiau, gyda braidd ogwydd tua'r Chwith, yn y Maniffesto. Dyma osod sail athronyddol gyntaf y mudiad wedi'r gweithredu hir a brwd, gan ddangos na ellid achub y Gymraeg heb raglen genedlaethol drefnus; ni cheid caer i'r cymunedau Cymraeg heb gynllun pensaer. Wedi'r hydref ychwanegwyd saith arall at bum grŵp sefydlog y Gymdeithas. Roedd y mudiad yn newid, a phylodd diddordeb haciau'r wasg yn y fath ddifrifwch. Collwyd y tyrfaoedd wedyn, gan adael cnewyllyn a oedd wedi ei sobreiddio gan faint y dasg ond yn aeddfetach na chynt i'w hwynebu.

YR YMGYRCH 'BYSGOTA'
Ieuan Roberts

Pasiwyd yng Nghyfarfod Cyffredinol 1971 bod y Gymdeithas yn mynd ati i gynnal 'pysgotiadau' ar afonydd lle roedd yr hawliau pysgota yn nwylo estroniaid, a'r bobl leol yn cael eu gwahardd. Credaf mai Robat Gruffudd, Ysw, oedd y cynigydd, a bu rhyw sôn am dorri gwialen o'r gwrych, darn o linyn a phin wedi plygu.

Yr unig dro y cofiaf i ddim ddigwydd yn yr ymgyrch oedd pan gynhaliwyd 'pysgotiad' yn Llangadog, a does gennyf ddim cof o'r dyddiad, dim ond ei bod yn ddiwrnod braf iawn. Mae'n siwr bod gan Guto Prys [ap Gwynfor] rywbeth i'w wneud â'r trefniadau, oherwydd credaf ei fod ar y Grŵp Cefn Gwlad. Roedd dipyn yn bresennol, ond dim ond dau neu dri o fois y Gymdeithas a chwpl o fechgyn lleol oedd ag unrhyw syniad am y grefft, felly cafodd y gweddill ohonom seibiant braf ar lan yr afon yn gwylio natur ac anifeiliaid gwyllt, fel y beili oedd yn sbïo arnom ni o'r ochr draw.

Wedi diwrnod blinedig felly, naturiol oedd troi am y dafarn fin nos, heb ddal dim wrth gwrs, ac yno fe aeth yn drafodaeth rhwng y bechgyn lleol ac aelodau'r Gymdeithas am bysgota. Yn anffodus, roeddynt wedi pigo ar rai wedi arfer mwy efo sgodyn mewn papur newydd nag afon, a phan ddeallwyd hynny aeth yn ddadl boeth am bobl a oedd yn ymgymryd â physgota heb wybod dim am y busnes. Efallai mai dyna pam na chynhaliwyd dim mwy, ond roedd yn biti braidd oherwydd roedd yn ffordd hamddenol braf o weithredu a dipyn llai o helynt nag ymgyrchoedd eraill.

Alwyn D. Rees
B 2/72

Mae pawb sydd ag unrhyw ddiddordeb yn nghynged yr iaith yn gytun fod y teledu Saesneg yn ei dinistrio ar garlam. Buom yn dweud hynny ers blynyddoedd. Roedd Llys a Chyngor Prifysgol Cymru ac Urdd Gobaith Cymru ac Undeb Cymru Fydd ac eraill yn rhagweld y dinistr yn glir yn 1960. Yn ôl yr Urdd:

"The present state of television in Wales is fast undermining our efforts and rapidly undoing all that we have achieved since 1922 . . . This we cannot tolerate".

Ond ymgyrchwyr *dilletante* oeddem ni, ac, er ein holl haeru, diodde'r difrod a wnaethom am ddeuddeng mlynedd arall, heb wneud fawr mwy na grwgnach tipyn yn awr ac yn y man.

Ond daeth grym newydd i drawsnewid y sefyllfa. Cododd to ifanc arwrol sy'n cymryd yr hyn a ddywedasom ni o ddifrif, ac yn amlygu'r penderfyniad sy'n gweddu i genedl mewn argyfwng. Ac yn raddol, gwelir cenhedlaeth eu tadau'n ymrestru tu ôl iddynt rhag cywilydd. Ni chawn ymfodloni ar siarad mwyach.

Mae'r holl feddwl sydd y tu ôl i'r pamffled yn hen-ffasiwn, ac os derbynnir cenadwri Gareth, dyna ben ar y mudiad ac ni cheir ffresni meddwl ar broblemau Cymru.

Y mae'r term 'Cymru Sosialaidd' erbyn hyn yn hollol ddiystyr, os bu ystyr o gwbwl i'r gair Sosialaeth un amser. Erbyn heddiw gall olygu unrhyw beth.

Trefor Beasley F 4/8 Isod: hen ffasiwn, neu o flaen ei oes?

Y GOBAITH MAWR DAN FAST NEBO
John Pierce Jones

Yn y stafell reoli, o dan Fast Nebo, yr oeddan ni. (Roethon ni fatia dros y weiran bigog, fel comandos, i dorri i mewn.) Fanno odd y peirianna ac ati i gyd. Hap a damwain odd hi, trïo pob dim, tynnu rhyw lifars, pwyso pob matha o fotyma—dim clem be oeddan ni'n neud. Allan ni fod wedi'n chwythu ni a'r lle i fyny. Charlie Bala [George Jones], John Huws—pobol Normal (!) a'r Brifysgol.

A mi naethon ni dduo *HTV* pawb yn y cylch yna o Wynedd! Fuon ni yno drwy'r nos. Y mast yn dywyll bitsh, eroplêns yn sgimio'i gilydd yn rawyr.

Tua phedwar o'r gloch y bora, dyma lond pob man o blismyn. Ninna wedi bario'r drysa, oeddan nhw hefo tortshis yn sbïo i mewn drwy'r ffenast. A dyma un yn fy sbotio fi. Odd lot ohonyn nhw'n gydweithwyr hefo fi yn Heddlu Gwynedd, ryw bedair, bum mlynedd ynghynt.

A dyma hwn yn deud, ar ôl rhoid y dortsh ar y ngwynab i, *"O my God, it's 89, the hope and salvation of the Welsh Language!"*

[*Stori arall dros y ffôn*]

Dechrau'r ymgyrch dan eira, Afon Lledr, Dolwyddelan 4/3 Dde: ffon bambŵ, y dull di-drais yn ôl Gareth Rhys Jones ac Arthur Tomos.

Cofio Myrddin Williams a Goronwy Fellows yng ngharchar, Bethesda 22/1 Dde: Mathonwy Hughes F 2/72

CYFIEITHU CARBWL
Arfon Gwilym

Er mor anodd yw i rai gredu hynny, roedd yna elfen bendant o *hwyl* mewn mynd o lys i lys. Fodd bynnag, digon nerfus a phryderus oedd Dyfrig Siencyn, Elfed Lewis a minnau wrth wynebu Llys y Goron, Abertawe ym Mai 1972. Y cyhuddiad oedd trafod arwyddion wedi eu malu. Bu'r tri ohonom mor anlwcus â chael ein stopio yn hwyr y nos, ac arwyddion yn digwydd bod yng nghist y car ers rhyw gyrch blaenorol. Hefyd yn ein meddiant yr oedd 'ceiliog' (offer darlledu anghyfreithlon). Cymerodd yr heddlu feddiant o'r cyfan, ond yn rhyfedd iawn ni chlywyd gair o sôn am y ceiliog wedyn. Ond y rheswm am ein pryder oedd bod Dyfrig o dan ddedfryd o ryddhad amodol a minnau dan ddedfryd ohiriedig (ers achos Cynllwyn Yr Wyddgrug)—a'r ddau ohonom yn Ysgrifenyddion llawn-amser.

Fe'n cafwyd yn euog gan y rheithgor, ond yn wyrthiol, ni charcharwyd yr un ohonom gan y Barnwr Bruce Griffiths, Cymro di-Gymraeg, ac yn bendant y Barnwr mwyaf boneddigaidd a diragfarn a wynebodd unrhyw aelod o'r Gymdeithas erioed. Bron nad oedd yn dymuno i'r rheithgor ein cael yn ddieuog, er mor amlwg euog oeddem!

Beth bynnag, roedd y cyfieithu fel arfer yn anobeithiol, ac yn ddoniol. Mynnai'r cyfieithydd drosi'r ferf *'to handle'* fel 'llawio'. Ond y perl oedd hwn! Un bore, tuag un ar ddeg o'r gloch, meddai'r Barnwr, *"I think it would be prudent at this stage in the proceedings to take a short break. It may be that some members of the jury would like some refreshments. The court will reconvene in fifteen minutes."* Ystyriodd y cyfieithydd am funud, yn amlwg yn cael trafferth i gofio union eiriad y Barnwr. Yna, o'r diwedd, mentrodd: "Y'ch chi moyn te?"!!

'Roedd Ffred mewn ysbryd rhagorol ac yn edrych yn dda, a chawsom ar ddeall fod Goronwy Fellows a Myrddin Williams mewn ysbryd cyffelyb.

Diddorol oedd deall fod y bechgyn hyn a dau Gymro arall a deg o garcharorion eraill yn cynnwys Gwyddelod os deallais yn iawn, yn ymprydio am dridiau i ddangos eu protest a'u parch i'r tri arddeg a gollodd eu bywydau drwy gael eu saethu gan y fyddin yn Londonderry.

ENW YN UNIG OEDD FFRED
Helen Greenwood

Enw yn unig oedd Ffred Ffransis imi pan es yn fyfyrwraig ysgol draw i Eisteddfod yr Urdd yn Y Bala, i gyfarfod o gwmpas cerrig yr Orsedd i groesawu Goronwy Fellows a Myrddin Williams wedi eu cyfnod mewn carchar. Fy nghyfle cyntaf i glywed Dafydd Iwan yn areithio a chanu 'Pam Fod Eira yn Wyn'. Sôn am Ffred a oedd dan glo o hyd: hanes amdano'n dysgu Cymraeg i'r carcharorion eraill yn ei gell. Wyddwn i ddim y pryd hwnnw y byddwn yn cwrdd â Ffred flynyddoedd wedyn a chael y fraint o weithredu wrth ei ochr.

HEN ARWR
Penri Jones

Deall bod yr hen gyfaill Gwilym Tudur, gyda'i gof anhygoel, yn cofnodi pum mlynedd ar hugain o hanes y Gymdeithas. Cael cais am ryw ddau neu dri hanesyn, ond yn anffodus mae holl gyffro'r chwedegau yn un jyngl o ddrysni yng nghilfachau eitha fy nghof innau erbyn hyn. Rhywsut, mae rhywun yn cofio pobl, eu cyfraniad a'u hysbrydoliaeth, yn llawer gwell nag achosion, digwyddiadau a dyddiadau . . .

Un o'r bobl a oedd yn ysbrydoliaeth ac yn gefn cadarn i aelodau Cell Pontypridd a'r Rhondda oedd yr hynafgwr annwyl, y diweddar Barch. Alban Davies, gweinidog Bethesda, Ton Pentre. Tra dewisai llawer guddio tu ôl i fantell delwedd a pharchusrwydd, roedd Alban efo ni bob cam o'r daith.

Cofio taith gerdded o'r Maerdy i fynwent Llethr Ddu, yn Y Porth. Aeth y rheswm am y daith, a'r dyddiad, yn llwyr angof. Roedd rhyw ddeg ar hugain ar y daith, yn rhannu pamffledi i hyrwyddo addysg Gymraeg ac ati, gyda baner y 'Tafod' yn fawr ar y blaen. Roedd na lowyr a glofeydd yn y Rhondda Fach bryd hynny, a daethant allan o'u tai a'u clybiau i'n cymeradwyo. Yna, Alban yr henwr pedwar ugain mlwydd yn ymuno â ni ar y ddwy filltir olaf, ac yn arwain yr orymdaith yn falch ar bwys ei ffon at fedd Kitchener Davies, ym mhen draw mynwent y Llethr Ddu. Soniodd yno, a'r gwynt yn aflonydd yn ei wallt gwyn, am y gwynt mwy nerthol sy'n 'chwythu lle y mynno.' Diau i'r araith honno gael dylanwad ar nifer o ieuenctid y Rhondda, a thystiolaeth arwrol gŵr fel Alban yn sylfaen twf diweddar y Gymraeg yn y cwm.

Bryd hynny trefnai Cell Pontypridd a'r Rhondda nosweithiau rheolaidd i ddysgwyr ac ieuenctid, gan sicrhau arweinwyr byd adloniant i'w diddanu. Braf yw clywed bod Ysgol Uwchradd Gymraeg gyntaf y Rhondda i'w hagor yn fuan yn Y Porth—nid nepell oddi wrth fedd Kitch, ac araith ysgubol y Parch. Alban Davies.

Cynhaliwyd taith gerdded gan Gell Pontypridd a'r Rhondda dydd Sadwrn y 17ed o Fehefin. Cychwynwyd o'r Maerdy am 11.30 ac fe gerddwyd trwy bentrefi'r Rhondda Fach gyda Baneri a rhannwyd taflenni dwyieithog am y Sianel deledu, yr Iaith yn y Llysoedd, Arwyddion ffyrdd ac Addysg Gymraeg.

Wedi cyrraedd y Porth, aeth yr orymdaith i Drealaw hyd at fedd y diweddar Kitchener Davies. Yno, darllennwyd Cerdd Gwenallt i Kitchener Davies gan Gronw ap Islwyn. Siaradodd dau o ffrindiau Kitchener Davies, sef y Parch. Haydn Lewis a'r Parch. Alban Davies, y ddau ohonynt o Don Pentre.

Delyth M. John

I atgoffa Penri T 7/72 Isod: Arfon Gwilym T 1/72

DOLGELLAU

Wedi disco hynod o lwyddiannus gyda Mici Plwm yn Neuadd Idris, gyda llawer o benbyliaid y dre yn methu credu fod y peth yn bosib, aeth criw o aelodau i mewn i'r Swyddfa Bost (enwog, hanesyddol) gan ddisgyn ar y ffurflenni a'r posteri sacsonaidd anealladwy fel llewpart ar ysglyfaeth

CAR NEWYDD DAI WAN
Millicent Gregory

Iola Gregory, Ann Rhys a Lis Rowlands. (T 5/72)

Tra oedd fy merch Iola yng Ngholeg y Drindod, 1970-72, bu dau achos mawr yng Nghaerfyrddin. Y tro cyntaf, roedd Iola ar ei ffordd i'r Guildhall pan welodd gydfyfyriwr a elwid yn Dai *One* (David Protheroe Morris). Doedd dim diddordeb ganddo yn y Gymdeithas, gan ei fod wedi ei fagu yn Llundain, ond cynigiodd fynd â Iola i'r achos—yn y car newydd a gafodd gan ei dad-cu a'i famgu ar ei ben-blwydd yn ddeunaw oed.

Awgrymodd Iola iddo y byddai'n brofiad diddorol iddo ddod i mewn i glywed yr achos, a chydsyniodd. Pan ddaeth y Barnwr i mewn, a dweud *"English is the language of this court,"* safodd Iola i areithio . . . Llusgwyd hi allan gan yr Heddlu, a chododd Dai *One* i'w hamddiffyn; dilynwyd ef gan yr holl fyfyrwyr a oedd yn bresennol, un ar ôl y llall yn areithio nes iddynt gael eu rhwystro gan yr Heddlu.

Gwylltiodd y Barnwr, ac anfonodd 17 i'r carchar—a Dai *One* yn eu plith, gan adael ei gar newydd ar linell felen tu allan! Aethpwyd â'r merched i Pucklechurch a'r bechgyn i Gaerdydd, a chadwyd hwy yno tan ddiwedd yr achos.

Ymhen rhai misoedd, daeth achos arall i'r dre, ac erbyn hyn roedd Dai *One* yn aelod brwd o'r Gymdeithas. Dechreuodd y protestio eto, a gyrrwyd y cefnogwyr i'r carchar. Roeddwn i wedi cymryd yn ganiataol mai tan ddiwedd yr achos y cedwid hwy, a disgwyliwn Iola adref ar y dydd Gwener. Ond cwrddais â Meinir Ifans yn dod allan o Siop y Pethe, a darn o bapur yn ei llaw. Dywedodd fod Iola a thair o ferched eraill, a thri bachgen, wedi eu carcharu am dri mis am ddirmyg llys, oherwydd eu bod wedi troseddu yr ail waith. Roedd Dai *One* yn un o'r tri bachgen a dreuliodd dri mis yng ngharchar Caerdydd.

O.N.
Mae Iola'n cofio mynd gyda bachgen nerfus o'r enw Gwilym Tudur i dynnu arwyddion un noson. Ar ôl eu cyrchu'n ôl i'r siop, a'u glanhau'n ofalus i gael gwared ar bob olion bysedd, eu lapio mewn papur brown a'u rhoi ar risiau Swyddfa'r Heddlu. Pan oeddent ar fin ymadael, sylwasant fod darn bach o bapur yn glynu wrth y parsel—a'r enw 'Gwilym Tudur, Siop y Pethe' arno. Gwir??

Ddydd Gwener, Ebrill 21ain, yn Llys y Goron, Caerfyrddin, fe gofir yn hir am weithred Meurig Evans, y barnwr o Gymro Cymraeg o Aberaeron, a anfonodd saith o bobl i garchar am dri mis am ddirmygu ei lys.

Y saith a garcharwyd oedd: Elisabeth Rowlands, Nefyn; Eirian Iola Gregory, Aberystwyth; Ann Graffydd Rhys, Bangor; Leslie Owen Powell, Protheroe Morris, Richmond, Surrey; Marged Davies, Llanddewi Brefi, a Teowyn Ifans, 7, Heol Picton, Caerfyrddin.

Ddydd Mercher, Ebrill 26, cyhoeddodd y pedair merch, sy gyda'i gilydd mewn Canolfan Cadw yn Pucklechurch, ger Bryste, na fyddai iddynt weld eu teuluoedd mwy oherwydd na chant siarad yn Gymraeg â hwy yn nghlyw y wardiaid Saesneg.

Wedi dirmygu Saesneg y llys yn achos arwyddion 9 o bobl hŷn DG 5/7

The defendants are: Miss Margaret Hughes (42), teacher, of Salin Port, Fishguard; Miss Margaret Hinton (34), teacher, of Hafan, Trefin Pembs.; Keith Lewis (28), teacher, of Pen-y-Morfa, Llangunnor, Carms.; William Jones Lewis (55), farmer, Rhyd-y-Gaf Isaf, Silian, Lampeter; Elin Farlick (48), housewife, Hen Ysgoldy, Llanstephan; Mrs. Meirwen Powell, Heol Tawe, Abercrave, Ystradgynlais; David Arthur John Davies (37), teacher, of 20 Longport Avenue, Llanrumney, Cardiff; Rev. Alun Rhys (55), minister, The Manse, Dryslwyn; Dafydd Philip Hughes (34), teacher, Fferm Tyn Long, Trefnant, Den-

PROTEST Y MAMAU
Millicent Gregory

Yn Pucklechurch y bu'r merched (sef Ann Williams, Elisabeth Rowlands, Marged Davies a Iola), a thra buont yno bu'n rhaid i ni frwydro'n galed am yr hawl i siarad Cymraeg â nhw yn ystod yr ymweliadau. Trefnwyd protest tu allan i'r carchar, a daeth nifer fawr o famau Cymru yno i'n cefnogi.

Anghofia i byth mo'r diwrnod hwnnw. Roedd mamau'r merched wedi teithio yr holl ffordd i Fryste heb aros i gael llymaid, ac roedd fy ngheg yn sych fel corcyn pan ddeuthum allan o'r car i wynebu mintai o newyddiadurwyr, a llawer o gamerâu teledu, mewn hanner cylch mawr yn y maes parcio o flaen y carchar.

Bu'n rhaid i mi geisio esbonio i'r Saeson haerllug beth oedd yr iaith Gymraeg yn ei olygu i ni. Gwaeddodd un o fois y wasg, *"What are you making all this fuss for, when you can speak English as well as the rest of us?"* Roedd y ffaith bod yr holl famau yn sefyll tu ôl i mi yn gysur ac ysbrydoliaeth, ac yn help i mi ddal fy nhir yng ngŵydd yr holl newyddgwn.

Enillwyd y frwydr honno, a chawsom yr hawl i siarad Cymraeg â'r merched, er nad oedd y swyddog a gludwyd o Gaerdydd i glustfeinio arnom yn deall yr un gair o Gymraeg!

Chwith: rhyddhau Marged Davies o Pucklechurch at ei sboner Terwyn Tomos, a Gronw ab Islwyn.

Chwith: achos y 9 WM 21/4 Uchod: Dai Protheroe Morris o garchar Abertawe.

Uchod: Les Powell. Dde: gwas-
anaeth Caerdydd wedi rhyddhau
Tecwyn Ifan (rhwng ei fam a
W.C.Elvet Thomas). Isod: , Cen Llwyd,   , Emyr Hywel, Gronw ab Islwyn ag arwyddion i Swyddfa'r
Heddlu Caerfyrddin 29/4

Cefnogwyr Wendy Lloyd a Gwenno Peris Jones (canol), 2 o Ysgol Llanfyllin, rhyddhad amodol am beintio
arwyddion. (MCT 4/3)

Dechrau'r ymgyrch tai haf, rhwystro arwerthiant Jackson Stops & Staff, Caernarfon 19/7 (C/LlGC)

CYNHYRFU'R WLAD
W.C.Elvet Thomas

Bûm yn cefnogi Cymdeithas yr Iaith, yn ystod cyfnod ymgyrch yr arwyddion ffyrdd, yn y llysoedd yng Nghaerdydd ac yn Abertawe, a bûm yn feichiau droeon lawer dros y diffynyddion. Yn ystod yr ymddangosiadau hyn gerbron y llysoedd, yr oedd yn angenrheidiol i aelodau'r Gymdeithas dreulio'r nos yng Nghaerdydd. Rhoddodd fy ngwraig a minnau lety a lluniaeth i lawer ohonynt. Ymysg y rhai a fu yma yr oedd Ffred Ffransis a Meinir, Arfon Gwilym ac eraill.

Ond yr hyn sy'n sefyll allan yn fy nghof fwyaf yw'r hyn a ddigwyddodd ar ôl imi glywed bod Tecwyn Ifan yng ngharchar Caerdydd, ac nad oedd neb yn ymweld ag ef. Penderfynais fynd i'w weld. Nid oeddwn wedi disgwyl yr hyn a ddigwyddodd. Pan oeddem yn siarad yn yr ystafell ymweld siaradem Gymraeg â'n gilydd, wrth gwrs. Yn sydyn sylwodd y gwarchodwr a oedd yn bresennol pa iaith a siaradem, a dywedodd *"You are talking Welsh. The visit is terminated."* Protestiais yn y modd cryfaf posibl wrtho ond ni thyciai dim. Bu'n rhaid ymadael heb gael siawns i ddweud dim wrth Tecwyn.

Yr oeddwn wedi cynhyrfu'n fawr, a phrin y gallwn ddweud yr hanes pan ddaeth fy ngwraig adref o'r ysgol. Wedi imi ymdawelu, teimlwn y dylai'r wlad gael gwybod am y sarhad hwn. Felly cysylltais ag R.Alun Evans, y *BBC*, ac yr oedd yr hyn a ddigwyddodd yn y carchar yng Nghaerdydd ar y newyddion Cymraeg y noson honno. Ymddangosai fel pa bai Cymru gyfan wedi ei chynhyrfu drwyddi, gan na thawelodd tinc y ffôn am oriau. Gan bod Tecwyn Ifan yn etholaeth Gwynoro Jones (a oedd yn AS dros Gaerfyrddin ar y pryd), fe ffôniodd yntau yma ac aeth â'r achos i Dŷ'r Cyffredin.

Canlyniad hyn oll oedd i Lywodraethwr y carchar gytuno bod hawl gan ymwelydd siarad Cymraeg â charcharor ar yr amod bod gwarchodwr o Gymro Cymraeg yn bresennol.

Fe ddedfrydwyd Ffred Ffransis i ddwy flynedd o garchar yn Walton, Lerpwl, a rhoddwyd iddo'r hawl i enwi pedwar person a allai ysgrifennu ato unwaith bob wythnos. Teimlaf hi'n fraint iddo fy newis i yn un o'r pedwar, a gellais anfon ato'n gyson bob wythnos dros gyfnod ei garchariad. . .

Ceisiwn fod yn bresennol yn y llysoedd yng Nghaerdydd bob tro yr oedd bechgyn a merched y Gymdeithas yno, a chawn gwmni Mrs Mair Jones a'r Parch. Ifan R.Williams yn aml iawn. Dylwn grybwyll hefyd bod llawer o Gymry Caerdydd, pan fyddai aelodau Cymdeithas yr Iaith yng ngharchar Caerdydd, wedi cynnal gwasanaeth tu allan i furiau'r carchar.

CYFEILLION YR IAITH (3): CAMGYMERIAD?
Millicent Gregory

Cofiaf yn awr i ni gael rali fawr ym Mangor hefyd pan oedd Hailsham yno yn siarad â'r Ynadon Heddwch. Roedd bysus dau lawr yn llawn o blismyn wedi dod o Loegr a bu tipyn o ymrafael yno. Roedd Oliver a fi wedi mynd â'r plant a Pedr Thorp Jones a Naomi [Jones] gyda ni, a phan gyrhaeddasom yn ôl i dŷ Jonah Jones pwy oedd yno ond Huw Wheldon a'i wraig. Cefais anfferth o ffrae gyda Huw, nad oedd yn dangos fawr o gydymdeimlad â'r achos. *Great Welshman* meddai'r cyfryngau pan fu farw . . .

Ar ôl ennill brwydr yr arwyddion ffyrdd, mewn egwyddor beth bynnag, roedd llawer o'r Cyfeillion yn awyddus i ddal ymlaen fel corff i gefnogi'r Gymdeithas yn eu gwahanol ymgyrchoedd; ond penderfyniad y Gymdeithas oedd y byddai'n well i'r parchusion gydweithio â'r Gymdeithas yn hytrach na pharhau fel sefydliad ar wahân. Roeddwn i'n ofni ar y pryd na fyddai llawer o'r miloedd yn barod i ymuno â'r Gymdeithas. Ac felly y bu.

Ar hyd y blynyddoedd, dywedodd llawer iawn o bobl wrthyf ei bod yn gamgymeriad i ddwyn y Cyfeillion i ben, gan y buasai ei bodolaeth wedi dangos i'r awdurdodau nad dyrnaid o benboethiaid mo'r Gymdeithas, ond bod corff sylweddol o bobl ddylanwadol yn cytuno â'i hamcanion ac yn barod eu cefnogaeth.

"The young people who make disorderly scenes in court, and the not-so-young people, who ought to know better who support them, and the magistrates who pay their fines may no doubt be actuated by excellent motives, but they are at the top of a very slippery slope.

"Though they will probably be horrified to hear it, the thing which differentiates them from the baboons of the IRA who blow the arms and legs off innocent women and children, and break the bones and tar the heads of pregnant women, and shoot our lads in the streets of Londonderry and Belfast, is basically a question of degree and not kind."

Achos y cynnwrf, yr Argl. Ganghellor a'r Torïaid yn Llandrindod WM 24/4 Isod: Margaret Davies a ddiswyddwyd o fainc Abertawe gan Hailsham am dalu dirwy arwyddion yn gyhoeddus. (B 6/72)

Croesawu Quintin Hogg, Argl. Hailsham i Neuadd P-J, Bangor pan ddaeth i rybuddio'r ynadon cefnogol, wedi galw'r Gymdeithas yn fabŵns. Isod: wedi rhuthro drwy glwydi'r heddlu (gan anafu plisman), cael trefn dan Dafydd Iwan, cyn i'r heddlu glirio'r grisiau 29/7 (C/LlGC)

F 8/4 Mae ar bobl dinas Bangor, neu o leiaf rai ohonynt, hiraeth am yr arwyddion ffyrdd Saesneg sydd wedi diflannu oddi yno. Cwynodd Mr. Frank Woodcock, aelod o Gyngor y ddinas, mewn cyfarfod o'r Cyngor yr wythnos diwethaf, fod cynifer o arwyddion Saesneg wedi diflannu o'r ddinas nes bod pobl yn cwyno fod y lle wedi ei orlifo ag arwyddion Cymraeg.

Ymweld â chartref Ann Griffiths, Dolwar Fach 27/8 gyda phobl Maldwyn dan arweiniad Elfed Lewis, wedi mynychu gwasanaeth mewn eglwys leol ar Daith yr Haf, taith 'Amodau Ffyniant i'r Gymraeg.'

MEDDWI YNG NGHARCHAR
Cen Llwyd

Pan oedd Enfys [Williams] a Meinir [Ifans] yng ngharchar Holloway ar *remand*, cafodd y ddwy ymweliad un diwrnod gan berson oedd wedi clywed am eu carchariad ar ei ffordd adref o fod ar wyliau yn rhywle fel Sbaen. Daeth i mewn â photel o win iddynt. Am nad oedd Meinir yn yfed, ac am nad oedd carcharorion yn cael cadw potel rhag ofn iddynt wneud niwed gyda'r gwydr, arllwyswyd cynnwys y botel i gwpan. Wrth gwrs, rhaid oedd yfed y cyfan yn weddol gloi rhag ofn i'r gwin fynd yn fflat. Y canlyniad oedd i Enfys fod yn eitha meddw drwy weddill y dydd, a rhaid oedd iddi fynd i orffwys rhag gweithio.

Cyn hynny, roedd Ynadon Llundain wedi danfon Meinir ac Enfys i'r carchar i gael profion seiciatryddol, oherwydd eu bod wedi gwneud y fath beth â thorri i mewn i adeilad y *BBC* a gwneud difrod i eiddo. Pe bai'r Ynad yn gweld cyflwr Enfys ar ôl yfed y botel win, yna byddai'n meddwl nad oedd ymhell o'i le.

Elfed Roberts ac Arfon Gwilym; dim oll i'w wneud â'r Achos.

Dde: WN 7/72

A YOUNG secretary with the BBC in Cardiff, formerly employed by **the Lord Chancellor's Office** in the House of Commons, London, has been sacked for taking part in an action organised by Cymdeithas yr Iaith.

Gwerfyl Arthur, aged 23

Restiwyd a chadwyd yn y ddalfa dros ddeugain o aelodau yn dilyn achos yn Llys Marlborough Street pan anfonodd yr ynadon dri o fyfyrwyr i'w dedfrydu yn yr Uchel Lys wedi iddynt eu cael yn euog o dorri i mewn i un o adeiladau'r BBC yn Llundain a bod ag offer at y pwrpas hwnnw yn eu meddiant.

Y tri oedd Meinir Ifans, Llangadog; Enfys Williams, Llanwnen, a Geoff Ifan, Llanelli. Cadwyd y tri yn y ddalfa. Dedfrydwyd un arall, Emyr Hywel, athro o Benparc, i chwe mis gohiriedig o garchar dros dair blynedd am yr un troseddau. Gosodwyd canpunt o gost yn ei erbyn. Roedd y pedwar wedi bod yn y ddalfa ers tair wythnos tra chynhelid prawf meddygol a meddyliol arnynt.

Isod: carchariad 1af gwrthod trwydded deledu, 10 niwrnod yn Walton i Bryn Roberts, Wrecsam. (T 10/72)

C 23/11 Isod: Geoff gydag Enfys a Meinir, y 2 a fu i mewn am 5 wythnos yn yr haf ac ar ympryd carchar 11/72 dros hawl y Gymraeg yn y llys. (T 1/73)

A-A-A-A-A!!
Arfon Gwilym

Mae'n siwr gen i bod swyddogion diogelwch gorsaf drosglwyddo Blaen-plwyf wedi melltithio lawer gwaith eu bod mor agos i Aberystwyth, oherwydd dyma darged a ddefnyddiwyd droeon yn ystod yr ymgyrch ddarlledu. Doedd pob cyrch ddim yn llwyddo wrth gwrs, ac ar un o'r troeon hynny y digwyddodd rhywbeth digon anffodus, a allasai fod yn llawer gwaeth.

Roedd hi'n noson dywyll. Cyrhaeddwyd y trosglwyddydd yn iawn, ond cyn i neb fedru meddiannu'r adeilad daeth yr heddlu o rywle heb eu disgwyl, a bu'n rhaid gwasgaru yn dra sydyn. Penderfynodd un gwrthdystiwr, Pat Donovan (myfyriwr ifanc o Aberafan a oedd wedi dysgu'r iaith), y byddai'n dianc yn ôl i Aberystwyth ar hyd yr arfordir. Ond daeth car heddlu ar ei warthaf, ac fe neidiodd dros y clawdd—na, nid i'r cae nesaf, ond i lawr clogwyn serth i'r môr!

Roedd y llanw'n digwydd bod i mewn ar y pryd, neu, fel arall, mae'n debyg mai ar graig arw y byddai wedi disgyn. Serch hynny, yn anffodus, ef a ddigwyddai gario bwyd y meddianwyr; gwisgai gôt fawr, ac roedd ei phocedi'n drymlwythog o duniau bwyd. Bu bron iddo â boddi.

Beth bynnag, doedd Pat fawr gwaeth yn y diwedd, a chafodd o mo'i ddal—ond fe gollodd ei sbectol, a doedd hynny'n ddim syndod. Fe dalodd y Gymdeithas iddo am sbectol newydd!

Y DEUDDEG CEINIOG
Carl Clowes

Cafodd Dorothy, fy ngwraig, wŷs am barcio mewn man gwaharddedig ym Mhwllheli—y cwbl yn uniaith Saesneg. Anfonodd hi'r papurau yn eu holau, gan ofyn am fersiwn Gymraeg.

Cafodd ddirwy yn o fuan wedyn am £2. Tynnodd 12 ceiniog o gostau allan o'i dirwy, i gydnabod y gost o anfon am fersiwn Gymraeg, ac anfonodd siec am £1.88. Gwrthodwyd hyn, a bu'n rhaid iddi ymddangos yn y llys am beidio â thalu dirwy!

Wedi iddi gael ei dirwyo £2 gan Gadeirydd yr Ynadon, rhoddodd siec iddynt yn y llys—eto am £1.88. Roedd hi allan trwy'r drws cyn iddynt sylweddoli mai siec am yr un swm ydoedd . . . Erbyn trannoeth, roedd rhywun 'anhysbys' wedi talu'r gwahaniaeth!

Gyda llaw, dywedodd Emrys Jones, cyfreithiwr, Cricieth (Cadeirydd Pwyllgor Gwaith Eisteddfod Cricieth) a Chlerc y Llys, *"What do you want a Welsh summons for anyway, you wouldn't understand it!"*

Y MANIFFESTO
Cynog Dafis

I'r sawl sy'n gyfarwydd â gwaith y Gymdeithas heddiw, ei dogfennau, memoranda, adroddiadau, dirprwyaethau ac argymhellion, mae'n anodd credu cyn lleied o sylwedd polisi a oedd yn gorwedd tu ôl i ymgyrchu'r cyfnod rhwng 1968 a 1970. Roedd dau bamffledyn, *Y Cyfamodwyr* gan Emyr Llywelyn a *What It's All about?* wedi ymddangos ym 1966 a chyhoeddwyd ychydig o daflenni ar ymgyrchoedd penodol; cafwyd disgrifiad o amcanion yr ymgyrch arwyddion gan Emyr Llywelyn hefyd yn *Pam Peintio?* Ond pan oedd berw'r ymgyrchu yn ei anterth rhwng 1969 a 1971 doedd dim disgrifiad cynhwysfawr ar gael o'r math o amodau yr oedd y Gymdeithas yn awyddus i'w creu ar gyfer sicrhau adfywio'r iaith. Yn wir mae'n bosibl nad oedd gan fwyafrif yr ymgyrchwyr ddim ond syniad go annelwig o'r hyn fyddai'r amodau hynny.

Pan ymddangosodd wyth o arweinyddion y Gymdeithas o flaen y llys yn Abertawe ym Mai 1971 ar gyhuddiad o gynllwyn, roedd pawb yn disgwyl carchariadau, a nifer sylweddol o gefnogwyr—hen, canol-oed ac ifanc—yn barod i groesi'r trothwy i dorcyfraith. Roedd y 'chwyldro' yr oedd yr ymgyrchwyr yn sôn amdano byth a hefyd fel petai ar fin digwydd! Ac yn yr amgylchiadau hynny, rhyw feddwl wnes i y byddai hi lawn cystal petai pawb yn weddol glir eu meddyliau ynglŷn â'r nod. Wedi'r cyfan, oni allai hi fynd yn fater o negodi a bargeinio rhwng yr awdurdodau a'r protestwyr? Beth felly fyddai ar y bwrdd? Beth fyddai amod dirwyn i ben ymgyrch dorcyfraith a oedd fel petai ar fin ymledu'n sylweddol?

Dyna'r ysgogiad tu ôl i gyhoeddi'r Maniffesto. Pan awgrymais y dylai'r Gymdeithas baratoi un, awgrymwyd yn garedig y dylwn i fy hunan fwrw ati, ar yr amod fy mod yn llunio braslun i'w gyflwyno i'r Senedd (Senedd y Gymdeithas h.y.). Rwy'n cofio ymddangos o flaen y corff hwnnw mewn fflat yn Chalybeate Street, Aberystwyth, a Dafydd Iwan yn y gadair neu'n hytrach ar y llawr. Roedd Ffred Ffransis am i mi gynnwys adran ar amcanion cymdeithasol-economaidd. Pan atebais nad oeddwn i'n teimlo'n atebol i'r dasg uchelgeisiol honno, ces ganiatâd serch hynny i fynd yn fy mlaen.

Ymddangosodd y Maniffesto yn Haf 1972. Cafodd gryn sylw a derbyniad digon caredig. Erbyn hyn mae'r cynnwys wedi dyddio'n fawr a pheth priodol iawn oedd ei ddisodli ym 1982 gan Faniffesto arall o fath mwy uchelgeisiol. Ond ar y pryd rwy'n credu iddo fod o fudd, ac yn help i roi synnwyr eglurach o gyfeiriad i'r mudiad.

Paratôdd Harri Webb gyfieithiad Saesneg o'r Maniffesto ar gyfer y wasg ac eraill a chyhoeddwyd hwnnw yn *Planet* Gaeaf 1974-75. Clywais Nic Edwards yn dweud ei fod wedi'i ddarllen!

Yr oedd Mr. David John Thomas, ffermwr, a Mr. James Eurig Richards, saer, y ddau o Dal-y-bont, wedi pledio'n euog i beri difrod i arwydd a ddynodai fod llecyn yn ardal Tal-y-bont, Sir Aberteifi, yn 'Nantymoch Scenic Route.' Haerai'r ddau fod y fath arwydd yn peri loes i'w cydwybod hwy a'i fod yn awgrymu fod y llecyn yn fangre a neilltuwyd i'r Cymry ac y gallai ymwelwyr ei weled.

Y mae'n arfer gan rai llysoedd i gosbi'n llym am y math yma o dor-cyfraith — amcangyfrifod fod y difrod yn werth £21 — ond cafodd y ddau ddiffynnydd yn yr achos hwn ryddhad amodol am 12 mis. Dywedodd Mr. Alun Talfan Davies wrthynt na fwriedid eu trafod fel pe baent yn droseddwyr cyffredin,

F 4/8 Dde: D.J.Thomas, Cwmere. (d/g Y Lolfa)

Yna daeth y disco i gymeryd lle'r noson lawen. Y rhai mwyaf adnabyddus yw Hywel Gwynfryn, sydd yn gweithio gyda Huw Ceredig fel arfer o gwmpas Caerdydd, a Mici Plwm a Dei Tomos sy'n teithio ar hyd y wlad. Mae gan y disco lawer o fanteision dros y noson lawen. Yn un peth mae'n rhatach. Yn lle talu tua phedwar neu bump artist neu grwp, dim ond un troellwr a'i offer, ac efallai un eitem yn y canol sydd eisiau i lenwi noson gyfa.

Mantais arall sydd gan y discos yw bod bar yn aml yn y llefydd lle cynhelir y noson ac mae hyn yn denu llawer mwy.

S 4/72 Dde ac isod: Ac Eraill yn y ffasiwn. (S 7/72)

Os oeddech yng Nghrymych yn Ysgol Basg Cymdeithas yr Iaith ym mis Ebrill, yna mae'n debyg i chwi glywed y grwp newydd a ddaeth i'r amlwg yn ystod y noson Lawen fawr nos Fawrth. 'Ac ERAILL' yw'r enw.... syfrdanol a gwreiddiol.

Mae'n debyg mai'r gân sy'n mynd i gydio orau gyda trwch dilynwyr y canu ysgafn yng Nghymru, ydy 'Tua'r Gorllewin'. Cân ADFER.

Yn anffodus oherwydd bastardeiddiwch a diawledigrwydd gwrth-Gymreig yr archgythraul Meyrick Evans mae un o'r Hogia (Tegwyn Ifans) yng Ngharchar Caerdydd. Bu bron i ddau arall ymuno ag ef

(Iestyn Garlic a Phil Edwards) ond ar gais rheolwr y grwp bu'r Barnwr yn fwy trugarog wrthynt. Mae pedwerydd aelod y grwp (Clive Prendelyn) yn hogyn da.

Os yr hoffech glywed yr hogia yna anfonwch air i'r Mans', Bronwydd, ger Caerfyrddin.

EURIG WYN (Rheolwr)

Isod: Cyf. Cyff. mawr Y Drenewydd 10/72 yn pasio i amharu ar ddarlledu os na cheid addewid am Sianel.

1973

Disodli democratiaeth Chile; lladd Allende a llawer o'r chwith yn cynnwys Victor Jara

Gweriniaeth newydd Groeg yn cael ei goresgyn eto gan y fyddin

UDA yn arwyddo cytundeb heddwch Viet Nam, a galw'r fyddin yn ôl; atal bomio Cambodia; achos twyll Watergate y llywod, ac ymddiswyddiad yr arlywydd Richard Nixon

Rhyfel Yom Kippur yr Aifft a Syria ag Israel; Israel yn lladd 104 mewn awyren o Libya

Brezhnev yn ceisio *detente* U Sofiet ac UDA; cynhadledd â NATO i drafod lleihau lluoedd arfog, Wien

Llofruddio Carrero Blanco, prifwein newydd Sbaen, gan ETA Gwlad y Basg

Arbrofion niwclear Ffrainc yn Ynysoedd Môr y De

Juan ac Eva Peron yn llywyddion Ariannin

Cychwyn polisi amaeth y Farchnad Gyffredin

Agor pont o Ewrob i Asia dros y Bosphorus, Twrci

Marw Picasso, a Lyndon Johnson

Isetholiad Govan yn yr Alban, Margo Macdonald SNP yn ennill

5ed fl rhyfel y 6 Sir yn Iwerddon; de Valera yn ymddeol wedi ½ canrif yn arlywydd y Weriniaeth; dihangfa 3 mewn hofrennydd o garchar Mountjoy

Sefydlu mudiad iaith Brezhoneg Bev yn Llydaw

Trychineb tân Summerland, Manaw

Radio masnachol 1af Gwl Pryd; 'rhyfel y penfras' gyda llynges Gwlad yr Iâ rhag eu hawliau pysgota 50 milltir; cosbi penseiri a swyddogion llwgr, Leeds

Adr Kilbrandon ar y Cyfansoddiad yn argymell Cynulliad i Gym a'r Alban, gan wrthod hunanlywod; ymateb ofnus AS'au Ceid a Llaf

Ennill hawl gan Gyngr U'au Llaf i ffurfio mudiad undebol Cym

Etholiadau sir, Ebrill, ar gyfer y c'au newydd

Deddf tai yn caniatau i g'au brynu tai gwag, a thai haf drwy orfod; atal grant adnewyddu ailgartrefi

Cymd Gydweithredol Llanaelhaearn (dod yn Antur Aelhaearn yn 1974)

Cym Goch, i uno sosialaeth a chenedlaetholdeb; ailsefydlu Mudiad Gwerin Cym

Paratoi canolfan byddin UDA yn y Barri

Gwobr Nobel am Ffiseg i Brian Josephson

Barbariaid yn trechu Seland Newydd, Caerd, rygbi

Argyfwng ynni, wedi codi pris olew 4 gwaith, Rhagfyr; torri gwariant cyhoeddus, cyfyngu moduro dan 50 m yr awr

TAW, treth ar werth, Ebrill

Calan yn Ŵyl Banc

Diweithdra, Rhagfyr, 3.2% (32,013)

Marw Elena Puw Morgan, J.O.Williams, Melville Richards

Eist Gen Rhuthun; Eist yr Urdd Pontypridd; Gŵyl G Dant Llangefni

Agor Ysgol uwch Gym Penweddig, Aberystwyth, y 1af yn y Fro Gym, wedi ymgyrch Laf yn ei herbyn

Wedi cyhoeddi'r Cyfrifiad, Medi, sefydlu C yr Iaith Gym i gynghori'r Swyddfa Gym; yr Urdd yn galw am gomisiwn brenhinol

Cynhadledd gen Argl Faer Caerd ar ddarlledu yn galw am sianel Gym

Darpar g'au Dwyfor a Gwynedd yn mabwysiadu polisi dwyieithog; pwyllg Cym y senedd yn trafod arwyddion dwyieithog

Adr Edmund Davies, *Y Gym yn Llysoedd Cymru,* yn derbyn achos Cym ond gwrthod rheithwyr Cym; Swyddfa Gym yn caniatau offer cyfieithu llys; cwrs cyfieithwyr llys, Aber, gan yr argl ganghellor Hailsham

Cyfarfod 1af C cen Mudiad Adfer; cronfa Derwen Gam, a thŷ yno yn rhodd gan Enid Lewis

Symud bedd Elisabeth ac Evan James, awdur yr anthem, at gofeb Ynysangharad (mae James J ym mynwent Aberdâr)

Alan Llwyd yn ennill y gadair a'r goron; cronfa Mil o Filoedd; comisiwn i drefniadaeth yr Eist

Hogia'r Wyddfa yn ymddeol; ffurfio Edward H; *Tafodau Tân,* record hir noson y Gymd, pafiliwn Corwen; *Dwi Isio Bod yn Sais* record Huw Jones

Sefydlu U Awduron Cym

Y Dinesydd rhif 1, Ebrill, y p bro 1af; *Egin,* unig rifyn, Hydref, p bro gwledig 1af; *Rebecca* rhif 1

Colofnau'r Fl 1973 gol Tegwyn Jones; *Hanes Methodistiaid Calfinaidd Cym, Cyfr 1* gol Gomer M.Roberts; *Anghenion y Gynghanedd* Alan Llwyd; *Geiriadur Termau* gol.Jac L.Williams; *Ifas y Tryc* W.S.Jones ac E.Ioan; *Presenting Saunders Lewis* gol Alun R.Jones a Gwyn Thomas, yn cynnwys 'The Fate of the Lang', cyf G.Aled Wms; *The Welsh Language Today* gol Meic Stephens

---

Wynebddalen:
Cartŵn Elwyn Ioan (T 5/73)

Yn holl hanes Cymdeithas yr Iaith, go brin y bu hafal i'r 'tri mis o weithredu' dros y Sianel Gymraeg ar ddechrau 1973. Wedi'r Calan trefnodd y grŵp darlledu, dan arweiniad Wynfford James, i wahanol griwiau wneud torcyfraith ddifrifol bob yn eilddydd bron, er mwyn gorfodi'r llywodraeth a'r teledwyr i symud. Cyfaddefai pawb eu rhan yn agored, wedi ailbwysleisio'u cred yn y dull di-drais. Meddiannu a difrodi stiwdios a swyddfeydd ledled Cymru a Lloegr, malu cerbydau teledu, distewi'r tonfeddi o Gaerdydd a Nebo, ymyrryd â rhaglenni byw, tagu'r gwasanaeth ffôn, tarfu ar y Gweinidog Post yn y Senedd, protestio torfol yng Nghaerdydd, Bryste, Manceinion! Bu deugain o achosion llys yn y cyfnod hwn, gan gynnwys rhai'r drwydded deledu, a bu nifer o dan glo. Wedi pedwar cyrch ar ddinasoedd Lloegr ar noswyl Dewi, cyhoeddwyd cadoediad! Parhaodd y cosbi, a'r costau trymion, wrth gwrs; carcharwyd hanner dwsin, yn cynnwys Ffred Ffransis eilwaith, a bu Owain Wyn i mewn dros y Nadolig. Cosbwyd tua chant o bobl ifainc i gyd.

Gwelodd eraill—hŷn gan fwyaf—du mewn y carchardai hefyd, am wrthod talu'r drwydded deledu. Yn ystod y flwyddyn erlynwyd 138 ohonynt (a'r nifer ers dwy flynedd yn 180). Creodd hynny fwy o frwdfrydedd dros yr achos ymhlith y sefydliadau cenedlaethol, a chryn drafod a dadlau ynghylch y nod. Roedd y BBC ers Ionawr, a Gwynfor Evans ym Mhlaid Cymru, dros sianel 'genedlaethol' ar y cyd i'r Cymry Cymraeg a Saesneg, fel nod ymarferol i'w ennill. Dilynasai HTV bolisi'r IBA dros ail sianel annibynnol, cyn troi i gytuno â'r farn gyffredinol, am gyfnod o leiaf. Daethai'r farn honno i goleddu polisi Cymdeithas yr Iaith; cytunodd y Blaid Lafur yn Chwefror, am resymau gwahanol, ac ym Mai wele'r llywodraeth yn sefydlu Pwyllgor Crawford i ystyried yr alwad. Roedd yr Urdd yn rhan o'r ymgyrch erbyn hyn, a daeth yr holl fudiadau at ei gilydd. Galwodd cynhadledd genedlaethol yng Nghaerdydd am ystyriaeth gynnar i Sianel Gymraeg, gan ddirprwyo rhai o'r Sefydliad i weld y Gweinidog Post, a galwodd yr Urdd am gomisiwn brenhinol.

Yr un pryd cododd ymryson enwog oddi mewn i'r gwersyll, a hynny oherwydd un dyn tra arbennig. Roedd Jac L.Williams yn ofni colli gwylwyr achlysurol y Gymraeg ar y sianelau eraill, a threuliodd weddill ei oes yn ymladd ciwed yr 'unsianelwyr' yn egnïol a gwreiddiol i'w ryfeddu. Roedd ganddo fwy nag a dybid o ddilynwyr, yn cynnwys llawer o ddarlledwyr ar y slei. Ond gyda *Barn* Alwyn D.Rees o blaid y Sianel yn awr, 'pwy a all fod i'n herbyn' a fyddai hi mwyach. Ef yn anad neb a hoeliodd y ddadl hon. Dim ond ef a allai hysio'r cymedrol i'r un gorlan â'r eithafwyr, fel y gwnaethai ynghynt gyda'r arwyddion ffyrdd, a hawl y Gymraeg yn y llysoedd. Nid enillwyd yr olaf, o bell ffordd, gydag Adroddiad Edmund Davies. Erys holl anghysondeb y llysoedd barn hyd nes y ceir deddf iaith gystal â'r eiddo rhai gwledydd amlieithog eraill.

Rhaid mynd yn ôl at ddechrau'r flwyddyn, oherwydd bu Cymdeithas yr Iaith yr un mor ddygn yn gweithredu eu prif ymgyrch arall, yn erbyn twf y fasnach dai haf, a bu'r grŵp hwnnw dan Emyr Hywel yn protestio'n ddistop o Ionawr tan Fai. Yn ogystal â tharfu ar arwerthwyr yng Nghaer, meddiannwyd 50 o dai haf yn ystod y cyfnod hwn. Glynwyd eto yn ddiffael yn y dull di-drais. Roedd pentref Rhyd, lle bu protest, yn dai haf i gyd bron, a'r gweddill Cymraeg yn gadael; roedd 20% o dai Llŷn ac Eifionydd yn dai haf yr adeg honno hyd yn oed. Ni allai ymgyrch y Gymdeithas ond crafu wyneb problem gymdeithasol fawr. Go brin y medrai mudiad di-drais wneud mwy na thynnu sylw at y tai yn symbolaidd; ni ellid eu meddiannu cyn eu gwerthu heb ewyllys y gymuned leol. Er bod yna bobl leol angen cartrefi, tai yw unig asedau gwerthadwy ein heconomi dlawd, y drws nesaf i un o'r grymoedd cyfalafol mwyaf yn y byd. Heb hunanlywodraeth, neu genedlaetholi tai

a thir, rhaid oedd wrth ymgyrch unol yn erbyn y mewnlifiad gan bob plaid a mudiad. Y gwir creulon yw mai dim ond y Gymdeithas, ac Adfer wedyn, a safodd yn gyhoeddus yn y bwlch yn y saithdegau. Gan na wnaethant hwythau chwaith ei throi'n ymgyrch yn erbyn y mewnfudwyr eu hunain, rhag ofn y cyhuddiad o hiliaeth, rhyw danio ar dair silindr a wnaeth y mudiad iaith gyda'r tai haf. Buan y synhwyrodd y marchnatwyr tai a thir bod Cymru yn agored i'w chipio.

Yr enghraifft dristaf oll o wendid y Cymry, a llwfrdra a thwpdra cynghorwyr lleol, oedd saga anhygoel Derwen Gam. Gwerthwyd pentref cyfan gan un teulu. Roedd y tenantiaid eisiau aros, ac yn frwd dros y pwyllgor amddiffyn a sefydlwyd gan y Gymdeithas dan arweiniad Cynog Dafis. Gwnaed gwaith trwyadl i geisio cael Cyngor Gwledig Aberaeron i arfer ei hawl dan ddeddf gwlad i brynu drwy gynllun datblygu. Er mai rhyw £15,000 oedd pris ocsiwn y cyfan, gwrthod pob ymbil wnaeth y Cyngor. Aeth y gymuned Gymraeg allan o'r tai a daeth Saeson i mewn. Dangosodd Derwen Gam wendid y cenedlaetholwyr hefyd, oherwydd yno y gwelwyd y tyndra rhwng Adfer a'r Gymdeithas ar ei amlycaf yn llesteirio'r amddiffyn. Troesai cymdeithas dai Adfer yn Fudiad erbyn hyn, ond bu'n rhaid aros am flwyddyn arall iddo dorri ei gŵys ei hun yn derfynol. Teimlai'r Gymdeithas yn gynyddol mai gormes cyfalaf a dosbarth oedd wrth wraidd y rhaib ar ein gwlad. Fel Plaid Cymru, rhannodd ing gweithwyr dur Shotton yn ogystal â gwerin cefn gwlad, a dilyn llwybr gwahanol i Adfer wedyn.

Roedd yr allwedd yn nwylo'r awdurdodau lleol. Ateb arall oedd y Dysgwyr. Ymegnïodd y mudiad a bwrw ati i ledaenu'r ymgyrch honno. Crewyd perthynas ffrwythlon ag arloeswyr yr Urdd. Dyma un o brif gyfraniadau'r ddau fudiad nes sefydlu CYD yn yr wythdegau. Y Gymdeithas hefyd yn anad neb (ond cwmni Sain efallai) a hybodd adloniant miwsig Cymraeg i'r ifainc. Wedi'r Tafodau Tân yng Nghorwen y flwyddyn hon, un o'r nosweithiau mawr hen ffasiwn, daeth llu o grwpiau roc i gynnal fflam diwylliant newydd poblogaidd, a diedifar Gymreig, y bu'r mudiad iaith yn ffwrnais iddo. Fel dros yr holl flynyddoedd, yn ogystal â phrotestio a malu a herio cyfraith, gweithiodd byddin ddienw, ddidal (a di-grant!) yn deisebu, gohebu, dirprwyo ac ymprydio, yn cynnal gwylnos a gweddi a phiced, yn trefnu pwyllgorau amddiffyn a chynadleddau a chyrsiau, yn llunio dogfennau llafurfawr a llyfrau a channoedd ar gannoedd o daflenni. Ar wahân i gyfraniadau unigolion hael, a phethau fel y Clwb 500 (a sefydlwyd yn y flwyddyn dan sylw), daw'r cyllid o stondinau gŵyl, a nosweithiau pop. Mae adloniant hefyd yn gyfathrebu, a dyna'r gair mawr yn yr Ysgol Basg, pan aed i genhadu a diddanu ardaloedd penodol (a darlledu noson lawen ar y radio tanddaearol). Cafwyd Taith yr Haf eto; ei thema oedd llywodraeth leol, a chasglwyd deiseb dros Gymreigio'r cynghorau newydd a hawlio addysg Gymraeg. Roedd yn fater o frys bellach, wedi gweld canlyniadau'r Cyfrifiad. Yn yr haf dyma droi at faes addysg yn fwy trwyadl mewn cyfarfodydd rhanbarthol, ac yn y cyfarfod cyffredinol trefnwyd ymgyrch dros addysg drwy gyfrwng y Gymraeg i bob plentyn. Yno hefyd penderfynwyd gwneud 1974 yn flwyddyn o gyfathrebu yn lleol drwy'r wlad gyda nifer o ymgyrchoedd i amddiffyn yr ardaloedd Cymraeg yn arbennig.

Bu'r arwyddion ffyrdd yn y newyddion o hyd ym 1973, gyda llawer o achosion llys ers dechrau'r flwyddyn, yn sgil dirwyon yr hen ymgyrch. Erbyn yr haf dechreuwyd ymosod ar arwyddion Saesneg eto, pan ddaethai'n amlwg nad oedd y llywodraeth yn bwriadu brysio i gadw ei addewid am arwyddion newydd. Ond roedd yn ddiwedd cyfnod poblogaidd y mudiad iaith, er na thybiech hynny o ddarllen eu *Llawlyfr*, a honnai 3250 o aelodau. Peidiwch â sôn—yn ôl *Bywyd i'r Iaith*, yr un flwyddyn, roedd ganddynt rhwng 4000 a 5000!

Y SWYDDFA GYNTAF (2): SEFYDLIAD UNIGRYW
Ieuan Roberts

Ni fyddai unrhyw hanes o'r Gymdeithas yn gyflawn heb sôn am y sefydliad unigryw hwn. Fel y gŵyr pawb, roedd yr un go iawn uwchben Siop Lyfrau enwocaf Cymru (na nid y Pentan!) Fy ymweliad cyntaf i mi gofio oedd ar y ffordd i lawr i ryw rali yng Nghaerfyrddin. Roeddwn wedi bod mewn rhyw gyfarfod yng Nghapel Garmon y noson cynt, ac am ryw reswm gwirion yn mynd â'r bonwr Ffrederic Seffton Ffransis i lawr yn hwyr y nos. Nid oedd yn bleser mawr gyrru o gwbl, ond roedd arferion hynod y gwallgofddyn hwnnw o roi ei ddwylo dros fy llygaid o'r cefn, neu wthio sedd y car ymlaen nes bod fy nhrwyn ar y sgrîn a'm bol ar yr olwyn, yn ychwanegu rhyw antur i'r siwrne. Cyrraedd Aber yn yr oriau mân, a cheisio cysgu ar lawr Swyddfa oer a chaled. OND roedd Ffred am barhau i'n difyrru, ac fe gawsom ryw awr bach yng nghwmni recordiau rhyw ganwr Americanaidd o'r enw Irving Priestley neu rywbeth. Ymhen hir a hwyr, fe benderfynodd nad oedd modd cysgu yn y Swyddfa, ac aeth i ffwrdd i gysgu yn y car gan ein gadael mewn heddwch am dair awr gyfan cyn dychwelyd i ddweud bod yn rhaid cychwyn ar unwaith.

Efallai bod hyn yn gyflwyniad digon teg i'r Swyddfa, oherwydd bûm yno yn oriau mân sawl bore ar ôl hynny. Doedd arfer un cadeirydd (na fyddai'n ddoeth ei enwi, oherwydd mae'n weinidog parchus y dyddiau yma ac yn bwysig gydag C.N.D. Cymru) o ffônio am un a dau y bore ddim yn gymorth. Roedd ganddo ddull arbennig ar y ffôn, ac nid oedd yn cael ei blesio rhyw lawer pan alwn Arfon [Gwilym] trwy ddweud fod duw isio gair. Ond ei neges orau oedd pan gyflogid tri ohonom, Meinir [Ifans], Arfon a fi. Roedd Meinir i mewn am rywbeth yn barod, a chriw wedi mynd i lawr i Lundain i'r achos, pan ddaeth G ar y ffôn a dweud, "Ti ydi'r unig Ysgrifennydd sydd ar ôl!" Roedd Arfon a rhyw hanner llond bws wedi eu harestio.

Roedd yr oriau hwyr yn gymorth i un gŵr, oherwydd wrth fynd o'r Swyddfa byddem yn sicrhau bod y *landlord* yn deall bod siopau eraill Aber wedi cau ers rhyw chwe neu saith awr, a'i bod yn amser iddo yntau roi'r gorau i gyfri ei bres, a mynd adre at ei wraig.

Ar wahân i unrhyw ymgyrchoedd, roedd un diwrnod mawr bob mis (fwy neu lai) pan ffôniai Gwasg Y Lolfa, a dweud bod y *Tafod* yn barod. Y broblem wedyn oedd cael pobl i fyny i Dal-y-bont i'w blygu, os oedd yn wyliau ar y myfyrwyr neu yn adeg arholiadau. Wedi cael rhywfaint, eid ati wedyn ar ôl i'r Lolfa gau i blygu rhyw 2,000, a mwy adeg Steddfod. Hynny yw, hel y dalennau at ei gilydd yn eu trefn gywir, eu plygu yn eu

Ieu 'Rhos' Roberts.

Gwynfor Evans, cyn i'r Blaid dderbyn y polisi o sianelau ar wahân i gynnyrch teledu Cymru yn y 2 iaith Ts 16/1

hanner a rhoi stwffl trwyddynt. Yn ei haelioni, byddai perchennog y wasg yn aml yn dod â lluniaeth gydag ef o'r Llew Gwyn, ac os byddem yn gorffen yn fuan caem fynd yno cyn amser cau. Y diwrnod canlynol roedd yn rhaid cael y cwbl yn barod i'w bostio, a'r ras fyddai cyrraedd Swyddfa'r Post cyn 5.30, pan oedd y post olaf yn mynd. Roedd pobl yn tyrru i weld Arfon Gwilym yn neidio i lawr y grisiau o'r ail lawr, ac yn rasio ar hyd y stryd gyda bocs o amlenni o dan bob braich.

Rhaid hefyd sôn am y 'Chwyldrogerbyd', sef *Singer Vogue* a brynodd y Gymdeithas pan oedd mwy o bres nag arfer yn y Gronfa. Amcangyfrifais bod y car hwnnw wedi gwneud 50,000 mewn deunaw mis. Nid oedd y mesurydd milltiroedd yn gweithio wrth gwrs, ond er gwaethaf yr holl bobl a oedd yn darogan gwae, fe lwyddodd i gyrraedd pen ei daith bob tro, a hynny'n aml gyda chwech o bobl, y bŵt yn llawn o daflenni a bocs ar y to hefyd yn llawn. Roedd ganddo arferiad hynod o agor a bonet wrth fynd ar sbîd, ac ni ellid dibynnu ar y 'clutch' am gyfnod. Wedi i mi adael, cefais fy siomi'n arw wrth glywed ei fod wedi ei werthu'n ddiseremoni mewn ocsiwn.

Pe neilltuid y Gymraeg i sianel ar wahân, a oes rhywun mor ffôl â chredu y byddai cymaint ag un o bob deg o'r cartrefi lle mae'r Gymraeg yn iaith naturiol yr aelwyd yn dewis y sianel honno o blith yr amryw gyfryngau adloniant aelwyd a gynigir iddynt? Os oes, y mae'n claddu ei ben mewn tywod i raddau helaethach nag y gwnaeth yr un estrys erioed.

cyflenwad da o raglenni Cymraeg dros Gymru gyfan a'u cael i dreiddio i *gartrefi'r genedl yn gyffredinol*, nid yn unig i *gartrefi'r lleiafrif bychan bychan* a fydd yn barod i droi at sianel

Cyflwyno'r ddwy iaith ar bob sianel, gan edrych ymlaen yn ffyddiog at ddydd pan fydd trwch y boblogaeth unwaith eto'n medru priod iaith ein gwlad   yw'r unig bolisi derbyniol.

Enter Jac L.Williams, i ymgyrchu'n hir a dyfal a gorfodi pawb i feddwl o ddifrif. Uchod: dadl yr Athro. Isod: yn yr un rhifyn, ateb y Gol., Alwyn D.Rees i Jac. L. a Frank Price Jones B 5/73

Mae'n wir mai *dewis* gwylio rhaglenni Cymraeg a fyddai pobl pe ceid Sianel Gymraeg, ac y byddai llawer llai yn *digwydd* ei gweld, ond 'does dim dyfodol i'r Gymraeg os nad yw pobl vn mynd i'w *dewis* hi.

Awgrymaf y dylai Isambard a Daniel gychwyn mudiad ymosodol newydd dros gael awr o Gymraeg bob nos ar bedair sianel. Yna, wedi iddynt fethu â chael neb i wneud mwy na siarad dros eu hachos, hwyrach y sylweddolant fod diffyg hanfodol ar nod eu hymgyrch.

Bum yn siarad ag amryw o aelodau Senedd y Gymdeithas ac nid yw eu brwdfrydedd dros y Sianel gymaint ag y gallai fod. 'Dyma'r gorau y gallwn ei wneud o amryw o bosibiliadau anfoddhaol'.

Yr hyn sy'n bwysig yn y nhŷb i yw ein bod yn parhau i alw am Gymraeg ar y Bedwaredd Sianel, ond nid yn unig ar honno.

Y nod terfynol fyddai 'band' Cymraeg ar y bedair sianel sy'n effeithio Cymru, fel bod rhaglen Gymraeg ar gael ar un o'r sianeli ar unrhyw amser.

I mi y mae hynny yn nod llawer mwy 'cenedlaethol' i'w chyrchu ar hyn o bryd na neilltuo'n Gymraeg i un sianel.

Chwith: Jac L.Williams. Dde: dadl ei gefnogwr Dafydd Huws T 6/73 (ac fel 'Charles Huws' yn ei golofn ffraeth yn y *Faner*). Isod: Gwilym Tudur yn ateb Jac L. a Dafydd ar ran y Gymdeithas C 9/8

Pan ddaw'r gwyliwr i weld drosto'i hun fod modd cael hanes stryd Gymraeg gystal a gwell, mi greda i y bydd y stwff Cymraeg yn trechu'n naturiol ymhen amser. Yna mi ellid hepgor y Saesneg yn hyderus y doi pobl yn ôl at y Sianel ar ôl troi at ryw raglen enwog ar un o'r lleill.

os mynnwn ni rwan yr amodau canlynol yn solat yn ei sylfeini:
1 Na chaiff dim lesteirio datblygiad y Sianel i fod yn hollol Gymraeg a Chymreig gynted ag y bo'n ymarferol ym marn ei rheolwyr.
2 Bod ceidwaid lladronllyd pwrs y wlad yn rhyddhau cyllid digonol, cynyddol a pharhaol, ynghyd â'r ychydig arian hysbysebion, i'w galluogi i gystadlu'n deg.
3 Bod rheolaeth ddilyffethair ar ei chynnwys gan gorff o reolwyr Cymraeg eu hiaith a'u hysbryd.

Mae'r cynllun "gwasgarog" yma mor ddibwrpas, mor annymunol ac yn wir mor amhosibl ag y byddai cael ambell golofn Gymraeg yn y papurau Saesneg poblogaidd. (Erbyn meddwl, wedi ennill y sianel beth am nawdd i bapur Sul Cymraeg poblogaidd?)

Ar y sianel Gymraeg gallai'r rheolwyr drefnu cynnydd achlysurol di-rybudd yn yr oriau ar adegau y byddai testun o bwys i Gymru yn y gwynt, fel yr Eisteddfod, y Sioe Amaethyddol, teithiau'r Tîm Rygbi a'r Etholiadau.

CYRCH AR Y BîB
Eifion ab Elwyn Gruffydd

Yn ystod Ymgyrch y Sianel, cofiaf i dri ohonom o Goleg Harlech fynd ar gyrch i falurio stiwdio yng nghanolfan y BBC yn Bush House, Llundain, cyrch a drefnwyd gan Ffred [Ffransis], wrth gwrs. Ddiwrnod cyn ein taith i Lundain, cawsom ein ordors gan Ffred, nid yn swyddfa'r Gymdeithas ond ar ganol y stryd, gan fod Ffred yn argyhoeddedig bod y swyddfa wedi'i bygio gan yr heddlu cudd!

Yn Bush House, cerddasom i mewn, a gallem fod wedi cerdded allan hefyd, heb i neb sylwi arnom. Gwnaethom werth cannoedd, os nad miloedd o bunnoedd o ddifrod. Ond methon ni'n lân â thorri'r sgrîn rhwng dwy ran y stiwdio—hyrddio cadair yn erbyn y sgrîn sawl gwaith, a honno'n bowndio'n ôl bob tro! Chlywodd neb y swn, ac ar ôl aros sbel aeth un ohonom i ddweud wrth yr ysgrifenyddes am alw'r heddlu.

Canlyniad y cyrch oedd noson yn y ddalfa, dirwy drom a digonedd o chwain ar ôl budreddi'r blancedi yn y gell.

NID MOR GYMEN
Menna Elfyn

Roedd y paratoi cyn gweithredu yn gan mil gwaeth na'r weithred ei hun. Y ddisgyblaeth lem; trafod *glass cutter* a mapiau, amseru i'r dim. Ond doedd y weithred byth yn troi allan mor gymen â hynny. Ar y noson (torri i mewn i le'r Llywodraeth, lle y cynhyrchid cyhoeddiadau'r *BBC*), ffeindio na allem dorri dim gyda *glass cutter*. Doedd dim i'w wneud ond cydio mewn arwydd *'No Parking'* symudol, a'i hyrddio drwy'r ffenest.

Ffônio wedyn i ddweud ein bod yno. Agor y drws ffrynt iddynt hyd yn oed. Treulio hanner awr nerfus yn eu disgwyl, cyn gweld hanner dwsin o blismyn yn torri pob gwydr i ddod i mewn atom. Roeddynt braidd yn ddiamynedd hefyd, a phwy a allai eu beio; roeddwn wedi dweud dros y ffôn, 'Marlborough' yn lle 'Marylebone'. Roedd rhai'n edrych yn hollol anghrediniol hefyd arnom—pedair merch ugain oed o'u blaenau.

Un peth oedd yn dda—gwyddem na fyddai yna broblem dod o hyd i blismon Cymraeg . . yn Llundain.

* * * * *

Ateb yr holl gwestiynau cyn cael mynediad i garchar. Cofiaf un yn dda, un sy'n eu poeni'n anad dim arall.

"Religion?"

Allwn i ddim cofio beth oedd 'Annibynnwyr' yn iawn, a meddwn—

"Independent."

"Don't be silly," meddai'r ddynes—"that's a political party!"

Ffred Ffransis ar ei ryddhad o Walton wedi 16 mis 1/73

Mae Cymdeithas yr Iaith yn fudiad a gafodd ei greu gan ddiffygion llywodraeth Lloegr a'i chyfundrefn gyfreithiol a'u methiant i greu amodau bywyd cyflawn i'r Iaith Gymraeg. Ar un olwg, mae Cymdeithas yr Iaith yn fudiad a grewyd gan ddiffygion yn y gyfundrefn ddemocrataidd—oherwydd yr hyn mae'n ceisio wneud yw dwyn democratiaeth fel syniad i fod yn fwy diriaethol a real yn ei pherthynas â'r iaith Gymraeg. *Mae* diffygion o fewn y gyfundrefn ddemocrataidd, ac mae Cymdeithas yr Iaith yn hollol barod i dderbyn mai'r dull gorau i gywiro'r diffygion fyddai drwy offerynnau'r gyfundrefn ddemocrataidd swyddogol ei hun—sef Senedd, llywodraeth, a Chyfraith. Pan nad yw hynny'n digwydd, mae'n gyfrifoldeb ar unigolion a mudiadau—petai ond er mwyn y ddelfryd o ddemocratiaeth—i ddefnyddio dull uniongyrchol o weithredu. Mae lle i hynny yn hanes a bywyd gwleidyddol yr ynysoedd hyn—y 'suffragettes,' twf undebaeth lafur, gwrthryfel Rebeca, i enwi ond tair enghraifft. Mae Cymdeithas yr Iaith yn sefyll yn yr olyniaeth hon, ac nid ar unrhyw achlysur wedi gweithredu'n uniongyrchol ond pan fo dulliau cyfansoddiadol wedi methu, ac amser wedi troi i'w herbyn.

Nid 'chwyldro' felly! Alwyn D. Rees B 12/73

32 o flaen uwch-lysoedd Lloegr

MAE un achos yn yr Old Bailey, Llundain, a phedwar achos yn Llys y Goron yn wynebu 32 o Gymry ifainc yn y dyfodol agos. Bydd pedwar o'r achosion hyn yn Lloegr, ac un o flaen Llys y Goron, Caerdydd.

Mae dau o'r ifanc, sef Rhodri Tomos ac Ifan Roberts o Wrecsam yn wynebu tri Llys y Goron gwahanol—ym Manceinion, Huddersfield a Chaerdydd.

Dyma fanyion yr achosion sydd yn yr arfaeth — ond ni phennwyd eu dyddiadau eto.

PUM ACHOS

1. Old Bailey, Llundain — yn erbyn Ieuan Roberts, Gwerfyl Arthur, Meinir Ifans, Walter Glyn Williams, Geraillt Rhun, Iestyn Garlick, Terwyn Tomos, Alwyn Llwyd a Dyfrig Siencyn. (Cynllwynio a bod mewn meddiant offer i dorri mewn.

2. Llys y Goron, Huddersfield — yn erbyn Ffred Ffransis, Marged Elis, Luned Davies, Arfon Jones ac Ifan Roberts —Cynllwynio.

3. Llys y Goron, Bryste — yn erbyn Selwyn Jones, Gareth Dobson, Gwilym Huws Jones, Huw Davies a Dilwyn Roberts — peri difrod (BBC).

4. Llys y Goron, Manceinion — Mai 8fed — yn erbyn Wayne Williams, Rhodri Tomos, Cathi McGill, Gaenor Ellis Williams ac Owain Wyn — difrod (Granada).

5. Llys y Goron, Caerdydd — yn erbyn Rhodri Tomos, Dyfrig Berry, Ifan Roberts, Huw Williams, Huw Roberts a Dal Williams.

does dim dwywaith nad Cymdeithas yr Iaith unwaith eto a ysgogodd bobl i feddwl ac a wnaeth y pwnc yn un llosg.

Mae'r prif ddiolch, efallai, i Ffred Ffransis ei hun. Yn yr ychydig ddyddiau er pan ryddhawyd ef daeth ag egni ac argyhoeddiad newydd i ymgyrch Cymdeithas yr Iaith. Mae'r rhinweddau hyn, ynghyd a'i dreiddgarwch a'i ddawn i ysbrydoli pobl, yn rhai rhy brin i'w cadw rhwng muriau carchar. Ac er gwaetha'i gred fod gweithredu tor-cyfraith o hyd yn hanfodol, credwn mai a'i draed yn rhydd y gall wneud ei gyfraniad mwyaf i Gymru yn y blynyddoedd nesaf.

C 25/1 Dde: DG 5/73

Wedi brathu Selwyn Jones, Llys Ynadon Caerdydd. Brathodd blisman hefyd, chwarae teg. (WM 3/2)

'IESU, COFIA'R PLANT'
Harri Pritchard Jones

Wedi cael fy nedfrydu i 30 diwrnod o garchar am beidio â thalu am fy nhrwydded deledu, aeth rhyw heddwas â fi i ystafell o'r neilltu. Gofynnodd i mi drosglwyddo fy eiddo iddo, tra'n fy llongyfarch ar fy safiad. (Mae'n gefnogwr selog i achos yr iaith, er yn ddi-Gymraeg.) Yna daeth Clerc yr Ynadon i mewn, yn ffwdan i gyd. Doeddwn i ddim i fynd i'r carchar yn syth.

Ymhen rhyw bythefnos, roedd hi'n digwydd bod Proinsias MacCana, y Gwyddel Cymraeg o Ddulyn, yn aros efo ni, yng Nghaerdydd. Mae o'n hannu o Beal Feirste (Belfast), ac yn hen gyfarwydd, pan yn hogyn, â chael aelodau o'r *R.U.C.* yn galw yn y tŷ i holi ei dad. Ar ganol ein sgwrs, canodd cloch y drws. Llabwst o Sais mewn siwt lwyd oedd yno, wedi dwad i roi rhybudd terfynol i mi, y byddai'n fy hebrwng i garchar y brifddinas drannoeth os na thalwn fy nirwy. Daeth i mewn, a cheisiais, yn hollol ofer, esbonio iddo natur fy safiad. Roedd Proinsias yn wên o glust i glust. Ymhen dim yr oedd y ddau ohonon ni'n gorfod gwrando cwyn y Sais, am broblemau'r heddlu: diffyg traul, gwythiennau chwydd yn y coesau a chlwy'r marchogion!

Ymlaen â fi yn ei Forris Mil drannoeth i garchar Caerdydd. Anghofiaf i fyth cael tynnu fy llun, a lluniau o ferched noeth, un yn wen, y llall yn ddu, ar y naill wal a'r llall, i sicrhau bod fy llygaid ar agor led y pen yn fy lluniau. Cofiwch hynna wrth weld lluniau o ddihirod honedig mewn papurau newydd.

Cofiaf lais yn hwyr y nos, a finnau wedi cael blas ar lyfr, yn dweud *"Lights out!"* Yna'n ateb, "Gewch chi lonydd am dipyn eto." Roedd y ceidwad—y swog ('sgriw')—yn un o nifer o rieni ysgol Bryntaf.

Anghofiaf i fyth, chwaith, edrych ar ddrysau celloedd eraill a gweld y cardiau o wahanol liwiau'n dynodi Carcharor Peryglus, Iddew neu—yn fy achos i—Pabydd! Roedd yna ddyn du mewn cell gyferbyn, a gyrrodd neges garbwl i mi ar bapur tŷ bach, yn dweud y byddai'r Gymraeg yn sicr o'i lle gerbron gorsedd gras rhyw ddydd. Yn Saesneg roedd y neges yna.

Ddiwrnod arall, roedd yr unig swog o Sais ddes i ar ei draws yn gweiddi ar ryw ddyn o'r enw Paddy. Roedd y Gwyddel o Went wedi cael gwasgfa, ac wedyn wedi bod yn rhefru. Erbyn hyn roedd ar lawr ei gell, yn rhyw lun o eistedd, ac yn canu emyn a ddysgodd yn ei blentyndod '. . Iesu, cofia'r plant.'

Ar fy ffordd allan o Fort Knox, roeddwn yn gorfod tynnu oddi amdanaf eto, a derbyn fy nillad a'm tipyn eiddo'n ôl. I'r rhelyw o staff y carchar, 'Jones' oeddwn i. Ond i'r Sais, wrth groesi'r ffin o gaethiwed i ryddid, mi drois i o fod yn *373842* i fod yn *'Sir'* o feddyg!

Harri Pritchard Jones. Isod: Emyr Humphreys. llenor arall a garcharwyd am y dreth deledu. (T 6/73)

Poster. Ymunodd llu â'r ymgyrch.

Gronw ab Islwyn a Mrs J.Williams yn croesawu ei mab wedi 3 mis o garchar dros y Sianel. (C 7/6)

THE LORD Chancellor has asked for an official explanation from five North Wales magistrates who joined defendants, police and solicitors in singing the Welsh National Anthem at the end of a court case in Caernarvon last month.

It began after nine members of the Cymdeithas Yr Iaith Gymraeg were given a conditional discharge on charges of burglary and causing criminal damage to an Independent Broadcasting Authority television transmitter at Nebo.

At the end of the court case, the chairman of Cymdeithas, Mr. Dafydd Iwan, stood to sing the

D.O.Davies o garchar, treth deledu; clap gan Arfon Gwilym. (T 9/73)

Uchod: WM 12/6 Dde: DG 2/73

MEWN cyfarfod o Bwyllgor Amcanion Cyffredinol Cyngor Bwrdeisdref Sirol Merthyr Tudful ar 17 Ionawr, penderfynodd y Pwyllgor i beidio â chodi arwyddion dwyieithog ym Mharc Cyfarthfa yn y Dref.

.. Ar breidlais, collwyd gwelliant y Cyng. Wigley o fwyafrif helaeth, gyda dim ond un o'r cynghorwyr Llafur yn ei gefnogi.

Am y tro cyntaf erioed fe glywyd cynnal achos gerbron rheithgor yn gyfangwbl yn Gymraeg, ddydd Mercher diwethaf, a hynny yn Llys y Goron, Caerdydd.

Defnyddiwyd offer cyfieithu a chafwyd tîm o gyfieithwyr a'r rheinv wedi eu cau mewn caban

Dywedodd y Barnwr Watkin Powell fod hwn yn braw a fyddai'n 'achlysur hanesyddol.'

chwe diffynydd, a gyhuddid o achosi difrod i eiddo'r B.B.C. fis Ionawr diwethaf,

Cafwyd y cwbl yn euog, ac fe'u rhyddhawyd ar yr amod eu bod i beidio â thorri'r gyfraith am ddeuddeng mis, a gorchymynwyd i bob un ohonynt dalu iawn o £7.

Chwith: F 16/5 Uchod: rali ail gychwyn yr ymgyrch arwyddion, Caerdydd 19/5 (T 6/73)

DYFAL DONC
John Rowlands

John Rowlands. (d/g E.R.) Isod: WM 5/7

Pitw iawn fu 'nghyfraniad i at frwydr yr iaith, rwy'n ofni, a phrin bod gen i straeon dramatig i'w hadrodd. Ond bûm yn sefyllian lawer tro ar gyrion protest, mewn glaw a hindda, fel cannoedd o rai eraill. Ac mi fûm yn llythyrwr diwyd hefyd dros y blynyddoedd—yn poenydio cyrff cyhoeddus ac unigolion, ac rwy'n difaru erbyn hyn na fuaswn wedi cadw mwy o'r atebion amddiffynnol yn fy ffeil, oherwydd ymddengys llawer ohonynt yn hynod ddoniol erbyn hyn. Sylweddolaf hefyd mor hawdd yw hi i rywun ddiffygio, a theimlo mai pwnio pen yn erbyn carreg yw sgwennu pwt o lythyr, ond dyfal donc a'i tyr yn y pen draw (efallai).

Rwy'n pitïo hefyd na chedwais gofnodion manylach o frwydr yr iaith yn ystod y chwarter canrif diwethaf, oherwydd sylweddolaf mor bŵl yw 'nghof am y digwyddiadau mwyaf cythryblus hyd yn oed. Bûm o flaen llys sawl gwaith, ond ni allaf gofio'r amserau a'r prydiau am ryw fanwl iawn chwaith. Brith yw'r cof am fod ymhlith y criw a fu'n gyfrifol (mewn theori o leiaf!) am herwgipio un o arweinwyr y Gymdeithas. [1971]Gwyn fyd y rhai sy'n cadw dyddiadur!

Un digwyddiad sy'n cadw yn weddol glir yn fy nghof, fodd bynnag, yw cael fy hebrwng 'un hirnos gaea' dduoer' o'm cartref yn Rhydypennau yng nghar yr heddlu i dreulio noson yn un o blasau'r brenin yng Nghaerfyrddin. Wedi gwrthod talu cyfres o ddirwyon am beidio â chodi trwydded deledu yr oeddwn, ac wedi 'ngwysio i ymddangos gydag eraill yn y llys yng Nghaerfyrddin. Gan ein bod wedi symud i fyw i ardal Aberystwyth erbyn hynny, tybiodd rhywun yn ei ddoethineb mai'r dull gorau o sicrhau fy mhresenoldeb yn y llys oedd mynd â fi i dreulio'r noson cynt yn y gell. Cyrhaeddodd yr heddlu yn gwbl ddirybudd ar y nos Sul, a'm gorfodi i adael popeth a mynd yn eu car heb na phyjamas na rasal na dim.

Rhaid dweud bod y noson a dreuliais yn y gell oerllyd a drewllyd honno yn un ddigon annymunol, ac na allwn stumogi'r bacwn ac ŵy a'r te oer yn y bore. Mae'r profiad bach hwnnw wedi serio ar fy meddwl mor arwrol fu aberth cynifer o ieuenctid Cymdeithas yr Iaith yn treulio wythnosau a misoedd mewn awyrgylch mor anghynnes. Fel y dywedodd Dewi yn *Cymru Fydd* Saunders Lewis, 'nid ysgol feithrin Gymraeg' ydi carchar, ond 'Sodom a Gomorra'.

Profiad llawer mwy cyffrous oedd bod ymhlith yr ugain a dorrodd i mewn i orsaf drosglwyddo Blaen-plwyf yn Nhachwedd 1979, gan ddiffodd sgriniau'r ardal am gyfnod. Rhaid dweud bod gen i edmygedd mawr o fanylrwydd y myfyrwyr a gynlluniai brotestiadau o'r fath.

Rwy'n ofni mai myth cysurus pobl ganol oed yw mai gyda'r blynyddoedd y

ARFON A'R GOG
Menna Elfyn

Meddiannu tŷ haf, ger Ffarmers. Ninnau ar bigau'r drain yn barod i fynd mewn. Arfon Gwilym yn sefyll yn stond, a dweud "Jiw, ych chi'n gallu clywed y gog!"
Y gog oedd y lleiaf o'n problemau ni.

Roedd hwnnw'n feddiant gwaraidd—gyda gwraig fferm, ar ôl clywed am ein harhosiad, yn galw heibio gyda llaeth ac wyau inni, a gair o gefnogaeth hefyd.

Gorymdaith o'r Rhyl. (C 12/4)

daw 'aeddfedrwydd' gwleidyddol. Wfft i'r aeddfedrwydd honedig hwnnw ddweda i, a diolch yn aml am benboethni'r ifanc a dynnu sylw at enbydrwydd y sefyllfa. Pelydrau o oleuni a welaf i yn eu llygaid, fel na allaf dderbyn y 'diffodd du' a ddaroganodd Gwyn Thomas a fyddai'n 'ddiwedd yr iaith'.

Arfon Jones, 6 mis am ddifrod darlledu, yn rhydd o Wakefield. (T 12/73) Isod: poster rhybudd, ymgyrch gyson 1973 a gweddill y ddegawd.

CYFEILLION *HTV*
Eifion ab Elwyn Gruffydd

Rwy'n cofio meddiannu tŷ, yn ystod Ymgyrch y Tai Haf, yn sir Gaernarfon (Llanberis rwy'n credu). Rhaid oedd torri gwydr yn y drws cefn i gael mynediad. Yn fuan wedyn, cawsom ymweliad gan yr heddlu, a chael gwybod bod y tŷ yn berchen i actores enwog (o Gymraes?), a oedd yn ymddangos yn gyson ar *Coronation Street* (os wy'n cofio'n iawn).

Trannoeth, daeth criw o gwmni *HTV* i'n ffilmio ym meddiant y tŷ. Cyn gynted ag yr oedd y ffilmio wedi gorffen roedd dau neu dri ohonom wedi penderfynu mynd i lawr i'r dref agosaf i brynu gwydr, i'w roi yn lle'r un a dorrwyd gennym. Cofiaf hyd heddiw, agwedd sarhaus criw *HTV* wrth inni ddringo i mewn i'r car—

"Look at that, they're off now. Once they've had their bloody pictures on TV. That's all they wanted,"
a hynny'n ddigon uchel i bawb glywed wrth gwrs.

BWRLÈSG
Robyn Lewis (Robyn Llŷn)

[*Achos yn Llys Pwllheli, yn dilyn meddiannu tŷ haf yn Nefyn*]

Dramatis Personae (yn nhrefn llefaru)—Y Tyst; Y Troswr; Y Clerc

Y Tyst (dan ei wynt):	*Bloody hell!*
Y Troswr (dros y lle):	UFFERN WAEDLYD!!
Y Clerc (wrth y troswr):	Beth ddywed'soch chi, ddyn?!?
Y Troswr:	Dyna be' dd'wedodd y tyst. Wnes i ddim ond cyfieithu'r hyn glywais i.
Y Clerc (wrth y Tyst):	*You watch what you're saying, Mr Blenkinsop. This is a Court of Law.*
Y Tyst (dan ei wynt):	*Oh, my God!*
Y Troswr (dros y lle):	O, FY NUW!!
Y Clerc (gan edrych i'r nenfwd, ac yna ar y Troswr):	BETH?!?
Y Troswr (wrth y Clerc):	Ydach chi'n dymuno i mi drosi'r hyn mae o'n ddweud ai peidio?

A dyna i chi'r awyrgylch. Fel finnau, fel glywsoch y camdrosiad i'r Gymraeg sy'n honni fod ambell dyst mewn llys barn yn cael ei *groeshoelio* (!)—a chymryd yr ymadrodd ar ei fwyaf gwamal, bu ond y dim i hynny ddigwydd i'r Brawd Blenkinsop druan y diwrnod hwnnw . . .

Nid hwn oedd yr achlysur cyntaf, na'r olaf ychwaith, i mi weld achos yn erbyn aelodau o Gymdeithas yr Iaith yn peri troi gweithrediadau llys barn yn fwrlèsg pur—dyma'r math o ddigwyddiad sy'n rhoi enllyn ar alwedigaeth cyfreithiwr . . .

[*Detholiad byr o'i ysgrif, 'Meddiannu', a gyhoeddwyd yn llawn yn F 31/7/87*]

Y saith o flaen y llys oedd Ann Beynon, Marilyn Roberts, Anna Lloyd Roberts, Glenys Edwards, Yvonne Roberts, Eifion ab Elwyn, ac Alwyn Jones – pob un o Gaernarfon neu'r cyffiniau. Anturiodd y saith i bentref Nefyn ym mhen draw Llŷn ar ddydd Gwener y Groglith eleni, a thorri i mewn i rif 3 Brynglas gyda'r bwriad o feddiannu'r tŷ am 24 awr. Mae'n debyg fod perchennog y tŷ – dyn o'r enw Kenneth Norman Swash, Peiriannydd Siarteredig o Guilford – yn gynddeiriog.

Cynhaliwyd yr achos yn gyfangwbl yn Gymraeg, a phan eglurwyd iddo y byddid yn cyfieithu ei dystiolaeth o i'r Gymraeg, bu mor hŷ a gwrthwynebu – ar y sail fod pawb yn deall Saesneg prun bynnag!

Aml i waith byddai'r tyst yn ebychu'n ddirmygus dan ei wynt heb i'r llys fedru'i glywed, ond cai'r llys gyfieithiad cywir a chlywadwy bob tro gan y cyfieithydd (y Parch. Gareth Maelor)

Llys Pwllheli T 8/73

Mae Cymru Dewi, Cymru Glyn Dwr, Cymru ein tadau, a Chymru fy mhlentyndod innau a "SOLD" wedi ei sgrifennu mewn llythrennau bras dros y rhan fwyaf ohoni, dros bentrefi fy mhlentyndod Llangranog a Rhydlewis a channoedd o froydd tebyg, ac mae "FOR SALE" wedi ei sgrifennu dros yr ychydig weddill nas gwerthwyd.

Fe fydd yn rhaid i chi ailgreu Cymru o'r newydd—nid oes ffordd arall. Nid yw siawns a hapchwarae eth oliad na Senedd y Sosialaeth bourgeois sy'n boblogaidd ymysg cenedlaetholwyr yn mynd i greu Cymru i chi. Ar y llaw arall nid yw gweithredoedd dramatig heb wneud y gwaith caled sylfaenol yn mynd i greu Cymru chwaith.

Emyr Llywelyn Ad 1/73

Ffigyrau'r CYFRIFIAD

Nifer Cymry Cymraeg yn 1961: 656,002 (26%)
Nifer Cymry Cymraeg yn 1971: 542,400 (20.8%)

YN ÔL OED

	1961	1971
3–4	13.0	11.3
5–9	16.8	14.5
10–14	19.5	17.00
15–24	20.9	15.9
25–44	23.2	18.3
45–64	32.7	24.8
65+	37.2	31.0

YN ÔL SIROEDD

	CYMRY GYMRAEG 1961	CYMRY GYMRAEG 1971	CYMRY UNIAITH 1961	CYMRY UNIAITH 1971
Brycheiniog	14,850 (27.7%)	11,700 (22.9%)	333 (0.6%)	600 (1.1%)
Caerfyrddin	120,939 (75.1%)	103,800 (66.5%)	3,976 (2.5%)	4,500 (2.9%)
Caernarfon	79,886 (68.3%)	73,100 (62.0%)	5,768 (4.9%)	5,100 (4.3%)
Ceredigion	38,514 (74.8%)	35,800 (67.6%)	2,402 (4.7%)	2,000 (3.7%)
Dinbych	57,923 (34.8%)	49,600 (28.1%)	2,184 (1.3%)	3,200 (1.8%)
Fflint	27,206 (19.00%)	24,400 (14.7%)	366 (0.3%)	1,400 (0.8%)
Meirionnydd	27,775 (75.9%)	24,900 (73.5%)	2,016 (5.5%)	2,600 (7.8%)
Maldwyn	13,603 (32.3%)	11,600 (28.1%)	553 (1.3%)	500 (1.3%)
Môn	37,101 (75.5%)	37,100 (65.7%)	2,765 (5.6%)	2,600 (4.5%)
Morgannwg	201,145 (17.2%)	141,000 (11.8%)	4,144 (0.4%)	8,700 (0.7%)
Mynwy	14,435 (3.4%)	9,300 (2.1%)	889 (0.2%)	600 (0.1%)
Maesyfed	790 (4.5%)	700 (3.8%)	16 (0.1%)	? (0.2%)
Penfro	21,835 (24.4%)	19,500 (20.7%)	811 (0.9%)	1,000 (1.0%)

Aethai 6 thŷ eisoes, i Saeson CN 8/73

Owen Jones y cadeirydd a dirprwyaeth o'r Pwyllgor Amddiffyn at y Cyngor, gyda Rheinallt Evans a Cynog Davies, awduron y cynllun achub. (T 10/73)

Uchod: T 10/73 Isod: chwalfa drist Derwen Gam, a gwarth Cyngor D.G.Aberaeron yn gwrthod cyfle i brynu a gwella'r pentref. Prynodd Enid Lewis un tŷ a'i gynnig i Adfer (C 13/9)

Derwen Gam, y pentref bach gwledig yn Sir Aberteifi sydd mewn perygl o gael ei werthu'n gyfangwbl i estroniaid.

Y CYMRO A DDAETH ADREF
Siôn Myrddin

Dilys a Siôn Myrddin, a'u plant Lowri ac Elisabeth, wedi meddiannu ac aros mewn tŷ haf yn Bontgoch 10/73 Ni allent fforddio tŷ i deulu ar gyflog Ysg. y Gymdeithas. (WM 10/73)

Ddeis i nôl yn '72 i Gymru, i geisio cynnig llaw yn y frwydr Iaith. Roeddwn yn byw yn Lloegr cyn dod nôl, ac yn brysur mewn demos gwrth-apartheid, Fietnam ac yn y blaen; hyn tra oeddwn yn gweithio mewn ffactri Raleigh. Trwy lythyrau oddi wrth fy chwaer, Jane Piper (Sian Rolphe erbyn hyn), a oedd yn fyfyrwraig yng Nghyncoed, cefais wybod am yr anghyfiawnderau oedd yn mynd ymlaen yma yn erbyn ein mamiaith. Penderfynais symud nôl ar ôl blynyddoedd lawer i ffwrdd; roedd achos y 7 yn Abertawe yn y *Guardian,* a hwnnw roddodd y pigiad i'r cydwybod a'r gyts i ddod adref.

Geis i ddim addysg Gymraeg—a dweud y gwir bron ddim addysg, a finna'n gadel cartref pan oeddwn yn 15 i fynd i'r môr. Ond mi gefais groeso cynnes gan bawb; ac roedd yn fraint ac anrhydedd, a dweud y lleiaf, pan oeddwn yn Aberystwyth ar y ffordd i Fangor i ymuno â Chwmni Theatr Cymru, cefais gwrdd â Ffred [Ffransis], a oedd yn mynd i'r Llys y diwrnod wedyn ac yn disgwyl blwyddyn o leiaf o garchar. Dywedodd bod y Gymdeithas wir angen un Ysgrifennydd arall, i ymuno â Meinir [Ifans], Arfon [Gwilym] a Ieu Rhos [Ieuan Roberts], ac y dylwn roi fy enw ymlaen.

Do, fe gefais y job, ac yn sicr fe ddaru'r gymwynas yna newid fy agwedd yn gyfan gwbl tuag at Chwyldro—nid jest siarad ond 'gwneud'.

* * * * *

Mewn Llys yn Lloegr
[Rhan o amddiffyniad Siôn yn Bow Street, Llundain, 12/4/73]

"Rydym ni'n sefyll o'ch blaen heddiw yn euog ond o un peth, sef caru'n Iaith. Mae'r Cymry'n deffro . . . a gwelir pobl o bob oedran, pob dosbarth a phob swydd, yn sylweddoli eu cyfrifoldeb.

Gorfododd y sefyllfa i ni adael ein gwlad a dod i Lundain i weithredu yn y ffordd a wnaethom. Rydym yma ger eich bron chi gyda chydwybod glir, a'r gred, beth bynnag eich dyfarniad, y cawn gyfiawnder i'r Iaith, a Sianel Gymraeg i'n cenedl."

Dwy brotest tai haf ar droad y flwyddyn. Uchod: rali Nefyn. Isod: Lilian Jones a gweithredwyr yng Nghapel Garmon, wedi cyfarfod Betws-y-Coed (NWPA) Isaf dde: poster

WM 7/73 Isod: arweinydd newydd, Carl Clowes yn sylfaenu Antur Aelhaearn (ac wedyn Ganolfan Nant Gwrtheyrn gyda Dafydd Iwan).

Ifan Roberts a Rhodri Tomos wedi pythefnos yn Walton gan ynadon Wrecsam am ddirwyon darlledu. (T 10/73)

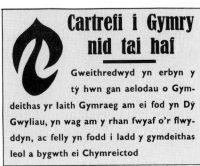

Cartrefi i Gymry nid tai haf

Gweithredwyd yn erbyn y tŷ hwn gan aelodau o Gymdeithas yr Iaith Gymraeg am ei fod yn Dŷ Gwyliau, yn wag am y rhan fwyaf o'r flwyddyn, ac felly yn fodd i ladd y gymdeithas leol a bygwth ei Chymreictod

Y 'CEILIOG'
Ieuan Roberts

Bu'r Gymdeithas wrthi am flynydd-oedd yn ceisio darlledu yn anghyfreithlon. Bedyddiwyd yr offer yn 'Geiliog', a'r un cyntaf oedd un a ddefnyddiwyd gan y Blaid yn eu hymgyrch hwy flynyddoedd ynghynt. Tra oedd yr achos darlledu mawr yn Yr Wyddgrug ym 1971, penderfynwyd defnyddio hwn, ond pan aethpwyd ati'n hwyr y nos i'w osod yn barod i ddarlledu ar y teledu, wedi i'r rhaglenni eraill orffen, roedd wedi ei gloi ym mŵt car Dyfrig Siencyn, a hwnnw wedi colli'r goriadau.

Buom wrthi wedyn yn cerdded stryd-oedd Yr Wyddgrug yn chwilio am y goriadau, gan obeithio na ddôi'r heddlu i holi. (Am ryw reswm, roedd pobl yn poeni llawer mwy am ddarlledu nag am weithredoedd eraill a oedd, mae'n siwr, yn fwy difrifol.) Cawsom y goriadau, a mynd ati i ddarlledu, tra bod rhywun yn gwrando ar y teledu y drws nesaf—ond erbyn y diwedd nid oedd ef, hyd yn oed, wedi clywed gair.

Gwnaethpwyd tipyn o ymchwil wedyn, a phrynu offer cymharol ddrud, ond un broblem oedd mai ar y donfedd ganol y ceisiem ddarlledu, oherwydd peth prin iawn oedd radio VHF yn y dyddiau hynny.

Erbyn trefnu diwrnod o gyfathrebu yn ardal Llandysul, roedd y ceiliog newydd yn gweithio'n weddol, er y bu'n rhaid ei symud yn nes i'r pentref na'r lleoliad gwreiddiol. Problem fawr arall oedd bod yn rhaid cyhoeddi y byddem yn darlledu, gydag amser a lleoliad, felly roedd Swyddfa'r Post a'r heddlu yn barod. Trwy droi set radio gyffredin, gallent ddweud o ble roedd y trosglwyddo'n dod, ac fe aethant i mewn i'r tŷ—ond fe gafwyd digon o rybudd i'r ceiliog fynd allan drwy'r drws cefn fel yr oeddynt yn mynd i mewn trwy'r drws ffrynt. Yno y bu am oriau, ym môn gwrych gyda phawb ohonom yn gwneud ein gorau glas i beidio ag edrych i'r cyfeiriad tan y nos, pan aeth dau gariad am dro a'i gasglu. Ond o leiaf roedd *wedi* darlledu, ac yn glir iawn hefyd.

Wedyn y gynhadledd yng Nghaer-dydd. Y trefniant oedd bod Cynhadledd i'r Wasg yng ngwesty'r *Park,* y ceiliog mewn tŷ gweddol agos, a minnau i wrando ar radio tu allan i ystafell y gynhadledd tan y clywn y neges, ac yna mynd â'r radio i mewn i'r gynhadledd. Syniad gwych am gyhoeddusrwydd—petai wedi gweithio. Ar waethaf pob troi a throsi a dyrnu ar y radio, ni chlywn ddim!

F 27/4 Isod: y Ceiliog.

Wlpan Aberystwyth C 2/7/74

Mai Evans, a wrthododd y dreth gyfalaf enillion drwy'r Saesneg 12/73 Enillodd ei hymgyrch ym 1975.

Dde: Gwilym Roberts, un o arloeswyr dysgwyr Caerdydd a'r Urdd; cefn i'r Gymdeithas hefyd. (C 1/3/77) Isod: polisi llwyddiannus hyd heddiw T 11/73

CWRS LLWYDDIANNUS

Annwyl Helen,

Diolch o galon am dy lythyr, a llongyfarchiadau ar dy Gymraeg.

Anfonais dy enw i'r Swyddfa, a dylet gael gwybodaeth bellach o'r fan honno. Dylai Undeb yr Ysgolion ddod i gysylltiad a ti cyn hir. Awgrymaf dy fod yn trefnu deiseb fechan at y Prifathro yn pwyso am gael cyfleusterau i sefyll Lefel A Cymraeg fel ail-iaith, ac anfon air byr i Ddalen y Dysgwyr yn y Tafod *hefyd.*

O lythyr Dafydd Iwan at Helen Greenwood 7/2 Dde: o gynnig pwysig Dafydd Orwig i'r cyngor newydd, eilydd I.B.Griffith.

1974

Annibyniaeth i Grenada

Trechu unbennaeth Portiwgal gan blaid Spinola; ac annibyniaeth i Angola, Mozambique, Guine-Bissau

Gweriniaeth yn disodli'r cadfridogion yng Ngroeg, a gwrthod brenhiniaeth

Diorseddu ymerawdwr Ethiopia, Haile Selassie

Twrci yn ymosod ar Gyprus

Llywod gwynion De Rhodesia yn rhyddhau'r carfannau rhyddid duon

Cosbi euogion Watergate yn UDA; Gerald Ford yn arlywydd, a phardwn i Nixon; Skylab yn y gofod am 3 mis; Muhammad Ali (gynt Clay) yn adennill ei deitl

Yasser Arafat o'r PLO yn annerch y Cenhed Unedig

Trychineb llifogydd Bangladesh

Darganfyddiad archaeolegol enwog yn Xian, China, byddin *terra cotta* 6000 o filwyr a cheffylau o'r 2il ganrif C.C.

Giscard d'Estaing yn olynu Pompidou yn arlywydd Ffrainc: Helmut Schmidt yn olynu Brandt yn ganghellor Gorll yr Almaen

Ffrangeg yn iaith swyddogol yn Quebec, Canada; Swahili yn disodli'r Saes yn iaith gen Kenya

Gorll yr Almaen yn ennill cwpan y byd, peldroed, yn yr Almaen

Marw Peron, U Thant, Grivas

Ennill 4 sedd arall i'r SNP yn etholiad cyffredinol yr Alban—Llaf 36%, SNP 30% (11), Ceid 25%, Rhydd 8%

Streic Protestaniaid y 6 Sir, Iwerddon; cyhoeddi cyflwr argyfwng a llywodraethu o Lundain eto; terfysg carchar y Maze, ac ympryd Gwyddelod yn Lloegr; bomio a lladd llawer yn Birmingham etc.

Cwymp y Farchnad Stoc yn Llundain; achub British Leyland; twyll a diflaniad y gwein post, John Stonehouse

Etholiad Cyff, Chwefror—Edward Heath a'r Ceid, heb fwyafrif (ymddiswyddo Mawrth, yna Llaf heb fwyafrif, Medi); Llaf 46.8% (24 sedd), Ceid 25.9% (8), Rhydd 16.3% (2), PC 10.8% (2) ar ôl ennill hawl uchel lys i ddarlledu teledu; Dafydd Wigley a Dafydd Elis Thomas yn ennill Caern a Meirion, a Gwynfor Evans o fewn 3 pleidlais i adennill Caerf; Geraint Howells yn adennill Cered i'r Rhydd

Etholiad Cyff, Hydref—Llaf a Wilson yn ôl â mwyaf o 3; Llaf 495% (32 sedd), Ceid 23.9% (8), PC 10.7% (3), Rhydd 15.5% (2); Gwynfor yn adennill Caerf

Wythnos waith dridiau o'r Calan, wedi dwysáu'r argyfwng ynni, petrol yn codi 10c; streic glowyr a gweithwyr rheilffyrdd yn achosi'r etholiad

John Morris yn Ysg Gwl; Swyddfa Gym yn gyfrifol am ddiwydiant

Bl 1af y c'au lleol newydd

Adr C Cym yn cefnogi Cynulliad; p gwyn ar ddatganoli, Medi, yn ei addo; Ceid yn erbyn, lleill eisiau hawliau deddfwriaethol

Sefydlu Cyngr U Llaf Cym

Meddygon yn rhwystro cyfyngu gwelyau preifat yn y gwasanaeth iechyd; ffermwyr yn atal gwartheg o Iwerddon

Bom IRA, Casnewydd, rhan o'r ymgyrch Bryd

Deddf atal terfysgaeth; diddymu deddf cysylltiadau diwydiannol

Diweithdra, Tachwedd, 3.9% (40,100)

Marw David Jones, D.Jacob Davies, Gruff Meils, Alwyn D.Rees

Eist Gen Caerfyrddin; Eist yr Urdd Y Rhyl; Gŵyl G Dant Harlech

Ysgol uwch Gym Llanhari; Morg Ganol yn dileu gwersi Cym cyffredinol, Chwefror

Ysg Gwl yn deddfu Saes yn flaenaf ar arwyddion; sefydlu pwyllg enwau

'Ymgyrch y Cymoedd' yr Urdd, a deiseb sianel Gym

Adr Crawford ar ddarlledu, Tachwedd, yn argymell sianel Gym a chynyddu Cym ar y radio; llywod yn derbyn mewn egwyddor, a sefydlu pwyllg Siberry i'w drefnu

Mudiad Adfer yn annibynnol o Gymd yr Iaith; cynllun i sefydlu gweithdy coed

Sefydlu Cymd Emrys ap Iwan

Stamp post Owain Glyndŵr, 5½c

'Pobol y Cwm', BBC yn dechrau, Hydref

Papur Pawb (Talybont) yna *Llais Ogwan* (Bethesda), Hydref, p'au bro gwledig sefydlog 1af; a *Clebran* (Y Frenni), Rhagfyr

Atgyfodi Gwasg Gregynog gan y Brif

Opera roc 1af yn yr Eist, 'Nia Ben Aur'; *Hen Ffordd Gym o Fyw*, record hir 1af Edward H

Chwilota, Cyfr 1 gol D.Gwyn Jones; *Trefn Llysoedd Ynadon a'r Iaith Gym* Robyn Lewis; *Daw Dydd* llyfr 1af Ffred Ffransis; *Colofnau'r Flwyddyn 1974* gol Tegwyn Jones

---

Wynebddalen:
Ioan Roberts o'r *Cymro*, Rhiain y Ddôl, Iona Williams ac Anne Uruska, rali'r Sianel Gymraeg, Hyde Park, Llundain
(DT)

Gallai sylwebydd dieithr dybied bod y Cymry ar gerdded ym 1974. Roedd Plaid Cymru wedi dod i'w hoed o'r diwedd, a chenedlaetholwyr Cymru a'r Alban yn dal cynffon awenau grym yn Llundain toc. Profiad anarferol ym mlwyddyn y ddau etholiad oedd cael gwared â'r llywodraeth Doriaidd a'r un pryd weld machlud y Blaid Lafur yng nghefn gwlad ac yn hen gadarnleoedd y chwareli llechi. Daeth datganoli yn bwnc mawr ac yr oedd gobeithion yn codi, yn enwedig yng Ngwynedd, lle cafodd arloeswyr fel Dafydd Orwig gyfle i weithredu hen freuddwydion ar bob lefel lywodraethol.

Gellid tybied y byddai'r mudiad iaith yr un mor obeithiol, ond nid felly. Yng ngeiriau *Tafod y Ddraig,* rhyw gyfnod o 'fogail-syllu' a gafwyd, a chrebachodd delwedd gyhoeddus Cymdeithas yr Iaith tra chwiliai am gyfeiriad a swyddogaeth gyfoes. Diau i'w safle flaengar ddioddef yn sgil y cyffro etholiadol, (fel yn y chwedegau), yn ogystal â'r clwyf agored a adawodd yr Adferwyr arni. Yn debyg i'r chwedegau eto, blinai'r aelodau o weld hen ymgyrchoedd ar hanner eu hennill yn dragywydd. Roeddent yn gyfarwydd ag ennill ysgarmesoedd, ond yn sylweddoli bod y frwydr dros y Gymraeg yn cael ei cholli'n gyflym. Roedd llai yn sôn am 'chwyldro' torfol mwyach. Tra bu'r arweinwyr yn cloddio ystyron dyfnach y gair hwnnw, collodd y cyfryngau a'u camerâu bob diddordeb. Ond ni cheir dŵr glân heb glirio'r pydew, a dygnodd criw bychan yn hir hyd nes y daeth yn fwrlwm drachefn.

Nid nad oedd digon yn digwydd i lenwi mân golofnau'r papurau yn gyson. Ymgyrch y Sianel er enghraifft. Ymgyrch ddarlledu, yn hytrach; roedd y cyfarfod cyffredinol wedi cadarnhau mai'r nod oedd awdurdod darlledu annibynnol yn rheoli dwy sianel deledu a dwy donfedd radio ar gyfer y Cymry Cymraeg a Saesneg ar wahân. Parhâi achosion llys wythnosol bron am wrthod talu'r drwydded, gyda dirwyon ac ambell garchariad. Ond maes y genhedlaeth hŷn oedd hwnnw fel arfer, ac nid oedd gorfod aros am adroddiad Crawford yn rhoi her i'r ifainc. Ceisiwyd codi gwres gyda rali yn Llundain; gwnaed difrod i gyfnewidfa ffôn y Swyddfa Gymreig, a heriodd Ifan Roberts ei garchariad gohiriedig. Ym Medi datgelodd Adroddiad Beynon fod eu tystiolaeth i Crawford yn cadarnhau nad oedd rhwystr i sianel ar y cyd gyda'r IBA, ac o'r diwedd, yn Nhachwedd, dyma Crawford yn argymell hynny. Nid oedd sôn am awdurdod annibynnol, ond roedd rhoi blaenoriaeth i'r Gymraeg waeth beth a fyddai'r drefn yn Lloegr 'yn fuddsoddiad mewn cytgord cymdeithasol'. Derbyniodd Roy Jenkins yr egwyddor, gan sefydlu pwyllgor arall i drefnu ar gyfer sefydlu Sianel Gymraeg ym 1976. Roedd hon yn fuddugoliaeth i Gymdeithas yr Iaith—a weithiodd ers saith mlynedd a boblogeiddio'r syniad—ac i lawer o gefnogwyr. Postiwyd tomen o sieciau trwydded deledu yn anrheg Nadolig i'r Postfeistr! Wedyn, mater ydoedd o aros. Ac aros. Pwy a feddyliai nad oedd hon ond diwedd y rownd gyntaf mewn gornest ddolurus faith, ac yr âi chwe blynedd heibio cyn i lywodraeth arall orfod ildio i'r alwad.

Bu tipyn o weithredu yn erbyn y tai haf, ac arwyddion ffyrdd Saesneg, er y ceid cwyno mai myfyrwyr Bangor a gynhaliai'r baich. Wedi cyfnod o beintio tai haf, dechreuodd y busnes meddiannu eto am sbel, gan ddal i bwyso ar awdurdodau lleol i wrthod caniatâd cynllunio i dai haf ac i ddarparu tai ar rent i bobl leol. Fel y soniais eisoes, roedd y meddiannu yn ddull cyffroús, ond diweledigaeth braidd. Ond os nad oedd yr ymgyrch yn effeithiol, cafodd effaith ar yr ymgyrchwyr eu hunain. Roedd y rhyfel dosbarth yn ffaith weladwy, yn eu gwthio fwyfwy i gyfeiriad sosialaeth weriniaethol. Ehangwyd yr ymgyrch i geisio darbwyllo'r cynghorau i wrthod datblygiadau a stadau tai diangen, a chreu'r amodau i alluogi'r Cymry i gystadlu yn eu cynefin.

Achosodd yr arwyddion ffyrdd rwystredigaeth ychwanegol. Wedi parhau'r ymgyrch yn ysbeidiol yn erbyn yr oedi diddiwedd, câi pobl eu herlyn, a charcharwyd dau. Yna, yn yr haf, daeth datganiad gan yr Ysgrifennydd Gwladol newydd o Gardi; roedd arwyddion dwyieithog am gael eu gosod—ond, och, gyda'r Saesneg yn flaenaf, oherwydd y 'perygl' ac ati. Cynhaliwyd raliau protest, a bu dau arall yng ngharchar, ond roedd y Gymdeithas mewn penbleth. Nid oedd gan yr arweinwyr awydd dychwelyd i'r hen ddyddiau, dros achos a enillwyd yn barod yng ngolwg y cyhoedd. Er na fyddai'n anodd (wedi Adroddiad Bowen) cael y maen i'r mur, o ddangos yn syth i'r awdurdodau y gallai gostio llai iddynt beidio â sarhau'r Gymraeg, mynnai rhai y byddai'n well rhoi'r egni angenrheidiol i'r dasg o newid sylfeini'r mudiad. Gwrthod yr atyniad torfol a wnaethant, felly, ac er iddynt gwyno llawer wedyn am benderfyniad yr Ysgrifennydd Gwladol, cawsai hwnnw'r golau gwyrdd i yrru ymlaen i osod y Saesneg yn ben—a chafodd rhai awdurdodaù gadw'r Saesneg yn unig. Yr *oedd* gwir angen ailystyried swyddogaeth y mudiad, ond credaf mai cam gwag fu gadael i'r Gymraeg fynd yn atotiad gweladwy eilradd drwy'r wlad, fel y Wyddeleg yn Iwerddon. Tybed na fuasai mynnu'r flaenoriaeth, pan oedd hynny'n bosibl, wedi creu symbol cyfoethog a gâi ddylanwad eang ar statws cyhoeddus yr iaith?

Bu'n rhaid parhau i frwydro ymgyrchoedd y gorffennol i raddau, serch hynny, gan na ellid osgoi diffyg statws swyddogol yr iaith. Roedd rhai yn dal i wrthod y dull eilradd o gofrestru geni. Roedd y Post yn waeth, heb statws o gwbl. Yn yr haf penderfynwyd ymgyrchu eto am statws llawn yn y Post, ac yn yr hydref dyma ddwysáu'r torcyfraith gyda difrod cyfyngedig i arwyddion a blychau postio a chloeon, yn ogystal â difetha dogfennau Saesneg. Dyma'r drydedd ymgyrch yn erbyn gelyn ystyfnicaf y Gymdeithas, a'r mwyaf balch o'i Brydeindod, ac yn wir dechreuodd ei agwedd newid rywfaint.

Y flwyddyn hon bu'r mudiad yn ceisio gwireddu bwriad y cyfarfod cyffredinol blaenorol i gyfathrebu'n fwy effeithiol â'r werin bobl a'r awdurdodau. Dyrnaid o 30 oedd â digon o ddiddordeb yn y pwnc i fynd i'r Ysgol Basg, 'lle bu gynnau gant' neu ddau. Llai fyth oedd awydd pobl Llanybydder i gyfathrebu â nhw; tri ddaeth i'r cyfarfod cyhoeddus! Ond daliwyd i genhadu, a gwella trefniadaeth y mudiad, ac wrth brofi eu metel fel hyn y magwyd arweinwyr glew a gweithgar y dyfodol. Wedi'r raliau yn Ionawr, roedd y ddeiseb at y cynghorau lleol newydd ar droed ac fe'i cyflwynwyd i bob un, gyda dirprwyaeth gyson i hawlio polisi iaith ac yn arbennig addysg Gymraeg. 'Dylai fod yn nod gwbl bendant i Gymreigio'n drwyadl blant y teuluoedd di-Gymraeg sy'n dod i fyw yma. A dylai'r teuluoedd hynny gael gwybod beth yw'r nod cyn symud yma i fyw. Os na sicrheir hyn, mae'r mewnfudiad presennol yn sicr o ladd yr iaith' (*Bywyd i'r Iaith,* 1973). Mynnent well addysg i holl blant Cymru, nid yn unig yn y Fro Gymraeg. (Defnyddiaf y term hwylus hwn weithiau, ond cofier nad oedd ac nad yw y Gymdeithas gyfoes yn ei hoffi o gwbl! Yr hyn a olyga gennyf fi yw'r ardaloedd traddodiadol Gymraeg.) Addysg oedd byrdwn Taith yr Haf drwy'r wlad. Roedd 83% o tua 500 ar holiadur yn nghylch Tredegar eisiau i blant gael dysgu Cymraeg: gwelwyd fod ysbryd newydd yng Ngwent.

Nid oedd y gwaith uchod yn ddigon heriol gan rai, yn cynnwys y cadeirydd, ac eraill a fu'n ymryson â'u senedd yn barhaus ar ddalennau'r *Tafod.* Galwai rhai am weithredu cudd, heb dderbyn cyfrifoldeb, am daro'n galetach yn erbyn y Prydeindod. Roedd y farn arall, a orfu yn y diwedd, eisiau cryfhau'r seiliau lleol a chreu mudiad gwleidyddol, trefnus, tebycach i Blaid Cymru ond â thorcyfraith yn arf hefyd (gw. ysgrifau Cynog Dafis a Wynfford James yn *Tân a Daniwyd,* 1976, a'u penawdau diedifar 'Gweithio yn Greadigol' a 'Y Chwyldro Tawel'). Dim ond 200 oedd yn y cyfarfod cyffredinol tyngedfennol, lle y mynegwyd yr holl ansicrwydd. Dan arweiniad Ffred Ffransis, pensaer y newid cyfeiriad, dyma ddechrau cyfnod newydd (eto!). Am y tro cyntaf, dau o'r prif arweinwyr yn bobl wedi dysgu Cymraeg, a merched yn arwain y mwyafrif o'r grwpiau sefydlog. Sefydlwyd dau 'is-grŵp' newydd llwyddiannus iawn, sef Dysgwyr ac Adloniant. Dathlodd y *Tafod* y newid yn dra symbolaidd drwy adael gwasg Y Lolfa am yr unig dro yn ei hanes diweddar: bu am flwyddyn yng Ngwasg y Tir, Penygroes. Ni soniais am y symud swyddfa i Fachynlleth, ond yn sicr cyfrannodd hynny at ansicrwydd y flwyddyn hon. Wedi brysio'n ôl i Aberystwyth, tyrchodd y swyddfa a'r cadeirydd newydd a'i holl gynlluniau i'r seler enwog dan Faes Albert, (gw. ysgrif Angharad Tomos, dan 1987) nid nepell o swyddfa'r heddlu.

FFRED
Arfon Gwilym

Dewi Morris Jones, Mair a W.C.Elvet Thomas gyda Terwyn Tomos o garchar Caerdydd 30/1 (P.I.)

Mae'n amhosib cyfeirio at y Gymdeithas o 1969 ymlaen heb fod enw Ffred Ffransis yn brigo i'r wyneb dro ar ôl tro. Yn holl hanes y mudiad ni fu neb a ddaliodd ati cyhyd, gan wrthod newid ei ddulliau o weithredu na glastwreiddio dim ar ei weledigaeth er pob newid yn ei amgylchiadau personol. Wn i ddim a fyddai'r Gymdeithas wedi dal ati fel y gwnaeth drwy rai cyfnodau anodd oni bai am ei ddylanwad o.

Nid peth hawdd yw ei ddisgrifio mewn ychydig eiriau. Personoliaeth gymhleth, ie, ond eto'n rhyfeddol o syml. A dyna'r peth am Ffred i mi—y ddeuoliaeth a'r paradocsau a welid yn aml yn ei gymeriad.

Doedd neb fwy *o ddifri* na Ffred. Byddai'n myfyrio'n gyson (pan rannwn gell ag o yng ngharchar Pentonville, byddai'n eistedd ar ei wely i *feddwl* am tua hanner awr bob nos, ar ôl diffodd y goleuadau). Byddai'n ymprydio. Byddai'n cynllunio—*drwy'r* amser. Ond yng nghanol y cyfan roedd ei hiwmor unigryw yn hollbresennol. Ar adegau, gallai glownio'n well na neb, a gwneud i Monty Python edrych yn hynod o gall. Mae'n siŵr fod 'falf diogelwch' felly yn gwbl angenrheidiol. Byddai'n hoff o ddynwared—nid yn llwyddiannus bob tro, ond dyna'n union a wnâi i ni chwerthin. Byddai hefyd yn hoff o roi llysenwau ar bobl. 'Diddosben' oedd ei enw ar ryw garcharor yn Pentonville (gair Emrys ap Iwan am het) a Bonvil oedd ei enw arnaf fi, am mai'r enw Cymraeg am Bonvilston ym Mro Morgannwg yw Trewilym! Ond yr artaith fwyaf oedd gwrando ar ei lais peraidd (?) yn mynd drwy *repertoire* Elvis—yr *hits* i gyd o'r dechrau i'r diwedd, ynghyd â manylion llawn ynglŷn â phryd a sut y dringodd y gwahanol ganeuon y siartiau. Mae geiriau fel *Return to Sender* a *Looking for Trouble* wedi eu serio ar fy nghof am byth er na chlywais i 'rioed mo'r 'brenin' ei hun yn eu canu!

A dyna ddod at baradocs arall yn ei gymeriad—y Cymro tanbeitiaf ohonom i gyd, ac eto heb fawr ddim diddordeb, i bob ymddangosiad, yn y gwir ddiwylliant Cymraeg. Mae'n anodd dychmygu Ffred yn ymuno â'r Gymdeithas Cerdd Dant! Ond roedd yna baradocsau eraill hefyd. Petaech yn chwilio â channwyll, go brin y gallech ddod ar draws neb mwy blêr na Ffred efo'i eiddo personol. Roedd ei ystafell yn Stryd y Baddon fel petai bom wedi disgyn ar y lle, *bob* amser. Ychydig iawn o barch oedd ganddo at ddillad. Ond os oedd hi'n fater o drefnu ymgyrch, neu weithred, neu gyflwyno dadl— mewn pwyllgor, papur newydd neu raglen deledu—ni allech gael neb mwy trefnus a rhesymegol na fo.

Roedd o hefyd yn berson swil ofnadwy yn y bôn, yn boenus o swil ar adegau, a'i

Meinir gyda Ffred Ffransis yn Y Rhyl, Gŵyl Ddewi wedi ei ryddhau eto o Walton. (P.J.)

Dirwyo 33+1, meddiannu tai haf Beddgelert a Llanael-haearn a malu arwyddion, Llys Pwllheli 2/74 (NWPA) Isod: dathlu 700 ml. arwr yr Alban.

Op Y Pethe, ABERYSTWYTH, Ceredigion, Cymru.

ROBERT BRUCE
REMEMBER to use the POST COD
1274 - 1329

gwrteisi'n ddiarhebol; ond pan ddeuai'n adeg i weithredu fe wnâi hynny'n hollol eofn a hyderus, heb owns o swildod. I rai, efallai, roedd ei natur wylaidd yn rhoi argraff o wendid. Ond o dan yr wyneb yr oedd cryfder rhyfeddol. Roedd ganddo gyfansoddiad fel ceffyl, mae'n rhaid— petai ond i wrthsefyll yr holl streiciau newyn. Ond doedd o ddim yn 'edrych ar ôl ei hun' fel pawb arall chwaith. Ei hoff bryd bwyd oedd bagiad o jips a bloc o hufen iâ (y bloc hwnnw sy'n ddigon o bwdin i hanner dwsin fel arfer). Ac wrth gwrs, ni fyddai'n cyffwrdd â chig.

Y tu ôl i'r swildod hefyd yr oedd penderfyniad o ddur a styfnigrwydd anhygoel. Os oedd Ffred wedi penderfynu, hyd yn oed ynglŷn â'r pethau lleiaf weithiau, doedd dim troi'n ôl i fod, a chwbl amhosibl oedd ei drechu mewn dadl. Fe allai godi gwrychyn rhywun weithiau, ond welais i neb yn dal dig yn hir. Doedd dim mymryn o falais yn perthyn iddo, a byddai yn ei ôl mewn munud yn actio'r ffŵl ac yn tynnu'ch coes unwaith eto.

Yr elfen gref hon o styfnigrwydd yn ei gymeriad yw ei gryfder mawr, wrth gwrs. Dyna sy'n cyfrif ei fod wedi dal ati cyhyd.

Rhagwelodd Mr Saunders Lewis, flynyddoedd yn ôl mai yn awr ei lwyddiant y wynebai Plaid Cymru ei pherygl mwyaf. Mae'r peryglon hynny yn amlwg erbyn hyn, a thynnwyd ein sylw at rai ohonynt gan Emyr Hywel yn y rhifyn diwethaf o'r 'Tafod'. Ac y mae'n bwysicach heddiw nag erioed fod safbwynt y Gymdeithas yn cael ei chlywed yn glir y tu fewn i rengoedd y Blaid. Arnom ni y bydd y bai os gwelwn ymhen ychydig flynyddoedd fod ein hunig Blaid Genedlaethol wedi colli golwg ar weledigaeth ei sylfaenwyr.

Ac os yw'r Gymdeithas hithau am wneud ei chyfraniad yn effeithiol yn y dyfodol, rhaid i lawer mwy o'i haelodau ymateb i apêl Ffred Ffransis a dygnu arni gyda llawer mwy o ymroddiad a llawer mwy o ddyfalbarhâd. Yn hyn o beth, mae gennym lawer i'w ddysgu oddi wrth aelodau o Blaid Cymru a fu wrthi'n ddygn ers blynyddoedd yn gweithio yn eu cynefin dros achos Cymru. Fel y dywed Ffred, ni allwn ddirmygu'r gwaith di-ramant o 'gerdded tai'

Dafydd Iwan T 4/74 Isod: Elwyn Ioan 3/74

Cyfres Cartwnau Dafydd Iwan –Rhif 2

WIL, ELYSTAN, CORONWY A... HO HO HO HO HO HO

Y SWYDDFA DROS DRO
Meg Elis

"**M**achynlleth?" gofynnodd Terwyn [Tomos], a'r cwestiwn yn atseinio dros ystafell ymweld Carchar Caerdydd.

"Machynlleth" meddwn innau. "Wyt ti'n sylweddoli bod petrol yn ddeugain ceiniog y galwyn?"

"Machynlleth? O, reit neis." Diolch byth am Siôn Myrddin, oedd yn cymryd golwg dipyn mwy siriol ar bethau. (Ond wrth gwrs, roedd o'n byw'n nes at Fachynlleth na'r ddau arall ohonom.)

Rhyw fraslun o ymateb y tri ysgrifennydd i'r newydd fod Swyddfa'r Gymdeithas yn symud o 24 Ffordd y Môr, Aberystwyth i Danrallt, Machynlleth gawsoch chi uchod. O hyn ymlaen, mi gewch ymateb hollol bersonol . . . [i'r] cyfnod pryd y bu canolfan y chwyldro yn nhref Glyndŵr.

Cyfnod digon helbulus oedd cyfnod y symud ei hun, yn enwedig felly gan fod un ysgrifennydd (yr un taclusaf, yn naturiol) yn y carchar ar y pryd. Ond rywsut, dyma ni'n gadael yr hen swyddfa yn Aberystwyth, ac yn symud holl weinyddiaeth y Gymdeithas yn ei chrynswth, ar lori lo, i Fachynlleth . . . lle cynigiwyd ystafell i ni trwy garedigrwydd Paul Wesley, cyfaill di-Gymraeg, ond un a oedd yn ymddiddori yn y mudiad heddwch a mudiadau di-drais.

Yn bersonol, tydw i ddim yn meddwl i ni byth ddod i drefn yno: roedd rhywbeth wastad ar goll (oreit, mi wn i fod hynny'n swnio'n union fel Swyddfa'r Gymdeithas ple bynnag y mae hi, ond coeliwch fi, roedd hi'n waeth yma) a'r trosiad sydyn o Aberystwyth ganolog, lle'r oedd o leia ryw fyfyriwr yn barod i alw i mewn i helpu, i Fachynlleth gymharol wledig lle na byddai neb, bron, yn galw heibio ac eithrio'n unswydd ar ryw neges, yn dipyn o ysgytwad i drefn y Swyddfa ac i'r ysgrifenyddion eu hunain.

Ond roedd yna fanteision. Llai o bobl yn golygu llai o ymyrraeth a gwastraffu amser, felly mwy o gyfle i fynd ymlaen â'n gwaith mewn heddwch cymharol. A rhaid dweud, roedd yna rywbeth ynghylch y lle, rhyw awyrgylch braf—un enghraifft oedd y camu allan o'r tŷ ar ddiwedd diwrnod gwaith i weld caeau a gwlad o'ch cwmpas, yn lle palmentydd a cheir.

O ia, ceir . . Rhaid oedd mynd i Fachynlleth rywsut, gan fod dau o'r Ysgs yn byw yn Aberystwyth. Fi yn fy hen gar ffyddlon, y Morus Mul (ac yn cwyno, fel y gwelsoch uchod, am bris anhygoel petrol—o ddyddiau difyr!) Siôn Myrddin yn cyrraedd bob dydd, rywsut, o'r tŷ haf roedd o'n ei feddiannu yn y Bontgoch, a Terwyn naill ai'n cael lifft gen i (ac mae o'n tyngu hyd heddiw fod pob reid wedi ychwanegu deng mlynedd at ei oed) neu'n teithio yng nghar swyddogol y

Meg Elis yn yr ail Swyddfa. (C 3/6) Isod: Ffred yn 5 Maes Albert, y 3edd Swyddfa (am 12 ml.) (d/g A.T.) Dde: Marian Davies, D. Arfon Rhys, Arfon Gwilym, llosgi graddau v ehangu'r Brifysgol, Caerdydd 1/74 (WN)

. Dyma felly rai o'r pethau y dylem ganolbwyntio arnynt nawr:

sefydlu 'papurau lleol' rheolaidd — misol o leiaf. Dim ots am yr ansawdd, ond iddynt fod yn fyw, ac yn adlewyrchu bywyd y bobl.

sefydlu cwmni gwneud ffilmiau a fyddai'n annibynnol ar law farw'r Bîb. Mae'r posibiliadau'n ddihysbydd. Gellid rhoi'r ffilmiau ar log i gymdeithasau; i sinemau; neu eu gwerthu i Sianel Gymraeg neu'r sinelau presennol.

Robat Gruffudd T 5/74

Siôn Eirian, Siân Ifan, Gruff Williams, arestio 61 yn Whitehall, rali ddarlledu Llundain 3/74 Isod: Tom Ellis A.S., Emyr Hywel (dde) yn Hyde Park. (DT)

Gymdeithas, y Cadfarch o barchus a rhydlyd goffadwriaeth . . . I mi, mae'r cyfnod y bu'r Swyddfa ym Machynlleth yn annatod gysylltiedig ag anturiaethau'r cerbyd melltigedig hwn, olynydd teilwng i gar cyntaf y Gymdeithas, y Chwyldrogerbyd . . .

Syndod, ar ôl hynna i gyd, oedd i ni lwyddo i wneud gwaith o gwbl ar ôl cyrraedd Tanrallt. Ond roedd cyfnod ein harhosiad yno yn gyfnod digwyddiadau go bwysig. Etholiad cyntaf '74 yn cael ei gyhoeddi, a'r union ddiwrnod hwnnw, rali beintio tai gan y Gymdeithas yn Abercych, er enghraifft. Wynfford [James] yn digwydd galw yn y Swyddfa am y tro cyntaf, a sylwi ar un o nodweddion y stafell eang: "Wel, mae e'n lawr da iawn i'w gerdded mewn argyfwng . . " Ac mi roedd o. Ac mi ddaru ninnau hefyd—lawer gwaith. Cynllunio Rali Fawr Llundain oddi yno, a cherdded yn ôl a blaen

yn ddi-baid. Trïo delio efo canlyniadau'r Rali—degau wedi'u restio, a'r rheiny'n dod o bob rhan o Gymru: trïo tawelu ffrindiau, cariadon, rhieni blin—mi fuom ni bron â gwisgo twll yn y carped.

Cyn pen dim, bron, dyma ni'n gadael Machynlleth, a chael adeiladau eraill yn ôl yn Aberystwyth. Ie, dach chi'n iawn, y palas hardd y mae'r Ysgrifenyddion presennol* yn gorfod straffaglio gweithio ynddo fo. O leia, doedd y Swyddfa ym Machynlleth ddim o dan y ddaear, a doedd hi ddim yn drewi—A DOEDD DIM RHAID I NI DALU RHENT!

Dyddiau difyr? Wn i ddim. Hwyrach ei fod o'n dweud rhywbeth am werth canoli Swyddfa mewn tref, ar waetha holl ddadleuon pawb i'r gwrthwyneb. Ond hwyrach na fu'r rhai sy'n dadlau erioed yn gweithio ym Machynlleth . .

[*Ail arg. o ysgrif, yn y Tafod, 7/1981]

Y CYFATHREBWYR
Helen Greenwood

Nid gweithredu oedd yr unig ran o ymgyrchoedd y Gymdeithas. Tybed a oes rhywun yn cofio blwyddyn gyfathrebu'r Gymdeithas (un o syniadau gwych Mr Ffransis)? Ymweld â nifer o drefi a phentrefi drwy Gymru i rannu taflenni, trefnu cyfarfodydd cyhoeddus ac ymweld â thrigolion yr ardal. Buom yn Llanberis am bron i wythnos, a'r unig gof sydd gennyf yw eistedd mewn car hefo rhai o fyfyrwyr brwd Bangor yn dadlau am bopeth dan haul—tra bod Ffred druan yn mynd o ddrws i ddrws.

Ned Thomas yn annerch rali Neuadd y Dref, Aberystwyth 20/7 wedi i John Morris ddyfarnu'r Saesneg yn uchaf ar arwyddion ffyrdd. Isod chwith: Eileen Beasley, cychwyn 3edd ymgyrch y Post, Caerdydd 6/74

HEDDLU GWLADGAROL
Helen Greenwood

Yr achos llys cyntaf imi ei fynychu oedd hwnnw yn y Fali yn dilyn y weithred o beintio tai haf yn Aberffraw, Ynys Môn. Dros 20 o ddiffynyddion a phob un yn gwneud araith danbaid. Roedd Teresa Pearce yn un o'r diffynyddion a bu'n rhaid i'w thad siarad drosti am ei bod o dan oed. "Mae Teresa'n ferch dda adre" meddai, "mae'n gwneud y gwaith tŷ i gyd!" Roedd mwy o gefnogwyr yn y llys na heddlu, a phan gododd pawb ar y diwedd i ganu'r anthem mi dynnodd pob heddwas ei het.

Yn y pedair blynedd diwethaf, gwrthododd 500 o gefnogwyr y Gymdeithas godi trwydded deledu fel rhan o'r ymgyrch. Bu 360 o achosion llys, a bu 18 yng ngharchar am gyfnodau o rhwng tri mis a dwy flynedd. Yr unig brotestiwr sy'n dal yng ngharchar yw Ifan Roberts, o Wrecsam, sydd i gael ei ryddhau o garchar Leeds ar Ragfyr 2.

C 26/11

Siôn Myrddin, Eisteddfod Caerfyrddin. (d/g S.M.)

Dylan Iorwerth, Siôn Parry, Gwenith Parry, Helen Greenwood, Teresa Pearce yn Y Fali. (T 7/74)

Megan Ifans gyda Catrin Rhiwallon a anwyd mewn ysbyty dros y ffin a'i chofrestru'n Saesnes cyn y câi driniaeth feddygol. (T 12/74)

Er fod Plaid Cymru wedi erfyn am iddynt ymatal a rhoddi heibio i ymgyrchu dros gael arwyddion ffyrdd dwyieithog a chael gan y Llythyrdy gyhoeddi eu dogfennau a'u ffurflenni yn y ddwy iaith ar hyn o bryd, fe wrthododd Cymdeithas yr Iaith Gymraeg wrando ar yr apêl.

Pasiwyd y penderfyniad drwy bum pleidlais yn erbyn pedair.

F 19/7 Isod: etholiad y deffro yn y Fro Gymraeg; Dafydd Wigley, Gwynfor Evans, Dafydd Elis Thomas.

Croeso Llangadfan i Bryn Owen (canol) o garchar Amwythig (treth deledu) 11/74

1975

DYSGWCH GYMRAEG DROS Y GAEA'

LEARN WELSH THIS WINTER

Am fanylion cysylltwch â
For details contact

Y Lolfa

Annibyniaeth i Papua Guinea Newydd, a Suriname; Saigon yn Ddinas Ho Chi Minh wedi ennill rhyfel Viet Nam

Byddin goch y Khmer yn meddiannu Cambodia; eu bomio gan UDA

Comiwnyddion yn meddiannu Laos hefyd

Rhyfel cartref yn Angola

Rhyfel Moslemiaid a Christnogion Beirut, Libanus

Ailagor camlas Suez wedi 8 mlynedd

Brenhiniaeth yn ôl yn Sbaen

Llofruddio Rahman, arlywydd Bangladesh, a Faisal, brenin Saudi Arabia

Argyfwng cynhaeaf ŷd U Sofiet; gwobr heddwch Nobel i Andrei Sakharov; cytundeb Helsinki i geisio heddwch gorll a dwyrain Ewrob

Marw de Valera, Franco, Chiang Kai-shek, Haile Selassie

Diwedd carcharu dibrawf yn 6 Sir Iwerddon; llywod Pryd yn trafod â'r IRA, ond parhau i fomio yn Lloegr

Arestio 50 o genedlaetholwyr wedi'r ymgyrch fomio yn Llydaw; y Gyngr Gelt yn galw am degwch i'r Llydaweg

Trychineb trên dan-ddaear Moorgate, lladd 43; Gwlad yr Iâ yn herio eto, am bysgota 200 milltir

3edd bleidlais agor tafarnau ar y Sul—3 dosb arall yn wlyb, 6 yn dal yn sych

Reffer 1af, Mehefin, 66.7% dros aros yn y Farchnad Gyffredin

Chwyddiant prisiau 25%, yn creu dir-wasgiad yng Nghym

Margaret Thatcher yn olynu Heath yn arweinydd y Ceid

P gwyn arall yn manylu ar ddatganoli, Tachwedd; Cym heb bwerau cyfreithiol yr Alban; Ceid a lleiafrif Llaf yn erbyn

Jiwbili PC, Awst

Creu Cymd C'au Bro Cym

Codi canolfan Antur Aelhaearn

Sain Abertawe/Swansea Sound; arbrawf darlledu radio byw o'r senedd

Haf braf wedi'r gaeaf tyneraf ers canrif

Deddf cyfle cyfartal, dros degwch i ferched; codi oed ysgol i 16

Diweithdra, Rhagfyr, 7.2% (73,588)

Marw John Ellis Williams, T.H.Parry-Williams, James Griffiths, Alun Jones, Frank Price Jones, Huw Lloyd Edwards

Eist Gen Cricieth; Eist yr Urdd Llanelli; Gŵyl G Dant Aberhonddu

Y Post, a'r Rheil Pryd, yn cytuno i fab-wysiadu polisi dwyieithog

Cyh polisi iaith C Gwynedd; dechrau ymgyrch Carl Clowes i Gymreigio awd iechyd Gwynedd

Adr Siberry ar ffurf a chyllid y 4edd sianel deledu, heb roi dyddiad

Adr 1af Cyngor yr Iaith Gym, *Y Gym Mewn Addysg Feithrin,* yn argymell dar-paru addysg feithrin Gym i bob plentyn

Ysgol Basg a phrotest gyhoeddus 1af Adfer; ymgyrch arwyddion ffyrdd; cychwyn Cofrestra'r Fro Gym; record hir *Lleisiau*

Cais i ffurfio'r Cymry Rhydd, i wrthod siarad Saes â mewnfudwyr

Bryn yn archdderwydd; helynt dyfodol pafiliwn yr Eist; awdl 'Yr Afon'

Stiwdio 1af Sain, Gwernafalau, Llandwrog

Sioe undyn 1af Dafydd Iwan, Cricieth, a'i daith 1af 'Llosgi'r Gannwyll'; record hir Hergest, *Glanceri;* record Saes 1af Max Boyce

Gwyn Erfyl yn gol *Barn;* swyddfa PC Caerf yn gol *Y Ddraig Goch*

Comic *Hwyl* yn gwerthu 6000

Twf p bro, *Pethe Penllyn, Llais Ardudwy* etc—9 erbyn Mehefin

Y Test Newydd (Y Beibl Cym Newydd); *Colofnau'r Flwyddyn 1975* gol Tegwyn Jones; *Catrin o Ferain* R.Cyril Hughes

---

Wynebddalen:
Poster, Grŵp Dysgwyr Cymdeithas yr Iaith

Er bod gan Gymru lais cryfach yn y llywodraeth Lafur newydd, fe'i trawyd yn galed gan y chwyddiant mawr, a dyblodd nifer y diwaith. Roedd y cenedlaetholwyr mewn sefyllfa anarferol o ddylanwadol yn y Senedd ac yng Ngwynedd, ac felly yn y wasg. Cododd y drafodaeth ar ddatganoli i'w hanterth. Ar yr wyneb, roedd canol y saithdegau yn gyfnod ffrwythlon i genedligrwydd Cymreig. Mae haneswyr wedi tynnu sylw diddorol at ddylanwad posibl y dimensiwn gwleidyddol ar lwyddiant y tîm rygbi cenedlaethol! Yn sicr, roedd mynd ar ddiwylliant ac adloniant Cymraeg, a'r papurau bro yn cydio'n awchus. Ond i'r neb oedd 'a llygaid i weled', roedd y 'cloc ar y wal'—chwedl T.Glynne Davies ar y radio gynt—yn dweud stori pur wahanol. Roedd oriau'r Gymraeg ei hun wedi eu rhifo. Heb statws cyfartal â'r Saesneg yn ei gwlad ei hun, heb le blaenllaw mewn addysg genedlaethol, heb le o gwbl ym mholisi cynllunio'r llywodraeth a'r mwyafrif o'r cynghorau, ac heb daten o ots amdani gan happddatblygwyr twristiaeth a thai, wynebid yr heniaith yn awr gan fewnlifiad estronol digyffelyb, didroi'n ôl. Mae'n anodd credu, ond aeth degawd gyfan a mwy heibio *wedyn* cyn i'n cynrychiolwyr democrataidd siarad yn gyhoeddus am argyfwng!

Roedd Cymdeithas yr Iaith wedi gorfod ymgyfarwyddo â'i safle gyfoes fel mudiad yr ymylon unwaith eto. Ond mudiad gwahanol iawn i'r dyddiau cynnar oedd hwn. Yn ogystal â'i swyddfa amser llawn a'i grwpiau lu, meddai ar strategaeth ymarferol tymor hir. Wedi deall mai gwaith oes ydoedd 'chwyldro' o unrhyw fath, heb yr hen ramanteiddio, roedd yn haws wynebu tasgau cymhleth. Unwaith y llwyddwyd i gynyddu'r celloedd lleol, yn sail i drefn ranbarthol ddilys, daeth yn fudiad pwyso mwy effeithiol.

Bu'r grŵp diwydiant a masnach yn brysur yn gwasgu ar awdurdodau a chwmnïau i ddefnyddio'r Gymraeg yn gyhoeddus, ac enillwyd rhai camau breision. Un ohonynt ydoedd llwyddo i berswadio'r Rheilffyrdd Prydeinig i fabwysiadu polisi dwyieithog cychwynnol. Ac wedi'r dyfal, dyfal donc,—haleliwia, torrwyd drwy ragfuriau gwrthnysig y Post. Hon fu ymgyrch flaenaf y Gymdeithas ers y gaeaf, gydag ymprydio a difrod i faniau post, ac o'r diwedd cytunodd y Postfeistr Cyffredinol y câi ei weision yng Nghymru weinyddu polisi gweladwy ddwyieithog. Roedd yn fuddugoliaeth flasus wedi'r rhwystredigaethau a fu ers dros ddeng mlynedd. Yn y sector breifat, dechreuwyd pwyso ar wynt y siopau cadwyn niferus a thrwyadl Brydeinig, drwy eu picedu a'u poeni yng ngŵydd eu cwsmeriaid.

Tra byddai'n rhaid aros i'r llywodraeth symud ynglŷn â'r arwyddion ffyrdd a'r sianel deledu, y gwaith ar droed yn awr oedd ceisio cael llywodraeth leol i ddarparu tai a gwaith i amddiffyn cymunedau Cymraeg. Daethai un peth yn boenus o amlwg: nid yn unig nad oedd y llywodraeth drafferthus bresennol yn hitio mwy na'i rhagflaenwyr am dynged yr iaith, ond hefyd roedd polisïau cynllunio'r Swyddfa Gymreig yn rhwystr i ddatblygiad iach y cymunedau hynny. Yn hwyr y dydd fel hyn, gwelwn gymaint a fu'r cyfle a gollwyd ddegawdau ynghynt pan oedd llywodraeth leol—fel yr arferai'r diweddar Alwyn D.Rees ddweud—yn hunanlywodraeth bron. Nid tan y saithdegau, yn anffodus, y cafwyd mudiad cenedlaethol digon aeddfed i allu cynnig arweiniad ymarferol. Teimlai Cymdeithas yr Iaith hithau fwyfwy mai'r cyfrwng gwleidyddol addas i'w neges a'i nod oedd Sosialaeth gymunedol, neu a defnyddio hen air R.J.Derfel amdano, cymdeithasiaeth. Rhoes y cyfeiriad ffres yma yr hyder deallusol a moesol i'r mudiad yn awr fedru cynhyrchu swmp o waith ymchwil a memoranda a pharatoi cyfres o gyfarfodydd gyda'r cynghorau lleol. Cymdeithasiaeth oedd thema'r Ysgol Basg, a fu'n llwyddiant y tro hwn. Cafwyd celloedd lleol newydd ac roedd rhanbarth Arfon yn nodedig am ei weithgarwch. Roedd y datblygiad braidd yn anaeddfed i sicrhau parhad i'w ddylanwad ar y cynghorau fel a wnaed yn yr wythdegau.

'Mynnwn Addysg Gymraeg' oedd pennawd amlwg arall y flwyddyn. Cynhaliwyd ralïau a threfnwyd dirprwyaethau i bwyso am addysg gyflawn drwy gyfrwng y Gymraeg, a mynd ati i baratoi dogfen gynhwysfawr. Âi'r Undeb Disgyblion o nerth i nerth, a chynhyrchodd frîd go arbennig o weithredwyr ac arweinwyr fel Angharad Tomos a Helen Greenwood. Bu'r grŵp dysgwyr yr un mor weithgar, yn enwedig yn y de, a daeth ei gyrsiau carlam a'i ysgolion penwythnos yn nodwedd barhaol o'r mudiad.

Nid oedd y patrwm uchod wrth fodd pawb wrth reswm. Aeth rhagor o aelodau at Adfer, a gynigiai ddôs o'r ffisig henffasiwn ar achlysur eu protest a'u hymgyrch gyntaf—gwrthod tocynnau parcio Saesneg a malu arwyddion. Teimlai rhai rwystredigaeth oherwydd y diffyg ymateb anhygoel i'r mewnlifiad Seisnig, a gwnaed cais seithug i greu ffasiwn o beidio â siarad Saesneg o dan amodau arbennig. Roedd eraill wedyn yn anfodlon bod y Gymdeithas ar y pryd yn troi at wleidyddiaeth heddychiaeth. Dyna a achosodd ddigwyddiad enwocaf y flwyddyn. Wedi iddi wrthwynebu, ar sail heddychol, i RAF Aberporth roi coron yr Eisteddfod Genedlaethol nesaf, wele lythyr ymddiswyddiad y Llywydd Anrhydeddus yn y post! Roedd y Gymdeithas gyfoes yn greadur pur ddieithr i Saunders Lewis, ac yntau iddi hithau. Ond cadwodd Ffred Ffransis at ei goed er pob encilio, a denodd rai ifainc i'w ganlyn fel erioed. Yn wir, mudiad yr ifainc a fyddai Cymdeithas yr Iaith o hyn allan. Bu'r flwyddyn hon yn allweddol yn y maes adloniant, diolch i waith Rhodri Dafis a'i gymheiriaid. Trefnwyd dwy daith, Miri Mai a Hwyl Hydref, a'r cyntaf o'r Twrw Tanllyd enwog. Dyna ddechrau cyfnod nosweithiau roc mawr y Gymdeithas, a wnaeth gymaint i gadw'r Gymraeg yn hwyl i genhedlaeth arall (gan atgyfnerthu gwaith yr Urdd gyda'r rhai ieuengach). Bu hefyd yn achubiaeth ysbrydol ac ariannol i'r mudiad ei hunan!

Cafwyd cyfarfod cyffredinol tipyn mwy gobeithiol ac aeddfed. Cyniweiriai hyder dros weithredu'r amryfal bolisïau yn drefnus o'u cwr, ym meysydd statws, tai a thwristiaeth, addysg a dysgwyr, diwydiant a masnach ac amaeth, ac yn olaf ond nid y lleiaf, darlledu. Cadarnhawyd y duedd tua'r Chwith gymhedrol, a hynny gryn bum mlynedd o flaen Plaid Cymru. Pa ryfedd, a chymaint o ddarpar arweinwyr y Blaid—yn cynnwys y bytholwyrdd Cynog Dafis—yn eu rhengoedd.

Parhâi'r ymgyrch ddarlledu yn brawf ar amynedd unrhyw wleidydd neu sant. Roedd Cyngor yr Iaith ym Mawrth wedi lleisio disgwyliadau'r Cymry am Sianel Gymraeg. Oherwydd y tawelwch llethol o du'r llywodraeth, galwodd y Gymdeithas yn y Steddfod am ail ddechrau gwrthod talu'r drwydded, a bu rhai achosion llys a charchariadau eto. Ddeng mis yn hwyr, daeth Adroddiad Siberry. Roedd hwn yn cadarnhau y byddai sianel ar y cyd rhwng y BBC a'r IBA, gyda 25 awr o Gymraeg ar gyfalaf o £9 miliwn a chost rhedeg o £6 miliwn. Ond fe gymerai dair blynedd i'w weithredu! Nid oedd sôn am awdurdod darlledu newydd, a gwrthodai'r llywodraeth roi unrhyw ddyddiad. Y cyni ariannol oedd y rheswm medden nhw, ond y peth nesaf a wnaethant oedd penderfynu gwario ar sianel arbennig i'w milwyr yn yr Almaen. Doedd bosib y byddai'n rhaid troi'r tu min atynt a mynd drwy'r holl fusnes eto fyth?

Drwy gydol y cyfnod 'amhoblogaidd' a dadrithiad cymaint o hen aelodau, glynasai rhai ffyddloniaid uniongred yn yr achos. Sicrhaodd presenoldeb pobl fel Arfon Gwilym, Elfed Lewys, Cen ac Enfys Llwyd ac eraill y byddai Cymdeithas yr Iaith yn dal i arwain yn y Fro Gymraeg. Ar ddechrau tymor arall, aed yn ôl i bentref Y Rhyd a meddiannu saith o'r tai haf yno. Wedyn mynd yn ôl at yr arwyddion ffyrdd. Roeddent wedi dal i beintio neu dynnu arwyddion yn achlysurol wedi'r siom o gael y Saesneg yn flaenaf ar arwyddion newydd, heb iddi fod yn ymgyrch flaenllaw chwaith. Roedd Morgannwg Ganol wedi manteisio ar wendid (neu gyfrwystra) yr Ysgrifennydd Gwladol a mabwysiadu polisi uniaith Saesneg. Ond safai Gwynedd dros flaenoriaeth i'r Gymraeg ar y priffyrdd. Daeth galwad i'r gad felly, yn Llanelltyd, a bu helynt cofiadwy yn y dull cyfarwydd gynt! Roedd yn brofiad cyffrous o'r newydd, ac yn gyfrwng i sbarduno'r ysbryd herfeiddiol eto yng Ngwlad y Menyg Gwynion, neis.

Y SARJANT ATAFAELGAR
Gwilym Tudur

Yn ystod y pen-wythnos, carcharwyd Amranwen Haf Lynch, myfyrwraig 20 oed o Garrog, Corwen.

Mae'r carchariad hwn yn dilyn wythnos yn union ar ôl carchariad Marilyn Roberts, myfyrwraig 20 oed o'r Waunfawr, Gwynedd.

Dedfrydwyd y ddwy ferch i bythefnos o garchar yr un ym mis I nagfyr am iddynt wrthod talu dirwyon o £5 a roddwyd arnynt yn dilyn Rali Darlledu Cymdeithas yr Iaith yn Llundain ym mis Mawrth, 1974.

F 31/1

Wedi i'r Llywodraeth dderbyn gair Crawford ar y Sianel, dyma Megan a minnau'n siapio i dalu am ein trwydded deledu am y tro cyntaf ers pum mlynedd. (Buan y siomwyd ni ac eraill, a gorfod ailafael ynddi eto.) Gorau oll, medden ninnau. Fel protest, roedd y peth wedi dirywio braidd, a dweud y lleiaf.

Y rheswm cyntaf oedd natur Llys Aberaeron. Pan fûm yno gyntaf, efo Megan ym 1969 am beidio â thalu dirwy beintio Betws-y-coed, cawsom gosb ryfedd yn y bore, sef eistedd yno tan y diwedd fel diwrnod o garchar—penyd boenus o wrando drwy'r dydd ar y cymeriad o Glerc, Vincent Jones Llambed, yn malu awyr yn ei Saesneg crand doniol. A'r heddlu'n cario cinio inni o'r siop tships.

Ysywaeth, pan fyddai Tegwel Roberts a finnau gerbron, y Cadeirydd fel rheol oedd Mr Lloyd, Adsol-wen, tad Elsbeth ein cydswyddog yn y gangen leol o'r Blaid yn Llan-non. Mae'n anodd gwrthryfela pan fydd Cadeirydd y Fainc yn wincio arnoch chi o hyd. Mi gafwyd helynt yn ystod fy achos cyntaf ym Mawrth 1971 mae'n wir, diolch i fyfyrwyr Aber a Ffred, ond wedyn daeth Mr Lloyd a Vincent i ddeall y gêm. Cadw'r achos tan yn olaf un, winc, dirwy—a phob newyddiadurwr wedi mynd adref am ei de. Neb i adrodd ein bod wedi gwrthod talu, dim cyhoeddusrwydd.

Yr ail reswm oedd bod gan yr heddlu, ryw ddwywaith neu dair y flwyddyn, ddyfais arbennig i hawlio fy nirwyon i. Sarjant Jones. Dôi i'r siop, codi llyfrau oddi ar y silff a sgwennu truth mewn beiro hyll arnyn nhw, *Taken in distraint in lieu* ac ati, ac yna'u gadael am bythefnos. Os na werthwyd nhw (!), byddai yn eu hawlio; os byddwn wedi eu cuddio, byddai'n bachu chwaneg. Er imi yn wir lwyddo i werthu un neu ddau o'r copïau (hanesyddol, prin!) hyn i'm ffrindiau, buan y rhois i mewn i'r dyn. Fedrwn i mo'i rwystro fo rhag dod i'r siop, yn enwedig efo'r dull di-drais ma.

Y llyfrau, yn ddieithriad, fyddai'r *Geiriadur Mawr*. Jones wedyn, i gael ei ddirwy, yn eu gwerthu am bris gostyngol i'w fêts yn yr Orsaf. Roedd ganddo res o ordors yno am gopïau, medda fo, er mwyn cyfieithu'r holl bapurach ar gyfer achosion aelodau'r Gymdeithas. *QED*. Fy unig gysur oedd medru darbwyllo'r Sarjant i ddifwyno'r llyfrau yn Gymraeg. *Dygwyd mewn atafaeliad*—cyfieithiad y *Geiriadur Mawr*, wrth gwrs.

Fel llawer o deuluoedd, dim ond am flwyddyn neu ddwy y daru ni dalu am ein trwydded deledu yn y saithdegau, tan 1979. Chafodd Megan a finnau ddim carchar am wrthod ond o leiaf cafodd John a Huw Lewis Gwasg Gomer wared â thomen o'r *Geiriadur Mawr* (arnoch chi beint inni). A daeth heddlu Aberystwyth yn hyddysg yn yr iaith. Diolch

Carcharu am ddifrod faniau'r Post, Caerdydd 6/75 Uchod: 6 mis i Hefin Wyn Tomos. Isod: Elinor Wyn Roberts, 6 mis T 8/75

Difrod y Post eto. Uchod: 6 mis i Rhodri Morgan; Gwynfor ab Ifor a Meic Haines yn ei groesawu o Abertawe 10/75 Isod: croeso allan i Gwenno Peris Jones a Meg Elis gan Dafydd M.Lewis, Cell Dyffryn Banw T 10/75

i'w hen Sarjant gynt, dichon y byddan nhw i gyd yn medru darllen hwn!

A 30-YEAR-OLD TV set was left in a courtroom by the proprietor of a Welsh publishing house yesterday to cover the £10 he had been fined for not having a TV licence.

Robat Gruffudd (31), of Y Lolfa, Talybont, Dyfed, refused to plead when he appeared before Aberystwyth magistrates during an all-Welsh hearing.

The court was told a Post Office representative found the TV in a toilet. Mr. Gruffudd admitted he had no licence and said it was in working order even though it was not.

After the court hearing, Mr. Gruffudd, who said he had no intention of paying the fine, said that when the Post Office representative inspected the set it was not connected to the electricity and had no aerial.

"But I admitted it was in working order because I wanted to protest about the lack of a separate channel for Welsh programmes," he said.

He said even if the 30-year-old set had been connected it would have taken 15 minutes to warm up.

Mr. Gruffudd, married with three children, has never had a television set in his home.

Uchod: WM 27/2

Dde: Trebor Roberts, cyd-Ysg.

Derbyniodd Cymdeithas yr Iaith Gymraeg, "gyda gofid," ymddiswyddiad Mr Saunders Lewis fel ei llywydd anrhydeddus. Mewn datganiad yr Wythnos diwethaf dywed y Gymdeithas i lythyr ymddiswyddo Mr Lewis ddod i law wythnos ar ôl i'r wasg gyhoeddi sibrydion ar y mater.

Mynegodd Mr Lewis ei anfodlonrwydd mewn llythyr at gadeirydd y Gymdeithas, Ffred Ffransis, ar ôl i rai o'i harweinwyr brotestio i bwyllgor gwaith Eisteddfod Aberteifi ynglyn a derbyn y Goron gan sefydliad yr Awyrlu yn Aberporth.

Dywedodd Mr Lewis yn ei lythyr ei fod yn ystyried "gyrfa" milwr yn yrfa anrhydeddus a nobl ac yn un cnhepgor i unrhyw wlad rydd."

Wedi degawd o gefnogaeth a'r mudiad wedi coleddu heddychiaeth C 5/4

Y LLYS UNIAITH CYNTAF?
J.E.Roberts
(Anerchiad Cadeirydd y Fainc, Pwllheli, Medi 24ain, 1975)

"Heddiw am y tro cyntaf yn hanes Llysoedd Ynadon Cymru, cynhelir Llys Ynadon Pwllheli yn gyfan gwbl yn Gymraeg.

Y mae'n wir fod Llysoedd Ynadon wedi eu cynnal droeon yn Gymraeg, ond dyma'r tro cyntaf i'r gwysion fynd allan i'r cyhuddiedig a'r tystion mewn Cymraeg yn unig, ac y bydd i ddyfarniadau'r ynadon gael eu rhoddi ar gronicl yn Gymraeg.

Rai blynyddoedd yn ôl dewiswyd pwyllgor gan y Llywodraeth o dan lywyddiaeth un o feibion Llŷn, y diweddar Syr David Hughes Parry, i ystyried y priodoldeb o ddefnyddio'r iaith Gymraeg mewn llysoedd, a ffrwyth gwaith y pwyllgor hwnnw sydd yn cael ei ddehongli yma heddiw. Pa ryfedd felly i'r fraint hon ddisgyn i Ynadlys Pwllheli, o bosibl yr ardal fwyaf Cymreig yng Nghymru.

Dyledus iawn ydym i'n Clerc, Mr Emrys Jones (ef oedd llywydd Pwyllgor Gwaith Eisteddfod Bro Dwyfor), am ei ymdrech ddiflino dros i Ynadlys Pwllheli fod y cyntaf yng Nghymru i wneud hyn. Hoffwn ar ran fy nghydynadon dalu teyrnged arbennig i Miss Jones a Mr John Williams am gyfieithu'r gwysion o'r Saesneg i'r Gymraeg, a threfnu rhaglen mor ddestlus. Nid gwaith hawdd yw cyfieithu termau cyfreithiol i Gymraeg. Diolchaf i chwi'r Cyfreithwyr a'r Heddlu am eich parodrwydd i gydweithio.

Apeliaf am i Lysoedd Ynadon a'r Goron ddilyn ein hesiampl, ac ar i bob Cymro a Chymraes fydd yn gorfod ymddangos gerbron y Llysoedd roddi eu tystiolaeth yn iaith eu mam. Gofid fydd gennyf glywed aml Gymro yn dewis Saesneg, tra y buasai yn gallu cyflwyno'r dystiolaeth yn llawer gwell mewn Cymraeg."

[*Cyfrannwyd gan ei weddw, Iona Roberts*]

Marc Phillips, cyd-Ysg.

Meri Merica yn y Cyf. Cyff. cyffrous.

Thank you for your letter received 21st April written in the Welsh language.

By Minute 3083 of Council meeting on 25th March last, it was decided that if the public wish to write to the Council in Welsh, the letter should also be written in English.

I wonder if you would be good enough to let me have an English version of the letter you wrote in order to facilitate early attention to the matter which is the subject of your letter.

Yn ôl i'r dechrau! Uchod: R.J.Brown, Trys. Taf-Elai at Eileen Beasley a wrthodai dalu'r dreth eto 22/4 Isod: Stephen Griffith at yr Ysg. Gwladol 12/5

Am yr ail flwyddyn yn ddilynol gwrthodwyd rhoi trwydded disc) i mi yn Swyddfa Bost Aberdaugleddau, Dyfed, am i mi lanw y ffurflen ddwyieithog yn lle yr un Saesneg. Er fod ffurflen ddwyieithog ar gael yn Sw:ddfa Bost Aberdaugleddau dywed y clercod na allent ei deall ac am hynny gwrthodant roi trwydded i mi. Mae'n rhaid i mi fynd i Swyddfa'r Sir yn Hwlffordd.

'Yr ergyd 1af dros y Fro Gymraeg' (pennawd Ad 8/75), wedi protest 1af Adfer, tocynnau parcio Cymraeg, Aberystwyth 26/7 Wynebau: Tecwyn Ifan, Emyr Hywel,   , Eryl Owain, Cen Puw, Neil ap Siencyn, Ieuan Wyn,   . (d/g E.W.) Isod dde: Ad 8/75

Ar ôl bygwth dod i'r wyneb ers tro bellach daeth y gwrthdaro rhwng Cymdeithas yr Iaith ac Adfer yn fater cyhoeddus

Gwelai hi'n amhosibl creu uned cohesif y Fro Gymraeg.

Yr uned fwyaf addawol, hwylus ac arwyddocaol oedd dalgylch yr ysgol uchradd.

Galwodd ar i'r rhai a adawodd gefn gwlad i ddychwelyd. Doedd dim hawl i brotestio ynghylch y mewnlifiad Seisnig tra 'roedd y Cymry brodorol yn cefnu ar eu hetifeddiaeth. "Mae'r angen yn fawr am ddychweliad y rhai a adawodd, i brynu siopau, ffermydd, busnesau, i lanw swyddi gweinyddol sy'n cael eu llanw gan Saeson am nad oes Cymry yn ceisio amdanynt yn aml.

Wrth ategu araith Cynog Davies dywedodd Dafydd Iwan, a etholwyd yn ôl i'r Senedd ar ôl absenoldeb o flwyddyn, y dylid ymwrthod ag athrawiaeth Adfer ynglŷn â'r Fro Gymraeg.

Swyddogol! Cyf. Cyff. Talybont C 14/10

Ers amser bellach mae nifer o deuluoedd wedi gwrthod cofrestru eu plant dan y drefn estronol, wasaidd hon. Bellach gall Adfer gynnig gwasanaeth cofrestru iddynt.

Sefydlwyd Cofrestrfa'r Fro Gymraeg yn Sycharth, Talgarreg, Ceredigion. Penodwyd Neil ap Siencyn yn gofrestrydd.

'Roedd Neil a'i wraig Sian yn ddau o'r rhai hynny a wrthododd gofrestru dan yr hen drefn. Bellach mae eu mab Gwydion wedi cael y dystysgrif gyntaf i'w chyhoeddi dan y drefn newydd.

am y plant? w'n mynd i ysgol Gymraeg ac yn hapus yno. Sut fyddan nd ymlaen mewn lle estron iaith estron?

Does dim byd arall i'w wneud. Fedra i ddim cael gwaith yn y lle 'ma. Maen rhaid ini fynd.

STORI FACH DRIST, YNTE? OND STORI EITHA' GWIR MAER MATH YMA O BETH YDD I DDEGAU, CANNOEDD, EFALLAI MILOEDD O DEULUOEDD CYMRAEG DROS Y

Syniadau gweledol y Grŵp Cyfathrebu, cyfres o daflenni syml T 6/75

Yn anaml iawn, felly, yn hanes diweddar Cymru y cawn ni un un dyn yn gyfrifol am hybu newid gwleidyddol sylfaenol. Dyn felly oedd Alwyn D. Rees, a saif allan yn hanes gwleidyddol Cymru y ganrif hon oherwydd hynny. Ni ellid dweud ei fod yn gynnyrch ei oes; yn hytrach fe aeth ati'n ymwybodol i newid syniadau ei oes.

O ganlyniad, y mae bwlch mawr yn awr yn y maes o weithgarwch gwleidyddol uniongyrchol. Ni ddaw un dyn ymlaen i lenwi'r bwlch hwn. Ni fydd un dyn fyth yn cymryd lle arloeswr. Rhaid i garfan gyfan o bobl Cymru godi i gymryd ei le, yr holl bobl y bu ef yn eu hybu i weithgarwch trwy'r blynyddoedd diwethaf. Hyn fyddai'r deyrnged fwyaf dilys iddo.

Ffred Ffransis B 12/75

Gwynedd Area Health Authority

CASUALTY DEPARTMENT

सी. एच् र.   HOSPITAL
                                            19 ९८०x
      ३o|e|
Dear Dr. काली र्यान क्लोवेस
Your Patient लॉरा लॉयड

was seen by आपत्कालीन चिकित्सा विभाग on ३o|e|ux
X-Rays showed:— हैं६] तथा जॉड में कोई रकावनी नहीं रिकयी.

A.T.S. given ☐

TET. TOX. given ☐

NEITHER GIVEN ☒

Treatment given
मरीज को दाहिनी जॉंग की मांस पेशियों की कसरत करने रहने की सलाहदी तथा दाहिने पांव का बराबर साधारण उपयोग करे मरीज आगे की चिकित्सा के लिए वापस आयगे मांस में रहे है।

☐ We shall follow up.

☐ We would be grateful if you would follow up.

Yours sincerely
PATIENT OF
MR. T. ARWYN EVANS   CASUALTY OFFICER

Cafodd Carl Clowes ymddiheuriad am ateb Hindi trahaus Ysbyty Bangor i'w nodyn meddyg Cymraeg 10/75

125

Uchod: Wynfford James yn rali Llanelltyd, cychwyn saga achosion Dolgellau C 11/11 Isod dde: Graham Pritchard yn malu'r Saesneg, gyda Roger Dafydd, Dylan Iorwerth, John Glyn Jones, Elfed Lewis. Chwith: wedi'r elwch. (WM)

MALWCH NHW!
Helen Greenwood

O holl brotestiadau a raliau'r Gymdeithas, rali arwyddion Llanelltyd oedd y fwyaf gwefreiddiol ac effeithiol imi gofio erioed. Mae'r darlun o Wynfford James, a oedd yn Gadeirydd ar y pryd, yn cerdded nôl ac ymlaen yn chwifio torrwr anferth uwch ei ben (ac os nad ydych yn gwybod beth yw torrwr yna mi rydych yn hen!) ac yn gweiddi "Malwch nhw! Malwch nhw!" yn fyw o hyd. Degau ar ddegau o bobl mewn cylch yn neidio ar ben cannoedd o arwyddion o bob rhan o Gymru, a Dafydd Iwan yn eu canol yn canu 'I'r Gad' nerth ei ben.

TE PARTI

Roedd meddiannu pentref Rhyd yn ddigwyddiad hanesyddol arall. Aled Eirug yn fy ffônio yn y coleg noson cyn y weithred i gadarnhau'r trefniadau a gofyn a oeddwn yn barod ar gyfer y parti. Pa barti meddwn i—alla i byth fynd i barti nos yfory. Sylweddolais hanner awr yn ddiweddarach, er mawr ryddhad i Aled, mai côd oedd o! Fy mhrofiad cyntaf o fod mewn swyddfa heddlu—50 ohonom yn rhannu tair cell ym Mlaenau Ffestiniog. Bu'n rhaid iddynt symud y merched i Fae Colwyn am y noson!

Y Twrw Tanllyd 1af, Pontrhydfendigaid T 8/75 Isod: pobl y papurau bro 1af (heb *Yr Ancr*); Guto Prys ap Gwynfor (*Llais Dinefwr*), Terwyn Tomos (*Clebran*), Norman Williams (*Y Dinesydd*), Gwilym Owen, HTV, Derfel Roberts (*Llais Ogwan*), Gwilym Huws (*Papur Pawb*), Emrys Price-Jones (*Lleu*), Martin Eckley (*Llais Ardudwy*), Dei Tomos (*Pethe Penllyn*). (HTV)

Rhyd

i ystyried eu cyfrifoldeb, i'w holi eu hunain a oes modd iddyn
nhwythau wneud yr un modd, ac i ymroi i gryfhau ac ail-adeiladu'r
ardaloedd hynny, eu hiaith, eu heconomi, a'u cymdeithas.

**Cofier pawb hyn, os cyll y Gymraeg ei lle yn
brif iaith yr ardaloedd hyn, ofer fydd pob
ymdrech i'w hadfywio.**

WYNEBWN YR HER

Annibyniaeth i'r Seychelles; ailuno Viet
Nam

Blwyddyn y daeargrynfâu—lladd 240,000
yn China, 23,000 Guatemala, 8000
Philipinas a 4000 Twrci

Terfysg Soweto rhag addysg Afrikaans, a
lladd plant

Diwedd rhyfel Libanus, wedi marw 50,000
a difetha Beirut fel dinas fusnes y
dwyrain canol

Israel yn cyrchu cant o wystlon o faes
awyr Entebbe, Uganda

Dychweliad Muzorewa i Salisbury, De
Rhodesia, ond Robert Mugabe yn dal yn
alltud

Jimmy Carter yn olynu Ford yn arlywydd
UDA; 2 long ofod yn glanio ar Fawrth
ac anfon lluniau

Diorseddu Eva Peron yn Ariannin

Democ Cymdeithasol yn colli grym yn
Sweden wedi 44 blynedd

Hunanladdiad y derfysgwraig Ulrike
Meinhof yng ngharchar, Gorll yr Almaen

Trychineb Seveso, yr Eidal

Codi pris olew

Gemau Olympaidd, Montreal

Marw Chou En Lai, Mao Tse Tung, Paul
Robeson

Llofruddio'r llysgennad Pryd, Ewart Biggs,
yn Nulyn; ymgyrch merched dros
heddwch yn y 6 Sir; Comisiwn Hawliau
Dynol Ewrob yn dyfarnu Gwl Pryd yn
euog o gamdrin carcharorion yno;
cynhadledd ieithoedd Celt, Dulyn

Parhau'r cyfnod 3 blynedd o arestio
cenedlaetholwyr Llydaw

Lloegr yn gwario £9 m ar sianel deledu i'r
milwyr yn yr Almaen; y Sex Pistols a
miwsig pync tanddaearol

James Callaghan yn olynu Wilson yn brif-
wein; David Steel yn arwain y Rhydd
wedi helynt ac ymddiswyddiad Thorpe

Mesur deddf Cym a'r Alban (datganoli),
penodi'r Gyfnewidfa Ŷd yn Bute, Caerd
ar gyfer Cynulliad; Michael Foot yn wein
dros ddatganoli; Abse a Kinnock yn
ymgyrchu yn erbyn yng nghynhadledd
Llaf, a galw am reffer

Gorfod benthyg £1 biliwn o'r gronfa
gyfalaf, *IMF;* dwysáu dirwasgiad Cym,
ffatrioedd yn cau, yn cynnwys Hufenfa
Meirion, Rhydymain

Dirywiad Llaf yn etholiadau lleol; PC yn
ennill mwyafrif ym Merthyr Tudful a
Chwm Rhymni

Argyfwng dŵr yr haf sych; helynt dŵr
rhad i Loegr

Cychwyn Datbl Cym ac Awd Tir Cym

Achosion twyll swyddogion llywod leol ym
Morg

Sefydlu Cymd y Cymod

Ennill y gamp lawn, rygbi

Diweithdra, Rhagfyr, 7.6% (79,900)

Marw Wmffra Roberts, R.J.Thomas

Eist Gen Aberteifi; Eist yr Urdd
Porthaethwy; Gŵyl G Dant Bro Aled,
Llansannan

Swyddfa Gym yn cynllunio i atrefnu radio;
337 awr y fl ar deledu Cym BBC

Gohirio sianel Gym am flwyddyn

Sefydlu U Myf Colegau Bangor, a dechrau
ymgyrch hir arall i Gymr y Brif; diarddel
arweinwyr

Rhai achosion llys yn ymgyrch arwyddion
Adfer; hybu llyfrau bro, a galw am radio
bro

Stamp post Eist Gen; Alan Llwyd yn ennill
y dwbwl eto, wedi helynt atal awdl fudd-
ugol Dic Jones, 'Y Gwanwyn'

Cau theatr Y Gegin, Cricieth; Edward H
yn gorffen

Cymd Bob Owen, a'r *Casglwr* rhif 1;
Cymd Cerdd Dafod, a *Barddas* rhif 1

Cyfres newydd llyfrau cain Gregynog, *Lab-
oratories of the Spirit* R.S.Thomas yn
1af

Llais Llyfrau chwarterol, yn lle *Llyfrau
Cym* deufisol (a ddisodlodd y *Llais Llyf-
rau* chwemisol)

Ym Marn Alwyn D.Rees gol Bobi Jones;
Colofnau'r Ddraig 1926-76 gol Tegwyn
Jones; *Adfer a'r Fro Gym* Emyr
Llywelyn; *Yr Eisteddfod* Hywel Teifi
Edwards; *Llyfrydd Llenydd Gym* gol
Thomas Parry; *Cylchgronau Cym a'u
Lleoliad* Llyfrg Gen; *Culture in Crisis*
Clive Betts; *Linguistic Minorities in W
Europe* Meic Stephens

Wynebddalen:
Cefn taflen ddadleuol, *Wynebwn yr Her,* yn rhybuddio rhag
y mewnlifiad Saesneg, Eisteddfod Genedlaethol Aberteifi

LLE MAE'R PETHAU GWYLLT YN BYW
(Stori i'r Plantos)

Un diwrnod, aeth Mr a Mrs Datganoli a'u plant am dro i weld eu tŷ newydd, Y Cynulliad.Roedden nhw am ei gael gan y sgweier caredig Mr Callaghan o blasdy cyfagos San Steffan. Lwcus te! Yn sydyn, a phawb yn syllu'n hapus ar y tŷ crand, dyna sŵn erchyll! Beth oedd yno ond dau ddinosor pinc, o'r enw Leo a Neil, yn rhuo o goedwig dywyll Llafur yn y cymoedd gerllaw. Drwy drugaredd, roedd y sgweier a'i was ffyddlon Foot yn ymyl, i hel y cnafon i ffwrdd. "Ew, diolch yn fawr iawn," meddai'r teulu, ac ymaith â nhw i ddewis paent a charpedi a ballu. . . Ymhen hir a hwyr, wedi aros ac aros am y cyfreithwyr i gael yr allwedd, dyma'r teulu bach yn dod yn eu holau. "Hwre!" meddai'r plant. Ond w!—dyna dwrw ofnadwy, nes oedd y tŷ yn siglo. Yn rhuthro amdanyn nhw rwan yr oedd yr haid ryfeddaf. Y ddau ddinosor pinc, a rhes o'u perthynasau coch-a-glas-a-gwyn o'r goedwig drws nesaf, a thwr o fleiddiaid cynddeiriog, glas, ac wrth eu sodlau ddau fabi blaidd glas a streipen werdd, o'r enw Wyn ac Elwyn. "Help!" gwaeddodd y teulu bach. Erbyn hyn roedd y plasdy draw yn dechrau simsanu hefyd. "Twt, Foot," ebe'r sgweier, "well i ni drïo achub ein crwyn ein hunain. Fe anghofiwn ni'r teulu. Rhyngddyn nhw â'u potes". (I'w barhau)

Beth bynnag am y datganolwyr, nid oedd disgwyliadau ymgyrchwyr yr iaith yn rhy ddisglair ar ddechrau'r flwyddyn. Dechreusai'r flwyddyn yn wresog gyda'r gyfres o achosion llys cynhyrfus a fu yn Nolgellau yn dilyn helyntion Llanelltyd. Bu cryn falurio arwyddion Saesneg wedyn ym 1976, gyda dirwyon a charcharu, a meddiannwyd adeilad y llywodraeth ym Mae Colwyn. Gobaith Cymdeithas yr Iaith oedd cael rhagor o'r cynghorau Cymreiciaf i ddilyn Gwynedd a herio polisi'r Swyddfa Gymreig ar flaenoriaeth y Saesneg ar arwyddion ffyrdd newydd. Cafwyd peth dylanwad yn Nyfed, er mai cymysg a fu'r drefn yno byth wedyn, yn caniatáu gwahaniaeth llwyr rhwng Ceredigion yn un pen a Phenfro yn y llall.

Roedd y gobeithion cynnar rywfaint yn uwch ynglŷn â darlledu, a hithau i fod yn flwyddyn atrefnu'r gwasanaeth. Torrodd y Gymdeithas ar draws y Senedd a Thŷ'r Arglwyddi, ac amharu ar BBC Bangor, er mwyn sbarduno'r awdurdodau i gofio'u holl addewidion. Annisgwyl iawn, felly oedd cynnwys y Papur Gwyn yn Chwefror. Dim gair am y Sianel. Drwy osod cwestiwn seneddol y trafferthodd Roy Jenkins i ddatgelu ei bolisi, sef gohirio penderfyniad am flwyddyn arall! Crawford, Siberry, Cyngor yr Iaith neu beidio. Chwarae teg hefyd, cawsom bwyllgor arall, Annan y tro hwn. Ni fyddai gwario ar addysg Gymraeg chwaith.

Er mor anodd oedd stumogi cyfnod pellach o brotestio dros y Sianel, roedd yn bwysig i Gymdeithas yr Iaith ddal ei gafael yn y mater—ni wnâi neb arall—rhag ofn iddo gael ei lastwreiddio. Ni ddychmygai neb y byddai'n rhaid dal ati am flynyddoedd meithion eto. Ceisiwyd codi'r ysbryd gyda rali i losgi trwyddedau, yn gychwyn ymgyrch o ddangos disg protest ar geir. Ym Mawrth meddiannwyd swyddfeydd y llywodraeth yng Nghaernarfon, ac yn Llundain, gan gynnwys Bush House wedyn. Yr un modd yng Nghaer, lle bu cosbi blin. Bodloni ar aros yn amyneddgar a wnâi mudiadau eraill, ond anfonwyd dirprwyaeth o'r Sefydliad ym Mai, a bu teuluoedd yn y llysoedd fel cynt am wrthod talu'r dreth deledu. O'r diwedd, ym Medi, dyma'r Ysgrifennydd Gwladol deinamig yn addo datganiad ar y Sianel—ymhen tri mis! Gwahoddiad agored felly, ac yn Hydref, wedi i'r Gymdeithas gael cyfarfod seithug yn y Swyddfa Gymreig, dechreuwyd torcyfraith—yr unig iaith a ddeallai unrhyw lywodraeth yn ôl pob golwg. Gan alw am awdurdod darlledu annibynnol o hyd, bu tarfu ar y Senedd drachefn, dringo mast, peintio torfol ar y Swyddfa Gymreig, hel deiseb a cherdded i Lundain i'w chyflwyno. Ac erlyn a dirwyo a charcharu.

Yr un pryd, âi'r Gymdeithas ymlaen yn ddygn â'i rhaglen waith lawn. Cynyddodd yr ymgyrch i geisio Cymreigio'r siopau cadwyn, drwy eu picedu yn y Sadyrnau yn gyson yn ogystal â llythyru a thrafod, ac yn y diwedd cafwyd tocyn anrheg gan Boots, sef addewid o bolisi 'dwyieithog'. Roedd yr hen ffrindiau y bragwyr yn addo'r un peth. Bu'r grwpiau addysg yn arbennig o ddiwyd. Trefnwyd nifer o gyrsiau carlam i blant ac oedolion o ddysgwyr, a phentyrrodd yr Undeb Disgyblion chwaneg o dystysgrifau Saesneg digywilydd y Cydbwyllgor Addysg. Yn bennaf, aed i'r afael â'r pwyllgorau addysg sirol, gan ddosbarthu cynllun manwl y Gymdeithas drwy'r wlad, a'i ganfasio yn eang yn yr etholiadau lleol hefyd—tacteg newydd i'r mudiad. Roedd y polisi hwn yn fwy cynhwysfawr na'r eiddo unrhyw blaid wleidyddol, ac yn galw am lawer mwy nag addysg gynradd ac uwchradd drwy gyfrwng y Gymraeg, a choleg Cymraeg yn y Brifysgol. Mynnai weld athrawon teithiol a chanolfannau brys ym mhob ardal. Tynnai sylw at y ddarpariaeth druenus yn y colegau addysg bellach a thechnegol, gyda'u holl gyrsiau galwedigaethol ar gyfer yr union bobl ifanc a oedd yn byw ac yn gweithio yn y cymunedau Cymraeg. Roedd y Cymry wedi hen arfer cymryd Seisnigrwydd y sector yma yn ganiataol.

'Tai a gwaith i gadw'r iaith' oedd y slogan a ddyfeisiwyd ar gyfer cynhadledd yn Y Bala yn yr haf, yn dilyn y trafod a fu ar gymdeithasiaeth mewn ysgol undydd ac yn yr Ysgol Basg. Tenau a digalon oedd hi yn yr Ysgol Basg, mor fuan wedi'r newydd am y Sianel, ond caed trefn ranbarthol ddigon da bellach i roi hwb i'r celloedd lleol, ac ymlaen â'r cart. Cyfarfuwyd â llawer o gynghorau i geisio sefydlu peirianwaith lleol i Gymreigio gweinyddiaeth a bywyd cyhoeddus, ac yn wir bu ymateb calonogol weithiau. Cynhaliwyd ralïau yn erbyn datblygu stadau tai newydd nad oedd galw amdanynt yn lleol a rhag gwerthu tai heddlu ar ocsiwn i ddieithriaid. Ar faes y Steddfod, cyhoeddwyd rhybudd difrifol am y mewnfudiad Saesneg mewn taflen ddadleuol, 'Wynebwn yr Her'.

Golygydd *Tafod y Ddraig* ym 1976 oedd pennod olaf gyrfa hir Cynog Dafis yn un o brif arloeswyr y mudiad iaith, cyn iddo benderfynu rhoi'r un neges ac egni i Blaid Cymru. Mae'r *Tafod* yn ein hatgoffa am gynnydd a phoblogrwydd y dawnsfeydd roc, er na all llun a geiriau gyfleu gwaith na hwyl y Twrw Tanllyd neu'r Tafodau Teifi. Roedd hi braidd yn gynnar i weld seffti-pin yn nhrwyn rhyw Angharad neu Owain ifanc, serch hynny, ac yr oedd yn dal yn beth naturiol i'r Gymdeithas, dan ofal Arfon Gwilym, drefnu cyfarfod teyrnged i frenhines y delyn deires er mwyn sefydlu Ymddiriedolaeth Goffa Nansi Richards. Er nad wyf yn ceisio olrhain cyfraniad Adfer, dylid nodi fod ganddynt hwythau gnewyllyn gweithgar ym myd adloniant yn ogystal â gwleidyddiaeth yr iaith, yn y Fro Gymraeg a'r Eisteddfod. Nid oedd fawr o Gymraeg nac unrhyw iaith arall rhyngddynt a'r Gymdeithas bellach, ac eithrio'r ymosod arni am gyhoeddi taflenni dwyieithog. Dal i gynhyrchu'r rheiny a wnaeth y Gymdeithas, fel erioed, gan geisio dosbarthu rhai uniaith mewn ardaloedd Cymraeg.

Ond safodd aelodau o'r ddau fudiad gyda'i gilydd yng nghyffro mwyaf y flwyddyn, yng ngholeg Bangor. Wedi hanes maith y gwrth-Gymreigrwydd anystywallt yno, cododd cenhedlaeth arall i fynnu ei lle i'r iaith drwy feddiannu a difrodi eiddo'r Brifysgol a chynnal ralïau tanllyd, yn enwedig wedi diarddel pedwar o arweinwyr y Cymric. Cafwyd cefnogaeth rhai o'r di-Gymraeg yn y coleg, a llawer o'r staff wrth gwrs, fel John Gwilym Jones, ac arweinwyr cyhoeddus eraill. Daeth yr ymgyrch ag ysbryd gwrthryfelgar yn ôl i'r colegau, crud y mudiad iaith, a'i gwnâi'n haws i dorchi llewys eto ym mlynyddoedd anodd ail hanner y ddegawd. Ni fu erioed fwy o angen gobaith ifanc, yn niffyg gweledigaeth arweinwyr gwlad a chymdeithas, a'n llesgedd ninnau oll yn wyneb y trychineb a adawsom i ddigwydd inni fel cenedl.

SAGA'R *STEREO* (A CHADAIR FELINFACH)
Cen Llwyd

Cymreigio'r siopau: Cen Llwyd, Denfer Morgan, Wynfford James yn picedu W H Smith Abertawe T 10/76

William Owen, cyd-Ysg.

Rali Llanelltyd, Tachwedd 1975
Daeth fan i'r Rali a oedd yn llawn o arwyddion wedi eu malu. Arllwyswyd cynnwys y fan allan ar y ffordd, ac arestiwyd llawer. Roeddwn i yn gyrru'r fan, ac un o'r rhai y tu mewn i'r fan oedd Enfys. Cafodd y ddau ohonom ein harestio ymhlith y degau eraill.

Llys Ynadon Dolgellau, Ionawr 1976
Achos i wrando ar y cyhuddiadau yn erbyn y bobl a arestiwyd yn y rali uchod. Yn ystod yr achos cerddodd y diffynyddion i gyd allan o'r llys mewn protest.

Llys Ynadon Dolgellau, Chwefror 1976
Ailgynhaliwyd yr achos a chefais i ac Enfys gostau o £4 yr un.

Llys Ynadon Aberystwyth, Ionawr 1976
Enfys ymlaen am beidio â dangos y disg treth oherwydd polisi'r Llywodraeth o beidio â darparu'r Sianel Gymraeg. Derbyniodd wŷs uniaith Saesneg a cherddodd allan o'r llys ar ddechrau'r gwrandawiad.

Llys Ynadon Aberystwyth, Mawrth 1976
Ailgynhaliwyd yr achos, a chafodd Enfys ddirwy o £2.

Rali Ddarlledu Caerdydd, Tachwedd 1976
Arestiwyd tua 50 am beintio sloganau ar furiau'r Swyddfa Gymreig. Nid oeddwn i yno, roeddwn mewn Eisteddfod yng Nghapel y Groes, Llanwnnen. Anfonais i a rhai aelodau eraill o Gymdeithas yr Iaith lythyr at yr heddlu yng Nghaerdydd i ddweud fy mod innau hefyd yn gydgyfrifol (fel aelod o'r Gymdeithas) am y weithred. Gweithredu drwy brocsi! Ac yn wir cefais ymweliad gan yr heddlu, fe'm harestiwyd a gwysiwyd fi i ymddangos gyda'r 50 arall.

Llys Ynadon Caerdydd, Mawrth 1977
Achos y Rali uchod yng Nghaerdydd. Cerddodd yr holl ddiffynyddion allan o'r llys oherwydd nad oedd yr offer cyfieithu ar waith. Cawsom oll ein dirwyo yn ein habsenoldeb.

Llys Ynadon Aberaeron, Mawrth 1977
Enfys ymlaen am beidio â thalu costau Dolgellau a dirwy Aberystwyth. Minnau ymlaen am beidio â thalu costau Dolgellau. Gorchmynnwyd i fynd ag eiddo oddi arnom.

Aberystwyth, Rhagfyr 1977
Fe'm harestiwyd ar y stryd yn Aberystwyth ac aethpwyd â'r arian a oedd yn digwydd bod yn fy mhoced, ac yn ddigon i dalu'r ddirwy. Rhoddwyd y gweddill yn ôl imi.

Aberystwyth, Ionawr 1978
Ymwelodd yr heddlu â'r fflat i gymryd eiddo gwerth y ddirwy o £2 a'r costau o £4, sef £6. Nododd yr heddwas ei fod am fynd â *stereo* gwerth tua £110 yn newydd. Rhoddwyd marc ar y *stereo* a'i

Sianel Gymraeg/Wyddeleg yn awr: ymuno â Conradh na Gaeilge ger Llysgenhadaeth Prydain, Dulyn adeg y gêm rygbi 2/76

Rhieni dros ysgolion uwchradd dwyieithog i'r Preseli a Dyffryn Teifi, Neuadd y Sir, Caerfyrddin 12/2 Nid enillwyd yr ymgyrch ym Mhenfro eto.

chadw yn y fflat am wythnos arall i roi un cyfle arall i dalu'r ddyled.

Cuddiwyd y *stereo* yn ystod yr wythnos, daeth yr heddlu yn ôl, nid oedd hi ar gael.

Llys Ynadon Aberystwyth, Mawrth 1978
Enfys ymlaen am guddio'i *stereo* ei hun. Cafwyd hi yn ddieuog oherwydd profwyd nad oedd Enfys yn gwybod dim byd am y cuddio ac mai Cymdeithas yr Iaith Gymraeg a wnaeth.

Llys Ynadon Aberaeron, Ionawr 1979

Enfys ymlaen am beidio â thalu'r £6 a minnau am beidio â thalu'r ddirwy o £50 yng Nghaerdydd ac un neu ddwy ddirwy arall, cyfanswm o tua £90.

Cafodd Enfys (a Twm Elias) garchar o 5 niwrnod a minnau 3 wythnos.

Y tro cyntaf i ŵr a gwraig gael eu carcharu ar yr un pryd yn hanes y Gymdeithas.

Felinfach, Medi 1980
Ennill cadair yn Eisteddfod Felinfach am gerdd i Ynadon Aberaeron am ein carcharu.

TALLEY-HO
Helen Greenwood

Mynd i'r coleg a chael blas ar weithredu fy hun. Mynd allan i dynnu arwyddion yn San Clêr ger Caerfyrddin a chael ein dal y tro cyntaf: £250 o iawndal yr un i'r pedwar ohonom. Misoedd wedyn pan oedd Aled Eirug yn cael ei ryddhau o garchar Abertawe am wrthod talu'r ddirwy aeth pedwar ohonom i lawr o Fangor i'w groesawu; cychwyn o Fangor am hanner nos a chyrraedd Abertawe am saith. Cawsom ryw syniad gwirion tuag ochrau Llandeilo ein bod am dynnu pob arwydd TALLEY ar y ffordd. Os na welsoch yr enw o'r blaen yna fe wyddoch inni lwyddo.

NID YW'N HAWDD

Am wn i doedd neb yn cael gweithredu ar ran y Gymdeithas yn hawdd, heb orfod ystyried y peth yn ddwys. Pan aethom i Gaerdydd i falu cyfnewidfa ffôn Adran Addysg y Swyddfa Gymreig aeth fy meddwl yn blanc. Be ar y ddaear oedd gan wifrau ffôn i'w wneud â dyfodol ein hiaith? Methais â chyffwrdd na malu dim. Gorfod eistedd yno wedyn i aros am yr heddlu ac esbonio ein rhesymau dros y llanast. Am unwaith fe weithiodd y ple o gydgyfrifoldeb—£60 yr un!

ABERFAN

Mae Ysgol Basg yn adeg wych nid yn unig i drafod ymgyrchoedd y Gymdeithas ond hefyd i ddod i nabod aelodau ardal arbennig a cheisio deall anghenion a phroblemau'r ardal honno. Roedd ymweliad cyntaf Gogleddwraig â chymoedd y De yn agoriad llygad—ac nid anghofiaf y gêm bêl-droed flynyddol yno chwaith; roedd Wayne [Williams] a Wynfford [James] fel dau hen ddyn ar eu penliniau am weddill y penwythnos.

Rali ail-gychwyn gwrthod treth deledu a disg treth car dros y Sianel—cyn llosgi disgiau, Swyddfa Gymreig 6/3 (P.I.)

Helen Greenwood, gyda Nia Einir yn Eisteddfod yr Urdd, Porthaethwy.

Siôn Aled, yn Aberaeron.

UN DYN BACH AR ÔL
Siôn Aled

Y weithred gyntaf y bûm yn rhan ohoni a arweiniodd at achos llys oedd yr adeg pan aeth deg ohonom i mewn i Swyddfa'r Dreth Incwm yng Nghaer, cau ein hunain yn dri grŵp mewn gwahanol swyddfeydd, a dechrau bwrw dogfenni allan o'r ffenestri (roedd-em ar yr ail lawr). Wrth gwrs, nid oedd trigolion y Swyddfa yn hapus iawn ynglŷn â'r sefyllfa, ac yn ystod yr ymdrech i'n cael allan i'r coridor, trawyd Aled Eirug yn ei ên gan un o'r gweithwyr. Pan yn disgwyl am ymddangosiad yr heddlu, daeth yr un gŵr o gwmpas i geisio cyfraniadau gennym i brynu cwpan de newydd iddo yn lle'r un a faluriwyd yn ystod y cythrwfl!

Ymhen ychydig funudau, cyrhaeddodd ceidwaid y drefn, a phenderfynwyd ein cludo i ffwrdd mewn trioedd. Gan nad oedd ei gyfrifiadur poced yn digwydd bod ganddo ar y pryd, methodd y Rhingyll â sylweddoli na ellir rhannu deg â thri heb adael un ar ôl—felly canfu Vaughan Roderick ei hun wedi ei adael yn unig yn y coridor wedi i'r gweddill ohonom ymadael am y slobfa. Wedi methu â pherswadio gwŷr y dreth i ailalw'r heddlu, gorfu iddo gerdded i'r slobfa, ac wedi adrodd ei hanes, cafodd ymuno â ni yn y celloedd.

Ymddangosasom yn y llys fore trannoeth, lle'n gorchmynnwyd i dalu £50 i'n Brenhines am ein trafferth.

Uchod dde: Ronw Protheroe, Dylan Iorwerth, Dafydd Watcyn Williams, arwerthiant tai yn y Talbot, Aberystwyth (ac isod) 17/5

Delyth Beasley, Grŵp Cyfathrebu, a Roger Jones, Eisteddfod yr Urdd. Isod: cynnyrch y grŵp, cyn geni Superted! Dde: wedi symud y frwydr i'r ysgolion; rhifyn 1af 11/76, gol. Angharad Tomos.

Cyfres ARTHUR yw'r gyfres fwyaf uchelgeisiol sydd gennym. Buom am hir yn chwilio am y cymeriad bach hoffus hwn sydd yn mynd i ddod yn arwr yr iaith.

Pwrpas y gyfres yw ceisio annog pobl i ddefnyddio mwy ar y Gymraeg y tu allan i'r cartref

CYMLAEN!
PAPUR UNDEB DISGYBLION CYMRU
GORTHRWM ~
RHAID DYMCHWEL Y DREFN!

Ystyriwch eiliad ei weithgarwch dros y ddwy flynedd ddiwethaf - llunio memoranda ar bolisi tai a chynllunio; cyfrannu'n helaeth at y dogfennau polisi manwl a ddanfonwyd at yr ymgeiswyr yn yr etholiadau lleol Gwanwyn eleni; gohebu'n gyson ac ymweld â chynghorau dosbarth trwy Orllewin Cymru; paratoi ymateb y Gymdeithas i fesur Bwrdd Datblygu Gwledig y Llywodraeth; teithio'r wlad i ymweld ag arwerthiannau ac achlysuron tebyg, ac â chelloedd ac aelodau'r Gymdeithas; sicrhau sylw cyson, dyddiol bron i broblemau cefn gwlad yn y wasg; AC YN Y BLAEN - ac ar ben y cwbl, amser a phenderfyniad i dorri cyfraith a chael ei dynnu i lysoedd barn, ac yn awr i garchar.

3 mis i Aled Eirug am arwyddion a thai haf Rhyd; gellid cymhwyso'r disgrifiad at amryw o bobl o'r cyfnod hwn ymlaen! 8/76

Siôn Parri, 2 fis am ddirwyon difrod Swyddfa Treth Incwm Caer: dial ar y Llywodraeth am oedi'r Sianel a buddiannau'r Gymraeg; felly hefyd ymgyrch y disg treth (isod).

MAE'N RHAID I'R IAITH FYW

EUOG!
Angharad Tomos

L le da i gymdeithasu oedd y tu allan i garchar Abertawe. Rhwng Aled Eirug, Siôn [Parri] Tan Lan a Wynfford James, roedd yna gryn fynd a dod o'r carchar hwnnw y tymor yna. Daeth yn gyrchfan gyfarwydd i fyfyrwyr Aberystwyth yn arbennig, ac roedd yr oriau maith o ddisgwyl yn gyfle da i ddod i adnabod ein gilydd. Chwarae gêmau dyfalu, cael gêm bêl-droed, rasus, jôcs a gwerthfawrogi ambell ffŵl.

Cofio dychryn unwaith pan glywsom sŵn curo mawr ar ddrws y carchar a phawb yn troi i weld beth oedd y cynnwrf. Rod Barrar oedd yno yn curo'r drws anferth â'i ddyrnau ac yn gweiddi nerth esgyrn ei ben, *"It was me, I tell you, it was me!! I confess it all—let me in! I did the Great Train Robbery—let me in!!!"*

Roedd hi'n un ffordd o ladd amser . .

Mynediad am Ddim (uchaf) ac Edward H., Twrw Tanllyd Pontrhydfendigaid 6/76

Edward H. Dafis oedd y peth gorau a ddigwyddodd yng Nghymru ers i fara gael ei dafellu, oedd barn bois Ffostrasol, a bois pob Ffos arall o blith y 1,500 oedd yn bresennol ym mhafiliwn Corwen nos Sadwrn.
Yng nghanol y dilyw, ffarweliodd y grŵp tair blwydd oed â'i fyrdd o ddilynwyr, llawer ohonynt yn gwisgo crysau T arbennig Edward H., ac wrth gwrs, y macynon gwddf coch.

C 14/9

MAST Y PALAS GRISIAL
Angharad Tomos

Mae ambell broblem heddiw yn ymddangos yn dila o'i chymharu â phroblemau aruthrol cael gweithredwyr a theithio radeg honno. O edrych yn ôl, y syndod yw fod yna weithredu wedi digwydd o gwbl yn aml iawn . . .

Tu ôl i stondin Cymdeithas yr Iaith yn Ffair y Borth yr oedd Siôn Aled a mi yn myfyrio ar y broblem hon. Roedden ni'n derbyn ein bod ni'n ddau, ond byddai'n braf cael un arall i wneud cyfanswm parchus o dri. Teresa Pierce oedd yr enw a ddeuai i'r meddwl ar adegau o'r fath a chytunodd Teresa yn syth. Benthyg car neu fan oedd y broblem arall ac enw Gareth Llwyd Dafydd o'r Parc ddaeth i'r meddwl. Efallai y byddai 'Parc' yn fodlon menthyg fan . . .

Problem 3—cyrraedd y Parc, gan ei bod eisoes yn nos Sul ac yn dechrau tywyllu ac roedd y weithred i ddigwydd y diwrnod canlynol. Yr hawddgar Euros Jones o Fala-Bangor ddaeth i'r adwy gan roi lifft i ni'n tri i'r Parc y noson honno.

Dyma gael hyfforddiant cynnar iawn wedyn mewn bod yn wynebgaled— gwers sy'n rhaid i weithredwr ei dysgu'n gynnar—er mwyn gallu curo ar ddrysau megis Pantyneuadd, Parc yn hwyr yn y nos i ofyn am fenthyg fan i fynd i Lundain! Rhywbeth sy'n gwneud y wers yn un llawer haws yw haelioni ambell deulu yr ewch ar eu gofyn. Nid yn unig cawsom fenthyg fan, ond gwirfoddolodd Gareth i'n gyrru i lawr i Lundain.

Yn oriau mân y bore, yn Crystal Palace, wele fan wledig gyda sticer 'Y Fro Gymraeg' ar y cefn, gwair yn ymddangos dan y drysau, a pherson gerllaw yn torri twll mewn ffens i gael mynediad i fast. "Twt, mi ddo'i fyny efo chi" medda Parc, a llawenhau ddaru ni o gael *pedwar* i gyflawni'r weithred.

Sôn am fferru; ddaru'r un ohonon ni ddychmygu mor oer y byddai ym mis Tachwedd, yn enwedig 200 troedfedd yn yr awyr.

Wrth iddi oleuo a ninnau'n gwerthfawrogi'r olygfa o Lundain o safle anghyffredin, dyma weld wynebau'r heddlu yn smotiau gwyn yn edrych i fyny arnom. Mentrodd un heddwas i fyny ganllath a phledio arnom i ddod i lawr.

"We want a Welsh T.V. Channel!" gwaeddodd un ohonom, *"and we're staying here indefinitely!"* Hanner awr yn ddiweddarach, roedd galwad natur yn drech na'r awydd i barhau'r brotest, a daethom i lawr.

Yn swyddfa'r heddlu, gyda pheth trafferth y cymrodd yr heddwas ein henwau—*"What are your real names?"* meddai ar y diwedd gan ein gadael mewn penbleth. Cymrodd fanylion amdanom a throi at Gareth, a weithiai gyda Cadwyn ar y pryd.

Stondin Eisteddfod Aberteifi. Isod: Emyr Tomos, Ysg. (hen lun, Dolgellau wedi rali Llanelltyd). (WM)

'Ble mae'r Sianel, John?' Picedu'r Ysg. Gwladol, Neuadd y Brenin, Aber 6/76 Uchod: blaen, Aled Eirug, John Morris, Marc Phillips; cefn, Dewi Rhys, Dylan Iorwerth, Clare Williams, Rhodri Williams, Siôn Aled. Chwith: blaen, Clare Williams; cefn, Siân Mair, Siwan Jones, Enid Roberts.

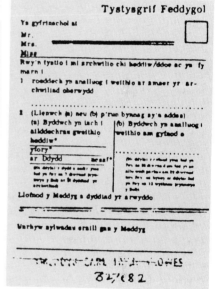

Rhan o dystysgrif salwch Gymraeg gan Carl Clowes i herio, a threchu, polisi'r Adran Iechyd a Nawdd Cymdeithasol.

HANG A RAT
Siôn Aled

"Employment?" gofynnodd.

"Company Director" meddai Parc gan adael yr heddwas yn fud.

Yn llys ynadon Croydon, dyma wrthod siarad Saesneg a gwrthod ymrwymo i gadw'r heddwch. Heb droi blewyn, meddai Cadeirydd y fainc, *"Five days imprisonment"* a ffwrdd â ni. Ddaru'r geiniog ddim disgyn nes i mi weld giatiau mawr â'r geiriau 'HMP Holloway'. Pum niwrnod maith yn ddiweddarach, dychwelodd y fan a'i gyrrwr i fferm Pantyneuadd, y Parc wedi trip go anghyffredin.

Canolfan Gadw Ashford, Middlesex, Hydref 1976. Fe dreuliais innau a Gareth Parc [Gareth Llwyd Dafydd] bum niwrnod yma am i ni wrthod ymrwymo i gadw'r heddwch yn dilyn ein cyrch i fyny mast darlledu Crystal Palace, De Llundain. Fe gawsom ein trin yn ddigon teg gan y swyddogion yno, ac roeddem yn dipyn o sêr yng ngolwg rhai o'n cydgarcharorion oherwydd y cyhoeddusrwydd a gawsai'r weithred. Ond yr hyn a'm synnodd fwyaf oedd i'r Llywodraethwr ei hunan ddod i sgwrsio â ni ynglŷn â brwydr yr iaith. Roedd yn dangos cryn gydymdeimlad, ond mynnai ynganu enw Angharad Tomos, a oedd yng ngharchar Holloway ar yr un pryd am yr un rheswm, fel *Hang-a-rat!*

MAIDEN SPEECH
Angharad Tomos

Roedd trip i Lundain fel picio i lawr i'r dref yr adeg honno. Wythnos wedi trip Crystal Palace, dyma fynd i Lundain eto, a thorri ar draws Tŷ'r Cyffredin oedd y weithred y tro hwn, gweithred yn gofyn am dipyn o actio.

Cyn y brotest, ar wahân i deimlo'n nerfus, gallem fwynhau ein hunain ac ymddwyn fel ymwelwyr normal—roeddem *off-duty*. Byddwn yn mwynhau cerdded ar hyd yr *Embankment* yn canfod sawl slogan y Sianel oedd yn addurno'r lle. Byddai'r rhai hŷn yn dwyn i gof weithredoedd eraill yn Llundain a gallem fod wedi ychwanegu awgrymiadau lliwgar i'r llyfryn *'What to Do in London'*.

Ar yr amser penodedig, dyma fynd fewn i gyntedd y Tŷ, fesul dau, gan gymryd arnom bod yn dwristiaid. Rhaid oedd peidio â chymryd arnom ein bod yn adnabod wynebau cyfarwydd hanner y criw oedd gyda ni, na dangos mor anghyfforddus oedd teimlo'r ddau ddwsin o daflenni oedd wedi eu cuddio yn ein dillad. Archwiliwyd ein bagiau ac arwyddodd pob un ohonom i gadw'r heddwch—dan enwau megis Karen Daley, Red Roses, Kent . . . Diau i'r fath gyfeiriad ein bradychu yn syth, ond gadawyd ni i mewn.

"Awdurdod Darlledu Annibynnol i Gymru!" gwaeddodd llais yng nghefn yr oriel. "Beth sy mater efo chi yn eistedd ar eich . . " a dyma weld Black Rod yn cythru amdano a'i dewi.

"Who was he?" meddai'r ddynes drws nesaf i mi mewn syndod.

"Don't know" meddwn innau, cyn cymryd anadl ddofn a gwneud yn union run peth fy hun.

"Sianel Gymraeg yn awr! Ble mae eich asgwrn cefn chi?" oedd y cwbl o'm haraith y cefais ei ddweud, cyn i law Black Rod arall lanio'n daclus dros fy ngheg.

"And you are from Red Roses in Kent?" meddai'r swyddog yn y stafelloedd oddi tanodd yn llawn sbeit. Roedden nhw'n gwybod o'r dechrau. Cafwyd araith fer ganddo,

"This is your first and last meeting to the House. You are never to come here again, never, understand? You are banned from here for the rest of your life."

Chwarae teg inni, aeth pum mis cyfan heibio cyn inni wneud y brotest honno eto.

Pauline Williams, Elysteg Edwards, Sioned Mair, Menai Lloyd Jones, Enid Williams, Nerys Roberts, Meinir Evans, Iola Jones; helynt mawr diarddel 4 swyddog y Cymric, wedi gweithredu dros gymreigio Coleg y Brifysgol, Bangor 11/76 (T 1/77)

Anne Uruska, Ysg. Gweinyddol T 9/76

Soniais uchod am Teresa Pearce, sydd, wrth i mi sgwennu, yn y carchar ynghyd ag Ifanwy Rhisiart a Catrin Roberts, am wrthod talu dirwyon a roddwyd arnynt gan Lys Caernarfon. Erbyn i chi ddarllen hyn, bydd y ddwy chwaer ar fin, neu wedi eu rhyddhau, a Teresa yn gorfod disgwyl rai dyddiau eto am ei rhyddid. Ni ddylai neb ohonom anghofio dewrder y tair merch yn wyneb twpdra'r Llys Ynadon: gwrthododd Ifanwy dalu, a gwrthododd ei chyflogwyr (Sain) dynnu'r arian o'i chyflog pan orchmynnwyd iddynt wneud. A phan fygythwyd Teresa â'r un bygythiad, roedd yn well ganddi hi adael ei gwaith yn hytrach na chaniatau i'r arian gael ei atafaelu. A rhag ofn i'r un peth ddigwydd wedi iddi adael ei swydd, gwrthododd dderbyn budd-dal diweithdra, a dyna fu'r sefyllfa am fisoedd

T 12/76 Isod: Teresa, Ifanwy, Catrin.

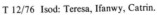

Y CEFFYL GWYN
Siwsann George

Aeth pedwar ohonom—Ffred [Ffransis], Tomi [Emyr Tomos], Eryl Fychan a mi—i gario miloedd o enwau i Merlyn Rees, yr Ysgrifennydd Cartre, yn mynnu Gwasanaeth Darlledu. Roeddem yn cerdded yn aml ar ein pennau'n hunain, gan bod rhai'n blino ar adegau gwahanol, ac roeddwn yn synnu faint o amser roedd yn ei gymryd, wrth gerdded, cyn y diflannai'r ceffyl calch yn Chippenham o'r golwg. Fe groesodd fy meddwl y byddai'n dda cael neidio ar ei gefn; ond beth ellir ei ddisgwyl gan geffyl y gormeswr—doedd e ddim yn mynd i'n helpu ni i fynd â'n neges *ni* i Lundain!

[*Nodyn o eglurhad i'w cherdd 'Chippenham'*]

Siwsann George. (d/g S.G.) Isod: yr Ysg. Ariannol at Helen Greenwood yng ngharchar dros y Nadolig.

1977

Marw Steve Biko yng ngharchar, De
  Affrica
Tystiolaeth o gyflafan Amin yn Uganda
Sadat o'r Aifft yn cyfarfod Begin yn Israel,
  cytundeb heddwch
Etholiad cyffredinol Sbaen, 1af ers 1936
Daeargryn Romania, lladd 1500
Leonid Brezhnev yn llywydd U Sofiet;
  cyfansoddiad newydd yn lle un Stalin
  1936; cynnig atal profion niwclear a'r ras
  arfau
Ymddiswyddiad Indira Gandhi yn India
Dal gwystlon yn yr Iseldiroedd gan
  ymgyrchwyr De Molucca
Deddf yr Iaith Ffrangeg yn Quebec,
  Canada
Kenya yn gwahardd hela anifeiliaid prin
Marw Charlie Chaplin, Elvis Presley
Agor tafarnau ar y Sul yn yr Alban;
  etholiadau lleol llwyddiannus yr SNP
Gwobr heddwch Nobel i arweinyddion
  merched dros heddwch, 6 Sir Iwerddon;
  carcharu aelodau o garfannau unoliaethol
  yno; Jack Lynch, Fianna Fáil, yn brifwein
  y Weriniaeth
Helynt perchennog ffatri Grunwick yn
  herio'r u'au yn Lloegr
Ysgol feithrin 1af Diwan yn Lambaol-
  Gwitalmeze, Llydaw

Llywod yn colli cynnig ar ddatganoli;
  parhau'r bwriad, a chyhoeddi mesur
  Cym
Swyddfa Gym yn gyfrifol am amaeth, ac
  addysg uwch ac eithrio'r Brif; sefydlu
  Datbl'r Canol
Dirwasgiad dur yn peryglu dyfodol y
  diwydiant; atal buddsoddi
Carcharu undebwyr am gynllwyn i bicedu,
  Amwythig
Eira
Ford yn cyhoeddi eu bod am agor ffatri—
  Penybont ar Ogwr
Streic y frigâd dân
Rhyddhau John Jenkins o garchar; sefydlu
  Cofiwn i goffàu arwyr cen; rhai yn
  dathlu Jiwbili Brenhinol
Amgueddfa Diwydiant a'r Môr, Caerd
Ennill y goron driphlyg, rygbi
Diweithdra, Rhagfyr 8.4% (90,761)
Marw Jac L.Williams, Ryan Davies, T.Ifor
  Rees, Grace Williams

Eist Gen Wrecsam; Eist yr Urdd Y Barri;
  Gŵyl G Dant Talybont
Ysgol Gym Llanelli; ymgyrch arall y *Lang
  Freedom Movement* rhag addysg Gym
  yn Aberystwyth
Radio Cym ar *vhf* a Radio Wales ar y don-
  fedd ganol
Adr Annan ar ddyfodol darlledu, Mawrth,
  yn argymell gwasanaeth Cym ar y 4edd
  sianel gan gadw Cym ar y sianelau eraill
  ond gohirio eto am flwyddyn;
  dirprwyaeth 5 mudiad iaith at yr ysg car-
  tref, ar ddarlledu; cynhadledd ddarlledu
  yn Aber, Rhagfyr, galw am wella
  rhaglenni plant
Ymgyrch i Gymr y coleg gan fyf a rhai o
  staff Llanbed
Carchariad 1af aelod o Adfer (arwyddion
  ffyrdd); protestio dros addysg Gym a
  radio bro; pwyso am annibyniaeth yr
  Eist Gen
Cyngor yr Iaith Gym yn adfywio, cyfarfod
  â mudiadau cen
Cais i ailgychwyn Cyfeillion yr Iaith
Pafiliwn newydd 1af yn yr Eist; Donald
  Evans yn ennill y dwbl
Record hir 1af Tecwyn Ifan, *Y Dref Wen*
Diwedd *Y Faner* yn bapur annibynnol,
  grant C Celf i'w droi yn gylchg; Geraint
  Bowen yn olynu Gwilym R.Jones, y gol
  ers 1939
'Cynllunio ar gyfer yr iaith yng Nghym'
  Colin H.Williams yn *Barn* 12/77 ac 1/78
Bywyd Bob Owen Dyfed Evans; *Lleuwen*
  nofel 1af Aled Islwyn; *Etholiadau
  Seneddol yng Nghym 1900-75* Beti Jones

Wynebddalen:
Poster i alw am adfywiad. Daeth yr ymosodiad enwog ar
fast Blaenplwyf

Blwyddyn go ddiflas eto! Ym myd gwleidyddiaeth yr iaith Gymraeg o leiaf, fel ym myd diwydiant. Dyma un o'r cyfnodau anoddaf, ond odid, yn hanes y mudiad iaith. Rhyw gyfnod ôl-gynyddol yng nghyd-destun llawer o bethau yr ymdrechwyd i'w hennill gyhyd; yr Sianel Gymraeg, statws yr iaith, arwyddion ffyrdd dwyieithog ac ati. Gorfod dadlau i berswadio cynghorau bod argyfwng tai a mewnlifiad yn bod o gwbl—er bod ystadegau'n dangos mai un o bob deg plentyn a siaradai Gymraeg. Gorfod ymdrechu i argyhoeddi'r mudiad ei hun bod dyfodol a swyddogaeth iddo. A gorfod gwrando a darllen am jiwbili brenhinol cenedl arall, y rhoes aml i dref a phentref fwy o ynni i'w ddathlu nag a roent byth i ofalu am eu hoedl eu hunain. Roedd pob Owain ac Arthur yn cysgu'n sownd yn eu hogofâu!

Ond gobaith yw enw'r gêm i do ar ôl to o weithredwyr Cymdeithas yr Iaith; 'codent o'i byrddau dros bob hardd yn hyf'! Roedd blas ar bob briwsionyn i rai ar eu cythlwng, felly bu'n gysur cael rhagor o ymateb i'r ymgyrch i Gymreigio'r siopau. Dros y Calan, dyma Woolworth yn dilyn Boots ac yn addo defnyddio'r iaith. Mater arall oedd darbwyllo canghennau cwmnïau fel hyn i gofio am y polisi, ond yn araf bach daeth arwyddion newydd sbon i'r siopau. Ond ar y cyfan, yn niffyg deddf iaith, deil siopau cadwyn, a hyd yn oed i'r banciau, i amharchu'r iaith ac i danseilio balchder eu staff Cymraeg. Roedd y llywodraeth, wrth gwrs, yn hollol ddi-hid am statws yr iaith. Gwrthodwyd cais Dafydd Wigley i gael plat D yn gyfartal â'r L ar gar dysgwr. Go dawel fu Cyngor yr Iaith Gymraeg yn ei ddwy flynedd gyntaf, ond bu'n brysur y flwyddyn hon yn cynnal cyfres o drafodaethau â phob math o bobl. Creadur didanheddd ydoedd, serch hynny, a hel llwch ar silffoedd llawn y Swyddfa Gymreig a wnâi a'i adroddiadau golau, fel yr un a gyhoeddwyd yn Ionawr ar ddysgu Cymraeg i oedolion. Roedd ei adroddiad ar y Sianel Gymraeg yn help i gadw'r pwnc hwnnw yn fyw, o leiaf.

Codasai ymgecru mewnol yng Nghymdeithas yr Iaith, a'r un hen gân, yr aelodau yn beio'r arweinwyr. Roedd angen ysbrydoliaeth o rywle, ac yn Chwefror digwyddodd y cyrch adnabyddus ar orsaf deledu Blaenplwyf. Gwnaed difrod o £6000, y mwyaf eto dros y Sianel. Ni ddatgelwyd pwy a'i gwnaeth, ond derbyniodd Senedd y Gymdeithas y cyfrifoldeb, er mwyn diogelu'r dull di-drais a chau'r rhengoedd yr un pryd. Daeth adroddiad Annan ym Mawrth, hwn eto yn argymell Sianel Gymraeg 'yn fuan', ond gan gadw Cymraeg ar sianelau eraill, dan awdurdod darlledu agored (Prydeinig). Ymosodwyd ar fast arall, yn Chorley, ac aeth merched ifainc i garchar. Roedd ymateb y llywodraeth yn dra digywilydd. Y cyhoeddiad anhygoel yn Ebrill oedd eu bod yn oedi am flwyddyn arall eto cyn penderfynu. Dim pres eto. Sefydlid Gweithgor (y gair ffasiynol am bwyllgor) i'w helpu i wybod beth i'w wneud.

Mae'n bwysig inni gofio rhai o droeon hanes cymhleth y Sianel fel hyn, oherwydd dengys yn well na dim sut y mae democratiaeth Brydeinig yn delio â'r Cymry Cymraeg, ac yn bwysicach, sut y maent hwythau yn ymateb dan ormes slei. Drwy addo a gohirio ac argymell amynedd a doethineb ac yn y blaen, gallai'r gwleidyddion ynysu'r 'eithafwyr' heb ildio o gwbl. Gan aml siomedigaeth, tueddai cenedl ddiarweiniad i ddigalonni a chwilio am fwch dihangol. Roedd y Cymry yn diflasu ynghylch y Sianel ac yn laru ar diwn gron Cymdeithas yr Iaith. Roedd perygl i'r holl fater gael ei adael a gellid yn hawdd iawn fod wedi derbyn ail orau, heb awdurdod annibynnol o gwbl. Cofiwn weld darlledwyr yn troi'n sinicaidd, a HTV yn troi eto i bleidio ail sianel fasnachol. Drwy ddal ei dir i'r diwedd, gallai Jac L.Williams ennill o hyd! Ond ei esiampl ef oedd yr orau bosibl, fel y gwyddai rhai o'r ymgyrchwyr yn iawn. Dal gafael fel ffured a wnaeth Cymdeithas yr Iaith hefyd, heb falio am amhoblogrwydd, hyd nes y byddai'n llai o drafferth i'r awdurdodau ildio nag i wrthod newid.

Mae'n deyrnged, felly, i'r Gymdeithas iddi gadw'r ffydd ym mlynyddoedd y locust. Nid oedd yn hawdd, gydag aelodau yn gadael, a'r hen argyfwng ariannol parhaus. Bu sôn am brynu swyddfa, ond yr oedd y ddyled yn Awst yn £3000. Dibynnid ar gefnogaeth dyrnaid o gyfeillion fel erioed. Bu llawer o'r rheiny yn y llysoedd yn gyson am wrthod y dreth deledu eto. Cafwyd ymgais ar faes y Steddfod i aileni Cyfeillion yr Iaith, gan arloeswyr 1971 ac R.S.Thomas yn eu plith yn awr. 'Cymdeithas Alwyn D.Rees' oedd hon i fod, a diau y buasai ef yn cytuno mai aros gyda'r ifainc oedd orau. Wedi'r protestio cythryblus ar y maes, aeth dirprwyaeth tair plaid at yr awdurdodau, a dirprwyaeth o fudiadau cenedlaethol y mis canlynol. Troes yr ymgyrch honno yn gynhadledd i alw am well gwasanaeth darlledu i blant. Roedd angen cofio'r blaenoriaethau, a daeth Emyr Humphreys i gyfarfod cyffredinol y Gymdeithas i bwysleisio pwysigrwydd sianel deledu dan reolaeth annibynnol. Cododd y gwres wedi cyhuddo dau swyddog o Gynllwyn am ddifrod Blaenplwyf, a dechreuwyd ymosod o ddifrif. Dringo mast Crystal Palace a malu yn Nebo, tarfu ar y Senedd, ac yna dros y Nadolig amharu ar wyth o fastiau yng Nghymru a dau yn Lloegr, gan ddiffodd y gwasanaeth yn aml. Aeth rhai i garchar wrth gwrs.

Carcharwyd rhai am falu arwyddion ffyrdd hefyd, a bu dirwyo a chymryd eiddo. Roedd Gwent a Morgannwg yn awr yn fodlon rhoi arwyddion dwyieithog ar draffyrdd. Prysurwyd y newid yng Ngwynedd drwy fachu stoc Saesneg y cyngor! Taro Cyngor Clwyd hefyd, yn Rhuddlan—dechrau saga benderfynol iawn i ddangos nad yng Ngwynedd neu Ddyfed yn unig yr oedd y Fro Gymraeg i fod. Parhâi'r ymgyrch statws gyda raliau i losgi cannoedd o ddogfennau Saesneg o'r banciau ac adrannau'r llywodraeth, a chyhoeddwyd ymgyrch o'r newydd i orfodi'r Rheilffyrdd Prydeinig i gadw'u haddewid. Parhaodd y duedd sosialaidd hefyd. Yn yr Ysgol Basg—un ddigon ffwrdd-a-hi, pan oedd yr ysbryd yn isel—y thema oedd Hawl i Waith, a sefydlu busnesau cefn gwlad. Yna cynhaliodd y mudiad gynhadledd o fudiadau'r Chwith yn Aberystwyth, yn erbyn bygythiad y deddfau cynllwynio i ryddid y bobl. Ym maes addysg, bu aelodau Dyfed yn weithgar yn ceisio deffro'r pwyllgor addysg, a chosbwyd nifer yn cynnwys athrawon lleol a oedd yn barod i beryglu eu swyddi.

Teimlai rhai na wnaed digon yn erbyn y tai haf. Wedi meddiannu rhai, carcharwyd twr yn Llys y Goron Caernarfon. Ni fu llawer o weithredu ynglŷn â thai haf wedyn yn y saithdegau. Y maes tai yn gyfan oedd yn bwysig yn awr. Cafwyd raliau tai, fel ym Mlaenau Ffestiniog; dechreuwyd pwyso ar wynt a phoced arwerthwyr, a'r un mor bwysig, pwyso ar bwyllgorau cynllunio'r awdurdodau lleol. Daeth y mudiad i ddeall nad oedd gobaith atal caniatâd cynllunio niweidiol i'r iaith heb yn gyntaf ymgorffori'r ffactor ieithyddol yn ysgrifenedig glir ym mholisi'r cynghorau. Hynny yw, statws cynllunio i'r Gymraeg, y clywyd cymaint amdano o hyn ymlaen. Yr ymdrech benderfynol i gael y maen hwn i'r mur fu un o brif gymwynasau Cymdeithas yr Iaith. Nid oedd polisi Gwynedd ers 1974 yn ddigon eglur o bell ffordd, dan bwysau'r mewnlifiad Saesneg. Trefnodd y Gymdeithas gynadleddau cynllunio yn Aberystwyth a Chaernarfon, blaenffrwyth y gyfres fwy soffistigedig a welwyd yn yr wythdegau. Roedd yn dechrau dysgu rheolau gêm y gelyn.

Blwyddyn ddiflas, meddwn ar y dechrau. Er iddynt wneud llawer o waith da, roedd yr ymgyrchwyr yn rhwystredig oherwydd eu bod yn fwy ymwybodol bob dydd bod y llanw yn eu herbyn bellach, a llifddorau'r mewnlifiad yn llydan agored. Ond peth cymharol yw diflastod, fel popeth arall. Golwg yr un mor ddilys ar y cyfnod a fuasai olrhain bwrlwm yr ifainc, o Dwrw Tanllyd y Bont i Berw Borras i Steddfod Bop Dinbych, a chofio bod y Trwynau Coch ac eraill yn cyrraedd i helpu'r hen gynheiliaid fel Hergest, ac i ddod â min gwleidyddol iach i'r byd adloniant eto.

ALLT Y GAEAF
Angharad Tomos

*Tri mis cythryblus y'i cenhedlwyd;
Blaenplwyf, Allt y Gaeaf a Nebo.*
Menna Elfyn

Er bod yna elfen fawr o hap a damwain bob tro, roedd yna ymchwil manwl tu ôl i bob gweithred, a doedd gweithredoedd fel Blaen-plwyf ddim yn digwydd ar chwarae bach. Penderfynwyd taro ar darged y tu allan i Gymru, ac roedd ymchwil reit fanwl o ran tynnu lluniau ac archwilio'r lle wedi ei wneud. Rwy'n cofio mynd ar un o'r 'tripiau ymchwil' yn ddiweddarach, a theimlo'n llawer iawn mwy nerfus ac ofn cael fy nal . . .

Roedd Siôn [Aled], Teresa [Pearce] a minnau wedi sefydlu'n hunain fel triawd gweithredu llawn-amser bron â bod. Y tro hwn, ymunodd Glen Phillips â ni. Wedi methu'n lân â chael unrhyw fath o drafnidiaeth, dyma sefyll ar ochr allt Penglais mewn anobaith—a dechrau bodio . . . Delwyn Siôn oedd yr un i roi reid inni cyn belled â'r Bala, a bu'n ddigon call i beidio â holi gormod i lle roedden ni'n mynd. Gallai hyn fod yn broblem llawn embaras weithiau, yn enwedig gan fod gyrrwyr sy'n rhoi lifft y rhai gwaethaf am holi rhywun yn dwll.

Seibiant yng Nghaer i lowcio Indians ac aros am y ddau arall. Yn ein cyfarfod yng Nghaer roedd Ifan Roberts, i'n cludo i ben Winter Hill.

I ni, mater digon syml oedd malu'r drws, cerdded i mewn, a diffodd y prif fotwm. Aros i'r heddlu ddod wedyn gan deimlo rhyw fesur o fuddugoliaeth—ein bod wedi atal y llif rhaglenni Saesneg rhag cyrraedd Cymru, petai ond am ychydig eiliadau.

Yn swyddfa'r heddlu, dyma sylweddoli ein bod wedi cyflawni cryn gamp—doedd waeth ganddyn nhw ein bod wedi diffodd y rhaglenni; rhywbeth â'u poenai yn llawer mwy oedd sut y gwyddem ni am gynnwys yr adeilad, a sut y daethom o hyd i'r botwm. Doedd run ohonom am gyfaddef mai ffliwc ydoedd. Fel yr âi'r amser yn ei flaen, ein tro ni oedd hi i boeni. Roedden nhw'n amau ein bod yn grŵp llawer mwy difrifol nag yr honnem—gydag enwau fel Siôn, Teresa ac Angharad roeddynt yn amau mai Gwyddelod oeddem. Gofynnwyd a oedd gennym ffrwydron ac a oeddem yn aelodau o'r *IRA*.

Roedden ni'n pryderu fwy fyth pan gymrwyd ni i mewn i'r celloedd bnawn Gwener, heb sôn am ein gadael yn rhydd. Cawsom ein trin fel Gwyddelod hefyd—cael ein deffro am hanner nos i gael ein harchwilio, ein deffro am un, cael ein holi am ddau a gwneud datganiad, a'n deffro am bedwar i arwyddo ffurflenni. Tynnwyd ein lluniau am naw y bore wedyn a chymerwyd olion ein bysedd cyn ein cadw yn y gell drwy'r dydd.

Daeth Heddlu Dyfed-Powys i fyny o Aberystwyth i holi am Flaen-plwyf. Roedden nhw'n benderfynol o wneud y defnydd eithaf ohonom. Roedden ni i gyd mewn celloedd ar wahân, a'r unig achlysur i weld ein gilydd fu'r adeg pan dorrodd peipen ddŵr yng nghell Teresa a daeth i 'nghell i am gyfnod. Yn nhyb yr heddlu, roedd hyd yn oed hynny yn gwbl fwriadol.

Treuliwyd dydd Sul cyfan mewn cell hefyd cyn ymddangos o flaen *Leyland Magistrates* fore Llun a chael dedfryd o chwe mis gohiriedig. Pawb ond Teresa— ni ohiriwyd ei chwe mis hi, ac roedd yn fis Gorffennaf cyn iddi hi ddychwelyd o'r trip hwnnw.

Cychwynnodd y BBC yng Nghymru gyfnod "cynhyrfus ac arbrofol iawn" fore dydd Llun diwethaf pan aeth rhaglenni Radio Cymru a Radio Wales ar yr awyr am y tro cyntaf. Golyga'r trefniadau newydd na ellir derbyn y mwyafrif llethol o'r rhaglenni Cymraeg newydd heb set radio VHF. Ond ceir rhaglenni Cymraeg amser cinio a min nos fel o'r blaen ar y donfedd ganol yn ogystal â VHF.

C 4/1

Stamp Adfer. Dde: Marc Phillips T 2/77

Emyr Llywelyn, ADFER A'R FRO GYMRAEG
(Cyhoeddiadau Modern Cymreig, £1)

Y bennod ddadleuol yw'r olaf, "Dinasyddiaeth y Fro Gymraeg", anerchiad a draddodwyd yn Awst 1975. "Dim ond yr hyn sy'n gywir ac yn unol â'n traddodiad a'n hanes sydd yn dderbyniol yn y Fro Gymraeg" (tud.93). Yr eneidfaeth yw'r safon i farnu rhwng y derbyniol a'r annerbyniol. A phwy a ddywed wrthym a yw ffilm neu lyfr neu nofel neu beintiad yn "unol â'n traddodiad"? Gan mai cyfrinach Emyr Llywelyn yw beth yn union yw cynnwys yr eneidfaeth, ni allwn ddisgwyl cael disgrifiad gwrthrychol ohono. Ond fe gewch yr ateb i'r cwestiwn ar dudalen 96. Hyd oni wawrio'r dydd pan fo'r Fro Gymraeg yn wladwriaeth annibynnol, "bydd Mudiad Adfer yn gwarchod ac yn amddiffyn gwareiddiad y bobl Gymrieg, ac yn gweithredu fel Llywodraeth Gwarchodol (*Warchodol*, fyddai'n fwy unol â'r eneidfaeth!) Gweriniaeth y Fro Gymraeg." Mae hyn yn ddigon rhesymegol. Dim ond y bobl sy'n meddu'r cysylltiad cyfriniol â'r eneidfaeth a all ddehongli dirgelion y derbyniol a'r annerbyniol. Yn union fel y dadleuai Hitler a'i ddilynwyr o berthynas i *Volksgeist* yr Almaen.

Ymosodiad R.Tudur Jones yn cyhuddo Adfer o dotalitariaeth T 1/77 a T 2/77 Isod: ateb Emyr Llywelyn T 3/77 Dde: Adfer maes a Steddfod.

YR EGWYDDOR DDI-DRAIS: Y mae'r egwyddor ddi-drais yn ysgrifenedig yng nghyfansoddiad Mudiad Adfer, ni fedrai dim arall fod yn unol â mudiad sy'n tynnu ei brif ysbrydoliaeth o fywyd a gwaith Waldo Williams. Y mae'n eironig i'r ymosodiad yma yn fy nghuhuddo o Ffasgiaeth gael ei gyhoeddi gan Gymdeithas yr Iaith, oherwydd yn ystod fy nghyfnod i fel Cadeirydd ·Cymdeithas yr Iaith y mabwysiadodd y Gymdeithas bolisi di-drais. Cadeiriais y cyfarfod lle gwnaed y penderfyniad tyngedfennol hwnnw yn hanes y mudiad a gwneuthum bopeth yn fy ngallu i sicrhau bod yr egwyddor yn cael ei fabwysiadu. Hyd heddiw ystyriaf hyn yn un o'r buddugoliaethau pwysicaf y cefais y fraint o fod yn gyfrannog o weithio drosti. Gall y neb sy'n dymuno darllen yr anerchiad a roddais yn y cyfarfod hwnnw wneud hynny yn y llyfryn "Areithiau" (Lolfa).

Y NI A NHW
Siôn Aled

Ar noson o aeaf, aeth nifer o aelodau'r Gymdeithas i adeiladu Trosglwyddydd Blaen-plwyf, ger Aberystwyth, ac achosi gwerth £6,000 o ddifrod (er i'r awdurdodau honni ar y dechrau bod y gost yn £25,000). Nodweddwyd y cyfnod yma i mi gan newid yn agwedd yr heddlu wrth holi'r rhai a amheuwyd o droseddau ynglŷn â'r iaith. Cefais innau fy restio ddeuddydd ar ôl y digwyddiad, a chofiaf i'r detectif oedd yn fy holi gwyno fod pethau wedi newid yn awr— "Dydy hi ddim yr un fath â'r dyddiau pan oedd pobl fel Ffred yn rhoi eu hunain i fyny" oedd ei union sylw.

Y gwir oedd mai gweithred Blaenplwyf oedd y weithred ddifrifol gyntaf na fu i'r gweithredwyr gymryd y cyfrifoldeb amdani, ond yn hytrach y Senedd fel corff. Roeddwn yn ymwybodol, wrth i fwy o weithredoedd cyffelyb ddigwydd, fod yna fwy o'r 'Ni a Nhw' yn ein perthynas â'r heddlu, a llai o'r agosatrwydd rhyfedd a ddigwyddai yn aml cyn hynny.

Prin fod unrhyw daflen wedi achosi cymaint o gynnwrf a chynddeiriogi na "Wynebwn yr Her" a gyhoeddwyd ar gyfer ei dosbarthu yn Eisteddfod Aberteifi

Y camgymeriad cyntaf yn y daflen, wrth gwrs, yw'r defnydd cyson o'r term "Saeson" (term a ddileuwyd o'n polisi gan y Cyfarfod Cyffredinol). Fel y dywedais eisoes, un agwedd yn unig o argyfwng yw'r mewnlifiad cyson yma, mewnlifiad sydd yn effeithio nid yn unig ar gefn gwlad Cymru ond ar bob gymdeithas wledig yn y byd Gorllewinol.

I ni, dylai'r bobl sydd yn tanseilio'n cymdeithasau cael eu nabod nid oherwydd y wlad y daw ohoni (wedi'r cwbl, onid Saesnes a symudodd o Loegr i gefn gwlad Cymru i fyw yw Helen Greenwood a dreuliodd ei Nadolig yn y carchar dros y Gymraeg a'r Gymdeithas) ond oherwydd eu bod yn arbennig oblegid y rhan holl bwysig y maent yn chwarae yng ngormes y gyfundrefn gyfalafol, sydd yn defnyddio'r iaith Saesneg fel ei phrif gyfrwng.

Adfer will not give membership figures, but the total is believed below 100, although said to be growing (Cymdeithas yr Iaith has 1,300, of whom 330 are activists). Angharad Tomos is both a central committee member of Adfer, and one of the language society's full-time secretaries and was recently released from prison after serving six weeks for non-payment of a fine. A monthly magazine, *Yr Adferwr*, is published.

Uchod: WM 28/10 Isod: T 11/77

Anfonwn ein cyfarchion hefyd at Carys Llwyd Dafydd (Carys Parc) aelod o Fudiad Adfer, a garcharwyd yr un pryd â'r merched eraill, ac sydd erbyn hyn ar y ffordd i ryddid.

CHWARAE TAG
Helen Greenwood

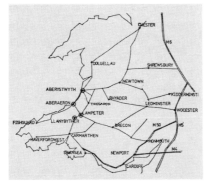

Uchod: map Evans Bros ar gyfer prynwyr tai T 5/77
Isod: ateb y rheolwr Dylan Davies at Meri Huws, Grŵp Ardaloedd Cymraeg T 7/77

Aeth rhyw 20 ohonom i feddiannu siambar Cyngor Sir Dyfed ryw noson fel rhan o ymgyrch addysg y sir. Pastio llythrennau mawr du ar hyd y wal, *'Welsh Not 1977'*. Gwneud pob math o bethau i geisio difyrru ein hunain gan gynnwys chwarae tag ar draws byrddau'r siambar. Deg ohonom yn mynd i'r llys wythnosau wedyn hefo *'Welsh Not'* mawr o gwmpas ein gyddfau.

```
Yr ydym yn cynug eich bod yn dweud wrth y bobol sydd yn achwyn fod
tai ardaloedd gwledig yn cael ei gwerthu i bobol o du allan i'r
ardal am ddod i'n swyddfa ni.  Fe fyddwn dim ond yn rhi falch i'w
gweld os bydd ei "Cheque Books" gydan.
```

In recent weeks Cymdeithas members have removed sack fulls of English worded leaflets from various government offices in Dolgellau, Swansea, Aberystwyth and Carmarthen.

And, at the foot of the Town Hall steps at Aberystwyth on Saturday these were set alight in the first of a series of public burning campaigns to draw attention to the fact that the Welsh language is not receiving just treatment in

Roger James gyda rhieni a brawd Glynis Williams (dde) yn rhydd o Pucklechurch 25/6 Isod: Llys y Goron, Caernarfon 7/77

Uchod: CN 13/5

DAFYDD IWAN:
Mae'n rhaid inni greu'r ewyllys yn y bobl Gymraeg i ddewis Cymraeg.

JAC L. WILLIAMS:
Cyn gwneud hynny, mae'n rhaid i chi siarad â nhw mewn iaith maen nhw'n ei deall, trwy'r Saesneg â'r iaith Gymraeg yn ei sgîl hi. Mae'r trychineb sydd wedi digwydd ynglŷn â Radio Cymru a'n hiaith annwyl ni ben bore yn mynd i ddigwydd ar raddfa anrhaethol waeth gyda theledu os . . .

GWILYM OWEN:
Mae'n rhaid i ni adael hi fanna, gyfeillion . . .

Jac L. yn sefyll hyd y diwedd, wedi i adroddiad Annan argymell Sianel Gymraeg B 8/77

MEDDIANNU TAI HAF
Siôn Aled

Wedi meddiannu tŷ haf ym Mhorthmadog, fis Ionawr, aethpwyd â chwech ohonom i Swyddfa'r Heddlu. Trefnwyd bod Arolygydd i'n holi fesul un, felly roedd gennym dipyn o amser i ddisgwyl tan i'r broses gael ei chwblhau, a chawsom gyfle i sgwrsio ag aelodau eraill o'r heddlu. Darganfu un fy mod innau'n barddoni, a dywedodd fod ganddo yntau ddiddordeb mewn barddoniaeth hefyd, ac yno y buom yn seiadu am beth amser, yn bennaf ynglŷn â cherddi Williams Parry. Aeth y lle yn fwy tebyg i'r Babell Lên na Swyddfa'r Heddlu!

Canlyniad gweithredu Porthmadog oedd i ni ymddangos gerbron Llys y Goron, Caernarfon ym Mis Gorffennaf, a chael ein dirwyo £25 yr un, ynghyd â'r costau. Yn dilyn yr achos, bu yna wythnos o weithredu yn erbyn tai haf yng Ngwynedd. Un noson, aeth tri o aelodau i dŷ haf o'r enw 'Glan Rhyd', os cofiaf yn iawn, ger Talwrn ym Môn a threfnwyd i gysylltu â'r heddlu iddynt gael gwybod am yr anfadwaith, a lle i gael gafael ar y drwgweithredwyr.

Codais y bore wedyn i wrando ar y radio am y newyddion cyfarwydd fod yna dri aelod o'r Gymdeithas wedi eu rhestio, ac y byddai yna achos yn dilyn. Fodd bynnag, canodd y ffôn, a synnais glywed llais un o'r meddiannwyr y pen arall yn gofyn i mi i'w nôl ef a'r ddau arall o flwch ffôn rai milltiroedd o'r tŷ. Roeddynt wedi bod yno drwy'r nos, ond doedd dim hanes o'r glas. Yn ddiweddarach, cafodd y dirgelwch ei ddatrys—roedd yr heddlu wedi mynd i 'Glan Rhyd', ond nid yr un Glan Rhyd ag a feddiannwyd; wedi torri i mewn, canfod nad oedd neb yno, a phenderfynu mai galwad ffug oedd y cyfan. Gobeithio eu bod wedi cymryd cyfrifoldeb llawn am eu gweithred ysgeler!

Y MEDDWYN SOBOR
Siôn Aled

Er i mi glywed nifer o straeon gan eraill am gamdriniaeth gan yr heddlu, dim ond unwaith y digwyddodd rhywbeth felly i mi fy hun. Ar nos Fercher Steddfod Wrecsam, roedd pedwar ohonom wedi mynd i dafarn oedd oddeutu dwy filltir o'r maes pebyll. Fel sy'n arfer digwydd mewn tafarnau, cynyddodd ein brwdfrydedd cenedlgarol yn ystod y noson, a phenderfynwyd lleihau rhywfaint ar nifer yr arwyddion Saesneg a oedd yn britho'r ardal, ar y ffordd nôl i'r maes pebyll. Fodd bynnag, ar ôl ymdrin ag un o'r cyfryw erchyllterau, penderfynodd dau ohonom roi'r gorau iddi, oherwydd roeddem yn ddigon sobor i wybod ein bod yn feddw, ac i sylweddoli y byddai gallu adrodd am droseddau'r '*drunken Cymdeithas vandals*' yn fêl ar fysedd y cyfryngau. Yn ogystal, llechai'r ffaith fy mod dan ddedfryd ohiriedig o chwe mis o garchar yng nghefn fy meddwl innau.

Yn anffodus, doedd y ddau arall ddim yn cytuno, ac aethant hwy ymlaen â'u gweithgarwch, tra cerddasom ni ymlaen. Rai munudau yn ddiweddarach, daeth gwaedd o'r tu ôl i ni, a rhedodd y ddau arall heibio i ni gan weiddi fod y slobs ar eu hôl. Rhedasom i gae gwenith cyfagos, a chuddio, ond mae'n amlwg i ni gael ein gweld, oherwydd daeth car heddlu drwy'r adwy i'r cae. Penderfynodd y tri arall ddianc, ond, gan fy mod yn rhy agos at y slobs, penderfynais innau nad oedd dim i'w wneud ond ildio. Rhoddwyd fi yng nghefn y car, gyda'r dyn oedd, mae'n amlwg, wedi galw'r heddlu yn y lle cyntaf. Gofynnodd hwnnw i'r heddwas oedd yn gyrru, "*You're not looking, are you officer?*" a phan atebodd hwnnw nad oedd cefais ddyrnod iawn yn fy wyneb. Cwynais am y driniaeth yn Swyddfa'r Heddlu, ond, fel y dywedodd y gyrrwr, welodd o ddim.

Cefais fy holi'n galetach am y weithred arbennig yma nag a gefais am bethau llawer mwy difrifol ynghynt ac wedyn, ond gan na holwyd fi ond am arwydd yr oedd y ddau arall wedi ei dynnu, gallwn fod yn gwbl onest yn fy ngwadiad! Cefais fy rhyddhau yn y diwedd am 5 o'r gloch y pnawn canlynol, wedi i'r ddau ddrwgweithredwr go iawn ymddangos a chyfaddef.

Siôn Alun, Trysorydd

Â'u traed yn rhydd yn Eisteddfod Wrecsam: Teresa Pearce, Pete Meazey, Glynis Williams, Branwen Evans, Vaughan Roderick, Stuart Brown. (d/g S.G.)

Dde: WM 5/7

Offer cyfieithu newydd Phillip Lloyd, Hywel Wyn Jones a Iolo ap Gwynn, CPC Aberystwyth. (C 28/6)

Dyna i chi ddyn dewr ydi'r Meirion Pennar 'na, nid jest *cefnogi* myfyrwyr Llambed o'i gadair freichia, ond mynd efo nhw i brotestio! Faint o 'ddarlithwyr Prifysgol fydda'i gwneud yr un peth? Gormod o Gymry ofnus, di-asgwrn-cefn sy'n cael jobs yn y sefydliad hwnnw bellach. Does 'na neb yn barod i agor 'i geg, rhag ofn colli swydd. Yr un hen stori.

Biti ar y diawl na fasa gan ddarlithwyr 'trwd' Bangor hanner cymaint o galch yn 'u bolia. Ble roeddan nhw adeg yr helynt fawr cyn y Dolig? Yn ista'n daclus ar y ffens. Mae'n hollol amlwg i bawb nad ydi'r frwydr ym Mangor ddim wedi'i hennill.

Uchod: Dan Lyn James, arloeswr y Cwrs Carlam, a Cyril Hughes Trefnydd yr Urdd a'r Cyd-bwyllgor Hybu'r Gymraeg, yn y Clwb Cwlwm i'r dysgwyr gyda Roy Leet, caffi'r Cabin, Aberystwyth. (WM 10/5) Isod: myfyrwyr Llanbed yn erbyn gwrth-Gymreigrwydd eu coleg. (WM 17/6) Chwith: 'Mali' T 4/77

Annwyl Gyfaill,

Mewn cyfarfod yn Aberystwyth yn ddiweddar, a dan gadeiryddiaeth Ned Thomas, penderfynwyd ei bod yn hen bryd i ni ffurfio mudiad o oedolion

a phrif bwrpas y mudiad hwn (nad oes iddo enw eto, er i 'GYMDEITHAS ALWYN D REES' gael ei awgrymu) yw symbylu neu ysgogi

O lythyr Maldwyn Jones cyn y Steddfod, cais i atgyfodi Cyfeillion yr Iaith gydag R.S.Thomas, Meredydd Evans, Ned Thomas etc.

AS Britain's largest protest group since the Suffragettes — in terms of fines and the number of members sent to prison — gets older its members are getting younger.

Eight years ago not a single elected member of the senate of Cymdeithas yr Iaith Gymraeg was a student: now 12 of the 30 are, and members now reaching college age are already confirmed activists; last autumn a sixth-former demanded that the society cut the politics and hot up the action.

How many members have been fined or gaoled over the years no one seems to know; there are just too many. Ffred Ffransis (gaoled on seven occasions for a total of four-and-a-half years) has estimated 500 have been guests of Her Majesty, some for only a few days.

With one full-time society worker owing fines totalling £600, the number of fines must run into thousands.

This has been managed by a society that has never been large in numbers. Founded in 1962 at Pontarddulais — in the wake of a Plaid Cymru summer school and the Saunders Lewis radio lecture — by 12 people, it had grown to between 600 and 825 by 1968, and about 1,500 by the turn of the decade.

WALTON
Siôn Aled

Rhoddwyd mis i bob un ohonom dalu'r ddirwy a osodwyd arnom yn Llys y Goron, Caernarfon. Fodd bynnag, ni restiwyd neb tan ddechrau Medi, pan gymerwyd y chwech ohonom i'r ddalfa dros gyfnod o bythefnos . . .

Roedd agwedd swyddogion Walton yn llawer garwach nag agwedd swyddogion Ashford, yr unig garchar y bûm ynddo o'r blaen. Y peth cyntaf a ddigwyddodd oedd i'r holl garcharorion newydd dynnu eu dillad 'sifi' a'u rhoddi mewn bocs carbord. Roedd yn rhaid gwneud hyn yn unigol o flaen y swyddog derbyn, ac wedyn sefyll yn noeth o flaen ei ddesg i ateb nifer o gwestiynau fel *"Do you take drugs?"* a *"Do you suffer from V.D.?"* Yn wir, roedd y broses o dderbyn yn sicrhau fod pob carcharor newydd yn sylweddoli ei fod bellach wedi colli pob rhithyn o'r hunan-barch a berthynai iddo 'ar y tu allan'.

Y noson honno, daeth y Caplan Anglicanaidd i'm gweld, a chefais bregeth swta ynglŷn â'r ffaith fod Prydain Fawr yn wlad ddemocrataidd, ac nad oedd lle ynddi i bobl fel fi oedd yn methu parchu'r gyfraith, ac yn y blaen. Y bore canlynol, wedi trafod agweddau'r gwahanol gaplaniaid gyda charcharorion eraill, penderfynais adael yr 'Hen Fam' a dod yn Fethodist, ac, yn wir, bu'r Caplan Methodistaidd yn gyfaill da i mi tra'r oeddwn yno, ac yn gyswllt ychwanegol â'r 'tu allan' trwy iddo gysylltu â'm rhieni ar y ffôn o'i gartref. Nid oedd enwadaeth, felly, yn cyfrif rhyw lawer yn y carchar! Yn wir, cafwyd fod nifer o'r carcharorion yn cael tröedigaeth at Iddewiaeth—hynny oherwydd y ffaith fod yr awdurdodau yn gorfod darparu bwyd arbennig ar eu cyfer hwy (a Moslemiaid) oedd yn digwydd bod gryn dipyn yn fwy blasus na bwyd arferol y lle!

Un o'r pethau mwyaf diflas ynglŷn â Walton oedd yr orfodaeth ar i'r carcharorion o dan 21 oed ddioddef sesiwn o ymarfer corff ddwywaith yr wythnos. Ar ôl profi'r artaith yma yn ystod yr wythnos gyntaf, penderfynais osgoi fy *'right and privilege'* (yn ôl rheolau'r carchar!) yn y dyfodol. Yn ffodus iawn, oherwydd prinder staff, nid oedd yn bosibl i bawb fynd i'r gampfa—byddai'n rhaid i ryw ddwsin ohonom golli'r fraint. Yr arfer oedd i alw'r carcharorion i'r gampfa yn syth o'r gweithdy metel. Fy ngwaith i oedd sgubo'r llawr, felly gwneuthum yn siwr fy mod yn digwydd bod yn gweithio tu ôl i ryw beiriant go fawr pan ddeuai'r swyddog ymarfer corff i'r gweithdy i alw'r ffyddloniaid. Roeddwn yn ffodus hefyd fod llawer o'r carcharorion tymor hir yn falch iawn o'r cyfle i fynd i'r gampfa—fel yr esboniodd un ohonynt wrthyf, ar ôl cwpwl o flynyddoedd o'r ymarfer caled byddai'n llawer mwy abl i ddringo drwy ffenestri

ac i redeg i ffwrdd pan ddeuai'r heddlu yn y dyfodol!

Cefais wybod ar ôl i mi fod yn Walton fod nifer o'r sgriws yn aelodau o'r Ffrynt Genedlaethol, ac roedd yna gryn dipyn o hiliaeth ymhlith y carcharorion hefyd. Chefais i ddim trafferth oherwydd fy mod yn genedlaetholwr Cymreig—roedd fel pe bai lliw croen yn fater pwysicach o lawer na gwleidyddiaeth person. Roedd yn arfer i garcharor oedd ar fin cael ei ryddhau roddi ei siwmper carchar i garcharor arall, fel y byddai ganddo yntau ddwy rhag yr oerni (roedd hi'n ddechrau'r gaeaf pan adewais). Rhoddais innau fy siwmper i garcharor croenddu, ac fe barodd hynny gryn syndod a gwrthwynebiad o du fy nghydgarcharorion, oedd wedi bod yn ddigon cyfeillgar hyd hynny.

Rhodri Williams, Aled Eirug a Siân Gwenllian yn picedu'r Pwyllgor Cynllunio, Neuadd y Sir, Aberaeron.

Danfon Wynfford James a Rhodri Williams i achos traddodi 'Cynllwyn Blaenplwyf' yn Llys Aberystwyth; Angharad Jones a Meri Huws gyda'r faner 10/77 Dde: Dr John Hughes *v* Cymraeg yn ysgolion Dyfed B 3/77 Isod: Helen Smith T 10/77

Unwaith eto, y mae'r Cyfarfod Cyffredinol yn agosáu. Eleni, ceir mesur y bydd rhai yn ei ystyried ychydig yn ddieithr ar yr olwg gyntaf, sef cydgysylltu'r Gymdeithas â'r Ymgyrch Ddiarfogi Niwclear (CND).

mae llawer o fudiadau a phleidiau wedi'u cydgysylltu eu hunain â'r Ymgyrch Ddiarfogi Niwclear yn barod, gan gynnwys Plaid Cymru.

. . . Ond rydych chi'n hen iawn, yn dioddef'n enbyd ers blynyddoedd.

. . . Pam o pam na gydsyniwch chi i euthanasia?

Richard 'Ben' Roberts, carchar gyda Teresa Pearce, Angharad Tomos, Siôn Aled, Ifanwy Rhisiart a Vaughan Roderick. (T 8/77)

PWY UFFARN YW'R RHAIN?
Toni Schiavone

Mamau a phlant yn cefnogi achos Cen Llwyd, Caerfyrddin: Megan Tudur, Llinos Dafis, C.Ll., Carmel Gahan, Meinir Ffransis. (WM 2/11) Isod: Dechrau o ddifrif ar ymgyrch bwysica'r cyfnod T 11/77

Cyn Ysgol Basg 1981 roeddwn yn aelod unigol o Gymdeithas yr Iaith—yn bodoli y tu allan i weithgarwch canolog y Gymdeithas ers rhyw 5 mlynedd. Roeddwn yn ceisio chwarae fy rhan ond doeddwn i na Dawn (fy ngwraig) yn nabod neb heblaw am rai ar yr ymylon. Er hynny roeddwn yn ymateb i'r alwad o'r canol—mynychu rafïau neu gyfarfodydd cyhoeddus, gwrthod ffurflenni uniaith Saesneg, gosod sticeri a phosteri uwchben arwyddion uniaith Saesneg. Yn ystod y cyfnod yma ar yr ymylon mae rhai pethau yn aros yn fyw iawn yn y cof. O bosib yr ysgytwad fwyaf a gefais oedd Rali Rhuddlan.

Mynd i'r rali yn hollol ddiniwed. Aros o gwmpas am hydoedd; y rali yn hwyr yn dechrau—yr heddlu wedi mynnu stopio'r bws i archwilio pawb. Gwrando ar araith Rhodri Williams (a meddwl "ma'r boi ma yn edrych yn rêl trendi yn ei gôt ledr frown!"). Synhwyro tensiwn gyda'r heddlu'n edrych arnom yn ddirmygus ac eto yn ansicr o'u hunain, ac aelodau eraill o'r Gymdeithas yn amlwg yn gwybod mwy na mi ac yn disgwyl rhywbeth.

Roeddem yn sefyll ar bwys arwydd mawr uniaith Saesneg. Yn sydyn pobl yn symud at yr arwydd i'w dynnu neu'i beintio, sylwi ar *Land Rover* yn mynd heibio wrth i heddlu rwystro'r ymgais—y *Land Rover* yn stopio—rhywun yn neidio allan yn rhuthro i agor drws y cefn ac yn lluchio degau o arwyddion uniaith Saesneg i'r llawr. Bloedd o orfoledd, pawb yn rhedeg draw—syndod a sioc ar wynebau'r heddlu. Arestiwyd nifer a gwelwyd ymddygiad brwnt gan nifer o'r heddlu.

Roedd yr arwydd mawr yn dal i fyny, ond i ni a oedd ar ôl nid oedd amheuaeth nad oedd y Rali wedi llwyddo, ac yr oedd yr heddlu yn gwybod hynny'n well na neb. Ffred [Ffransis] yn cymryd y corn siarad (roedd ei wisg yn dangos ei *street cred!*), yn rhoi araith danbaid a wnaeth argraff arnaf yn syth, ac yn dweud wrthym am fynd i Glwb y Triban yn Y Rhyl.

Aeth Dawn a finne i'r Clwb—roeddwn wedi cynhyrfu ac wedi gwylltio ar ôl gweld y driniaeth a gafodd nifer o aelodau'r Gymdeithas. Wrth gerdded i mewn i ystafell gefn yn y Clwb gwelais, a dwi'n cofio'n glir iawn, y syndod ar wyneb yr ychydig a oedd yno, a'r cwestiwn ar eu hwynebau—pwy uffarn yw'r rhain? Ffred oedd yn arwain y drafodaeth; roeddwn yn teimlo allan ohoni a gadewais yn gynnar, ond roedd y cyffyrddiad yna â'r Rali weithredol gyntaf y bûm ynddi wedi gadael argraff ddofn iawn arnaf. Roedd ystyr lawnach i'r gair 'cyfiawnder' o hynny allan.

Menna Elfyn, Terwyn a Marged Tomos, athrawon yn wynebu'r sac gan Bwyllgor Addysg Dyfed. (WM 12/77) Isod: WM 28/10

Cerdyn Y Lolfa o waith John Jenkins yng ngharchar, er elw i'r Gymdeithas a'r Pwyllgor Amddiffyn Carcharorion Gwleidyddol. Rhyddhawyd ef 6/77

Statws cynllunio i'r iaith oedd pwnc cynhadledd arbennig a drefnwyd ar y cyd rhwng Cymdeithas Cynllunio Gogledd Cymru a Chymdeithas yr Iaith yng Nghaernarfon ar y 26ain o Dachwedd.

Erbyn i'r pwt bach yma o adroddiad ymddangos, fe fydd y Gymdeithas wedi cyhoeddi'i hadroddiad cyntaf ar bolisi cynllunio ieithyddol, ac mae'n debyg mai hwn fydd un o'r pynciau pwysicaf ym mrwydr yr iaith yn y blynyddoedd i ddod. Gwir werth cynhadledd o'r math a gynhaliwyd yn Caernarfon oedd ei fod yn arfogi cynghorwyr, swyddogion, gwleidyddion ac aelodau o Gymdeithas yr Iaith gyda'r ffeithiau angenrheidiol fydd yn ein galluogi i ddal ein tir yn y ddadl fawr sydd i ddod ynglŷn a llunio polisi iaith cenedlaethol.

Bydd angen gwneud yn gwbl glir y dylai'r Gymraeg gael ei hystyried yn gwbl ganolog yn y broses cynllunio.

Fe wahoddwyd cynrychiolydd o'r Gymdeithas i siarad yn y Rali, ac o barch i John Jenkins — y cenedlaetholwr hynod hwnnw, yn hytrach na dim, y cydsyniom. John, fel ysgrifennydd 'Cofiwn' oedd yn trefnu'r Rali

dyma'r unig achlysur o'r flwyddyn pan fo cynghorwyr y Blaid, aelodau'r Gymdeithas ac Adferwyr (yn ogystal a'r F.W.A., a'r I.R.A., yn answyddogol) yn ymgynull ar yr un llwyfan.

aeth yr anhrefn yn waeth wedyn gyda'r naill ochr yn dadlau am safle'r iaith a'r llall yn pwysleisio, "We're all Welsh and that's what counts," a rhai gwirionach fyth yn datgan "Bullets are bilingual". Un o'r rhai olaf i siarad oedd Caio a ddatganodd mai dim ond un ateb oedd — rhoddodd 'grande finale' i'r syrcas drwy danio gwn i'r awyr. Fe ganwyd yr Anthem Genedlaethol ac yna aeth y bysiau a'r criw i westy cyfagos i yfed tan unarddeg

Roedd cael yr holl anerchiadau Saesneg yng Nghilmeri eleni yn dangos i ba raddau y llwyddodd y Saeson i'n gorchfygu. Os nad oes digon o genedlaetholwyr ar gael sy'n gallu siarad y Gymraeg i annerch ger bedd Llywelyn, yna mi ddaliaf fi mai gwell fyddai gwneud i ffwrdd gyda Rali Cofio Cilmeri.

Angharad Tomos T 1/78 Isod: Siân Evans T 3/78 (Rali Cofiwn, Cilmeri 12/77)

Ar ôl darllen eich rhifyn Mis Ionawr o Dafod y Ddraig, buaswn yn hoffi rhoi enw Angharad Tomos i chwi fel cachwr y mis yn y rhifyn nesaf.

Roeddwn i wedi synnu ei bod hi mor barod i ysgrifennu erthygl mor gul a rhagfarnllyd am y rali yng Nghilmeri.

Mae'n amlwg fod yn rhaid imi atgoffa Angharad pwy oedd y ddau ddyn a sefydlodd Cofiwn ddeng mlynedd yn ôl — Tony Lewis a Gethin ap Gruffudd — dau Gymro a oedd yn ddi-Gymraeg — ond yn awr wedi dysgu'r iaith, y ddau wedi bod mewn carchar dros eu gwlad. Mae nifer o Gymru di-Gymraeg yn eistedd ar Seneddd Cofiwn yn awr — pobl fel John Jenkins, a 'does dim rhaid imi ddweud faint mae ef wedi dioddef am ei fod yn genedlaethwr. Onibai am bobl weithredol fel yma, ni fuasai Cofgolofn i Lywelyn yng Nghilmeri, felly a yw Angharad yn ceisio dweud fod y bobl yma yn llai o Gymry na hi?

1978

Annibyniaeth i Dominica, Tuvalu,
Ynysoedd Solomon

Cytuno ar lywod y mwyafrif yn Ne
Rhodesia

Byddin Viet Nam yn ymosod ar y Khmer
Coch yn Kampuchea (Cambodia)

Botha yn brifwein De Affrica; y Transkei
yn 'annibynnol'

Gwobr heddwch Nobel i Sadat a Begin

Llofruddio Aldo Moro, prifwein yr Eidal,
gan y Frigâd Goch

Marw Jomo Kenyatta; hefyd dau Bab,
Pawl VI a Ioan Pawl I, a'u holynu gan y
Pwyliad Ioan Pawl II

Dileu'r gosb eithaf yn Sbaen

Hunanladdiad 911 o enwad crefyddol yn
Jonestown, Guyana

Daeargryn Iran, lladd 25,000

Ariannin yn ennill cwpan peldroed y byd,
yn Ariannin

Dechrau protest 'fudur' 300 o garcharorion
y Maze yn Iwerddon; bomio dinasoedd
yn Lloegr eto

Carcharu llawer o genedlaetholwyr Llydaw
wedi'r ymgyrch 10 mlynedd; llygru'r
arfordir gan olew yr Amoco Cadiz

Ymchwiliad cyhoeddus yn cefnogi atomfa
Windscale; geni Louise Brown, y baban
tiwb 1af

Llywod wan wedi'r haf; pleidiau cen yn
ddylanwadol; cael addewid am addysg
ddwyieithog, tâl llwch chwarel, sianel
Gym eto

Deddf Cym, i greu cynulliad, ond
mynnwyd reffer cyn ei gweithredu;
dechrau ymgyrchu ar gyfer 1979: Ie (ysg
Barry Jones)—Llaf, Rhydd, PC, y Gyngr
Laf, y wasg Gym, W Mail etc; Na (cad
Gibson Watt, trefn Gwynedd Elwyn
Jones)—Ceid, carfan Laf, Nalgo, Br
Legion, SW Echo, D Post etc

Dal rhwydwaith gyffuriau yn y canolb gan
Operation Julie

Llywod yn cydnabod U Amaeth Cym yn
swyddogol

Llongddrylliad y Christos Bitas yn bygwth
olew ar Benrhyn Dewi, Preseli

Cymd Edward Llwyd i'r naturiaethwyr

Ennill y gamp lawn, rygbi, a Gareth
Edwards yn ymddeol; Abertawe, Caerd a
Wrecsam yn 2il adran y gynghrair
beldroed

Gwasanaeth radio o'r senedd

Llochesu pobl y cychod o Viet Nam

Dim Times na S Times am 10 mis, cweryl
techn newydd

Calan Mai yn ŵyl banc

Diweithdra, Rhagfyr 8.0% (87,860)

Marw Clough Williams-Ellis, Gwilym
T.Hughes

Eist Gen Caerdydd; Eist yr Urdd
Llanelwedd; Gŵyl G Dant Corwen

3 ysgol uwch Gym, Caerd, Caerf a Bangor

C Dwyfor yn mabwysiadu siarter iaith â'r
Gym yn flaenaf, Ionawr

Diwedd Cyngor yr Iaith Gym, a'i adr olaf
Dyfodol i'r Iaith Gym yn argymell corff
gwarcheidiol parhaol a rhaglen £18 m i
greu Cym ddwyieithog

HTV yn troi yn erbyn Cym ar y 4edd
sianel; p gwyn, Gorff, yn addo sianel â
blaenoriaeth i'r Gym, 20 awr erbyn
1982; trosleisio ffilm 1af i Gym, Shane
HTV

Ymgyrch rhag Seisnigrwydd y Brif ym
Mangor, diarddel 7 UMCB

Cyhoeddi grant £400,000 at addysg Gym;
helynt Kinnock yn ymosod ar addysg
Gym yng Ngwynedd

Prynu Nant Gwrtheyrn am £20,000 wedi
ymgyrch Carl Clowes a Dafydd Iwan, a
sefydlu canolfan iaith gen

Adr iaith C Dyfed, nas cyh, a phenodi 21
athro ail-iaith teithiol

Adfer yn cynnal Gwyliau Bro; galw am
gadw'r Eist Gen yn y Fro Gym

Geraint yn archdderwydd; Alun Talfan
Davies, y llywydd, yn annog diwrnod
Saes; grant 1af y Gymuned Ewrop, £500;
opera roc 'Dic Penderyn'

Pais rhif 1

Beibl y Plant Mewn Lliw cyf Alan Llwyd;
Addysg Gynradd yn y Gym Wledig
Swyddfa Gym; Cyhoeddi yn yr Iaith
Gym Cyngor yr Iaith; Dyddiadur Dyn
Dwad Goronwy Jones (Dafydd Huws);
Yr Odliadur gol Roy Stephens; Canu'r
Bobol Huw Williams

Wynebddalen:
Rali dros y Sianel Gymraeg, Caerfyrddin, 8/7/78 cyn achos
Cynllwyn Blaenplwyf

Ceid arwyddion gobeithiol ym 1978 fod y Cymry yn ymateb yn fwy ymarferol i argyfwng yr iaith, ym myd addysg yn enwedig. Cynyddai'r galw am ysgolion uwchradd 'dwyieithog'. Ddegawd neu ddau ynghynt, darpariaeth leiafrifol i ardaloedd Seisnig oedd y rhain. Yr adeg honno, gallasai llawer o ysgolion y Fro Gymraeg fod yn rhai swyddogol Gymraeg, gydag ysgolion arbennig ar gyfer y di-Gymraeg, pe meddem ar yr ewyllys. Roedd yn rhy hwyr bellach, a'r dewis anochel yno hefyd oedd creu ynysoedd i'r iaith ynghanol y môr Seisnig. Roedd Pwyllgor Addysg Dyfed yn dechrau ymystwyrian wedi dyfal donc Cymdeithas yr Iaith ac eraill—yn y maes cynradd o leiaf. Bu gan Wynedd bolisi iachach ers tro byd wrth gwrs a chafodd ymgyrchwyr yr iaith yn Nant Gwrtheyrn gefnogaeth rhai o'r awdurdodau lleol yno. Darganfu Cyngor yr Iaith fod barn gyhoeddus yn awyddus i ddiogelu dyfodol y Gymraeg, a'i neges olaf fu ailadrodd yr alwad am gorff cenedlaethol, fel y gwnaethai Aaron bymtheg mlynedd ynghynt. Roedd angen llawer mwy o gyllid ar gyfer addysg ar unwaith, ac yn awr roedd Plaid Cymru mewn sefyllfa i fargeinio i'w gael o groen y llywodraeth grintachlyd.

Mae'n debyg na wyddai'r Blaid—fawr mwy na'r gweddill o'r mudiad cenedlaethol—beth yn union i'w wneud o'r ymgyrch ddatganoli. Er mai ymateb i genedlaetholdeb ydoedd, rhyw ddal yn ôl braidd a wnaeth llawer o genedlaetholwyr, rhag ofn troi'r drol. Roedd yn brofiad newydd ac anghyfforddus iddynt orfod dilyn Llafur ar eu tir eu hunain fel petai, bron fel dal yn ôl mewn ras er mwyn gadael i ddyn cloff ennill. Gwelai'r cyhoedd ansicrwydd y carfannau o'r dechrau, a chafodd y glymblaid anghymarus a'i gwrthwynebai rwydd hynt i ddychryn pobl. Yn y gogledd chwaraeent ar ofn monolith sosialaidd y sowth, yn y de bygythient berygl eithafwyr Cymraeg o'r north!

Bodlonai Cymdeithas yr Iaith ar geisio dylanwadu ar awdurdodau lleol, a phleidiau gwleidyddol hefyd, ac ofnid y gwaethaf pan ddôi etholiad. Bu'n trafod â phob un o'r pleidiau, i'w hannog i ffurfio polisi iaith. Yn rhyfedd iawn, nid oedd gan Blaid Cymru, hyd yn oed, bolisi swyddogol er mor weithgar oedd ei haelodau seneddol a'i chynghorwyr, a phenderfynodd sefydlu grŵp ymchwil i mewn i'r pwnc. Nid oedd y Torïaid yn dewis deall y neges, ac ymateb rhanbarth Conwy (etholaeth Wyn Roberts) oedd lladd ar Ddeddf Iaith 1967. Cafwyd gwell ymateb gan y Rhyddfrydwyr a Llafur yng Nghymru, a fu'n bleidiol i'r Sianel (o leiaf) ers tro. Gwelwyd elfennau o'r Chwith yn closio fwyfwy at y mudiad iaith.

Roedd yr Ysgol Basg yn well o lawer y tro hwn a'i byrdwn oedd addysg a'r cynghorau sir. Daliai'r Gymdeithas i bwyso ar y cynghorau, a dechreuai rhai ohonynt feddwl yn fwy o ddifrif am effaith eu polisi cynllunio ar yr iaith. Ni roddai adroddiad newydd Dyfed, *The Welsh Language* (ie, yn Saesneg), argymhellion pendant—hyd y gellid casglu; nid oeddent yn fodlon i neb ei weld! Yn y cyfarfod cyffredinol, daethai'n adeg addas i'r Gymdeithas dderbyn y cynnig a wrthodwyd ym 1974, sef i lunio Siarter Iaith gyda set o bolisïau ar gyfer ardal pob awdurdod lleol. Aethant ati dros y gaeaf i baratoi'r dasg. Er na lwyddodd hynny ar y pryd i danio gweithgaredd newydd yn ôl y bwriad—digon llesg a digyfeiriad oedd y mudiad yn lleol ers amser, wedi'r aml gur o ddisgwyl addewidion a llywodraeth, nid yn anhebyg i gyfnod Llafur yn y 60'au—bu'r gwaith yn sail i'r ymgyrchoedd rhanbarthol effeithiol a welwyd yn nes ymlaen.

Ni fu'r flwyddyn heb ei chyffroadau chwaith, ac nid helyntion y Sianel yn unig a olygir. Roedd Clwyd, ers dechrau'r flwyddyn, wedi newid ei phenderfyniad i gael arwyddion newydd, oherwydd y gost o filiwn. Y polisi yn awr oedd eu newid 'fel y byddai angen', a gwyddai'r Gymdeithas arwyddocad hynny, eto fyth. Cafwyd cam mwy gobeithiol yn yr ymgyrch i Gymreigio'r siopau cadwyn, pan gytunodd Tesco i gael polisi arwyddion dwyieithog—a'i weithredu hefyd. Parhâi'r ymgyrch yn erbyn y Rheilffyrdd Prydeinig, i'w cael i weithredu eu polisi honedig a daeth y cyfan i ben gyda'r difrod llachar ar faes y Steddfod. Wedi'r sylw eang a'r erlyn a ddilynodd, wele grac arall yn un o gaerau Prydeindod ar ôl ennill polisi dwyieithog yn eu gorsafoedd. Fel yna y bu hi yn y saithdegau, oherwydd diffyg deddf iaith; cwmnïau ac awdurdodau yn rhoi rhywfaint o urddas i'r iaith pan olygai hynny lai o gost iddynt mewn arian ac enw da.

Digwyddiad amlycaf y flwyddyn oedd yr achosion Cynllwyn yn erbyn dau o arweinwyr y Gymdeithas, yn dilyn difrod yr ymgyrch ddarlledu ym Mlaenplwyf y flwyddyn cynt. Roedd angen cic o rywle o dan benôl y mudiad a bu'n rhaid galw penwythnos waith ym Mai i geisio ailgynnau'r tân. Roedd aelodau yn gynhennus, a llai yn gwrthod talu'r dreth deledu. Wedi hanner blwyddyn arall a dim yn digwydd ynglŷn â'r Sianel, roedd y Gymdeithas yn ddigon balch o weld Achos Blaenplwyf. Pe bai rhywun yn llunio tabl i gymharu cyfraniad pobl yn y dasg o gynnal y fflam ym mrwydr yr iaith, byddai'r heddlu ac ynadon yn uchel arno! Denodd y rali cyn yr achos cyntaf yng Nghaerfyrddin aelodau seneddol i blith y siaradwyr, a chipiodd 66 o bobl amlwg un o'r cyhuddiedig rhag dechrau'r achos. Wedi'r helynt parhaus am wythnos, yn cynnwys protestwyr yn cadwyno'u hunain yn y llys, diffodd mast teledu Pencarreg a dwyn offer o fast yn Rhydychen, daeth yr uchafbwynt. Y rheithwyr yn methu â chytuno, fel ym Mhenyberth gynt! Byddai'n rhaid cynnal achos arall, ond heb ei symud chwaith; roedd gan yr erlyniad dric yn ei lawes.

Cyn yr ail achos, ddiwedd yr un mis, daeth Papur Gwyn—a dyddiad cychwyn y Sianel! Ni fyddai manylion tan adroddiad gweithgor y llywodraeth yn Nhachwedd, ond dyma addewid pendant o'r diwedd, wedi degawd o ymgyrchu. Roedd yr ysbryd yn uchel felly erbyn y rali i gychwyn yr ail achos. Llwyddodd yr erlyniad i ddewis rheithwyr o'r ardal ag enwau Seisnigaidd iawn a bu wythnos o helynt mawr a chloi haid o'r cefnogwyr yn y celloedd. Bu rali arall, a dringo mast Blaenplwyf. Dros y Nadolig, bu difrod yn y mast hwnnw eto, a thaith gerdded i garchar Abertawe ac ymprydio. Am Amodau Teg i'r Sianel y gelwid yn awr, a'r ofn oedd y gallai pethau newid ym 1979, gyda'r IBA a HTV yn dal i fod â'u llygaid ar ITV2.

Bu'n aeaf cyffrous ym Mangor hefyd. Roedd y myfyrwyr yno ynghanol eu helyntion chwyrn eu hunain, yn fwy felly na dwy flynedd ynghynt. Daethai'n rhyfel agored yn erbyn yr ehangu a'r Seisnigrwydd mawr, a diarddelwyd saith o aelodau'r undeb Gymraeg yn Nhachwedd. Adlewyrchwyd y dadeni ifanc yn y maes adloniant. Penododd y Gymdeithas ddau swyddog i drefnu dawnsfeydd a nosweithiau i gystadlu â'r lleng Saesneg am galonnau'r genhedlaeth iau. Daethai Geraint Jarman i eilun ailanedig, a Bara Caws i roi bywyd newydd i lwyfan y theatr. Bu'n amheuthun cael cyfryngau ffres i fynegi diwylliant a gwleidyddiaeth gyfoes. Offeryn y genhedlaeth hŷn, barchus, gymedrol, oedd y rhan fwyaf o'r wasg Gymraeg. Roedd *Barn* bellach yn gwgu ar bob torcyfraith, a byddai hyd yn oed *Y Faner* yn awr, wedi cyfnod Geraint Bowen, yn troi yn erbyn y mudiad iaith protestiol. Roedd byd newydd ar wawrio—ac ychydig a feddyliai pa mor newydd—ym 1979.

PAN GYLL Y CALL...
Angharad Tomos

Ymgyrch ryfeddaf Cymdeithas yr Iaith efallai, ar wahân i'r ymgyrch bysgota, oedd yr ymgyrch yn erbyn Seisnigrwydd y Rheilffyrdd Prydeinig, ymgyrch a esgorodd ar slogan mor wreiddiol â 'Cymraeg ar y cledrau!'

Wayne Williams, Carey Williams a minnau fentrodd i Orsaf Caerfyrddin un noson gyda'r bwriad o beintio rhyw drên newydd a oedd ar fin cael ei lansio y bore canlynol. Dyma barcio'r car gryn bellter i ffwrdd, a'i guddio'n dda rhag peri amheuaeth. Mentro lawr i'r orsaf, ac fel roedden ni ar fin gweithredu, siom—cyrhaeddodd yr Heddlu, a dyma ddechrau ar y gwaith anodd o egluro. Petaen ni'n un gŵr ac un wraig, byddai'n hawdd datrys y broblem, ond gyda dwy wraig ac un gŵr, a'r gŵr hwnnw'n Wayne Williams, roedd hi'n anos.

"I was feeling a bit sick, so I stopped the car" eglurodd Wayne, a ninnau'n rhoi marciau llawn am ei feddwl chwim.

Choeliodd yr heddlu mohonom a dechreuodd archwilio'n pocedi—tri thun aerosol, un brwsh a thun o baent. Edrychai'r plismon yn amheus; roedden ni'n llawn embaras. Gofynnodd yr heddwas am gael gweld ein car, ac embaras mwy oedd cerdded gyda fo am ryw chwarter awr o'r orsaf.

"Funny place to park your car when you're dying to be sick" oedd unig sylw'r heddwas, cyn ein harestio.

T 3/78 Isod: Eryl Fychan T 3/78

'DYW CYMRU'N MALIO DIM

Cefais fy hun y dydd o'r blaen yn ysgrifennu tri cherdyn post at aelodau o Gymdeithas yr Iaith sy'n y carchar — Helen Greenwood, Sian Llyr a Geraint Ceidiog Huws. 'Does gen i ddim profiad o garchar Risley lle mae'r genod ond bum am ryw orig fechan yn Walton, lle mae Geraint. Daeth yr hen atgofion yn ôl a dyma fi'n sylweddoli peth mor hollol erchyll ydi bod mewn carchar. Chwarae teg iddyn' nhw hefyd, dydio ddim y tro cyntaf, na'r ail dro, i rai ohonynt aberthu eu rhyddid dros ryw ddiawlad diog a diymadferth fel y Cymry Cymraeg.

Y gwir plaen yw fod Cymru wedi syrffedu clywed fod "llecyn yn y jêl" a bod yr ychydig sôn am garchariadau yn mynd i mewn drwy un glust ac allan drwy'r llall, ymysg ein pobl.

Angor yr Iaith C 10/1

WM 24/1 Chwith: Angharad Tomos, Tim Webb, Wayne Williams yn peidio talu am drên o'r Borth i Aberystwyth 29/3 (G.W.)

Uchod a chwith: Angharad Tomos yn Ysgol Basg Llandysul. Cartŵn gan Elwyn Ioan T 5/78

Wedi'r sioe yna, a barodd tan unarddeg o'r gloch yn y nos, 'doedd dim disgwyl i neb godi erbyn 10 o'r gloch y bore wedyn i drafod propoganda'r mudiad. Felly 'roedd John Morris yn teimlo'n reit saff wrth sleifio o'i dy fore Mawrth. Ond siom! Tu allan i'r giat, beth oedd yn rhwystro ei fynedfa ond fan Ffred. Mi wylltiodd yr hen John nes yr oedd yn canu'r corn fel peth gwallgof. Symudodd Ffred ei gar yn y diwedd gan roi ateb iddo fydd yn ei gadw'n ddistaw am dipyn!

Carcharwyd Russell Glister, o Benygroes, Arfon am wythnos ar ddydd Iau y pedwaredd ganrif ar bymtheg o Ionawr wedi iddo wrthod talu dirwy o £2 a osodwyd arno gan ynadon Wrecsam yn ystod yr Eisteddfod Genedlaethol am dynnu arwydd.

T 1/78

Mae Edward H. Dafis yn dod yn ôl.
Ar ôl misoedd lawer o bwyso a mesur, mae'r pum aelod wedi penderfynu ail-afael ynddi 'rc yn ymddangos ar lwyfan am y tro

C 28/2 Isod: Dafydd Iwan, rali ddarlledu Caerfyrddin 8/7 Yr A.S.au Tom Ellis a Dafydd Elis Thomas hefyd yn herio cyfle olaf llywodraeth John Morris.

WM 25/4

CARCHAR EITHA CARTREFOL!
Douglas Davies

Y bore olaf o'm hwythnos breswyl yng ngwesty ei Mawrhydi, Abertawe . . .

Wythnos a ddyfarnwyd imi, am ballu codi trwydded deledu ac am ballu talu'r tipyn dirwy o ddeg punt. Ym Mhencader yr oedd yr achos bach yn fy erbyn, ac fe anrhydeddwyd yr ynadon â chwmni stwrllyd aelodau'r Gymdeithas.

"Ych chi'n ca'l is pedwar o'r gloch i dalu"—dyfarniad di-wên Cadeirydd y Fainc wedi'r gyflafan. "Ac os na thalwch chi—carchar am wythnos."

"Ble dw i fod i fynd am bedwar o'r gloch Mr Tomos?"

"Dewn n'w i'ch hôl chi!"

Amser te amdani felly. Pan fu i'r cloc daro pedwar roeddwn i, gyda'r pyjamas a'r brwsh dannedd yn daclus o dan fy nghesail, yn barod am yr alwad. Ond nid felly y bu. Dim am ddeuddydd arall beth bynnag. Gorfod atgoffa'r awdurdodau yn y pen draw o'u dyletswydd fel cynheiliaid cyfrifol cyfraith a threfn.

Wythnos weddol ddidramgwyddo, os di-gwsg, a fu hi hefyd—ar wahân i'r un gofid. Beth os byddai'r criw bychan swnllyd, cecrus yn fy nisgwyl wrth y gât? Beth oedd dyn i fod i'w ddweud wrthyn nhw? Fe fyddai'n ddominô heb roi gair neu ddau ar bapur ymlaen llaw. Rhaid oedd mynd ati yn oriau mân y bore i sgrifennu pwt ar gefn llythyr. Fe'i gosodais yn barchus y tu mewn i siaced lwch cyfieithiad newydd o'r Testament. Siawns na fyddai'n ddiogel yno, rhag amheuaeth y swyddogion.

Awr ymadael o'r diwedd. Tywyswyd tri ohonom i ystafell wrth y porth a gorchymyn inni ddiosg ein dillad, gan osod yr eiddo yr oeddem am ei gadw ar wahân ar lawr. Saib o dair neu bedair munud yn borcyn, cyn cael gwisgo'n dillad ein hunain, a minnau'n ddrain eisiau mynd adre.

Am yr eildro o fewn wythnos bu'n rhaid aros. Aros am ugain munud neu ragor tra'n methu'n deg â dyfalu beth allai fod o'i le. Ymhen hir a hwyr wele swyddog dieithr yn nesu, a'r Testament yn ei law.

"Ti sy bia hwn?" Y Cymraeg cyntaf i mi ei glywed ers wythnos.

"Ie."

"Ti sy wedi bod yn ysgrifennu hwn?"

"Ie."

"Wyt ti'n gwbod nad o's da ti ddim hawl i ysgrifennu dim ar y slei yn y jâl?"

"Odw."

"Be ti wedi bod yn weud am y jâl? Dim byd cas gobeithio."

"Naddo wir. Ma fe'n garchar eitha cartrefol! Do's da fi ddim lle i achwyn o gwbl."

"Fe gei di fynd yn rhydd y tro ma. Ond cofia: paid neud e to!"

"Fe wna i ngore . . ."

Am y tro 'cyntaf erioed o fewn Pri'ysgol Cymru cynigir y flwyddyn nesaf, yng Ngholeg Prifysgol Gogledd Cymru, Bangor, gwrs ffurfiol ar Wyddoniaeth trwy gyfrwng y Gymraeg.

Aled Eirug (a 30 arall) yn heclo John Morris, Llywydd y Dydd dros amodau teg i'r Sianel. (WM 10/8)

Dde: Gwyn Erfyl B 9/78 Uchod ac isod: helynt Eisteddfod Caerdydd, difrod stondin y Rheilffyrdd Prydeinig. Torrodd Angharad Tomos ei thrwyn adeg arestio Wayne Williams; ei rhieni, Rhodri Williams a Lowri Morgan o'i chwmpas. (WM)

Prynwyd pentref diarffordd Nant Gwrtheyrn yr wythnos diwethaf gan Ymddiriedolaeth sy'n bwriadu adnewyddu'r adeiladau i wneud canolfan i ddysgwyr Cymraeg. 18/7/78

Gwerthodd perchnogion presennol y lle, Cwmni Amey Roadstone (a fu'n rhedeg y chwarel wenithfaen yno hyd ei chau ym 1947) y pentref i'r Ymddiriedolaeth newydd am £25,000. Ond trosglwyddwyd £5,000 o'r cyfanswm hwnnw yn ôl gan y cwmni yn anrheg i'r Ymddiriedolaeth i gychwyn eu hapel o £300,000 sydd ei angen i adnewyddu'r lle.

Gwireddu breuddwyd C 18/7 Isod: T 6/78

Byddwch yn falch o glywed fod y Language Freedom Movement yn ceisio sefydlu cangen yn y Gogledd. Y ddau drefnydd yw Mr. Elwyn Jones a Mr. Alan Barman, y ddau yn Gymry Cymraeg.

Y Bedwaredd Sianel.

Yr union ddiwrnod y derbyniodd Rhodri a Wynfford wybodaeth am yr aíl achos yn eu herbyn, dyma'r Llywodraeth o'r diwedd yn gwneud y cyhoeddiad am y Bedwaredd Sianel yng Nghymru. (Cyd-ddigwyddiad?)

T 7/78 Isod: C 4/7

Neges i ieuenctid Cymru: "Dewch i'r llysoedd . . . i wrando ar yr achos mawr yn dechrau yng Nghaerfyrddin ar y 10fed, ac i'r rali fawr yng Nghaerdyrddin ar yr 8fed Mae'n bryd troi geiriau'n realiti"

Arwyddwyd gan Heather Jones, Geraint Jarman, Hefin Elis, Cleif Prendelyn, Alan Lovatt, Gwilym Jones Lewis, Sam Rees (y tri olaf o 'Jeroboam'), Madog II Trwynau Coch, Phil Edwards a Niel Owen (Shwn), Dafydd Iwan, Alun 'Sbardun' Huws, Iestyn Garlick, Dyfan Roberts, Sharon Morgan, Stewart Jones, Michael Povey, David Lyn, Trefor Selway, Leah Owen, John Ogwen, Huw Ceredig, Rhys Ifans (Hergest).

"Y rheithgor pa beth yw'ch dyfarniad ?"
  Gofynwyd, ond ofer fu'r cais,
"Ni fedrwn gollfarnu'n cyd-Gymry
  Am herio unbennaeth y sais."

Naw wfft i gynllwynion yr Heddlu,
  Naw wfft i'w celwyddau o'n tir,
A mil diolch i reithwyr Caerfyrddin
  Am gynllwynio i achub y gwir.

Tôn: 'Red River Valley'
Hawlfraint: Gwilym Owen, 1978
Cyhoeddwyd ar faes Eisteddfod Caerdydd

O 'Baled Blaenplwyf' gan Siôn Aled.

Terfysg yr Eisteddfod

Paham yr oedd yn rhaid i aelodau Cymdeithas yr Iaith fynd ati i brotestio yn y pafiliwn yn ystod yr Wyl a thrwy hynny dynnu sylw'r cyhoedd oddiar Wyl oedd yn gyflym ennill ei lle fel un o Eisteddfodau goraru'r ganrif?

Rhaid pwysleisio nad ydym yn amau diffuantrwydd y protestwyr ond nid yw diffuantrwydd yn golygu fod pob dadl yn sownd.

Y mae sylweddoli holl ganlyniadau un sianel i'r Gymraeg a neulltuo'r holl raglenni Cymraeg i'r sianel honno, yn gwneud Eisteddfodwr fel ni, i arswydo.

YR AIL ACHOS CYNLLWYNIO
Siôn Aled

Bu'r ail achos yng Nghaerfyrddin yn erbyn Rhodri [Williams] a Wynfford [James] yn achos helbulus iawn o safbwynt y drygau a wnaethpwyd yn y llys. Ar y prynhawn yr oedd Gwilym Owen (*HTV* bryd hynny) i roi tystiolaeth ynglŷn â chyfweliad teledu a wnaeth gyda'r ddau ddiffynnydd, penderfynwyd amharu ar weithgareddau'r llys drwy fynd â theclynnau a elwid yn *laughing bags* i mewn yno—doedd dim ond rhaid pwyso'r botwm, a byddai'r sŵn chwerthin rhyfeddaf yn deillio ohonynt! Aethom i'r llys yn ddigon parchus, a galwyd y Br. Owen i'r blwch tystio. Roeddwn innau'n eistedd yn y sedd flaen pan ddechreuodd un o'r blychau chwerthin wneud ei waith o flaen ei amser! Edrychodd y Barnwr Morgan Hughes (y deuthum eisoes i'w adnabod yn Llys y Goron, Caernarfon) yn syth ataf, ond llwyddwyd i gau ceg y chwarddwr electronig, ac aeth yr achos yn ei flaen.

Ar ganol tystiolaeth y gŵr o *HTV*, rhoddwyd rhwydd hynt i hanner dwsin o'r blychau chwerthin, a gorchmynnodd y Barnwr i'r llys gael ei glirio. Yn anffodus, ni allai swyddogion y llys ufuddhau iddo yn llwyr, oherwydd roedd pedwar aelod o'r Gymdeithas wedi cadwyno eu hunain i'r pibau gwresogi! Taflwyd y gweddill ohonom allan yn ddigon diseremoni ond, wedi eu rhyddhau gyda chymorth torrwr bolltau, danfonwyd y pedwar caeth i garchar tan ddiwedd yr achos.

Ar ddiwrnod olaf yr achos, pan oedd Ei Anrhydedd yn crynhoi'r 'ffeithiau' ar gyfer y rheithgor, boddwyd ei eiriau gan sŵn aflafar o'r sgwâr y tu allan. Tarddiad y sŵn oedd y 'Ceiliog', arf dirgel y Gymdeithas, sef dau gorn car wedi eu selio gyda batri car o fewn blwch metel, gyda swits y gellid ei wthio drwy dwll i mewn i'r blwch, fel y byddai'n amhosib diffodd y sŵn unwaith y byddai wedi dechrau. Cefais innau'r anrhydedd o gario'r ddyfais i'r sgwâr, gweithio'r swits, a'i gadwyno i'r rêling oedd o gwmpas cerflun yn union o flaen y llys. Ni chofiaf i'm traed gyffwrdd â'r llawr wrth i ddau blismon fy hebrwng i'r celloedd oedd o dan y llys.

Nid oeddwn yn unig, fodd bynnag, achos roedd y pedwar dihiryn o'r diwrnod o'r blaen yno'n aros i wybod eu tynged. Yn ystod y prynhawn, hefyd, ymunodd dau frawd a arestiwyd am ddringo'r balconi yn union y tu allan i brif ffenestr y llys â ni, ac yn olaf, Eryl Fychan, a gyhuddid o drefnu'r weithred honno. Wedi i ni wrthod ymddiheuro i'r llys am ein hymddygiad, dedfrydwyd y pedwar ohonom a droseddodd ar y diwrnod olaf i fis o garchar am ddirmyg llys, a chafodd Arfon Jones saith niwrnod o wyliau ar draul Ei Mawrhydi am ei hyfdra yn gynharach yn yr wythnos. Roedd

Arfon wedi bod yn barod i ymddiheuro i'r Barnwr yn bersonol, ond nid i'r llys, ond ni dderbyniwyd hynny oherwydd i Morgan Hughes fynnu mai ef *oedd* y llys. Yn wir, aeth y ddadl foesol/athronyddol ymlaen rhyngddynt am rai munudau!

Roedd yr olygfa wrth i ni gael ein gyrru i ffwrdd i Abertawe mewn bws-mini yn rhyfeddol gyda channoedd o brotestwyr yn taro ffenestri'r bws, ac yn neidio o'i flaen—yn wir, roedd Ffred [Ffransis] fel ryw jac-yn-y-bocs yn neidio i fyny fel petai o nunlle, yn union o flaen y bws, ac roedd mor agos at ei flaen y tro diwethaf y gwelsom ef, fel yr oeddwn yn siŵr ei fod wedi syrthio dan ei olwynion.

M.H.Evans o Lanfihangel-ar-Arth, Fflur Mai a'i mam, Cynllwyn 1af 7/78 Bu'r Fns Evans yno drwy'r achos; ni chafodd fyw i weld y Sianel. (CT)

Y tu cefn i'r barnwr, llun ymfflamychol, ffroenuchel o'r Cadfridog Picton efo clamp o gleddyf yn ei law. Yn edrych i lawr ar y barnwr o wal arall mae darlun o Syr Rhys Hopkin Morris A.S.—gŵr gwâr a graslon.

Cleddyf. A'r gelfyddyd arall honno sy'n ddiogelach a glanach na chelfyddyd cledd. Gall y gyfraith (fel y natur ddynol) fod yn llawforwyn i'r naill neu'r llall.

Roedd y gyfraith honno, yng Nghaerfyrddin, yn nwylo tri o feibion y Mans. Roedd y barnwr yn fab i Weinidog Methodus o Fôn, a'r amddiffyn yn nwylo mab i Weinidog gyda'r Annibynwyr yn Aberhonddu. Mab y Mans oedd hefyd yn erlyn, ac yr oedd un o blant y Mans yn y doc!

Sgwrs efo hwn a'r llall — pryder rhieni a chyfeillion. A oes greulonach gormes na gormes foesol yr ychydig ifanc sy'n gallu dweud yn nydd y farn iddyn nhw, o leiaf dalu'r pris — yr ychydig ifanc a fedrai edliw i'w rhieni eu hunan-fodlonrwydd gan siarad weithiau fel pebai carchar ac aberth dros gydwybod yn perthyn yn unig i hanner olaf yr ugeinfed ganrif?

Uchod a dde: Gwyn Erfyl ar achos 1af Cynllwyn difrod Blaenplwyf B 8/78 Isod: llun cyfrinachol, ac anghyfreithlon, o'r ail achos 11/78 (T 12/78)

Cododd y cwestiwn o ddefnyddio cyfweliad teledu (neu radio o ran hynny) fel tystiolaeth anhawsterau pell-gyrhaeddgar. Yn amlach na pheidio, sgyrsiau wedi eu golygu yw'r rhain ac ni ellir fyth brofi eu bod yn cyfateb mewn synnwyr na sylwedd i'r cyfweliad gwreiddiol. Ac fe ŵyr y profiadol y gellir chwarae pob math o driciau yn yr ystafell olygu. Nid fy mod yn awgrymu am funud iddo ddigwydd yn yr achos yma nac mewn unrhyw achos arall. Ond fel egwyddor gyffredinol, mae'r peryglon yn amlwg.

Yn wir, mae cysylltiad y polis â HTV neu'r BBC yn codi ystyriaeth ddwys. Nid gwaith y cyfryngau torfol yw bod yn fraich (nac yn rhwystr) i ofynion y gyfraith nac i helpu'r wladwriaeth. Busnes y polis ydy cario allan eu cyfweliadau. Mae gormod o arwyddion eisoes ein bod yn symud i gyfeiriad y Wladwriaeth gaeth, gudd, unbenaethol. Annibyniaeth a dilysrwydd newyddiadurwr yw un o'r amddiffynfeydd pwysicaf —rhaid cadw rhag hynny.

Wynfford James a Rhodri Williams cyn yr ail achos, Caerfyrddin; Angharad Tomos gyda'r corn. (WM)

148

Ail achos Cynllwyn, Caerfyrddin. (WM) Isod: offer o orsaf drosglwyddo. (DoH)

Iwan Roberts ar sgandal y rheithgor B 12/78 Chwith C 4/7

Wedi'r achos 11/78 Uchod: Menna Elfyn a chôt ei gŵr, gyda Wayne Williams a Mari Morgan. Isod: Rhodri a Wynfford, Eryl Fychan a Dewi Lake ar eu ffordd i garchar Abertawe. (WM)

Aeth Mr Kinnock i ddŵr poeth gyntaf wrth ddraddodi araith yn Nhŷ'r Cyffredin ar Fawrth 2. Yn ystod ei araith cyfeiriodd at ysgol ym Môn, na allai ei henwi, lle roedd plant bach yn gorfod gofyn yn Gymraeg am gael mynd i'r tŷ bach.

Fe'i heriwyd yn ystod yr araith gan Mr Dafydd Elis Thomas.

Derbyniodd Mr Kinnock y sialens ac ar Ebrill 7 cyhoeddodd fod ganddo 19 o lythyrau gan rieni yng Ngwynedd oedd yn feirniadol o bolisi'r Pwyllgor Addysg.

Ond fel y dadlennodd Y CYMRO roedd y llythyrau hyn i gyd wedi eu casglu ar ôl Mawrth 2, ac roedd un ohonynt wedi ei ysgrifennu gan berthynas i Mr Kinnock — Mrs Barbara Parry o'r Fali.

Heriodd bob mudiad politicaidd i gyd-weithio gyda'r Urdd er lles yr iaith Gymraeg.

Ar fater lleoliad yr Wyl nid oedd unrhyw gwestiwn ynglŷn â'i dyfodol. Fe fyddai'n para i deithio o gwmpas Cymru

Prys Edwards, yr Urdd ar y *Language Freedom Movement* (sic) ac Adfer C 6/6 Isod: Emyr Jenkins Cyfarwyddwr yr Eisteddfod C 6/6

"Dewch i'r rhengoedd, dewiswch eich brydr, canolbwyniwch arni, cyfeiriwch eich egnioedd i un cyfeiriad a daliwch ati hyd y diwedd".

Teimlai fod maes y gad yn ymestyn dros Gymru gyfan. 'Roedd y Fro Gymraeg sy'n werth ymladd drosti, yn ymestyn o Wynedd i Went.

'ANNWYL MENNA...'
Menna Elfyn

Un peth sy'n waeth na bod mewn carchar yw bod rhywun agos iawn atoch yno. Pan garcharwyd Wynfford ychydig cyn y Dolig, a'm merch yn gorfod wynebu cyfnodau mewn ysbyty, roedd hi'n adeg dywyll iawn—ac eto roedd hi'n adeg lawen iawn. Dim ond eistedd mewn stafell aros oedd eisie imi, i sylweddoli hynny. Anghofia i fyth ychwaith lythyr cyntaf Wynfford o garchar, mor ddiemosiwn ac ymarferol:

'Annwyl Menna,
Ma eisie iti neud y pethau hyn cyn y gaeaf
1. Troi'r ardd
2. Peintio blaen y tŷ
3. M.O.T.'

Chwarae teg, nid disgwyl i *mi* eu gwneud nhw fy hun oedd ei fwriad. Roedd pethau domestig felly ymhell iawn o'n sgyrsiau cyn ac yn ystod yr Achos.

* * * * *

Pan glywais fod Wynfford yn rhannu cell gyda dyn a oedd wedi ei gyhuddo ddwywaith o *attempted murder,* roeddwn yn bryderus ac yn poeni am ei fywyd yntau. Ond golwg arall a gafodd Wynfford arno, sef arlunydd a oedd yn gallu dynwared lluniau Constable. Cafodd gymaint o waith comisiwn gan wahanol bobl fel nad oedd eisiau poeni am na siocled na thybaco iddynt ill dau. Byddai hwn wrth ei fodd yn y paent a'r olew, a Wynfford yn cael y mwynhad o'i wylio.

* * * * *

Cymro o Gwm Tawe am i Wynfford sgwennu llythyr Cymraeg at ei fam drosto.

"Sgwenna fe lawr yn Saesneg a mi gyfieitha i fe."

Bob tro y gwelai'r bachgen, doedd e ddim wedi ei wneud, heb gael amser, heb gael papur. Buan y sylweddolodd nad oedd yn medru ysgrifennu, na darllen hyd yn oed.

GWERSYLL GWYLIAU?
Siôn Aled

Dau ddigwyddiad a gofiaf yn arbennig ynglŷn â'r mis a dreuliais yng Ngharchar Abertawe yn dilyn yr Achos Cynllwynio.

Y cyntaf oedd y sgwrs a gefais gyda charcharor canol oed oedd yno yn disgwyl sefyll ei brawf ar gyhuddiad o ladd ei wraig. Roedd yn cwyno llawer fel yr oedd hon (ei ail wraig) yn yfed gormod, ac wedi bod yn anffyddlon iddo ar amryw adegau, ac fel nad oedd hi'n ddim byd tebyg i'w wraig gyntaf. Roeddwn yn dechrau cydymdeimlo ag ef, pan ofynnais iddo beth ddigwyddodd i'w wraig gyntaf—'O, mi leddais i honno hefyd' oedd ei ateb!

Roeddwn yn y carchar tan ddeuddydd cyn y Nadolig, ac un o ddigwyddiadau blynyddol y lle oedd y Cyngerdd Carolau, i'r hwn y deuai nifer o ynadon, cynghorwyr, ac aelodau o Fyddin yr Iachawdwriaeth. Byddai'n rhaid i'r byddigions gerdded i fyny'r grisiau i'r neuadd lle cynhelid y cyngerdd, felly dyma awdurdodau'r carchar yn penderfynu gadael drws un gell ar agor er mwyn i'r ymwelwyr gael edrych i mewn. Fy nhasg i a dau garcharor arall y prynhawn hwnnw oedd sgwrio'r gell yma'n gwbl lân, gyda dillad desant ar y gwely, a dim o'r llwch a'r staeniau a nodweddai gelloedd arferol. Os mai cell felly y mae pob ymwelydd allanol â charchardai yn ei gweld, does ryfedd fod yna gymaint yn meddwl am garchardai fel gwersylloedd gwyliau!

Rhodri Williams	— 6 Mis o garchar
Wynfford James	— 6 mis o garchar
Sion Aled	— 1 mis o garchar
Eryl Fychan	— 1 mis o garchar
Dafydd ap Hywel	— 1 mis o garchar
Dewi Lake	— 1 mis o garchar
Arfon Jones	— 7 niwrnod o garchar
Russel Cennydd	— 3 niwrnod o
Cris Jones	— garchar a chadw'r
Sian Gwenllian	— heddwch am flwyddyn neu £100 o ddirwy.

Chwaneg o bris y Sianel T 12/78

Grwpiau megis y Trwynau Coch a'r Llygod Ffyrnig ac yn Saesneg Buzzȯcks, Clash, Penetration, Patti Smith, Bruce Springsteen, The Fall ac eraill yw dyfodol roc. Bands anghaboledig sy'n brin yn y galluoedd cerddorol traddodiadol, ac nad oes ganddynt y syniad lleiaf am chwaeth neu gyflwyniad artistig. Yn hytrach, mae'r grwpiau yma yn berwi gyda bara beunyddiol rock and roll, sef ymdeimlad byw o fudredd a chyffro bywyd yr ugeinfed ganrif gyda'r mynegiant mwyaf uniongyrchol o'r cymhlethdodau aneglur sy'n eu mygu. Os am ganfod nawr yr ugeinfed ganrif yn gywir, yna nid hudtledd soffistigedig grwpiau megis Jîp a'u cymrodyr Saesneg fel ELO a Boston yw'r cyfrwng gorau i wneud hynny.

Uchod ac isod: Tudur Jones T 12/78 Gweithiodd Tegid a Dyfrig Berry yn hir a dyfal.

Un o grwpiau sydd wedi llwyddo i wneud gwaith aruthrol yn ystod y misoedd diwethaf yw'r Grwp Adloniant. Hawdd deall wrth edrych ar raglen waith y Grwp, paham bod un o ohebwyr adloniant y 'Cymro' yn dweud mae Cymdeithas yr Iaith sy'n gyfrifol yn bennaf am drefnu adloniant yng Nghymru, a'i galw yn "brif-drefnwyr dawnsfeydd Cymru".

Mae'r diolch am hyn i gyd i'r arweinydd Tegid Dafis, Dwylan, Llanybydder a'i lond dyrnad o weithwyr selog, sy'n gwneud y gwaith o drefnu, paratoi, stiwardio, rhwystro STROPS a glanhau ar ol y ddawns.

Addawyd Sianel, ond dim llacio: Ffred Ffransis yn y Cyf. Cyff. gyda Rhodri Williams, Wayne Williams, Wynfford James. Isod: y gŵr gwadd Geraint Bowen (DoH) Dde: C 10/10

Linda Williams, Ysg. amser llawn am 3 blynedd. Dde: dim llun o'r gamp! Angharad Tomos T 1/79

Bu Dafydd Gwyndaf yn helpu'r achos ers 1972. (T 3/75) Dde: Siân Gwenllian ar ympryd Abertawe T 1/79

● Bydd 'yr Archdderwydd, Geraint Bowen, yn siaradwr gwadd yng Nghyfarfod Cyffredinol Cymdeithas yr Iaith ddiwedd y mis.
● Roedd Mr Bowen, golygydd Y Faner, yn un o'r bobl a gymerodd gyfrifoldeb am gipio Cadeirydd y Gymdeithas, Rhodri Williams, a'i atal rhag ymddangos ar ddiwrnod cyntaf yr Achos Cynllwynio yng Nghaerfyrddin ym mis Gorffennaf.

Mae aelodau Cymdeithas yr Iaith wedi gallu cysuro'u hunain dros y blynyddoedd wrth wynebu tranc buan y Gymraeg,trwy restru'n feddyliol yr holl wahanol fuddugoliaethau yn y frwydr. Bu rhai o'r buddugoliaethau hyn yn bell-gyrhaeddol e.e. ym maes statws swyddogol yr iaith, darlledu ac, yn ddiweddar, ym mholisi iaith y Rheilffyrdd Prydeinig, ac ym mholisiau tai a chynllunio awdurdodau lleol fel Arfon.

HER Y SIARTER
Trwy'r siarterau, byddwn yn herio'r cynghorau sir i fabwysiadu set gyflawn o bolisïau o blaid y Gymraeg a chymdeithasau Cymreig lleol. Trwy grynhoi'n holl ofynion ar siarter, byddwn yn ei gwneud yn hollol eglur na wna unrhywbeth llai na newid cyfan y tro. Dyma siarterau y byddwn ni'n ymrwymo i weithio drostynt nes eu hennill yn llwyr, ac yn disgwyl i holl garedigion yr iaith yn y sir eu cefnogi.

Datblygiad pwysig. Ffred Ffransis T 1/79

— taith gerdded o Flaenplwyf i Garchar Abertawe gan bum person yn cynrychioli'r pum amod, a'r cerddwyr hynny'n ymprydio dros y Nadolig. Criw arall o bobl yn Abertawe ar ympryd a gwasanaeth Nadolig o flaen y carchar noson cyn y Nadolig. Hyn i gyd er mwyn tynnu sylw at yr ymgyrch ddarlledu ac er mwyn cydymdeimlo â Rhodri a Wynfford oedd yn treulio'r Ŵyl yn y carchar.
Bu cryn amheuon ynglŷn â'r syniad hyd yn oed wedyn, ond yn y diwedd, fe'i gweithredwyd, diolch i frwdfrydedd Ffred yn fwy na neb arall. Dyna pam y cefais i fy hun, am hanner dydd, ddydd Gwener, Rhagfyr 22 wrth fast Blaenplwyf gyda Ffred Ffransis, Arwyn Sambrook, Goronwy Fellows a Huw Bach.

Dydd Sul, Rhagfyr 24ain
Heddiw oedd y gwaethaf o ran poenau llwgu. Gwir a ddywedwyd wrthyf nad ffantasïau rhywiol sydd ar feddwl un pan yn ymprydio ond ffantasïau bwydol. Dychmygu cnoi darn trwchus o stecen o El Grecs yng Nghaerdydd; breuddwydio am waffl o hufen o'r Lexingtons; blysio cacen o Eccles o Gaffi Cei Caernarfon; meddwl am rôl soseja nionod o Gaffi Morgan, Aberystwyth; dyheu am un o bizzas blasus Sion Myrddin yn y Dewin; deisyfu bechdan gig moch Jan yn y Llew Du. Ond i gyd yn ofer.
Da o beth oedd cael y gwasanaeth carolau heno, i gael dianc am ennyd o'r waliau lliw oren.
Ymgynullodd dros hanner cant tu allan i'r carchar yn Abertawe. Wedi canu am sbel tu allan i'r giatiau, dyma symud i'r cefnau lle gwyddem fod celloedd Rhodri a Wynfford. Wedi canu un garol dyma glywed llais Wynff yn gweiddi, 'Mae nhw'n canu!' Canwyd wedyn gydag argyhoeddiad a'i glywed yn gweiddi 'Nadolig Llawen!' Teimlad od oedd clywed ei lais o du fewn i'r carchar. Ar un llaw, 'roeddwn yn falch dros ben iddo'n clywed; ar y llaw arall, 'roedd y llais ʼr'r gell unig yn miniogi aberth y ddau.

1979

"Pryd ddechreuoch chi gredu addewidion y Toriaid?"

Annibyniaeth i St.Lucia, Ynysoedd Gilbert: reffer Grønland yn dewis senedd Esgimo

Senedd ffederal i Wlad y Basg; Adolfo Suarez yn brifwein etholedig 1af Sbaen ers 40 mlynedd

Gweriniaeth Islamaidd yn diorseddu'r Shah yn Iran, wedi dychweliad Khomeini

Byddin U Sofiet i Afghanistan, i achub y drefn farcsaidd

Byddin Viet Nam yn goresgyn Phnom Penh yn Kampuchea, a dadlennu lladd 3 miliwn gan Pol Pot a'r Khmer Coch

Muzorewa yn brifwein De Rhodesia; reffer y gwynion dros reolaeth gan y mwyafrif

Disodli Idi Amin yn Uganda; dienyddio Bhutto, cyn-brifwein Pakistan

Arwyddo cytundeb yr Aifft ac Israel yn UDA; damwain atomfa Three Mile Island

NATO yn cytuno i gadw 572 o daflegrau niwclear America yn Ewrob

Codi pris olew eto

Gwobr heddwch Nobel i'r Fam Teresa o Galcutta

Reffer datganoli yr Alban, pleidlais fwyafrif 32.5%, heb gael y 40% angenrheidiol; SNP yn ennill sedd senedd Ewrob

Ymweliad 1af y Pab ag Iwerddon; Charles Haughey yn brifwein, Fianna Fáil; llofruddio Iarll Mounbatten yn Sligo

Lladd Airey Neave, ysg gog Iwerddon yr wrthblaid, yn Lloegr; y llynges yn gadael Malta

---

Reffer ar y Cynulliad, G Ddewi—pleidleisiodd 59% (1,199,378); *Na* 80% (956,330), *Ie* 20% (243,048) yn dangos newid hanesyddol gwleid a chenedligrwydd y Cym

Etholiad Cyff, Mai—llywod Thatcher a'r Ceid, mwyaf 43; Llaf 47% (21 sedd), Ceid 32% (11), PC 8% (2), Rhydd 11% (1); uchafbwynt y Torïaid ers canrif yng Nghym, a Sais, Keith Best, yn ennill Môn; arweinwyr PC a'r Rhydd, Gwynfor Evans ac Emlyn Hooson, yn colli seddau

Etholiad senedd Ewrob, Mehefin—Llaf 41% (3), Ceid 36.6% (1), PC 11.7%, Rhydd 9.6%; Ceid yn ennill gog Cym

Nicholas Edwards yn Ysg Gwl; cyhoeddi pwyllgor dethol ar faterion Cym

PC yn colli Merthyr Tudful, wedi llwyddiant Llaf yn etholiadau lleol; cyhoeddi maniffesto aelodau sosialaidd; ennill addewid tâl llwch chwarel

Cyhoeddi diswyddo 15,000 o weithwyr dur Glyn Ebwy, Porth Talbot a Llanwern, a chau Shotton (diswyddo 52,000 Gwl Pryd); torri cymorth rhanbarthol; codi TAW i 15% a chodi cyflogau'r sefydliad

Dechrau llosgi tai haf, 8 tŷ yn Rhagfyr

Llywod yn chwilio safle gwastraff niwclear, Powys a Gwynedd

Lluwch ddechrau'r fl, a Dennis Healey yn wein eira; llifogydd

Streic u'au techn teledu annibynnol

Creu Clwb Mynydda Cym

Ennill y goron driphlyg, rygbi, 4edd fl yn olynol—record, a diwedd yr 'oes aur'; Terry Griffiths yn bencampwr 'y byd', snwcer

Diweithdra, Tachwedd 7.7% (85,177)

Marw Nansi Richards, Dilys Cadwaladr, Jennie Thomas, Hugh Bevan, O.M.Lloyd

---

Eist Gen Caernarfon; Eist yr Urdd Maesteg, yr 50fed; Gŵyl G Dant Caerfyrddin

Helynt y sianel Gym: addewid y llywod newydd yn eu maniffesto ac araith y Frenhines, yna'r tro pedol 1af a gwrthod sianel; protest gen, yn cynnwys ymgyrch Cymd yr Iaith, PC yn cadw treth deledu aelodau, ac ymddiswyddiad cad c darlledu BBC; HTV a'r awd'au darll annibynnol yn cefnogi'r llywod

Ehangu gwasanaeth Radio Cym BBC

Llys Eist Gen yn penderfynu aros yn symudol; ymgais y Cymmrodorion yn yr Eist i gychwyn corff cen i achub yr iaith

Llai na ½ disgyblion ysgol Gwynedd yn siarad Cym; llywydd amser llawn 1af U Myf Colegau Aber, Gwyn Williams

Adfer yn agor swyddfa, Caernarfon, Rhian Eleri yn Drefnydd; ymgyrch addysg Gym, a chefnogi'r alwad ar UCAC i symud i'r Fro Gym

Sefydlu Canolfan Llen Plant Cym, Aber, gan Menna Lloyd Williams a'r C Llyfrau Cym; y C yn gyfrifol am weinyddu grant Llyfrau Cym

Gŵyl Werin Dolgellau, ac adfywiad canu gwerin offerynnol; taith ganu Dafydd Iwan i UDA

Jennie Eirian Davies yn gol *Y Faner;* Cynog Dafis yn gol *Y Ddraig Goch;* bwrdd gol i *Barn*

Y Salmau (Y Beibl Cym Newydd); *Ac Yna Clywodd Sŵn y Môr* nofel 1af Alun Jones; *Sosialaeth i'r Cymry* Robert Griffiths a Gareth Miles; *Y Sipsiwn Cymreig* Eldra ac A.O.H.Jarman; *Y Celfyddydau yng Nghym 1950-75* gol Meic Stephens; *Y Geiriadur Lliwgar* gol Maxwell Evans; *Geiriadur Lladin-Cym* gol Huw Thomas

---

Wynebddalen:
Cartŵn John Rowlands (B 11/79)

Ni waeth sut y dehonglir 1979, ni ellir anghofio'r gweir a gafodd y datganolwyr druain. Wedi'r Refferendwm, gallent gysuro'u hunain drwy geisio beio gwendid Llafur, dichell Kinnock, cyfrwystra'r Torïaid, diffyg tacteg Plaid Cymru a'r Rhyddfrydwyr, neu dwpdra'r wasg felen, ond gwyddent yn iawn fod yn rhaid wynebu'r caswir. Nid oedd y Cymry eisiau hunanlywodraeth, diolch yn fawr. A defnyddio idiom Seisnig, galwyd blyff y mudiad cenedlaethol. Llafur hefyd o ran hynny; ymateb anfoddog i dwf pleidiau'r Alban a Chymru a fu'r holl ymarferiad ganddynt, a naïfrwydd eu haden Gymreigaidd a barodd y siom eliffantaidd iddynt hwythau. Fe hoeliwyd y wers wedyn yn yr etholiad tyngedfennol. Collasai Llafur draean o'u seddau yn ystod y saithdegau. Ciliodd y freuddwyd fawr am 'ryddid' wedi canrif o wlatgarwch diwylliannol anghydffurfiol, a dau ddegawd o godi gobeithion y dosbarth canol Cymraeg. Byddai'n bur anodd i bawb orfod mynd yn ôl i'r ysgol eto! Roedd y mudiad iaith mewn oedran a chyflwr gwell ar gyfer hynny na'r pleidiau, gan fod eu disgwyliadau wedi gostwng o hyd yn ail hanner y ddegawd, a gwleidyddiaeth aml un wedi hen galedu. Er hynny, cawsant hwythau ergyd hegar erbyn yr hydref gyda'r tro annisgwyl yn saga'r Sianel, a bylchwyd eu rhengoedd gan siomedigaeth unwaith eto.

Drwy'r gaeaf blaenorol, tan y gwanwyn, roedd helyntion myfyrwyr Bangor yn parhau. Diflannodd deng mil o ffeiliau 'Prifysgol y Werin', a alwodd am gymorth yr heddlu i gynnal braich y sefydliad Seisnig yn erbyn plant y werin honno. Cafodd Cymdeithas yr Iaith hithau ddechrau nodweddiadol i'r flwyddyn gyda charcharu'r teulu cyndyn o Dalgarreg (ac un arall, wedi 'saga'r stereo'—gw. Cen Llwyd, 1975). Carcharwyd eraill yn ystod y flwyddyn, heb fawr o sôn amdanynt. Rhwng y Refferendwm a'r etholiad penderfynwyd ar dorcyfraith pellach i atgoffa'r gwleidyddion am addewid y sianel Gymraeg. Derbyniodd senedd y Gymdeithas gyfrifoldeb eto am y difrod yn Midhurst, ond achos Cynllwyn yn erbyn unigolion a gafwyd drachefn, ymhen blwyddyn. Gwnaed difrod gwaeth ym mast teledu Sudbury yn Ebrill. Wedi'r etholiad roedd y llywodraeth newydd, yn ôl y frenhines beth bynnag, yn addo Cymraeg ar y 4edd sianel, ond ar yr un pryd â gweddill Gwledydd Prydain yn Ionawr 1983, ac o dan yr IBA. Mater o aros, felly, gan ddal i bwyso am awdurdod annibynnol.

Bu tipyn o ymgyrchu dros statws yr iaith, mewn meysydd heblaw'r arwyddion ffyrdd tragywydd. Cynhaliwyd cyfarfodydd gyda banciau a chymdeithasau adeiladu, a gwrthwynebu gŵyl Seisnig y Bwrdd Datblygu yn Aberystwyth. Cafwyd llwyddiant eto gyda'r siopau cadwyn, pan flinodd W.H.Smith ar y picedu, ac addo rhoi lle amlwg i'r Gymraeg yn rhai o'i siopau. Roedd y Siarter Iaith yn barod a fersiwn Gwynedd a Dyfed wedi ei gyflwyno yn y gwanwyn, a Gorllewin Morgannwg ym Medi, yn hawlio polisi cadarn i ddiogelu'r iaith. Nid oedd pob cynghorydd yn frwd ei groeso; yn ôl Tafod y Ddraig, aeth un W.R.Pierce i'r afael yn gorfforol â chadeirydd y Gymdeithas! Nid oedd cefnogwyr y mudiad mor frwd â hynny chwaith er i ranbarth Gwynedd fentro cyflogi trefnydd amser llawn yn yr Ysgol Basg. Rhyw gyfnod annifyr ydoedd, gyda thipyn o dynnu'n groes yn y rhengoedd, a sôn am rai'n ymddiswyddo yn yr haf. Ers rhai blynyddoedd bellach, cawsai arweinwyr Cymdeithas yr Iaith, fel Plaid Cymru, drafferth i gadw teyrngarwch y myfyrwyr, yn noddfa'u neuaddau preswyl Cymraeg. Roedd yn bwysig felly i ddal i geisio denu disgyblion ysgol i'r frwydr, ond go brin bod Mali, a lansiwyd yn Eisteddfod yr Urdd, wedi sbarduno llawer. Yn Awst, symudwyd y Twrw Tanllyd i fro'r Genedlaethol am y tro cyntaf, ac yn Hydref dechreuodd cyfnod dawnsfeydd enwog Blaendyffryn.

Efallai nad drwg i gyd fu datganiad syfrdanol yr Ysgrifennydd Cartref ym Medi. Dim Sianel Gymraeg! Roedd lobi gref y teledu annibynnol wedi newid meddwl yr Ysgrifennydd Gwladol, a'r bwriad yn awr oedd rhoi'r niwsans Cymraeg ar BBC 2 ac ITV 2. Wedi'r ymgyrchu maith, y codi a chwalu gobeithion sawl gwaith, roedd yr effaith ar y mudiad iaith fel dwrn yn y stumog. Ceisiodd ymateb drwy ymosod ar eiddo'r llywodraeth a'r BBC gyda gliw a phaent, amharu ar raglen deledu a meddiannu swyddfa HTV, a swyddfa'r Torïaid yn Llundain. Ond ni chymerai neb sylw o bethau felly mwyach. Yn wir, troes Y Faner yn ei herbyn, wedi i'r golygydd newydd fynd â'r hen bapur i wersyll HTV. Yn ffodus, daeth Plaid Cymru i'r adwy. Rhoes ei chynhadledd (wedi taflu pobl HTV allan!) fendith swyddogol am y tro cyntaf i ymgyrch dorcyfraith eang dros yr iaith, drwy dderbyn cynnig Dafydd Iwan i annog ei haelodau i wrthod talu'r dreth deledu eto. Parhaodd y Gymdeithas i amharu ar eiddo'r awdurdodau, a charcharwyd dwy aelod. Roedd yn haws cadw'r ffydd wedi cael cefnogaeth pobl amlwg mewn cyrchoedd ar fastiau Pencarreg a Blaenplwyf. Bu'r tri 'pharchus' a aeth i Bencarreg yn gymorth i uno ymgyrch y ddau fudiad (roedd dau o'r tri yn awr yn aelodau o senedd y Gymdeithas!), a chynhaliwyd pump o ralïau ar y cyd ar hyd a lled y wlad. Bu'r ifainc yn ymprydio dros y Nadolig ym Mangor a Moel y Parc.

Ni ddylid gorliwio'r ymateb cenedlaethol cyntaf i siom y Sianel. Llosgai'r fflam yn isel eithriadol ar ddiwedd 1979. Dim ond rhyw gant a oedd wedi addo peidio â thalu'r dreth. Roedd tymer a blaenoriaethau'r mudiad cenedlaethol yn newid yn gyflym o dan Thatcher a'i thoriadau didrugaredd. Cryfhâi apêl y gweriniaethwyr—chwith a de—at rai cenedlaetholwyr, a thrôi sosialaeth rhai eraill yn gochach ei lliw. Dichon ei bod yn deg honni mai'r unig garfannau gobeithiol yn ein plith oedd y rhai gweriniaethol a marcsaidd. Ni ddibynnai eu breuddwyd hwy ar ennill neu golli ffafrau gan y wladwriaeth, ac nid oedd 'amser maith a'r hin' wedi rhoi prawf ar eu hymroddiad i achos yr iaith, nac ar y waredigaeth a gynigient i werin bobl yr wythdegau. Yng nghyfarfod cyffredinol Cymdeithas yr Iaith, cododd yr hen ddadl ynghylch y polisi di-drais, ac ynghlwm wrtho'r polisi o dderbyn cyfrifoldeb am bob torcyfraith. Er i'r arweinwyr fynnu bod y naill yn cynnwys y llall, ei adael ar y bwrdd a wnaed, er mwyn heddwch.

Er cyn lleied ei nifer a'i phoblogrwydd, roedd Cymdeithas yr Iaith wedi llwyddo i oroesi treialon y saithdegau. Cyflawnodd waith anodd nad oedd gan neb arall amynedd i'w wynebu, a dichon y rhoes ei mân lwyddiannau hwb i ysbryd a gwaith llawer o fudiadau eraill. Ac er mor bryderus oedd y Cymry am ddyfodol eu hiaith, roedd ganddynt bellach lu o sefydliadau llewyrchus, yn destun eiddigedd ein perthynasau Celtaidd llai ffodus. Roedd yma tua 350 o ysgolion meithrin, dwsin o ysgolion uwchradd Cymraeg, a gellid disgrifio rhai cannoedd o ysgolion cynradd yn rhai Cymraeg. Cannoedd o ganghennau gan Ferched y Wawr hefyd, ac yn agos i hanner cant o bapurau bro, babanod annisgwyl y peiriant argraffu litho. Ffynnai'r fasnach lyfrau a recordiau Cymraeg, ac adloniant a theatr a'r prif eisteddfodau. Byddai'r llywodraeth hon eto, beth bynnag ei chymhellion, yn barod i gyfrannu at gostau cynnal y diwylliant.

Gyda ffydd ac ewyllys ei siaradwyr, felly, a gweledigaeth gan awdurdodau lleol, buasai dyfodol ein iaith yn obeithiol. Ond nid felly yr oedd hi i fod. Yn gordoi ei chymunedau oll, ar gyrion tlawd economi simsan, roedd cwmwl du'r mewnlifiad Seisnig, a hwnnw yn eglur i'r gwannaf ei olwg erbyn yr wythdegau. Y darlun arhosol o ddiwedd y ddegawd oedd murddun llosg hen dŷ a fu'n gartref i Gymry, gynt.

BLE MAE'R JÊL?
Siôn Aled

Ym mis Mai, 1979, ymddangosais gyda nifer o bobl eraill o flaen Llys Ynadon Bangor i ateb cwyn ein bod wedi tarfu ar yr heddwch yn ystod y protestiadau yn erbyn Seisnigrwydd styfnig Coleg y Brifysgol yno. Cawsom ein gorchymyn i ymrwymo i gadw'r heddwch am ddeuddeng mis. Gwrthodais innau wneud hynny, a rhoddwyd wythnos i mi newid fy meddwl, neu byddai'n rhaid i mi fynd i'r carchar am wythnos.

Y pryd hwnnw, roeddwn yn gweithio fel ysgrifennydd yn swyddfa'r Gymdeithas yn Aberystwyth, ac un prynhawn, rhyw bythefnos ar ôl yr achos, derbyniais alwad ffôn oddi wrth fy hen gyfaill, y Ditectif Gwnstabl Ted Nicolas, yn gofyn i mi fynd i Swyddfa'r Heddlu i nôl rhyw ddogfennau oedd yn perthyn i mi. Gan fy mod yn adnabod Ted yn dda, roeddwn yn amau'r gwaethaf ac yn wir, y ddogfen a gyflwynwyd i mi oedd gwŷs yn fy nanfon i Garchar Amwythig am saith niwrnod.

Rhoddwyd fi mewn cell am ryw awr tra'n disgwyl i'r tacsi streipen las ac oren fod yn barod, ac yna euthum ar fy ffordd yng nghwmni dau heddwas digon clên trwy hyfrydwch hafddydd Ceredigion a Maldwyn tua'r ffin. Aeth pethau'n ddigon diffwdan nes i ni gyrraedd Amwythig, a sylweddoli o'm dau hebryngwr nad oedd ganddynt unrhyw syniad lle'r oedd y carchar yn y dref honno. Yn y diwedd, gorfu i ni aros a gofyn i warden traffig ble'r oedd, ac ar ôl derbyn ei chyfarwyddyd, a rhyw olwg 'Beth mae hwn wedi'i wneud tybed?' aethpwyd â fi i'm cartref am yr wythnos oedd i ddod.

> Yn hytrach na digalonni oherwydd canlyniad y refferendwm mae gennym wers i'w dysgu a heriaf bob cenedlaetholwr i feddwl yn ofalus amdanynt. Yn gyntaf, rhaid i'r mudiad cenedlaethol drwyddi draw sylweddoli mai'r iaith Gymraeg yw'r mater gwleidyddol pwysicaf yng Nghymru heddiw ac yn ail rhaid sylweddoli mai camgymeriad yw ceisio ysgaru'r iaith oddiwrth y llu ffactorau cymdeithasol

Rhodri Williams T 4/79 Isod: Millie Gregory T 2/79

> Un o nodweddiadau amlycaf aelodau Cymdeithas yr Iaith yn ystod y deng mlynedd diwethaf yw eu parod rwydd i feirniadu pawb na sy'n gweithredu dros Gymru yn yr union ffordd y mae nhw'n tybio y dylent wneud.
> Edmygaf eu parodrwydd i ddiod ef dros eu hegwyddorion, ond nid wyf mor sicr o'u dyfalbarhâd.
> Pe buasai'r holl aelodau sydd wedi collfarnu'r bobl hŷn ar hyd y blynyddoedd wedi clynu wrth y Gymdeithas byddai miloedd lawer o aelodau ganddi heddiw. Ble mae'r holl ieuenctid brwd a beirniadol erbyn hyn?

Siom i'r Alban hefyd wedi'r Refferendwm.

THREE hundred Welsh language lovers backing Gwynedd county council's language committee yesterday outnumbered rival demonstrators from Llandudno by 6-1 when they paraded through the county hall at Caernarfon.

About 50 parents from Llandudno had made the journey to air their grievance about a "speak Welsh" directive to primary school staff — and also because Welsh is being made compulsory up to GCE 'O' level in secon-

Chwith: Tudur Jones T 7/79 Uchod: DP 25/5 Isod: Huw Jones v Gwynedd Parents Assoc., rali Mudiad Addysg Gyflawn Arfon 24/5

> Os nad oes gennym y gonestrwydd a'r dewrder i ollwng o'r diwedd ein "fetish" arddegol am dorri'r gyfraith gan roi cyfle i'r Gymdeithas ddatblygu'n arwyddocaol ar oblygiadau radical ein polisiau cymdeithasol a'r llu o feysydd a dulliau eraill sydd mor hanfodol bwysig i ddyfodol yr iaith (diolch i Dduw mae'r siarterau er eu gwendidau canolog yn gam i'r cyfeiriad hwn) yna marw fyddwn,

Uchod ac isod: croesawu Rhodri Williams a Wynfford James adref, Neuadd yr Arholiadau, Aberystwyth, ac Aled Gwyn a Cynog Dafis yn annerch 3/79

Y Gymraes yr un mor benderfynol; Angharad Tomos (yn 1981) (d/g A.T.) Isod: ecscliwsif—ai Ffred yw Rala Rwdins? Dawn gynnar Angharad, 2 ran o stori gartŵn am gath Ffred Ffransis a throwsus Cen Llwyd, trafaeliwr Pais; hanes rywle yn C 1979 (d/g C.Ll.)

DYDDIADUR: Y TRI OEDOLYN PARCHUS
Meredydd Evans

Hydref 11eg
Cyn cyrraedd copa'r mynydd [Pencarreg] lle saif y trosglwyddydd mae na giât ar draws y ffordd ... Ymhen rhai munudau, a ninnau wedi mynd trwy'r giât, roedd honno wedi ei chadwyno'n gadarn. Byddai hynny'n cadw'r heddlu draw am ryw chydig. Symud ymlaen a pharcio wrth y fynedfa i'r Trosglwyddydd. Yr hogia'n mynd i dorri'r ffens wifran allanol ...

Cyrraedd drws wrth ochr yr adeilad. Roedd yn rhaid treisio hwn a dyma gychwyn arni—yr hogia hefo dau drosol, un go fawr ac un arall llai. Cyn bo hir ceisiais innau osod peth o'm pwysau ar y trosol mwya, ond gwaith pur ara oedd y cyfan. Daeth yn amlwg bod homar o glo ar y tu mewn. Yn y cyfamser, Ned [Thomas] a Pennar [Davies] yn dal y goleuadau ac yn rhyw sgwrsio ...

Yn sydyn, a chyda chryn glec, dyma hwnnw'n neidio'n agored. Yr eiliad honno dyma'r lle i gyd yn goleuo—yn union fel pe baem ni yng nghanol Picadili—a gwyddem bod yr heddlu yn Llanbed yn cael eu rhybuddio'n y fan a'r lle. Rhyfeddodau trydanol ein cyfnod! Rhuthrodd yr hogia i'r adeilad ac at ddrws tân mewnol a arweiniai i'r stafell lle cedwid y switsiau. Agorwyd hwnnw'n hwylus. Dangosodd un o'r hogia i Ned a minna pa un oedd y brif swits i'w diffodd, ac yna cymryd y goes i dywyllwch anial mynydd Pencarreg. Gadawyd y trosol bach ar ôl ...

Ymhen yrhawg aeth Ned a minnau i weithio'r swits ond, ar y cychwyn, nid oedd yn gweithio fel y disgwyliem. Er ceisio'i phwyso i lawr doedd hi ddim yn symud bér. Yna gwelsom gyfarwyddyd; roedd yn rhaid tynnu'r lifar allan rywsut. Gafaelais yn yr hen beth a thynnu nerth fy mywyd. Tyfodd yn fy llaw. Pwysais y peth i lawr ac, ar amrantiad, diffoddwyd y pŵer. Distawodd grwn y peiriannau, a gwyddem ein bod, bellach, wedi llwyddo i gyflawni'r dasg a osodwyd i ni.

Y fath ryddhad ... Roeddwn wedi gweld y pennawd hwnnw yn fy meddwl droeon yn ystod y dyddiau'n rhagflaenu'r fenter: *'Three Oldies Bungle Transmitter Plan'*. Byddai'n fêl ar fysedd gwrth-Gymreig ar ddwy ochr Clawdd Offa. Ond ni fyddai'n rhaid wynebu'r crechwenu hwnnw, o leiaf.

Safem yno ein tri, yn y distawrwydd, pob un â'i feddyliau bach ei hun. Yna, tynnodd Ned y fflasg a'r cwpanau, a thywallt y coffi. Roedd yn hynod o flasus ... A thra roeddan ni yng nghlydwch y trosglwyddydd roedd yr hogia'n gorfod straffaglian eu ffordd trwy rug a mwsog, corsydd a mawnogydd mynydd Pencarreg. Daeth i'm cof yn sydyn mai ar y mynydd hwn y llofruddiwyd Hannah Dafis gan ei chariad, Dafydd Ifans,

Pennar Davies, Meredydd Evans a Ned Thomas, achos y 3 Caerfyrddin 1980. Tro pedol y Torïaid ar y sianel a ffyrnigodd y Cymry. Chwith: Mali, ymgyrch yr ysgolion. Isod: Huw Jones T 8/79

Mae'n traddodiadau sosialaidd, cymdeithasol, radicalaidd ni fel cenedl yn gweithio'n gryf yn erbyn cymhellion arferol y gwr busnes a'r masnachwr, sef gwneud pres iddo fo'i hun. Ydi hi'n ormod o freuddwyd credu y gallem ni genedlaetholwyr Cymru greu agwedd newydd sbon tuag at fusnes? Agwedd sy'n fodlon defnyddio holl gryfder a hyblygrwydd y sustem gyfalafol 'rydym yn byw ynddi, er gwell neu er gwaeth i greu llwyddiant masnachol sydd yn bwysig nid oherwydd y budd personol y gall ei greu, ond oherwydd yr effaith gymdeithasol ddofn ac eang y mae'r fath lwyddiant yn ei gael. Chawn ni fawr o help o'r tu allan yn ystod y pum mlynedd nesaf.

"Ai fi yw'r ferch gyntaf 'nes di erioed gysgu efo hi?"
"Efallai. Oeddet ti yn "Twrw Tanllyd" adeg Eisteddfod Caernarfon?"
Chwith: Rh '81

yn ystod y ganrif ddwaetha ... Cafwyd rhagor o goffi—a siocled. Roedd Phyllis wedi rhoi'r siocled i mi a'r cyfeillion. Bendithiais hi am ei chefnogaeth—hi ac Eluned. Gwnâi hynny yr holl beth yn bosib i mi. Trwy gydol yr amser parhaem i sgwrsio a chafodd Ned druan ddim cyfiawnhad, wedi'r cyfan, dros chwarae'r gitâr a chanu rhai o'r hen alawon. Byddai wedi bod yn ddiddorol gwrando ar ansawdd ein canu. Prin y caem ymddangos ar deledu.

Cyn bo hir—ymhen rhyw hanner awr o amser y diffodd (8.30 pm) dybiwn i, clywsom sŵn traed a lleisiau yn y stafell arall. Daeth dau blismon i mewn atom—Cymry Cymraeg hynaws. Wel, hynaws, wedi iddyn nhw gael eu gwynt atynt! Mae'n eitha siŵr nad oeddan nhw ddim yn disgwyl gweld tri oedolyn parchus yn sefyll yno fel pe baen nhw'n gynghorwyr sir ar ymweliad ag ysbyty ... Elai'r hynaf o'r ddau o gwmpas y stafell yn rhyw edrych am rywbeth na wyddai, mae'n amlwg, beth yn union oedd ei natur ... Ond edrychai'r ddau yn amheus, hyd at fod yn anghrediniol braidd, ar y trosol bach a adawyd yn fy ngofal i ...

Cawsom fod un o'r plismyn yn nabod Wynfford [James] a Menna [Elfyn] yn dda, gan ei fod yn byw yn yr un pentre â nhw. Buom yn sgwrsio ag o am ei deulu, ei wraig a'i blant ... Yna daeth trydydd plismon i'r fei, a chyfarchodd yntau ni yn siriol ddigon. Yn ystod hyn oll roedd y pŵer yn parhau i fod wedi'i ddiffodd—

ac ni wnaeth y plismyn gais o gwbl i oleuo'r swits. Yr unig wŷr a fedrai wneud hynny, yn ddiogel, oedd peirianwyr y Gorfforaeth, a chyrhaeddasant hwythau cyn bo hir. Bu'r peirianwyr yn ffidlan o gwmpas hefo nifer o wifrau, switsiau ac ati, cyn iddyn nhw yn y diwedd oleuo'r brif swits unwaith yn rhagor. Erbyn hynny roedd hi tua 9.35; felly, cafwyd chydig dros awr o dywyllwch ar y setiau.

A daeth yn amser i fynd â ni i lawr i'r orsaf yn Llanbed. Yr Arolygydd yn hynaws ryfeddol—sgwrsio y buom ag o, yn bennaf, am rai o eisteddfodau Ceredigion. Mae'n debyg bod ei dad yn adroddwr o fri, wedi ennill mewn sawl eisteddfod. Yn amlwg, hefyd, nad oedd o am fynd yn gyfrifol am ddwyn cyhuddiadau ffurfiol yn ein herbyn. Tuag 11.00 pm dywedodd wrthym ein bod yn rhydd i fynd adre ...

Disgwyliaswn gryn ymosod ac amlygiadau o gasineb a phrinder amynedd, athrod a gwawd. Bu Phyllis a minnau'n trafod y posibiliadau yn drylwyr—carchar, colli swydd, condemniad cyhoeddus cyffredinol. Ond, hyd yma, ni chafwyd ond ychydig o'r olaf. Dichon y ceir rhagor o gryn dipyn pan ddaw'r achos i'r llysoedd. Ond, ar fy ngwir, fe'm synnwyd droeon gan y gefnogaeth—weithiau o fannau pur annisgwyl.

[Detholiad o'i Ddyddiadur, 1979]

155

LLYTHYR DIENW
(at John Rowlands)
Cymraes

Argraffiad o lythyr dienw a dderbyniais ar ôl diffodd trosglwyddydd Blaen-plwyf. Mae'n ddof o'i gymharu ag ambell alwad ffôn fygythiol a gefais! — JR.

Ddim am wastio papur sgrifennu da, yn wir gobeithio y bydd y llywodraeth yma yn gweld yn dda i chwythu neu gau pob Prifysgol drwy'r wlad. Sôn am *Russia* yn breedio *Communist, Breeding Pots* i *Troublemakers*, ar gorn y ni y Trethdalwyr, sydd yn talu cyflogau aruthrol i chwi, i fod yn addysgu a chadw mewn trefn y *students* hanner call yma, sydd eto yn byw ar *Grants* ar gorn y ni'r rhai gonest, heddychlon. Pwy ydach chi, y creaduriaid bach di-asgwrn-cefn i ymharu ar adloniant rhai sydd yn gaeth i'w cartrefi, yr henoed, sydd â neb yn agor drws arnynt o ddydd i ddydd, ac yn edrych ymlaen am eu *T.V.,* heb sôn am greu ofn arnynt, pan mae eu *T.V.* yn cael ei chwythu allan yn ddirybudd. Yn wir diolch i'r nefoedd, pan welir y *Welsh tripe* i gyd ar yr un *Channel, rubbish,* dichwaeth, araith na chawsom ni ar ein haelwydydd ei glywed, na'i ddysgu. *Pathetic* ydi'r holl Sioe, Duw a'n gwaredo, gwell gennyf wylio rhaglenni mewn *Russian* neu *Chinese* na rhai Cymraeg, gan fy mod ffasiwn gywilydd o'r *"Piss off",* "Cachu", heb sôn am eiriau eraill. I ba beth mae Cymru yn dwad iddo, Duw a ŵyr. Gwell fuasai i chwi fel Aelodau o'r Staff, yn Weinidogion, Aelod Seneddol, Archesgob, Archdderwydd bregethu gwir Efengyl Crist: Ewch allan i'r holl fyd, a phregethwch Efengyl Crist, a heddwch i'r holl fyd. Heddwch yn wir efo pobl fel y Pennau byliad Iaith Gymraeg yma, yn dwad â ni fel Cymry heddychlon, ac yn falch o groesawu pawb i fwynhau ein croeso, i lawr i'r *level* isa, o gywilydd o fod yn Gymry. Gair arall, nid y Saeson sydd yn lladd yr iaith, y Cymry Cymraeg sydd yn magu ac yn dysgu y plant i Siarad Saesneg. Teulu bach o Singapore newydd symud yma i fyw, plant bach yn cystadlu yn yr Eisteddfod, canu ac yn adrodd yn Gymraeg, ac yn ennill. Gwell fuasai rhoi y swm afresymol sydd yn cael ei roi i'r *Political* Circas fwyaf sef yr Eisteddfod, rhoi hwn i Steddfod Llangollen, dyma chwi wir ymdrech i ddwad â phobl at ei gilydd, nid creu atgas a malais. Ewch yn ôl bobl bach i fynychu man o addoliad a cheisio llenwi ein haddoldai unwaith eto, fel na welir yr atgas, a'r cancar difrifol yma, sydd yn cael ei blannu ar y foment yn ein gwlad.

Cymraes.

Iola Jones,
'Siop y Pethe'
24 Ffordd y Môr,
ABERYSTWYTH
Dyfed

Deheubarth

	BBC1	BBC2	HTV	
Holl raglenni	15.35	12.40	15.00	**Diwrnod cyn**
Cymraeg	00.20	00.00	00.30	**y Nadolig**
Holl raglenni	15.10	13.50	16.00	**Dydd Nadolig**
Cymraeg	01.10	00.00	01.30	
Holl raglenni	15.10	14.40	15.20	**Gwyl**
Cymraeg	00.25	00.00	00.30	**San Steffan**
Holl raglenni	45.55	41.10	46.20	**Cyfanswm**
Cymraeg	02.00	00.00	02.30	

Phillip Rosser, undebwr y Cyf. Cyff., a Rhodri Williams, Wayne Williams, Anne Uruska. Isod: Martin Cook, Llangrannog 11/79

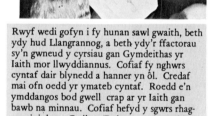

Rwyf wedi gofyn i fy hunan sawl gwaith, beth ydy hud Llangrannog, a beth ydy'r ffactorau sy'n gwneud y cyrsiau gan Gymdeithas yr Iaith mor llwyddiannus. Cofiaf fy nghwrs cyntaf dair blynedd a hanner yn ôl. Credaf mai ofn oedd yr ymateb cyntaf. Roedd e'n ymddangos bod gwell crap ar yr Iaith gan bawb na minnau. Cofiaf hefyd y sgwrs rhagarweiniol gan Gwilym Roberts, a chwerthin gyda phawb arall hyd yn oed os nad oeddwn i'n deall gair oedd e'n ei ddweud.

Tan un nos Wener, ar ôl ymweliad sydyn â'r 'Llong' i flasu y diwylliant lleol, gallwn ddeall bob gair. Mae'n rhaid bod ennill y pyllau pêl droed yn rhoi'r un teimlad.

A'r penwythnos yma dychwelais fel athro a gallwn gydymdeimlo â'r dysgwyr â golwg syn ar eu hwynebau.

Parc y West, Llanrhiain, un o'r 4 tŷ haf noson i af y llosgi. (WM 14/12) Gwadodd y Gym., y Blaid ac Adfer gyfrifoldeb, ond nid yw'r werin o blaid yr heddlu (nid anafwyd pobl eto). Isod: llythyr 1af Meibion Glyndwr WM 27/12

— LLOSGWYD Y TAI GYDA THRISTWCH MAWR NID YDYM YN DDYNION FFYRNIG GWEITHRED O ANOBAITH OEDD — MAE'R ARDALOEDD GWLEDIG YN CAEL EU DINISTRIO

Martin Cook T 12/79 Isod: i godi hiraeth ar y Cymry fu gynt yn Ddysgwyr.

Claire Richards, cyd-Ysg. Dde: Angharad Tomos T 12/79 Chwith: wyt ti'n cofio? Ymchwil Gwyn Williams i Nadolig y teledu T 12/79

Hawdd y gellid dadlau fod carchariadau wedi colli eu 'gwerth cyhoeddusrwydd' - wyddwn i erioed mai dyna oedd eu pwrpas. Nid pen draw ymgyrch neu yrfa weithredol yw carchar, ond cam ar y ffordd nad oes modd ei osgoi. Gall carchar fod yn ddisgyblaeth werth chweil hefyd. Nid wyf yn dal ei fod yn gwneud rhywun yn well person, ond fe'i gwnai yn well gweithredwr. Yn y cyswllt hwn, daw i'r cof mai'r 'hen stagers' erbyn hyn sy'n para hwyaf! Mae carchariad diweddar Helen a Glynis yn siarad cyfrolau.

1980

Annibyniaeth i Vanuatu; senedd ffederal i Gatalunya

Creu Zimbabwe; plaid Mugabe yn ennill etholiad

De Affrica yn diddymu p newydd y duon

Rhyfel Iran ac Iraq; dal gwystlon UDA yn Tehran

Ronald Reagan yn olynu Carter yn arlywydd UDA; lladd John Lennon

Cychwyn Solidarnosc yng Ngwlad Pwyl, undeb llaf cyfoes 1af Ewrob gomiwnyddol

Daeargrynfâu yr Eidal, lladd 5,000, ac Algeria 4,500

China yn erlyn cyn-arweinwyr y 'criw o 4'

Llofruddio'r Archesgob Romero wrth ei allor, El Salvador

Cyflafan bom Bologna, yr Eidal

Gemau Olympaidd, Moskva, a'r UDA yn pwdu; Gemau Olympaidd y Gaeaf, Llyn Placid

Marw Shah Iran, yn alltud, a Tito

Carcharu dros 100 o genedlaetholwyr Corsica yn Ffrainc

Ysgol gynradd Lydaweg 1af Diwan yn Treglonou; dros 20 o genedlaetholwyr yn dal yng ngharchar, a dedfrydau hir i 11

Gŵyl Ffilmiau Celt 1af

Cyhoeddi safleoedd taflegrau Cruise yn Greenham a Molesworth; terfysg y duon Bryste; gwarchae llysgenhadaeth Iran yn Llundain; diswyddo 50,000 o weithwyr ceir BL

18,000 o dai haf, amcangyfrif Shelter; dwysáu'r ymgyrch losgi; 'Operation Tân' ar Sul y Blodau, arestio tua 50 o genedlaetholwyr heb gyhuddiadau; carcharu 4 aelod Cadwyr Cym; Ymgyrch Cym dros Hawliau Dinesig a Gwleid

Sefydlu Madryn, wedi penodi ardal gwastraff niwclear yn y canolb; dechrau polisi 'Cym ddi-niwclear' c'au sir, Ebrill; creu Cynghrair Gwrth-niwclear Cym, *WANA*

Streic ddur, wedi haneru cynnyrch, a swyddi o 48,000 i 24,000, gan y Gorfforaeth Ddur dan Ian Macgregor; bygwth 11,000 o swyddi glo; anwybyddu adroddiad y pwyllgor dethol, ar y dirwasgiad

C Môn yn erbyn datbl tai diangen, Y Gaerwen; deddf tir a llywod leol arall, rhagor o ymyrraeth canolog datbl a chynllunio

Michael Foot yn arwain Llaf; rhwyg y democ cymdeithasol

PC yn mabwysiadu polisi sosialaidd, a hawliau merched, cynhadledd Caerf; sefydlu Antur Teifi

Tanau coedwigaeth

Agor oriel Glyn y Weddw, Llanbedrog

Trwydded 8 ml arall i HTV

Dathlu canml U Rygbi Cym

Diweithdra, Tachwedd, 12.4% (134,277); cyrraedd 2 m yng Ngwl Pryd, Awst

Marw Aneirin Talfan Davies, Caradog Pritchard, Johnny Owen, Tom Parri Jones

Eist Gen Dyffryn Lliw; Eist yr Urdd Abergele; Gŵyl G Dant Moel Famau, Dinbych

Ennill achos sianel Gym, wedi ymgyrch Cymd yr Iaith a PC, Gwynfor Evans yn bygwth ympryd hyd farwolaeth, ac 2il dro pedol y llywod

Ysgol uwch Gym Llandudno

C De Morg yn troi'r Gym yn bwnc ysgol dewisol; ymgyrch rhieni Pont Siôn Norton dros ysgol gynradd Gym; deddf addysg, cynyddu nawdd addysg Gym, a gwerslyfrau Cym y C-BAC

'Sut i adfer y Gym?', Bobi Jones, *Barn*, Ebrill yn argymell mudiad cen i ddysgwyr; gradd allanol y Brif yn y Gym, o goleg Aber

Adfer, fel Cymd yr Iaith, yn erbyn gŵyl Seisnig i ymwelwyr, Aberystwyth; galw am wrthod nawdd C Celfyddydau Cym i'r Eist Gen

Dewi Jones yn drefn yr Ŵyl G Dant

Stiwdio 24 trac Sain, Llandwrog; BBC Cym yn gwahardd record Dafydd Iwan, *Magi Thatcher*

R.Geraint Gruffydd yn llyfrgellydd cen

Comic lliw *Sboncyn;* trafod p dyddiol Cym, mewn cyfarfod yn y Eist; diwedd *Y Genhinen*

Enwau Cym i Blant Heini Gruffudd; *Caneuon Tecwyn Ifan; Y Mabinogion* diweddariad Dafydd a Rhiannon Ifans; *Catalog Dramâu Cym 1950-79* Glenys Howells; *Mis o Fehefin* Eigra Lewis Roberts, sail 'Minafon'; *To Dream of Freedom* Roy Clews

---

Wynebddalen:
Gwynfor Evans yn Eisteddfod Genedlaethol Dyffryn Lliw, wedi bygwth llwgu i farwolaeth dros y Sianel Gymraeg (WM 8/8/80)

Yn y cyfnod cyffrous yma, ni fu gan Gymdeithas yr Iaith na Phlaid Cymru ddewis ond dyrchafu pwnc y Sianel Gymraeg yn uwch na'u rhaglen waith, neu'r toriadau swyddi a'r bygythiad niwclear. Ni allent osgoi'r newid cymdeithasol chwyrn chwaith, ac ni chafodd rhai ddewis o gwbl ar Sul y Blodau. Pan ddechreusai'r llosgi tai haf yn ystod y gaeaf, datgysylltodd y Gymdeithas ei hun yn ddibetrus ag ef; felly hefyd y Blaid ac Adfer. Ond diau bod amryw byd o'u haelodau, fel eraill o'r cyhoedd Cymraeg, yn methu â pheidio cydymdeimlo â'r ymgyrch. Roedd rhywun neu rywrai, o leiaf, yn gwrthsefyll y mewnlifiad andwyol. Nid yn anhebyg i gyfnod Beca, ni feiddiai neb llawer gefnogi'r llosgwyr yn gyhoeddus, ond daeth y difrod yn destun cân a phennill mewn aml dafarn a festri. Ni ddaeth eto yn ddydd barn, pan all trychineb ddigwydd, a hwnnw'n gyfrifoldeb pawb ohonom—yn cynnwys cefnogwyr y drefn sy'n achosi hil-laddiad y Cymry.

Roedd yn fater o frys i newid meddwl y llywodraeth ynghylch y Sianel cyn y mesur a oedd i fod ym Mai. Ar ddechrau'r flwyddyn, nid oedd argoel y gallai hynny ddigwydd. Tawedog oedd mudiadau fel yr Urdd a Merched y Wawr, a'r darlledwyr eu hunain, ac nid oedd gan Adfer na'r gweriniaethwyr ddiddordeb. Roedd y Gymdeithas yn ddigalon wedi'r diffyg ymateb i'w gweithredu dros y gaeaf. Erbyn Chwefror roedd achosion difrifol yn wynebu dau ohonynt, yn ogystal â'r tri 'pharchus', ond yr angen mwyaf oedd cynyddu'r nifer a wrthodai dalu'r drwydded deledu. Aeth y Blaid ati yn egnïol dan arweiniad Peter Hughes Griffiths, ac erbyn Ebrill gallai'r *Ddraig Goch* a'r *Tafod* ddangos mil o enwau, a llawer ohonynt yn disgwyl achosion llys. Cafodd dau weithredwr garchar gohiriedig yn Llys y Goron Bryste, ond nid oedd gan y Gymdeithas stumog at ragor o dorcyfraith drwy'r gwanwyn. Y Siarter Iaith oedd y brif ymgyrch swyddogol, ac ni fu fawr o sôn am y Sianel yn yr Ysgol Basg. Roedd angen ysbrydoliaeth o rywle, a dyna a ddigwyddodd ar Fai 6ed.

Y trobwynt hwnnw oedd cyhoeddiad sobreiddiol Gwynfor Evans y byddai'n ymprydio hyd farwolaeth ar Hydref 6ed, gan roi pum mis felly i bawb newid cân y llywodraeth. O'r awr honno ymlaen, dangosodd y Cymry beth a ellid ei gyflawni gydag arweiniad ac ewyllys—mor wahanol i hanes Trywyryn gynt. Roedd Cymdeithas yr Iaith yn barod drannoeth! Aeth haid i Lundain i flocio'r strydoedd ac ati, a rhoddwyd tri mis o garchar yn syth i un o ddwy a beintiodd y neges yn bowld ar droed Nelson yn Sgwâr Trafalgar. Sgrifennwyd at bob aelod seneddol—ac at y frenhines! Bu ymgyrchu wythnosol ym Mehefin, dan arweiniad grŵp arbennig Euros Owen, gan geisio rhwystro'r gwasanaeth teledu o'r mastiau. Bu Plaid Cymru wrthi yr un pryd yn sefydlu pwyllgorau lleol drwy'r wlad a chynnal cyfarfod cyhoeddus mawr yn Aberystwyth, a hyd yn oed brotestiadau torfol ger cartref yr Ysgrifennydd Gwladol ac yn Downing Street. Roedd y llywodraeth wedi gohirio'i fesur tan yr hydref.

Erbyn hyn roedd 1500 yn addo gwrthod y drwydded deledu (cafwyd 2000 yn y diwedd), a rhywun yn y llysoedd yn ddyddiol bron. Cynyddodd y dirwyon yng Ngorffennaf, a chafodd nifer garchariad byr neu eu prynu allan yn ddienw. Roedd Gwynfor wedi gwrthod yr abwyd o Bwyllgor Teledu Cymraeg yn lle Sianel, a chodai'r gwres o hyd. CodODD D.O.Davies gronfa wedi'r dirwyon trymion ar ddiffynyddion Pencarreg, a'r pedwar ddiffoddodd fast Carmel. Meddiannodd y Gymdeithas swyddfa HTV yng Nghaerdydd; eiddo'r Torïaid yn Abertawe wedyn, a rali a diwrnod o ffonio'u swyddfa yn Hwlffordd. Hysiwyd y Prifweinidog yn Abertawe ac yna yng Nghaergybi, lle rhwystrwyd ei char gan dyrfa yn llafarganu 'Gwynfor, Gwynfor'—y peth agosaf a welodd un ohonynt i *mass hysteria!** Gwnaed difrod mawr i eiddo teledu yn East Harptree yng Ngwlad yr Haf. Roedd Hydref 6ed ar y gorwel, a rhai pobl yn poeni o ddifrif. Daeth 500 i wrando ar Gwynfor ar faes yr Eisteddfod, a bu helyntion cofiadwy yno wrth ddinistrio stondin yr IBA a rhwystro car yr Ysgrifennydd Gwladol. Ataliwyd

hwnnw eilwaith yn y Preseli, ac yna bu ymosodiad difrifol arall ar orsaf deledu yng Ngwlad yr Haf, yn Goosemoor, yr hyn a arweiniodd at achos Cynllwyn eto yn erbyn tri yn y flwyddyn ganlynol. Ym Medi, aeth gweinidogion i strydoedd y brifddinas, a bu rali fawr arall gan y Blaid yno. *'Mis i Achub Bywyd Gwynfor!'* sgrechiai pennawd *Y Cymro*.

Roedd cryn bwysau sefydliadol a gwleidyddol ar yr Ysgrifennydd Cartref yn awr. Arweiniodd yr Archesgob ddirprwyaeth ato. Torrodd y Gymdeithas i'w swyddfa bersonol yn Carlisle. Roedd llu o weithredoedd gwaeth ar y gweill. Yna, ar y funud olaf, yn nhraddodiad gorau Hollywood (cyn S4C!), dyma ddatganiad gan Whitelaw. Bydded Sianel!! Wedi newid ei feddwl, meddai ef, oherwydd iddo 'fethu ag argyhoeddi barn gymedrol! Mae'n wir nad yw torcyfraith ynddo'i hun byth yn ddigon. Mae'r un mor wir y gall nerth teimladol droi barn gwlad a gwleidyddion, yn ogystal ag ysbrydoli gweithredwyr, os ceir arweiniad pendant a chefnogaeth unol. Ceisio dangos hynny a wneuthum wrth fanylu gymaint ar y stori bwysig uchod. Ond ni allai llawer o ieuenctid Cymdeithas yr Iaith ymatal rhag mynegi tipyn o chwerwder am sbel. Gwelent lanc yn cael naw mis o garchar, tra bu pawb yn dathlu 'buddugoliaeth Gwynfor' gan anghofio'u harweiniad a'u haberth hwy. Methent â darbwyllo'r wasg bod stori dda yn eu cyhoeddiad y byddent yn awr yn bwrw ymlaen dros ryw Bump Amod (er eu pwysiced, sef ennill telerau teg i'r Sianel, cael cynghorau lleol i brynu tai gwag, a sefydlu'r iaith Gymraeg yn bwnc cynllunio, mynnu gwaith i Gymru, ac addysg Gymraeg).

Mae'n rhaid troi'n ôl a cheisio cofio nad saga'r Sianel fu priod waith y Gymdeithas ers dechrau'r flwyddyn. Ni pheidiodd prysurdeb gwaith y dysgwyr ac adloniant a statws swyddogol yr iaith. Gwelwyd myfyrwyr Abertawe yn dilyn Bangor i'r gad yn erbyn eu coleg Seisnigaidd. Roedd y Siarter Iaith wedi ei chyflwyno eisoes i Gyngor Clwyd, a dechreuodd aelodau'r rhanbarth hwnnw edrych o'r newydd ar hynt y Gymraeg drwy astudio tair cymuned yn fanwl, gan osod patrwm eu gwaith trawiadol dros y blynyddoedd nesaf. Wedi'r Ysgol Basg, dyma ailafael yn yr ymgyrch dai. Mynd ar ôl y cynghorau yn ogystal â phlagio arwerthwyr a meddiannu tŷ haf—gan ofalu derbyn cyfrifoldeb am y gweithredu, fel y gwnaed wedyn yn y Gaerwen ym Môn ddiwedd y flwyddyn. Nid oeddynt yn rhy bles â'r rali tai haf a fu gan 250 o weriniaethwyr yn Llangrannog yn y gwanwyn, ac ymdrechodd y Gymdeithas yn galed i fynnu teyrngarwch i'w dull di-drais. Ystyriai rhai y dull hwnnw yn dacteg yn hytrach nag egwyddor. Er bod y teimladau croesion yn ffrwtian ers tymhorau, ac yn wir yn berwi erbyn cyfarfod cyffredinol yr hydref hwnnw, nid achosodd rwyg yn y mudiad fel yn y chwedegau cynnar. Roedd yr arweinwyr yn weithredwyr mor benderfynol â neb, a cheid digon o gorlannau eraill i rai anfoddog o'r praidd. Neges Wayne Williams ar gychwyn ei ail dymor yn gadeirydd—i gynulleidfa denau a nifer o gefnogwyr hŷn yn eu plith—oedd nad mudiad protest yn ymateb i ddigwyddiadau a oedd ei angen ar gyfer yr wythdegau, ond mudiad gwleidyddol a gynlluniai i fynnu trefn amgenach yng Nghymru. O geisio newid y drefn yn effeithiol, byddai gwrthdaro anorfod eto.

Yn briodol ddigon, y ddadl boethaf yn eu mysg am fisoedd bwygilydd fu crwsâd Euros Owen i newid trefn y Gymdeithas ei hun a datganoli ar sail ranbarthol. Bu cyfraniad Ffred Ffransis yn allweddol, fel arfer. Arweiniodd grŵp newydd o'r enw Cyfathrebu Mewnol—am chwe blynedd—y gwelwyd ei werth yn fuan ym 1981. Llwyddodd i danio criw newydd o ieuenctid i afael yn y dasg ddiramant o amlygu seiliau cymdeithasol dirywiad yr iaith yn eu rhanbarthau eu hunain, a chyfle'r awdurdodau i'w atal.

---

* Gw. casgliad diddorol o nodiadau personol ar y cyfnod 1980-86, a wnaeth Angharad Tomos ar gyfer y llyfr hwn, sy'n awr yng ngofal Cymdeithas yr Iaith

FY ACHOS CYNTAF
Toni Schiavone

Fy achos llys cyntaf fel diffynnydd. Yn dilyn y cyfarwyddyd yn *Tafod y Ddraig*, gwrthodais dalu am drwydded teledu. Roedd hyn cyn i'r Blaid wneud yr un apêl, ac er fy mod erbyn hyn yn weithgar efo'r Blaid yng Ngorllewin Fflint, nid oeddwn mewn cysylltiad â chell o'r Gymdeithas a heblaw am achlysuron fel yr uchod, ysbeidiol oedd fy nghyffyrddiad â'r Gymdeithas.

Maes o law cefais rybudd i ymddangos gerbron llys Prestatyn—y person cyntaf yng Nghlwyd i'w ddwyn gerbron llys yn yr ymgyrch gwrthod talu trwyddedau teledu. Doedd gen i ddim syniad beth i'w wneud ond dwi'n cofio ffônio Swyddfa Cymdeithas yr Iaith yn Aberystwyth i ddeud fy mod gerbron llys gan obeithio y buase'r lluoedd yn troi allan i'm cefnogi!

Ar y diwrnod daeth ychydig o aelodau'r Blaid o'r Rhanbarth i'm cefnogi a dwi'n cofio Arthur Edwards o'r Rhyl, a Cedryn Jones, tad Huw [Jones] Prestatyn (gynt) o'r Rhyl yno hefyd. Gwrthodwyd caniatâd i Dawn ac Owain (nad oedd ond ychydig fisoedd oed) i ddod i mewn i'r gwrandawiad—teimlad diflas oedd eu gweld nhw yn cael eu troi'n ôl wrth y drws. Dwi'n cofio cwyno am fod y Beibl yn y llys yn uniaith Saesneg, a chael yr ymateb sarhaus nad oedd hyn yn gwneud gwahaniaeth i'r cynnwys—a finne'n ateb ei fod yn gwneud gwahaniaeth i mi! Gwrthodais dalu'r ddirwy gan ofni, ac eto yn barod i dderbyn, y canlyniadau. Cefais siom a hefyd rywfaint o ryddhad pan benderfynwyd tynnu'r ddirwy o'm cyflog yn hytrach na'm hanfon i garchar.

Dde: Iolo Dafydd, carchar wythnos dros docyn parcio beic, Caerdydd T 6/80

Isod: wedi i Gwynfor Evans fygwth ymprydio hyd farwolaeth, Ffred Ffransis a'i ferch Carys Rhian a 'phriodferch' i Dŷ'r Cyffredin i gyhuddo Whitelaw o dor-amod 5/80 (NL) Bu rhwystro traffig, a charcharwyd Angharad Tomos 3 mis am beintio Nelson.

Bonedd a gwreng, dros 500, yn gwrthod y dreth deledu; dirwywyd cannoedd, yn cynnwys 2 A.S. y Blaid. Isod: W.H.Roberts, a fu'n y Llys yn 90 oed, yn talu ei dreth i Philip Davies, y Blaid. (DG 2/80)

Y BONHEDDWR DINIWED
Helen Greenwood

Prin yw'r rhai sy'n gallu ymaelodi â'r Gymdeithas heb ddod i gysylltiad â'r Glas. Er na chefais brofiadau rhy ddrwg erioed (ac rwy'n un o'r rhai lwcus debyg) roedd yn agoriad llygad gweld pa mor bell roeddent yn barod i fynd er mwyn sicrhau achos yn ein herbyn. Mae gan bawb ei hanes am yr heddlu ac yn anffodus mae yna berygl weithiau i'r peth fynd dros ben llestri ac i'r heddlu droi'n wrthrych y brotest.

Hunllef fy mywyd colegol i oedd yr enwog Ted Niclas *CID*. Roedd o'n gweithio yng Nghaerfyrddin dros gyfnod yr Achos Cynllwynio ym 1977-78 ac mae'n debyg ei fod o'n sicr ein bod yn gwybod pwy oedd ein 'euog'. Am unwaith roedd o'n anghywir, ond fe barhaodd i gynnig dileu dirwyon os byddem yn enwi pwy wnaeth. Enwi pawb dan haul i geisio ymateb gennym, prynu diodydd inni a'r cwbwl, ond methu wnaeth o. Gwneud cwyn yn ei erbyn yn y diwedd, ond wrth gwrs fe fethodd honno.

Y camgymeriad gwaethaf a wnes erioed oedd yn Ysgol Basg Craig Cefn Parc. Am ryw reswm neu'i gilydd, fe wnes i ac ambell aelod arall amau dyn mewn car gwyn tu allan i'r neuadd o fod yn slob slei. Sioe fawr wedyn—cymryd rhif ei gar a'i fanylion a gwneud ein hanfodlonrwydd yn hollol amlwg. Daeth y dyn allan o'r car ac esbonio'n rhesymol iawn mai Cymro o'r ardal oedd o wedi dod draw i gefnogi'r Ysgol Basg. Does dim rhaid ategu nad arhosodd. Sôn am gywilydd! Os digwydd i'r bonheddwr hwnnw fyth ddarllen y llyfr yma, derbyniwch f'ymddiheuriadau.

Ted Nicholas, Caerfyrddin '79

DIFLASTOD
Toni Schiavone

Achos Dr Meredydd Evans, Ned Thomas, a Dr Pennar Davies yng Nghaerfyrddin. Roeddwn wedi trefnu i fod ar fy ngwyliau efo'm rhieni-yng-nghyfraith yng Nghoedybryn fel y gallem fynd i'r Rali a gynhaliwyd ar ddiwrnod ola'r achos.

Ar ôl gwrando ar yr areithio, dilyn rhai o'r dorf i mewn i'r llys. Sioc! Heddlu yn archwilio pawb wrth iddynt fynd i mewn. Roeddwn yn adnabod rhai o'r wynebau eraill yn y llys, gan gynnwys Dr Gwynfor Evans a oedd yn ddyn mawr iawn yn fy meddwl.

Dyma'r tro cyntaf i mi fod mewn achos o'r fath ac roedd yn ddiddorol iawn ar un ystyr, ond y teimlad sydd yn aros yn y cof yw diflastod—diflastod llwyr o glywed y modd yr oedd y Barnwr ffroenuchel trahaus yn trin y diffynyddion. Anodd iawn yw anghofio'r modd y gwnaeth yr eithafwr yma dorri ar draws araith Dr Pennar Davies—roedd ei gasineb yn amlwg iawn. Ni chafwyd llys cwbl Gymraeg ei iaith fel yr oeddwn wedi disgwyl. Roedd agwedd y person yma tuag at y Gymraeg yn ffiaidd. Pam nad oedd rhywbeth yn digwydd? Ebychiad gan ambell un a finne'n methu dal ac yn gweiddi allan yn fy ngwylltineb. Pobl yn troi i edrych arnaf, a'r Barnwr yn bygwth taflu pawb allan. Teimlo'n anghysurus iawn, am eiliad ffôl meddyliais am ruthro draw at y ffenest a neidio allan—roedd hyn cyn dyddiau Superted! Bodlonais ar edrych yn gas ar y Barnwr! Dyma'r profiad chwerw o ddod wyneb yn wyneb â Seisnigrwydd imperialaidd y drefn gyfreithiol Brydeinig.

Cân enwog Dafydd Iwan a waharddwyd gan BBC Cymru. Uchod dde: Gareth Miles DG 2/80 Isod: rhwystro car yr Ysg. Gwladol, Nicholas Edwards, rhwng Crymych a Hermon 11/8

Ned Thomas a'i *Welsh Extremists*. (DoH) Isod: Maldwyn Jones, Millie Gregory, Cynog Dafis, Iwan M.Jones £500 dirwy mast Carmel, un o gyfres (WM 7/8) Bu dedfryd carchar, treth deledu, ar Dyfan Roberts, John L.Wms, John Owen, D.Iwan, Silyn Hughes, Trefor Davies etc.

Nid yw gwasanaeth darlledu a theledu cyflawnach yn Gymraeg yn mynd i achub yr Iaith. Dim ond gwladwriaeth annibynnol Gymreig a fedr wneud hynny. Credaf fod obsesiynau teledol caredigion y Gymraeg yn pellau'r diwrnod y sefydlir gwladwriaeth o'r fath, am y rhesymau canlynol:

1. Achosodd yr obsesiynau hyn i Blaid Cymru, yn ei gwendid, newid o fod yn blaid wleidyddol i fod yn fudiad protest, ac i ganoli ei hymdrechion a'i hegnion ar un

2. Mae'r Corfforaethau Darlledu'n dofi neu'n niwtraleiddio meibion a merched a ddylai fod yn arwain yr ymgyrch dros ryddid cenedlaethol. Dyma enghraifft glasurol o wladwriaeth estron yn cymathu elit brodorol

3. Mae'r Corfforaethau Darlledu'n afradu doniau ein pobl ifainc mwyaf dawnus. Oherwydd mai Lloegr biau'r cyfrwng, dynwarediadau tlodaidd o raglenni Saesneg ac Eingl-Americanaidd yw'r rhan fwyaf o'r rhaglenni a fwriedir ar gyfer ein plant. Profiad chwerw ychydig

4. Mae'r Corfforaethau Darlledu'n amddifadu ein hysgolion o athrawon a changddynt gymwysterau i ddysgu Cymraeg fel pwnc neu i ddysgu pynciau eraill trwy gyfrwng y Gymraeg. Dim ond tua 80 o'r cyfryw athrawon

Cynigia'r Corfforaethau gyflogau llawer uwch nag a wna'r gwasanaeth addysg, yn ogystal â glaslencynnod estynedig a pharhâd di-derfyn ar fohemiaeth golegol.

25 o famau yng nghyntedd HTV, a drodd o blaid y Llywodraeth. (WM)

Mae'r neges i Gymdeithas yr Iaith, a ninnau ar drothwy'r 80'au, yn glir - rhaid inni gyf annu'r hollt rhwng diwydiant a diwylliant rhwng economi ac iaith, rhwng cenedl a dosbarth yn ein meddwl a'n gweithredu.

Mae cyfnod y tynnu sylw a thanlinellu'r broblem drosodd. Ar gyfer yr 80au beth sydd eisiau ydy polisiau pendant a chlir i ddangos SUT y gellid mynd ati i 'achub' yr iaith

Rhodri Williams T 1/80 Isod: Thomas Jones, 72 oed, wythnos o garchar, treth deledu. (C 29/7)

CLUSTIAU'R SBESIAL BRANSH
Cen Llwyd

Tua'r adeg hon cynhaliwyd cyfarfod o Grŵp Addysg Dyfed o'r Gymdeithas yn adeilad Aelwyd yr Urdd ym mhentref Talgarreg. Roedd tua 15 o bobl yn bresennol. Wythnos yn ddiweddarach, roeddwn yn digwydd siarad ag aelod o'r heddlu a gofynnodd i mi ym mhle roedd lleoliad adeilad yr Urdd yn Nhalgarreg. Dywedais wrtho ble, a gofynnais iddo pam roedd yn holi. Atebodd fod y *Special Branch* o Gaerfyrddin wedi ei ffônio bythefnos ynghynt i ofyn ble roedd yr adeilad. Gofynnodd i mi a oedd rhywbeth wedi bod ymlaen yno yn ddiweddar, a soniais wrtho am y cyfarfod. Meddai yntau, "Wel fel allwch fentro bod rhifau'r ceir i gyd gyda nhw."

Yr unig ffordd yr oedd aelodau'r Gymdeithas wedi cael gwybod am y cyfarfod ymlaen-llaw oedd trwy lythyru a ffônio.

Y DDAU AELOD BRWDFRYDIG
Cen Llwyd

Yn ystod misoedd olaf yr ymgyrch ddarlledu, fel welwyd cryn weithgarwch yng nghylch gogledd Penfro, fel yr achos llys yn Eglwyswrw pan ymddangosodd aelodau a chefnogwyr y Gymdeithas gerbron yr Ynadon am beidio â thalu eu trwydded deledu. Bu'n rhaid gohirio'r achos yn y bore ynghynt na'r disgwyl am fod criw ohonom wedi dringo i ben to'r llys a gwneud cymaint o sŵn fel nad oedd modd parhau'r gwrandawiad.

Gyda'r ynadon wedi ei heglu hi oddi yno, cawsom berffaith ryddid dros y cinio estynedig i addurno'r llys gyda phaent a phosteri. Digwyddais sylwi ar ŵr a gwraig ddieithr yn ein plith yn cynorthwyo'n frwdfrydig iawn gyda'r gwaith. Wedi gorffen aeth dau lond car ohonom i dafarn gerllaw am ginio; yn ystod y cinio ymunodd y ddau berson hyn â ni. Buont yn holi cryn lawer ynglŷn â bwriadau'r Gymdeithas yn yr ymgyrch ddarlledu; roeddynt yn awyddus iawn i ymuno yn yr ymgyrchoedd, ac am wybod mwy a mwy beth oedd i ddigwydd. Dywedodd y ddau eu bod yn ddi-waith ac eisiau dod i fyw i gylch y Preseli am eu bod mor hoff o'r ardal. Ar ôl cinio, aeth yr Achos yn ei flaen ac fe aeth y ddau yn angof.

Rhyw dair wythnos yn ddiweddarach, roedd y cyfarfod bythgofiadwy yng Nghrymych pan gyhoeddodd Gwynfor Evans na fyddai yn mynd ymlaen â'i gynlluniau i ymprydio a bod yr ymgyrch wedi ei hennill. Roedd y lle yn llawn dop, gyda llawer wedi teithio yno o bellter mawr! Roedd y camerâu teledu yno hefyd. Yn y dyrfa y noson honno roedd Mr a Mrs Powell y ddau genedlaetholwr bytholwyrdd o Abercraf.

Ddau neu dri diwrnod yn ddiweddarach, roeddwn yn ymweld â chylch y Preseli yn rhinwedd fy ngwaith i'r cylchgrawn *Pais*, a dyma alw am baned a sgwrs gyda Pete a Jean John yn Siop Siân. Cael y wybodaeth syfrdanol gan Jean mai dau aelod o'r heddlu oedd y ddau berson, gan fod Mrs Powell yn adnabod y ferch am ei bod yn dod o Gwm Tawe ac wedi dweud hynny wrth Terwyn Tomos.

Ymhen wythnos roedd y Cyfarfod Cyffredinol yn Nhal-y-bont. Cyrhaeddais y pentref yn gynnar nos Wener, ac es am swper i un o'r tafarnau. Wrth gerdded o'r Neuadd i'r dafarn, pwy aeth heibio yn y car Marina glas golau ond y ddau gyfaill. Wedi imi fynd i mewn i'r dafarn, daeth y ddau i mewn ar fy ôl. Buom yn sgwrsio am hyn a'r llall, a'r ddau yn llawn brwdfrydedd eisiau gwybod pa ymgyrchoedd oedd ar y gweill ac eisiau ymuno yn y rhengoedd wrth gwrs. Buom yn chwarae'r ddrama drwy'r amser.

Fe agorwyd yr ail act yn y Neuadd, a

Codi twrw yn Eglwyswrw 10/9

Wedi ennill y Sianel! C 30/9 Isod: Wayne Williams, Claire Williams, Cen Llwyd, Cyf. Cyff. Talybont

bu'r ddau yn eistedd trwy'r cyfarfod nos Wener ac yn pleidleisio ar bob un o'r cynigion, wedi i ni ddangos iddynt sut oedd cofrestru—a chael tâl cofrestru allan ohonynt. Roedd popeth yn mynd yn dra hwylus a minnau yn cael sbri mawr wrth gymryd rhan yn y ddrama. Grêt, cerdyn ecwiti nesaf, meddyliais wrth glwydo'n hwyr y noson honno.

Fore Sadwrn, roeddynt yno eto, a minnau erbyn hyn wedi rhannu'r gyfrinach gydag un neu ddau arall o swyddogion y Gymdeithas. Ychydig cyn cinio, daeth yn adeg araith y Cadeirydd. Dyma Wayne [Williams] yn codi ar ei draed ar y llwyfan, a dechrau gyda'r geiriau, "Rwy'n falch gweld cynifer ohonoch yn bresennol, a chroeso arbennig i'r ddau aelod o'r heddlu sydd wedi bod gyda ni neithiwr a bore ma, ac sy'n eistedd yn y cefn." Roeddwn yn eistedd wrth eu hochr, a dyma weld dau wyneb yn cochi'n braf ac yn suddo i lawr i guddio yn eu seddau. Yn syth wrth i Wayne orffen ei araith, dyma'r ddau yn codi ar eu traed ac allan â nhw. Ni welwyd yr un siw na miw o'r ddau weddill y cyfarfod, na byth wedyn.

YNADON CALL
Ifan G. Morris

Cafodd y chwe pherson isod ryddhad diamod gan Lys Ynadon Llangefni ar fore Llun, Tachwedd 17eg 1980: Ifan G. Morris, Llanddaniel-fab, masnachwr amaethyddol; Annis Milner, Llanddaniel-fab, gwraig tŷ; Elwyn Roberts, Bodorgan, cyn-drysorydd ac Ysgrifennydd Plaid Cymru; Tecwyn Gruffydd, Bodorgan, swyddog llywodraeth leol; Ann Humphreys, Llansadwrn, ysgrifenyddes i Manweb; Morwena Rowlands, Llangefni, pennaeth adran Gymraeg Caergybi.

Roedd yn dipyn o sioc ar y pryd gan mai carchar oedd yn wynebu rhai o'n bath ni, am wrthod codi trwydded deledu fel rhan o'r ymgyrch dros gael sianel deledu Gymraeg. Roedd llawer eisoes wedi cael eu cosbi trwy eu dedfrydu i garchar gan ynadon gwrth-Gymraeg a diben fel yr oeddynt ledled Cymru, ond mae'r hanesyn bach hwn yn dangos bod yna rai call hefyd, a theimlad ganddynt dros rai a oedd yn sefyll ac yn ceisio cyfiawnder gan lywodraeth a wlad.

Cafodd dau ohonom, sef Mr Tecwyn Gruffydd a minnau, gyfle i wneud datganiad i'r Fainc a chawsom wrandawiad iawn. Cof gennyf ddweud bod y Llywodraeth wedi methu cadw at ei haddewidion, ac wedi gwrthod gweithredu argymhellion pwyllgorau Crawford, Annan a Siberry i neilltuo'r bedwaredd sianel i Gymru.

Wedi bod yn ymgynghori daeth y Cadeirydd, Mr Gwilym Thomas, yn ôl a dweud ein bod yn cael rhyddhad diamod—a *dim costau* i'n herbyn, rhyfedd iawn! Pleser pur oedd cael talu diolch iddynt yn y fan a'r lle am eu doethineb. Gresyn na fuasai mwy o'r un tueddfryd yng Nghymru y dwthwn hwnnw.

WOMAN GAOLED: The wife of the postmaster at a North Wales village yesterday became the first woman to be imprisoned for non payment of fines after refusing to buy a television licence in protest at the Government's reversal of an election pledge to set up a Welsh television channel.
  Mrs Margaret Gruffudd (58), of Botwnnog, near Pwllheli, was arrested and taken to Risley Remand Centre, near Warrington, to serve a 14-day sentence.

WM 5/9 Isod: Hywel Pennar, 9 mis dros y Sianel

Bwthyn newydd, Y Gaerwen. (DP 8/12) Daeth stâd y Gaerwen Uchaf yn helynt pwysig.

1981

Annibyniaeth i Belize; siarter ieithoedd lleiafrifol gan senedd Ewrob

Streic gyffredinol yng Ngwlad Pwyl, a threfn filwrol

Methiant cyrch swyddogion y fyddin ar senedd Sbaen

Sosialwyr yn ennill etholiad Ffrainc, a François Mitterand yn arlywydd

Llofruddio Sadat yn yr Aifft, saethu'r Pab a Reagan

Marw Joe Louis

Cyfrifiad yr Alban—82,620 (1.6%) yn siarad Gaeleg; peintio arwyddion Saesneg gan Ceartas, a'r achos llys Gaeleg 1af ers cenhedlaeth, dros wrthod llenwi'r cyfrifiad

Boddi criw bad achub pentref Penlee, Cernyw

Marw 10 Gwyddel wedi ympryd carchar Long Kesh; dihangfa 8 o garchar Crumlin Rd, Belffast; bomio Llundain; Garret Fitzgerald, Fine Gael yn brifwein y Weriniaeth

Terfysgoedd y duon, Lerpwl, Llundain a Manceinion; Llaf yn rheoli C Llundain; carcharu Peter Sutclife, y *Yorkshire Ripper*

Taith heddwch o Gaerdydd gan 40 merch, 6 dyn a phlant, yn cychwyn gwersyll comin Greenham, Awst; sefydlu CND Cym yn Y Drenewydd

C Môn yn herio'r Swyddfa Gym rhag datbl pellach tai'r Gaerwen; helynt llythyr Denis Thatcher at *'dear Nick'*, yr Ysg Gwl, ar ran ei ddatbl'au tai yn Harlech; sefydlu Cymorth Tai Cym gan Shelter

Swyddfa Gym yn gyfrifol am grant cynnal y dreth

Plaid Bryd newydd y democ cymdeithasol, *SDP*, yn cynnwys 3 AS Llaf Cym

Ymgyrch weriniaethol yn enw WAWR, ffrwydron yn Swyddfa'r Fyddin, Pontypridd a'r Gorfforaeth Ddur, Caerd; helynt dal heddlu cudd yn gwrando ar ffôn ciosg Talysarn; gwrthod John Jenkins yn fyf coleg Prif Abertawe; carcharu trefn Sinn Féinn yng Nghym, Gerry Mac Lochlainn

Dafydd Wigley yn olynu Gwynfor Evans, llywydd PC ers 1945, Hydref; carfan Dafydd Elis Thomas yn sefydlu Chwith Gen

B Glo yn cyhoeddi cau llawer o byllau glo Gwl Pryd; Arthur Scargill yn llywydd U y Glowyr, Rhagfyr

Priodas 'Tywysog Cym'

Cyfradd banc yn 16%

Dinas Abertawe yn adran 1af y gynghrair beldroed; rhedeg marathon fawr Llundain, a Chaerd; atal taith rygbi Cym i Dde Affrica (1982), ond Côr y Jonesiaid yn canu yno

Eira

Diweithdra, Rhagfyr 15.7% (168,923)

Marw Dai Francis, D.Myrddin Lloyd, R.Bryn Williams, Brinley Richards, Beti Hughes, B.T.Hopkins

Eist Gen Machynlleth; Eist yr Urdd C N Emlyn; Gŵyl G Dant Caerdydd

Cyfrifiad 1981—poblog 2,749,400; 18.9% (503,549) yn siarad Cym, 72% ohonynt yn darllen a sgrifennu Cym; gostyngiad yn arafu, cynnydd dan 14 oed yn y broydd Saes, ond Y Fro Gym mewn perygl

Ysgol Gym Cwm Rhymni

Penodi awdurdod S4C, a chyllid £20 m ar gyfer gwasanaeth teledu Cym; tystiolaeth Gym 1af i'r pwyllgor dethol, ar ddarlledu a'r sianel, Caern

Cychwyn Cyfeillion y Dysgwyr, cylch Aber; 3% o blant Cym mewn ysgolion Cym; 25.9% myf o Gym yng ngholeg y Brif, Bangor

Adfer yn agor siop Pethe Plant, Caernarfon; ymgyrch gwrthod llenwi'r Cyfrifiad

Bygwth polisi iaith awdurdod parc Eryri gan y Swyddfa Gartref

Jâms Nicholas yn archdderwydd; pabell roc 1af ar y maes, Miri Maldwyn, ac opera roc (a record hir) *Mab Darogan*

Record hir *Twrw Tanllyd* o ŵyl Cymd yr Iaith, Dyff Lliw; taith 1af Dafydd Iwan ac Ar Log; LP *Diwrnod i'r Brenin* Geraint Jarman, a *Rhown Garreg ar Garreg* Plethyn

2il Ŵyl Ffilmiau Gelt, Harlech

Rhydwen Williams yn gol *Barn*; cyhoeddi dros 30 cylchg Cym oedolion a phlant

Arcade, rhif 1

Caneuon Gwerin i Blant gol Phyllis Kinney a Meredydd Evans; *Caneuon y Weriniaeth* gol Rod Barrar; *Telyn a Thelynor* Ann Rosser; *Cymru'n Deffro* gol John Davies; *Dafydd Iwan* (Cyfr y Cewri 1) gol Manon Rhys; *Pwy yw Pwy yng Nghym 1* gol Thomas H.Davies; *Pigion Talwrn y Beirdd 1* gol Gerallt Ll.Owen; *Adar yr Ardd* (Cyfr Adar 1) Islwyn Williams a Ted Breeze Jones; *Y Geiriadur Cym Cyfoes* gol H.Meurig Evans; *Rebirth of a Nation: Wales 1880-1980* K.O.Morgan

---

Wynebddalen:
Chwilio am gyfeiriad newydd i fudiad iaith yr wythdegau.
Ceiliog gwynt ar do

Petaech yn holi pobl am y flwyddyn 1981, mae'n siwr y byddai'r rhan fwyaf yn enwi pethau fel antur fawr merched Greenham neu ympryd farwol deg o Wyddelod. Ond i ryw ddyrnaid yng Nghymdeithas yr Iaith—Ysgol Basg Llanelwy! Tyfodd hon yn rhan o fytholeg y mudiad iddynt hwy, fel Pont Trefechan i genhedlaeth o'u blaenau. Nid yn anhebyg eto i'r dyddiau cynnar, darganfuont gyffro syniadau gweithredol newydd; daeth sôn am 'gynllunio cymdeithasol-ieithyddol' yn beth bron mor gyffrous â 'malu seins', neu unrhyw Dwrw Tanllyd! Os oedd y Gymraeg o dan warchae terfynol bellach, gwyddent paham, a pha fodd y gellid newid—neu'n hytrach addasu—y drefn sydd ohoni er mwyn adennill tir. Ac o gael cyfeiriad clir, ceid strategaeth tymor hir yn ganllaw hyderus i'r ymgyrchoedd newydd. Dyma glirio'r byrddau, fel petae, wedi ymyrraeth parhaus brwydrau'r arwyddion ffyrdd a'r Sianel. Megis dechrau yr oeddent, wrth gwrs, ac am flwyddyn neu ddwy fe bylodd delwedd gyhoeddus y mudiad iaith. Bu'n gyfnod cymharol anniddorol i bobl y wasg, a chlywid darogan diwedd ar y Gymdeithas, eto fyth.

Nid dyna'r math o chwyldro y carai pawb o'r Cymry brwd ei weld, chwaith, i atal y llanw Seisnig. Parhâi Meibion Glyndwr i losgi tai haf, a daethai *Workers Army of the Welsh Republic* i fod yn rhywle. Gwrthodai rhai o sawl mudiad lanw'r Cyfrifiad. Roedd y mudiad sosialaidd gweriniaethol yn llafar, ac—fel Adfer yn y saithdegau—yn fwy o ddylanwad ar aelodau Cymdeithas yr Iaith nag y carai'r arweinwyr ei gyfaddef. Fe'i heriwyd gan Gareth Miles i roi'r gorau iddi ac ymuno â nhw! Ond roedd yn y Gymdeithas eisoes rai gweriniaethwyr a sosialwyr a gaent yn y mudiad iaith gyfle i uniaethu delfrydau'r Chwith â brwydr y Gymraeg, gyda pholisïau pendant a dyfalbarhad. Gwelir yr ymwybyddiaeth newyddol yng ngherddi Steve Eaves yn y *Tafod*, a pheth o'r canu roc o hyn ymlaen (gw. *Y Tren Olaf Adre*, 1984). Dychwelodd y diwylliant ifanc hwnnw fwyfwy i'w grud ym mrwydr yr iaith, a'r Gymdeithas yn un o brif gynheiliaid y grwpiau o hyd (talodd £78,000 iddynt rhwng 1978 a 1981). Nid datblygiad esmwyth a ddisgrifiwyd uchod wrth gwrs. Chwilio am ysbrydoliaeth yr oeddent, fel pawb arall, yn nyddiau'r cŵn, ond yma yn rhywle y ganwyd y mudiad iaith cyfoes.

Herciai'r ymgyrch dai yn ei blaen yn ysbeidiol heb strategaeth arbennig. Roedd achos llys protest tai'r Gaerwen yn ddechrau teg i'r flwyddyn, a bu aelodau Môn yn hybu'r Cyngor lleol i herio'r hapddatblygwyr a'r Swyddfa Gymreig. Bu protest arall yno yn Ebrill, a chyhoeddwyd dogfen ar bwnc y tai. Dim byd mawr wedyn nes diweddu'r flwyddyn yn drawiadol, gyda chefnogaeth Dafydd Wigley, i lesteirio gŵr Thatcher a'i 'annwyl Nick' rhag 'datblygu' ardal Harlech. Daethai arweinydd y grŵp tai hefyd yn gadeirydd y Gymdeithas (a'r ferch gyntaf—stori dda i'r wasg o'r diwedd!). Law yn llaw â'r ymgyrch tai, bu'r grŵp cynllunio dan Dylan Morgan yn allweddol. Roedd siarteri iaith sirol manylach yn cael eu paratoi yn awr. Holwyd pob awdurdod lleol am eu polisi, gan ddosbarthu dogfen Cymdeithas Cynllunio Cymru, *Statws Cynllunio i'r Iaith*. Niwlog oedd cynllun fframwaith Powys ar fater yr iaith, a dal i'w 'adolygu' yr oedd Dyfed. Dim ond Gwynedd a rôi rywfaint o gyfle i'w cynghorau dosbarth ddyfeisio mesurau callach, ac yr oedd cynllun ardal goleuedig ar waith gan Ddwyfor. Nid tasg hawdd oedd darbwyllo cynghorau eraill fod yn rhaid gwneud yr iaith ei hun yn ffactor cynllunio.

Un o straeon mwyaf calonogol y ddegawd yw'r modd yr aeth rhanbarth Clwyd o Gymdeithas yr Iaith ati i egluro'r neges i'w cynghorau hwy ac yna'u cystwyo i'w gweithredu. I argyhoeddi'r cynghorau dosbarth, cyflwynodd ymchwil trwyadl a ddangosai fod datblygu tai diangen yn creu mewnlifiad, a sut y gallai amgenach polisi cynllunio a chreu gwaith roi gobaith i'r cymunedau diamddiffyn. Ym maes y cyngor sir, roedd yn rhaid deall y cynllun fframwaith a reolai bolisi pob dosbarth, gan arswydo o weld bod hwnnw wedi ei seilio ar yr egwyddor o

chwyddo'r boblogaeth. Roedd eu Siarter Clwyd cynhwysfawr eisoes yn arf gan yr ymgyrchwyr; fe'i gwnaed yn ganolbwynt i waith a phrotest arbennig o ddyfal am flynyddoedd. Llawn bwysiced oedd denu'r ifainc drwy gynnig adloniant cyfoes yn ogystal â gwaith. Dilynwyd traddodiad poblogaidd clwb Dixie'r Rhyl a Phafiliwn Corwen gyda dau glwb gwerin a dawnsfeydd rheolaidd drwy'r sir. Llwyddwyd rywsut i godi ymdeimlad o frogarwch yn yr ifainc, neu o leiaf mewn dyrnaid o dalentau'r ysgolion Cymraeg, arweinwyr y dyfodol. Roedd gan yr hanner dwsin o gelloedd prysur ddigon o hunan-hyder erbyn diwedd 1981 i benderfynu chwilio am eu swyddog cyflogedig eu hunain.

Roedd y Gymdeithas yn ganolog hefyd yn hysbysebu am drefnydd cenedlaethol. Ni chawsant un ar y pryd, ond fe'i cafwyd mewn popeth ond enw yn yr haf pan ddaeth Jên Dafis i sirioli'r seler yn Aberystwyth. Roedd y mudiad wedi bod yn ffodus yng ngwasanaeth Linda Williams ers tair blynedd, a glynodd Jên wedyn am bedair, y ddwy yn bobl alluog a roes eu hegni i'r achos am gyflog digon bychan. Yn y Steddfod hefyd y gwelwyd llyfryn bach y grŵp cyfathrebu, *Dewch Gyda Ni,* a ddaeth yn offeryn cenhadol adnabyddus, fel ei ragflaenydd ddeng mlynedd ynghynt, *Bywyd i'r Iaith*. Roedd y grŵp dysgwyr yn dal ati â'u cyrsiau lleol a chenedlaethol, a syniad da fu 'Taith yr Iaith', arddangosfa deithiol i ddenu'r di-Gymraeg i'w dysgu. Cafwyd datblygiad pwysig yr adeg hon gan arloeswyr hŷn y maes ail iaith yn Aberystwyth, sef cychwyn Cyfeillion yr Iaith i drefnu siarad gyda dysgwyr. Dyna hau'r had y tyfodd mudiad CYD ohono wedyn. Bu grŵp addysg Dyfed o'r Gymdeithas yn cefnogi rhieni a fynnai addysg wyddonol i'w plant drwy gyfrwng y Gymraeg (yn Ysgol Penweddig hefyd!). Er gwaethaf yr holl bwyso a fu ar bwyllgor addysg Dyfed i fabwysiadu polisi iaith cyflawn, nid oeddent byth wedi ffurfio dim yn swyddogol. Aeth y grŵp o gwmpas bron bob ysgol gynradd drwy'r sir â phosteri yn hawlio polisi iawn yn lle dibynnu ar ymroddiad neu fympwy prifathrawon unigol. Ond nid oedd gan y Gymdeithas (na neb arall) strategaeth genedlaethol yn y maes addysg chwaith.

Gwelodd y flwyddyn hon gryn helyntion, a charchariadau trymion, nad oeddent o ddewis y mudiad iaith ei hun. Y cyntaf oedd ymgyrch ffyrnig myfyrwyr Aberystwyth dros addysg drwy'r Gymraeg. Wedi'r difrod yno, ac achos llys saith ohonynt yn Ebrill, cafodd un garchariad yn syth, gyda thymhorau ychwanegol ym Mehefin (achos darlledu Bryste) ac ym Medi gydag un arall o'r myfyrwyr. Yr achos Cynllwyn yn Llys y Goron Bryste oedd yr helynt arall, canlyniad y difrod yng Ngwlad yr Haf dros y Sianel Gymraeg ym 1980. Yn ogystal â charchariad Euros Owen, cafodd cadeirydd y Gymdeithas naw mis. Roedd hyn yn brofiad chwerw, a'r Sianel wedi ei hennill erstalwm, a meddiannodd y cefnogwyr ddeg o swyddfeydd heddlu drwy Gymru. Daliodd y mudiad i alw am awdurdod darlledu annibynnol, a hwnnw'n abl i reoli radio, a radio lleol hefyd. Caed Rali Glyndŵr ar y cyd â Cofiwn gyda Dafydd Elis Thomas yn annerch.

Nid dyna ddiwedd aberth Wayne Williams. Erbyn Medi roedd llywodraethwyr ei ysgol yn Llanidloes wedi mynd â'i swydd oddi arno (clod i'w cadeirydd, y Fon. Hooson, am ymddiswyddo). Yn dilyn hysbyseb seithug y pwyllgor addysg llwfr, aeth Mr a Mrs Smith a'u carfan wrth-Gymreig ag apêl i'r Uchel Lys, gyda chymorth croch Delwyn Williams, A.S. Cawsai Wayne gefnogaeth ei gydathrawon, a daeth ei achos yn un cenedlaethol, gyda'r Gymdeithas ac UCAC yn benben yn ceisio'i amddiffyn, ond bu'r teulu heb gyflog am flwyddyn. Un arall na chafodd Nadolig llawen oedd Goronwy Fellows, a gollodd ei swydd am wrthod glynu labeli Prydeinig ar gynnyrch ffatri Hotpoint yng Ngwynedd. Perthyn yntau i'r llu diglod o weithwyr a safodd dros Gymru a'r Gymraeg yn eu galwedigaeth. Dioddefa eraill ormes cudd, mewn busnesau mawr a bach, hyd heddiw.

YSGOL BASG LLANELWY
Toni Schiavone

Roedd yr Ysgol Basg yn Llanelwy yn un hynod o bwysig i mi. Nid jyst yr Ysgol Basg ond y gweithgarwch yn arwain i fyny iddi, a'r dilyniant—a dyna'r gair allweddol! Yn y cyfnod yma cefais y cyfle i ddod i adnabod Ffred [Ffransis]. Roedd ei frwdfrydedd yn heintus, ac wedi'r cyfarfod cyntaf i drafod y trefniadau roeddwn wedi penderfynu nad oeddwn yn mynd i gilio yn ôl i'r ymylon, ond i gymryd fy rhan yn ymgyrchoedd y Gymdeithas o ddifrif.

Roedd Huw Jones, Prestatyn yno; roeddem eisoes wedi dod i adnabod ein gilydd, ac roedd yn dod i'n tŷ ni i ymarfer ei Gymraeg bob hyn a hyn. Dyma'r tro cyntaf hefyd i mi gyfarfod Karl Davies, a oedd i ddod yn Gadeirydd y Gymdeithas yn ddiweddarach.

Cafwyd prawf o weledigaeth Ffred; dywedodd nad oedd yn meddwl y buase llawer o aelodau'r Gymdeithas yn dod i Ysgol Basg Llanelwy. Roedd yn iawn. Er hynny, roedd wedi llwyddo i ddarbwyllo Angharad [Tomos] i ddod yno er ei bod yng nghanol ei harholiadau. Roedd ei phresenoldeb yn bwysig, er iddi gyfaddef mai perswâd Ffred oedd yn gyfrifol ac nid ei hawydd. Gan nad oeddwn wedi cyfarfod â llawer o 'sêr' y Gymdeithas, roeddwn yn falch o'i gweld hi yno—er yn rhy swil i dorri gair â hi! O leiaf roedd un o'r *big guns* wedi dod i Glwyd. Un arall dwi'n ei gofio'n dda oedd Cen Llwyd, gan iddo fod yn yr un ysgol â finne yn Llandysul.

Digon niwlog oedd y syniadau ar gyfer yr Ysgol Basg, ond o dipyn i beth gwelwyd patrwm yn datblygu o gwmpas y syniad o Glwyd yn feicrocosm o Gymru, chwedl Ffred . . . roeddem yn ein gorfodi'n hunain i ystyried sut yn union yr oedd cymuned yn colli iaith, a pha mor hawdd a chyflym roedd y peth yn gallu digwydd . . .

[*Detholiad o'i ysgrif*]

Uchod dde: Euros Owen, blwyddyn o Borstal a charchar, difrod y Coleg ac yna Cynllwyn, Llys y Goron Bryste (6 mis gohiriedig i Arwyn Sambrook)—achos olaf ymgyrch y Sianel.

Protest dros y 7, Aberystwyth, difrod dros addysg yn Gymraeg yn y Coleg, achos helynt Euros a Meurig (H.L.M.)

Cyfarfod ydoedd o Bwyllgor Dethol Tŷ'r Cyffredin — ateb Mrs Thatcher i ddatganoli — sy'n ymchwilio ar hyn o bryd i ddarlledu yng Nghymru.

Yr oedd yn gyfarfod hanesyddol oherwydd mai dyma'r gweithgaredd seneddol cyntaf erioed gyda chyfleusterau cyfieithu i alluogi'r rhai a ddymunent siarad Cymraeg.

Caernarfon: tystion Dwyfor, Gwynedd, y Gym.— a'r LFM C 23/2 Isod: Helen Smith T 2/81

Mae'n debyg y bydd pawb sy'n darllen hyn yn cofio poster a gyhoeddwyd gan y Gymdeithas 'rai blynyddoedd yn ôl ynglŷn â diboblogi mewn ardaloedd Cymraeg. Roedd y poster ar ffurf cartŵn, yn portreadu mam, tad a dau o blant mewn ardal Gymraeg, a'r tad yn colli ei swydd, cael gwaith yn Lerpwl, ceisio dod adref ar benwythnosau ond, yn y diwedd, yn llusgo'r holl deulu o Gymru i Lerpwl.

Pan wynebodd y teulu'r argyfwng gyntaf, nid awgrymwyd y gallai'r wraig chwilio am waith, rhag ofn bod gwaith addas iddi hi yn y cyffiniau, tra byddai'r gŵr yn aros gartref i fagu'r plant.

Synnaf, mewn ffordd, fod mudiad mor radicalaidd â Chymdeithas yr Iaith wedi mentro cyhoeddi poster sydd, mewn gwirionedd, yn dangos agwedd mor adweithiol tuag at safle merched.

Uchod chwith: Tudur Jones, Gol. y Tafod. Dde: Dafydd Iwan ar daith 'Cerddwn Ymlaen' gydag Ar Log, i godi'r ysbryd wedi'r Refferendwm a Thatcher 6/81 (HTV)

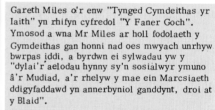

Gareth Miles o'r enw "Tynged Cymdeithas yr Iaith" yn rhifyn cyfredol "Y Faner Goch". Ymosod a wna Mr Miles ar holl fodolaeth y Gymdeithas gan honni nad oes mwyach unrhyw bwrpas iddi, a byrdwn ei sylwadau yw y "dylai'r aelodau hynny sy'n sosialwyr ymuno â'r Mudiad, a'r rhelyw y mae ein Marcsiaeth ddigyfaddawd yn annerbyniol ganddynt, droi at y Blaid".

Thesis sylfaenol Miles, a dyma lle y gorwedd ei gryfder a'i wendid, yw mai'r hyn sydd ei angen ar Gymru yw mudiad chwyldroadol. Mae Miles ar ei orau tra'n dweud beth sydd ddim yn chwyldroadol - gwaith ddigon hawdd yw hynny - yr hyn na lwydda i'w wneud, ac na cheisia i'w wneud am eiliad, yw diffinio beth sydd yn chwyldroadol.

Uchod ac isod: Tudur Jones T 4/81

'Nol â ni 'rwan at noson wobrwyo Sgrech pinacl canu cyfoes yng Nghymru, cofiwch - a'r ser yn eu holl ardderchowgrwydd yn diddanu'r torfeydd newynog (o mor lwcus ydynt - torfeydd a gafodd yr arallblanedol fraint o weld Caryl Parry Jones yn FYW!

Munud o dawelwch er cof am y Cymry Rhydd, y Cymry Cymraeg, y Cymry Sosialaidd.

Am beth uffar ma' hwn yn sôn? Gofyn mae o yn syml iawn a yw achub yr iaith Gymraeg (sef man cychwyn yr holl sioe os y cofiwch) yn ddigon o gyfiawnhad dros greu ym meddyliau ein hieuenctid deimlad eu bod yn freintiedig oherwydd iddynt weld, cyfarfod, cyffwrdd (amhosibl) aelod arall o'r ddynol ryw. Carthu ymaith y math yna o hunan-ddirmyg, o hunan-fychanu di-urddas oedd un o'm rhesymau i dros ymuno ym mrwydr yr iaith yn y lle cyntaf.

O YSGOL SAESNEG I BANTYCELYN
Helen Prosser

Meurig Llwyd Williams, 6 mis difrod y Coleg 9/81

Jên Dafis, Ysg. amser llawn am 4 blynedd, Cyf. Cyff.

Rwy'n cofio cyrraedd Neuadd Pantycelyn yn Aberystwyth, ar ôl dod o ysgol Saesneg, ac a dweud y gwir yn gwybod ychydig iawn am y Gymdeithas. Wrth gwrs, dyw llywodraethwyr ysgol a phrifathrawon y deddwyrain ddim eisiau i'w disgyblion ddysgu am y Gymru gyfoes. Fodd bynnag, ar ôl ychydig o amser sylweddolais i mai yn y Gymdeithas ro'n i'n perthyn. Rwy'n cofio Wayne Williams yn fy annog i fynd i gyfarfodydd, a chymryd rhan flaenllaw yng ngweithgarwch y Gymdeithas.

Roedd cwrdd â Ffred [Ffransis] am y tro cyntaf yn brofiad hefyd. Dechrau'r ymgyrch addysg oedd yr achlysur, a meddiannu cyntedd y Cyd-Bwyllgor Addysg yng Nghaerdydd a'i droi yn feithrinfa am y prynhawn. Do'n i ddim yn meddwl ar y pryd y byddwn i wedi ymweld â'r adeilad yma cymaint â dwi wedi'i wneud yn ystod y blynyddoedd diwethaf. Ond sôn am Ffred ro'n i . .

Ro'n i wedi ffeindio fy hunan yn glynu posteri, gyda Ffred, ar yr adeilad. Yn sydyn, ymddangosodd y gofalwr, a beth glywais i ond llond ceg o regfeydd. Y peth nesaf, dyma Ffred yn troi rownd a dweud yn y ffordd fwyaf cwrtais *"I'm terribly sorry, but we don't mean to cause any inconvenience to you personally."* Mor nodweddiadol o Ffred on'd yw e?

"De-ll Pô-st!"
"Wert-yrn Mê!." Gwaeddai'r lleisiau ifanc, dros y maes carafannau a hithau'n ddim ond wyth o'r gloch y bore. 'Roedd hi'n amser 'Steddfod eto. Ond 'roedd llais newydd yn eu plith, "Blewyn Glês!" meddai hwnnw

Wrth gwrs, y peth newydd ynglŷn â'r 'Steddfod hon a fyddai'n peri iddi gael ei chofio am ganrifoedd i ddod oedd y Diffyg Protestio. Mam bach, welais i 'rioed mor Wasg yn poeni cymaint. Nicholas Edwards yn cyrraedd Ddydd Mawrth, a 'run copa walltog yn codi bys mewn gwrthwynebiad! Meddyliwch am y peth!

Dyna brofi nad oes modd plesio pawb. Protestio a dyna Gymdeithas yr Iaith wedi codi gwrychyn pawb; peidio protestio - a dyna Gymdeithas yr Iaith wedi chwythu ei phlwc.

'Doedd parchusion y 'Steddfod ddim yn rhy hapus efo'r sŵn a ddeuai o babell Miri Maldwyn 'chwaith. Ond fel y dywedodd Dafydd Iwan wrth yr ymwelleidfa yn y babell o flawn,
"Gan obeithio na wnaiff sŵn y Pafiliwn darfu'n ormodol arnom ni......
ac fe fyddai'n syniad ichi alw yno cyn diwedd y 'Steddfod......"
Diolch am gael y babell hon o'r diwedd, edrychwn ymlaen at gael yr un peth yr Eisteddfod nesaf.

Angharad Tomos T 8/81 Isod: Trefor Williams a Walis Wyn George, Cyf. Cyff.

Dde: Meri Huws, y ferch 1af yn Gadeirydd, a Cen Llwyd, Cyf. Cyff. Isod: Ned Thomas, Ffred Ffransis ac Owen Edwards y gŵr gwadd. (DoH)

Yn wir, er mwyn goroesi mae Cymru angen pobl sydd wedi'u hymrwymo i aberth, ymroddiad gwirioneddol, ac nid cwrs carlam deunaw mis o weithredu yn nyddiau coleg i'w ddilyn gan oes o barchusrwydd dosbarth canol deallusol.

Yr hyn sydd mor ffiaidd a chyfoglyd am hyn oll yw'r gwawdio a glywir o du'r selogion diwylliannol deallusol academaidd pan fo Cymro cyffredin yn bwrw ergyd dros Gymru. Er enghraifft, pan y bwriwyd ergyd dros yr iaith ym Mhencarreg yn ddiweddar gan academwyr parchus (rhai ohonynt yn ennill cyflogau breision), lansiwyd cronfa yn syth i dalu eu dirwyon. Ac eto, pan fo tri gweithiwr dur o Shotton a choedwigydd o Ddolgellau yn colli popeth mae cefnogaeth yr academwyr yn diflannu'n gynt na dagrau crocodil.

Ymddiswyddais yn ddiweddar o'm swydd fel Trysorydd Pwyllgor Diogelu'r Carcharorion oherwydd rhwystredigaeth ac iselder wrth fethu â chael ymateb i'n ceisiadau am gymorth i'n gwladgarwyr.

Ioan Richard, Cynghorydd y Blaid T 7/81

Chwith: Deiniol Jones T 9/81

Os mai parhad yr iaith Gymraeg a'i holl ogoniant yw ein hunig bryder ynghanol byd sy'n gorlifo ag anghyfiawnderau yna colli'n sbarc a wnawn. Nid 'jyst un o'r pethau hynny" mo dirywiad presennol y Gymdeithas, ond yn hytrach canlyniad yw i'n methiant i addasu i fyd nad yw mwyach yn derbyn Cymru Gymraeg fel y panacea cyfareddol i'n holl broblemau, byd sydd yn awr yn edrych ar achub y Gymraeg fel un amcan ymysg llawer.

Ymosodiad y Gol. dadleuol ar y swyddogion T 7/81 Isod: Angharad T 8/81

mwyafrif aelodau'r Gymdeithas yn credu fod diweithdra per se yn ddrwg, ond nid lle Cymdeithas yr Iaith fel mudiad yw ymgyrchu yn ei erbyn ar y sail hwn.

Os yw Tudur Jones yn credu fod aelodau'r Gymdeithas wedi eu clymu gan rwystrau ideolegol ac fod y Gymdeithas wedi colli ei sbarc, yna ei le ef yw gadael y mudiad a chwilio am borfeydd eraill.

Gwelwn yn awr nad rhywbeth i'w hachub mewn 'vacuum' economaidd a chymdeithasol mo'r iaith Gymraeg, a bod ei dyfodol a'i gwerth yn dibynnu ar ei gallu a'i pharodrwydd i gymryd ei lle mewn Cymru newydd sy'n wahanol iawn i'r gilfach gyfalafol yr ydym yn byw ynddi ar hyn o bryd. Nid cyd-ddigwyddiad yw'r ffaith mai ar yr asgell chwith y gorwedd tueddiadau gwleidyddol y rhan fwyaf o'n haelodau.

dyma yw gwir ystyr polisïau'r Gymdeithas - tai a gwaith a chadw'r iaith nid y nawddoglyd tai a gwaith i gadw'r iaith. Os nad yw Angharad yn credu hynny, yna ei lle hi yw gadael y mudiad, nid y Golygydd fel yr awgryma.

YR WYTHDEGAU (1):
'DEAR NICK'
Dylan Morgan

Un peth sydd wedi fy ngwylltio yn yr wythdegau yw ffug-hiraeth sentimental rhai a fu'n ymgyrchwyr yn y chwedegau a'r saithdegau cynnar am y cyfnod euraid hwnnw. Yn union fel petai ennill S4C yn goron ar waith y Gymdeithas, ac nad oes iddi bellach swyddogaeth wleidyddol. Yn ateb i'r rhamantwyr hunandybus hyn, cyhoeddwyd Maniffesto newydd gan y Gymdeithas ym 1982 a brofodd yn sail syniadol cadarnach nag erioed i ymgyrchu penderfynol y pedair blynedd diwethaf.

Crisialwyd y gwrthdaro rhwng pwyslais cynyddol sosialaidd y Gymdeithas a chyfalafiaeth amrwd llywodraeth Thatcher mewn dull trawiadol iawn ar brynhawn Sadwrn gaeafol yn Nhachwedd 1981 yn Harlech. Yno, gorymdeithiodd tua dau gant o bobl trwy'r dref ac i lawr i Stâd Tŷ Canol a safle lle roedd bwriad i godi nifer sylweddol o dai diangen, nad oedd galw lleol amdanynt, gan gwmni datblygwyr IDC.

Yr hyn a roddodd fin arbennig ar y gwrthdaro oedd bod pob haen o lywodraeth leol wedi gwrthod caniatáu'r datblygiad, a bod y mater wedi cyrraedd desg Nicholas Edwards ar ffurf apêl gan y datblygwyr i wyrdroi'r gwrthodiad. Cafodd yr Ysgrifennydd Gwladol lythyr enwog 'Dear Nick' gan un o gyfarwyddwyr IDC, sef neb llai na Denis Thatcher, yn rhoi pwysau arno fel cyfaill i hwyluso'r caniatâd. Bwriadwyd y llythyr i fod yn breifat, ond daeth i sylw'r cyhoedd gan gythruddo llawer o bobl.

Nid syndod felly oedd i'r rali orffen gyda gweithredu uniongyrchol yn erbyn dau gwt y cwmni ar y safle. Ni bu arestio y prynhawn hwnnw gan na allai'r ddau heddwas a oedd yn bresennol ymdopi â'r niferoedd gweithredol brwd.

I lawer ohonom, gosodwyd cywair gweithredu'r wythdegau y prynhawn hwnnw, pan drawyd ergyd dros gymunedau Cymru yn erbyn grym cyfalaf. Gyda llaw, ni chodwyd y tai, ac mae'r diolch yn rhannol i fwnglera Denis Thatcher ...

[Gw. gweddill yr ysgrif o dan 1982 ac 1984]

Wayne Williams, 6 mis. Cynllwyn Llys y Goron Bryste yn rhydd 12/81 (H.L.M.)

Rali Harlech, i Dŷ Canol 11/81 Isod: y plisman lleol yn amddiffyn caban cwmni IDC. (d/g A.T.)

Dde: bathodyn car, syniad Dan L.James, cynllun Roger Jones WM 6/10

CND Cymru

PWYLLGOR ADDYSG POWYS
ADRAN ADDYSG

YSGOL UWCHRADD LLANIDLOES

(Ysgol Gyfun Gymysg 11-18, 530 o blant)

Yn eisiau erbyn Ionawr 1af, 1982, neu mor fuan ag sy'n bosibl wedi hynny, Athro/Athrawes a chymwysterau da i ddysgu Cymraeg fel mamiaith ac fel ail-iaith. Graddfa 1 (Cyf 398).

Ceisiadau a manylion pellach ar gael gan y Prifathro, dyddiad cau Tachwedd 27, 1981.

Swydd Wayne Williams ar werth C 10/11 Ni fu cynigion. Isod: croeso adref i Wayne, Llanidloes 12/81

1982

Rhyfel y Malvinas/Falklands, Ebrill

Israel yn ymosod ar Balestiniaid Beirut yn Libanus, a chyflafan gwersyll Sabra

Daeargryn Yemen, lladd 23,000

Gwahardd Solidarnosc, a charcharu Lech Walesa, Gwlad Pwyl

Marw Brezhnev, U Sofiet, a'i olynu gan Andropov

Sosialwyr yn ennill etholiad Sbaen; agor ffin Gibraltar i fforddolion wedi 13 blynedd

Sefydlu biwrô ieithoedd lleiafrifol Ewrob; y llys hawliau dynol yn gwahardd cosbi corfforol mewn ysgolion

Yr Eidal yn ennill cwpan peldroed y byd, yn Sbaen

Marw Grace Kelly mewn damwain

Cyhoeddi Trident a chanolfan arfau ar Glud, yr Alban

Dau etholiad Gweriniaeth Iwerddon, Haughey a Fianna Fáil yn ôl, yna Fitzgerald eto, Fine Gael a Llaf; AS'au gweriniaethol yn ymatal o gynulliad newydd y 6 Sir; bomio Llundain

Ennill hawl i gael cwrs gradd Llydaweg ac Astud Celt, wedi brwydr faith, Llydaw

30,000 o ferched yn amgylchynu Greenham, tîm criced Lloegr i Dde Affrica; codi'r Mary Rose, llong ryfel y Tuduriaid, o Dafwys

Isetholiad Gŵyr—Gareth Wardell yn dal sedd Laf

4edd bleidlais agor tafarnau ar y Sul—dim ond Dwyfor a Chered yn dal yn sych, 233 allan o 4300 o dafarnau

Lladd 32 milwr o Gym yn y Malvinas/ Falklands

Coffau 7 canml Llywelyn ap Gruffydd; parhau ymgyrch ffrwydron WAWR yn Lloegr ac Adran Amaeth y Swyddfa Gym; arestio gweriniaethwyr am gynllwyn terfysg; sefydlu pwyllg amddiffyn carcharorion gwleid Cym; ethol John Jenkins ar lys y Brif, ond gohirio ffilm BBC arno; bom yn Abertawe

Cymru'n wlad 'ddi-niwclear' wedi i bob c sir wrthod cynlluniau amddiffyn y llywod; gwersyll heddwch ger ffatri arfau Caerwent

Ymweliad 1af y Pab â Chymru, croeso gan 100,000, Caerd

Maes glo'r de yn pleidleisio dros streic, wedi i Scargill ddadlennu bygythiadau i gau 17 o lofeydd Cym

Ymgyrch dŵr Cym gan BC; cadarnhau polisi sosialaidd; sefydlu carfan adain dde Hydro

Cyngr U'au Cym yn gweld dulliau cydweithredol Gwlad y Basg; cychwyn U Gwerin Môn rhag y mewnlifiad Saes a gormes ar weithwyr

Dileu C Ysgolion Cym

Sefydlu *Welsh Union of Writers*

Iawndal llys am esgeulustod cyfreithiol Delwyn Williams, AS Maldwyn

Diweithdra, Rhagfyr, 17.0% (174,572), graddfa uchaf ers 1945; cyrraedd 3 miliwn Gwl Pryd, Ionawr

Marw Iorwerth C.Peate, Jennie Eirian Davies, Eric Jones, J.R.Evans, W.H.Roberts, Jac Alun Jones, Roger Jones

Eist Gen Abertawe; Eist yr Urdd Pwllheli; Gŵyl G Dant Dyff Conwy, Llandudno

S4C yn darlledu, Tachwedd 2; dechrau ar stiwdio deledu BBC, Bangor

Canolfan adnoddau gen yn Aber, i gyh gwerslyfrau Cym i ysgolion uwch; 10,000 o blant mewn ysgolion cynradd Cym

Cyh *Cyfrifiad* 1981; mewnlifiad 2,000 o blant Saes mewn bl i ysgolion Gwynedd

Lledaenu Cyfeillion y Dysgwyr, i Gered; ymgyrch eto i Gymr coleg y Brif, Bangor

Adfer yn galw am Gymreigio Ysbyty Gwynedd, ac addysg gyda chanolfannau brys i blant mewnfudwyr; ympryd yn erbyn penodi Sais yn bennaeth Coleg Harlech; ymgyrch marina Pwllheli; galw ar yr Eist Gen i symud ei swyddfa i'r Fro Gym, a chael cynadleddau'r wasg yn Gymraeg

Sain Cyf yn gwrthod cyfrifon Saes i Dŷ'r Cwmnïau

J.Eric Williams yn olynu J.Cyril Hughes yn gyfarwyddwr yr Urdd

Madam Wen, B Ffilmiau Cym, cost £470,000

Taith 700 Dafydd Iwan ac Ar Log; *Cant o Ganeuon* D.I.

Agor ail ystorfa'r Llyfrgell Gen

Sulyn rhif 1, Hydref, p Sul Gwynedd, cylchrediad 10,000; *Cynefin* rhif 1; *Sbec* rhif 1, cylchrediad 130,000 yn *TV Times Times*

Bywyd Cymro Gwynfor Evans, gol Manon Rhys

Wynebddalen:
Clawr llyfr, ail faniffesto'r mudiad iaith

Digon arwyddocaol, debyg, ym mlwyddyn goffa annibyniaeth Cymru,fu inni gael ein boddi gan genedlaetholdeb Prydeinig, pan aeth ymerodraeth y diwaith yn orfoleddus i ryfel, gydag aer y Goron yn wobr. Ond yn yr hinsawdd hwnnw gwelwyd adwaith ymhlith rhai Cymry, rhyw doriad â'r gorffennol dof. Cerddwn Ymlaen, meddai Dafydd Iwan. Bu Plaid Cymru'n ddigon sicr o'i chyfeiriad newydd i gychwyn ymgyrch heriol arall, a diau bod adfywiad y mudiad gwrthniwclear yn gymorth i godi'r ysbryd o dan Doriaeth rhemp, fel y bu yn y chwedegau. I'r gweriniaethwyr a'r glowyr, roedd yn dod yn 'ddydd o brysur bwyso'. Cadarnhaodd y bleidlais yfed ar y Sul bod yr hen Gymru anghydffurfiol 'annwyl' ar fin diflannu am byth. I Gymdeithas yr Iaith, hefyd, wedi goresgyn poenau llencyndod estynedig, bu 1982 yn drobwynt. Ar ei phenblwydd yn ugain oed, gellir honni iddi fagu cyhyrau a dod yn rym radicalaidd o bwys. Cyhoeddodd ei hyder gyda Maniffesto newydd a threfnydd cenedlaethol, lansiodd ddwy ymgyrch sylfaenol bwysig, ac yn yr un mis ag y daeth y Sianel Gymraeg yn ffaith fyw i'n cartrefi, torrwyd drwodd ym maes tai a chynllunio.

Blwyddyn Wayne Williams oedd hon eto, i raddau. Wedi iddo ail ddechrau yn ei swydd, llwyddodd ei erlidwyr i'w wahardd drachefn o Ysgol Llanidloes, i aros am yr Uchel Lys. Cafwyd rali gref i'w gefnogi ym Machynlleth, ugain mlynedd i'r diwrnod ers y ddarlith radio gan Saunders Lewis, ac ym Mehefin dyfarnodd yr Uchel Lys o'i blaid. Bu Cyngor Powys yn ddigon gwirion i dalu holl gostau'r gwrthwynebiad, ac nid dyna ddiwedd y stori. Yn Hydref, penderfynodd llywodraethwyr yr ysgol ailhysbysebu'r swydd—i unrhyw un ond Wayne Williams. Tyrrodd mil i brotestio yn Llanidloes wedyn, ac erbyn Rhagfyr, dim ond ef oedd wedi ymgeisio amdani. Nid oedd 'neb yn addas' wedyn meddai'r Pwyllgor Staffio, a geisiai hysbysebu eto! Un cysur i Wayne fu cael ei gyflog o'r diwedd, drwy gymorth UCAC.

Erbyn 1982, roedd gan Gymdeithas yr Iaith ryw ddau ddwsin o gelloedd gweithredol. Soniais yn barod am beth o waith aelodau Clwyd. Aethant hwy yn eu blaenau yn ffyddiog, gan gyflogi trefnydd yn Chwefror ac agor swyddfa ranbarthol gyntaf y mudiad yn Ninbych yn Nhachwedd. Coronwyd eu gwaith gyda phenderfyniad Cyngor Glyndŵr i roi statws cynllunio i'r Gymraeg, a olygai y byddai'n rhaid ystyried effaith polisïau a cheisiadau cynllunio ar iaith y cymunedau. Canlyniad oedd hyn i ymgyrch drefnus y Gymdeithas, yn arwain at gynhadledd gynllunio ar gyfer y cynghorau yn Llangernyw. Y gynhadledd hon fu'r patrwm ar gyfer cyfres o gynadleddau effeithiol mewn siroedd eraill, pob un â'i hadroddiad ymarferol ac arswydus, a ddatgelai sefyllfa leol y Gymraeg ac achosion y dirywiad, gan fapio cyfrifoldeb a chyfle'r awdurdodau lleol. Parodd hynny amlygu'r rhwystrau biwrocrataidd o du'r llywodraeth, a dechrau rhyw newid yn agwedd y cynllunwyr canolog. Achos llawenydd arall, yn Nhachwedd eto, oedd gweld Cyngor Môn yn curo Goliath y Swyddfa Gymreig a'i osgordd o ddatblygwyr tai siawns. Er y gwyddent am ystadegau brawychus y Cyfrifiad yng Ngwynedd codasai'r gweision suful ddau fys perlog ar y Monwyson yn Chwefror a chaniatáu apêl cwmni tai'r Gaerwen. Daliodd grŵp tai'r Gymdeithas, dan arweiniad Steve Eaves i harneisio'r ewyllys leol yn ddyfal, a bu rali arall yno ym Mawrth. Enillwyd y frwydr pan dderbyniodd yr Uchel Lys apêl y cyngor, gan feirniadu'r Swyddfa Gymreig am wthio'r tai yn erbyn barn ddemocrataidd.

Bu'r ddau ddigwyddiad uchod yn hwb i'r awdurdodau lleol mwyaf effro, ac yn gadarnhad i'r mudiad iaith eu bod ar drywydd gwythïen werth ei chloddio'n ddyfnach. "Nid buddugoliaeth syml sy'n ein haros, ond brwydr oes," meddai Ffred Ffransis yn yr Ysgol Basg, yn arwydd bod y mudiad ifanc wedi

deall y wers a ddysgodd hen lawiau'r ymdrech genedlaethol ers cantoedd. Y gwahaniaeth gyda'r to hwn oedd na fyddai hynny'n ddigon, onid yn fan cychwyn, fel na chaent eu digalonni gymaint yng ngwres y frwydr honno. Roedd teimlad ar led yn eu plith nad oedd cenhadu a chyfathrebu lleol yn ddigon chwaith, a bod yn rhaid ailfiniogi'r safiad cenedlaethol dros yr iaith, ei godi i wastad uwch a dwysach, a'i gadw yno. Nid dyna gymhelliad rhai o drigolion Pwllheli, mae'n siwr, pan aeth yn dwrw yn rali'r marina, ac R.S.Thomas yn cael derbyniad yr un mor gymysg ag aml i Welsh Nash enwog o'i flaen. Cododd y grŵp tai helynt gwaeth yn y Steddfod, pan arestiwyd tri ar y maes wedi'r difrod £1500 i stondin y Swyddfa Gymreig.

Roedd y Gymdeithas erbyn hyn wedi cael trefnydd go iawn am y tro cyntaf yn ei hanes. Adlewyrchwyd y taerineb ailanedig gan gylchgrawn Tafod y Ddraig, a drodd i ffurf papur newydd (Rhif 153, Mehefin). Nid dyna'r unig newid yn hanes y mudiad yn y cyfnod yma. Bu toriad amlwg yn yr arweinyddiaeth, wedi i dŵr o'r hen do lithro o'r tresi, ambell un o dan ryw gwmwl neu'i gilydd. Pechodd dau gyneithafwr adnabyddus wrth ymuno â staff HTV! Ciliodd Wayne Williams hefyd, wedi annifyrrwch mewnol ynghylch ei gronfa gynnal, ac Euros Owen, dau o benseiri newydd wedd y mudiad. Aeth nifer i arwain mewn meysydd eraill, gan adael y dulliau heriol o'u hôl. Ond troediodd y mudiad iaith yn hyderus yn ei chŵys newydd. Cyfrifir y cyfarfod cyffredinol—yn ôl i aros yn Aberystwyth wedi degawd yn Nhalybont—yn garreg filltir.

I ddechrau, lansiwyd yr ail Faniffesto. Cynhwysai raglen waith ddeng mlynedd yn ôl egwyddor cymdeithasiaeth i amddiffyn a hybu cymunedau'r Gymraeg mewn cynghrair â radicaliaid eraill. Fel y Maniffesto cyntaf, gwna i'r darllenydd amau, weithiau, oni ddylai'r mudiad ystyried ymladd etholiadau lleol, gan mai yn nwylo'r cynghorwyr y mae'r gallu i weithredu cymaint o'r hyn y crefir amdano. Ond llais mudiad protest oedd hwn wedi'r cyfan, un a ddaliai i arddel torcyfraith i fynnu cyfiawnder. Byddai'n fwy effeithiol na chynt, gyda synnwyr o bwrpas a chyfeiriad. Cychwynnodd ddwy ymgyrch allweddol yn awr. Aeth ati i fynnu Deddf Iaith newydd, gan gychwyn paratoi argymhellion ymarferol ar gyfer y cyfreithwyr a'r gwleidyddion. Yr un pryd, cychwynnodd yr ymgyrch fawr dros Gorff Datblygu Addysg Gymraeg. Go brin y bu erioed slogan ymgyrchol mor anhylaw, ac efallai bod hynny ynddo'i hun yn dangos bod y rhain o ddifrif. Mynnent ennill fforwm genedlaethol i gydgysylltu ymdrechion yr holl weithwyr yn y maes hwn, yn ffynhonnell ymchwil a defnyddiau, ac yn offeryn i ennill a chyfeirio cyllid i weithredu polisïau synhwyrol i ateb argyfwng yr iaith. Bu'r weithred gyntaf yn Rhagfyr, sef cynnal 'dosbarth' i blant yng nghyntedd y Cydbwyllgor Addysg; byddai'r sefydliad hwnnw'n clywed tipyn rhagor amdanynt cyn bo hir!

Yn goron ar y flwyddyn i lawer, mae'n siwr, daeth S4C. Roedd cwmnïau annibynnol Cymraeg yn brigo fel riwbob, dan lond trol o wrtaith cyfalafol o'r ardd drws nesaf. Mae'n ddiddorol cofio mai'r llywodraeth Dorïaidd, ac nid yr ymgyrchwyr na'r darlledwyr, a fynasai gadw cyfran helaeth o oriau a chyllid y bedwaredd sianel yn annibynnol, sail ei llwyddiant ym marn rhai. Mae lle i amau, wrth gwrs, bod y Sianel yn help i gadw'r Cymry yn ddinasyddion ufudd. Ond nid yw hynny'n rheswm digonol iddynt beidio â manteisio ar gyfryngau cyfoes fel pob cenedl arall, na gwrthod tamaid o'r cyfalaf sy'n ddyledus inni ers canrifoedd. Bu dyfodiad S4C yn gryn ysbrydoliaeth i hunaniaeth a diwylliant Cymraeg a'i economi, fel y rhagwelsai Cymdeithas yr Iaith bymtheng mlynedd ynghynt. Gall barhau felly os deil y bobl i gofio mai nhw piau hi.

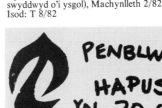

Cyfarfod mawr cefnogi Wayne Williams (a ddiswyddwyd o'i ysgol), Machynlleth 2/82 (d/g A.T.) Isod: T 8/82

Ioan Talfryn a Siôn Parri yn picedu ffatri Hotpoint, Deganwy wedi diswyddo Goronwy Fellows am wrthod rhoi *Made in GB* a baner Lloegr ar y peiriannau golchi 1/82 (TT)

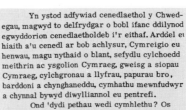

PENBLWYDD HAPUS YN 20 OED

Yn ystod adfywiad cenedlaethol y Chwedegau, magwyd to delfrydgar o bobl ifanc ddilynod egwyddorion cenedlaetholdeb i'r eithaf. Arddel et hiaith a'u cenedl ar bob achlysur, Cymreigio eu henwau, magu nythaid o blant, sefydlu cylchoedd meithrin ac ysgolion Cymraeg, gweisg a siopau Cymraeg, cylchgronau a llyfrau, papurau bro, barddoni a chynghaneddu, cymhathu mewnfudwyr a chynnal bywyd diwylliannol eu pentrefi.

Ond 'dydi pethau wedi cymhlethu? Os credwch mewn 'Bro Gymraeg', 'rych chi'n ffasgydd, os ydych yn ymfalchïo yn eich hanes neu'n cynghaneddu, 'rych chi'n ffiwdal, os ydych yn athro, 'rych chi'n ddosbarth-canol, os ydych yn siopwr, 'rych chi'n fân-fwrgeisiwr, os trowch eich cefn a dechrau eich menter eich hun, 'rych chi'n gyfalafwr. A beth ddigwyddodd i genedlaetholdeb? "Ideoleg a ddyfeisiwyd gan y fwrgeisiaeth ydyw, a'i swyddogaeth yw uniaethu buddiannau'r 'Genedl' â buddiannau'r dosbarth hwnnw."

Y Gweriniaethwyr yn poeni Angharad Tomos T 3/82 Ond isod: Wyn Roberts A.S. â cherdyn cyfarch gan Gwyn Edwards ac Angharad, y Cadeirydd newydd 1/83

Gwenfair Hastings, tua 1962. (d/g G.H.)

DIOLCH AM Y NEWID
Gwenfair Hastings

Gan mai alltud yma'n Lloegr a fûm ers dros ugain mlynedd, ni fedrais gefnogi Cymdeithas yr Iaith ond trwy gyfrannu at yr achos pan fedrwn... Trwy salwch yn aml, methais ag ysgrifennu i'r papurau i gefnogi ei safbwynt a'i gweithredu. Ond roeddwn yn falch o allu rhoi llety noson i bedair o ferched oedd i ymddangos yn llys Stryd Marlborough yma yn Llundain ar ryw gyhuddiad neu'i gilydd. [1973?] Euthum gyda hwy i'r llys, ac roedd yn dda gennyf fod yn y frwydr i gadw'r Gymraeg yn fyw, unwaith yn rhagor.

Hefyd gwefr i mi oedd, ac yw, mynd adref i Gymru tuag wythnos yr Eisteddfod Genedlaethol bob blwyddyn a chanfod arwyddion Cymraeg... a gallu mentro gofyn am rif teleffon etc. yn Gymraeg. A mynd nôl i Gaerdydd yn 1980 am y tro cyntaf... ers pan adewais yn 1957—Queen Street oedd y stryd lle gweithiwn bryd hynny—a phan welais Stryd y Frenhines... ar y mur, cefais andros o ysgytiad... Diolchais yn fy nghalon am aberth aelodau Cymdeithas yr Iaith, yn enwedig y rhai a garcharwyd dros eu hiaith a'u gwlad. A greddf y Cymry yn erbyn torri'r ddeddf ar unrhyw achos, ac yn erbyn malurio eiddo Swyddfa'r Post a'r BBC, gellid dweud fod llawer ohonynt yn falch o ganlyniad yr erlyn a'r carcharu, sef gweld yr iaith yn ennill ei lle ar yr aelwyd y dylasai fod arni erioed ac am byth..!

Dim ond yng Nghymru y gwelem ganiatáu y fath beth â gorlifiant yn lladd yr iaith a chenedl a neb o'n harweinwyr politicaidd yn dweud *dim*—ar wahân i Blaid Cymru... Ac, a bod yn onest, mae'r sefyllfa heddiw yn ddigon i wneud pobl sy'n poeni am ddifodiant yr iaith yn lloerig—mae'n sefyllfa amhosibl i'w chadw'n fyw a chydnabod nad yw ewyllys yr Iddew cyffredin i'w chadw'n fyw gan y rhelyw o'r Cymry. A dyna pam yr edmygaf y Cymry ieuainc—aelodau Cymdeithas yr Iaith etc—fod ganddynt y fath ffydd i droi'r llanw hwn yn ôl a chadw'r iaith a'n hunaniaeth fel cenedl, a'u parodrwydd i ddioddef dros eu hargyhoeddiadau... a rhaid oedd lleisio fy niolch i'r Gymdeithas hon.

[*Dyfyniadau o'i llythyrau at y Golygydd, 16/5/84 a 5/9/84*]

Yr un hen stori, 20 mlynedd wedyn: ond rali Bangor yn clywed bod Charles Evans, y Prifathro dadleuol, am ganiatáu 4 pwnc yn Gymraeg. (C 9/3)

yn drist iawn yr ydym yn gorfod datgan ein bod heno yn ail-gychwyn yr ymgyrch.

Rhybuddiwn hefyd y bydd yr ymgyrch yn dwysáu ac yn lledaenu yn ystod 1982, os na fydd ymateb buan a phendant. Rhys Gethin, M.G.

L '82 Isod: Meibion Glyndŵr; Rhys Gethin oedd cadfridog Owain Glyndŵr WM 5/1

TŶ HA'   TŶ HA HA

172

YR WYTHDEGAU (2):
YSGOL BROFIAD
Dylan Morgan

Dylan Morgan yn annerch rali'r Marina, Pwllheli; R.S.Thomas 4ydd dde 26/6

Yn gynnar ym 1982, ymddangosodd gair hud newydd yn ffurfafen economaidd Cymru—MARINA. Cyfarfu'r grŵp Cynllunio a Materion Economaidd i lunio ateb i ddogfen drafod y Bwrdd Croeso ar y marinas, a chawsom ddau gyfarfod gyda swyddog o'r Bwrdd a brofodd ein bod mewn bydoedd ideolegol cwbl wahanol i'n gilydd. O ganlyniad i adroddiad y Bwrdd Croeso, cyflwynwyd amryw o geisiadau cynllunio ar gyfer datblygu marinas ar hyd arfordir Cymru. Cododd y Gymdeithas i wrthwynebu tri chais, sef Pwllheli ym 1982, a Bangor ac Aberystwyth ym 1984.

Os bu rali Harlech yn eglureb o wrthdaro grymoedd y farchnad rydd a buddiannau pobl Cymru, yna bu ymgyrch gwrthwynebu'r marinas yn ysgol brofiad werthfawr a'n dysgodd sut i ymladd brwydrau estynedig yn erbyn cyfalafwyr hapfasnachol a'u cynffonwyr yn y Bwrdd Croeso ac ar y cynghorau.

Er i gynlluniau marina Pwllheli fudferwi ers 1982, ar ddiwedd 1982 ni bu unrhyw ddatblygiad gweladwy, er mawr siom i'r siambr fasnach leol. Roedd yn gam pwysig i'r Gymdeithas gynnal cyfarfod cyhoeddus a rali yn y dref, er gwaetha'r amser caled a gawsom gan gefnogwyr lleol y datblygiad. Dysgodd yr ymgyrch hon, a'r ymgyrch yn erbyn marina ym Mhorth Penrhyn, Bangor, na allem ddibynnu ar wrthwynebiad cadarn gan gynghorwyr chwit-chwat.

Roedd yn amlwg bod dryswch meddwl mawr ymhlith cynghorwyr Plaid Cymru ar gynghorau Arfon a Dwyfor ar ddatblygiadau twristaidd mawreddog. Adlewyrchid hyn yn y ffaith mai'r Cynghorydd Gethin Evans, un o gynghorwyr swyddogol Plaid Cymru ar Gyngor Dwyfor, a gynigiodd gerbron y cyngor y dylid rhoi caniatâd cynllunio i ddatblygu marina Pwllheli ...

Pete John a Terwyn Tomos yn trafod 'Cymreigio'r Broydd' yn yr Ysgol Basg, Crymych ar benblwydd 20 oed y Gym. 4/82

Chwith: wedi i'r Torïaid fynnu lle i gynhyrchwyr annibynnol, uned Barcud yn barod at S4C. (C 6/82)

Ysgol Basg eto: Ail Symudiad, Neuadd y Farchnad, Crymych. Isod: Tecwyn Ifan, John Griffiths a Terwyn Tomos, Noson Werin yn yr Oen, Hermon.

Cynghreirio: Dafydd Iwan yn rali YDN, Maes Caernarfon 8/4 (SM)

WALES	2,750,000 (2,700,000)	18.9 (20.9)
CLWYD	386,000 (355,000)	18.7 (21.4)
DYFED	323,000 (311,000)	46.3 (52.5)
GWENT	437,000 (438,000)	2.5 (1.9)
GWYNEDD	222,000 (213,000)	61.2 (64.7)
MID GLAM	534,000 (532,000)	8.4 (10.4)
POWYS	108,000 (97,000)	20.2 (23.7)
S GLAM	377,000 (384,000)	5.8 (5.0)
W GLAM	364,000 (371,000)	16.4 (20.3)

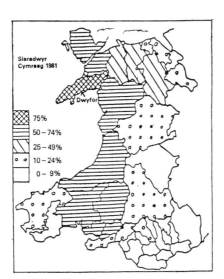

Siaradwyr Cymraeg 1981

75%
50 – 74%
25 – 49%
10 – 24%
0 – 9%

Protest y Swyddfa Gym., Steddfod Abertawe.

Siaradwyr Cymraeg, Cyfrifiad 1981; 1971 mewn cromfachau WM 28/4 Dde: y ffaith.

Ein neges fawr y mis hwn yw ar i bobl Cymru wneud defnydd o'r adnoddau hyn, ar iddynt ddefnyddio Cymdeithas yr Iaith . Mae cymaint o achosion yn codi'n ddyddiol lle na all unigolyn wneud fawr ddim ar ei ben ei hun - pan wrthodir siec Gymraeg, pan na ellir derbyn rhaglenni Cymraeg, pan fo stâd newydd o dai ar fin cael eu codi, pan na cheir pynciau drwy gyfrwng y Gymraeg, pan mae person neu fudiad yn gwrthod rhoi sylw teilwng i'r iaith. Mae gan Gymdeithas yr Iaith y gallu i weithred yn yr achosion hyn, ond onid yw pobl Cymru yn galw arni ac yn ei defnyddio, nid yw fawr o werth.

Gwyddom fod anhawsterau lu. Gwyddom am y prinder amser, y galwadau di-ddiwedd, y gwaith a bentyrrir ar 'yr un hen rai'. O'r herwydd, wnawn ni ddim gofyn gormod. Y cyfan yr ydym yn ei ofyn amdano yw un noson y mis. Rhyw dair awr yn ystod y noson honno i'w neilltuo ar gyfer cyfarfod cell Cymdeithas yr Iaith yn eich ardal chi. Un noson mewn mis i drafod y bygythiadau i'r Gymraeg yn eich ardal ac i drefnu'r hyn ellid ei wneud i'w hatal. Pe caem ond yr un noson honno gan bob un o'n haelodau a'n cefnogwyr, gallem symud mynyddoe

Angharad Tomos T 8/82 Isod: protest gan Skol an Emsav, Kemper, Llydaw 12/82

Ers canol y Saithdegau, gellir dweud mai'r Grŵp Adloniant yw un o'r grŵpiau sydd wedi datblygu fwyaf. Ymrannodd y Grŵp i fod yn gyfrifol am ddawnsfeydd yn y De a'r Gogledd ar wahan. Lle'r oedd dawnsfeydd Cymraeg yn achlysur prin o'r blaen, gweddnewidwyd y sefyllfa yn raddol drwy sefydlu amserlen bendant o ddawnsfeydd rheolaid mewn ardaloedd gwledig yn ogystal â chanol-fannau trefol. Grŵp Adloniant y De a sefydlodd Blaendyffryn yn gyrchfan mor boblogaidd. Ond heb os, y fenter fwyaf oedd Twrw Tanllyd yn Eisteddfod Caernarfon ym 1979. Ers hynny, cafwyd 'Twrw' llwyddiannus bob blwyddyn, ac anodd dychmygu sut Eisteddfod fyddai i'r ifanc bellach heb y Mecca yma. Mae Walis wedi bod a chysylltiad clos â'r trefniadau.

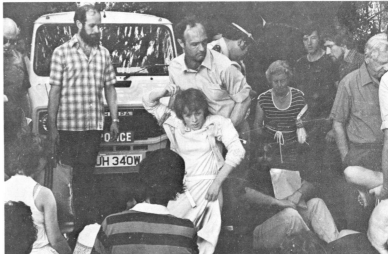

Meinir Rowlands ac eraill yn atal fan heddlu wedi arestio 3 o'r peintwyr, Eisteddfod Abertawe; arweinydd y Grŵp Tai, Steve Eaves ar lawr, dde.

Chwith: syniad da criw Helen Greenwood; gw. Dafydd Iwan, ar goll ers cyhoeddi na chanai mwy (!) wedi'i Daith 700. (d/g A.T.) Dde: Ffred Ffransis, Angharad Jôb, a Siân Enoc o'r Grŵp Statws, ar warthaf y Post.

Chwith: T 10/82 Uchod: Wynfford James yn galw am ehangu derbyniad S4C. Yn y cefndir gw. pabell 1af S4C. (WM)

Y GAERWEN A MÔN
KEITH BEST
Robyn Parri

Roedd y boblogaeth leol yn y Gaer-wen, trwy ddeiseb, wedi gwrth-wynebu codi tai diangen. Roedd y cyngor etholedig lleol, Cyngor Bwrdeis-tref Ynys Môn, wedi gwrthwynebu gan fod y datblygiad o dan sylw yn bygwth tanseilio eu polisi cynllunio. Aeth y dat-blygwr, un Mr Butterfield, i apêl yn yr uchel lys. Fe gollodd, ond nid dyna ddiwedd yr achos. Aeth at y Swyddfa Gymreig; penderfynodd y swyddfa honno anwybyddu dyfarniad yr uchel lys a chynnal eu hapêl eu hunain. Y canlyniad oedd i'r datblygwr ennill y dydd ...

Beth yw canlyniad dictat y Swyddfa Gymreig? Yn gryno, mae'n golygu nad oes gennym ni fel cenedl, nac fel cym-deithasau unigol, ddim modd cyfan-soddiadol ar ôl i atal y mewnlifiad sy'n prysur droi rhannau sylweddol o'n gwlad yn ddim amgen na *plantations* Seisnig.

Mae'r hyn y gall y Gymdeithas ei wneud yn gyfyngedig iawn bellach. Mudiad agored democrataidd di-drais ydyw, ac y mae ei fodolaeth yn dibynnu ar ei allu i newid barn gyhoeddus, ac yna barn, agwedd a phenderfyniadau llyw-odraeth leol a chanol a chyrff cyhoeddus a phreifat fel ei gilydd.

Yn ystod y saith mlynedd diwethaf mae democratiaeth wedi cael ei dileu bron yn llwyr—ffaith nad yw trwch y boblogaeth yn ei sylweddoli. Tydi cael yr hawl i bleidleisio ddim ynddo'i hun yn golygu bod yna ddemocratiaeth yn bodoli ... Yn ystod yr un saith mlynedd mae rhai o'n cydwladwyr ni wedi pender-fynu nad oes modd ymateb i her y mewn-lifiad mawr i'n gwlad ond trwy ddinistrio'r eiddo sy'n galluogi hyn i ddigwydd.

* * * * *

Oni bai imi ddod yn ôl i fyw i Fôn, mae'n eithaf tebyg y byddwn ymysg y rhai hynny sy'n crochlefain yn erbyn y Gym-deithas am iddi yn gyntaf dderbyn gwahoddiad gan Sinn Féinn i ymweld â mudiadau iaith ym Meal Feirste, ac yna am iddi wahodd dirprwyaeth o'r mudiadau hynny yn ôl i Wynedd [*1986-87*] ...

Rhyfel y Malfinas oedd y crac, dych-welyd i Fôn Keith Best oedd y toriad. Hyd at hynny derbyniwn mai melltith y Chwe Sir oedd y ffaith bod y dosbarth gweithiol wedi ei rannu oherwydd 'sect-yddiaeth grefyddol' ... Roeddwn, fel y dywedais eisoes, wedi dychwelyd i Fôn yng Nglangaeaf 1982. Ac er mai dim ond ar ôl etholiad 1979 y gadewais, cefais dipyn o sioc o weld Môn 1982 ... gwelais mai dyna oedd yn digwydd bellach ym Môn a sawl rhan arall o Gymru; sef bod cenedl y Saeson yn cys-tadlu â chenedl y Cymry am diroedd hanesyddol traddodiadol y Cymry ... Gyda chanlyniad etholiad 1983 ym Môn, profwyd geiriau Sholocoff a Fanon, mai 'brwydr' rhwng y coloneiddwyr a'r

coloneiddiedig ydoedd ...

Nid newid fy agwedd at y gad arfog a wnes. Fel Bolshefig, ni allaf fod yn heddychwr, er fy mod yn parchu'r rhai sydd yn gwirioneddol arddel y safbwynt hwnnw ac nid dim ond yn ei ddefnyddio i guddio eu cachgïaeth. Ni all person fod yn gomiwnydd os nad ydyw'n derbyn bod gan y gormesedig yr hawl i ymladd cad arfog, os bydd angen, yn erbyn y gormeswyr. Nid fi ddywedodd hynny ond yr arch-chwyldroadwr ei hun, V.I.Lenin.

Wedi dweud hynny, rwy'n dal i arddel a derbyn y 'dull di-drais' fel tacteg mewn mudiadau fel Cymdeithas yr Iaith ac Y.D.N., yr Ymgyrch Ddiarfogi Niwcliar. Y gwahaniaeth rhyngof a'r heddychwr gonest yw fy mod i yn credu yn y dull di-drais *fel tacteg* ac *nid fel egwyddor*.

Oherwydd fy mhrofiad fy hunan, rwy'n gallu deall pam bod llawer yn gwrthwynebu cysylltiad y Gymdeithas â Sinn Féinn. Fy ngobaith yw y bydd pob gwir wlad-a-iaithgarwr yn gweld, trwy fy mhrofiad i, mai edrych trwy 'lygad y gor-meswyr' oeddwn i ac y maen nhw ar Iwerddon, ac nid trwy 'lygad y gormesedig'.

[*Dyfyniadau o'i ddwy ysgrif, 'Achos y Gaerwen' a 'Môn Keith Best'*]

Protest tai'r Gaerwen, Môn: blaen, Gareth Ioan, Siân Enoc, Helen Greenwood 3/4 (SM)

Rali cefnogi Wayne Williams, Llanidloes: Wayne ac Ian Hughes, chwith; Deri Tomos ar y dde. (DoH) Dde: Adferwr arall, Neil ap Siencyn, wythnos o gar-char, gwrthod llenwi'r Cyfrifiad. (T 8/82)

Amser cinio ddydd Sul, Medi 26, curodd gŵr ar ddrws cartref Siôn Aled yn dweud fod Cymdeithas yr Iaith wedi peintio slogannau ar ei dŷ ef a thai eraill ar stâd newydd ym Mhorthaethwy. 'Roedd yn bygwth dod a rhagor o gyfeillion draw oni chai wybod pwy oedd wedi gwneud y difrod. Ni wyddai Siôn ddim am y peintio a'r p'nawn hwnnw aeth i gadw oedfa mewn capel lleol. Tra yr oedd o'r tŷ, dychwelodd y dyn gyda gordd yn ei law a nifer o ddynion eraill gydag o. Buont yn poeni Mr. Owen, tad Siôn cyn gadael, gan ddweud y byddent yn dych-welyd pan ddeuai Siôn adref. Yn y cyfamser, cysylltodd Mr. Owen â'r heddlu, ond ni thybiai'r rheini fod lle i bryderu. Newydd ddychwelyd o'r ysbyty oedd Mrs. Owen ar ôl triniaeth lawfeddygol. Rhybuddiwyd Siôn i beidio a dychwelyd gartref y noson honno.

Tua deg o gloch yr un noson, clywyd lleisiau dynion tu allan i'r tŷ drachefn, rhai ohonynt wedi meddwi. Aeth Mr. Owen i'r drws a gwelodd fom betrol yn cael ei lluchio heibio iddo i'r garej agored gerllaw. Mewn dim, 'roedd y lle yn wenfflam. Pan gyrhae-

Carcharwyd dyn 18 mis T 11/82 Isod: stamp coffa 700 ml. diwedd annibyniaeth Cymru. (Y Lolfa)

Rali Llanidloes eto; blaen, Glyn Vaughan, Rhian Williams, Sioned Owen 11/82 (DoH) Isod chwith: T 12/82 Isod dde: C 9/11

Toni Schiavone a Glyn Williams (heb Carl Clowes a Glyn Hughes), Cynhadledd Gynllunio Llangernyw, y 1af o gyfres dros le'r Gymraeg ym mholisïau cynllunio'r wlad.

CYMDEITHAS YR IAITH GYMRAEG

Gwahoddir chi i

GYNLLUNIO DYFODOL I'R IAITH GYMRAEG YNG NGHLWYD

CANOLFAN BRO CERNYW, LLANGERNYW
SADWRN, TACHWEDD 27 am 2 p.m.

C 16/11 Cyfarfod pwysig a arweiniodd at bolisi newydd Glyndŵr. Isod: prif gyhoeddiad y mudiad 10/82

Minafon,
Capel Bangor,
Aberystwyth.

Annwyl Syr,
Ar ddiwrnod geni S4C ysgrifennaf yr ychydig eiriau hyn, ar ran y teulu cyfan, i fynegi ein mawr diolch i'r Gymdeithas fel corff ac i'r llu o unigolion a aberthodd cymaint yn enw'r Gymdeithas ar hyd y blynyddoedd, er mwyn sicrhau dyfodiad y sianel.

Yr eiddoch yn ddiffuant,
Howard Mitchell.

Cychwynnodd Cymdeithas yr Iaith ar ymgyrch newydd er sicrhau yr hawl i yrrwr sy'n ddysgwr osod y llythyren 'D' ar ei gar yn hytrach na'r llythyren 'L'.

Penderfynwyd ar hyn yn dilyn achos yn Llys Ynadon Aberaeron pan ddirwywyd Guto Llewelyn o'r Felinfach £15 wedi iddo bledio'n euog i gario'r llythyren 'D' yn unig ar ei gar.

Dirwywyd ei fam, Bethan Llewelyn Davies yr un swm wedi iddi bledio'n euog o helpu ac ategu.

---

blwyddyn lle'r ydym wedi gweld dyfodiad y sianel ac yn ddiweddarach statws cynllunio yn cael ei roi i'r iaith yng Nglyndŵr

Dyma'r "Chwyldro" y buom yn parablu cymaint yn ei gylch. Dyma hanfodion achub iaith. nid un fuddugoliaeth enfawr yw sicrhau Cymru Rydd Gymraeg, er mor hoff yr ydym o ddarlunio popeth yn y perspectif camarweiniol hwnnw. Cyfres o fuddugoliaethau ydyw yn hytrach, buddugoliaeth fawr fel S4C ambell waith, cyfresi o fuddugoliaethau bach megis yGaerwen a Glyndŵr yn gyson.

Ar yr amod eich bod yn barod i dalu wrth gwrs.

Awgrym a wnaed ym Maniffesto Cymdeithas yr Iaith Gymraeg, a syniad sydd yn amlwg yn ennyn diddordeb ymysg carfannau gwrthsefydliad yng Nghymru, yn ffurfio Ffrynt Eang o blith gwahanol fudiadau i herio grym y Wladwriaeth Brydeinig. Yn hanesyddol, un o wendidau mawr y Cymry oed ymrannu ac ymgecru yn ormodol yn hytrach nag uno i wrthsefyll

Pwysleisiwn mai trwy gyfrwng y dosbarth gweithiol, fel dosbarth llywodraethol, yn unig y gellir sicrhau'r amcanion hyn.

Uchod: FG 8/83
Chwith: Angharad Tomos T 12/82 Isod: C 19/10

Blwyddyn cofio Llywelyn. Uchod: Chris Schöen o Cofiwn a Dafydd Wigley A.S., Y Felinheli 11/82 Isod: rali Cofiwn, Cilmeri 11/82 (SM)

Am y tro cyntaf yn ei hanes penododd Cymdeithas yr Iaith Gymraeg Drefnydd Cenedlaethol amser-llawn.

Mae Walis George, 22 oed sy'n byw yn Llanelli eisoes wedi cychwyn ar ei swydd.

Wrth esbonio cefndir y penodiad dywedodd yr Is - Gadeirydd, Cen Llwyd, mai hwn yw un o'r datblygiadau mwyaf cyffrous yn hanes y mudiad ers ei gychwyn 20 mlynedd yn ôl, ac un o'r camau pwysicaf ers agor swyddfa ganolog.

"Ar ôl 20 mlynedd, 'rydym yn wynebu sefyllfa newydd", meddai, "gan ein bod bellach yn ceisio gwreiddio yn y rhanbarthau. Rhan o'r un datblygiad fydd agor swyddfa ranbarthol yn Ninbych, Clwyd, ddechrau'r mis nesaf".

Newyn yn Ethiopia

Annibyniaeth i St.Kitts-Nevis

Llofruddio Aquino, arweinydd gwrthblaid Pilipinas

Swyddogion y fyddin yn cymryd awenau Nigeria

Byddin UDA yn llwyddo i oresgyn Grenada; cyflafan llysgenhadaeth Beirut; gwennol ofod Challenger i fyny am wythnos

U Sofiet yn lladd 269 mewn awyren o Dde Korea

Daeargryn Twrci, lladd 1500

Y Pab yn ôl i Wlad Pwyl; gwobr heddwch Nobel i Lech Walesa

Gorymdeithiau poblogaidd CND, prif ddinasoedd Ewrob

Ffug-ddyddiaduron Hitler yn twyllo'r wasg, Gorll yr Almaen a Lloegr

Pencampwriaeth athletau'r byd 1af, Helsinki

Deddf iaith Catalunya

Dihangfa 38 o weriniaethwyr Gwyddelig o garchar Maze; bomio Llundain; cipio'r ceffyl rasio Shergar

Taflegrau Cruise yn cyrraedd Greenham; Greenpeace yn darganfod llygru Môr Iwerddon o Sellafield; lladrad £26 m o faes awyr Heathrow

Etholiad Cyff, Mehefin—llywod Thatcher a'r Ceid eto, mwyaf 144; Llaf 38% (20 sedd, isaf ers y rhyfel), Ceid 31% (14, uchaf y ganrif), y Cynghr 23% (2, Rhydd), PC 8% (2); etholiad 1af y Gynghrair

Nicholas Edwards yn Ysg Gwl eto, a'i ddirprwy Wyn Roberts; gwasgfa llywod leol a iechyd (toriadau cyhoeddus £500 m Gwl Pryd), ac Ian MacGregor yn gadael y b glo; cau hufenfa C.N.Emlyn

B Croeso yn dathlu 7 canml diwedd annibyniaeth Cym, a chestyll Iorwerth 1af

Achos cynllwyn gweriniaethwyr, Caerd, yn rhyddhau 4 (ac 1 wedyn); carcharu Dafydd Ladd, a John Jenkins am ei lochesu

Iawndal heddlu i Huw Lawrence ac Enid Gruffudd am arestio ar gam Sul y Blodau 1980

Ymgyrch PC gwrthod treth dŵr; protest CND ffatri arfau Llanishen

Neil Kinnock y Cymro 1af i arwain y Bl Laf Bryd; diarddel aelodau *Militant*

Teledu brecwast; canolfan newydd HTV Croes Cwrlwys, Caerd

Dileu p punt, bathu darn punt

Gwregys diogelwch seddau blaen car

Hawl i gyngor gwrthgenhedlu dan 16 oed heb ganiatâd rhieni

Diweithdra, Rhagfyr, 16.1% (168,978)

Marw Mary Vaughan Jones, Harri Williams

Eist Gen Llangefni; Eist yr Urdd Aberafan; Gŵyl G Dant Aberystwyth

C-BAC yn sefydlu gweithgor addysg Gym, Gorff, ac arolwg (1af!) ar anghenion cen

401 ysgol feithrin, 100 grŵp mam a phlentyn; UCAC yn symud swyddfa i Aber

Deiseb iaith seithug 400 o staff awd iechyd Gwynedd; protest Carl Clowes a'i ysg Menna Jones yn gweithio drwy'r Gym yn unig; protestiadau Adfer, a Chymd yr Iaith yn erbyn yr Awd

Cyflwyno achos Cym a'i hiaith i'r comisiwn iawnderau dynol, gan y Gyngr Gelt

Troi UMCA yn undeb annibynnol i fyf Aber

Ffermwyr ifainc Eryri a Môn yn pwyso am Gymr gweinyddiaeth y mudiad cen

4edd ŵyl ffilmiau Gelt, Caerd

Record hir *Tynged yr Iaith* S.L.; taith Macsen Dafydd Iwan ac Ar Log, a record hir *Yma o Hyd;* D.I. yn ceisio ymddeol o ganu

Archif wleid yn y Llyfrgell Gen

Emyr Price yn gol *Y Faner,* a Tudur Jones *Y Ddraig Goch*

Llafar Gwlad rhif 1 a *Radical Wales* rhif 1; diwedd *Sulyn* wedi 14 rhifyn, *Sbec* yn costio £½ m y fl

Rala Rwdins (Cyfr Rwdlan 1) Angharad Tomos; *Diwedd y Saithdegau* Gareth Miles; *Awn i Fethlem,* Carolau Nadolig i Blant; *Dewiniaid Difyr* gol Mairwen a Gwynn Jones; *The Welsh Nat Party 1925-45* Hywel Davies yn enwi 4 arall Penyberth, O.M.Roberts, Vic Hampson Jones, Robin Richards, J.E.Jones

---

Wynebddalen:
Dwy ymgyrch newydd bwysig. Poster a sticer

Aethai 21 mlynedd heibio oddi ar i Saunders Lewis hawlio bod 'Cymru Gymraeg eto'n rhan go helaeth o ddaear Cymru'. Gwae ni. Drwy gydol ail hanner ei rawd, bu'r mudiad iaith yn ceisio deffro'r genedl i wynebu goresgyniad graddol llyfr siec y Sais. Yn yr wythdegau, chwyddodd y mewnlifiad Saesneg yn genllif digywilydd a fylchai dros holl diriogaeth y Cymry croesawus. Roedden ni Yma o Hyd, meddai Dafydd Iwan y tro hwn; nid rhamant oedd ei gân ond her i ddal ati. Os yw ffyddloniaid y mudiad yn aml yn swnio'n hunangyfiawn, prin bod neb parotach i gyfaddef methiant chwaith. Methu 'newid y drefn', o hyd. Methu cronni'r gefnogaeth bosibl yn safiad unol. Ac er pob newid er gwell, methu cyrraedd ei nod gwreiddiol—cydraddoldeb i'r Gymraeg yn ei gwlad ei hun. Nid eu bai nhw oedd hynny i gyd, ac nid digalonni a wnaent ond ymdrechu'n galetach. Roedd yn iawn i ddathlu ar Bont Trefechan, felly, er mwyn hyrwyddo'r ymgyrch dros Ddeddf Iaith Newydd.

Dyna'r adeg y trefnodd y grŵp statws, dan ofal Menna Elfyn, gynhadledd yn Aberystwyth a chael cymorth Meredydd Evans, pwy arall, i sefydlu Gweithgor annibynnol i fynd â'r maen i'r wal. Merêd oedd y cadeirydd, yr Athro Dafydd Jenkins yn ysgrifennydd a Gwilym Prys Davies yn drysorydd. Ciliodd aelodau'r Gymdeithas ohono yn nes ymlaen, oherwydd ei arafwch medden nhw, ond hwn fyddai tu ôl i fesur G.P.D. ymhen dwy flynedd. Cafwyd tystiolaeth amserol o'r angen am ddeddf well nag 1967. Bu Jina Keller a hanner dwsin o'i chyfoedion mewn cyfres o achosion llys yng Ngwynedd dros yr hawl i roi D yn lle L ar gar dysgwr, a daeth y llythyren goch honno yn arwyddnod yr ymgyrch am Ddeddf newydd. Bu cell Caerdydd yn picedu Neuadd Dewi Sant, cam cyntaf crwsâd effeithiol Steffan Webb ac eraill i roi'r brifddinas ar fap brwydr yr iaith. Daeth arwyddion ffyrdd yn ôl i'r newyddion, a chafwyd £400 o ddirwyon peintio yn llys Y Drenewydd. Arwyddion Clwyd oedd y targed wedi'r cyfarfod cyffredinol (ar union benblwydd Saunders Lewis yn 90!). Bum mlynedd wedi bod yno o'r blaen, bu rali ffyrnig Llanelwy, a chosbi am fisoedd. Ond ers yr haf, helynt amlycaf y maes statws fu ymgyrch annibynnol y meddyg Carl Clowes dros wasanaeth Cymraeg ar gyfer cleifion Gwynedd. Yn Awst, felly, dyna gychwyn ymdrech hir Cymdeithas yr Iaith i wastrodi'r awdurdod iechyd anystywallt hwnnw. Dechreuodd bicedu a rhwystro'u cyfarfodydd. Bu Adfer ar eu gwarthaf yn yr un modd.

Prif weithgarwch y Gymdeithas drwy'r flwyddyn fu'r ymgyrch newydd arall—dros addysg Gymraeg. Aeth y grŵp addysg, dan arweiniad Cen Llwyd, a'r cadeirydd, ati i ddyfeisio swyddogaeth Corff Datblygu Addysg Gymraeg ac i brofi pa mor annigonol oedd y ddarpariaeth bresennol. Mewn rali ger y Swyddfa Gymreig fis Mawrth, gwelwyd slogan newydd y WN, a ddynodai'r hen *Welsh Not* ar ei newydd wedd. Cododd Llyfr Du ar Addysg stŵr wrth ddatgelu bod rhai o athrawon y Gymraeg ym Morgannwg yn ddi-Gymraeg eu hunain! Peintiwyd wyth o ysgolion uwchradd Dyfed, a bu'r cyfarfod cyhoeddus cyntaf dros y Corff yn Eisteddfod yr Urdd. Roedd grŵp dysgwyr y Gymdeithas yn dal i ymlafnio gyda chyrsiau ar gyfer oedolion. Yng Ngorffennaf, daeth y newydd bod y Cydbwyllgor Addysg wedi cytuno i sefydlu Gweithgor ymchwil i gyflwr addysg drwy gyfrwng y Gymraeg a dulliau ail iaith.

Daeth pennod gyntaf yr ymgyrch i'w hanterth yn yr Eisteddfod Genedlaethol. Wedi ympryd wythnos a chyhoeddi deiseb, aethant am bythefnos ar Daith Addysg uchelgeisiol, a chyflwyno'r ddeiseb anferth yng Nghaerdydd. Dyma'r tro cyntaf iddynt gael taith haf ers y cyfnod poblogaidd ddegawd ynghynt; roedd yn bosibl eto gyda threfnydd amser llawn. Bu hwn yn achlysur pwysig yn nhwf y mudiad ifanc cyfoes, gan iddo ddenu haid o ieuenctid at waith a hwyl y Gymdeithas. Erbyn Hydref gallent feddiannu tri o golegau Seisnigaidd ar yr un diwrnod, coleg technegol Bangor, amaeth Llysfasi ac

addysg bellach Aberystwyth. (Bu sôn eto am Goleg Cymraeg ar gyfer y Brifysgol, a fu'n bolisi gan y mudiad ers y chwedegau, ond ni ddaeth yn ymgyrch o ddifrif). Y goron ar waith y flwyddyn oedd y gynhadledd drefnus ar raglen waith y Corff Datblygu. Nid oedd rhai, fel UCAC, yn rhy frwd drosto ar y pryd, gan yr ofnent ymyrraeth gan gynghorwyr gwrth-Gymreig yn yr hyn a enillwyd yn barod gan ambell awdurdod addysg. Ond llwyddodd y gynhadledd i grynhoi cefnogaeth arbenigwyr, a'r bluen fwyaf oedd darbwyllo'r aelod allweddol o'r Cydbwyllgor Addysg, Dafydd Orwig, i gefnogi'r syniad.

Etholwyd y Torïaid eto, gan genedl arall, i gau llinyn y pwrs cyhoeddus yn dynnach fyth, a difreinio Cymru o bob amddiffyniad effeithiol. Deuai'r dirwasgiad i frathu'r ardaloedd gwledig bellach, gan glosio pobl y Chwith. Roedd adain weriniaethol Cymdeithas yr Iaith, yn wahanol i'r Mudiad Gweriniaethol, yn cryfhau o hyd. Nhw oedd asgwrn cefn y grwpiau tai a thwristiaeth, a chynnydd calonogol rhanbarthau Gwynedd y Gymdeithas. Ers cyfnod Undeb Gwerin Môn, a brwydr Y Gaerwen, roeddent wedi magu gwreiddiau yn y gymdeithas leol ym Môn ac Arfon. Parhâi trachwant y datblygwyr tai yn anniwall, yn Y Gaerwen fel gweddill yr ynys. Dyna'r neges a wynebai eisteddfodwyr Awst wedi protest gofiadwy 'Môn Mam Pwy?', pan welwyd y faner fwyaf unigryw yn hanes unrhyw fudiad iaith yn crogi ar Bont y Borth—'*No al colonialismo Inglese en Les Malvinas ni Ynys Môn*'! Wedi picedu cymhorthfa'r Gweinidog Gwladol yn Nhachwedd, dros broblemau tai'r werin bobl, clywed ymhen mis bod y Swyddfa Gymreig wedi ennill apêl Uchel Lys i orfodi 30 o dai drudfawr ar Lanfairpwll.

Yn gynharach yn y flwyddyn, dychwelsai'r Gymdeithas at ei hen arfer o eistedd mewn tai haf. Meddiannwyd dau dŷ gwag, ac un arall adeg yr Ysgol Basg yng nghwmni'r holl deulu Ffransis, a'u cath. Canfuwyd mai aelod seneddol o Dori oedd piau hwnnw! Ni ddaeth pobl leol i'r Ysgol Basg, a leolwyd yn Stiniog o achos diffyg unrhyw bolisi iaith gan Gyngor Meirion. Mwy arwyddocaol na'r tai haf erbyn hyn oedd y datblygwyr tai diangen, fel cwmni Whelmar o Gaer. Meddiannwyd swyddfa hwnnw, a thorri i mewn i rai o'u tai arddangos. Dirwywyd rhai yn drwm yn yr haf am beintio tai estron. Bu carchariad cyntaf yr ymgyrch hefyd, yn achos cadeirydd y Gymdeithas—am wrthod dirwy helynt Eisteddfod Abertawe—ond talodd rhywun ei ddirwyon i'w chael allan. Roedd y grŵp cynllunio yn brysur yn paratoi ar gyfer cynadleddau sirol yn y dyfodol ar batrwm Clwyd. Parhâi Cyngor Rhuddlan yn fyddar i apêl y gell leol am bolisi iaith a gwaith yn ardal dwristaidd Y Rhyl. Ond cafodd y grŵp twristiaeth hwb i'w ymgyrch yn erbyn y marinas, pan drodd pysgotwyr Caergybi ac Aberystwyth ato am gymorth.

Trefnodd y Gymdeithas gyfres o gynadleddau aswyol. 'Amddiffyn democratiaeth' a 'her y Maniffesto' oedd pwnc y cyntaf yn Ionawr. Cafwyd gweithdy ar y dull di-drais yn y gwanwyn, a chyfarfod cyhoeddus yn Y Rhyl ar 'ddemocratiaeth dan fygythiad'. Roedd y cyfarfod hwnnw yn brofiad newydd—ac nid yn unig am ei fod yn Saesneg: yr unig dro yn ei hanes?—yng nghwmni Duncan Campbell, dadlennydd diflino cyfrinachedd y llywodraeth ac awdur *War Plan UK*. Bu rali wrth-Dorïaidd yn Y Bala wedyn; a'r adain weriniaethol a sefydlodd y grŵp cysylltiadau rhyngwladol, i ehangu gorwelion y mudiad a denu cefnogaeth dramor i frwydr y Gymraeg a ieithoedd lleiafrifol Ewrob. Roedd baneri'r Gymdeithas, fel rhai Plaid Cymru, yn amlwg yng nghyrddau grymus y mudiad gwrthniwclear yng Nghymru ac yn Greenham. Roedd rhai grwpiau roc Cymraeg yn ceisio denu'r ieuenctid dosbarth gweithiol, di-Gymraeg yn aml. Alltudiwyd eu hen arwr Geraint Jarman o ddawnsfeydd y Gymdeithas am gyfnod, wedi iddo gyfrannu at ddathliad truenus y Bwrdd Croeso ar 700 mlwyddiant goresgyniad Iorwerth I!

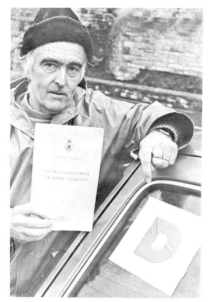

Dafydd Orwig Jones, rali ceir platiau D, Caernarfon 15/1 D hefyd yn hawlio Deddf Iaith Newydd. Dirwywyd nifer.

Yn ôl i Bont Trefechan, copïau o'r posteri 1af: Ariel Thomas, Non Tudur,   , Millie Gregory, Gwern ap Tudur, Gwion Llwyd, Enid Gruffudd 5/2

Angharad Tomos, Chris Schöen a'r orymdaith o Drefechan heibio'r Efail (ac Evans Bros!) at Swyddfa'r Sir.

Dathlu 20 ml. y Bont: Robat Gruffudd, Angharad Tomos, Jên Dafis, Siân Gwenllian.

Wynfford James ac eraill yn ailadrodd y brotest 1af yn Swyddfa'r Sir, i gychwyn yr ymgyrch Deddf Iaith Newydd.

Munud y clywodd y Wasg ein bod yn dathlu penblwydd y Gymdeithas ar Bont Trefechan, heidiodd y newyddiadurwyr o'n cwmpas, a dyma ddechrau datgymalu ein perfedd a'i ddadansoddi

Mewn gwirionedd, dangoswyd nad oedd gan rai o'r Wasg rithyn o adnabyddiaeth o Gymdeithas yr Iaith fel y mae heddiw. Cafwyd rhai enghreifftiau clasurol o hyn, megis gan Gwilym Owen ar 'O Gymru Heno'ı

"Mae'n rhaid i mi ddweud, mi roedd gan y Gymdeithas yn y Chwedegau ryw fath o statws a phwysigrwydd ac roedd hi'n cael parch gwleidyddion o bob plaid. Erbyn hyn mae wedi colli hwnnw. Yn nyddiau pobl fel Gareth Miles a Dafydd Iwan a Ffred Ffransis a dweud y gwir mi roedd gan y Gymdeithas yma hygrededd... Does ganddi ddim yr un apel (rwan), tydi ddim a'r un gweithgarwch, 'does ganddi ddim yr un rhuddin rywsut ag oedd ganddi yn y Chwedegau."

Angharad Tomos T 3/83

Uchod: 4 cell o Glwyd yn hel arian, Taith y cestyll *v* dathliad y B. Croeso o'n concwest 10/4 Cell Ysgol Maes Garmon yng Nghastell Y Fflint; Cell Wrecsam, dde. Isod: Angharad, Nia ac Alys, Cell Ysgol Llangefni, â ffurflenni Saesneg Post Llangefni.

Yn ystod y blwyddyn diwethaf mae gweithgarwch Rhanbarthau Cymdeithas yr Iaith wedi cynyddu yn arw, gyda celloedd yn brigo fel grawn unnos. Mae hyn yn gam pwysig ymlaen gan mai'r gell yw gwreiddyn y Gymdeithas. Dim ond lle mae celloedd cryfion gall y Gymdeithas gadw golwg ar yr hyn sy'n digwydd yn lleol a cheisio atal datblygiadau niweidiol. Dyma hefyd y ffordd mwyaf effeithiol o ddenu aelodau newydd - sef drwy weithgarwch lleol dygn.

Yr ateb i Gwilym Owen T 6/83 Dde: o'r Ysgol Basg i dŷ haf Anthony Steen A.S., Ceunant Uchaf, Llidiardau; Angharad Tomos, Dafydd M.Lewis, Ffred Ffransis a'i blant Carys, Lleucu, Angharad a Hedd.

Y FERCH FACH DDRWG
Helen Prosser

Dyw'r noson cyn canlyniadau gradd ddim yn noson hawdd i neb; rhai yn mynd am sesh, eraill yn mynd i'r sinema, er mwyn cael anghofio am bopeth ac yn y blaen. Ond ar gais y nid anenwog Dafydd Morgan Lewis, es i mas i weithredu, yn erbyn polisi Cyngor Sir Powys o beidio â chodi arwyddion dwyieithog—mewn geiriau eraill, mas i beintio.

Cawson ni fenthyg fan UMCA (Undeb Myfyrwyr Cymraeg Abersytwyth), ac nid fan fwyaf dibynadwy'r byd oedd hi chwaith. Ddwedwn i ddim taw oherwydd cyflwr y fan y cawson ni ein harestio, ond yn sicr doedd ei chyflwr ddim yn help ar gyfer y *getaways*. Aethpwyd â Tonwen Davies, Lydia Griffiths a fi i Swyddfa'r Heddlu yn y Drenewydd i dreulio'r noson yng nghwmni'r glas.

Roedden ni'n disgwyl cael ein rhyddhau yn gynnar y bore wedyn—ac nid felly y buodd hi. Cawsom ymweliad gan un o slobs slei Aberystwyth, ac erbyn hyn roedd fy nghanlyniadau gradd wedi

Achos 7 o fyfyrwyr Bangor, tŷ haf Llangoed, Llys Llangefni yn y glaw 2/3 Dde: oriawr Gymraeg 1af y Pentan WM 22/6

hen ymddangos ar hysbysfwrdd yr Adran Gymraeg. Ond am mod i wedi bod yn 'ferch fach ddrwg', roedd yr heddlu yn benderfynol o nghosbi trwy beidio â gadael i mi ffônio'r Adran.

Dim ond ar ôl i gyfreithiwr ddod i'n gweld y caniatawyd i fi ffônio i gael fy nghanlyniadau, a phlismon yn dal y ffôn tra mod i'n trïo cael sgwrs gyda Beryl, ysgrifenyddes yr Adran Gymraeg. Cael fy rhyddhau wedyn, a mynd i ffônio mam. Ond stori arall yw honno . . .

Y DAITH ADDYSG
Miranda Morton

Y daith addysg o Langefni i Gaerdydd ym mis Awst—dyma gyfle gwych i gasglu enwau ar y ddeiseb yn galw am Gorff Datblygu Addysg Gymraeg, ac arian i'w roi yng nghoffrau'r Gymdeithas. Dyma ddau reswm dros fynd felly, ond roedd na drydydd—y sbort a'r sbri!

Yr hyn sy'n aros yn fy nghof, ymhell ar ôl i'r pothelli wella a'r lliw haul ddiflannu, ydyw'r croeso twymgalon a gawsom ar hyd y daith gan gefnogwyr ac aelodau'r Gymdeithas. Amrywiodd y llety, o garafán i dŷ gwag i gartrefi teuluol, ond yr un oedd y croeso bob tro. Fel arfer, aeth diwrnod fel hyn: codi (yn rhy gynnar fel rheol!), cerdded, cael cinio, cerdded, cyrraedd, cael swper, a mynd i'r adloniant a drefnwyd yn yr ardal—boed yn dwmpath dawns, disgo neu noson ddoniau lleol.

Tra oedd rhai ohonom yn canolbwyntio ar roi un droed o flaen y llall, aeth rhai eraill ati i hel enwau ar y ddeiseb, ac erbyn inni gyrraedd Caerdydd, roedd tua 23,000 o enwau arni, yn barod i'w chyflwyno i'r Swyddfa Gymreig. Yn ystod y daith, yn arbennig yn y dechrau, pan nad oeddem wedi arfer â'r cerdded, un o'r jôcs cyson oedd meddwl beth a wnaem petai'r Swyddfa Gymreig yn cyhoeddi ei bod o blaid sefydlu Corff Datblygu Addysg Gymraeg, a ninnau wedi cerdded hanner y ffordd! Ni wnaeth, wrth gwrs, ond fe wnaiff!

Eisteddfod Llangefni: Dylan Morgan â'i gorn yn hawlio Corff Datblygu Addysg Gymraeg gan y Gweinidog Gwladol, Wyn Roberts. (WM)

Ar y daith addysg. Roedd Miranda yn un o'r rhai a gerddodd yr holl ffordd, fel Rolant Dafis a Dylan Williams.

Richard Wyn Jones, Angharad Tomos, Siân Roderick, Clive Betts o'r WM, Eisteddfod Llangefni (WM)

Chwith: Ffred Ffransis a Toni Schiavone'n cael y tamaid olaf am wythnos cyn y streic lwgu gyda Meinir Gwilym ac Angharad, Eisteddfod Llangefni. (WM) Uchod: rali addysg Caerdydd wedi'r daith a'r ddeiseb, Gwenllian Dafis a'i ffrindiau yn atgyfodi *Welsh Not* ysgolion Cymru'r 19eg ganrif. (H.L.M.)

AWDURDOD IECHYD GWYNEDD
Angharad Tomos

Gorfu i Carl Clowes adael yr Awdurdod yn y diwedd a chael swydd gydag Awdurdod Iechyd arall. Ni ddeuthum ar draws unrhyw gorff cyhoeddus mor elyniaethus ei agwedd at y Gymraeg, nac mor annemocrataidd. Ôl-nodyn:

Yng Ngwanwyn 1986, gwnes gais i Awdurdod Iechyd Gwynedd (ymysg sawl awdurdod iechyd arall) i ddilyn cwrs nyrsio. Cael fy ngwrthod a wnes.

[Dyfyniad o ysgrif am ei hympryd ym 1984; gw. Dyddiadur Gwenith Huws]

Eleni credwn mai'r esiampl i ddilyn yw esiampl Y Meddyg Carl Iwan Clowes Mi ddaeth y gŵr hwn i benderfyniad ynglŷn â'i ddyletswydd dros yr iaith. Gweithredoedd ar ei benderfyniad a hysbysu ei gyflogwyr ar ffurf llythyr. Mae o yn un o'r llythyrau pwysicaf i gael ei sgrifennu yn hanes brwydr yr iaith. Mae'n bwysig am ei fod mor brin. Mae o'n anhraethol mwy prin am fod ei awdur wedi gweithredu ar ei argymhellion.

Angharad Tomos T 11/83

Carl Clowes. Isod: Menna Jones (T 10/83)

MEMO MEWNOL
INTERNAL MEMORANDUM

Gwynedd Health Authority   Awdurdod Iechyd Gwynedd

I/To: Prif Swyddog Meddygol Gweinyddol/
      Prif Weinyddwr
Oddi wrth/From: Carl Iwan Clowes

Eich cyf/Your ref: CIC/MJ
Ein cyf/Our ref:
Dyddiad/Date: 8. 8.83

O heddiw ymlaen, byddaf yn gweithredu yn Gymraeg yn unig am un diwrnod yr wythnos. Am fis Awst yn unig y gwneir hyn.

Wedyn ychwanegir un diwrnod yr wythnos yn fisol ac ymhen pum mis byddaf yn gweithredu yn gyfan gwbl yn Gymraeg.

Ystyr 'gweithredu', yw ymwrthod ag unrhyw femo, llythyr, cofnodion, dogfen, galwad ffôn, ac yn y blaen os nad ydyw yn Gymraeg. Ar yr un pryd, byddaf yn siarad Cymraeg mewn cyfarfodydd o fewn yr Awdurdod.

Byddaf, yn ogystal, yn annog rhai eraill i wneud yr un peth o dro i dro nes y cydnabyddir y Gymraeg yn deilwng gan yr Awdurdod fel iaith frodorol a iaith gyntaf y mwyafrif o fewn ei diriogaeth.

991-/182   S/6381

Y Meddyg Carl Iwan Clowes
Arbenigwr mewn Meddygaeth Gymdeithasol

Llythyr Carl Clowes 8/8

Mae pob un o'r gweithwyr yn cael ei herlid oherwydd ei safiad ond mae un Ysgrifenydd Menna Jones wedi cael ei horiau i lawr o $36\frac{1}{2}$ i 12 awr. Golyga hyn ei bod hi'n amhosib iddi gadw ei swydd gan nad yw'r cyflog a gaiff am y 12 awr a weitha yn ddigon i'w chynnal.

Dechreuodd y streic wedi i'r Awdurdod Iechyd anwybyddu deiseb gan dros 400 o weithwyr yr Awdurdod yn gofyn am well chwarae teg i'r iaith ym myd iechyd yng Ngwynedd.

Mae plant, ac yn wir oedolion sy'n cael trafferth i gyfathrebu yn Saesneg, ond nid oes cydymdeimlad a'u trafferthion gan swyddogion yr Awdurdod. Parhau i benodi pobl uniaith Saesneg i swyddi allweddol yw eu polisi hwy.

Penodwyd ysg. ddi-Gymraeg yn lle Menna T 10/83 Dde: bathodyn car poblogaidd. Isod: Angharad Tomos T 7/83

CYMRU
CYM
WALES
PAYS DE GALLES

Yn yr ardaloedd Cymraeg y mae'r dirywiad yn digwydd - a hynny'n ddyddiol. Yno, y funud hon mae iaith yr iard yn troi yn Saesneg. Mae'n rhaid i ni fynd i'r ysgolion i weld penbleth prifathrawon sy'n wynebu'r dasg o ddelio gyda dau neu dri o fewnfudwyr di-Gymraeg bob wythnos. Mae'n rhaid i ni fyw yn broydd hyn i sylweddoli'r ing wrth weld fferm ar ôl fferm yn cael eu gwerthu i fewnfudwyr, stâd ar ôl stâd yn cael eu codi, capel ac ysgol yn cau, siop a thafarn yn cael eu cymryd o'n dwylo. Dyma wead y Cymru Cymraeg yn datod o flaen ein llygaid. Mae'n holl-bwysig ein bod yn dal i allu cael ein dychryn gan hyn, yn dal i allu arswydo at y ffaith, gan mai dyma'r ysgogiad i godi llais ac i wneud rhywbeth. Unwaith y derbyniwn fod dirywiad hwn yn batrwm anhepgor, mae'r dychryn yn troi'n chwerwder a'r awydd i weithredu yn diflannu.

CYFLWYNWYD achos cenedl y Cymry a'r iaith Gymraeg gerbron y Comisiwn Ewropeaidd dros Iawnderau Dynol yr wythnos diwethaf. Credir mai dyma'r tro cyntaf erioed i achos o'r fath gael ei gyflwyno iddynt.

Fe'i paratowyd gan Mr Ithel Davies, Aberystwyth, ar ran Cangen Cymru o'r Gyngres Geltaidd, yn dilyn penderfyniad i'r perwyl hwnnw yng nghyfarfod diwethaf y Gyngres yn Penzance, Cernyw.

C 26/4 Isod: Ithel Davies yn y 40au (d/g I.D.)

Mae yna ddeg dosbarth Gwyddeleg ym Melfast erbyn hyn i'w gymharu â dau lynedd.

Efallai, mai'r gymdeithas Gaeleg yn yr H Blocks sydd yn gyfrifol am ran helaeth o'r cyfraniad yn natblygiad yr iaith yn ddiweddar. Am flynyddoedd, heb lyfrau, na defnydd ysgrifennu, yn byw mewn cyflwr erchyll, gyda amgylchedd elyniaethus, brwydrodd y carcharorion yn erbyn sefyllfa anffafriol ddychrynllyd i ddysgu'r iaith o geg i geg gan weiddi'r gwersi o un gell i'r llall.

Maeve Armstrong FG 8/83

BABI YN YR AFON
Toni Schiavone

Dal i ganu! Dafydd Iwan ac Ar Log, un o 20 noson Taith Macsen—a'r gân enwog 'Yma o Hyd'—ei daith olaf, diwedd cyfnod. (Cd) Isod dde: cyfnod newydd, y 3edd Ŵyl.

Wedi cyfnod hir o geisio darbwyllo Cyngor Sir Clwyd i fynd ati i newid arwyddion uniaith Saesneg Clwyd, gwelwyd mai'r unig ateb fuase cael Rali gyhoeddus. Penderfynwyd ei chynnal yn Llanelwy, fis Tachwedd, gyda finne ac Arthur Edwards i gyflawni'r gamp o dynnu'r arwydd. Y peth cyntaf i'w sicrhau oedd y buase'r arwydd yn cael ei ryddhau ymlaen llaw. Er mwyn gwneud mwy o sbloet o bethau penderfynwyd tynnu tua dwsin o arwyddion eraill a'u cyflwyno yn ystod y Rali.

Y cwestiwn mawr oedd sut i gael yr arwyddion o'r maes parcio ger yr Eglwys Gadeiriol at yr arwydd ger y bont, rhyw 500 llath i lawr y ffordd. Penderfynwyd defnyddio pram, a gofyn i bâr ifanc cariadus i wthio'r pram! Ar y ffordd i'r Rali stopiwyd ceir gan yr heddlu; *routine check* ddywedon nhw. Ha ha oedd ein hymateb. Cyrhaeddodd y babi arbennig yn ddiogel er hynny. Roedd nifer fawr o heddlu yno gan gynnwys nifer o *specials* —heddlu rhan amser. Chwarae teg iddynt, roeddent yn hebrwng y pram ar y ffordd gan rybuddio ceir o bresenoldeb y babi!

Roedd y rhan fwyaf o'r heddlu yn ein disgwyl ni ger y trogylch, ond wrth i ni gerdded heibio'r arwydd uniaith Saesneg, 200 llath cyn hynny, dyma fi ac Arthur Edwards (yn ei saithdegau) yn neidio am yr arwydd ac yn ei dynnu. Roedd yr heddwas agosaf atom yn rhythu'n gegagored, cyn rhoi gwaedd a rhuthro amdanom. Rhuthrodd nifer o'r dorf i roi cymorth i ni. Aeth pethau'n flêr wrth i heddwas afael yn fy ngwddf a'm tynnu yn ôl, gan blygu fy mreichiau y tu ôl i'm cefn a gosod gefynnau arnynt.

Gwelais Bryn Tomos ar lawr gyda thri o heddweision ar ei ben, a Marian [Evans] yn gweiddi arnynt i ymatal. Dwi'n cofio gweiddi hefyd, "Gadwch e i fod, dyw e ddim i fod yma." Protestiodd Tecwyn Williams wrth yr heddwas am y gefynnau ac am wylltineb yr heddlu. Roedd Tecs yno i werthu copïau o'r papur bro *Y Glannau*, a sefydlwyd gan aelodau o'r Gymdeithas yn yr ardal. Er mawr syndod iddo arestiwyd yntau hefyd!

Wrth i'r heddwas fy llusgo fi i ffwrdd, gwelais nifer o heddweision eraill yn rhuthro draw at yr afon *"Over there— there's more of the buggers over there!"* oedd y gri a ddaeth i'm clustiau. Roedd y babi wedi cyrraedd glan yr afon yn llwyddiannus! O gornel fy llygaid gwelwn Dawn ac Owain a Gwennan—a oedd ond ychydig fisoedd oed—yn sefyll wrth ochr y ffordd. Roedd golwg digon pryderus ar wyneb Owain.

Arestiwyd 12 y diwrnod hwnnw. Nifer ohonynt, gan gynnwys Tecs, ar gam. Wrth i mi ddisgwyl cael fy rhyddhau, clywais ddau o'r heddweision yn siarad.

Dafydd Chilton a'r 'babi'.

Efallai nad oedd yr hyn a ddigwyddodd yn Llanelwy yn synnu rhai o aelodau hŷn y Gymdeithas, a fu'n bresennol mewn protestiadau o'r fath ar ddechrau'r saithdegau pan oedd yr ymgyrch dros arwyddion ffyrdd dwyieithog yn cychwyn. Ond i mi, a llawer o'm cenhedlaeth 'rwy'n siwr, daeth y cyfan yn sioc i'r system. Am y tro cyntaf, bûm yn dyst i wrthdaro uniongyrchol rhwng heddweision ac aelodau o'r Gymdeithas. 'Rydw i wedi dod i arfer erbyn hyn a gweld aelodau'n cael eu llusgo o lysoedd; ond peth arall mwy difrifol oedd y camdriniaeth treisiol a welwyd yn Llanelwy.

Gobeithio'n wir na ddigalonwyd Cymry ieuainc y diwrnod hwnnw.

Lydia Griffiths T 12/83 Isod: Cynhadledd Addysg bwysig Aberystwyth, cychwyn cefnogaeth eang i'r Corff Datblygu 11/83

Dim ond un rhan o'r sgwrs dwi'n gofio— *"But where did those other bloody signs come from?"*

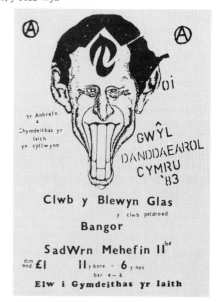

Yr Anhrefn a Chymdeithas yr Iaith yn cyflwyno

Oi

GWÝL DANDDAEAROL CYMRU '83

Clwb y Blewyn Glas
y clwb peldroed
Bangor

SadWrn Mehefin 11fed

dim ond £1 11y bore - 6 y nos
bar 4-6

Elw i Gymdeithas yr Iaith

GOLYGU'R *TAFOD*
Helen Prosser

Fy swydd gyntaf ar Senedd y Gymdeithas oedd fel Golygydd *Tafod y Ddraig*. Ro'n i'n fyfyrwraig ymchwil ar y pryd, gyda syniadau mawr am gyfraniadau cyffrous i'r *Tafod*.

1983-84 oedd y flwyddyn pan oedd y Gymdeithas yn mynd trwy gyfnod eithaf tawel ar ôl ymgyrch y Sianel, ac yn sicr yn dawel iawn o'i gymharu â'r bwrlwm o weithgarwch sydd yn digwydd nawr. Sylweddolais yn fuan iawn mai rhamantu o'n i wrth feddwl y byddai cannoedd o bobl yn ysu i gyfrannu i'r *Tafod*. Fi oedd yn sgrifennu o leiaf ei hanner bob mis, ac yn aros lan tan oriau mân y bore yn gwneud penawdau a chysodi yn y Swyddfa Danddaearol.

Erbyn hyn, (1986), rwy'n golygu'r *Tafod* unwaith eto, ac er taw dim ond un rhifyn sy wedi mynd i'r wasg hyd yma, rwy'n falch o ddweud nad oedd hyd yn oed le i mi gyfrannu sylwadau golygyddol. A chan mod i bellach wedi ymgartrefu yn Alltwen, roedd hi'n braf cael dringo'r grisiau i'r gwely ar ôl cwpla'r gwaith, yn lle gorfod wynebu taith hir ar hyd y prom yn Aberystwyth, gan basio *en route* Swyddfa'r Heddlu.

1984

Cymorth byd-eang i Ethiopia

Ail dymor Reagan yn arlywydd UDA, a'i ymweliad â China; calon babŵn i faban, California

Marw Andropov, U Sofiet, a'i olynu gan Chernenko

Llofruddio Indira Gandhi yn nherfysg y Sikhiaid yn India, a'i holynu gan ei mab Rajiv; marw 2500, ffatri nwy Bhopal

Terfysg duon y Transvaal, De Affrica; gwobr heddwch Nobel i'r Esgob Tutu

Byddin y gorll yn gadael Beirut, Libanus

Torïaid yn ennill etholiad Canada

Streic gyrwyr lorïau yn tagu ffyrdd Ffrainc

Gemau Olympaidd, Los Angeles; U Sofiet yn pwdu

Swyddfa Ewrop ieithoedd lleiafrifol yn Nulyn, Iwerddon; bomio gwesty cynhadledd y Ceid, Brighton

Streic y glowyr, Gwl Pryd, eu llesteirio gan yr heddlu a'r uchel lys, a gwrth-undeb y glowyr democ; cytundeb dychwelyd Hong Kong i China ym 1990; cael ordeinio merched yn offeiriaid; erlyn swyddogion am ddadlennu mesurau cudd y llywod

Isetholiad Glyn Cynon—Ann Clwyd yn dal y sedd i Laf

Etholiad senedd Ewrob—Llaf 3 sedd, Ceid 1 eto

Streic 12 mis y glowyr, Mawrth, rhag toriadau a thros gymunedau, cefnogaeth glofeydd Cym oll ond y Parlwr Du; dirwyo rhanbarth y de am ymosod ar lorïau glo Llanwern; lladd gyrrwr tacsi, David Wilkie; sefydlu cyngr Cym dros gymunedau glofaol; roedd 20,000 o lowyr yng Nghym cyn y streic

Helynt cwotâu llaeth y Gymuned Ewrop, yn arbennig Dyfed

Streic athrawon yn cau ysgolion

Dafydd Elis Thomas yn trechu Dafydd Iwan i olynu Dafydd Wigley yn llywydd PC; gwrthwynebu cynrychiolaeth De Affrica yn Eist Llangollen

Ymchwiliad Argl Gifford gan yr ymgyrch hawliau dinesig, yn beio heddlu am erlid gwleid ar weriniaethwyr

Daeargryn yn Llŷn ac Arfon 5.5 gr Richter, mwya'r ganrif yn y wlad yma

Lloegr a'r Alban yn terfynu pen-campwriaeth beldroed Gwl Pryd, ergyd ariannol i dîm Cym

Deddf diogelu g˛ ˛odaeth, rhag gormes cyfrifiadurol

Diweithdra, Rhagfyr, 17.2% (180,369)

Marw Gerallt Jones, T.G.Walker, Richard Burton

Eist Gen Llanbedr P.S.; Eist yr Urdd Yr Wyddgrug; Gŵyl G Dant Y Bala (yng Nghorwen)

Sefydlu C y Dysgwyr, CYD

Polisi dwyieithog gan awd iechyd Gwynedd; cydbwyllg polisi dwyieithog gan g'au Gwynedd

Yr Urdd yn galw cynhadledd ar argymhelliad y gweithgor deddf iaith

Adfer yn ymgyrchu ym maes cynllunio a thwristiaeth yng Ngwynedd; safiad Glyn Tomos yn gweithio drwy'r Gymraeg yn unig i'r C Sir

Trys yr Urdd, Prys Edwards, yn derbyn swydd Cad y Bwrdd Croeso

Ymgyrch U Myf Colegau Bangor dros ddwyieithrwydd llawn yn y Brif

Elerydd yn archdderwydd; dathlu jiwbili'r Ŵyl G Dant

Nifer llyfrau Cym, ail uchaf o ieithoedd lleiafrifol Ewrob, ar ôl Catalaneg

Viva la Revolucion Galesa! caset Steve Eaves, a'i Driawd; a'i lyfr *Y Trên Olaf Adre,* blodeugerdd bop Cym 1af

Canllawiau Iaith a Chymorth Sillafu J.Elwyn Hughes; *Pwy Oedd Pwy yng Nghym 1* gol D.Hywel E.Roberts; *Geiriadur Brezhonek Kembraek* gol Rita Williams; *Deddf Newydd i'r Iaith: Argymhellion* (Gweithgor Deddf Newydd)

Wynebddalen:
Cynt ac wedyn: pencadlys hardd y Torïaid, Caerdydd, yr 'ergyd gyntaf' dros Gorff Addysg (lluniau'r Heddlu)

1984...

1984... a gwireddu peth o ddychymyg Orwell yn y defnydd gwleidyddol noeth o'r heddlu gan y wladwriaeth. Beth bynnag arall oedd ystyr y *British Heritage Year,* cofiwn yn bennaf am aberth miloedd o deuluoedd cyffredin dros eu hetifeddiaeth yn y cymunedau glofaol. Os bu'r streic fawr yn addysg i'r cenedlaetholwyr, tystia undebwyr iddi roi golwg newydd ar Gymreictod iddynt hwy. Yr adeg yma, cododd dadl enwog o fewn Plaid Cymru, wrth ddewis llywydd. I garfan Dafydd Elis Thomas, arf ydoedd cenedlaetholdeb i hyrwyddo'r freuddwyd sosialaidd; ofni y byddai hynny ar draul Cymreictod a wnâi cefnogwyr Dafydd Iwan. A dyna'r dwthwn y bu'n rhaid i'n ffermwyr gyfaddef mor ddibynnol oeddent hwythau ar arian cyhoeddus. Blagurodd ysbryd radicalaidd yn eu plith am gyfnod, yn enwedig yn Nyfed, lle'r oedd 4000 o'r 6800 o gynhyrchwyr llaeth Cymru. (Nid oedd rhai wedi dechrau gwerthu eu cwotâu i Saeson eto.)

I Gymdeithas yr Iaith, roedd hyn oll yn gadarnhad o wirionedd yr efengyl yn ôl y Maniffesto! Os mai mudiad ieuenctid diedifar ydoedd erbyn hyn—o ran oedran, nid o ran aeddfedrwydd gwleidyddol—roedd wedi prifio yn fudiad cenedlaethol dilys gyda threfniant mewnol cryfach. Cynhyrchodd ei doreth mwyaf erioed o gyhoeddiadau—yn cynnwys arolwg barn ar S4C er mwyn ceisio gwylio'i fod yn atebol i'r bobl ac nid i'r Sefydliad na'r wladwriaeth—a chyn diwedd y flwyddyn dangosodd ei fetel chwyldroadol hefyd. Daliai i bwyso am ddeddf iaith newydd. Bu achosion llys tan y gwanwyn, wedi'r difrod arwyddion ffyrdd y flwyddyn cynt, ddeuddeng mlynedd ers i'r llywodraeth addo arwyddion dwyieithog o fewn y ddegawd. Cafodd cadeirydd y Gymdeithas fis o garchar (noddedig!) ym Mai am wrthod talu ei ddirwyon. Dridiau ynghynt roedd yn un o ddirprwyaeth at y Gweinidog Gwladol. Gan nad oedd Wyn Roberts yn gweld angen deddf arall, cafodd y Gymdeithas ei 'ombwdsman' ei hun i dderbyn tystiolaeth o ddiffyg statws parhaus y Gymraeg. Dechreuai cell Caerdydd hawlio counteri Cymraeg yn swyddfeydd y Post, ar sail syniad gwreiddiol Banc y Midland, a daeth yn enghraifft glasurol o sut i gynnal ymgyrch cell leol. Cafodd pabell Cyngor Clwyd yn Eisteddfod yr Urdd rybudd o'r hyn a oedd i ddyfod yno hefyd. Ym Mangor, bu ymgyrch arall annibynnol, gan y myfyrwyr dros ddwyieithrwydd llawn yn y coleg, a thros benodi Cymry i swyddi. Hysiwyd cŵn arnynt. Ond dyddiau olaf yr hen oruchwyliaeth estronllyd oedd y rhain, a chafwyd prifathro newydd, Cymraeg, yno yn yr hydref.

Roedd Awdurdod Iechyd Gwynedd yn dal i dynnu helynt yn ei ben, wedi iddo wrthod polisi iaith unwaith eto yn Ebrill. Dirwywyd rhai am amharu ar ei eiddo; talodd rhai o'r staff un ddirwy i gadw merch o garchar. Ar ddiwedd yr ympryd yno yng Ngorffennaf, dyma'r awdurdod yn mabwysiadu polisi dwyieithog sefydlog—ar bapur beth bynnag. Nid dyna ddiwedd y stori i dri o'r ymgyrchwyr, yn cynnwys eu cadeirydd, a gafodd wythnos o garchar yn Hydref am feddiannu swyddfa cadeirydd yr awdurdod ym Mehefin. Rhoes yr Uchel Lys yng Nghaer orchymyn i gadeirydd newydd y mudiad gadw draw o Fangor! Erbyn hyn roedd argymhellion y Gweithgor Deddf Iaith yn barod, a chefnogwyd drafft mesur Gwilym Prys Davies mewn cynhadledd genedlaethol, ddwyieithog a alwyd gan yr Urdd yng Nghaerdydd yn Nhachwedd. Fe anghytunai Cymdeithas yr Iaith a llywydd y Blaid â'u cais am Awdurdod yr Iaith Gymraeg o dan gadeirydd enwebedig yr Ysgrifennydd Gwladol. Dechreuodd y Gymdeithas baratoi ei hargymhellion ei hunan! Y teimlad oedd bod angen deddf gryfach eto, yn enwedig ar gyfer llywodraeth leol a chynllunio.

Aethai'r rhan fwyaf o amser Cymdeithas yr Iaith i'r ymgyrch dros Gorff Datblygu Addysg Gymraeg. Cyflwynwyd adroddiadau sobreiddiol i bwyllgorau addysg Dyfed a Gwynedd, ac aethpwyd ag arddangosfa o'r ffeithiau o gwmpas y wlad. Wedi i'r grŵp addysg—dan arweiniad Helen Greenwood—genhadu yn y gwanwyn, cafodd cefnogaeth yr holl fudiadau iaith (ac eithrio Adfer, a gyfyngai ei sylw i'r maes tai a thwristiaeth, a gwrthwynebu dwyieithrwydd Cyngor Arfon). Pwysleisiwyd diffygion addysg bellach ac uwch eto hefyd, gyda 'choleg rhydd' ar do Coleg Technegol Bangor, meddiannu swyddfa'r awdurdod grantiau prifysgol yn Llundain, a

chyhoeddi dogfen a ddadlennai mai dim ond 0.03% o'r 15,000 o gyrsiau addysg bellach Cymru oedd yn Gymraeg! Ym Mai, o'r diwedd, daeth adroddiad gweithgor iaith y Cydbwyllgor Addysg Cymreig, a hwnnw'n ategu dadl y Gymdeithas am gorff datblygu â chyllid o £20 miliwn. Derbyniodd y pwyllgor llawn yr argymhelliad y mis canlynol—ond gan fynnu mai ef ei hun a ddylai fod yn gyfrifol amdano. Hynny er mai £3 miliwn yn unig oedd cyllid cyfan y Cydbwyllgor—pensaer yr esgeulustod hanesyddol—ac er nad oedd ganddo unrhyw awdurdod dros addysg feithrin, addysg uwch nac addysg bellach! I Gymdeithas yr Iaith, roedd hyn bron fel gadael i lywodraeth Ethiopia geisio dileu newyn y trydydd byd. Ffromodd y mudiad a phenderfynu troi'r tu min at y Cydbwyllgor o'r Eisteddfod ymlaen. Gwrthododd y Swyddfa Gymreig drafod ymhellach â hwy, ac roedd y gwres yn uchel pan ddaeth y cyfarfod cyffredinol. Dan gadeirydd newydd, Karl Davies—un o'r rhai a fu'n gyfrifol am yr adfywiad yng Nghlwyd ac yn ngholeg Aberystwyth—cyhoeddwyd torcyfraith heriol eang yn erbyn y Cydbwyllgor ei hun yn ogystal â'r Swyddfa Gymreig. Dyma'r tro cyntaf ers dyddiau cynnar y Sianel a'r Arwisgo i'r Sefydliad Cymraeg ddod yn darged iddynt. Roedd yn her i'r aelodau ifainc, wedi dwy flynedd o ymgyrch gyfansoddiadol drefnus, a thorcyfraith ddifrifol yn beth dieithr iddynt ers pedair blynedd. Derbyniwyd yr her yn llawen, yn enwedig o gael eu sbarduno gan y tri a aeth i bencadlys crand y Blaid Doriaidd yng Nghaerdydd, a gwneud £5000 o ddifrod i'r ffeiliau, yr offer a'r dodrefn, a llun y Prifweinidog wrth gwrs. Bu gwersyll rownd y cloc o flaen lle'r Cydbwyllgor. Cafodd rhai ddirwyon trymion a charcharwyd un, wedi ymosod ar adeiladau'r llywodraeth ym Mangor, a swyddfa Llundain y *City & Guilds,* yr awdurdod arholi addysg bellach. Erbyn y Nadolig, roedd tua 250 wedi gweithredu.

Roedd ymgyrch Siarter Clwyd yn poethi yr un pryd, wedi tair blynedd o geisio'n amyneddgar i gael polisi iaith ym myd addysg, cynllunio, tai ac arwyddion. Er bod gan y cyngor sir weithgor i ystyried y siarter, bygythiai addysg feithrin yn awr. Dechreuai Cyngor Colwyn ddilyn polisi cynllunio Glyndŵr, a llwyddwyd i beri rhwystr i godi tai diangen ym Moelfre ger Abergele. Roedd grwp cynllunio'r Gymdeithas, dan ofal Selwyn Jones, wedi cyfarfod â'r Gweinidog Gwladol fis Mawrth. Er ei fod yn gwrthod eu pwyslais ar wario cyhoeddus, daeth llythyr oddi wrtho yn Awst yn cydnabod bod gan awdurdodau lleol hawl i ystyried y Gymraeg wrth gyflwyno cynlluniau iddo. Manteisiodd Cyngor Gwynedd ar y datganiad yn syth, gan bod ei gynllun fframwaith ef fis ynghynt wedi argymell gwrthod cynlluniau niweidiol i'r iaith. Yn Nyfed, wedi dwy flynedd o ymgyrch cynllunio, cywilyddiwyd y cynghorau pan gyhoeddwyd canllawiau pwysig y Gymdeithas, a'u trefnydd gweithgar, ar gyfer Caerfyrddin, Ceredigion a'r Preseli. Llwyddodd y grŵp tai i arafu datblygiadau bygythiol yn Llanbed a Phentrecagal. Ymunodd y mudiad yn awr â Chymorth Tai Cymru, a ddatgelodd bod 2850 o dai haf ym Meirion. Yr un ofn, o weld Saeson yn coloneiddio'n cefn gwlad, a barodd iddi wrthsefyll y marinas yn Arfon a Cheredigion

'Byw yn y Wlad' fu thema'r Ysgol Basg. Wedi rhoi'r chwyddwydr ar ragolygon yr ardal a'i hieuenctid, ffurfiodd y celloedd lleol eu hunain yn Gyngor Datblygu Dyffryn Teifi. Y thema yn y Steddfod oedd 'Cymru 2000', gan ddarogan y byddai Cymreictod cefn gwlad yn crebachu i'r cymdeithasau diwylliannol yn unig, fel yng Nghaerdydd. Cafwyd taith haf, dros y mynyddoedd y tro hwn, i geisio rhoi tolc yn nyled argyfyngus y mudiad (roedd yn £6000 erbyn Mehefin a bu'n rhaid troi misolyn y *Tafod* yn ddeufisol). Cafwyd eisteddfod roc yn ogystal â dawnsfeydd. Roedd y celloedd wedi mwy na dyblu yn yr wythdegau, a llawer ohonynt yn yr ysgolion; yng Nghlwyd, ffurfiasant Ffederasiwn sirol a rhoi hwb i ffasiwn bwysig y ffansîns Cymraeg gyda *Llmych*, a *Cyrch* wedyn o Ysgol y Creuddyn. Cyhoeddiadau 'tanddaearol' yw'r ffansîns, a gynyddodd fel madarch wedyn. Ymhell o fyd cylchgronau diletantaidd ar oedolion, maent yn rhychwantu brwydr yr iaith a miwsig yr ifanc, ac yn llawn gofal am yr amgylchfyd ac anifeiliaid diniwed. Dyma arweinwyr Cymru'r dyfodol, diolch byth.

YR WYTHDEGAU (3): BUDDUGOLIAETH FACH BWYSIG
Dylan Morgan

Harbwr Aberystwyth T 12/3 Isod: Robyn Parri T 4/84

Nid oedd undod na gwrthwynebiad trefnus chwaith ymhlith cynghorwyr Plaid Cymru ar Gyngor Arfon ynglŷn â marina Bangor. Gweithredent yn ddiddisgyblaeth fel carfan o gynghorwyr annibynnol.

Mae'n drawiadol nodi mai cyfaill pennaf ymgyrchwyr y Gymdeithas ar y pryd oedd y Cynghorydd Glynne Parry, Cymro di-Gymraeg a sosialydd cadarn a eisteddai dros un o wardiau Bangor fel aelod Llafur. Dylid nodi mai unigolyn oedd Glynne Parry ymhlith carfan o Lafur wasaidd ac adweithiol. Buom yn cyd-weithio'n agos â Glynne trwy fisoedd cynnar 1984. Llefarodd yn glir iawn yn erbyn uchelgais rhai o swyddogion a chynghorwyr Cyngor Arfon i godi ymerodraeth dwristaidd yn yr ardal. Mewn gwirionedd, o gornel Cyngor Arfon y deuai cefnogaeth gryfaf cynllun y Marina. Roedd Mr Gareth White, prif swyddog cynllunio'r Cyngor ar y pryd, yn barod i droi pob carreg i sicrhau llwyddiant y cais.

Penderfynwyd trefnu gwrthwynebiad gweithredol i farinas Aberystwyth a Bangor, a oedd yn cael eu trafod ar yr un diwrnod ym Mawrth 1984. Daeth tua 80 o aelodau'r Gymdeithas i siambr Cyngor Arfon. Yn bresennol hefyd roedd dau asiant o Stad y Penrhyn, cyflwynwyr y cais cynllunio. Credaf fod hyd y gwrth-dystiad, yn dilyn penderfyniad y cynghorwyr, a'r ffaith bod yr heddlu wedi cael eu galw i glirio'r oriel gyhoeddus, wedi cael effaith ar asiantiaid y Penrhyn. Gellid dyfalu eu bod wedi dychwelyd at berchnogion y stad a dweud bod y cynllun yn fwy o drafferth na'i werth. Wedi'r cyfan, ni bu enw'r Penrhyn yn annwyl gan ardal Dyffryn Ogwen, a bu'r perchnogion presennol yn gyson ymwybodol o'u delwedd gyhoeddus.

Nid syndod felly, rai misoedd yn ddiweddarach, oedd clywed nad oedd gan Stad y Penrhyn ddiddordeb yn y cynllun mwyach. Buddugoliaeth fach efallai, ond un bwysig. Brwydrau yn erbyn coloneiddio tir Cymru, tebyg i'r ymgyrch marinas, fydd yn ein wynebu weddill y ganrif hon ac i mewn i'r ganrif nesaf . . .

Mae'n hen bryd inni sylweddoli y gall yr holl seiliau cymdeithasol, hynny sy'i weddill o'r Gymru Gymraeg, chwalu yn llwyr oddi mewn i'r bump i saith mlynedd nesaf.

Y tristwch mawr yw bod y gwybodusion Cymraeg eu haith sydd wedi pesgi ar ymdrechion sawl to yn y Gymdeithas (rhai yn gyn-aelodau eu hunain), yn cau llygaid i hyn oherwydd eu bod ar hyn o bryd yn gallu byw bywyd llawn trwy gyfrwng y Gymraeg.

Mae'r awr yn brysur ddod pan fydd rhaid i'r gwybodusion Cymraeg benderfynu ar ba ochr maent am sefyll Fydd ddim tir canol yn y frwydr hon, oherwydd mai brwydr fydd hi i benderfynu ai'r Wladwriaeth Brydeinig ai pobl Cymru fydd yn rheoli'r tir.

Prysurdeb yr Ŵyl Wythnos dros Addysg Gymraeg 2/84 Uchod: wedi cyflwyno'r ddeiseb addysg Gymraeg i Gyngor Gwent. Isod: criw Caerdydd ar yr un perwyl.

Rhagor o'r Ŵyl Wythnos. Chwith: Cell Maes Garmon yn cenhadu. Isod: myfyrwyr Bangor yn canu dros addysg Gymraeg.

Erbyn y flwyddyn 2000, os yw'r tueddiadau presennol i barhau, bydd yr iaith Gymraeg wedi peidio â bod yn iaith gymdeithasol fyw.

Dyna gasgliad dogfen gynhwysfawr a baratowyd gan Gymdeithas yr Iaith ar gyflwr yr iaith yng Ngheredigion.

* Ym 1971, roedd 51 o'r cymunedau yn cynnwys 75% neu fwy o siaradwyr Cymraeg. Ddeng mlynedd yn ddiweddarach ac 'roedd y nifer wedi disgyn i 19.

Lyn Ebenezer T 10/84 Isod: Cynog Dafis F 9/3

Ond cwbl afrealistaidd yw galwad y Gymdeithas ar "ddiffinio pob ysgol gyn-radd yn y Sir (ac eithrio De Penfro a Llanelli) yn ysgol Gymraeg."

Y ffaith yw hyn. Os triwn ni — neu esgus treial yn hytrach — gymhathu pawb, yna ni chymhathwn ni fawr neb, a bydd y Cymry brodorol, a solidariti'r gymdeithas Gymraeg ei hun, yn cael ei niweidio'n ddifrifol. Os anelwn ni at feithrin Cymreigrwydd a Chymry, a chymhathu'r sawl sy'n dymuno hynny — nifer nid ansylweddol a allai fod yn fwy — yna fe welwn ni dwf, nid encil-

Yr ateb felly, yr unig ateb—i Ddyfed beth bynnag— *yw rhwydwaith o ysgolion Cymraeg o fewn fframwaith o ddewis*. Yng Ngheredigion yr ysgolion Cymraeg fyddai'r norm, gyda'r hawl i optio allan i ysgol Saesneg; yng ngodre Penfro, fel arall mae'n debyg. Dyma gyfundrefn fyddai'n cwrdd ag anghenion gwahanol garfannau, ac yn datrys rhan fawr o'r cymhlethdod. Bydd-ai canolfannau ail-iaith a chyrsiau carlam yn rhan allweddol ohoni.

Dafydd Hywel yn herio gorchymyn llys a dysgu Catrin yng nghyntedd Ysgol Pont y Gof, Caerdydd. (WM 17/1) Enillodd Sharon Morgan a 3 rhiaint eraill eu hachos hefyd. Isod: ger Ysgol Bro Ddyfi, Machynlleth. (DoH)

Carl Clowes yn galw heibio, Ysbyty Gwynedd 7/84 (d/g H.G.) Dde: Angharad a Gwenith ar yr ympryd (wedi mis o garchar i Angharad 5/84) (DO) Isod: T 2/84

Brwydr unig yw brwydr Carl Clowes yn awr bod Menna Jones wedi gadael yr Awdurdod Iechyd. Gwaethygu mae pethau yn yr Awdurdod gyda swyddogion yn dal i hysbysebu yn Saesneg a phenodi Saeson. Yr hoelen ddiweddaraf i Gymreictod y lle yw dileu Dydd Gŵyl Dewi fel gwyliau.

LLMYCH!
Toni Schiavone

Trafodwyd y syniad o gael cylchgrawn a adlewyrchai weithgareddau pobl ifainc yng Nghlwyd. Ar y dechrau roedd llawer o anghytundeb, a dim ond un neu ddau ohonom oedd yn frwd o blaid y syniad. Ta waeth, yng nghyfarfod Rhanbarth Clwyd o'r Gymdeithas ar brynhawn dydd Sadwrn, gyda Steddfod yr Urdd yn Yr Wyddgrug ar y gorwel, ailgodwyd y syniad gyda Rhys Ifans, Rhuthun yn dod allan yn gryf iawn o blaid y datblygiad.

Dyna'r peth hawdd. Y peth anodd oedd penderfynu ar enw. Cafwyd nifer fawr o awgrymiadau, o'r trendi i'r rhai hollol wirion. Ar ôl hanner awr o hyn, gyda'r drafodaeth yn mynd o ddrwg i waeth—gan fod Ffred [Ffransis], Huw Jones, Dafydd Chilton a Rhys yn mynd yn fwy gwirion bob munud—awgrymais greu gair newydd, a chynigiais rywbeth yn debyg i rywun yn clirio'i wddf cyn poeri!!! Roedd yna ddau reswm: (i) roedd hyn yn ei gwneud hi'n anodd i gyflwynwyr rhaglenni radio a theledu i ddeud yr enw; (ii) gan nad oedd yr enw yn golygu dim, buase pobl, ac yn arbennig gyflwynwyr rhaglenni, yn poeni am hyn.

Cafwyd gwelliant ar y cynnig gan rywun—newid enw pob rhifyn i wneud mwy o gawl o bethau! Dyna sut y ganwyd *Llmych!* (Chmyll! Llymch! Chymll!)

Yn y cyfweliad cyntaf a gafodd Rhys Ifans yn ystod Steddfod yr Urdd, gofynnodd Hywel Gwynfryn beth oedd ystyr y gair Llmych. Roeddem wedi llwyddo!!

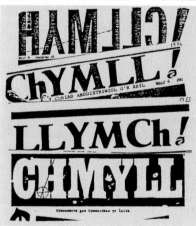

Petai siopau'r pentrefi, y modurfeydd ac ati yn ein meddiant buasai gwaith gan y bobl leol, yn gweithredu'r busnesau yn y Gymraeg

nawr mae'n rhaid creu cwmnïoedd cydweithredol bob tro mae busnes bach yn cael ei werthu.

Owain Clarke T 2/84

Unwaith mae nifer y mewnfudwyr wedi codi i ryw swm, gallant yna ddadlau ar sail democratiaeth, ac yn gyfoglyd o resymegol, o blaid polisi er mwyn y mwyafrif. Fiw sôn am bolisi o'r fath tra bo'r Cymry Cymraeg mewn mwyafrif - byddai hynny'n hiliol.

Wyddech chi-
*Fod y boblogaeth ddi-Gymraeg ym Môn yn fwy niferus na holl siaradwyr Cymraeg Meirionnydd?
*Fod 12,000 o fewnfudwyr wedi symud i Ynys Mon o fewn 6 mlynedd (1971-77)
*Nad yw'r holl siaradwyr Cymraeg yn Nwyfor, cadarnle'r iaith, mor niferus a'r di-Gymraeg yn Aberconwy

DYDDIADUR YMPRYD
Gwenith Huws
(Gydag Angharad Tomos, ger Ysbyty Gwynedd, Bangor, Gorffennaf 23-30)

Dydd Llun Bwyta chwe brechdan ham ac yfed glasiad o lefrith. Gosod pabell ar ei thraed, gwneud efelychiad o wely 'sbyty a gosod ystadegau trawiadol ynglŷn â dyfodol yr iaith arno. Paratoi datganiadau ar gyfer y wasg. Yn y prynhawn derbyn ymweliadau gan ffrindiau a theulu!

Dydd Mawrth Cael ein gwahardd rhag defnyddio toiledau'r ysbyty. Cymdogion Penrhosgarnedd yn ein gwahodd i'w tai bach hwy. Derbyn degau o ymweliadau a sawl potel Lwcosêd—rhai gan y nyrsus.

Dydd Mercher *Loo Ban Girls* oedd pennawd y papurau. Tywydd yn boeth iawn. Synnu at nifer yr ymwelwyr. Prynhawn—rhannu taflenni ar ffenestri ceir y gweithwyr i egluro pam ein bod ni yno. Dafydd Wigley yn gwneud datganiad o'n plaid o'r senedd.

Dydd Iau Angharad yn sâl heddiw. Mae hi'n boeth hefyd a dim unman i gysgodi. Blino ar bobl yn dod yma drwy'r amser. Ond cafwyd potel o sudd lemon ag 'O Seler Syr Thomas Parry' ar y label. John Roberts Williams yn lladd ar Ysbyty Gwynedd ar 'Dros fy Sbectol'.

Dydd Gwener Dadlau hefo doctor heddiw:
"Dydych chi erioed yn meddwl y byddai meddyg da yn ymdrafferthu i ddysgu Cymraeg! Does yna yr un meddyg *da* yn aros yng Ngwynedd! Ein gwaith ni yw gwella'r claf mor gyflym ag y gallwn— does dim gwahaniaeth sut . . ."
"Gwaith fet yw hynny, nid gwaith doctor," meddwn innau.

Dydd Sadwrn Wedi cael lliw haul da. Llawer o aelodau CyIG wedi dod i aros atom. Wedi cael blodau yn anrheg ac am eu gosod i nodi'r llwyfan lle bydd Dafydd Iwan yn canu heno. Poteli Lwcosêd yn bob man.

Dydd Sul Heb deimlo isho bwyd drwy'r wythnos, ond wedi bod yn sâl neithiwr. Saith stôn a hanner ydi fy mhwysau i rwan—dyna braf. Wedi cael dros 300 o ymwelwyr yn ystod yr wythnos a bron cymaint o boteli Lwcosêd (gormodiaith). Dwi'n barod am y rôls a'r cawl cyw iar yfory. Wedi meddwl o ddifrif, ogla bwyd dwi'n ei golli fwyaf—dwi'n ysu am sosej neu jopan flasus.

Dydd Llun Wedi llwyddo i gael wythnos o bwysau cyson ar A.I. Gwynedd. Cant ac un o bobl Gwynedd yn y cyfarfod; pasiwyd i gael polisi dwyieithog. Angharad a fi yn cael llythyr twrna i'n gwahardd rhag gosod troed ar dir yr Awdurdod neu dri mis o garchar . . .

Chwith: Angharad Tomos, wedi gweld 'Chwara Plant' gan Bara Caws T 1/84

189

Penodwyd ombwdsman gan Gymdeithas yr Iaith i archwilio ac ymchwilio i gwynion gan aelodau'r cyhoedd ynglŷn ag achosion o gamdrin y Gymraeg.

Enw'r sawl a benodwyd yw Mr Arthur Edwards, prifathro wedi ymddeol a chyn lywydd Undeb Cenedlaethol Athrawon Cymru. Dylid danfon cwynion ato ef i 89 Ffordd Derwen, Y Rhyl, Clwyd.

Daeth y symudiad hwn ar ran y Gymdeith yn dilyn methiant y Swyddfa Gymreig i weithredu ar adneuddu'r Ddeddf Iaith

DG 6/84

Angharad a'r Corff Datblygu, Eisteddfod Llanbed, gyda Toni Schiavone, cyn-lefarydd y Blaid ar Iaith a Diwylliant, a rybuddiodd am y mewnlifiad.

Y Cyng. Glyn James, cyn-löwr, John Howells, arweinydd ffermwyr Dyfed, a Cen Llwyd, protest uno brwydr y cwotâu llaeth a streic y glowyr, stond-in y Swyddfa Gym. yn Eisteddfod Llanbed (ac isod) (WM)

Cyn iddi hi ddechrau yn yr ysgol gyfun, gwnes gais iddi gael ci gwersi gwyddoniaeth trwy gyfrwng y Gymraeg. Gwrthodwyd y cais. Serch hynny, pan ddaeth hi'n adeg arholiadau Nadolig 1983, atebodd hi ran o'r papur gwydd-oniaeth yn y Gymraeg — yr iaith fwyaf naturiol iddi. Dywedwyd wrthi y byddai hi'n cael dim allan o gant oni bai ei bod hi'n cyfieithu ei phapur i'r Saesneg. Dyna a wnaeth.

Uchod: Linda Gruffydd am ei merch yn Ysgol Ddwyieithog Ystalyfera F 29/6 Isod: Cell Stiniog v seisnigrwydd y Lein Bach a'i staff 9/84 (DoH)

Y DAITH FYNYDDA
Miranda Morton

Llanbed eto, Steddfod sefydlu CYD. Chwith pellaf: WM 10/3 Isod: y daith fynydda 8/84

Syniad Ffred [Ffrancis] ydoedd—pwy arall?! Dringo 10 mynydd mewn 10 niwrnod, er mwyn codi arian i'r Gymdeithas—syniad gwreiddiol i weud y lleiaf. Ar ôl ychydig o ddyddiau i gael adnewyddu egni a nerth ar ôl y Steddfod, bant â ni!

Dechreuasom â mynydd bach rhwydd —yr Eifl—ond ar ôl diwrnod neu ddau roeddem ar ben yr Wyddfa, ac aeth y dringo'n anoddach. Am yr wythnos nesaf felly, buom wrthi'n gyrru o gwmpas y wlad, dringo mynyddoedd, a gyrru ymlaen i'r mynydd nesaf.

Nid y dringo oedd y broblem. Y broblem oedd gorfod dioddef gyrru gwyllt Ffred, cael ein taflu o un ochr i'r llall yng nghefn y fan! (Nid fy mod yn anniolchgar am y lifft, wrth gwrs!) Caw-som daith (a noson) fythgofiadwy wrth fynd o Grymych i Gaernarfon i gyrraedd y mynydd olaf ('mynydd' yn Sir Fôn). Y noson honno, arosasom yn nhŷ Angharad [Tomos], er ei bod bant ar ei gwyliau, a llwyddodd Sioned [Elin] i yrru fan Ffred i mewn i wal frics. Llwyddais innau i gwympo i mewn i'r pwll nofio yn yr ardd gefn! Yn anffodus, roedd fy nghamera yn fy mhoced gefn, felly nid oes gennyf luniau ar gael.

Rhywsut, llwyddasom i ddringo myn ydd ym mhob sir yng Nghymru (wel, mwy neu lai) heb golli neb na thorri dim coesau na breichiau—sut, Duw a ŵyr!

Retire to North Wales and the Whelmar home you deserve.

Chmyll 1984 (ac isod)

cynnydd naturiol yw'r cynnydd yng Nghlwyd ond canlyniad adeiladu miloedd o dai di-angen, gan ddenu mewnlifiad enfawr. Effaith hyn yw i foddi nifer o gymunedau naturiol Cymraeg gan fôr o Seisnigrwydd dosbarth canol.

CAERWYS 1971		CAERWYS 1981	
Poblo-gaeth	Siaradwyr Cymraeg	Poblo-gaeth	Siaradwyr Cymraeg
650	240	908	237

Mae gan y cwmnïau adeiladu un uchelgais - GWNEUD ELW - ar draul y gymuned leol, yr iaith

Ar y ffin, Pandy Tudur. Isod: Ffred Ffransis T 1/85

Mae'r dyddiau hynny o naïfrwydd gwleidyddol drosodd, ac ers amser. Wedi gadael yr ymgyrchoedd syml o droi ffurflen neu arwydd arbennig yn Gymraeg, nid oes y fath beth â llwyddiant syml yn bosibl i ni yn ein hymgyrchoedd presennol. Ond, yn y un modd, nid oes methiant yn bosibl. Gallwn ddylanwadu'n drwm ar drefn y dyfodol os sylweddolwn faint o rym gwleidyddol sy gyda ni.. Gallai fod yn help ac yn hwb in hunan-hyder wrth sylweddoli·nad oedd popeth yn rhwydd yn y gorffennol chwaith

Aelodau Dyfed *v* cynllun 170 o dai, Llanbedr Pont Steffan 12/84

Er pan ddechreuodd weithio gyda Gwynedd ym 1978, bu Mr Tomos yn gwneud ei holl waith gweinyddol trwy gyfrwng y Gymraeg. Fodd bynnag, pan benodwyd person di-Gymraeg yn bennaeth arno rai misoedd yn ôl, gofynnwyd iddo newid i'r Saesneg. Pan wrthododd, gorchmynnwyd ei symud at dim yr henoed lle mae pennaeth Cymraeg.

Daethpwyd a thrafferthion Mr Tomos i'r amlwg gan Undeb Gweithwyr Gofal Gwynedd

Enillodd Glyn Tomos (Adfer) ei achos C 16/10

Piced wreiddiol aelodau Clwyd dros Siarter iaith, Yr Wyddgrug 10/84 (K.D.) Isod: Steve Eaves T 1/84

Daw'n fwyfwy amlwg bob dydd mai gor-adeiladu, a'r mewnlifiad a ddaw yn sgîl hynny, sy'n bennaf gyfrifol am dranc cymunedau Cymraeg. Un cyngor dosbarth sy'n prysur sylweddoli o'r diwedd fod mewnfudo rhemp yn chwyddo diweithdra ac yn troi pentrefi yn faestrefi, a chymdogaethau naturiol yn "gettos" lleiafrifol o frodorion, yw Cyngor Ynys Môn. Serch hynny, mae ymdrechion Cyngor Môn i wrthsefyll penllanw'r mewnlifiad yn cael eu tanseilio'n gyson ac yn gwbl fwriadol gan y Swyddfa Gymreig

---

AR Y CLWT
Miranda Morton

Ym mis Tachwedd, trefnodd y Gymdeithas bicedu pencadlys y Cydbwyllgor yng Nghaerdydd. Cawsom fenthyg carafán, a'i rhoi yn y maes parcio o flaen y pencadlys, a dyna ni. Am dair wythnos trefnwyd shifftiau, fel bod rhywun yno drwy'r amser.

Treuliais wythnos yno, am fy mod ar y clwt ar y pryd, a dim byd gwell i'w wneud! Dyma brawf nad yw bywyd yn y Gymdeithas yn gyffro i gyd; dim meddiannu na pheintio sloganau drwy gydol yr amser. A gweud y gwir, nid oedd dim i'w wneud yn ystod y picedu, ar wahân i ddarllen y papurau a chwarae *Scrabble* —a myfyrio dros athroniaeth Cymdeithas yr Iaith wrth gwrs. Gallech chi sefyll o'r tu fas i'r fynedfa (a oedd fel Ffort Nocs), a rhoi taflen i esbonio i unrhyw un a âi heibio, ond dyna i gyd. Amser hamddenol iawn felly, a'r unig ddigwyddiadau i dorri ar draws y segura hwn oedd teithiau i Glwb Ifor Bach i nôl dŵr, a gwacáu'r tŷ bach cemegol (ych!).

'Yr ergyd 1af' dros y Corff Datblygu, difrod £5000 pencadlys y Toriaid gan Lleucu Morgan, Meinir Ifans a Dafydd M.Lewis 10/84 (Heddlu)

Y Cadeirydd newydd Karl Davies, rali Siarter Clwyd 10/11 (d/g H.G.)

YR WYTHDEGAU (4): DYSGU CYDWEITHIO
Dylan Morgan

Gwyn Edwards, Steve Eaves a Lleuwen yn Rhiwlas â bwyd i deuluoedd Onllwyn. (T 10/84)

Braint i aelodau'r Gymdeithas, rhwng Mawrth 1984 a Mawrth 1985, fu cynorthwyo'r *NUM* yn ystod y Streic Fawr dros ddyfodol y diwydiant glo a'r cymunedau glofaol. O ystyried mai mudiad cymharol fach yw'r Gymdeithas, roedd y gefnogaeth a roddwyd i'r glowyr yn aruthrol; teyrnged i allu trefniadol y Gymdeithas yn rhoi ei haelodau ar waith mewn sawl dull a modd. Er y tristwch o weld pwll ar ôl pwll yn cau, a phob argoel y buasai'r Toriaid yn hoffi preifateiddio'r diwydiant yn y pen draw, dysgwyd rhai gwersi pwysig yn y cyfnod hanesyddol hwn.

Bu'r Wladwriaeth Brydeinig yn feistr ar y gêm o rannu a rheoli erioed, ond ysbrydolwyd pontio rhwng gogledd a de, y Cymry Cymraeg a'r di-Gymraeg, ardaloedd gwledig a diwydiannol yn yr achos hwn. Ffurfiwyd cysylltiad clòs rhyngom yn rhanbarth Gwynedd â Grŵp Cefnogi Glowyr Cymoedd Dulais, Nedd a Thawe. Oddi yno bob wythnos bron y deuai Alun Thomas ac Arfon Owen mewn fan i nôl y bwyd a'r arian a gasglwyd o ddrws i ddrws gennym yn nhrefi a phentrefi Gwynedd.

Addysg wleidyddol yn wir oedd treulio chwe Sadwrn yn casglu yng Nghaergybi rhwng Tachwedd 1984 ac Ionawr 1985. Yn Ionawr hefyd y trefnwyd pum cyfarfod cyhoeddus ym Môn ac Arfon mewn wythnos, er mwyn rhoi llwyfan i neges yr Undeb. Anerchwyd gan Alun Thomas, Onllwyn, glöwr ym mhwll Blaen-nant, a Siân James, gwraig i löwr o Abercraf, ynghyd â siaradwyr o'r Gymdeithas. Alun fu'n gyfrifol am ddechrau'r cydweithio rhyngom, a bu ei benderfyniad siriol yntau a'i bartner Arfon Owen yn symbyliad i lawer ohonom dorchi llewys.

Trwy Alun hefyd y trefnwyd taith i Fethesda gan Gôr Meibion Onllwyn i gyngerdd codi arian i deuluoedd y glowyr o dan nawdd Côr Meibion y Penrhyn. Mawr oedd y croeso yn Neuadd y Glowyr, Onllwyn, neu'r *Palace of Culture* chwedl Alun, pan aeth Côr y Penrhyn yno i ganu ar ôl y streic. Braf yw dweud bod y cyfeillgarwch wedi parhau.

Cyfnod o aeddfedu yn wleidyddol fu'r wythdegau i'r Gymdeithas, gan fentro i feysydd newydd a dysgu cydweithio â mudiadau sosialaidd eraill. Dichon y cofir y blynyddoedd diwethaf fel adeg hau hadau gweriniaeth sosialaidd i Gymru.

Dysgu cydweithio: Trefor Davies, NUPE yn rali arall Siarter Clwyd, Yr Wyddgrug 4/11 Isod eto: T.D., Angharad Tomos, Les Kelly, Ysg. Cyfrinfa'r Parlwr Du, Undeb y Glowyr, a Dafydd Chilton, Cadeirydd Rhanbarth Clwyd. (A Daniel Owen! Byddai Bob Lewis o'u plaid, o leiaf.)

Ceri Wyn Jones, carcharor 1af y Corff, wythnos, difrod *City & Guilds* 12/84 (hen lun ysgol)

Chwith:T 1/85
Dde: C 12/84
Dde pellaf: HC 29/10

Bu'n rhaid i Enfys Llwyd o Dalgarreg ymddangos yn y llys am na thalodd y ddirwy o £10 yn llawn. Penderfynodd ddal yn ôl 20 ceiniog am iddi orfod gwario'r arian hynny ar stamp wrth iddi ysgrifennu i ofyn am gopi o'r rhybudd yn Gymraeg.

Danfonodd Enfys siec am £9.80

BU terfysg yn llys ynadon Bangor bore Iau, Hydref 25, pan anfonwyd tair aelod o Gymdeithas yr Iaith i'r carchar am saith niwrnod.

Gwrthododd Casi Tomos a Gwenith Huws, myfyrwyr yng Ngholeg y Gogledd, Bangor, ac Angharad Tomos, cyn-gadeirydd y Gymdeithas, dalu dirwy o £25 yr un am wneud difrod i linellau teliffon yn swyddfeydd yr Awdurdod Iechyd yng Nghoed Mawr, Bangor, ar Fedi 12

1985

Marw Chernenko, U Sofiet, a Mikhail Gorbachev yn ysg cyffredinol

UDA yn cynnal gwrthryfel y dde yn Nicaragua

Dwysáu gwrthryfel y Tamiliaid, Sri Lanka

Daeargryn Mexico, lladd 10,000

Nelson Mandela yn gwrthod ei ryddid ar amod gwadu hawl y duon i ymladd, De Affrica

Heddlu cudd Ffrainc yn suddo llong Greenpeace, Rainbow Warrior, yn Seland Newydd

Symud 12,000 o Iddewon Ethiopia i Israel

Ailagor ffin Sbaen a Gibraltar

Lledaeniad y clefyd Aids i Wl Pryd

Arwyddo cytundeb Eingl-Wyddelig

Llywodraeth Mitterand yn dal i wrthod cyllid i ysgolion Llydaweg Diwan, (er ei fod wedi caniatáu cwrs gradd Llydaweg). Rhai awdurdodau lleol yn addo arwyddion ffyrdd dwyieithog pan ddôi cyllid, wedi'r ymgyrch beintio ers 1982. Stourm ar Brezhoneg am gychwyn ymgyrch yn erbyn y post a'r teledu Ffrengig!

Cyflafan gan gefnogwyr peldroed Lerpwl ym Mrwsel, Gwlad Belg, a gwahardd timau Lloegr o'r cyfandir; trychineb tân maes peldroed Bradford; terfysg eto yn y dinasoedd

Isetholiad Brych a Maesyfed, Gorff— Richard Livesey, Rhydd yn ennill ar ran y Gynghrair; PC yn wan

Diwedd streic flwyddyn y glowyr, Mawrth, wedi i lowyr Cym oll ond 6% aros allan am fl; carcharu 2 am ddynladdiad y gyrrwr tacsi; cau 11 pwll a diswyddo 25% maes glo Cym; dirywiad cyngr Cym dros gymunedau glofaol

Streic 7 mis chwarel Ffestiniog, Awst; fel streic y glowyr, cryfhau ymwybyddiaeth wleid Gym a chlosio carfannau radicalaidd, ac amlygu arweiniad merched

Dadlennu gwrando ar ffôn CND ac U y Glowyr gan heddlu cudd *MI5*

Gweithredu toriadau colegau'r Brif; llywod am arolygu safon athrawon ysgol

50,000 yn mewnfudo i Gym, 5000 yn fwy na'r ymfudiad

Sefydlu Dolen Cym a Lesotho gan Carl Clowes

Cychwyn Antur Efyrnwy

Diweithdra, Rhagfyr, 17.3% (181,496); colli 15,000 swydd; collwyd 155,000 o swyddi dynion ers 1959, cynnydd swyddi merched o 261,000 i 401,000

Marw Saunders Lewis, Thomas Parry, Kate Roberts, Dewi Prys Thomas, Harri Gwynn, John Eilian, L.Haydn Lewis, W.D.Williams

Eist Gen Y Rhyl; Eist yr Urdd Caerdydd; Gŵyl G Dant Glannau Llwchwr, Gorseinon

Swyddfa Gym yn cadarnhau hawl awd lleol i roi'r iaith mewn adr pwnc cynllunio

Ysg Gwl yn gwahodd ffurfio pwyllg datbl addysg Gym, gan y C-BAC, a fynnai sicrwydd cyllid yn gyntaf; nawdd llywod i'r iaith 1985-86 £2½ m

Cwblhau cyh cwrs mathemateg yn Gym, cynradd ac uwch; bygwth swyddi drwy gyfrwng y Gym yng ngholeg y Brif, Aber

Tribiwnlys Bae Colwyn yn cefnogi cwyn 'hiliol' 2 ddi-Gym a geisiai swyddi c sir Gwynedd; sefydlu Cefn

Argyfwng ariannol yr Urdd; dros gant o ieuenctid 8 iaith leiafrifol yng Nglanllyn

Agor Clwb Cym Brynmenyn, Penybont ar Ogwr

Ymgyrch Adfer dros hawl i wasanaeth uniaith Gym gan awdurdodau lleol

Dwylo Dros y Môr, cân Huw Chiswell ar record newyn Ethiopia, a chyngerdd roc Caerd; cyngerdd Byd Bont; Arian Byw yn yr Eist yn codi £¼ m

Drama Gym ag isdeitlau ar rwydwaith Bryd BBC 2, 'Penyberth' William Jones

Brynley F.Roberts yn llyfrgellydd cen

Llais y Werin rhif 1 (Môn)

Yma o Hyd Angharad Tomos; *Cario'r Ddraig* Orig Williams gol Myrddin ap Dafydd; *Effeithiau Mewnfudo ar Iaith* Cynog Dafis; *Blodau'r Gwrych* (Cyfr Blodau 1) Lynn Prytherch a Twm Elias; *Bingo!* W.O.Roberts; *The Welsh Lang 1961-81: an Interpretative Atlas* Aitchison a Carter; *When Was Wales?* Gwyn A Williams

---

Wynebddalen:
Golygfa o hen Swyddfa danddaearol Cymdeithas yr Iaith, Maes Albert, Aberystwyth (A P-J)

Rhyfedd mai yn y flwyddyn y bu farw awdur *Tynged yr Iaith* y daeth y mudiad iaith agosaf hyd hynny at wireddu ei her 'i'w gwneud hi'n amhosibl dwyn ymlaen fusnes llywodraeth leol na busnes llywodraeth ganol heb y Gymraeg'. Wedi gosod tasgau anodd iddi ei hun yn yr wythdegau, gwelai Cymdeithas yr Iaith 'y darnau yn syrthio i'w lle' yn araf. A hithau'n fwy amhoblogaidd nag erioed, eironig oedd gweld awdurdodau, un ar ôl y llall, yn gorfod ymateb yn gadarnhaol i'w neges a'i llafur di-ildio. Byddai'r frwydr dros yr iaith wedi ei hennill erstalwm onibai am y mewnlifiad; ar y llaw arall, efallai mai'r galanastra hwnnw, ynghyd â'r dirwasgiad diwydiannol, a aeddfedodd ddealltwriaeth gwlatgarwyr o berthynas iaith a chymdeithas, a'u gwthio y tu hwnt i weledigaeth syml y dyddiau cynnar.

Gwelwyd ein cyflwr yn gliriach fyth wedi methiant hanesyddol streic y glowyr. Daeth Cymru yn ysglyfaeth hawdd i'r cyfalafwyr gwblhau eu cynllun i falu'r economi hynafol yn rhacs; 'pobl noeth dan wlaw asid' meddai Gwyn Alff Williams yn ei ddarlith amserol *When Was Wales?*, a'n rhybuddiodd i beidio â rhamantu am y gorffennol, na gadael i'r Prydeinwyr ein llusgo yn ôl yno. Gwelsom o'r newydd mor esgeulus o'i phobl fu'r Blaid Lafur Gymreig, wrth lynu'n gibddall yn ei Phrydeindod henffasiwn. Roedd Cymdeithas yr Iaith, fel Plaid Cymru, yn naïf braidd yn dal i gredu yng Nghyngres Cymru.

Yn y cyfamser, cadwodd teuluoedd dewr chwarel Stiniog a rhai o ffermwyr llaeth Dyfed y fflam yn fyw, gan roi cyfle arall i'r 'ffrynt eang', yn cynnwys grŵp undebau llafur Cymdeithas yr Iaith. Roedd gan y Gymdeithas grŵp newydd, grŵp addysg wleidyddol, a gynhaliodd ysgolion penwythnos buddiol. Bu gan y mudiad gynadleddau ar ddarlledu hefyd, ac ysgol undydd gan fyfyrwyr Aberystwyth ar ieithoedd bychain. Cafwyd datblygiad dadleuol iawn pan aeth dirprwyaeth o'r Gymdeithas i'r Iwerddon yn Nhachwedd, ar wahoddiad Sinn Feinn. Gwelsant fel yr oedd y Wyddeleg yn blaguro ac yn ysbrydoliaeth i un o'r ddau ddosbarth gweithiol adfydus.

Bu bron gant o aelodau'r Gymdeithas yn y llysoedd dros Gorff Datblygu Addysg Gymraeg, rhai ohonynt am droseddau difrifol. Dirwywyd nifer am beintio neu ddifrodi eiddo'r Swyddfa Gymreig. Wedi i ddwy dorri i mewn i Swyddfa'r Gweinidog Gwladol ym Mrynmbuga, gwnaed difrod mawr yn swyddfa'r llywodraeth yn Llandrillo yn Rhos, ac wedi achos maith ym Mae Colwyn dirwywyd 32 dros £200 yr un. Bu peintio yng Nghaerfyrddin a Chaerdydd, a raljau yn Eisteddfod yr Urdd. Yna, ym Mai, daeth Llys y Goron Caerdydd yn achos y tri a ymosododd ar bencadlys y Torïaid y gaeaf cynt; carcharwyd dau am dri mis, gyda 100 awr o waith gorfodol i'r llall. Tawelodd pethau am ychydig, i roi cyfle i drafod, a chytunodd y Swyddfa Gymreig i dderbyn dirprwyaeth o chwe mudiad ym Mehefin. O'r diwedd gwahoddodd John Stradling Thomas y Cydbwyllgor Addysg i sefydlu Fforwm i drafod addysg Gymraeg a chynghori'r Ysgrifennydd Gwladol.

Nid corff annibynnol oedd hwn, wrth gwrs, a dyblodd y Gymdeithas ei hymdrechion. Wedi erlyn naw ym Mhrestatyn a Rhuddlan ar ôl yr £8000 o ddifrod a wnaed ym mhabell y Swyddfa Gymreig, cafodd rhai garchar gohiriedig, gwaith gorfodol i ddau a dirwy drom i un arall. Parhau'r torcyfraith oedd y penderfyniad yn Hydref—gydag ymgyrch weithredol dros ddeddf iaith hefyd—y tro cyntaf ers amser i wneud hynny mewn dau faes gyda'i gilydd. Yn Nhachwedd, difrod difrifol eto gan ddau yng nghanolfan addysg Powys yn Llandrindod. Llwyddodd saith o fyfyrwyr Bangor i feddiannu swyddfa leol am dridiau, a bu taith gerdded a chynhadledd addysg gan gelloedd Dyfed a Morgannwg. Gofynnodd dirprwyaeth o'r Cydbwyllgor Addysg am gyllid ychwanegol i'r Fforwm gan y Swyddfa Gymreig. Roedd y Corff yn nesáu!

Cyn gadael y maes addysg, dylid nodi'r datblygiad diddorol yn syniadau'r mudiad am addysg uwch. Coleg Cymraeg yn y Brifysgol oedd polisi'r Gymdeithas erioed. Ond lleiafrif o'r aelodau oedd myfyrwyr Prifysgol bellach, a gwelid agwedd y maniffesto yn elitaidd braidd. Y nod newydd oedd Coleg Cyfun Ffederal Cymraeg gan ddefnyddio adnoddau'r colegau addysg bellach hefyd, ac yn y tymor hir eu cynnwys yn rhan o batrwm o golegau lleol.

Yn y maes cynllunio y bu'r llwyddiant mwyaf—a'r gwaith caletaf. Cafwyd cyfres o dair cynhadledd uchelgeisiol a chostus gan ranbarth Dyfed o'r Gymdeithas yng Nghaerfyrddin, Crymych a Felinfach, gyda chynrychiolwyr o'r holl awdurdodau lleol. Cyhoeddwyd adroddiad ar Ddinefwr hefyd a dechrau trafod â Llanelli. Ennill statws cynllunio i'r Gymraeg oedd y nod, ac yn wir addawodd cynghorau Caerfyrddin a Dinefwr adolygu eu polisi, er mwyn ystyried yr effaith ar yr iaith wrth drafod ceisiadau cynllunio. Roedd gan Gyngor Datblygu Dyffryn Teifi drefnydd erbyn hyn, Bethan Llewelyn Davies, a rhanbarth Dyfed â swyddfa yng Nghaerfyrddin. Bu taith gerdded heibio i bob awdurdod yn y sir, ond dal yn fyddar oedd Cyngor Ceredigion. Bu cryn newid yn agwedd Cyngor Sir Dyfed, a benderfynodd ailystyried ei gynllun fframwaith. Addawodd gryfhau polisi iaith y Pwyllgor Addysg hefyd, ac agor rhagor o ganolfannau ail iaith. Cynllunio oedd thema'r Ysgol Basg; rhoes sylw i gyflwr peryglus cymunedau Cymraeg Maldwyn. Bu rhanbarth Clwyd y Gymdeithas wrthi drwy'r flwyddyn yn cenhadu a phrotestio dros eu Siarter, gan bryderu am ddyfodol Dyffryn Clwyd. Cyndyn iawn oedd y cyngor sir o hyd i ystyried atodiad i'w cynllun fframwaith niweidiol, a bu wythnos o weithredu yn eu herbyn yn Nhachwedd. Daeth newydd da o'r Swyddfa Gymreig y mis canlynol, yn cadarnhau hawl cynghorau dosbarth i wneud y Gymraeg yn bwnc cynllunio. Dyma fynd at wraidd pethau o'r diwedd. Ond yr angen taer yn y pendraw fyddai cyfundrefn gynllunio bur wahanol i'r un Brydeinig.

Dôi'r angen am ddeddf iaith newydd yn amlycach bob dydd, yn enwedig wedi'r halibalŵ 'hiliol' yng Ngwynedd. Wedi cyfarfod Bwrdd y Post ym Mawrth, bu cell Caerdydd y Gymdeithas wrthi'n gyson dros syniad y cownteri Cymraeg. Wedi galw drwy deg ers tair blynedd, dyma'r cyfarfod cyffredinol yn cyhoeddi ymgyrch dorcyfraith dros ddeddf iaith, a bu chwech wythnos o weithredu yn erbyn y banciau a'r cymdeithasau adeiladu drwy'r wlad, yn ogystal â'r Post. Roedd drafft cynhwysfawr y Gymdeithas ar gyfer deddf newydd ar gael yn awr; hwnnw fu sail mesur Dafydd Wigley yn ddiweddarach.

Gwelodd 1985 newid mawr yn nhrefn a chymeriad y mudiad. Gadawodd Helen Greenwood y byd nyrsio i ddod yn Swyddog Gweinyddol adnabyddus wedi i'r Ysgrifenyddes Jên Dafis adael ei swydd. Sefydlwyd grŵp mentrau masnachol a Chlwb 300 y Tirfeddianwyr, a pharatoi at arwerthiant cyntaf y mudiad yn y Steddfod. Roedd angen dau drefnydd yn awr i barhau gwaith hynod Walis George. Penodwyd Siân Howys ar gyfer y gogledd, a bu hi'n gaffaeliad mawr i danio ieuenctid Gwynedd wedyn. Roedd myfyrwyr ysgol yn Nyfed a Morgannwg ar eu liwt eu hunain wedi cael Ffederasiwn fel un Clwyd. Daeth y ffansîn *Brych* o ddyffryn Teifi a *Caib* o gell Glan Clwyd. Gwelwyd ffrwyth yr holl fwrlwm uchod yn Eisteddfod y Rhyl, y fwyaf uchelgeisiol yn hanes Cymdeithas yr Iaith. Hanner dwsin o weithgareddau adloniant gwahanol *bob* dydd, i bob chwaeth ac oedran! Roedd y genhedlaeth newydd yn llawn hyder wrth gychwyn ar daith haf arall, gyda rifiw ddychanol a roes y rhybudd cyntaf i'r cyfryngau bod yr ifainc yn mynd i hawlio gwasanaeth llawer mwy cyfoes ar radio a theledu.

(DIFFYG) TROBWYNT MAESTEG
Ffred Ffransis

Rali Cyngres Cymru, Aberystwyth 2/2

3 mis i Dafydd M. Lewis a Meinir Ffransis, 100 awr o waith i Lleucu Morgan 2/85, difrod pencadlys y Torïaid. Isod: picedu'r Ysg. Addysg Keith Joseph, Caer. (DP 5/1)

Diwrnod arbennig, Mehefin 1af 1985, yn Neuadd y Dref, Maesteg. Dylsai fod yn wawr cyfnod cyffrous, newydd ym mywyd gwleidyddol Cymru ac ym mrwydr yr iaith, a'r wawr yn codi o drawma ac aberth, nid jest aelodau Cymdeithas yr Iaith, ond hefyd miloedd o deuluoedd glowyr Cymreig. Eto, wrth fynd yno a gweld geiriad y cynnig a oedd i'w drafod, deallais fod popeth wedi ei golli am y tro.

Yr oedd streic y glowyr yng Nghymru wedi cadarnhau popeth y bu'r Gymdeithas yn sôn amdano ers degawd o ran cymdeithasiaeth—bod cynnal bywyd cymunedol ar frig yr agenda gwleidyddol ... Daeth llu o fudiadau ynghyd i gefnogi'r glowyr. Ein dadl oedd fod yma 'syniad yr oedd ei amser wedi cyrraedd', ac y dylid sefydlu cyngres o fudiadau/pleidiau blaengar i amddiffyn bywyd cymunedol a democratiaeth yng Nghymru. Credais mai dyna'r deyrnged fwyaf hefyd y gallem ei thalu i'r teuluoedd a oedd wedi aberthu cymaint yn ystod y streic—y sicrwydd bod hyn wedi esgor ar symudiad grymus newydd i fynnu cyfiawnder yng Nghymru. Bûm i ac eraill yn trafod hyn â chynrychiolwyr y glowyr a'r 'ddarpar-gyngres' yn y De, a chefnogwyr y Gymdeithas a ffurfiai lawer o aelodaeth adain ogleddol y ddarpar-gyngres ...

Helen Prosser a Walis Wyn George, rali Statws, Eisteddfod yr Urdd. (d/g H.G.) Isod: Ysgol Basg Bro Ddyfi 5/4 (d/g A.T.)

Nesaodd diwrnod mawr sefydlu'r Gyngres yn ffurfiol—a chawsom fraw o weld yn y nodion ymlaen-llaw bod y cynnig a oedd i'w drafod yn cyfyngu ar amcanion y Gyngres, i gefnogi Undeb y Glowyr a chymunedau glofaol *yn unig*. Mae sefydliad adweithiol bob amser yn ceisio cyfyngu ar effaith unrhyw chwyldro ac, yn yr achos hwn, y canlyniad fyddai sbaddu'r Gyngres yn wleidyddol ... Nid geni clymblaid flaengar newydd oedd hwn i fod bellach, ond claddu cyfle, a cheisio cadw wyneb.

Cyrhaeddais y neuadd yn eitha digalon ac unig—ni allasai criw'r Gogledd ddod, ac yr oedd cyfeillion eraill yno'n barotach i 'aros a gweld'. Cynigiais welliant i ehangu ar amcan wleidyddol y Gyngres newydd. Ni chefais unrhyw wrthwynebiad, pleidlais na dim arall—ond sicrwydd y byddai'r pwyllgor yn ystyried y mater! Yr oeddwn wedi cynnig fy nhystiolaeth dros fy safbwynt gwleidyddol, ac ni siglais y cwch yn fwy ar y dydd.

[Rhan o'i ysgrif, drwy lythyr at Angharad Tomos o garchar Wymott 12/86]

Isod: cyn Cynhadledd Cynllunio Crymych; siaradwyr Cymraeg i lawr mewn cenhedlaeth o 87% i 67% —a'r mwyafrif dros 45 oed C5/3

Richard Wyn Jones, Gwenith Huws a Dafydd Frayling, ympryd Bodelwyddan dros y 39 achos Llandrillo 5/85 (DoH)

Uchod dde: Cymry unol! 6 mudiad—Merched y Wawr, Meithrin, Rhieni dros Addysg Gymraeg, yr Urdd, UCAC a'r Gym.—cais seithug at J.Stradling Thomas dros y Corff. (Me Gaeaf '85-86)

'CYMDEITHAS YR IAITH—DDY MWFI'
Miranda Morton

Cawsom benwythnos o ymarfer yn neuadd y Ganllwyd, ger Dolgellau, cyn mynd â'r rifiw ar daith bythefnos ledled Cymru, i ddangos doniau actio aelodau'r Gymdeithas i'r genedl. Ni chredaf fod y genedl yn barod amdanom, na ninnau am y genedl, a gweud y gwir!

Fel arfer, teithiem yn y bore, ymarfer yn y prynhawn, a pherfformio gyda'r nos wrth gwrs. Aethom o gwmpas y wlad, yn igam-ogam, nôl a mlaen gan berfformio mewn tafarndai, neuaddau, gwestai—ble bynnag roedd na le. Amrywiai ymateb y gynulleidfa i'r rifiw, ond ar y cyfan roedd yn gefnogol iawn—ar wahân i ambell lythyr yn *Y Faner* a chyhuddiadau o bornograffi! Serch hynny, credaf inni gael y gynulleidfa fwyaf yng Nghlwb Ifor Bach, yng nghanol cadarnle'r cyfryngis. Roedd sawl wyneb enwog yn amlwg gan ei absenoldeb, ond cawsom ymateb da ta beth.

Mwynheuasom ninnau wrth wneud 'Ddy Mwfi', ond credaf taw Geraint Lovegreen a'i fand oedd uchafbwynt y nosweithiau i'r gynulleidfa, i fod yn onest!

Helynt Eisteddfod Y Rhyl. Uchod: Karl Davies, Dyfed Edwards, Peter Bradley. Isod chwith: protest boeth pabell Cyngor Clwyd. (DoH)

Gwyn Derfel a Rhys Ifans, Ganllwyd 18/8 (d/g M.M.)

Iwan Llwyd ar 'Arian Byw' Y Rhyl dros Ethiopia T 10/85 ac isod, Meic Stevens yn dal i ddenu. (JM)

Arestio Huw Gwyn, ŵyr i L. Valentine. (d/g Huw G.) Isod: Bedwyr L. Jones, Cadeirydd y Cyngor, yn cwyno wrth Angharad Tomos am y brotest.

Ioan B. Rees, Cyngor Gwynedd a deiseb 7000 Nan Morgan ac Eleri Carrog, sefydlydd Cefn, at Dribiwnlys Bae Colwyn a gyhuddodd Gwynedd o hiliaeth. (C 5/8) Isod: Dafydd Iwan, Dafydd Wigley, Meredydd Evans a Geraint Gruffydd yn hebrwng corff Saunders Lewis o Eglwys Gadeiriol Dewi Sant, Caerdydd. (WM 6/9)

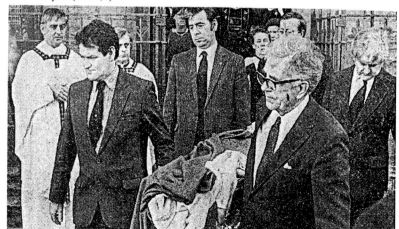

GWEITHREDU 'DIRWGNACH'
Ceri Wyn

Darllen erthygl Angharad [Tomos] yn y *Tafod* yn diolch inni am weithredu ac yn annog pobol eraill i fentro arni a'r ysbryd yr un mor 'ddirwgnach'. Hynna sy'n agor 'y nghof ac yn mynd â fi nôl i Dachwedd y llynedd [1985] . . .

Pencadlys Cyngor Sir Powys. Mynydd o adeilad o'n blaen wedi cyrraedd pen y lôn, a munudau brys wedi treulio wrth edrych drosto. Penderfynu cael mynediad trwy'r ffenestr uchaf un, ar y llawr uchaf un, eiddo i Adran Gyllid y Cyngor Sir. I fyny ysgol droellog cyn cyrraedd platfform ac eiliadau o orffwys a mwgyn. Arwydd i Llion [Wyn Williams] bod pob dim yn iawn, a bant ag e i gyfeiriad Aberystwyth.

"I mewn amdani te!"

Lleucu'n [Morgan]estyn ei chot imi a minnau'n ei dodi'n erbyn y ffenestr; un, dau a thri a dyna wad i'r ffenestr, ond dim hanner digon caled—dim crac.

"O na fe te, man a man inni fynd sha thre!"

"Eto'r diawl!"

Un, dau, tri a chlec y diawl i'w chlywed yn treiddio trwy len y nos a'r ffenestr yn deilchion gandryll; symudiadau clau â'ı morthwyl i glirio'r gwydr o'r cwarel ac i mewn â ni chwap: mas â'r tuniau a Chorff Datblygu amdani a dyna esgor ar bum munud o luchio ffeiliau nes bod y llawr yn un cabolfa o bapur—codi'r chwistrellydd paent, gwasgu'r botwm a'r paent yn saethu i'm llygaid yn hytrach na'r wal—

"Jesus Fxxxxxg Christ! Where am I!"

—lluchio'r can i'r awyr a'm dwylo'n cysuro 'yn llygaid; eiliad a'r can yn dychwelyd i ddweud 'helo' wrth y mhen.

"What the Fxxx!!"

—goleuadau car yn goleuo'r ffenestr am orig fechan—plymio i'r llawr: perygl drosodd a ninnau'n ennill hyder.

"Phew-w-w."

"Pasia'r torts imi."

"Mae e ar y llawr rywle."

Papur ffeil a chofnodion ymhob man, cabolwch rhyfeddol, a ninnau fel morgrug yn cropian ar y llawr yn chwilio am bin mewn tas wair.

"Idiot!"

"Diolch."

Saif Lleucu a chynnau'r golau. Eiliadau llawn cyffro cyn dod o hyd iddo. Y golau'n diffodd ac wedyn goleuadau car arall yn ailoleuo'r ffenestr am ennyd.

"Shit-t-t."

—a phlymio eto i'r llawr . . .

Allan o'r swyddfa 'na ac ar grwydr trwy labyrinth o stafelloedd a choridorau, i lawr a lan, edmygu ambell un ac ailaddurno ambell un arall—i mewn i ystafell llawn peiriannau.

"Aros di bant o'r rhain! Rwy'n gweud 'tho ti nawr!"

Y Swyddog Gwein. newydd Helen Greenwood, Karl Davies a'r gŵr gwadd Hanif Bhamjee, Cyf. Cyff. y Sgubor, Aberystwyth. Isod: aelodau Ysgol Penweddig, taith rhanbarth Dyfed, Aberaeron 2/11 (d/g H.G.)

"Diolch."

Ymlaen:

"Mae mhledran i'n llawn."

"Be?"

"Moyn pisho."

"You dare!"

"Mi wna i e yn y tŷ bach; mae na un yn y coridor."

Ymlaen:

"Arhosa i mas fan hyn."

"Smo ti'n dod i mewn ta beth! Dalia'r torts ma imi."

"Iawn."

"Y TORTS wedes i!"

"Ha! Ha!"

"Mae na rywun yn dod."

"Uffarn! Na! Ble?"

"Sori. Meddwl bo fi'n gweld cysgod rhywun yn dal pastwn, neu *tooth-pick* ddylwn i weud. Wyt ti wedi gwlychu dy drwser ne rywbeth?"

"Ha! Ha!"

"Sai'n gneud hyn da ti eto!"

"SNAP!"

Amser ar gerdded.

"Gwell inni ei gwân hi sha'r heddlu nawr."

"Mas trwy'r ffenestr daethom i mewn trwyddo fe."

"Iawn."

Awr yn ddiweddarach, wedi blino, wedi danto ac wedi cael llond bola.

"Rwy'n siwr inni dorri i mewn yn un o'r ystafelloedd 'ma . . . " Trwy gymorth ffawd dyma gyrraedd o'r diwedd un o'r drysau cefn, tynnu'r bolltiau draw a chamu allan i bwll nofio o faw a llaca a chachu. Gwaith adeiladu ar ei hanner a ffens weiren bigog yn ein hatal rhag cyrraedd y ffordd fawr.

"Bloody Typical, sai'n gwneud hyn da ti eto!"

"Gad dy lap—dwy eiliad a byddwn ni mas."

Awr yn ddiweddarach, wedi blino, wedi danto ac wedi cael mwy na llond bola.

"Rwy'n siwr bod lle'r heddlu ffor hyn."

"Roet ti'n siwr bod e ffor llall funud yn ôl . . !"

Cyrraedd Gorsaf yr Heddlu a dadlau brwd ynglŷn â'r siaradwr.

"Ti sy orau!"

"Ti yw'r Dyn."

"Cymraeg Carreg Calch da fi."

"Saeson y'n nhw siwr o fod."

"Bryna i beint iti."

"It's a deal. Ymlaen!"

Wedi hynny, oriau difyr o groesholi a holi'n groes cyn ein cludo i orsaf Aberhonddu am ddau ddiwrnod braf a 'dirwgnach' mewn cell fach glyd a dechrau'r broses hir gyfreithiol a oedd i arwain at waharddiad o Bowys, carchar gohiriedig, dirwyon, iawndal, dirmyg llys, caethiwed, dagrau, cwympo mas, cwerylu, ffraeo, ymladd, rhegi, meddwi, joio, casáu a Chorff Datblygu gobeithio— *'and I wouldn't have missed it for the world!'* Ond Powys Paradwys Cymru— choelia i fawr!

Bellach mae lle i 32 o ddysgwyr ar y tro fynychu cyrsiau yn y Nant ac ers dechrau'r flwyddyn bu oddeutu €00 yno a'r rhagolygon yw y bydd dros fil wedi profi rhin yr hen bentref marw lle y mae'r Gymraeg yn fyw ac yn cael ei bywhau.

Treblodd y nifer yn ystod Gorffennaf ac Awst eleni gyda phum wythnos lawn o gyrsiau o gymharu â dwy y llynedd.

Nant Gwrtheyrn C25/9

DEIALOG FER
(Sy'n digwydd bod yn wir!)
Lleucu Morgan

Dau gariad yn siarad ar y ffôn.

HI: Helo bach.. *I'm supposed to..* alli di ddweud wrth..

ARALL: *(yn torri ar ei thraws) One word of Welsh and I'll cut you off.*

HI: *He's telling me that I've got to speak in English or he'll cut us off..* Dwed wrth yn rhieni—dw i'n iawn..

EF: Gwed dy neges yn gyflym. Mi ro i wbod iddyn nhw. Lle wyt ti?

HI: Dw i yn.. ym, *I'm in* Aberhonddu, *whatever that is in English. The* difrod *is good. We managed to do quite a bit..* rhyw ddwsin neu fwy o slogane, a dod ma wedyn tua tri..

ARALL: *English!*

HI: *Tell them that at the* Swyddfa. *Get the* datganiad i'r wasg mas.. dyn nhw ddim yn gwybod sut daethon ni yma, popeth yn iawn.

EF: Beth yw'r cyhuddiadau?

HI: *(yn gwylltio) This is nineteen-eighty-five! It's silly..* dw i ddim yn mynd i sharad Sisneg efo ti o bawb! Fe gan nhw..

ARALL: *I'm warning you. Speak in English!*

EF: Cymer dy gyfle, gloi!

HI: Ryn ni yn.. *court at ten tomorrow.*

EF: Pwy wyt ti am i fi ffônio?

HI: Ma.. *you know the numbers I gave you..* ffonia nhw.. *The usual* cyhuddiade, *burglary, criminal damage and that kind of thing ..* Wela i di fory?

EF: Gnei..
(*SAIB*)
Garu di.

HI: Na fe. Ceith yn torri ni ffwrdd nawr: dw i wedi gweud popeth.

ARALL: *That's enough, I'm cutting you off.*

HI: Hei, gesia beth yw enw'r plisman ma sy da fi ma nawr!

EF: Beth?
(*Y ffôn yn cael ei roi i lawr*)

HI: Sarjant Welsh!

Hywel James, Gol. y Tafod (a'r Ddeddf Iaith).

Cam arall i'r chwith: Tim Saunders (cyfieithydd), Steve Eaves, Robyn Parri, Selwyn Jones, Gwyn Edwards a'r brifathrawes; ymweld ag ysgol Wyddeleg Shaw's Road, Béal Feirste ar wahoddiad Sinn Féinn i'r Chwe Sir, Iwerddon. Isod: Robyn Parri wedi Eisteddfod y Rhyl T 10/85

I'r werin bobl - y dosbarth gweithiol trefol a gwledig - ac i laweroedd o blant y dosbarth canol Cymraeg hyd yn oed tydi pethau ddim yn agos mor gysurus. I'r gweddill ohonom ni mae realaeth greulon a chas y byd Eingl-Americanaidd pwdr a ffiaidd yn ein tagu pedwarugain awr y dydd gydol y flwyddyn. Dyna, pam mae ein iaith lafar ni yn llawer mwy bratiog na iaith y 'osbarth canol hyn a'r henoed.

Mynnodd y Cyngor fod rhaid i'r Br Edwards lanw ei daflen waith ar gyfer taliadau bonws yn Saesneg. Gwrthododd Noel Edwards wneud hynny, a'u llanw yn Gymraeg. O'r herwydd 'roedd yn ei golled o £200.

Da yw medru nodi bod Noel Edwards wedi ennill y frwydr erbyn hyn, a'i gyflogwyr wedi gorfod ildio i'w safiad unplyg dros y Gymraeg.

Aberth plastrwr o Gyngor Afan Ad 10/85

Rali Rhuthun, achos y 9 difrod yr Eisteddfod 14/12 Uchod chwith: 'No syrendyr—gwlad ni di hon!' medd Robyn Parri. Dde: Toni Schiavone ac Ifor Glyn. Isod: Gwynfor Evans, Dafydd M. Lewis, Dai Davies a Gwenith Huws. (d/g H.G.)

DAMP SQUIB
(sef pennawd y *Wrexham Leader*, Tachwedd 1985)
Angharad Tomos

Roedd hi i fod yn noson fawr—Noson Tân Gwyllt i lansio wythnos o weithredu yn erbyn Cyngor Clwyd oherwydd ei agwedd at y Gymraeg (Ymgyrch Siarter Clwyd).

Am chwech o'r gloch, roedd Siân Howys a Rhys Ifans ym maes parcio Neuadd y Sir, Yr Wyddgrug gyda photeli llefrith, 20 roced a 12 *sparkler*. Dim enaid byw arall ar gyfyl y lle—nad oedd yn syndod o ystyried ei bod yn bwrw eira a chesair bob yn ail—ond fel sy'n digwydd ar achlysuron fel hyn, roedd yr heddlu a dyn y wasg yn bresennol. Yn y man, cyrhaeddodd Non o Faes Garmon i wneud nifer y rali yn dri.

Doedd dim amdani ond mynd ymlaen efo'r sioe. Gosodwyd y poteli a'r rocedi ar y wal ond tueddent i gael eu chwythu gan y gwynt. Yr unig beth oedd yn chwythu mwy oedd y gohebydd a oedd wedi colli'r *Community Fireworks* lleol er mwyn bod yn bresennol. Tynnodd lun, ac i ffwrdd â fo.

Yna cyrhaeddodd gohebydd Radio Clwyd gyda'i beiriant recordio—a oedd modd gwneud cyfweliad? Gan gyrcydu tu ôl i'r wal i osgoi'r gwynt, recordiodd y gohebydd un roced yn cael ei thanio, cyn dechrau ar gyfweliad anhygoel:

"Well, there's one rocket going off—Siân Howys, as organiser of this protest, aren't you a bit disappointed with the turn-out?"
Siân: *"No, no ... you see, it's a symbolic gesture. It is ... um, it is an illuminating gesture as such ... to, um, to highlight the call of the Society for more action on the Welsh. This is only the beginning ..."*
ac aeth Siân yn ei blaen i falu awyr.

Erbyn hyn, roedd yr heddwas wedi deall nad oedd y sefyllfa'n un fygythiol iawn, ac wedi nesáu at y ddrama. Wrth weld y gohebydd yn diflannu i'r tywyllwch, roedd yn amlwg mewn penbleth.

"Dyna'r cwbl ydio?" gofynnodd.
Ifas: "Ia—ar wahân i'r *sparklers* ... sgynnoch chi *fatches* yn digwydd bod?"

Estynnodd yr heddwas leitar i'w goleuo, ac yn wir, aeth mor bell ag ymuno yn y brotest a dal un o'r cyfryw *sparklers*. Roedd ei sylwadau ar ddiwedd y rali yn cyfleu naws y noson, "Dach chi ddim yn dod o fan hyn nag ydach?"
Siân: "Wel, na ... o Bontardawe dwi'n enedigol."
Plismon: "Ym—dach chi ddim yn teimlo'n *silly*??"
Fel deudodd rhyw Ifas arall, hwnna ydi o.

Owen John Thomas a Steffan Webb o Gell Caerdydd yn ymgyrchu dros hawliau Cymry Cymraeg y brifddinas. (GM)

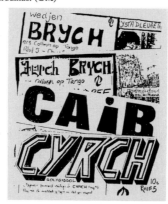

Rhagor o ffansíns, y cylchgronau pop/gwleidyddol tanddaearol, o'r Creuddyn, Glan Clwyd a Ffed Dyfed. Un o fendithion chwyldro'r peiriant ffotostat rhad.

SOME of the 400 health authority staff in Gwynedd who wanted to learn Welsh have finished their intensive language course.
As part of its revised bilingual language policy adopted earlier this year, the health authority now actively encourages its staff to learn Welsh, especially those who are in constant contact with patients.
The last survey of staff showed that 61 per cent spoke Welsh, a number close to the Gwynedd figure of 63 per cent.
Of the 1,500 non-Welsh speakers employed, about 400 earlier this year approached the authority expressing their desire to learn

Uchod: DP 5/11

YMGYRCH bresennol Mudiad Adfer i wneud y Gymraeg yn hanfodol i bob penodiad gyda chyrff cyhoeddus yn y Fro Gymraeg ydyw'r un y bu Saunders Lewis yn ei hannog ers cenedlaethau.

At hon y bu pob ymgyrch arall yn arwain a hon fydd safiad olaf y Cymry dros ein hawliau cenedlaethol.

Dde: Ad 12/85

Chwith: bu Cynhadledd yng Ngheredigion hefyd *Cwlwm* 2/85 Dde: HC 11/11

PROFIAD OFNADWY!
Steffan Webb

Dw i ddim yn credu bod Caerdydd erioed wedi gweld y fath weithredu ag a ddigwyddodd yn ystod yr wythnosau'n arwain at Nadolig '85. Bu o leiaf ddau ddigwyddiad bob wythnos am gyfnod o 6 wythnos. Fe beintiwyd sloganau, sawl gwaith, ar bum safle—'Cownteri Cymraeg', 'Gwasanaeth i'r Cymry', 'Deddf Iaith Newydd' yn syml, yn gyson ac yn glir ... Fe bicedwyd y swyddfeydd post unwaith eto—bob bore Sadwrn—ond ar sawl achlysur fe aeth aelodau'r Gymdeithas gam ymhellach.

Ymunai rhwng 20 a 30 o Gymry â'r ciw yn y Swyddfa Bost. Wrth gyrraedd y cownteri, gofynnid am wasanaeth yn y Gymraeg; nid oedd y gwasanaeth ar gael ac felly ni symudem o'r cownteri. Gan bod y Nadolig yn dod yn nes, roedd cannoedd o bobl yn ceisio am wasanaeth ac ambell dymer ar fin torri. Bygythiwyd llawer iawn o'n haelodau, ac yn wir fe ymosodwyd ar sawl un gan y cyhoedd, ond ni chollwyd disgyblaeth a dysgwyd llawer am ein polisi di-drais. Galwyd yr heddlu bob tro, ond nid oeddynt yn gallu restio pobl am siarad Cymraeg—dydy hynny ddim yn drosedd eto ...

Ceision ni osgoi gwrthdaro â'r cyhoedd i ryw raddau wrth ddewis meddiannu'r Bwrdd Post yn y Rhâth, yr union adeilad lle roedden ni wedi cyfarfod â'r Bwrdd yn Chwefror. Un o'r profiadau mwya ofnadwy ges i erioed mewn protest oedd cael fy llusgo allan o'r adeilad gan heddwas—a theimlo fy nhrowsus yn ara deg yn disgyn wrth iddyn nhw fy nhynnu ar hyd y llawr. Yr oedd pawb arall yn mwynhau'r sefyllfa yn fawr iawn.

Yn yr adeilad hwnnw y daeth yr ymgyrch weithredol i ben ddau ddiwrnod cyn y Nadolig. Erbyn hynny roedd y Swyddfa Bost yn disgwyl rhyw fath o brotest ac yr oedd pob drws wedi'i gloi ... Roedd cloch i'w chael wrth un drws ac felly dyma ni'n canu'r gloch. Agorwyd y drws gan ddyn clên iawn. *"Can I help you?"* meddai fe. Diolch yn fawr iawn, meddai'r protestwyr cyntaf wrth redeg heibio iddo fe. Llwyddodd y swyddog i gau'r drws gyda dim ond tri o brotestwyr tu mewn, ond yn lle galw am help penderfynodd y dynion post y gallen nhw daflu'r tri allan yn ddigon di-drafferth. Agoron nhw'r drws i wneud hynny, ond yr oedd ugain ohonom yn aros i redeg i mewn ...

[*Detholiad byr o'i ysgrif fanwl 'Cownteri Cymraeg'*]

MAE'R cam cyntaf wedi' gymryd i sefydlu Cyfeillion Llŷn — Cymdeithas i warchod ei hiaith, ei diwylliant, ei heconomi a'i thirlun.
Mewn cyfarfod cyhoeddus yn Sarn Meillteyrn, nos Fawrth ddiwethaf, ffurfiwyd pwyllgor i ystyried llunio cyfansoddiad i'r mudiad newydd a elwir yn Gyfeillion Llŷn.

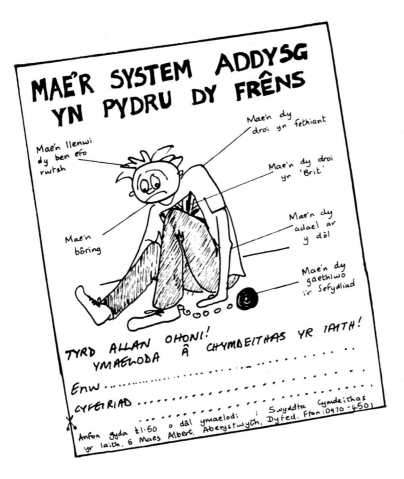

Trychineb atomfa Chernobyl, U Sofiet, Ebrill;
cynhadledd heddwch ag UDA yn Reykjavik

Twyll 'Irangate' llywod UDA yn erbyn
Nicaragua; bomio Libya, gyda chymorth
Pryd; marw pobl y wennol ofod Challenger

Dwysáu rhyfel Iran ac Iraq

Trychineb llyn tanllyd Cameroun; a daeargryn
El Salvador, lladd 1500

Cyflwr argyfwng ac erlid gwrth-apartheid
De Affrica; cyfyngu masnach ryngwladol;
Tutu yn archesgob Cape Town; marw-
olaeth amheus Samora Machel, arweinydd
Mozambique

Disodli Marcos o'r Pilipinas gan Corazon
Aquino; hefyd Duvalier, unben Haiti

Llofruddio Olof Palme, prifwein Sweden

Kurt Waldheim yn ganghellor Awstria, er
bod amheuaeth ynglŷn â'i gefndir natsïaidd

Ariannin yn ennill cwpan peldroed y byd
eto, ym Mexico

Unoliaethwyr y 6 Sir yn gwrthod y cytun-
deb Eingl-Wyddelig

P dyddiol lliw 1af Lloegr, *Today;* helynt y
Sunday Times, hefyd yn herio'r undebau;
dileu C Llundain, a threchu cynghorwyr
chwith Lerpwl; atrefnu marchnad stoc
Llundain; Myra Hindley yn chwilio am
gyrff plant

Torri swyddi glo'r de i ½ nifer cyn y streic,
a chau pwll olaf Cwm Rhondda,
Maerdy; dechrau cyrchoedd dwyn glo
trên, Aberpennar

Llosgwyd 120 o dai haf ers 1979; ral'iau
coffa Penyberth; Cymd Cyfamod y
Cymry Rhydd

Cytundeb seneddol pleidiau cen Cym a'r
Alban

Helynt byncer niwclear Caerf; £5 m
iawndal Chernobyl i ffermwyr Eryri; y Bl
Laf Bryd yn honni polisi diarfogi
niwclear ac atal atomfeydd newydd;
gwisgo pabi gwyn ar Sul y Cofio

Preifateiddio *British Gas,* 1af o gyfres;
Banc yr Alban yn prynu Banc Cym; cau
Butlin's Y Barri; methiant *W Quality
Lambs* Cyf

Dechrau cwrs ysgol TGAU yn lle Lefel O

George Noakes yn archesgob Cymru;
Esgob Tutu yng Ngŵyl Teulu Duw,
Llanelwedd; coleg diwinyddol efengylaidd,
Penybont ar Ogwr; sefydlu cymd Capel i
warchod rhai capeli

Sports Aid Cymru yn codi £½ m at
Ethiopia

Ynys Enlli yn warchodfa natur gen

Dim staff ar ôl yng Nghym, gan y p dydd-
iol o Loegr, a werthai 600,000 yma (a
300,000 o rai Saes 'Cymreig')

Gwerthu Ian Rush i Juventus am £3½ m a
Mark Hughes i Barcelona am £2¼ m,
peldroed; carcharu David Bishop,
Pontypŵl am daro chwaraewr rygbi arall

Deddf llywod leol, gwahardd beirniadaeth
wleid ar y llywod ganolog

Adr Peacock ar ddarlledu yn argymell
ehangu cynnyrch annibynnol, a
phreifateiddio'r 4edd sianel

Darn £2; diwedd sbectol rad, a thrwydded
ci

Diweithdra, Rhagfyr, 16.8% (173, 546);
diwiethdra dynion 4ydd uchaf o 55 rhan-
barth y Gymuned Ewrop, merched
gyda'r isaf

Marw Lewis Valentine, Alun R.Edwards,
T.J.Morgan, Iorwerth H.Lloyd, Tommy
Farr

Eist Gen Sir Benfro, Abergwaun; Eist yr
Urdd Dyff Ogwen, Bethesda; Gŵyl G
Dant Wrecsam

Sefydlu'r Pwyllg Datbl Addysg Gym

Mesurau deddf iaith Dafydd Wigley a
Gwilym Prys Davies, Ysg Gwl yn
gwahodd ymateb 200 mudiad

Swyddfa Gym yn cyfarwyddo awd'au lleol
i ystyried effaith cynllunio ar y Gym;
cynllun strwythur C Dyfed yn ei
gynnwys

Galwad cyhoeddus Meredydd Evans yn yr
Eist am uno rhag y mewnlifiad, a
rhybudd W.G.Bennett, cad C Cered

Helynt datbl tai Morfa Bychan, a Broom
Hall yn Eifionydd, a Thŷ Croes ym
Môn; pwyllg amddiffyn Eifionydd
(Dwyfor wedyn)

Adfer yn gweithredu dros unieithrwydd yng
Nghyngor Arfon, a chefnogi'r ymgyrchoedd
uchod; ennill ffurf uniaith ar fil trydan
Manweb

C Gwynedd ennill apêl uchel lys rhag cyhuddiad
o 'hiliaeth'; gwrthod Cym ar geir heddlu
Gwynedd; ymgyrch Cefn dros ddwyieith-
rwydd llawn biliau ffôn

Tua 500 cylch meithrin, 7000 o blant;
seremoni graddio annibynnol U Myf colegau
Aber, gyda Gwynfor Evans

Gwasanaeth radio llawn BBC, yn y dydd
yn unig; Cyfle, i hyfforddi techn Cym,
cyllid £57,000; swyddfa S4C yng Nghaern,
a 'Hel Straeon'; 'Sul y Blodau' drama
Michael Povey

Safwn Gyda'n Gilydd caset streic Stiniog

Grant llyfrau a chylchg Cym yn £360,000;
cwblhau catalog cyfrifiadurol y Llyfrgell
Gen

Tua 50 p bro, gwerthu tua 67,000

Hafina Clwyd yn gol *Y Faner;* Hywel
Trewyn yn olynu Alun Lloyd gol *Yr
Herald Cym*

Cydymaith i Len Cym gol Meic Stephens;
Y Llosgi Robat Gruffudd; *Jabas* Penri
Jones; *Ati, Wŷr Ifainc* Saunders Lewis,
gol Marged Dafydd; *The Welsh and their
Country* gol Hume a Pryce

Wynebddalen:
Hysbyseb (P 6/86)

Mae'n siwr bod y cyfnod hwn yn rhy agos atom i ni fedru gweld arwyddocâd yr holl newidiadau yn iawn. Efallai y gwelwn hon, blwyddyn y preifateiddio a thanseilio ceyrydd sosialaeth undebol, yn un dyngedfennol yn hanes cymdeithas yng Ngwledydd Prydain. Ac efallai mai dyma pryd y daeth yr iaith a chenedligrwydd yn ôl i aros ar ben agenda wleidyddol y Cymry Cymraeg. Wele, yn gyhoeddus o'r diwedd, ymroi i sôn am y Mewnlifiad Saesneg! Digwyddodd rhywbeth i'n deffro, yn sicr. Ger safleoedd tai gwyliau, ar lwyfan eisteddfod, mewn drama deledu, wrth dorfeydd y ralïau a'r cyfarfodydd cyhoeddus, o flaen y llysoedd a drysau'r carchar, ac yn y wasg, mynegwyd pryder a rhwystredigaeth cenedl yn galw'n daer am arweiniad mewn argyfwng.

Dyblodd Cymdeithas yr Iaith ei hymdrechion digyfaddawd dros Ddeddf Iaith a Chorff Datblygu Addysg Gymraeg, ac wedi blwyddyn ddidor, bron, o dorcyfraith a herio na fu ei debyg erstalwm iawn, enillwyd sawl sgarmes bwysig. Dilynodd y mudiad fel gwaetgi ar drywydd y Cydbwyllgor Addysg a'r Swyddfa Gymreig; ni wnâi na phwyllgor na dim y tro, ond Corff! Wedi nifer o achosion llys yn y gaeaf, rhoddwyd rhybudd yn y gwanwyn nad oedd y Cydbwyllgor yn mynd i gael munud o lonydd. Yr un pryd, meddiannwyd colegau technegol a chafwyd ymprydio a chynadledda dros gadw ysgolion gwledig, a milwrio cefnogaeth y myfyrwyr ysgol. Bu protestio yn Steddfod yr Urdd. Aeth dau i wneud difrod yn adeilad y Cydbwyllgor. Daeth achos y ddau arall a wnaethai ddifrod i eiddo Cyngor Sir Powys. Yn nhraddodiad y ffilm gowboi, cawsant eu gwahardd rhag gosod blaen troed ar dir Powys! Cadwyd un yn y ddalfa am y drydedd waith yn ei hanes am wrthod mynd i'r llys. Dathlodd Pwyllgor Addysg Powys achlysur eu hachos olaf, yn Llys y Goron yr Wyddgrug,—lle dirwywyd hwy £400 yr un a charchariad gohiriedig—drwy dorri gwersi Cymraeg Ysgol y Trallwng.

Roedd disgwyl mawr erbyn mis Gorffennaf am ddatganiad Wyn Roberts i'r Cydbwyllgor Addysg. Wedi iddo roi cerydd i'r sefydliad, gan fynnu ymateb i'r cynnig o Fforwm a wnaed y flwyddyn cynt, cynyddodd y Gymdeithas yr alwad am gorff annibynnol drwy beri difrod eto i adeilad y llywodraeth yn Llandrillo yn Rhos. Rhoddodd gyfle i'r addysgwyr wedyn, drwy alw cadoediad am ddeufis.

Cadwodd Wyn Roberts a'i stondin draw o'r Eisteddfod Genedlaethol y tro hwn. Roedd y Gymdeithas yn brysur ag ymgyrchoedd eraill, ac yr oedd perygl i'r holl beth lusgo a diflasu. Newidiodd hynny ym Medi gyda naw mis o garchar i Ffred Ffransis, a dorasai amod gohiriedig drwy fynd i Landrillo. O hynny tan y Nadolig, am ddeuddeng wythnos ar ôl ei gilydd, dyma ymosod gyda'r tun paent. Daeth newydd da yn yr ymgyrch addysg bellach, pan gytunodd Coleg Technegol Llandrillo a Choleg Amaeth Llysfasi i gael cyrsiau Cymraeg.

Parhâi'r achosion llys, a bu'r cadeirydd ar ympryd. Gwnaed difrod i swyddfeydd personol yr Ysgrifennydd a'r Gweinidog Gwladol. Yn Nhachwedd, cyflwynodd Gwilym Humphreys a dirprwyaeth o'r Cydbwyllgor gynllun—ie, Pwyllgor Datblygu Addysg Gymraeg, a hwnnw'n annibynnol, ag angen £9 miliwn i'w gynnal. Derbyniodd Wyn Roberts y cyfan, ond yr arian! Yn Rhagfyr, cytunodd y Cydbwyllgor i fynd ati i'w sefydlu, gan ddal i obeithio y dôi'r cyllid. Buddugoliaeth felly, yn ddios, ond nid oedd Cymdeithas yr Iaith am ddweud hynny wrth neb eto. Gwelent ers tro mai targed pur feddal oedd yma am unwaith—sef y Sefydliad Cymraeg. Costiodd yr ymgyrch bedair blynedd £18,000 i'r Gymdeithas, ond daliodd ati'n awr i hawlio awdurdod a chyllid annibynnol i'r Pwyllgor. Treuliodd y gaeaf yn casglu tystiolaeth eang o'r angen am Gorff go iawn.

Roedd nifer o gynlluniau tai gwyliau yn Ngwynedd wedi codi gwrychyn y cenedlaetholwyr drwy'r flwyddyn. Ceisiai Cyngor Dwyfor ddadwneud ffolinebau'r gorffennol, a bu helynt Morfa Bychan yn gyfrwng i grynhoi'r amddiffyn. Roedd llawer o fudiadau wedi sylweddoli pwysigrwydd y maes cynllunio ers tro. O'r 22,600 o dai haf yng Nghymru, roedd eu chwarter, 5600 ohonynt, yn Nwyfor a Meirionnydd! Erbyn yr hydref roedd Cymdeithas yr Iaith yn ymgyrchu'n ddyfal ym Môn hefyd, rhag caniatâd cynllunio i dai gwyliau yn Nhŷ Croes, ardal lle'r oedd 80% yn siarad Cymraeg. Yn amserol iawn, dyma pryd y cafwyd adroddiad a chynhadledd gynllunio'r Gymdeithas ar gyfer Môn, yn Llangefni. Syndod oedd clywed nad oedd Cyngor Preseli wedi symud o gwbl, ond roedd Cyngor Sir Dyfed yn fwy calonogol o lawer; rhoddwyd polisi iaith cadarnhaol yn ei gynllun fframwaith o'r diwedd. Yn Nhachwedd, cyflwynodd y Gymdeithas dystiolaeth fanwl ar dai i'r Pwyllgor Dethol ar Faterion Cymreig, a'r un mis cymerodd y Swyddfa Gymreig gam ymlaen drwy gyfarwyddo awdurdodau lleol i ystyried yr iaith wrth gynllunio.

Aed â neges y mudiad iaith ar led, gan ehangu ei orwelion yntau fwyfwy. Yn Hydref, aeth dau o Wynedd i Ard Fheis plaid Sinn Féinn yn Nulyn, a chododd andros o ddadl fewnol y mis wedyn, cyn cyhoeddi gwahoddiad i'r Gwyddelod ymweld â Chymru ym 1987!

Bu'r ddadl dros ddeddf iaith newydd yn amlycach na'r un. Dros y gaeaf, tan y gwanwyn, roedd y Gymdeithas yn dal i beintio'r banciau, y cymdeithasau adeiladu, a'r siopau cadwyn. Roedd aelodau Clwyd yn herio'r cyngor sir o hyd, a daeth Cyngor Dyffryn Lliw yn darged haeddiannol i gell egnïol Cwm Tawe. Sefydlodd Bwrdd y Post gownter Cymraeg arbrofol yng Nghaerdydd ac addawodd Banc Lloyds un hefyd. Ond darganfuwyd llu o enghreifftiau haerllug o ddiffyg parch at y Gymraeg a throes barn gyhoeddus yn frwd o blaid deddf newydd. Yng Ngorffennaf, cyflwynodd Dafydd Wigley Fesur yr Iaith Gymraeg i'r Senedd, dan y rheol deng munud. Gofynnai am statws cyfartal i'r iaith gyda chomisiynydd i arolygu'r ddeddf, ar linellau polisi Cymdeithas yr Iaith. Mynnai hefyd yr hawl i gael dysgu Cymraeg i bawb, yn blant ac oedolion (yn cynnwys staff yn oriau gwaith), tegwch yn y llysoedd, a phwerau cynllunio perthnasol i'r cynghorau. Cyflwynwyd mesur Wigley a mesur Gwilym Prys Davies a'r Gweithgor i sylw'r cyhoedd. Lansiodd y Gymdeithas ddeiseb fawr y grŵp statws dan ofal Dafydd Morgan Lewis, ac aed â hi ar daith wythnos o gwmpas y wlad. Yn Hydref, gwahoddodd yr Ysgrifennydd Gwladol ymateb y wlad i'r ddau fesur ond siom oedd deall na cheid mesur yn y Senedd cyn yr Etholiad nesaf.

Roedd Cymdeithas yr Iaith ei hun yn tyfu'n greadur dieithr a gwahanol iawn i'r un a adwaenem gynt. Mor ddieithr nes i'r *Faner* ymosod yn hallt arni, gan dybio'i bod yn fudiad adain dde, o bob peth! Roedd dros hanner ei swyddogion brwd yn gyn-ddysgwyr. Er mwyn denu'r di-Gymraeg, clywyd galw am ddeunydd dwyieithog—a Saesneg! Cawsai drefnydd i'r de a daeth oes yr hen swyddfa danddaearol i ben. Roedd angen arian ar y naw ar gyfer hyn i gyd, a bu'n rhaid i'r *Tafod* barhau yn ddeufisol. Rhoddodd Angharad Tomos esiampl wiw wrth drosglwyddo gwobr ei nofel, mil o bunnau, i'r mudiad. Daeth ffair ac arwerthiant recordiau yn ddull poblogaidd o godi arian. Y newid terfynol yn y flwyddyn hon fu i Gymdeithas yr Iaith ddechrau hawlio darpariaeth arbennig ar y cyfryngau i'r genhedlaeth ifanc. Daethai'r rhain i ystyried eu hunain fwyfwy yn garfan ar wahân mewn cymdeithas, ac yn ddinodded oddi mewn i'r diwylliant canol oed Cymraeg. Digon teg, ond efallai mai un effaith anfwriadol ar y Gymdeithas fu ei symud ymhellach o brif ffrwd y mudiad cenedlaethol—am gyfnod beth bynnag. Ond y dyfodol sy'n bwysig, a'r ifainc piau hwnnw.

Y DDAU FONHEDDWR A'R
ALSATIAN
Arfon Jones

Fis Ebrill daeth tro Danny Grehan a minnau i weithredu yn erbyn y Cyd-bwyllgor Addysg. Mynd i mewn trwy dorri ffenest yn un o ddrysau cefn yr adeilad. Roedd drysau'r Cyd-bwyllgor wedi eu cloi, felly peintio sloganau ar waliau'r coridorau ar dri llawr—'CORFF DATBLYGU ADDYSG GYMRAEG' a 'BLE MAE'R CORFF?'

Dod o hyd i un ystafell yn agored, Hanes Cymru mae'n debyg. Edrych ar lawysgrif—hanes Rhyfel Beca. Peidio â gwneud dim i hwnnw; efallai y byddai rhywrai'n cael budd o'i ddarllen, ac yn penderfynu ymuno â'r Gymdeithas! Peintio tafod y ddraig ar y wal; gadael pwt o lythyr ar ddesg rhywun, yn dweud nad oedd ein gweithred yn dwyn unrhyw anfri ar ei waith e/hi fel unigolyn, ac yn esbonio cefndir a phwrpas y brotest.

Wel roedd y paent wedi ei ddefnyddio— a'r heddlu newydd gyrraedd! Mynd i lawr i'w cwrdd, i roi'n hunain i fyny a chyflwyno iddynt ddatganiadau yn cyfaddef ac esbonio'r weithred. Wrth gyrraedd y llawr isa, clywed llais un o'r plismyn *"Right, we'll let the dogs in."* Roeddem yn falch inni lwyddo i dynnu eu sylw cyn iddynt ryddhau'r cŵn! Cael ein bwrw *spread-eagle* yn erbyn wal y Cyd-bwyllgor. Cŵn *alsatian* yn cyfarth a glafoerio, a phlisman yn cael cryn drafferth i'w dal yn ôl rhag blasu cig *leg of extremist.*

"Anyone else in there?" "No," meddem. *"Well, we'll let the dogs in just in case",* ac fe wnaethant hynny!

Ymddangos yn y llys ar Orffennaf 11eg. Er mwyn pwysleisio polisi di-drais y Gymdeithas, gofyn i'r plisman a oeddem wedi gwneud unrhyw ymgais i osgoi canlyniadau ein gweithred. Fe ddyfynna'i ateb o yn yr iaith a ddefnyddiodd: *"Not at all, and if I may say your honour, they both acted like perfect gentlemen."* Efallai y dylem weithredu mewn siwt, gyda het bowler ac ambarél tro nesa!

Lowri Stephens a Siân Lliwen ger y CBAC. Isod: Steffan Webb yn dal ati wedi'r 'ddamwain', a Helen Prosser. (d/g H.G.)

Ffansîns eto, rhai yn annibynnol. Dde: C17/9

DAMWAIN STEFFAN
Helen Greenwood

Braf oedd cael penwythnos rhydd am unwaith—dim cyfarfod, dim Rali, dim angen meddwl am y Gymdeithas i ddweud y gwir. Yna mi ganodd y ffôn— roedd Steffan Webb wedi cael damwain.

Roedd criw o gell Caerdydd wedi mynd draw i Gyfarfod Blynyddol Mudiad Rhieni dros Addysg Gymraeg, ym Mhontypridd, gan fod Wyn Roberts yno i'w hannerch. Holwyd cwestiynau iddo am yr ymgyrch dros Gorff Datblygu Addysg Gymraeg, ond mi wrthododd o eu hateb.

Mi ddilynodd Steffan Mr Roberts allan o'r adeilad, a phan geisiodd Mr Roberts ddianc mewn car, eisteddodd aelodau'r Gymdeithas o flaen y car— protest symbolaidd. Nid arhosodd y car, ac o ganlyniad gwthiwyd Steffan i fyny ar y bonet, daliodd y car yn ei flaen, mi gyflymodd—a throi'n fwriadol. Lluchiwyd Steffan i'r llawr. Mi dorrodd ei goes mewn dau le, a'i fraich. Mi fu yn yr ysbyty am bythefnos, ac mewn plaster am 6 wythnos.

Y pnawn hwnnw ac yn wir am ddiwrnodiau wedyn mi geisiais gofio, yn ystod yr amser y bûm yn aelod o'r Gymdeithas, am ddigwyddiad arall o'r fath. Ni allaf gofio damwain debyg. I unrhyw un a welodd y Newyddion y noson honno, roedd yn amlwg nad bai Steffan oedd y ddamwain. Yn waeth na hynny, mi gerddodd dau swyddog y Swyddfa Gymreig i ffwrdd cyn gynted ag y sylweddolasant bod rhywun wedi cael ei anafu.

Bellach aeth y ddamwain yn angof (i bawb ond Steffan ei hun), ond mae'r protestio yn parhau—a Steffan yn un o'r aelodau mwyaf cydwybodol a gweithgar sydd gan y Gymdeithas yn y De . . .

Poster

Yn ystod Steddfod y Rhyl y llynedd beirniadwyd arweinwyr Cymdeithas yr Iaith gan y Wasg ac eraill am iddynt ganiatau i ddisgyblion ysgol gymryd rhan mewn protestiadau tor cyfraith — ond ymhell o bylu mae diddordeb yr ifanc yn y Gymdeithas ar gynnydd.

Credir bod disgyblion ysgol nawr yn cynrychioli yn agos at hanner aelodaeth Cymdeithas yr Iaith ac mae gweithgarwch y rhan hon o'r mudiad yn ffynnu.

Mae ffyniant y rhan hon o'r Gymdeithas yn cael ei adlewyrchu fwyaf gan ymddangos nifer o gylchgronau a ffansins (cylchgronau pop) sy'n cael eu hanelu at yr ifanc a'u cynhyrchu gan yr ifanc. Mae pum cylchgrawn o'r fath yn cael eu cyhoeddi'n gyson a hyn ychydig o amser yn unig ar ôl cyfnod pan roedd peth pryder ynglŷn â 'Tafod y Ddraig', prif lais y mudiad.

Y FFED
Siân Howys

Un o'r datblygiadau diweddar mwyaf cynhyrfus dwi wedi bod ynghlwm wrtho ydyw'r ymdrech i ddenu mwy o fyfyrwyr ysgol i mewn i'r Gymdeithas ac i'w helpu i chwarae rhan fwy amlwg yng ngwaith y mudiad.

Tua 1984 ffurfiwyd Ffederasiwn Ysgolion Clwyd i hybu mwy o gysylltiad rhwng aelodau'r Gymdeithas yng ngwahanol ysgolion Clwyd . . . Erbyn hyn myfyrwyr ysgol yw trwch yr aelodaeth yn y rhanbarth ac mae eu brwdfrydedd yn anhepgorol i waith y Gymdeithas yng Nghlwyd. Cydiodd syniad y Ffed yn gyflym yn y rhanbarthau eraill nes erbyn hyn ceir Ffeds Dyfed, Morgannwg a Gwynedd.

Ym mis Mawrth eleni [1986] y dechreuodd Ffed Gwynedd . . . anfonais gylchlythyr allan at bob aelod ysgol yn y sir yn eu gwahodd i gyfarfod yng Nghaernarfon yn ystod gwyliau'r Pasg. Daeth tua 30 yno. Daeth i'r amlwg bod gwir angen y Ffederasiwn fel fforwm i'r aelodau ysgol gan nad oedd y rhan helaethaf o'r prifathrawon yn caniatáu cyfarfodydd cell yn yr ysgol . . .

Byddwn yn trïo cyfarfod bob mis ar fore Sadwrn i drafod ymgyrchoedd. Weithiau, ychydig iawn sy'n dod i'r cyfarfod. Ond, bydda i'n atgoffa fy hun bod e'n llawer mwy o drafferth i fyfyriwr ysgol fynychu cyfarfod o'r Gymdeithas nag yw i aelod hŷn, gan ei fod yn gorfod delio efo rhagfarn rhieni, diffyg pres ac anawsterau trafnidiaeth. Ar y cyfan, mae lefel eu hymroddiad yn uwch o lawer nag aelodau hŷn. Llwyddwyd i gasglu dros 900 ar y Ddeiseb Addysg ac aeth pedwar aelod i gyfarfod efo Gwilym Humphreys ar Fedi 4ydd. I mi, roedd hynny'n beth pwysig iawn, ac mae'n sicr i G.Humphreys gael cryn sioc o weld myfyrwyr ysgol yn cymryd yr awenau i'w dwylo eu hunain.

Dwi'n gallu gweld hefyd eu bod nhw yn cael llawer iawn allan o'r Ffed. Maen nhw'n ennill profiadau amrywiol a gwerthfawr iawn megis trefnu cyfarfodydd, sgrifennu erthyglau a siarad yn gyhoeddus. I mi hanfod y Ffederasiynau yw, nid bod yna aelodau hŷn o'r Gymdeithas yn dweud wrth yr aelodau iau beth i'w wneud, ond bod y myfyrwyr ysgol eu hunain yn ffurfio'u hymgyrchoedd eu hunain ac yn eu cario allan. Dwi'n gallu cofio, pan oeddwn i'n aelod ysgol, teimlo mor rhwystredig achos roedd e'n ymddangos nad oedd yna ddim byd oni'n gallu ei wneud, a bod yn rhaid aros nes cyrraedd y coleg i fod o unrhyw wir ddefnydd i'r Gymdeithas.

Dwi'n falch bod pethe wedi newid, a licien i weld myfyrwyr ysgol yn dod yn fwy blaenllaw fyth yn y Gymdeithas. Un o'r nodweddion gorau am y Gymdeithas yw nad oes dim rhagfarn yn bodoli ar sail oedran neu ryw; cydnabyddir cyfraniad

Arweinwyr ifainc yn Eisteddfod yr Urdd Dyffryn Ogwen: Alun Llwyd (Clwyd), Sioned Elin (Ffed Dyfed), Lusa Glyn (Ffed Gwynedd). (d/g H.G.) Isod dde: T7/86

Siân Howys, Trefnydd y Gogledd a Helen Prosser ym Methesda. Isod: Eisteddfod arall drosodd i Lleucu Morgan, Dyfrig Davies ac Angharad Tomos. (d/g H.G.)

y Ffeds a'r Cyfarwyddwraddysg — Gwilym Humphreys

Be ma' rhe'in isio rŵan??

Wneud Gwil

'Roedd Enfys Llwyd, gwraig fu'n athrawes am 10 mlynedd, wedi ymgeisio am swydd -Swydd dysgu drwy gyfrwng y Gymraeg yn Ysgol Gynradd Hafodwenog, Trelech. Yn naturiol, 'roedd wedi paratoi i gael cyfweliad Cymraeg. Cyn iddi fynd i'r ystafell gyfweld, fe'i rhybuddiwyd mai yn Saesneg fyddai'r cyfweliad, gan fod cynghorydd di-Gymraeg ar y panel. Gwrthwynebodd Enfys hyn a mynnu cyfweliad Cymraeg.

Os felly, dywedwyd wrthi nad oedd modd iddi gael cyfweliad. Ni chafodd fynd i'r ystafell gyfweld hyd yn oed i egluro ei safbwynt wrth y panel penodi.

Un ymgeisydd arall oedd yn cael cyfweliad a dywedwyd wrth honno mai hi oedd yr unig ymgeisydd. Hi gafodd y swydd.

Wrth fynd yn ôl i'r maes ar y bore Sul i dynnu llawr y babell fyny yng nghanol y glaw a'r mwd roeddwn i'n meddwl diolch byth na fydd y fath fwd yn debygol yng nghanol Awst, Steddfod Abergwaun.

Siân Howys T 5/86
Dde: Lydia Griffiths, Ysg. Aelodaeth.

DWI DDIM YN SWOT

DWI DDIM YN PÔSER

Chwith: P6/86

Rhys Mwyn (chwith) o'r Anhrefn, cefnogwr grwpiau roc ifainc, cenhadwr canu Cymraeg yn y byd Saesneg.

pawb, waeth pwy ydynt, yn gydradd. Falle, rhyw ddydd yr etholir Cadeirydd neu Is-gadeirydd sy'n dal yn yr ysgol, a pham lai?

GWYBOD FY HAWLIAU...
Ceri Wyn

20.5.86 Dagrau'n cronni yn fy llygaid, ac i mewn â fi trwy glwydi'r carchar am y tro cynta gan adael Cymru a'r Gymraeg y tu ôl imi—Cymru a'r Gymraeg, y rhent, y bil trydan, y bil llaeth, y bil Barclaycard ac wrth feddwl chaiff y rheolwr banc ddim gafael arno i fan hyn chwaith. Jawch, be sy'n bod arno i, lle da yw Carchar!

Cael fy nhrosglwyddo i'r 'sgriws' a'r heddlu yn cael eu trafod braidd yn sarrug ganddynt. Rhai da yw'r sgriws weithiau! Ond wedyn daw fy nhro i. Dyma fe'n dod:

"Get your hands out of your pockets, it won't drop off. You'll have plenty of time to play with it in here! Now let's understand each other—you play game with us and we'll play game with you."

Jawch, yr un *scriptwriters* â'r heddlu. Chwarter awr a dyna'r *preliminaries* drosodd. Cawod gyflym, derbyn fy nillad—trwser rhy fawr, crys rhy fach—mynnu cael crib, brws danedd a raser. Gwybod fy hawliau. Ches i mo ngeni ddoe! Blancedi a'm cas gobennydd o dan un fraich a'm pot piso yn y llall a bant â fi fel crwt bychan ar ei ddiwrnod cynta yn yr ysgol.

21.5.86 Diwrnod cwrdd â'r *Governor* yw hi heddiw...

"Number, Surname and Conviction."

"093 Jones. Remanded to Crown Court."

"Where've you come from, Jones?"

"Treorci, it's a small village at the top of the Rhondda Valley."

"Jesus Christ! What fucking block, you stupid cretin!"

"Sorry! Reception Cell B, sir!"

"Right. Well, we'll have to keep you there for the time being until we get you placed in the main block ... One or two cards have come for you .. yes, yes .. (gan edrych ar y cardiau a'u darllen yn araf) Ceri Wyn, Welsh Political Prisoner. So we're a Welsh Political Prisoner are we Jones. Very interesting I'm sure. Well, you can wear a blanket if you want but if you smear shit on our walls, we'll rub your nose in it! Next Prisoner!"

23.5.86 ... — *"It's my bowels. I've got to get them working like. I had to swallow a packet of Cannabis to get it through Reception, didn't I. A few shits and it should come through all right!"*

24.5.86 *"Have you been in before ...?"*

"Yeh, I did a week in Pentonville and two stints of a week and a fortnight in Swansea ..."

"We'll have to call you Biggsie. He didn't believe in staying long either."

Rhagor o chwerthin.

"What about you Kevin?"

"No, this is my first time."

Clywir rhyw dwtian ac ochneidio ymysg y lleill.

"He'll be alright."

"Just grin and bear it. It'll soon be over. The 'lifers' will have their fun and then leave you alone."

"Love and leave you as it were!"

"Naaa .. you're just pulling my leg."

"They'll be pulling more than your leg once they get hold of you!"

Rhuadau o chwerthin a'r bachgen truan yn edrych yn welwach wrth y funud. A chyda bod y noson yn tynnu mlaen a minnau'n pendwmpian i sŵn aflafar Dave yn cnecu, rhechian a thorri gwynt yn ei gwest am ei drysor bach nefol, mae'r byd yn mynd yn llai ac yn llai .. Wedi hanner nos mae'r bync yn dechrau ysgwyd, yn araf i ddechrau ac wedyn mae'r symud yn ffyrnigo; rwyf inna'n cysgu ar ochr y bync ac mewn munud coll dyma fi'n cwympo oddi ar y bync ac yn bwrw fy mhen yn erbyn y pot piso...

"Keep away from me! Get your hands away! Aaagh .."

Dyna fi'n plymio o dan y blancedi a dal fy mhen yn dynn o dan y gobennydd...

[Detholiad o'i Ddyddiadur, a ysgrifennwyd yng Ngharchar Amwythig, 1986]

Rali Deddf Iaith Newydd a chychwyn y Ddeiseb, Aberystwyth 5/5 Uchod: Gwenllian Dafis, Toni Schiavone, Dafydd M. Lewis, Dafydd Iwan, Llŷr Williams. Isod: ger yr orsaf. (MD)

'NIGARS CYMRAEG'
Arfon Jones

Ym Mehefin bu ymweliad Efengylwr o America â Chymru, Jim Wallis, a enwyd gan *Time Magazine* yn un o bobl ifainc mwyaf dylanwadol America.

Fe'i magwyd yng nghanol 'Cristionogaeth' hiliol afiach ei wlad . . . a dod i'r casgliad fod gofynion yr Efengyl yn fwy radical na dim arall, yn arbennig y Bregeth ar y Mynydd. Treuliodd lawer iawn o amser yn y carchar dros y blynyddoedd am ei brotestiadau gyda'r mudiad hawliau sifil, Fietnam, y mudiad heddwch, Nicaragua, a'r ymgyrchoedd dros denantiaeth deg yn ardaloedd tlawd Washington.

Cefais y fraint o deithio gydag o, o gyfarfod i gyfarfod. Buom yn sgwrsio'n hir am y sefyllfa yng Nghymru; roedd ganddo ddiddordeb brwd yn ymgyrchoedd y Gymdeithas, a gwelai gyfatebiaeth rhwng brwydr tlodion du eu croen dinasoedd America â'r ffordd y mae Cymry'n cael eu trin gan y sefydliad Seisnig. *"If I lived in Wales"* meddai (ac y mae o dras Gymreig) *"I would most probably be in prison for the language."*

Gwelai'n glir frwydr yr iaith yn rhan o frwydrau'r gorthrymedig ar hyd a lled y byd.

Rali'r Mudiad Gwrth-Apartheid, Caerdydd 28/6 (MD)

Record i hel pres i'r G-Apartheid a'r Gym., ar y cyd gyda'r Anhrefn (hefyd Ffair Recordiau Bangor 6/12)

Agorwyd tair canolfan iaith eisoes — mewn ffurff unedau mewn ysgolion cynradd — ac fe'u lleolir ym Maesincla, Caernarfon, yn Llangefni a Llangybi.

Gofynnir i ddisgybion newydd sy'n symud i'r ardal ac yn methu siarad Cymraeg, fynychu'r canolfannau iaith am dymor, lle y dysgir maes eang o bynciau, yn gyntaf, drwy gyfrwng y Saesneg, ac yna, drwy gyfrwng y Gymraeg.

Mae cyfanswm o 54 o ddisgyblion yn mynychu'r canolfannau a dyma yw'r uchafswm posibl.

HC 4/10 Dde: WM 18/12

OFFICERS employed by Glyndwr District Council in North Wales have been learning or brushing up on their Welsh with the support of their council bosses.

When some of the officers said they wanted to learn the language or improve their fluency, the council agreed to pay for a 12-week, 36-session, intensive Wlpan Welsh Language course.

Three afternoons a week between 4pm and 6pm 15 of the council's officers including chief executive Mr Julian Parry

HEDDWCH

Cymdeithas Iaith Gymraeg

PEOC'H SHANTHI BÉKE RAUHA FRIEDEN EIPHNH 平和 FRED SÍOCHÁN PAIX MIR PAZ AKA HÁRÁNH VREDE ᎠᏕᎶᎯᏍᏗ CRÉS UKUTHULA سلام PEACE BACE HRIWA խաղաղություն PACO МИР FRID SHALOM SHEE FRIĐUR SALAAM शांति PAU RAHU POKÓJ HOA BINH PACE MIERS TAIKA SÌTH שלום PAQE SULH

Poster

Lusa Glyn, Angharad Tomos, Edwyn Jones ac aelodau Gwynedd yn disgwyl am ddatganiad Wyn Roberts ar y Corff, Cyfarfod CBAC, Caernarfon 4/7 (d/g H.G.)

PAN aeth Gwyn Edwards â phoster Cymrag i Hen Bost, Carmel, ger Caernarfon, gwrthododd y siopwr ei dderbyn na'i ddangos.

Poster yn hysbysu 'Noson efo Dafydd Iwan' yn y Clwb Rygbi yng Nghaernarfon gan Gymdeithas yr Iaith ydoedd.

"Dywedodd y siopwr wrthai," medd Gwyn, "ei bod yn bolisi ganddo beidio rhoi i fyny dim ond posteri Saesneg neu rai dwyieithog, ond dim rhai Cymraeg yn unig."

"Mae poster Cymraeg yn unig," meddai'r siopwr wrthai, "yn gwahardd pobl ddi-Gymraeg rhag dod i'r cyfarfod â hysbysir."

Uchod: HC 19/4
Dde: LlW Ha'86

THE BRITS

One of the natives trying to order his beer in Welsh

Felly yn ôl y Llys yn Llundan mae gynnan ni y Cymry yr hawl i siarad Cymraeg, os ydan ni'n blant mewn Spyty neu'n bensionars mewn Cartra Hen Bobol - OND - y gwir am dani ydi bod ni'n 'gorfod' troi i'r Susnag rhyw ben o bron bob dydd lle bunnag yr ydan ni yn y Gymru sydd ohoni. OND NID DYNA Y CYFAN - Toes dim "I'M SORRY I DON'T SPEAK WELSH" i gael rwan. "Yuh what?"; "Eh?"; "Speak wp!"; "Try again?" neu "ENGLISH!!"

MAE'N HEN BRYD I NI Y WERIN, (mae'r crachod wrthi yn barod), RHOI STOP AR Y SARHAD HYN.

Uchod a chwith: LlW 8/86
Isod: LlW 3/86

Cefn
Cefnogwyr y Gymraeg

8 Rhes Segontium,
Caernarfon,
Gwynedd.

Os gewch chi draffarth am i chi siarad Cymraeg mewn siop, caffi neu swyddfa sgwenwch at "Cefn". neu ffoniwch NI "Llais y Werin" (0407) 720020.

rhaid i ni gofio UN PETH, ond ⅔ o boblogaeth Gogledd Iwreddon ydi y Cenedlaetholwyr (y Catholics). FELLY MAE GOBAITH I NI ETO, OND I NI AROS HEFO'N GILYDD A CHOFIO MAI GWLAD NI DI HON

"KO SYRENDER MR BEST !!"

YMPRYDIO
Toni Schiavone

Dylan Williams a Siân Howys, Trefn. y De a'r Gogledd (blaen) ac Emyr Morris, Lyndon Jones, Ceri Morgan, Rhiannon Dafydd, Huw Gwyn—a fan Ffred—yn Abergwaun. Isod: blaen, Dafydd M.Lewis, Gwenith Huws, Edwyn Jones yn dal ati yn y glaw. (d/g H.G.)

Mici Plwm a Dafydd Iwan yr arwerthwyr ac Angharad Tomos yn trefnu trysorau'r ail ocsiwn flynyddol, a gododd £1170. Chwith: T.James Jones, Bardd y Gadair â'i lawysgrif ar yr achos. (d/g H.G.)

Eleri Jones, Pw. Adloniant Dyfed. (d/g H.G.)

Dde:
P 9/86
Isod:
C 10/12

Cyrchfan yr hen bobl ar nos Wener oedd sioe Dafydd Iwan ac Ar Log yn y Fforwm. Mae'n siwr eu bod nhw wedi cael hwyl yn chwifio'u ffyn, wnes i ddim mentro i weld.

Ugain mlynedd yn union wedi cyhoeddi ei record gyntaf mae Dafydd Iwan i'w glywed ar ei record newydd *Gwinllan a Roddwyd*.
Yn ogystal â dathlu 20 mlynedd ers rhyddhau *Wrth Feddwl am fy Nghymru* hon yw'r record gyntaf Dafydd ar ben ei hun ers *Ar Dân* a gyhoeddwyd ym 1981.

Dde: Meredydd Evans, Llywydd y Dydd yn galw am safiad unol rhag y mewnlifiad Saesneg direol
C 13/8

Roedd carchariad Ffred [Ffransis] ym mis Medi yn beth anodd iawn i ddygymod ag ef. I raddau helaeth, roeddwn yn teimlo'n euog nad oeddwn i wedi gwneud yr un math o aberth. Nid oeddwn chwaith wedi cyfrannu digon i'r ymgyrch dros y Corff.

Y bwriad oedd uniaethu efo Ffred a denu sylw at ei garchariad, gan fy mod yn teimlo y buase llawer iawn o bobl yng Nghymru yn hapusach yn anghofio amdano. Gan fy mod yn cychwyn ar flwyddyn arall fel Cadeirydd, ar ôl blwyddyn anodd iawn, teimlwn yr angen i'm paratoi fy hun yn feddyliol ar ei chyfer, gan bod y penderfyniad i ymgymryd â'r swydd eto yn un mor anodd. Doeddwn i ddim yn teimlo'n deilwng o fod yn Gadeirydd y Gymdeithas.

Beth oedd yn gwneud yr ympryd yma yn anodd oedd y ffaith fy mod yn fy nghartref efo'r plant o gwmpas, ac yn bwyta'n barhaol—a finne yn ôl fy arfer yn gwneud fy rhan yn paratoi bwyd iddynt. Yn wahanol i beth a gofiwn o'r ympryd blaenorol, dros yr achos yn Eisteddfod Llangefni, nid oedd yn mynd yn haws wrth fynd ymlaen. Beth bynnag roeddwn i'n ei golli o ran bwyd, nid oedd nemor ddim o'i gymharu â bod heb dad am chwe mis. Y 3ydd a'r 4ydd diwrnod oedd y gwaethaf, ond roedd y 5ed, 6ed a'r 7fed hefyd yn anoddach na'r disgwyl—buase mor hawdd i mi fwyta heb i neb wybod. Ar ben hynny, roedd deuddydd o ysgol ac wynebu cwestiynau gan nifer o'r myfyrwyr.

Yn ddiddorol iawn, er bod ymprydio yn weithred hollol heddychlon ac unigol, cafwyd ymateb chwyrn yn y Wasg o rai cyfeiriadau. Roedd yn amlwg wedi cynhyrfu rhai pobl mewn ffordd ryfeddol. Cefais lawer o gymorth oddi wrth Dawn, ac roedd y llythyron a chardiau o gefnogaeth yn ysbrydoliaeth, ac yn gwneud y weithred yn llai unig. Ni sylwodd y plant nad oeddwn yn bwyta tan y pedwerydd diwrnod!

Er mawr syndod i mi collais stôn a dau bwys; ond roeddwn yn falch o'r cyfle i uniaethu efo Ffred—roedd hyn yn rhyddhad i mi. Roeddwn yn teimlo'n llawer iawn mwy hyderus o'm gallu i barhau fel Cadeirydd; roedd y ffaith fy mod wedi llwyddo i ddisgyblu fy hun yn sicr wedi rhoi nerth i mi i gyflawni fy nyletswyddau.

6 mis eto i Ffred, difrod dros y Corff.

'WHAT MORE DO YOU WANT?'
Arfon Jones

Byddai Cell Caerdydd yn casglu enwau ar y ddeiseb Deddf Iaith yng nghanol y ddinas. Roeddem yn gwneud hyn yn rheolaidd bob Sadwrn.

Penderfynu mynd â'r ddeiseb gyda ni i rali CND ar Hydref 4ydd, ar yr orymdaith o'r Ffatri Ordnans Frenhinol i Erddi Sophia. Dechrau casglu enwau ar ben blaen yr orymdaith a gweithio'n ffordd yn ôl. Pleser pur! Pobl yn pasio'r deisebau o un i'r llall—llwyddo i gael cannoedd o enwau.

Un Sadwrn arbennig, roedd criw o bobl ifainc yn 'byscio' i godi arian i'r Gymdeithas tra'r oedd eraill yn casglu enwau. Roedd pethau'n mynd yn dda, a'r mwyafrif yn ddigon bodlon arwyddo, er nad oeddem wrth gwrs yn brin o bobl a oedd am wneud dim ond dweud wrthym ble i fynd!

Fe es i at un pensiynwr ar y stryd; dyn byr mewn *blazer* las, a mwstas gwyn dan ei drwyn. Gofyn iddo'n foneddigaidd a fyddai'n arwyddo'r ddeiseb. A'i ateb? *"Look my boy, I was in India during the war, and there was more trouble there over languages than anything else—bloody idiots the lot of them. Look, we've made you part of the United Kingdom, we've given you a Welsh prince, the Queen of England is also the Queen of Wales. What more do you want?"* Ac mi'r oedd y boi o ddifri!

Cyf. Cyff. Aber. Rhiannon Dafydd, Sioned Elin, Siân Hydref (blaen). Isod: Lyn Ebenezer o'r C, Toni Schiavone, Cad. eto er bygwth ei swydd. (d/g A.T.)

Ithel Davies, 92 oed, deisebu am Ddeddf Iaith, fel y gwnaeth 50 ml. ynghynt. Gwahoddwyd ef i roi'r cynnig yn y Cyf. Cyff. (WM 8/10)

Am y tro cyntaf yn hanes darlledu yng Nghymru bydd yn bosibl gwrando ar raglenni radio Cymraeg yn ddi-dor rhwng 6.30 y bore a 6.30 y nos o hyn ymlaen.

Cyhoeddwyd cynlluniau Radio Cymru i gyflwyno'r gwasanaeth newydd hwn mewn cynhadledd i'r Wasg echdoe lle dywedodd Mr Meirion Edwards, golygydd Radio Cymru, fod hyn yn ychwanegiad o deirawr o raglenni.

Cyhoeddwyd y cynlluniau newydd ar adeg pan mae cwyno mawr mewn rhai cylchoedd ynglyn â dileu rhaglenni gyda'r nos Radio Cymru.

C 17/9 Isod: P 9/86

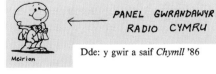

→ PANEL GWRANDAWYR RADIO CYMRU

Dde: y gwir a saif *Chymll* '86

Yn ôl yr hyn sy'n digwydd **rwan**, mewnlifiad, diweithdra, yng Nghymru, gwaith newydd wedi ei seilio yn bennaf o gwmpas Llundain bydd dros hanner poblogaeth Cymru wedi eu geni y tu allan i Gymru erbyn y flwyddyn 2000.

Mae hanner poblogaeth Dosbarth Colwyn wedi eu geni y tu allan i Gymru - heddiw!

Mae o'n hen bryd i roi'r gorau i'r syniad "wel mae'n rhaid i rywun gadw'r aelwyd/Ymryson y Beirdd/cwis/capel/eisteddfod/côr ac yn y blaen, i fynd, tra bo chi'n protestio'.

Dydy protestio ddim yn hobi! Mae o'n blydi brifo! Ac os na dynnwch chi eich bys allan rwan chi i gyd, a decrhau protestio mi fyddwch yn gweld diwedd yr olaf o'r cymunedau Cymreig mewn 15 mlynedd

---

PERYGLU IECHYD YN NYFFRYN LLIW
Helen Prosser

Rwy'n ysgrifennu'r pwt o ysgrif yma bron yn syth ar ôl cerdded mas o gyfarfod gyda Chyngor Dyffryn Lliw. Ro'n i i fod i arwain dirprwyaeth o'r gell leol, er mwyn cynnig syniadau ar sut y gall y Cyngor fabwysiadu polisi iaith. Fodd bynnag, wedi clywed rhai cynghorwyr yn dweud *"Go home rubbish"*, cyn i ni hyd yn oed gyrraedd ein cadeiriau, roedd ein hewyllys da wedi mynd mas drwy'r ffenestr.

Wedyn aeth y Cadeirydd holl-wybodus ymlaen i ddweud mai yn Saesneg y cynhelid cyfarfodydd y Cyngor (er bod ei Saesneg e yn annealladwy), ac felly byddai'n rhaid i ni hefyd gyflwyno ein sylwadau yn Saesneg. Ar hyn, roedd yn rhaid i mi dorri ar ei draws (a'i hypsetiodd e'n ofnadwy), er mwyn i bawb gael deall ein bod ni wedi cynnig darparu offer cyfieithu-ar-y-pryd, ond bod y Cyngor wedi gwrthod. Mynnodd y Cadeirydd ein bod yn siarad Saesneg, *"for the sake of our English friends"*—gan bod y rhan fwyaf o'r cynghorwyr yn Gymry Cymraeg.

Rwy'n nodi hyn fel profiad sy'n dod i'n rhan ni yn y Gymdeithas. Heddiw roedden ni'n dilyn y trywydd cyfansoddiadol, ond doedd neb yn fodlon gwrando arnon ni, am ein bod yn mynnu siarad Cymraeg. Mae bod yn aelod o'r Gymdeithas yn beryglus i'ch iechyd, achos yn sicr roedd fy ngwaed i'n berwi y pnawn ma.

Roedd teimlad cyffelyb da fi ar ôl bod ar ddirprwyaeth yn y Swyddfa Gymreig, i drafod yr angen am Ddeddf Iaith Newydd gyda Wyn Roberts. Ei agwedd e oedd ei fod e'n siarad Cymraeg â'i deulu, ac felly beth mwy oedd ei angen arnom ni yng Nghymru?

Mae'n anodd iawn gwybod sut i ymateb mewn sefyllfa fel hyn—gwylltio fydda i gan amlaf. Gwell i mi beidio â mynd ar ragor o ddirprwyaethau, rwy'n credu . . .

Jên Dafis, Sali Wyn ab Islwyn, Helen Prosser â'r ddeiseb ofer at Gyngor Lliw 10/86. Isod: dosbarthodd y Grŵp Dysgwyr 17 mil o'r daflen.

HELPWCH NHW I DDYSGU EIN HIAITH NI

RAPIO HMP WYMOTT
Siân Howys

Ma ni off to—syniad mor anhygoel, mor nodweddiadol o bobl y Gymdeithas, a phwy oedd yn gyfrifol am geisio ei weithredu ond fi.

Cyfarfod Senedd, Toni [Schiavone] yn dod atai i ddweud ei fod wedi cael syniad sut i gael sylw i ryddhau caset y Llwybr Llaethog efo cân 'y Dull Di-drais'—llais Ffred [Ffransis] wedi ei recordio nôl ym 1981 yn rhoi sgwrs ar y dull di-drais, wedi ei osod i gerddoriaeth rap. Syniad Toni oedd cael criw i fynd i Garchar Wymott a chwarae'r tâp tu allan i'r muriau. Iawn, medde fi, wna i drïo fy ngore.

O'n i'n gallu gweld bod y syniad yn un pwysig. Roedd yn fodd i dynnu sylw at garchariad Ffred, at ein dulliau o weithredu ac at yr ymgyrch dros Gorff Datblygu Addysg Gymraeg. Ond o'n i braidd yn betrus ynghylch pa mor ymarferol fyddai'r cynllun.

Beth bynnag, dyma fynd ati i ryddhau datganiad, ffônio'r wasg i'w haslo i addo y byddent yn dod, trïo cael criw at ei gilydd i fynd i fyny, trefnu trafnidiaeth, cael gafael ar sistem sain. Yn y diwedd, gwawriodd Rhagfyr y cyntaf, bore'r antur, ac o'n i'n meddwl—dim ots be ddigwyddith, dim ots faint o fflop fydd e; awn ni yno a chwarae'r gân a dyna fe, byddwn ni wedi uniaethu gyda Ffred yn ei safiad.

Roedd e'n pistyllu glawio wrth fynd i fyny'r M6, cael paned yn Leyland, ac yna draw at y carchar. Y ffens a'r waliau yn codi ofn arna i. Yn y maes parcio yn disgwyl amdanom roedd criw ffilmio *HTV*, gohebydd Radio Cymru a rhyw bapur lleol. O leiaf, mae rhywun ma, meddylies i.

Trodd Aled [Davies] y tâp ymlaen, ac atseiniodd llais Ffred dros y lle i gyd— "Pawb i ddeffro .. does dim rhaid inni ofni .. dull di-drais .. rhaid i bopeth ym mywyd Cymru newid .. does dim byd yn medru'n stopio ni .. Cymdeithas yr Iaith Gymraeg!" Neges wleidyddol gwbl eglur, a churiad sicr y rap yn pwysleisio ergyd pob gair. Grêt!

Ie, profiad grêt ar ôl yr holl amheuaeth a phoeni. Piti bod Newyddion 7 ddim yno—y cyfryngau Saesneg fel arfer yn rhoi mwy o sylw inni nag S4C.

Sgwn i os clywodd Ffred y gân?

Lyndon Jones yn harddu'r CBAC a gadael poster o Ffred 11/86 (d/g H.G.) Dde: Eurys Rolant F 19/12 Isod: Bu rali'r Blaid yn Awst HC 12/4

BYDD y Parch. R. S. Thomas ymhlith y siaradwyr mewn rali a gynhelir ym mis Medi ym Mhenyberth ger Pwllheli i ddathlu hanner can mlwyddiant llosgi'r Ysgol Fomio.

Trefnir y rali gan Bwyllgor Coffa Saunders Lewis a bydd un o sylfaenwyr Cymdeithas yr Iaith, Mr. Geraint Jones yn siarad yno hefyd.

Mae'n debyg i'r Blaid gynnig trefnu rali ar y cyd ym mis Medi gyda'r Pwyllgor Coffa ond cyhoeddwyd datganiad i'r wasg gan y pwyllgor beth amser yn ol yn condemnio Mr. Dafydd Elis Thomas AS am ofyn i genedlaetholwyr hysbysu'r heddlu pe baent yn meddwl eu bod yn gwybod pwy sy'n llosgi tai haf.

Lewis Valentine

Ffrwyth gweithredu. Dde: HC 6/12 Isod: Dafydd Orwig F 25/12 Chwith: cerdyn coffa Lewis Valentine yn rali'r Sianel, Llanelwy 4/71 (C/LlGC)

"MAE'R HEN EIFIONYDD 'ma'n prysur fynd yn Lloegr bach, efo cymaint o Saeson yn dod i fyw

'Does dim isio mynd gam, yn fy marn i, i siarad dim un sill o Saesneg efo nhw. Mae'n rhaid gwatsiad, — mi gân' nhw afael ar bob un dim sy gynnon ni.

"Mae rhywun yn tristáu wrth weld nad ydi pobol yn sylweddoli be' sy o'n blaenau ni. 'Dwi'n meddwl bod rhaid i rywun dderbyn bod rhaid iddo fod yn granc yng ngolwg llawer iawn o bobol am dipyn bach. Wedyn mi *ddaw* pobol i weld."

Chwith: Wil Sam Ad 12/86 (ar ôl *Pais*) Isod: Siôn Meredith, Grŵp Dysgwyr '85-87

Chwith: HC 18/10 Dde: HC 5/7

MAE angen cyfraith i atal y llifeiriant o fewnfudwyr di-Gymraeg i Gymru, rhybuddiodd y Cyng. Geraint Jones, Trefor, mewn cyfarfod cyhoeddus yng Ngarndolbenmaen nos Fawrth.

Trefnwyd y cyfarfod gan Bwyllgor Amddiffyn Eifionydd a sefydlwyd i ymladd cynlluniau i godi 800 o dai gwyliau ym Morfa Bychan.

Ni fyddai'r un cyngor yn Lloegr yn gadael i'w hardal gael ei rheibio fel hyn, meddai Mr. Elis Gwyn Jones, Llanystumdwy a dywedodd bod y geiriau "datblygwr" yn hollol gamarweiniol.

Apeliwyd ar bawb i roi eu henwau ar restr o bobl y gellid cysylltu a nhw ar frys pe bai angen cefnogaeth.

CARCHARWCH FFred

O! Achub Morfa Bychan

Penwyl mawr polisi protest fel sydd gan Gymdeithas yr Iaith yw datblygu dwy personoliaeth, peth tra anfoddhaol mewn cymdeithas wir ddiwylliedig a democrataidd. Mae Angharad Tomos wedi sgrifennu i'r *Faner* gan roi'r argraff mai Gwynfor Evans neu Ffred Ffransis oedd wedi darganfod pwysigrwydd addysg ym mywyd Cymraeg

Mwy difrif fyth yw bod y Gymdeithas yn gosod posteri ym mhob man a llun wyneb Ffred Ffransis arnynt. Mae'n iawn ac anochel y dylai gweithredoedd eu harweinyddion fod yn ysbrydoliaeth i fudiadau. Ond mynd dros ben llestri yw defnyddio posteri nid i genhadu neges wleidyddol ond i ddyrchafu person.

DYLAI awdurdodau cynllunio ystyried oblygiadau eu penderfyniadau ar yr iaith Gymraeg, yn ôl Mr. Wyn Roberts, is-ysgrifennydd yn y Swyddfa Gymreig.

'Roedd Mr. Roberts yn ateb cwestiwn ysgrifenedig gan Mr. Dafydd Elis Thomas yn Nhy'r Cyffredin. Darllenwyd sylwadau Mr. Roberts mewn cyfarfod o bwyllgor cynllunio Dwyfor yn ddiweddar.

"Dyma gam ymlaen," meddai'r prif weithredwr, Mr. Elwyn Davies. "Gobeithio yr anfonir copi at yr arolygwyr yng Nghaerdydd," meddai'r Cyng. Geraint Jones, Trefor.

Brnawn Gwener, 12 Rhagfyr, cymeradwynwyd y cynllun gan Gyd-Bwyllgor Addysg Cymru a bydd y Gweithgor Addysg Gymraeg yn mynd ati i roi mewn gweithrediad. Bron i bedair blynedd a deufis ar ôl i Gymdeithas yr Iaith Gymraeg alw am sefydlu Corff Datblygu Addysg

Wedi'r ymgyrchu cyhoeddus, penderfynol gan Gymdeithas yr Iaith a'r perswadio tawel, ond yr un mor egnïol, gan rai â chanddynt weledigaeth debyg o fewn pwyllgorau'r Cyd-Bwyllgor ac yn y Swyddfa Gymreig, llwyddwyd i sefydlu Pwyllgor newydd a allai fod yn ddylanwad pwerus ar addysg Gymraeg yn ystod y blynyddoedd nesaf.

LLWYDDODD yr Herald yr wythnos hon i siarad a pherchennog y safle ym Morfa Bychan y bwriedir codi 700 o dai haf arno.

Dyn busnes cyfoethog, 30 oed o Godalming, Surrey yw Mr. Alan Kiley, perchennog Grosvenor Management Services (Scotland) Ltd., ac mae ganddo 24 o gwmniau, nifer ohonyn nhw'n ddatblygwyr eiddo.

A medra'r Herald ddatgelu bod Mr. Kiley ei hun yn gwrthwynebu'n ffyrnig gynlluniau i godi stâd o dai ger ei gartref ef yn Surrey.

Mewn cyfweliad arbennig a'r Herald dywedodd Mr. Kiley y byddai datblygiad Morfa Bychan yn dod ag arian, swyddi a thai i'r ardal.

Meddai: "Dydw i ddim yn ystyried yr iaith Gymraeg wrth gynllunio'r datblygiad. Nid yw parhad yr iaith Gymraeg yn berthnasol i'r datblygiad. Nid yw'n fater cynllunio ac fel Sais di-Gymraeg, dydw i ddim yn deall y pryder."

U Sofiet yn gweithredu *glasnost,* democrateiddio, a *perestroika,* ailgynllunio; trafod cilio o Afghanistan; dau yn treulio bron i flwyddyn ar orsaf ofod Mir

Cytundeb Gorbachev a Reagan yn Washington, i ddileu rhai arfau niwclear, ac atal arfau cemegol; efeilliaid Siamaidd, Patrick a Ben Binder, yn goroesi eu gwahanu, Baltimore

Fiji yn hawlio gweriniaeth, drwy'r fyddin

Atal rhyfel Sri Lanka, gan fyddin India

Dwysáu ymgyrch fomio ETA, lladd 50 yn Sbaen

Rhybudd newyn eto yn Ethiopia

Rhyddhau Govan Mbeki, cydarweinydd yr ANC, wedi 23 blynedd ar Ynys Robben, De Affrica

Rhagor o wystlon Palestinaidd yn Libanus, yn cynnwys Terry Waite, cennad archesgob Caergaint

Trychineb boddi 188 yn yr Herald of Free Enterprise ger Zeebrugge; a 2000 mewn 2 long ger Manila, y trychineb môr gwaethaf adeg heddwch

Pencampwriaeth athletau'r byd, Rhufain; Seland Newydd yn ennill cwpan 1af rygbi'r byd, yn Awstralia

Marw Rudolf Hess yng ngharchar Spandau

Llaf yn cipio llu o seddau ceidwadol yn etholiad cyffredinol yr Alban; datganoli yn ffasiynol eto

Cyflafan bom Enniskillen, Iwerddon, ar Sul y Cofio

Cwymp y farchnad stoc, Hydref; trychineb llosgi 30, gorsaf dan-ddaear King's Cross, a Michael Ryan yn llofruddio 16 yn Hungerford; ceisio gwahardd gwerthiant byd-eang *Spycatcher;* methiant p dyddiol chwith, *News on Sunday*

Etholiad Cyff, Mehefin—llywod Ceid Thatcher, 3ydd tymor; Llaf 45.1% (24 sedd), Ceid 29.5% (8), y Gynghrair 17.9% (3, Rhydd), PC 7.3% (3); Ieuan Wyn Jones yn ennill Môn i BC; Ceid i lawr yn yr Alban a'r wlad yma; methiant y Gynghrair yng Ngwl Pryd, a ffurfio plaid ddemoc newydd

Peter Walker yn Ysg Gwl, a Wyn Roberts yn Is-Ysg eto

Mewnlifiad Saes yn brif bwnc gwleid y dydd, i Gymry; pryder am effaith yr A55 arfaethedig ar Wynedd

Achub Tŷ Croes, Môn; helynt cais datbl 200 tai'r Felinheli; parhau llosgi tai haf, dechrau ymosod ar sefydliadau twristaidd

Mesur treth y pen i ddisodli trethi lleol; mesur tai hefyd yn dirymu llywod leol; C Gwynedd, Powys a Dyfed i Frwsel i geisio nawdd

Mesur addysg i greu maes llafur 'cen' Pryd, pynciau craidd a hawl i ysgolion droi'n annibynnol

Llywod yn argymell coed, twristiaeth a llacio cynllunio ar dir amaeth; daw preifateiddio dur, dŵr, glo, iechyd a gwasanaethau eraill

Arfaethu atomfa 'ddŵr dwys', a bygwth gwastraff niwclear ym Môn neu Lŷn; sefydlu Cadno i wrthdystio

Anna Williams o Abertawe yn 114 oed, hynaf yn y byd efallai, a John Evans yn 110

Meddwi dan 16 oed yn waeth yma, yn ôl sefydliad iechyd y byd, *WHO*

3ydd yng nghwpan 'y byd', rygbi

Diweithdra, Rhagfyr 11.5% (137,900) [1988-9.5%, 113,100]

Marw Jac G.Williams, E.D.Jones, Emlyn Williams, Ivor Owen, Rhydderch Jones

Eist Gen Bro Madog, Porthmadog; Eist yr Urdd Merthyr Tudful; Gŵyl G Dant Aberhonddu

Cyhoeddiad y bydd Ysgol uwch Gym 1af Gwent, Cwmcarn, ac un yn Y Cymer, Cwm Rhondda

Ysg Gwl yn penodi gweithgor 8 amlwg i'w gynghori ar ddeddf iaith newydd; 7.6% o blant cynradd yn siarad Cym ('Tynged yr Iaith' BBC); 90% dros ddysgu Cym i bob plentyn, arolwg barn 'Y Byd ar Bedwar' HTV

D. Gareth Edwards yn gyfarwyddwr y Pwyllg Datbl Addysg Gym; pryder am statws y Gym yn bwnc craidd

Trefn amser llawn 1af Merched y Wawr, Mererid James; 277 cangen, bron 10,000 o aelodau

Dros fil o ganghennau gan yr Urdd

Adfer yn cyhoeddi Maniffesto ar gyfer c'au lleol; erlyn aelodau dros fil treth uniaith gan Gyngor Arfon; gwrthwynebu datblygu'r Felinheli

Tribiwnlys B Colwyn yn cyhuddo adran tai C Arfon o 'hiliaeth' am wrthod cyflogi Saesnes; ceryddu staff am siarad Cym mewn cartref henoed ym Maldwyn; Elfed Roberts PC yn colli ei sedd gymuned, Penrhyndeudraeth, dros ffurflen Gym

Agor Tŷ Tawe, Abertawe; cynhadledd y lleiafrifoedd, Moseic y Cenhed, Aberystwyth

Emrys yn archdderwydd; arbrofi pafiliwn *PVC* ar gyfer Eist Gen Casnewydd

Diwedd gyrfa soprano Aled Jones

S4C darlledu 1332½ awr Gym 1986-87, 25.5 yr wythnos; cyllid £40m 1987-88, yn cynnwys £34m o'r *IBA*

Cyhoeddi diwedd nawdd C Celf i'r *Faner* ym 1988; galw am b Sul Cym; paratoi cylchg cen newydd, *Golwg;* Alun Ffred Jones yn gol *Y Ddraig Goch; Cip* rhif 1, a *Prentis* rhif 1

Y Cymro yn symud o Groesoswallt i'r Wyddgrug; Gwasg Gwalia yn cyh *Lol* wedi 21 ml gan Y Lolfa

Cyh 389 o lyfrau Cym; Gwerfyl Pierce Jones yn olynu Alun Creunant Davies yn bennaeth y C Llyfrau

Yr Atlas Cym gol Dafydd Orwig; *Y Beibl* Wm Morgan 1588, ffacsimili; *Libri Walliae 1546-1820* gol Eiluned Rees; *Blodeugerdd o Farddoniaeth Gym yr 20fed Ganrif* gol Alan Llwyd a Gwynn ap Gwilym; *Dan Anesthetig* Iwan Llwyd ac Iwan Bala; *Welsh is Fun* yn y Wyddeleg, (*Irish is Fun*)—gwerthodd 100,000 yn Gym

---

Wynebddalen:
O glawr llyfr o dystiolaeth am y rhaib ar eiddo'r Cymry

Byddai'n bur anodd credu 25 mlynedd ynghynt y medrai dyrnaid o bobl ifainc greu sefydliad cenedlaethol a allai ddiwygio cyfundrefn addysg Cymru, neu ddylanwadu ar gynllunwyr i roi lles yr iaith Gymraeg o flaen codi stad o dai newydd! Ond fe ddigwyddodd, ac nid ar chwarae bach y bu hynny, fel y gwelsom.

Dal yn ddirmygus o'r Pwyllgor Datblygu Addysg Gymraeg digylid a dirym oedd Cymdeithas yr Iaith i bob golwg, gan ddygnu arni i weithredu yn erbyn y Cydbwyllgor a'r Swyddfa Gymreig, er mwyn ennill cyllid ac awdurdod annibynnol. Bu pobl ifainc yn wynebu llys a dirwyon trymion eto, a charcharwyd nifer yn ystod y flwyddyn, fel Dafydd M.Lewis, Dafydd Frayling, Ceri Wyn eto fyth, Arfon Jones a Lyn Mererid, mam i ddau o blant, a fu i mewn dros y Nadolig. Yn Ebrill, cyflwynodd y Gymdeithas 600 tystiolaeth ddamniol o gamaddysg i'r Swyddfa Gymreig. Ym Mehefin, penderfynodd y Pwyllgor sefyll drosto'i hun, am annibyniaeth, a throes y Gymdeithas i blagio'r Swyddfa Gymreig. Yn y cyfarfod cyffredinol dyma addo bedydd tân i'r Ysgrifennydd Gwladol newydd, er mawr ofid i'r *Faner* ac eraill. Am wythnosau bwygilydd, torrwyd i mewn i adeiladau'r llywodraeth, gan adael cerdyn cyfarch yn gofyn yr un cwestiwn—ble roedd yr arian? (Cafwyd—yn Ebrill 1988—£¼ miliwn i roi cychwyn ar y gwaith; cawn weld beth ddaw o'r cyfle.)

Roedd y mudiad iaith yn wynebu anawsterau dybryd yn y maes tai a chynllunio. Wedi meddiannu tŷ gwag yn Ffestiniog dros y Calan, cafwyd ysgol undydd ar gynllunio ym Mangor. Er bod siroedd y gorllewin wedi cryfhau eu cynllun fframwaith, cymharol ychydig o gynghorau dosbarth a roes flaenoriaeth i'r iaith yn eu cynlluniau ardal. Achubwyd Tŷ Croes am sbel ond roedd apêl y cynghorau wedi methu yn Llanrwst, Bryngwran, a'r Brithdir. Wedi'r Etholiad, penderfynodd y Gymdeithas ymgyrchu yn erbyn y Swyddfa Gymreig, y datblygwyr a'r arwerthwyr, a'r thema gofiadwy yn Eisteddfod y Port oedd 'Nid yw Cymru ar Werth'. Troes hon yn ymgyrch arbennig wedi'r hydref, a daeth yn amlwg iawn wedyn gan weithgor dan ofal Dyfed Wyn Edwards ac Angharad Tomos. O'r diwedd, yn Rhagfyr, cafodd y grŵp cynllunio dan Toni Schiavone fuddugoliaeth hanesyddol yn ardal Glyndŵr. Gwrthododd y Swyddfa Gymreig apêl datblygwyr stad o dai diangen, ar sail y bygythiad i'r iaith Gymraeg! Dyma'r tro cyntaf i'r llywodraeth weithredu statws cynllunio i'r iaith. Dyma'r golau gwyrdd i awdurdodau lleol; ystyriai Dwyfor y gallai'n awr drafod ceisiadau ar sail iaith yn unig. Megis dechrau oedd y chwyldro cynllunio, wrth gwrs, er mor hir y bu Cymdeithas yr Iaith yn ymgyrchu. Nid oedd gweledigaeth yng Ngheredigion o hyd, a daliai cynghorau i wamalu ynghylch datblygiadau a oedd yn ddim ond dyfais arianwyr barus i werthu tai, fel marinas Abersoch ac Aberystwyth a'r cyfnodrannu yn Y Felinheli. Rhwystr pellach i bolisi'r Gymdeithas yw anallu'r cynghorau i brynu tai a thir eu hunain ar gyfer anghenion lleol, wedi'r ddeddf tai newydd. Daeth yn amlwg nad yw'r cymdeithasau tai chwaith yn cael cyfle teg i wneud yn well yn y Gymru wledig. Efallai mai creu'n sefydliadau annibynnol ein hunain, fel Tai Gwynedd ac esiampl enwog Mondragon yn Ngwlad y Basg yw gobaith y dyfodol, gyda chymorth polisi cynllunio goleuedig dan ddeddf iaith deilwng.

Dirwywyd llawer eto yn yr ymgrych dros ddeddf iaith newydd, ac enwedig wedi peintio 50 o fanciau yn y gwanwyn, a dwyn eu deunydd uniaith Saesneg. Daeth mân enillion yn y frwydr statws, ond roedd rhwystrau lu o hyd, a'r angen am ddeddfwriaeth yn glir. Wedi Eisteddfod yr Urdd, aeth cell Taf Elai ar ôl polisi sarhaus y cyngor lleol ar arwyddion ffyrdd. Roedd Cyngor Dyffryn Lliw yn ystyfnig fel mul o hyd; cafodd Nia Melville ei hatal rhag cael swydd am ofyn am gytundeb

gwaith dwyieithog. Nid yw rhai o'r cynghorau 'Cymraeg' ddim gwell; rhith yw polisi iaith weinyddol Ceredigion, er enghraifft, a dylid torri'r gneuen honno yn ddiymdroi, gan ei bod yn gywilydd bod cynghorau Dyfed gymaint ar ôl rhai fel Dwyfor ac Arfon. Maes anos wedyn yw'r sector breifat. Aeth y Gymdeithas ar warthaf y cwmnïau busnes eto. Yn y pendraw, dim ond deddfwriaeth, fel yn Ffrainc, all eu cymell hwythau i wario'n barhaol ar y Gymraeg. Crafu'r wyneb wnaiff perswâd caredigion y Bwrdd Iaith, neu Cefn heb orfodaeth y llywodraeth. Yn Rhagfyr, penodwyd gweithgor o 8 'gŵr doeth' o dan Wyn Roberts i ystyried anghenion deddf iaith. Er iddynt, mae'n debyg, ategu'r farn gyhoeddus dros ddeddf newydd, yr unig beth sydd gennym yw'r Bwrdd diddannedd, a'r Cabinet Iaith answyddogol.

Roedd Cymdeithas yr Iaith wedi cyflwyno'r ddeiseb deddf iaith 31,000 i'r Swyddfa Gymreig yn y gwanwyn, gyda'r holl dystiolaeth a gasglwyd o'r angen amdani. (Aeth Siôn Corn hefyd â sacheidiau o stwff Saesneg yno o saith Swyddfa Bost!). Cyflwynwyd safbwynt y Gymdeithas ar fesurau Wigley a Prys Davies. Roedd yn naturiol yn ategu'n fras gynllun cynhwysfawr Wigley. Erys un gwendid yn y tair ymdriniaeth, sef iddynt anwybyddu pwyslais hanesyddol y Gymdeithas (cyn deddf 1967) ar yr angen amlwg i addasu unrhyw ddeddf ar gyfer anghenion dwys yr ardaloedd Cymraeg ar un llaw a diffyg adnoddau'r ardaloedd Saesneg ar y llaw arall. Tybed na ddylid ailedrych ar oblygiadau daearyddol deddf newydd? Gall llawer o hawliau'r unigolyn gael eu hateb yn unffurf drwy'r wlad gan roi cyfle i awdurdodau Saesneg gyrraedd targedau pellach, tra bod posib gweithredu newidiadau sylfaenol ar unwaith yn y Fro Gymraeg, ym myd addysg a chynllunio, a'r sector breifat hefyd. (Nid yw'n ormod disgwyl gweld y Gymdeithas yn rhannu llwyfan ag Adfer rywbryd!)

Agorwyd swyddfa ganolog newydd, ac un arall yng Nghaernarfon wedi dyblu'r aelodaeth yng Ngwynedd. Soniwyd am ymgyrch i ddenu'r di-Gymraeg, sy'n codi mater pigog taflenni a deunydd dwyieithog neu hyd oed uniaith Saesneg. Penodwyd Dafydd Lewis yn swyddog y de yn yr hydref. Dyna hefyd ddechrau tymor y cadeirydd presennol, un arall o'r arweinwyr eithriadol a gafodd y mudiad yn ddiweddar. Roedd yr hen *Dafod* yn ei ôl yn fisolyn gan gyrraedd rhifyn 200 (y gyfres newydd). Dyma un o'n cylchgronau hynaf bellach, wedi hercian weithiau a sboncio'n aml ers chwarter canrif heb ddimai o grant. Aeth dirprwyaeth i Gatalunya, lle gwelsant ddeddf iaith ar waith; ceisiwyd ennill cefnogaeth ymarferol gan Gymry yn America; bu cynhadledd gyda CND. Cynyddodd cyfraniad difesur y mudiad i faes y dysgwyr, ac adloniant yr ifanc gydag eisteddfodau, ffeiriau a dawnsfeydd roc, a pharatoi ar gyfer cylchgrawn newyddion o'r byd pop, *Cen ar y Pen*.

Wedi ei ollwng o garchar, aethai Ffred Ffransis ar daith i hybu'r dull di-drais, a chyhoeddodd lyfryn dylanwadol ar athroniaeth y mudiad. Gyda'r cymunedau Cymraeg yn deffro o'r diwedd i berygl y mewnlifiad Saesneg mawr, mae'n naturiol fod rhai yn cydymdeimlo â'r defnydd cynyddol o drais i geisio ateb argyfwng terfynol y Cymry. Nid dyna'r ateb medd Cymdeithas yr Iaith. Nid yw'n cenedl ond megis dechrau sefyll o ddifrif yn ddi-drais. Da gweld Plaid Cymru (ym 1988!) yn llunio polisi cadarnhaol ar y mewnlifiad. Os na wnawn ni, a'n harweinwyr democrataidd, bopeth o fewn ein gallu yn gyntaf, go brin fod gennym hawl i dynghedu'r Cymry i ddyfodol diffaith o drais a dioddef. Ni ellir gwell esiampl na Chymdeithas yr Iaith Gymraeg. Gwnaeth anobaith yn bechod, a digalondid yn oferedd hunandybus. Rhown y gair olaf i Toni Schiavone: 'Y Gymdeithas yw'r cynllun creu gwaith mwyaf llwyddiannus yng Nghymru,' meddai, yn rhywle, 'felly ymaelodwch!'

213

DWY SWYDDFA
Angharad Tomos

Roedd o'n lle rhyfedd. Wrth droedio'r grisiau tywyll, deuai arogl tamp i'ch ffroenau, ac wrth gynefino â thymheredd isel y seler, roeddech chi'n gwybod eich bod yn Swyddfa Cymdeithas yr Iaith. Deuai'r unig lygedyn o oleuni drwy chwarter ffenestr oedd yn lefel â'r gwter, a'r unig olygfa a geid oedd sgidiau pobl yn cerdded heibio. Doedd y tân trydan byth yn cynhesu'r lle yn iawn, dim ond yn ychwanegu at yr awyrgylch mwll. Fyddai gwres byth yn treiddio i'r parwydydd chwaith, a'r unig beth a'u cadwai rhag disgyn oedd cenedlaethau o bosteri ar ben ei gilydd.

Roedd dwy ystafell, 'cyntedd' a thoiled/cegin. Storws oedd y stafell bellaf, fyddai wedi cyflawni swyddogaeth rhewgell. Ar silffoedd cam ceid miloedd o gopïau sbâr o'r hen faniffesto; *Daw Dydd; Cerddi'r Chwyldro; I'r Gâd; Tynged yr Iaith; Dewch Gyda Ni*, yn swatio'n dynn gyda'r miloedd copïau o Femorandwm Tai; Dogfennau Addysg, a Dogfen Drafod Darlledu. Ceid cwpwrdd a'i lond o dorrwyr; sbaneri; paent a chwistrellwyr, a gwerth arian o hen arwyddion ffyrdd wedi rhydu. Ar hoelen yn y wal roedd cerdyn hynafol, ac arno'r geiriau: *FRANCIS; F. Non-Conformist. Vegetarian,* a llygredd o bibell y llysieuwr anghydffurfiol hwnnw oedd yn bennaf cyfrifol yn aml am ddiffyg awyr iach yn y Swyddfa.

Yn y 'cyntedd', ceid oriel anfarwolion carcharorion yr Iaith, o wynebau barfog hir-walltog y Saithdegau cynnar i garcharorion diweddaraf yr ymgyrch addysg, ond roeddent yn raddol ddiflannu o'r golwg dan fageidiau o sbwriel. Rhyw Stafell Gynddylan o doiled oedd o—digysur, di-olau, a rhyw fandal wedi addurno'r wal gyda'r gerdd i Dafydd Dafis Ffos-y-Ffin. Ym mhen arall y toiled, roedd y lle gwneud paned, efo poteli llefrith wedi suro yn gymysg â bagiau te, mẁg *Property of HMP Dartmoor* a thri tecell wedi torri.

Ym mhrif stafell y Swyddfa y cyflawnwyd gwaith Cymdeithas yr Iaith rhwng 1974 a 1986. Oddi yno y trefnwyd Ysgolion Pasg blynyddol, Eisteddfodau a Chyfarfodydd Cyffredinol. Yma y cysodwyd y *Tafod*, a chyflawni'r gwaith diddiwedd gludiog o roi trefn ar doriadau papur. Yma y treuliwyd oriau yn cydgynllwynio—o weithred Blaen-plwyf 1977 i ddifrodi pencadlys y Ceidwadwyr ym 1984. Drwy'r drws hwnnw gyda'r arwydd ffordd *Elysian Grove* uwch ei ben y daeth ffrindiau a phlismyn, cydnabod a dieithriaid, gwysion a chyfraniadau. Ond anghofia i byth mo'r pwysigyn hunandybus hwnnw a safodd yn y drws un dydd, edrych o'i gwmpas yn fursennaidd a gofyn,

"Shall we go upstairs?" a'r embaras o orfod ateb,

5 Maes Albert, Aberystwyth 29/12/86 Dyfed Edwards yn arwain y Grŵp Tai (un o 10 Grŵp, gydag Addysg, Statws, Dysgwyr, Cynllunio, Rhyngwladol, Undebau, Cyfryngau, Cyfathrebu, Economaidd). Isod: hynny'n golygu gwthio'r Ysg. Helen Greenwood a'i ffôn drwodd i'r 'cyntedd'. (AP-J)

"We haven't got an upstairs!"

Hynny ydi, tan 1987. O'r diwedd, gwireddwyd y freuddwyd hynafol o gael Swyddfa Newydd. Drwy gydol y Saithdegau, mynd a dod a wnâi ysgrifenyddion y Gymdeithas, llosgi eu hunain allan mewn blwyddyn—a ffoi! Ond gyda Linda Williams, dechreuwyd traddodiad newydd o gael gweithwyr oedd yn gallu teipio, a ffeilio, ac a oedd yn aros yn y swydd! Ar ddechrau'r wythdegau, gwelwyd Walis [George] a Jên [Dafis], a ddaru amgylchiadau'r gwaith ddim pylu eu gwên. Daeth rhyw drefn a sefydlogrwydd i'r Swyddfa, ond fe gymrodd chwe mlynedd arall i gael cartref teilwng.

Ar ddydd pen-blwydd y Gymdeithas yn 25 oed, tynnodd Dafydd Iwan yr arwydd o 5 Maes Albert a gosododd Sioned Elin ef ar Penroc, Rhodfa'r Môr, Aberystwyth. Mae ein swyddfa newydd ar y trydydd llawr, a thrwy'r ffenest yn awr, gwelir Bae Ceredigion a gwylanod yn hedfan yn hyderus. Tu mewn, mae gwaith llaw Tegid [Dafis] wedi llunio stafell sy'n deilwng i'w galw'n Swyddfa, a thu ôl i'r ddesg mae'r feteran, Helen Greenwood, wrthi fel lladd nadroedd, a pheiriant ateb ffôn wrth law!

Dafydd Iwan yn cau'r hen Swyddfa, gyda Siân Howys, Sioned Elin, Meinir Gwilym, Meinir Vittle, Robat Gruffudd, Millie Gregory, Megan Tudur 12/2 (d/g A.T.) Isod: dim hiraeth ar Helen! (AP-J)

Hiraeth ar ôl yr hen swyddfa? Dim! I greu delwedd ramantus o fudiad tanddaearol—purion, ond roedd gweithwyr y Gymdeithas yn haeddu gwell. Gyda miloedd o ddyled yn dal uwch ein pennau, peiriant dyblygu hynafol bron â thorri, cyflogau yn dal yn ansicr, mae pethau ymhell o fod yn berffaith; ond o leiaf, dydyn ni ddim mewn seler. A chyda dipyn o ddyfeisgarwch, gellir cyfleu agwedd well byth.

"Bore da, Swyddfa Cymdeithas yr Iaith, ga'i eich helpu chi? . . . Dafydd Lewis, mae o yn yr Adran Statws, daliwch y lein, mi ro'i chi drwodd rwan . ." A chan smalio fod gennym *switchboard* enfawr, a sawl *upstairs*, ymhen dipyn mae Dafydd Lewis yn ateb y ffôn—o'r ochr arall i'r ddesg.

Sioned Elin yn agor Swyddfa Penroc, ac Arfon Jones ac Enfys Llwyd 12/2 (MD) Bu Swyddfa Ranbarthol yn Ninbych, Caerfyrddin, Caerdydd ac un Caernarfon i ddod.

Crynhoi'n hadnoddau: pwyso ar gynghorau'r Fro Gymraeg; canolfan i Abertawe, at glybiau Caerdydd, Pontypridd a Merthyr

MANIFFESTO ADFER

Mae dau reswm yn fy mhryderu ynglyn a'r ymweliad, yn gyntaf, yr egwyddor o ymwneud gan fudd di-drais fel y Gymdeithas gyda'r frwydr erfog yng Ngogledd Iwerddon. Yn ail, amseriad yr ymweliad.

Mudiad gwleidyddol yw Cymdeithas yr Iaith, nid mudiad diwylliannol yn unig. Yr oeddwn wedi gobeithio y byddai mwy o ddealltwriaeth ymhlith aelodau'r Gymdeithas sydd a llawer ohonyn nhw yn aelodau hefyd o Blaid Cymru ynglyn a'r pwysigrwydd hanfodol o ennill Ynys Mon oddiar y Toriaid. Yr ydw i yn gwbl fyddiog y bydd hynny yn digwydd beth bynnag, ond byddai ein llwybr cymaint yn haws pe na byddem yn rhoi deunydd ymosod di-alw amdano i wrthwynebyddion y Mudiad Cenedlaethol.

Os bydd yr ymweliad yn mynd rhagddo, fydd gen i ddim dewis ond peidio ag adnewyddu fy aelodaeth a'r Gymdeithas.

Croesawu cefnogwyr yr Wyddeleg! O lythyr Dafydd Elis Thomas at Helen Greenwood 5/2 Isod: Breandán Ó Fiaich, Seamus Mac Grianna, Pádraig Ó Maolchraoibe a Toni Schiavone, C'fon 2/87 (DoH)

Poster. Aeth Ffred Ffransis yn syth ar daith genhadu dros y dull di-drais.

Gwreiddiol! Ar do'r CBAC, mwy o nerth i'r Pwyllgor Datblygu newydd 2/1; ac isod, protest cyf. 1af y Pwyllgor (yn c. Dafydd M.Lewis a garcharwyd gyda Dafydd Frayling 1/87) Caerdydd 20/2 (WM)

Rhyddhau Ceri Wyn wedi mis dros y Corff, a lansio stamp y dathlu gyda Helen Prosser a Ffred, Abertawe 3/4 (WM)

Ennill 5 Cownter Cymraeg wedi peintio 50 o fanciau Morgannwg 1-4/87

NA!

NID YW LOL YN CYSGU!

Cyfnod newydd. Uchod: Robat Gruffudd ar boster Gwasg Gwalia, cyhoeddwyr newydd L Isod: Gwerfyl Pierce Jones yn olynu Alun Creunant Davies, Cyfarwyddwr chwyldroad llyfrau Cymraeg gyda'r Cyngor Llyfrau ers 1964 (blwyddyn y Lol 1af!) (C 22/7)

Newid mwy fyth. Uchod: wrth agor ail Stiwdio 24-trac Sain, cyhoeddi disodli'r record Gymraeg gan y caset a'r cryno-disg. Isod: bydd preifateiddio S4 yn Lloegr, a 5ed o loeren, her arall! C 18/3

(Wythnos yn diweddu Mawrth 1)	
1. Cyngerdd Dydd Gŵyl Dewi (BBC)	111,000
2. Mil o Leisiau (HTV)	106,000
3. Pobol y Cwm (BBC)	105,000
4. Neges Gŵyl Dewi Archesgob Cymru (BBC)	81,000
5. Dechrau Canu Dechrau Canmol (BBC)	78,000
6. Hel Straeon (Annibynnol)	71,000
Dinas (HTV)	71,000
8. Y Maes Chwarae (BBC)	70,000
9. Cadwyn Cerdd (Opus 3)	67,000
10. Am y Corau (Nant)	63,000

Gwyneth Harris, Helen Prosser, Maldwyn ap Dafydd, Llŷr a Sali Wyn ab Islwyn yn hebrwng yr Iaith at Gyngor Lliw 3/87 (WM) Chwith: ymchwil 'Tynged yr Iaith' y BBC ar benblwydd darlith S.L. C 18/2

Bob blwyddyn y mae 6,000 o bobl yn cofrestru ar gyfer dosbarthiadau dysgu Cymraeg a chyferfydd 500 dosbarth unwaith yr wythnos eleni a 70 yn amlach

"Ond un ffaith ysgytwol y rhaglen hon yw mai dim ond 7.6 y cant o blant ysgolion cynradd Cymru sy'n siarad Cymraeg fel iaith gyntaf", meddid. Ond y mae nifer tebyg yn ddysgwyr da.

Yng Ngwent, fodd bynnag, dim ond pump Ysgol Gynradd a oedd yn dysgu Cymraeg o gwbl ym 1985.

Drwy Gymru gyfan nid yw tri chwarter y disgyblion ysgol yn cael gwersi Cymraeg.

Dywedodd 90 y cant y dylai pob plentyn gael y cyfle i ddysgu Cymraeg yn yr ysgol.

Dim ond pédwar y cant oedd yn erbyn hyn.

Dywedodd 55 y cant o'r rhai a oedd o blaid y dylai pob plentyn gael y cyfle i dderbyn addysg yn gyfangwbl drwy gyfrwng y Gymraeg.

Awgryma felly y dylid ychwanegu cymal at unrhyw fesur iaith sy'n galluogi'r Ysgrifennydd Gwladol "i esgusodi gwahanol awdurdodau a sefydliadau rhag cydymffurfio a rhannau neilltuol o ddeddf newydd am gyfnod penodol".

Y mae hyn yn gydnaws â'i farn ei bod yn bwysicach galluogi cymunedau cyfan i feithrin y Gymraeg fel eu prif iaith gymunedol na sicrhau hawliau helaeth i unigolion ddefnyddio'r Gymraeg ym mhob rhan o Gymru.

Oni chyfaddawdir ynglŷn ag amserlen y cyflwyno ofnid y gellid colli'r ddeddf yn gyfangwbl oherwydd gwrthwynebiadau ardaloedd fel Gwent.

Ioan B. Rees C 14/1

sylwi ar ymateb yr Ysbyty: er eu bod yn honni fod ganddynt bolisi dwyieithog ac yn addo archwiliad ni allai eu cynrychiolydd beidio â dweud ar y diwedd ei bod yn *"little bit rude"* i siarad Cymraeg pan fo staff uniaith o gwmpas. er nad yn rhan o'r sgwrs.

Gwahardd nyrsus Bangor rhag siarad Cymraeg, Eleri Carrog F 17/4 Isod: penodwyd Carl Clowes C 24/6

Mewn cyfarfod ym Mhwllheli ddydd Sadwrn nesaf bydd rheolwr Awdurdod Datblygu Cymru yng Ngwynedd yn cyhoeddi penodiad Swyddog Datblygu i weithio yn ardal Llŷn.

Bydd y swyddog newydd yn cydweithio a chynghorau Dwyfor a Gwynedd a swyddfa'r Awdurdod Datblygu ym Mangor er mewn gwneud ymchwil i weld pa fath o ddatblygu y mae'r bobl leol am ei weld. Bydd wedyn yn paratoi cynllun datblygu ar gyfer yr ardal.

Ieuan Wyn Jones a'i deulu a'i 2 gyd-A.S. o Wynedd, Tŷ'r Cyffredin wedi etholiad hanesyddol Môn. (C 1/7) Isod dde: C 1/4

Mae Cymru ar werth. Mae tai, siopau, gweithdai yn sobor o rad yma

Nid oes raid i chwi fod eisiau rhedeg y busnes, hyd yn oed, na bod eisiau byw yn y tý, ond tynnwch eich arian o ddwylo eraill a phrynwch o, da chi. Gellwch wedyn osod i Gymry ifanc ac efallai eu cadw rhag mudo. Rhaid i ni gau'r adwy mewn ffyrdd ymarferol iawn gyda'n harian sydd yn awr ar fenthyg i eraill ac sydd felly yn anogaeth i fwyfwy o fewnfudwyr

Rhaid i ni fod yn barod i brynu heb din-droi: gweld cyfle a'i gymryd.

i. Coedwigaeth – argymell coedwigo tir uchel ar raddfa eang iawn a hefyd tir is.

ii. Hamddena – rhyddhau tir amaethyddol ar gyfer cynlluniau hamddena megis cysrsiau golff. Ym maes twristiaeth gwelwyd Pwrdd Croeso Cymru yn galw am lai o reolaeth a dros ddatblygiad meysydd carafannau yng nghefn gwlad.

iii. Tai – llacio ar y rheolau cynllunio ar gyfer datblygu tir amaethyddol i adeiladu stadau tai; mae yna bosib-

Mae cynllunwyr Cyngor Dosbarth Glyndŵr am weld hawliau cynllunio yn cael eu defnyddio I amddiffyn y Gymraeg yn Nghyngor Cymreiciaf Clwyd.

Mewn adroddiad ymgynghorol ar 'Gynllun Lleol Dosbarth Glyndŵr' rhestrir yr angen i ddiogelu cymeriad cymdeithasol, diwylliannol ac ieithyddol y dosbarth fel un o bedwar prif nod y Cyngor yn y maes cynllunio.

'Os na allwch eu curo, ymunwch â nhw'! Eleri Carrog F 10/7 Uchod dde: y Torïaid a Chymru'r 90au, Toni Schiavone T 4/87 Isod: un o'r sylfaenwyr, o Efrog Newydd 9/5

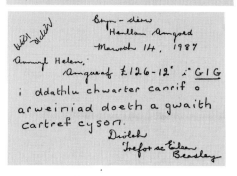

Mi ddarllennais eich sylwadau yn Iafod y DDraig ynglyn a'r swyddfa newydd. Mae'n dda gennyf derbyn eich gwahoddiad i wneud anrheg penblwydd i'r Gymdeithas ac amgaeaf siec am $340 (tua 200 o bunnau) i dalu am rhywbeth y chi'n eisiau i'r canolfan newydd.

Pob lwc a llwyddiant am y chwarter canrif nesaf. Rwy'n gwybod pa mor ddewr ac mor galed eich bod yn gweithio ac yn brwydro. Petai'r iaith yn parhau, i'r arweinwyr/wragedd ac aelodau y Gymdeithas y ddylid estyn mawl a diolchgarwch. Diolch am eich gwaith a'ch aberth.

Dymuniadau gorau,

Graham Hughes

Graham Hughes

Bryn – diau
Henllan Amgoed
Mawrth 14, 1987

Annwyl Helen,
Amgaeaf £126-12° i'r GIG
i ddathlu chwarter canrif o
arweiniad doeth a gwaith
cartref cyson.
Diolch
Trefor ac Eileen
Beasley

Arfon Jones, cyn ei garcharu, at yr Ysg. Gwladol newydd Peter Walker i hawlio Addysg Gymraeg 7/87 Isod: Lusa Glyn, Arfon Gwilym, Angharad Tomos, D.M.Lewis (heb D. Iwan ac Elfed Lewys), Steddfod Port 4/8 (D.G.)

CYMRO O LYN EBWY
Helen Greenwood

Bachgen tawel yw Lyndon [Jones], Trysorydd presennol y Gymdeithas. Nid yw'n dweud llawer. Ond mae'n benderfynol. Dwi'n ei gofio gyntaf yn Eisteddfod y Rhyl ym 1985—roedd yn ceisio deall Angharad yn siarad! Blwyddyn yn unig oedd ers iddo ddechrau dysgu'r Gymraeg, ac i rywun o Lyn Ebwy doedd acen Caernarfon ddim y peth hawsa yn y byd i'w ddeall. Ond wnaeth o ddim rhoi i fyny. Dyfalbarhau . . .

Mynd i bob protest, Rali, cyfarfod—a dydd Llun, Chwefror 2il ymddangosodd Lyndon o flaen Ynadon Caerdydd am ei ran yn yr ymgyrch dros Gorff Datblygu Addysg Gymraeg. Roedd yn poeni ymlaen-llaw nad oedd ei Gymraeg yn ddigon da i wneud datganiad, ond sefyll a wnaeth, a datgan yn hollol glir a chadarn pam y bu iddo weithredu.

"Gall neb fod yn genedlaetholwr heb ddysgu'r iaith" meddai, "gall neb ddysgu'r iaith heb droi'n genedlaetholwr."

WYT TI'N COFIO (HELPU)?
Lyndon Jones

Mae Cymdeithas yr Iaith yn dibynnu bron yn gyfan gwbl ar arian sy'n dod i mewn trwy dâl aelodaeth, archebion banc ac yn bennaf, rhoddion.

Dros y blynyddoedd diwethaf bu cynnydd sylweddol yn ymdrechion y Gymdeithas ar bob lefel, yn genedlaethol, rhanbarthol a lleol. Ni fyddai hyn yn bosib oni bai am waith caled y swyddogion amser llawn, sy'n gyfrifol am hybu a chydgysylltu gweithgarwch y celloedd. Mae'r cyfan yn costio dros £38,000 y flwyddyn ar hyn o bryd (1987), fel a ganlyn:

Cyflogau a threuliau (Swyddog Gweinyddol, Trefnydd y De, Trefnydd y Gogledd)	£20,645
Rhedeg Swyddfeydd (Prif Swyddfa a 3 rhanbarthol)	£ 8,545
Cyhoeddiadau gwleidyddol	£ 3,215
Costau'r Grwpiau Ymgyrchu (taflenni, posteri, ralïau, protestiadau, cynadleddau a chyrsiau)	£ 5,700
	£38,105

Mae'r gwariant hwn yn ein galluogi i sicrhau ymdrech DDYDDIOL ledled Cymru dros barhad ein hiaith.

Beth am i chi gyfrannu tuag at y gwaith holl-bwysig hwn, trwy lenwi archeb banc, neu anfon rhodd at:

Y Trysorydd,
Cymdeithas yr Iaith Gymraeg,
Penroc,
Rhodfa'r Môr,
Aberystwyth. (Ffôn 624501)

ATODIADAU

Rhai Digwyddiadau Cyn 1962

1536-42 Deddf Uno, yn ymgorffori Cymru (dros 95% yn uniaith Gym) â Lloegr, oherwydd '*. . . that the people of the same dominion have and do daily use a speech nothing like the consonant to the natural mother tongue used within this Realm.*' Ei bwriad oedd '*utterly to extirp all and singular the sinister usages and customs differing from the same. . . to an amiable concord and unity.*' Felly, meddai, '*From henceforth no person or persons that use the Welsh speech or language shall have or enjoy any manor office or fees. . . unless he or they use and exercise the speech or language of English.*'

1546 Y llyfr Cym 1af, *Yn y Llyvyr Hwnn*, John Price

1562-63 Deddfau cyfieithu'r Llyfr Gweddi a'r Beibl i'r Gym

1567 Y Testament Newydd a'r Llyfr Gweddi yn Gym, Wiliam Salesbury

1584 Un o lyfrau 1af hanes Cymru, *Historie of Cambria*, David Powel

1585-87 Y llyfr 1af i'w argraffu yng Nghymru, ar wasg gudd, rhan 1af *Y Drych Cristianogawl*, Robert Gwyn

1588 Y Beibl yn Gym, Wiliam Morgan

1617-32 Ymdrech i sefydlu gwladfa Gym yn Newfoundland, Cambriol, gan Wiliam Vaughan

1621 Gramadeg Cym 1af, John Davies

1660-89 Cyngor Cymru

1674(?) Yr Ymddiriedolaeth Gym, i noddi ysgolion a llyfrau Cym crefyddol rhad

1718 Gwasg argraffu gyfreithlon 1af, Isaac Carter, Adpar ger C N Emlyn

1731 Cychwyn ysgolion Cym Griffith Jones, a'u parhau gan y Gymd er Taenu Gwybodaeth Gristnogol

1735 Y diwygiad Methodistaidd, estyn oes anghydffurfiaeth a'r Gym

1751 Y Cymmrodorion, Llundain, noddi diwylliant Cym; parhau'r gwaith gan y Gwyneddigion, 1770

1770 Y Beibl 1af i'w argraffu yng Nghymru, Peter Williams, Caerfyrddin

1773 Mewn achos cyfreithiol, ethol rheithwyr Cym i eglwysi: '*Wales is a conquered country. . . and it is the duty of the bishops to endeavour to promote the English, in order to introduce the language. . . It has always been the policy of the legislature to introduce the English language into Wales.*'

1789 Cychwyn ysgolion Sul Cym, Thomas Charles

1793 Y cylchgrawn Cym sefydlog 1af, *Trysorfa Gwybodaeth*, Morgan John Rhys

1794 Y Cymreigyddion, Llundain, Jac Glan y Gors a radicaliaid eraill

1801 Siaradwyr Cym 90%, uniaith gan mwyaf

1814 Y misolyn Cym 1af, *Seren Gomer*, Joseph Harris

1820-26 'Rhyfel y Sais Bach' yn erbyn tirfeddianwr, Mynydd Bach, Ceredigion

1831 Terfysg Gweithwyr Merthyr Tudful; crogi Dic Penderyn

1832-40 Terfysg y Tarw *Scotch* dros hawliau gweithwyr

1837 Caniatáu cynnal priodas yn Gym, a ffurf gyfreithiol i gofrestrydd, Deddf Cofrestru Genedigaethau a Marwolaethau (hefyd Deddf Priodas 1849)

1838 Hawl i esgob wrthod person di-Gym ar gyfer plwyf Cym, Deddf Amlblwyfaethau

1839 Gwrthryfel y Siartwyr: terfysg Llanidloes; 20,000 yn ymosod ar Gasnewydd, lladd 22 ohonynt, ac alltudio arweinwyr

1839-44 Terfysg Beca yn trechu gormes y tollbyrth

1845 Deiseb 100 o drigolion Tyngongl, Môn i'r llywodraeth am farnwyr sirol Cym

1846-47 'Brad y Llyfrau Gleision', dyfarnu bod y Gym ac anghydffurfiaeth yn llesteirio addysg a moes y Cymry

1854 *Y Gwyddoniadur Cym* 1af, Thomas Gee a John Parry

1855 Mathew Arnold, arolygwr ysgolion: '*Sooner or later the difference of language between Wales and England will probably be effaced. . . an event which is socially and politically so desirable.*'

1856 'Hen Wlad fy Nhadau', Evan a James James, Pontypridd

1858 Eisteddfod Genedlaethol flynyddol 1af, Llangollen

1859 Sefydlu'r *Faner*, Thomas Gee/ Rhyddfrydwyr yn ennill etholiadau/ Diwygiad crefyddol Cym

1863 Ymgyrch Prifysgol i Gymru.

1865 Wedi ymgyrch Michael D Jones, sefydlu'r Wladfa Gym, Patagonia, a'r Gym yn iaith swyddogol. Dyma 'weddi' un o'r fintai 1af ar fwrdd y Mimosa, Dafydd Williams, llanc o Aberystwyth, a fu farw yn syth wedi iddo gyrraedd: 'Sais mawr, yr hwn wyt yn byw yn Llundain, mae arnaf ofn dy enw, mewn dyled mae'th deyrnas: bydded dy ewyllys yng Nghymru fel y mae yn Lloegr. Dyro i ni ddigon o lafur a lludded: a maddeu i ni oherwydd lleied ein cyflogau ein bod yn methu talu ein dyledion: nac arwain ni i annibyniaeth, eithr gwared ni rhag y Gwladfawyr: canys eiddo ti yw Prydain, a'i gallu, a'i chyfoeth, a'i gogoniant yn oesoesoedd. Amen.'

1868 Cadarnhau goruchafiaeth y Rhyddfrydwyr dros y Torïaid a thirfeddianwyr

1870 Deddf Addysg, addysg orfodol, drwy gyfrwng y Saesneg. Daeth y *Welsh Not* i ysgolion

1872 89 petisiwn i'r Senedd, drwy Osborne Morgan AS, yn erbyn Sais yn farnwr sirol yn y canolbarth/ Coleg Aberystwyth, 1af yn y Brifysgol

1881 Gwrthod ordeinio Emrys ap Iwan am iddo wrthwynebu capeli Saesneg mewn ardaloedd Cym

1885 Sefydlu Cymd yr Iaith Gym (y 1af), yn erbyn addysg orfodol Saesneg; enillodd y Gym yn bwnc ysgol ac yn gyfrwng addysg athrawon, 1888

1886 'Rhyfel y Degwm' yn dechrau/ Sefydlu Cymru Fydd, dros hunanlywodraeth/ Cymd Dafydd ap Gwilym, i ddyrchafu iaith a llên Cym

1887 Ceisio dileu cymal iaith y Ddedf Uno, ond enwi'r cymal anghywir, Deddf Adolygu Cyfraith Statudol/ Argymell penodi arolygwyr Cym, Deddf Rheolaeth Glofeydd

1888 Cynghorau sir yng Nghymru, Deddf Llywodraeth Leol, a rhai eisiau cofnodion yn Gym; y Twrnai Gwladol yn rhwystro Cyngor Sir Feirionnydd i gadw cofnodion Cym, 1889

1891 Siaradwyr Cym 54.4% (898,914)/ Cychwyn y *Cymru Coch*, O.M.Edwards

1900 Streic fawr chwarel y Penrhyn/ AS Llafur Annibynnol 1af, Keir Hardie, Merthyr Tudful/ Sefydlu'r Gyngres Geltaidd i hybu'r 6 iaith Geltaidd

1901 Siaradwyr Cym 49.9% (929,824; uniaith 15.1%)

1904-05 Diwygiad crefyddol Cym eto

1907	Agor y Llyfrgell Genedlaethol, yr Amgueddfa Genedlaethol ac Adran Gym y Bwrdd Addysg
1910	Terfysg glowyr Tonypandy
1911	Siaradwyr Cym 43.5% (977,366; uniaith 8.5%)
1913	Undeb Cenedlaethol y Cymdeithasau Cym; galwodd am gydnabod y Gym yn iaith swyddogol, gyfartal â'r Saesneg 1920
1914-18	Cosbi llawer am wrthod cofrestru i ryfel, ar sail heddychiaeth neu genedlaetholdeb
1920	Datgysylltiad yr Eglwys yng Nghymru
1921	Siaradwyr Cym 37.2% (929,183; uniaith 6.3%)
1922	Sefydlu Urdd Gobaith Cymru/ Cymdeithas y 'Tair G' dros genedlaetholdeb a statws swyddogol i'r Gym/ *Y Llenor*, W J Gruffydd
1925	Sefydlu Plaid Genedlaethol Cymru, Pwllheli
1926	Streic Gyffredinol/ Cychwyn *Y Ddraig Goch*, W.Ambrose Bebb
1927	*Y Gym Mewn Addysg a Bywyd*, gol W.J.Gruffydd—adroddiad y llywodraeth, yn argymell addysg drwy gyfrwng y Gym
1928	Y BBC yn ystyried rhaglen radio Gym—bob chwarter
1931	Siaradwyr Cym 36.8% (909,261; uniaith 4%)
1932	Sefydlu'r *Cymro*, John Eilian/ Protest Plaid Cymru—gosod Draig Goch yn lle'r *Union Jack* ar Dŵr yr Eryr, Caernarfon, Gŵyl Ddewi
1933	Ymgyrch Plaid Cymru dros y Gym yn iaith swyddogol awdurdodau lleol; enillwyd rhai cofnodion Cym yn y 30'au; Cyngor Tref Aberystwyth yn gwrthod cynnig i droi yn uniaith Gym, 1935
1935	Sefydlu Gwerin, cymdeithas i uno sosialaeth a chenedlaetholdeb
1936	Llosgi'r Ysgol Fomio, Penyberth
1937	Carcharu 3 y 'Tân yn Llŷn'/ Plaid Cymru'n gwrthwynebu'r Coroni/ Sefydlu rhanbarth Cymru o'r BBC, Caerdydd/ Clwb Llyfrau Cymraeg, Aberystwyth, Prosser Rhys
1939	Agor ysgol gynradd Gymraeg 1af, Aberystwyth, gan yr Urdd/ Cosbi heddychwyr a chenedlatholwyr am wrthod milwra 1939-45
1941	Cyflwyno'r Ddeiseb Iaith 360,000 i'r Senedd/ Sefydlu Pwyllgor Diogelu Diwylliant Cymru, a droes yn Undeb Cymru Fydd
1942	Deddf Llysoedd Cymru, hawl i dystio yn Gym, drwy lad-merydd, i rai dan anfantais yn Saesneg; y cofnodion i aros yn Saesneg; dileu cymal iaith y Ddeddf Uno
1943	Saunders Lewis yn galw am addysg drwy gyfrwng y Gymraeg yn y Brifysgol
1947	Ymgyrch tir y fyddin yn Epynt, Plaid Cymru/ Gwladoli'r diwydiant glo
1948	Rheol Iaith yr Eisteddfod Genedlaethol/ Ymgyrch Senedd i Gymru/ Cyngor Abertawe yn gwrthod ysgol Gym/ Eamon de Valera a Gwynfor Evans yn annerch *Anti-Petition League of Ireland,* Caerdydd
1950	*Geiriadur Prifysgol Cymru.* Rhan 1
1951	Siaradwyr Cym 28.9% (714,686; uniaith 1.7%)/ Creu'r Weinidogaeth dros Faterion Cym/ Cychwyn Deiseb Senedd i Gymru/ Protest Plaid Cymru—tir y fyddin, Trawsfynydd/ Nawdd 1af llyfrau Cym i blant, Cyngor Sir Aberteifi, £2000
1952	Bom argae Claerwen ac ymgyrch y Gweriniaethwyr Cymreig—dŵr Elan i Birmingham
1953	Y Cynghorydd Eileen Beasley a'i gŵr Trefor yn gwrthod cais treth Saesneg Cyngor Dosbarth Gwledig Llanelli; bu 12 achos llys, ac atafaelu dodrefn 6 gwaith
1954	Blaenoriaeth i siaradwyr Cymraeg wrth benodi arolygwyr, Deddf Mwyngloddion a Chwareli (hefyd Deddf Ffatrioedd 1961)
1955	Mesur Senedd i Gymru, S.O.Davies/ Caerdydd yn brifddinas/ Plaid Cymru'n sefydlu Cymdeithas Gwrandawyr, ymgyrch gwell derbyniad radio, dirwyo rhai am wrthod talu trwydded/ Carcharu Chris Rees am wrthod gwasanaeth milwrol ar sail cenedlaetholdeb
1956	Cyflwyno Deiseb Senedd i Gymru/ Lerpwl yn dewis Tryweryn i'w foddi yn lle Dolanog/ Nawdd llywodraeth i lyfrau Cymraeg i oedolion, £1000
1957	Derbyn Mesur Corfforaeth Lerpwl i foddi Tryweryn: dim un AS Cym o blaid; Plaid Cymru a Chyngor Sir Feirionnydd am amddiffyn Capel Celyn
1958	Cychwyn Y Cyngor Llyfrau Cym (sefydlu'n ffurfiol 1961)/ Cwmni teledu annibynnol, TWW/ E.G.Millward yn galw am fudiad i achub yr iaith, *Y Genhinen* (hefyd John Davies, *WN* 1960)
1959	Radio Cymru'n darlledu/ Cynhadledd Arglwydd Faer Caerdydd ar deledu, galw am sefydlu BBC Cymru, a theledu annibynnol gan yr IBA/ Plaid Cymru yn galw am sianelau teledu Cymraeg a Saesneg; siom yn yr etholiad—5%/ Sefydlu'r Academi Gymreig
1960	Y teulu Beasley yn ennill papur treth dwyieithog/ Carcharu Waldo Williams am 6 wythnos—wedi atafaelu ei ddodrefn droeon—am wrthod treth incwm yn erbyn gorfodaeth filwrol (hefyd 1961)
1961	Siaradwyr Cymraeg 26% (656,002; uniaith 1%)/ Gwrthod papur enwebu Gwynfor S Evans, etholiad lleol Rhydaman/ Rhwyg ym Mhlaid Cymru dros weithredu pendant

Rhai Digwyddiadau yn Hanes Cymdeithas yr Iaith

1962	Darlith radio Saunders Lewis, *Tynged yr Iaith*/ Ymgyrch statws colegau Bangor ac Aberystwyth/ Ymgyrch gŵys Gymraeg Gareth Miles/ Sefydlu'r Gymdeithas, Pontarddulais
1963	Achos 1af, Aberystwyth/ Protest gyhoeddus 1af a helynt Pont Trefechan/ Cefnogi Emyr Llewelyn (Tryweryn)/ Ennill gŵys Gymraeg 1af/ Pwyso am statws cyhoedd a busnes/ Stondin 1af Steddfod/ Sefydlu Pwyllgor Hughes-Parry/ Polisi deddfu ar wahân i'r Fro Gymraeg/ Cyhoeddi *Tafod y Ddraig*, cangen Bangor
1964	Cadoediad torcyfraith drwy'r flwyddyn/ Rhieni yn gwrthod cofrestru geni yn Saesneg/ Ennill dwyieithrwydd yng ngholeg Aberystwyth, fel y Normal a'r Drindod/ Ymgyrchoedd statws/ Dosbarthu taflenni cenedlaethol/ Newid arwydd Saesneg Tre-fin/ Darpru arwyddion i lythyrdai preifat
1965	Gwrthod treth car, a phensiwn/ Erlyn rhieni heb gofrestru geni/ Ennill sieciau banc dwyieithog/ Meddiannu swyddfeydd Post/ Helynt Brewer-Spinks/ Adroddiad Hughes-Parry yn argymell 'dilysrwydd cyfartal'/ Streic newyn 1af dros yr iaith/ Pwyllgor Canol, ac Ysgrifenyddion Sirol
1966	Carchariadau 1af (treth car)/ Ennill ffurflen ddwyieithog treth car/ Ceisio achosion llys drwy gyfrwng y Gymraeg/ Dim *Tafod*/ Recordiau Dafydd Iwan/ Peintio arwyddion (answydd-ogol)/ Stamp post anghyfreithlon/ Ennill rhai arwyddion llythyrdai/ Ymgyrch disg treth car/ Polisi addysg Gymraeg/ Saunders Lewis yn Llywydd/ Rhwyg trais *v.* di-drais
1967	Deddf yr Iaith Gymraeg—dilysrwydd cyfartal, hawl i dystio yn Gymraeg mewn llys a chyfieithu ffurflenni i'r Gymraeg/ Ymgyrch derbyn treth car yn y Post/ Meinciau yn rhyddhau yn amodol/ Disg treth car anghyfreithlon/ Cyfarfod cyhoeddus 1af/ Stamp dathlu Testament Newydd/ Cyfres newydd y *Tafod*/ Gwrthwynebu ehangu'r Brifysgol/ Malu arwyddion ffyrdd—1af/ Ymgyrch ddarlledu, yn erbyn y BBC/ Cychwyn deiseb Sianel Gymraeg/ Ymgyrch Addysg Ceredigion.
1968	Ennill treth car yn y Post/ Atafaelu eiddo'r Cadeirydd/ Gwrthod cofrestru geni dwyieithog israddol/ Swyddfa Gymreig yn gwrthod polisi dwyieithog/ Ennill achosion enllib arweinwyr/ Polisi iaith cynradd Ceredigion, a chanolfannau brys mewnfudwyr/ Ymgyrch wrth-Arwisgo/ Deiseb i'r BBC/ Protest 1af dros Sianel Gymraeg.

1969 Protestiadau'r Arwisgo; rali̇au mwyaf erioed/ Terfysg y Steddfod/ Ymgyrch *Barn* yn ennill disg treth car dwyieithog/ Saga peintio arwyddion ffyrdd Saesneg/ Erlyn swyddogion y Gymdeithas/ Ympryd carchar/ Penderfynu atrefnu gweinyddiaeth y mudiad/ Logo Tafod newydd/ Carchariad 1af dros y Nadolig.

1970 Ymgyrch dorcyfraith dros Sianel Gymraeg/ Protest genedlaethol wedi carcharu Dafydd Iwan/ Helynt yr Uchel Lys/ Ysgol Basg 1af/ Sefydlu Adfer/ Brwydr rhieni Bryncroes/ Protest ehangu'r Brifysgol/ Amddiffyn Pont Senni/ Diwedd cadoediad, a malu arwyddion ffyrdd Saesneg/ Deiseb cefnogwyr hŷn i'r llywodraeth/ Ymgyrch tai a thir ardaloedd Cymraeg/ Ymgyrch dorcyfraith dros y Sianel/ Ysgrifennydd a Swyddfa ran amser, Aberystwyth/ Senedd yn lle Pwyllgor Canol, a Grwpiau

1971 Achos Cynllwyn 1af (arwyddion)/ 1000 o aelodau newydd/ Rali̇au mawr Cyfeillion yr Iaith/ Gwrthod achosion llys Saesneg drwy gyfieithydd/ Erlyn am wrthod trwydded deledu/ Taith haf 1af/ Dringo mastiau/ Gwrthod llenwi'r Cyfrifiad/ Difrod stiwdio deledu/ Carchariadau hir 1af (Cynllwyn darlledu)/ Radio anghyfreithlon 1af y Gymdeithas/ Hawl i gofrestru priodas yn ddwyieithog/ Sefydlu Cymdeithas Tai Gwynedd/ Polisi gwrthod caniatâd cynllunio i amddiffyn ardaloedd Cymraeg/ Ymgyrch Coleg Cymraeg/ Ail ymgyrch y Post, difa dogfennau Saesneg/ Ympryd Nadolig 1af/ Swyddfa a 2 Ysgrifennydd amser llawn

1972 Maniffesto 1af/ Meddiannu eiddo teledu a'r Post, ac atal strydoedd Llundain (darlledu)/ Adroddiad Bowen yn argymell arwyddion ffyrdd dwyieithog a'r Gymraeg yn flaenaf/ Ynadon yn cefnogi protestwyr/ Helynt Hailsham, Bangor/ Dechrau sosialaeth/ Carchariadau a helynt Cymraeg yn y llysoedd/ Atal arwerthiant tai haf/ Ymgyrch bysgota/ Gwrthwynebu cloddio RTZ/ Carchariad 1af treth deledu/ Undeb Disgyblion Cymru/ Cyfieithwyr yn gwrthod achosion llys Saesneg/ Grŵp Ardaloedd Di-Gymraeg a dosbarthiadau nos/ 3 Ysgrifennydd amser llawn

1973 3 mis o ddifrod eiddo teledu ac atal trosglwyddo/ Cynhadledd genedlaethol yn argymell Sianel Gymraeg/ Sefydlu Cyngor yr Iaith/ Difrod i eiddo'r Post, dros statws llawn/ Dadl genedlaethol ynghylch Sianel/ Adroddiad Davies ar Gymraeg yn y llysoedd, a llys y Goron Cymraeg 1af Caerdydd/ Pwyllgor Amddiffyn Derwen Gam/ Meddiannu tai haf, a phentref Rhyd/ Cefnogi gweithwyr dur/ Tafodau Tân, Corwen/ Clwb 500/ Atal nawdd adnewyddu tai haf/ Polisi addysg Gymraeg cyflawn/ Cwrs dysgwyr 1af y Gymdeithas/ Rhwyg Adfer

1974 Ymgyrch gyfathrebu leol/ Cefnogi papurau bro newydd/ Adroddiad Crawford yn argymell Sianel Gymraeg/ Dechrau talu trwydded deledu/ Cyfieithiad Saesneg o'r Maniffesto/ Polisi cefn gwlad/ Gwrthod stadau tai diangen/ Grwpiau Dysgwyr ac Adloniant/ Swyddfa dros dro, Machynlleth, a Swyddfa newydd, Aberystwyth/ *Tafod* i Wasg y Tir am flwyddyn/ Yn ôl i 2 Ysgrifennydd/ Adfer yn gadael y Gymdeithas/ Cyfarfod Cyffredinol yn troi cwrs y mudiad

1975 Ymgyrch polisi iaith a thai cynghorau lleol/ Mabwysiadu 'Cymdeithasiaeth'/ Difrod eiddo'r Post—ennill polisi dwyieithog ganddynt/ Twrw Tanllyd 1af, Pontrhydfendigaid/ Rheilffyrdd Prydeinig yn addo dwyieithrwydd/ Cyngor yr Iaith Gymraeg yn argymell Sianel Gymraeg/ Sefydlu celloedd lleol/ Colli aelodau i Adfer/ Ailgychwyn gwrthod treth deledu/ Adroddiad Siberry yn cadarnhau 4edd Sianel ar y cyd rhwng y BBC a HTV/ Saunders Lewis yn ymddiswyddo/ Rali̇au addysg/ Achosion meddiannu pentref Rhyd eto/ Malu arwyddion ffyrdd, dros flaenoriaeth y Gymraeg

1976 Achosion arwyddion ffyrdd/ Llywodraeth yn oedi penderfyniad y sianel am flwyddyn/ Deiseb Sianel Gymraeg/ Ailgychwyn torcyfraith darlledu/ Ymgyrch addysg Gymraeg cyflawn/ Gwrthod tystysgrifau Saesneg a Chydbwyllgor Addysg/ Ymgyrch Cymreigio addysg bellach/ Tafodau Teifi—cyngerdd roc 1af wythnos Steddfod/ Boots yn addo dwyieithrwydd/ Taflen yn erbyn y mewnlifiad/ Helynt myfyrwyr Bangor yn erbyn polisi Saesneg y coleg/ Sefydlu Ymddiriedolaeth Nansi Richards

1977 Achos Llys y Goron, tai haf/ Gweithredu yn erbyn Rheilffyrdd Prydeinig/ Llosgi dogfennau Saesneg y Post/ Woolworths yn addo dwyieithrwydd/ Adroddiad Annan yn argymell 4edd Sianel Gymraeg cyn gweddill Gwledydd Prydain/ Llywodraeth yn oedi am flwyddyn eto/ Difrod Blaenplwyf ac ymosod ar 10 o fastiau/ Ymgyrch myfyrwyr a staff Llanbed yn erbyn y coleg/ Gweithredu yn erbyn polisi addysg Dyfed/ Polisi statws cynllunio i'r iaith/ Ymgyrch arwerthwyr tai/ Ymgais i atgyfodi Cyfeillion yr Iaith/ Ymgyrch polisi iaith Clwyd/ Grwpiau Tai a Chynllunio/ Eisteddfod Bop Dinbych/ Cynghreirio â mudiadau Chwith/ Gwrthwynebu Jiwbili brenhinol

1978 Cynyddu ymgyrch arwyddion ffyrdd/ Cynghorau yn ystyried statws cynllunio/ Helyntion a charchariadau achosion Cynllwyn darlledu Blaenplwyf/ Papur Gwyn yn gosod dyddiad Sianel Gymraeg, 1982/ Ennill polisi dwyieithog Rheilffyrdd Prydeinig wedi difrod y Steddfod/ Tesco yn addo dwyieithrwydd/ Cychwyn Siarter Iaith ar gyfer awdurdodau lleol/ Athrawon ail-iaith teithiol yn Nyfed/ Ail helynt myfyrwyr Bangor yn erbyn y coleg/ Dau drefnydd adloniant (gwirfoddol)

1979 Achosion llys coleg Bangor/ Difrod mast Midhurst/ Llywodraeth newydd yn addo Sianel Gymraeg 1983, yna newid meddwl/ Plaid Cymru a chefnogwyr hŷn yn ymuno â phrotest y Gymdeithas/ W.H.Smith yn addo dwyieithrwydd mewn ardaloedd Cymraeg/ Ymgyrch Cymreigio banciau a chymdeithasau adeiladu/ Ymgyrch denu cefnogaeth o'r ysgolion (Mali)/ Gwrthod gwyliau Saesneg Bwrdd Datblygu'r Canolbarth/ Dadl trais *v.* di-drais/ Twrw Tanllyd yn y Steddfod am y tro 1af/ Dechrau dawnsfeydd Blaendyffryn/ Cyflwyno Siarter Iaith

1980 Ymgyrch genedlaethol gwrthod treth deledu/ Gwynfor Evans yn bygwth ympryd hyd farwolaeth/ Dadl yn erbyn *Y Faner*/ Ymgyrch dorcyfraith fawr ac achos Cynllwyn/ Llywodraeth yn newid ei meddwl eto, cyhoeddi Sianel Gymraeg/ Tystiolaeth addysg Gymraeg i'r llywodraeth/ Dadl gyda'r Gweriniaethwyr/ Protest myfyrwyr Abertawe, statws y Gymraeg yn y coleg/ Ymgyrch yn erbyn datblygwyr tai diangen/ Gweithred tai y Gaerwen

1981 Ymgyrch Siarter Iaith a Chynllunio yng Nghlwyd/ Ysgol Basg yn gosod polisi'r 80'au/ Difrod a chosbi myfyrwyr yn Aberystwyth dros addysg Gymraeg yn y coleg/ Rhwystro 'tai Denis Thatcher', Harlech/ Cyhoeddi Awdurdod Darlledu S4C/ Achos Cynllwyn darlledu/ Erlid swydd Wayne Williams/ Dim protest yn y Steddfod!/ Dadl trefniadaeth fewnol (hir)/ Cynyddu nifer celloedd lleol

1982 Ail Faniffesto a rhaglen 10 mlynedd/ Protest genedlaethol dros Wayne Williams/ Difrod stondin y Swyddfa Gymreig yn y Steddfod/ Ymgyrch marina Pwllheli/ Cefnogi CND/ S4C yn darlledu/ Cynhadledd gynllunio Clwyd/ Statws cynllunio i'r iaith gan Gyngor Glyndŵr/ Uchel lys yn gwrthod tai'r Gaerwen ar sail iaith/ Cyfarfod cyffredinol yn codi'r ysbryd/ Cyhoeddi dwy ymgyrch, Deddf Iaith newydd, a Chorff Datblygu Addysg Gymraeg/ Penodi trefnydd cenedlaethol

1983 Cynhadledd genedlaethol, a Gweithgor Deddf Iaith/ Peintio a meddiannu tai haf/ Gweithredu yn erbyn Awdurdod Iechyd Gwynedd/ Deiseb ac ympryd dros y Corff yn y Steddfod/ Gwrthwynebu Gŵyl y Cestyll/ Trefnydd cenedlaethol/ Taith addysg Gymraeg/ Meddiannu colegau addysg bellach/ Roc tanddaearol yn dod yn rhan o'r mudiad iaith/ Ymgyrchoedd gan aelodau ysgol/ Cynhadledd genedlaethol dros y Corff/ Meddiannu a pheintio tai haf a swyddfeydd datblygwyr tai/ Gweithgor iaith gan y Cydbwyllgor Addysg/ Achosion arwyddion ffyrdd, Clwyd

1984 Ymgyrch marinas Bangor ac Aberystwyth/ Cyfres adroddiadau cynllunio Dyfed/ Swyddfa Gymreig yn ystyried statws cynllunio i'r iaith gan gynghorau/ Gwynedd yn cryfhau polisi cynllunio/ Cefnogi streic a glowyr a ffermwyr Dyfed/ Ffederasiwn Ysgolion Clwyd, a chychwyn ffansîns pop gwlatgarol/ Gŵyl deithiol dros Addysg Gymraeg/ Ymgyrch olaf myfyrwyr Bangor, a phrifathro newydd/ Taith fynydda/ Penodi ombwdsman cwynion iaith gan y Gymdeithas/ Polisi dwyieithog gan Awdurdod Iechyd Gwynedd/ Argymhelliad Gwilym Prys Davies a'r Gweithgor Deddf Iaith/ Ymgyrch cownter Cymraeg yn y post, Caerdydd/ Cydbwyllgor Addysg yn argymell ffurfio Pwyllgor Datblygu dan ei ofal ei hun/ Torcyfraith dros y Corff annibynnol, a difrod 1af pencadlys y Tori̇aid

1985 Difrod Pwyllgor Addysg Powys/ Achosion difrod Llandrillo yn Rhos/ Helynt difrod stondin y Swyddfa Gymreig yn y Steddfod eto/ Arwerthiant 1af Steddfod/ Taith haf Rifiw/ Swyddfa Gymreig yn cynnig Fforwm i'r Cydbwyllgor Addysg/ Cefnogi streic chwarelwyr Stiniog/ Ffeds ysgolion mewn siroedd eraill/ Cynadleddau cynllunio Dyfed/ Llywodraeth yn cadarnhau hawl yr iaith yn bwnc cynllunio/ Drafft Deddf Iaith gan y Gymdeithas/ Ymgyrch Cymreigio banciau a chymdeithasau adeiladu/ Torcyfraith dros gownteri Cymraeg/ Cefnogi'r Mudiad Gwrth-Apartheid/ Dirprwyaeth i Belffast ar wahoddiad Sinn Féin i weld adfywiad y Wyddeleg/ Dau drefnydd rhanbarthol

1986 Cychwyn deiseb genedlaethol Deddf Iaith/ Cyhoeddi mesurau Prys Davies a Wigley/ Ennill cownter Cymraeg 1af y Post/ Ymgyrch statws yr iaith, Cyngor Dyffryn Lliw/ Ymgyrch gwasanaeth radio i ieuenctid/ Ffair recordiau 1af, Bangor/ Ymgyrch tai diangen Morfa Bychan a Thŷ Croes, a chynhadledd gynllunio Môn/ Ympryd rhag cau ysgol wledig/ Swyddfa Gymreig yn cyfarwyddo cynghorau i roi statws cynllunio i'r iaith/ Dyfed yn cryfhau polisi/ Ennill cyrsiau addysg bellach yn Gymraeg/ Ennill Pwyllgor Datblygu Addysg o dan y Cydbwyllgor/ Torcyfraith a difrod yn erbyn y Cydbwyllgor/ Carchariad eto i Ffred Ffransis/ 3 swyddfa ranbarthol, a swyddogion rhanbarth/ Ymgyrch eang Cymraeg i oedolion

1987   Taith dull di-drais/ Ymgyrch arwyddion Saesneg Morgannwg Ganol/ Ennill cymorth Cymry America/ Dirprwyaeth o fudiadau iaith a Sinn Féinn o Iwerddon i Wynedd/ Tystiolaeth y Gymdeithas ar gyfer Deddf Iaith/ Cyflwyno deiseb Deddf Iaith/ Ymgyrch 'Nid yw Cymru ar Werth'/ Penderfynu denu cefnogaeth y di-Gymraeg/ Swyddfa Gymreig yn gwrthod tai Llanrhaeadr D.C. ar sail iaith/ Pwyllgor Datblygu Addysg yn dewis annibyniaeth/ Torcyfraith cyson i fynnu ateb yr Ysgrifennydd Gwladol am gyllid i'r Pwyllgor/ Torcyfraith dros statws iaith ym myd busnes/ Symud i swyddfa newydd yn Aberystwyth/ Dathlu 25 mlynedd y Gymdeithas

1988   Ennill cyllid annibynnol i'r Pwyllgor Datblygu Addysg—sef Corff!/ Ymgyrch dorcyfraith 'Nid yw Cymru ar Werth'/ Gweithredu dros wasanaeth radio i ieuenctid/ Ysgrifennydd Gwladol yn sefydlu Bwrdd yr Iaith Gymraeg/ Torcyfraith dros Ddeddf Iaith gan gefnogwyr hŷn

Swyddogion, Ysgolion Pasg, Cyfarfodydd Cyffredinol a Chyhoeddiadau

Byrfoddau
C—*Cadeirydd* IG—*Isgadeirydd*
Y—*Ysgrifennydd* T—*Trysorydd*
LLA—*Llywydd Anrhydeddus*
G—*Golygydd y Tafod* Cyh—*Cyhoeddiadau*
YB—*Ysgol Basg* CC—*Cyfarfod Cyffredinol*

1962
Cyfarfod sefydlu Pontarddulais 4/8.
(LLA) Huw T.Edwards; (Y) E.G.Millward a John Davies

1963
(CC cyntaf) Aberystwyth 18/5; (CC Blynyddol) Bangor 4/8.
1963-64: (LLA) Huw T.Edwards; (C) John I. Daniel; (Y) John Davies; (Y Ariannol) E.G.Millward; (G) Owen Owen.
(Cyh): *Tafod y Ddraig* Rhif 1, Hydref

1964
(CC) Aberystwyth 25/1; (CC Blynyddol) Abertawe 5/8.
1964-65: (LLA) Huw T.Edwards; (C) John Daniel; (Y) John Davies a Gareth Miles; (T) E.G.Millward; (G) Owen Owen (hyd 12/64), Gareth Miles (1-7/65)

1965
(CC) Y Drenewydd 8/8.
1965-66: (C) Cynog Davies; (Y) Geraint Jones: (Y Cofnodion) John Daniel; (Rheolwr Ariannol) John Davies; (G) Gareth Miles (8-12/65, yna darfu *Tafod y Ddraig* wedi Rhif 27, am 18 mis)

1966
(CC Blynyddol) Aberystwyth 9/7; (CC Arbennig) Aberystwyth 19/11.
1966-67: (LLA) Saunders Lewis; (C) Emyr Llewelyn 7-11/66, Gareth Miles 11/66-10/67; (Y) Geraint Jones 7-12/66, Huw Ceredig 12/66-10/67; (Y Cofnodion) John Daniel; (T) Neil Jenkins; (Cyhoeddusrwydd) Gareth Miles.
(Cyh) *Y Cyfamodwr* Emyr Llewelyn, ac addasiad Saesneg *The Welsh Lang Soc: What It's All About*, llyfrau cyntaf y mudiad

1967
(CC) Aberystwyth 21/10.
1967-68: (LLA) Saunders Lewis; (C) Gareth Miles; (Y) Huw Ceredig; (Y Allanol) Rheinallt Llwyd 1-8/68; (T) Neil ap Siencyn; (Y Wasg) Emyr Llewelyn; (G) Gwynn Jarvis (a Penri Jôs tan ddiwedd 1967), y gyfres newydd 7/67.
(Cyh) *Gweithredu Anghyfreithlon*, areithiau Aberafan

1968
(CC) Aberystwyth 12/10.
1968-69: (LLA) Saunders Lewis; (C) Dafydd Iwan; (Y) Morys Rhys; (T) Gwynn Jarvis; (Y Aelodaeth) Geraint Eckley; (G) Tegwyn Jones

1969
(CC) Aberystwyth 8/11; (C Cynrychiolwyr) Aberystwyth 4/10.
1969-70: (LLA) Saunders Lewis; (C) Dafydd Iwan; (Y) Morys Rhys; (Y Aelodaeth) Ieuan Bryn; (T) Gwynn Jarvis; (G) Tegwyn Jones; (Trefnydd Dosbarthu) Ieuan Wyn.
(Cyh) *Pam Peintio?* Emyr Llewelyn; *I Ti y Perthyn ei Ollwng* record J.R.Jones

O hyn allan rhoddir enw'r Cadeirydd, y Staff a Golygydd Y Tafod yn unig. Ni chynhwysir swydd-ogion eraill gan i arweinwyr y grwpiau a'r rhan-barthau ddod yr un mor allweddol yn y mudiad. Mae enwau pawb ar gael yn y swyddfa.

1970
(CC) Aberystwyth 10/10; (YB) Aberystwyth 29-31/10 (Y gyntaf).
1970-71: (C) Dafydd Iwan; (Y) Ffred Ffransis; (G) Tegwyn Jones.
(Cyh) *Pam Na Ddylid Cau Ysgol Bryncroes; Darlledu yng Nghymru; Tynged yr Iaith (The Fate of the Language)* Saunders Lewis, cyf Elisabeth Edwards

1971
(CC) Aberystwyth 9/10; (YB) Cricieth.
1971-72: (C) Gronw Davies; (Y) Arfon Gwilym a Ffred Ffransis (Dyfrig Siencyn yn ei le); (G) Ieuan Wyn.
(Cyh) *Achos yr Arwyddion Ffyrdd; Iaith Sioeau Cymru* R.Gwyndaf Jones

1972
(CC) Y Drenewydd 14/10; (YB) Crymych.
1972-73: (C) Gronw ab Islwyn; (Y) Arfon Gwilym, Meinir Ffransis, Ieuan Roberts; (G) Dafydd Iwan.
(Cyh) *Tynged yr Iaith* Saunders Lewis, arg newydd; *Cerddi Gobaith* Harri Williams; *Cymd yr Iaith Gym* (cefndir a pholisi); *Maniffesto Cymd yr Iaith Gym* Cynog Dafis; *Cymru Rydd, Cymru Gymraeg, Cymru Sosialaidd* Gareth Miles

1973
(CC) Talybont 12-13/10; (YB) Llanrwst.
1973-74: (C) Emyr Hywel; (Y) Terwyn Tomos, Meg Elis, Siôn Myrddin; (G) Dafydd Iwan.
(Cyh) *Cymdeithas*, Rhif 1 gol Cen Llwyd; *Llawlyfr y Chwyldro; Bywyd i'r Iaith* Arfon Gwilym; *Ein Tir a'n Tai* Emyr Hywel; *A Allwn Aros Hyd 1976?*

1974
(CC) Talybont 18-19/10; (YB) Llanybydder.
1974-75: (C) Ffred Ffransis; (Y) Marc Phillips a Trebor Roberts; (G) Cynog Dafis.
(Cyh) *Memorandwm: Awdurdod Cefn Gwlad; Memo: Coleg Cymraeg; Blwyddyn Ymhlith Ein Pobl* Ffred Ffransis

1975
(CC) Talybont 11/10; (YB) Y Bala.
1975-76: (C) Wynnford James; (Y) Marc Phillips a William Owen; (G) Cynog Dafis.
(Cyh) *Tai Mewn Ardaloedd Gwledig; Byw yn y Wlad; Anturiaethau Arthur*

1976
(CC) Talybont 15-16/10; (YB) Aberfan.
1976-77: (C) Wynnford James; (Y Cyffredinol) Emyr Tomos; (Y Gweinyddol) Anne Uruska; (G) Meg Elis.
(Cyh) *Tân a Daniwyd* gol Aled Eirug; *Addysg Gymraeg*

1977
(CC) Talybont 14-15/10; (YB) Penygroes, Dyffryn Nantlle.
1977-78: (C) Rhodri Williams; (Y) Angharad Tomos ac Aled Eirug (G) Meg Elis.
(Cyh) *Diwylliant Cymru a'r Cyfryngau Torfol* Emyr Humphreys; *Teledu Cymru i Bobl Cymru; Tafod Dyfed*, Rhif 1; *Statws Cyhoeddus yr Iaith Gymraeg a Chyngor Sir Clwyd* (etc)

1978
(CC) Talybont 27-28/10; (YB) Llandysul.
1978-79: (C) Rhodri Williams; (Y Swyddfa) Linda Williams; (G) Cen Llwyd.
(Cyh) *Tafod Gwynedd*, Rhif 1; *Cymdeithaseg Iaith a'r Gymraeg* Cynog Dafis; *A Raid i'r Iaith Ein Gwahanu?* J.R.Jones (arg newydd); *Achos Blaenplwyf*

1979
(CC) Talybont 19-20/10; (YB) Porthmadog.
1979-80: (C) Wayne Williams; (Y) Linda Williams a Claire Richards; (G) Cen Llwyd.
(Cyh) *Ffurfio a Rhedeg Cell Ysgol; Y Fflam*, Rhif 1 (cell Bangor)

1980
(CC) Talybont 26-27/9; (YB) Craig-cefn-parc.
1980-81: (C) Wayne Williams; (Y) Linda Williams a Claire Richards; (G) Tudur Jones.
(Cyh) *Y Gymraeg yng Nghwrs Addysg yr Ysgolion; Achos y Tri: Areithiau Llys y Goron Caerfyrddin*

1981

(CC) Talybont 17/10; (YB) Llanelwy.

1981-82: (C) Meri Huws; (Y) Jên Dafis; (G) Angharad Tomos.

(Cyh) *Sianel 4 Cymru: Pwy sy'n Talu'r Pris?; Tai yn yr Ardaloedd Gwledig; Cyfrifoldebau Cyngor Dosbarth; Dewch Gyda Ni* Ffred Ffransis; *Tafod y Dôn: Caneuon Gwerin i Ddysgwyr; Siarter Clwyd* 1af o gyfres sirol

1982

(CC) Aberystwyth 22-23/10; (YB) Crymych.

1982-83: Angharad Tomos; (Y) Jên Dafis; (Trefnydd) Walis Wyn George; (G) Karl Davies.

(Cyh) *Cynllunio Dyfodol i'r Iaith yng Nghlwyd; Cynllun Iaith i'r Rhyl; Maniffesto Cymd yr Iaith Gymraeg*

1983

(CC) Aberystwyth 15/10; (YB) Blaenau Ffestiniog.

1983-84: (C) Angharad Tomos; (Y) Jên Dafis; (Trefnydd) Walis Wyn George; (G) Helen Prosser.

(Cyh) *Llyfr Du ar Statws; Llyfr Du ar Addysg Gym; Awdurdod Afiach Gwynedd; Awdurdod Iach i Wynedd; Yr Awdurdod Iechyd yn Nwyrain Dyfed a'r Gym; Rhaglen Waith i Gorff Datblygu Addysg Gym*

1984

(CC) Aberystwyth 12-13/10; (YB) Dyffryn Teifi (Talgarreg a Phencader).

1984-85: (C) Karl Davies; (Swyddog Gweinyddol) Jên Dafis, tan 5/85, yna Helen Greenwood; (Trefnydd) Walis Wyn George, tan 8/85, Siân Howys o 7/85; (G) Ifor ap Glyn Huws, tan 5/85, yna Hywel James.

(Cyh) *Casgliad o'r Gynhadledd Addysg. . . Corff Datblygu Addysg Gym; Twyll Cyd-bwyllgor Addysg Cymru; Cymru 2000; Twristiaeth i Bwy—Twyll y 'Marinas'; Wynebwn Dranc yr Iaith yn Nyffryn Clwyd; Y Gym Mewn Addysg Bellach; Adroddiad ar S4C; Llmych,* Rhif 1; *Cyrch,* Rhif 1; *Cynllunio Dyfodol i'r Iaith yn Nosbarth Caerfyrddin/yng Ngheredigion/yng Ngogledd Preseli* (3 adroddiad)

1985

(CC) Aberystwyth 11-12/10; (YB) Dyffryn Dyfi (Glantwymyn).

1985-86: (C) Toni Schiavone; (Swyddog Gweinyddol) Helen Greenwood; (Trefnydd y Gogledd) Siân Howys; (Trefnydd y De) Karl Davies, tan 12/85, Seffan Webb 1-7/86; (G) Hywel James.

(Cyh) *S4C: Pwy Dalodd Amdani?* Meinir a Ffred Ffransis; *Yr Ergyd Gyntaf* Angharad Tomos (ymgyrch y Corff Addysg); *Deddf Iaith Newydd* Hywel James (canllawiau); *Yr Unfed Awr ar Ddeg: Y Gym mewn Addysg yn Ne Morgannwg; Cyflwr yr Iaith Gym yn Nosbarth Dinefwr; Brych,* Rhif 1; *Caib,* Rhif 1

1986

(CC) Aberystwyth 10-11/10; (YB) Aberystwyth.

1986-87: (C) Toni Schiavone; (Swyddog Gweinyddol) Helen Greenwood; (Trefnydd y Gogledd) Siân Howys; (Trefnydd y De) Dylan Williams; (G) Helen Prosser.

(Cyh) *Y Grym Di-drais* Ffred Ffransis, gol Toni Schiavone; *Cau Ysgol—Lladd Cymuned; Tai yng Nghymru: y Sector Breifat* Dyfed Wyn Edwards; *Cownteri Cym: eu Hanes Hyd yn Hyn* Steffan Webb; *Cymdeithasiaeth: yr Ail Ffrynt* Ffred Ffransis; *Cynllunio Dyfodol i'r Iaith ar Ynys Môn; Cynllunio Dyfodol i'r Iaith* Karl Davies a Toni Schiavone; *Colwyn: Twristiaeth; Dom Deryn,* Rhif 1; *Pam?,* Rhif 1; *Galwad ar Holl Filwyr Byffalo Cymru* (record EP, ar y cyd ag Anhrefn)

1987

(CC) Aberystwyth 6-7/11; (YB) Pontypridd.

1987-88: (C) Helen Prosser; (Swyddog Gweinyddol) Helen Greenwood; (Swyddog Cyswllt y De) Dafydd Morgan Lewis; (G) Lleucu Morgan;

(Cyh) *Cyfundrefn Addysg Annibynnol i Gym* Angharad Tomos; *Chwalu'r Myth: Polisi Iaith Gwynedd* gol Angharad Tomos; *Wastad ar y Tu Fas* Ffred Ffransis; *Tystiolaeth Cymd yr Iaith Gym dros Ddeddf Iaith Newydd* gol Hywel James

1988

(CC) Aberystwyth 4-5/11; (YB) Caernarfon.

1988-89: (C) Helen Prosser; (Swyddog Gweinyddol) Helen Greenwood; (Swyddog Cyswllt y De) Dafydd Morgan Lewis; (Trefnydd y Gogledd) Dafydd Frayling; (G) Emyr Davies

ADFER

Prif Swyddogion a Rhai Datblygiadau

1970   Anerchiad Emyr Llew, 'Adfer', Ysgol Basg Cymd yr Iaith. Cofrestru cwmni tai, Medi. Gwersyll gwaith 1af.

1971   Cadeirydd 1971-76 Emyr Llywelyn. Prynu'r tŷ 1af, Ionawr Stondin 1af yn yr Eisteddfod Genedlaethol.

1972   *Yr Adferwr,* Rhif 1, Golygyddion Ieuan Bryn a Ieuan Wyn. Cangen 1af, Penrhyndeudraeth.

1973   Golygydd 1973-74 Eryl Owain a Ieuan Bryn. Cyfarfod 1af Cyngor Mudiad Adfer, a 10 pwynt polisi. Cronfa Derwen Gam.

1974   Datgysylltu o Gymd yr Iaith. Clwb Cyfeillion, Medi.

1975   Ysgol Basg 1af, Felinfach. Protest 1af, Aberystwyth. Ymgyrch arwyddion ffyrdd Cym, tystysgrif geni uniaith, cau tafarnau ar y Sul, gwrthod dwyieithrwydd yn y Post, a stamp post y Fro Gymraeg. Record hir, *Lleisiau.*

1976   Llywydd 1976 + Emyr Llywelyn: Cadeirydd 1976-80 Ieuan Wyn; Golygydd 1976-78 Robert Rhys. Ymgyrch lyfrau bro a radio bro. Achosion llys arwyddion ffyrdd.

1977   Ymgyrch addysg Gym, ac unieithrwydd yr Eisteddfod Genedlaethol. Carchariad 1af. 'Prifysgol y Fro', Ciliau Aeron.

1978   Golygyddion Robat Trefor a Robert Rhys. Gŵyl Basg Dinorwig a gwyliau bro eraill.

1979   Ysgol Basg Ffostrasol. Swyddfa Caernarfon a threfnydd, Rhian Eleri.

1980   Cadeirydd 1980-83 Glyn Tomos. Ysgol Basg Ffostrasol eto. Ymgyrch rhag nawdd llywodraeth i wyliau diwylliant.

1981   Golygydd Ieuan Wyn a Glyn Tomos. Gwrthod llenwi'r Cyfrifiad. Siop Pethe Plant, Caernarfon.

1982   Ymgyrch addysg bellach Gymraeg, canolfannau brys i fewnfudwyr yng Ngwynedd, Cymreigio Ysbyty Gwynedd, dosbarthu trwyddedau bysgota Gymraeg, gwrthwynebu marina Pwllheli, ympryd rhag penodiad Sais, Coleg Harlech.

1983   Cadeirydd 1983-84 Ieuan Wyn; Golygydd 1983-84 Emyr Llywelyn Gruffudd a Robat Trefor. Gweithredu yn erbyn Awdurdod Iechyd Gwynedd.

1984   Cadeirydd 1984-85 Robat Trefor. Ymgyrch statws cynllunio i'r Gym, a gwrthwynebu twristiaeth yn Arfon. Protest hawl staff i weithio yn uniaith, Cyngor Sir Gwynedd.

1985   Cadeirydd Howard Huws; Golygydd Gwynfor ab Ifor. Ymgyrch dros wasanaeth uniaith gan awdurdodau lleol Gwynedd.

1986   Ymgyrch rhag tai diangen yn Eifionydd. Gwrthod cais treth dwyieithog Cyngor Arfon, ac ennill copïau uniaith bil trydan Manweb.

1987   *Maniffesto Adfer,* Mehefin. Ymgyrch rhag datblygu tai Y Felinheli. Achosion llys bil treth Arfon.